Arbeit

Europäische Hochschulschriften
European University Studies
Publications Universitaires Européennes

Reihe V
Volks- und Betriebswirtschaft

Series V Série V
Economics and Management
Sciences économiques

Vol./Band 1667

PETER LANG
Bern · Berlin · Frankfurt a.M. · New York · Paris · Wien

Rudolf von Rotz

Arbeit

Individuelle Bedürfnisse und organisatorische Effizienz

PETER LANG
Bern · Berlin · Frankfurt a.M. · New York · Paris · Wien

Die Deutsche Bibliothek – CIP-Einheitsaufnahme

Rotz, Rudolf von:
Arbeit : individuelle Bedürfnisse und organisatorische Effizienz /
Rudolf von Rotz. - Bern ; Berlin ; Frankfurt a.M. ; New York ;
Paris ; Wien : Lang, 1994
(Europäische Hochschulschriften : Reihe 5, Volks- und
Betriebswirtschaft ; Bd. 1667)
Zugl.: Freiburg (Schweiz), Univ., Diss.
ISBN 3-906753-38-7
NE: Europäische Hochschulschriften / 05

Abdruck der von der Wirtschafts- und Sozialwissenschaftlichen Fakultät
der Universität Freiburg/Schweiz genehmigten Dissertation.

Printed in Germany

Meiner Grossmutter
Anna von Rotz-Arpagaus

Einerseits kann nicht bezweifelt werden, dass menschliche Handlungen und gesellschaftliche Entscheidungen oft Folgen haben, die ursprünglich ganz unbeabsichtigt waren. Andererseits aber geschehen solche Handlungen und Entscheidungen oft auch deshalb, weil man mit Überzeugung und Gewissheit bestimmte Wirkungen von ihnen erwartet, die dann jedoch ganz und gar nicht eintreten. Letzteres Phänomen ist zwar strukturell die Kehrseite des ersten, es ist aber wahrscheinlich auch eine seiner Ursachen. Die illusorischen Erwartungen, die mit gewissen gesellschaftlichen Entscheidungen zu dem Zeitpunkt, da diese getroffen werden, verbunden sind, tragen dazu bei, den Blick auf deren reale Folgen zu verstellen.

(Albert O. Hirschman)

VORWORT

Arbeit - in welcher Form auch immer - nimmt wohl ohne Zweifel im Leben des Menschen eine zentrale Stelle ein. So ist es denn auch kein Wunder, dass über Arbeit viel gesprochen und geschrieben wird: Oft wird über die Arbeit, über ihre Beschwerlichkeit und Last geklagt; aber ebenso wird der Wert und der Nutzen der Arbeit hervorgehoben. Über Arbeit wird disputiert, und es wird auch um sie gekämpft. Vor allem aber: Sie prägt das Leben - des einzelnen und der Gesellschaft.

Arbeit ist in ihrem tiefsten Wesen ambivalent: Sie verkörpert Anstrengung, Last und Entbehrung; sie vermittelt aber ebenso Befriedigung, soziale Bande und Sinn. Durch die Arbeit erschafft sich der Mensch seine Existenzgundlage - und noch weit mehr; die Arbeit kann ihn aber ebenso auch krank machen und entfremden, sie kann ihn auslaugen, seiner Hoffnungen berauben und erdrücken. Und gerade auch heute wieder: Der Mensch kann ebenso bedroht werden, weil die Arbeit ihm fehlt, - oder aber, weil sie ihn völlig vereinnahmt. Und beide Gefahren scheinen sich noch gegenseitig zu verstärken.

Die Bedeutung und die Stellung der Arbeit - sowohl im individuellen wie im gesellschaftlichen Leben - scheinen mir Grund genug, dass über sie immer wieder von neuem reflektiert werden sollte; mehr noch: Letztlich muss jede Zeit, muss jede Gesellschaft und jeder einzelne unter den jeweiligen Rahmenbedingungen den Umgang mit der Arbeit, deren Stellenwert, Form und Gehalt neu überdenken und definieren. Eine Doktorarbeit bietet hierfür eine ausgezeichnete Plattform. Sie gewährt jene notwendige Zeit, um sich mit einem facettenreichen, vielschichtigen und zentralen Inhalt - nicht zuletzt auch des eigenen - Lebens vertieft auseinandersetzen zu können. Sie hilft aber auch - und das scheint mir für dieses Thema besonders wichtig - Distanz zu finden zu einer vielfach leider viel zu oberflächlich geführten Diskussion, Distanz zu kurzatmigen Argumenten, zu vordergründigen Wahrheiten und zu nicht selten auch von Partikularinteressen getragenen Meinungen, Schlagworten und Dogmatismen.

Für mich jedenfalls war und ist die Motivation für dieses Thema gross. Über die Zeit, während der ich mich ausführlich mit dem Thema auseinandersetzen konnte, eröffneten sich mir immer wieder neue Aspekte, begeisterten und stimmulierten mich immer wieder neue Blickwinkel, welche neue Bereiche und Zusammenhänge offenbarten in diesem weitgreifenden und tiefreichenden Thema: Arbeit. Mit dem Schreiben einer Arbeit über die Arbeit zeigte sich aber auch schnell und ebenso hart ihr zweites, weit weniger geliebtes Gesicht. Die Lust am Thema wurde nicht selten von der Last ihrer Be- und Verarbeitung verdrängt, in den Schatten gestellt. Neben freudvolle Höhen reihten sich ebenso unzählige Stunden niederdrückender Tiefen - des Ringens mit dem Thema und mit sich selbst, der Zweifel und der scheinbar unüberwindbaren Barrieren und Probleme.

Gerade auch in Rückblick auf diese Stunden, in denen die Arbeit geradezu zur Qual wurde, möchte ich mich an dieser Stelle bei meinem Doktorvater, Herrn Professor Dr. Guy Kirsch bedanken. Mit grosser Geduld und vielseitiger Unterstützung half er Rückschläge und Probleme überwinden und eröffnete Räume, die weit über das hier Geschriebene hinausreichen. Seinen Anregungen und seiner Kritik verdanke ich, dass ich immer wieder zur Faszination des Themas zurückfinden konnte und mich doch nicht hoffnungslos darin verloren habe.

Danken möchte ich auch meinem Zweitreferenten, Herrn Professor Dr. Norbert Thom. Mit grosser Offenheit hat er diese Arbeit im Schnittpunkt verschiedener Wissenschaftsbereiche befürwortet und mitgetragen.

Frau Suzanne Delessert, der guten Seele des Seminars, einen herzlichen Dank nicht nur für ihre tipkräftige Mithilfe, sondern vor allem für ihre stets mitfühlende Unterstützung.

Das Zustandekommen dieser Arbeit verdanke ich aber nicht zuletzt auch meinen Freunden, die mich auch in schlechteren Zeiten ertragen haben und sich nicht selten meine Theorien anhören mussten. Gerne denke ich an die vielen anregenden Diskussionen zurück und an die gemeinsamen Stunden - die fröhlichen wie auch die beklommenen, gemeinsam durchgestandenen. Einen Dank hier speziell auch an Christoph Minnig: In der gemeinsamen Doktorzeit konnte ich in ihm über heftigste Diskussionen und vielfältigste gemeinsame Unternehmungen und Erlebnisse einen herrlichen Freund gewinnen.

Freiburg, August 1994 | Ruedi von Rotz

INHALTSVERZEICHNIS

Kapitel 3

Kapitel 4

Kapitel 1

EINLEITUNG

Die These, die diesem Buch zugrundeliegt, stellt ein eigentliches Paradoxon dar: Weil Arbeit vielfach als Mühsal und als unumgängliches Hindernis zu Wohlergehen und Glück erfahren wird, besteht weitgehend Konsens darüber, dass über eine Steigerung der Arbeitseffizienz und somit über eine Erhöhung des Ertrages pro Arbeitseinheit die Lebenssituation des Menschen verbessert werden kann - es ist dies ein Grundsatz ökonomischer Rationalität[1]. Obwohl also Massnahmen zur Steigerung der Arbeitseffizienz letztlich dem Menschen dienen (sollen), haben sie gleichzeitig auch zur Folge, dass der Mensch - oft gegen seinen Willen - den Zielen der Produktion untergeordnet und zu deren Erreichung instrumentalisiert wird. Denn: Um Produktivitäts- und Effizienzpotentiale möglichst umfassend realisieren zu können, müssen die Produktionsziele gänzlich verselbständigt werden, damit nicht jene Bedürfnisse sie relativieren, zu deren Befriedigung sie angestrebt werden. Damit wird Arbeit aber nicht mehr in erster Linie als ein Mittel begriffen, um Bedürfnisse zu befriedigen, sondern als ein Instrument zur Erreichung von Produktions-, bzw. Wirtschaftszielen. Ganz ähnlich konstatiert Erich Fromm jetzt aber aus psychologischer Sicht: "Ein sehr charakteristisches psychologisches Merkmal modernen Lebens ist die Tatsache, dass Tätigkeiten, die eigentlich Mittel zum Zweck sind, mehr und mehr zu Zwecken werden, während die ursprünglichen Zwecke nur noch ein unwirkliches Schattendasein führen."[2]

Am Beispiel: Die Schusterarbeit versteht sich nicht mehr primär als ein Aufwand, mittels dessen eine Erleichterung des Gehens und ein Warmhalten der Füsse angestrebt wird - ein Aufwand, der unmittelbar in Verhältnis gesetzt würde mit den Vorteilen bequemen Gehens und warmer Füsse. Da nun nicht mehr das bequeme Gehen und die wärmeren Füsse den Anlass zur Schusterar-

---

1) Im vorliegenden Text wird gemäss schweizer Schreibart ausschliesslich mit Doppel-s und nicht mit ß geschrieben - so auch in Zitaten in Abweichung zum Original.

2) Fromm (1982), S. 151.

beit geben, sondern die Herstellung von Schuhen losgelöst von diesen Bedürfnissen als ein eigenständiges und davon letztlich unabhängiges Ziel der Arbeit definiert wird, verändern sich damit auch sowohl die Ausrichtung als auch die Kosten-Nutzen-Relationen fundamental. Dank der nun losgelösten, rein technisch-ökonomischen Zielvorgaben können Arbeit und Aufwand weitgehend ohne Einschränkungen - etwa durch den begrenzten persönlichen Nutzen von Schuhen oder durch andere Bedürfnisse, die aufgrund dieser Arbeit zurückgestellt werden müssen - und unter Einbezug aller Kenntnisse auf diese Zielerreichung hin optimiert und rationalisiert werden. Unternehmen als zielorientierte und auf Effizienz ausgerichtete Institutionen innerhalb des Wirtschaftssystems sind diesbezüglich das wohl wichtigste Beispiel. Aber auch die Entwicklung der gesamten Wirtschaft zu einem eigenständigen Subsystem der Gesellschaft beruht auf dieser Umwandlung von ursprünglichen Mitteln (die Herstellung von Schuhen um bequemer zu gehen) in eigenständige Ziele (Schuhproduktion).

Die Loslösung der Produktions- und Arbeitsziele von den ursprünglichen Bedürfnissen, diese Wandlung des Arbeitsinhaltes zu einem verselbständigten Ziel, bedeutet aber auch, dass Arbeit nicht mehr vorwiegend als Mittel zur Bewältigung und Verbesserung eines bedürftigen Lebens begriffen und entsprechend gestaltet wird, sondern eben davon weitgehend losgelöst nur noch als - kostenwirksames - Instrument zur Erreichung eines klar definierten Produktionszieles. In Ihrer technischen Eigenschaft als Instrument wird die Arbeit demzufolge nicht in Hinblick auf die Relation von menschlichen Bedürfnissen und der zu ihrer Befriedigung unumgäglichen Mühsal und Entsagung - nämlich die hierfür notwendig zu leistende Arbeit - gestaltet und begrenzt, sondern ausschliesslich auf die Steigerung des Outputs und des Ertrages hin optimiert und rationalisiert. Erst diese Trennung von Mittel und Zweck erlaubt und ermöglicht eine rein rationale Gestaltung und Verbesserung der Arbeitsmethoden, was dann insbesondere in der industriellen Produktion zu enormen Produktivitätssteigerungen führte, auf denen der hohe materielle Lebensstandard der modernen Industrienationen beruht. Problematische Folge ist aber andererseits eine Wirtschaftsgesellschaft, die - wie Erich Fromm bereits 1947 konstatierte - "über der zwanghaften Beschäftigung mit den Mitteln oft den Zweck vergisst"[3].

3) Fromm (1982), S. 149.

Arbeit ist jedoch nie etwas vom arbeitenden Menschen Losgelöstes. Wird Arbeit also im Dienste eines eigenständigen Produktionszieles instrumentalisiert, so bedeutet dies aufgrund der Unmöglichkeit einer klaren Trennung letztlich auch die Instrumentalisierung des Menschen selbst. Damit stehen wir vor dem Paradoxon, dass der Versuch einer Erleichterung, bzw. einer Produktivitätssteigerung der *Arbeit im Dienste einer höheren Wohlfahrt des Menschen* schlussendlich im Dienste einer sich verselbständigten Produktion eben *diesen Menschen instrumentalisiert*. Dabei ist es gerade der Erfolg der Ertragsbestrebungen, welcher sich nun als Problem erweist: Indem die Produktion von Gütern - ursprünglich ein Mittel zur Wohlfahrt - zu einem eigenständigen Ziel erhoben wird, führen die nun konzentrierten Rationalisierungsbestrebungen tatsächlich zu einer gewaltigen Wohl*stands*steigerung und dieser Erfolg motiviert zu weiteren Anstrengungen in diese Richtung. Bezüglich der Wohl*fahrt* ist indessen kritisch zu fragen, inwieweit diese Verselbständigung der Produktionsziele und damit die Instrumentalisierung des arbeitenden Menschen zur Erreichung von ihm im Zweifel fremden Zielen diese negativ beeinflusst.

Mag also das Produktionsergebnis auch vorteilhaft sein, so findet in der Produktionsweise eine unerwünschte Verkehrung statt: Zumindest in und während der Produktion ist nicht mehr die Wohlfahrt des einzelnen Menschen Ziel und Motiv der Arbeit, sondern die Produktion selbst, bzw. der hieraus resultierende Ertrag stellt das primäre Ziel dar, während die Arbeit - und damit der arbeitende Mensch - hierzu ein disponierbares und manipulierbares Mittel darstellt. Die Instrumentalisierung des Menschen im Dienste ihm fremder Zwecke ist aus liberal-individualistischer Sicht grundsätzlich problematisch und bedarf daher einer Legitimierung. Gleichzeitig versuchen sich Menschen einer Instrumentalisierung zu widersetzen. Gerade in Lebensbereichen mit grosser Bedeutung und einem - schon von der Zeitdauer her - zentralen Stellenwert, wie dies für die Arbeit gilt, bedroht eine Instrumentalisierung durch Dritte das Selbstbild, die Freiheit und die Persönlichkeitsentwicklung des Individuums. Selbst wenn grundsätzlich eine auch aus individualistischer Sicht akzeptable Legitimierung für eine - beschränkte - Instrumentalisierung des arbeitenden Menschen zur Erreichung von Produktionszielen gegeben werden kann, selbst auch wenn aufgrund dieser Instrumentalisierung erhebliche Effizienzgewinne und damit Ertragssteigerungen pro Arbeitsaufwand erzielt werden können, so lässt sich doch immer dann, wenn diese Instrumentalisierung erfahren oder auch nur erahnt wird, ein mehr oder weniger starker Widerstand bei den Betroffenen feststellen.

Vielleicht wichtigster Grund hierfür ist, dass Arbeit für den arbeitenden Menschen - gerade wenn diese einen grossen Teil der Lebenszeit beansprucht - nicht nur ein Mittel zur Erreichung von Zielen ausserhalb der Arbeit darstellt, sondern gleichfalls als Tätigkeit selbst von grosser Bedeutung ist: Ein Mittel zum Zweck kann und soll zwar rationalisiert werden - nicht aber ein Selbstzweck. *Für den arbeitenden Menschen* existiert *bezüglich seiner Arbeit* die Trennung von Mittel und Ziel und damit die Verselbständigung des Produktionszieles und die konsequente Rationalisierung des Mitteleinsatzes Arbeit eben *nicht* in der für die industrielle Produktion charakteristischen, rationalen Schärfe. Wohl mag er begrüssen, dass ein Gut mit weniger Aufwand produziert werden kann oder dass er für die gleiche Arbeitsleistung einen höheren Lohn erhält; zumindest auf die Dauer wird er in der Arbeitstätigkeit selbst aber die Instrumentalisierung seiner Arbeit und damit letztlich auch seiner Selbst negativ erleben, darunter leiden und sich ihr nach Möglichkeit entziehen, bzw. sich ihr widersetzen.

Die Instrumentalisierung als Folge des Strebens nach Erleichterung der Arbeitslast und nach Steigerung des Arbeitsertrages wird vom einzelnen Individuum als Wohlfahrtsverlust erlebt. Der Widerstand, den er einer solchen Instrumentalisierung entgegenstellt, bewirkt aber auch, dass die auf diese Weise angestrebten Ziele nicht mehr optimal erreicht werden können: Produktivitäts- und Ertragspotentiale werden vergeben. Dies heisst genaugenommen: Je besser es den einzelnen Menschen gelingt, sich einer unerwünschten Instrumentalisierung zu widersetzen, desto weniger können auch die damit angestrebten Ziele realisiert werden, desto weniger können also auch die Beteiligten - und letztlich auch die Gesellschaft als Ganze - von den grundsätzlich erwünschten Vorteilen einer effizienten Wirtschafts- und Produktionsweise profitieren. Trotz einer grundsätzlichen Übereinstimmung der Vorstellungen über das Wünschenswerte entbrennt in dem Augenblick, in dem das Wünschenswerte tatsächlich angestrebt wird, ein Konflikt zwischen jenen, die die Produktionsziele anstreben, und jenen, die hierzu instrumentalisiert werden. Tragik dieses Konfliktes ist es, dass der Widerstand der letzteren wohl leicht den Erfolg der Zielerreichung zu vermindern vermag, jedoch dabei kaum die Wohlfahrt der betreffenden erheblich zu verbessern vermag, da die Instrumentalisierung damit letztlich nicht behoben werden kann: Infolge des schwelenden oder gar offnen Konfliktes wird bisher sogar die

Instrumentalisierung vielfach sogar noch intensiviert entsprechend der Systemlogik, dass nur ein vollkommen beherrschtes und kontrolliertes Instrument auch die erwarteten Ergebnisse erbringt.

Aufgrund der Komplexität und Interdependenzen dieses Themenbereiches, ist es hilfreich, sich ihm von verschiedenen Seiten her anzunähern. Unter Hinzuziehung einzelner Kenntnisse aus verschiedenen Fach- und Forschungsgebieten soll hier denn auch versucht werden, in vielschichtiger Weise die erwähnte These zu fundieren und die Konsequenzen dieses Paradoxons auszuleuchten.

Das hier untersuchte Problem liegt zu einem ganz wesentlichen Teil in der Doppelnatur der Arbeit begründet: Sie ist einerseits ein mit Mühsal und Entbehrung verbundenes Mittel, ohne das die eigentlichen Ziele nicht erreicht werden können. In dieser Welt knapper Ressourcen ist Arbeit eine unausweichliche Notwendigkeit für das Überleben des von Natur aus bedürftigen Menschen. Jedoch der Mensch ist nicht nur materieller Güter bedürftig, sondern er strebt auch nach einem sinnhaften Leben. Arbeit als Handeln und Interagieren im weitesten Sinne ist daher auch ein Ausdruck und eine Form menschlichen Lebens, in der sich der einzelne sucht und definiert (Kapitel 2).

Die modernen, westlichen Gesellschaften werden oft als Arbeitsgesellschaften bezeichnet und charakterisiert. Arbeit als auf einen äusseren Zweck gerichtete Tätigkeit und als Mittel zu wirtschaftlichem Erfolg spielt in ihnen eine zentrale Rolle; das Wirtschaftssystem dominiert weithin die übrigen Lebensbereiche. Ein historischer Rückblick macht deutlich, dass der Arbeit erst seit jüngster Zeit dieser Stellenwert zukommt: Arbeit wurde bis hin zum 18. Jh. kaum als etwas Eigenständiges gedacht. Zwar musste der Mensch in jeder Zeitepoche und in jeder Kultur arbeiten, doch war ihm dabei nicht bewusst, dass er damit eine von anderen Tätigkeiten des Lebens völlig getrennte Handlung vornahm. Entsprechend fremd musste ihm auch die Vorstellung einer konsequenten Rationalisierung des Arbeitsprozesses sein, denn jede Arbeitstätigkeit war aufs engste mit dem ganzen Lebensrhythmus verwoben. Der Wandel zum heutigen Verständnis der Arbeit, in der ihr mittelbarer Zweckcharakter im Vordergrund steht und aufgrund dessen die Arbeit nach rationalen Kriterien möglichst effizient gestaltet wird, erfolgte daher nicht ohne grosse kulturelle Brüche. Gerade die von diesem Wandel am meisten (und am härtesten) betroffene Bevölkerung - die zur Arbeit angetriebenen Unterschichten - leisteten aus ihrer traditionellen Vorstellungen heraus heftigsten Widerstand (Kapitel 3).

Dieser historischen Entwicklung steht eine Entwicklung intellektueller Reflexion gegenüber. Von besonderem Interesse ist hier das jahrhundertelange Ringen um eine menschengerechte Organisation des Zusammenlebens. Grundproblem ist auch hier die Knappheit der zum Leben benötigten Ressourcen, um deren Verteilung leicht ein zerstörerischer und mörderischer Kampf entbrennen kann. Die Organisation des Zusammenlebens ist aber auch für die Arbeit von grosser Bedeutung, denn einerseits ist Arbeit ein sozialer Prozess und andererseits wird sie in Inhalt und Form durch die Art der sozialen Interaktionen geprägt. Ebenso bestimmt die Organisationsform der Arbeit, wie effizient sie sein kann, denn mittels Kooperation wird die Leistungsfähigkeit des einzelnen wesentlich gesteigert. Bereits eine sehr allgemeine Darstellung von Organisationsprinzipien zeigt, dass verschiedene Formen mit je unterschiedlichen Vor- und Nachteilen möglich sind. Die Herausbildung der Marktwirtschaft stellt dabei eine kulturelle Errungenschaft dar, in der wie noch nie individuelle Freiheit und gesellschaftlicher Friede miteinander in Einklang stehen können. Mit der Entwicklung der Marktwirtschaft verselbständigen sich gleichzeitig auch Wirtschaft und Arbeit zu eigenständigen Kategorien und Strukturen.

Die Organisationsform der Arbeit hat einen wesentlichen Einfluss auf ihre Produktivität. Die Mehrzahl aller wirtschaftlichen Arbeit wird in den westlichen Industrieländern in Unternehmen organisiert. Diese stellen eine eigentliche Institutionalisierung der Verselbständigung wirtschaftlicher Ziele dar. Folglich ist die in Unternehmen verrichtete Arbeit primär Instrument und Mittel zur Erreichung dieser jeweiligen Ziele. Ermöglicht die Marktordnung ein Höchstmass an individueller Freiheit, so stellen Unternehmen aus ökonomischer Sicht in erster Linie eine Institution zur Steigerung der Arbeitseffizienz dar. Ihre hierarchische Grundstruktur mit der Ausrichtung auf ein definiertes Handlungsziel vereint den Gedanken der Verselbständigung des Handlungszieles mit organisatorischen Vorteilen einer ausgerichteten Kooperation. Vorab können innerhalb dieser Struktur Risiken und Reibungsverluste, die dadurch entstehen, dass Menschen geneigt sind, ihre Anstrengungen mit unmittelbaren, individuellen Bedürfnissen zu korrelieren, theoretisch gänzlich und praktisch zumeist doch erheblich eingedämmt werden. Die gezielte und rationale Ausrichtung der Arbeit auf ein Ziel, sowie die konsequente Ausnutzung der mit Arbeitsteilung und Kooperation verbundenen Vorteile führen zu erheblichen Effizienzgewinnen. Gleichzeitig bedeuten sie aber auch Instrumentalisierung der Arbeit, bzw. des arbeitenden Menschen im Dienste der Unternehmensziele. Der einzelne verliert an Handlungsfreiheit, weil über ihn disponiert wird, und seine Tätigkeit steht in immer mittelbarerer Beziehung zu seinen Bedürfnissen. Aktiver oder passiver Widerstand der Betroffenen beeinträchtigt den theoretisch denkbaren Erfolg des Konzeptes. Die tatsächlichen Strukturen von Unternehmen sind daher auch als Reaktionen auf diesen Konflikt zu verstehen (Kapitel 4).

Strukturen alleine lösen jedoch das Problem nicht. Solange die Beweggründe des einzelnen fundamental den Anforderungen der Arbeitsorganisation und der gesetzten Zielerreichung entgegenlaufen, können Strukturen den Menschen lediglich durch kostspieligen äusseren Zwang zum tauglichen Instrument machen.[4)] Entsprechend wird bereits seit längerem in Theorie und in Praxis nach Wegen gesucht, die aus diesem Konflikt herausführen. Mit der Verselbständigung der Arbeitsziele drängte sich vorerst auch eine Verselbständigung der Arbeitsdisziplin auf: Im Arbeitsethos als einer relativ jungen Erscheinung wird die Arbeit selbst zu einem nicht weiter zu begründenden Motiv für den Menschen; die Selbstdisziplinierung und die Leistungsbereitschaft werden so zu wesentlichen Bestandteilen des persönlichen Selbstverständnisses. Obgleich die Vorstellung eines Arbeitsethos als wichtigen Lebenswert bis heute Wirkung zeigt und wohl auch Bestandteil der Arbeitsgesellschaft und ihrer Kooperationsformen ist, muss festgestellt werden, dass dieser Ethos kulturell eine relativ junge Erscheinung ist und dass seine Verbreitung eng mit einer ganz bestimmten historischen Konstellation von Bedingungen verbunden ist. Spätestens seit der Wertwandeldiskussion der 70er und 80er Jahre ist denn auch die Unerschütterlichkeit dieses Wertes in Frage gestellt. In der Führungs- und Motivationstheorie wird denn auch schon seit längerem nach den wesentlichen Bezügen des Menschen zu seiner Arbeit gesucht, um entsprechend die Arbeit wieder 'menschlicher' und 'bedürfnisnäher' zu gestalten und/oder mit ihr direkte und indirekte Anreize zu verknüpfen, um auf diese Weise Motivation und Arbeitseffizienz zu fördern (Kap. 5).

---

4) Anreize sind demgegenüber erst erfolgreich, wenn auch positiv auf sie reagiert wird: Zumindest im historischen Rückblick erweist sich diese schiere Banalität als wesentliches Problem; aber auch bis heute steht jede von aussen über Anreize gesteuerte Motivation vor dem Problem, dass die damit provozierten Verhaltensweisen möglicherweise nicht den Erwartungen entsprechen.

Ausgehend von der grundsätzlichen Doppelnatur der Arbeit wird hier der Konflikt im wesentlichen darauf zurückgeführt, dass die Anstrengungen zur Effizienzsteigerung des Mittels Arbeit die Qualität der Arbeit als Ausdruck menschlichen Lebens zerstören. Insofern es sich hier um einen zwingenden Sachverhalt handelt, kann der Konflikt nur dahingehend verringert werden, dass dank der Effizienzerfolge weniger gearbeitet wird, um ausserhalb der Arbeit mehr Raum zum Ausleben vielfältigster Bedürfnisse zu schaffen. Soweit jedoch andere Organisations- und Gestaltungsformen für eine effiziente Arbeitsweise denkbar sind, die den Menschen weniger zum Instrument denn zum gestaltenden Subjekt in der Arbeit machen, öffnet sich hier ein zweiter Lösungsweg, der weniger spannungsgeladen ist. Als 'konkrete Utopie' muss wohl eine Kombination dieser beiden Lösungen angestrebt werden, sollen die Vorteile effizienter Arbeitsstrukturen nicht nur den Wohlstand, sondern auch die Wohlfahrt des Menschen nachhaltig verbessern und ihm vielfältige, individuelle Entfaltungsmöglichkeiten eröffnet werden.

Nicht erst, seitdem im Rahmen des Wertewandels Menschen wieder vermehrt eine distanzierte Einstellung zu Wirtschaft und Arbeit einnehmen, besteht konkret die Gefahr, dass der Mensch von seinen eigenen Idealen - hier: von seinem Streben nach einer effizienteren Arbeit *zur Erleichterung und Verbesserung seines Lebens* - gefressen wird. Je mehr die Welt, in der wir leben, von Menschen gestaltet ist, umso mehr muss deren weitere Entwicklung durch bewusstes Handeln und Gestalten gesteuert werden, um nicht letztendlich Opfer der selber ausgelösten Dynamik zu werden. "Der Handlungsbedarf wächst mit der Künstlichkeit unserer Welt."[5] Wir sind fortwährend dazu verpflichtet, unsere Situation zu überdenken und, wenn nötig, nach neuen Lösungen zu suchen und neue Wege zu beschreiten. Dies gilt auch und gerade heute, wo wir auf einem Höhepunkt industrieller Entwicklung zugleich auch mit drängenden Problemen konfrontiert sind: Wachsende Arbeitslosigkeit und Umweltbelastung einerseits, sowie teilweise gewandelte Bedürfnisse und ein teilweise gewandeltes Selbstverständnis vieler Menschen andererseits machen ein Ueberdenken unserer Situation und unserer Ziele notwendig und erfordern gestalterische Eingriffe vor allem auch in unserer Arbeitswelt.

5) Kiessler (1989), S. 32.

Kapitel 2

DIE DOPPELNATUR DER ARBEIT

Die Widersprüchlichkeit, mit welcher der Mensch auf die Arbeit reagiert, die Zwiespältigkeit in seinem Umgang mit der Arbeit scheint ihren Ursprung im Wesen der Arbeit selbst zu finden. Arbeit ist weitaus weniger ein homogener Sachverhalt, als vielleicht gemeinhin angenommen werden könnte. Vielmehr zeichnet sich die Arbeit selbst durch eine ihr eigentümliche *Doppelnatur* aus.[1)]

Die beiden Hauptcharakteristika der Arbeit sind durchaus rivalisierender Natur; sie können sich gegenseitig ausschliessen, jedoch auch gleichzeitig auftreten. Ihre Tragweiten und ihre Bedeutungen für den Menschen sind jedoch individuell immer sehr unterschiedlich. Der Einstieg in diese Problematik geschieht vielleicht am einfachsten mit Hilfe eines Beispiels. Dienen soll uns hierzu eine kleine Episode aus Tom Sawyers Abenteuer, wie sie uns Mark Twain mit sanfter Ironie schildert.

Wie erinnerlich konnten nicht alle Streiche Toms ohne ein erzieherisches Nachspiel durchgehen. So geschah es auch einmal, dass die herzensgute, aber um Disziplin besorgte Tante Polly ihren Schützling zur Strafe den Gartenzaun frisch tünchen liess...

Samstag Morgen, ein strahlender Sommertag. Mit tiefer Melancholie überschaut Tom die zu leistende Arbeit: ein Zaun von dreissig Yard Länge und ganze neun Fuss hoch. Ihn tünchen zu müssen ist nicht nur eine Strafe, es ist auch eine schier unerträgliche Last, die bevorstehende Anstrengung eine Qual. Angesichts dieser Arbeit scheint für Tom das Leben nur noch dumpf und drückend. Lustlos streicht er einige Male mit dem Pinsel über die oberste Planke und vergleicht dann sogleich die Nichtigkeit dieser kleinen, weissen Stelle mit der unendlichen

---

1) Das Phänomen Arbeit kann selbstverständlich unter verschiedensten Aspekten gegliedert werden. Die hier herausgearbeitete Doppelnatur könnte sicherlich noch weiter unterteilt werden, indem das, was hier noch zusammengefasst bleibt, im einzelnen nach weiteren Kriterien unterschieden wird. Dies mag für andere Zwecke sehr sinnvoll sein; für dieses Thema ist die Herausarbeitung der Doppelnatur am ergiebigsten.

Distanz an noch nicht getünchtem Zaun, worauf er sogleich entmutigt niedersinkt.

Doch lastet diese Arbeit in noch ganz anderer Weise auf Toms Gemüt. Zum einen ist er dabei völlig allein. Sogar das lästige Wasserholen auf dem Dorfplatz erscheint ihm gegenüber seiner jetzigen Aufgabe erfreulicher, denn dort treffen sich immer allerlei Leute. Er erinnert sich, dass der Neger Jim dort nie weniger als eine ganze Stunde verweilt. Es überrascht daher auch nicht, dass dieser Jim trotz aller Überredungskunst nicht bereit ist, auch nur für eine kurze Zeit mit ihm die Aufgabe abzutauschen.

Zum anderen drückt Tom die Vorstellung von all dem nieder, was er doch eigentlich für diesen Tag geplant hatte. Es grämt ihn, dass schon bald seine Freunde kommen werden, voller Unternehmungslust, und sich sicherlich über sein unglückliches Los ausgiebig mokieren werden. Die Hoffnung, dass er vielleicht die Freunde für die Mitarbeit kaufen könnte, muss er schnell wieder aufgeben: sein Reichtum reicht nicht einmal, um auch nur eine halbe Stunde 'reiner Freiheit' zu erkaufen. Doch in diesem dunklen Moment wächst in Tom eine ganz neue Idee.

Als Ben Rogers, einer seiner Freunde, sich zu ihm gesellt, spielt sich genau das ab, was Tom schon so sehr befürchtet hatte. Ben hänselt den Geplagten mit all den Sachen, die er zu unternehmen gedenkt; doch Tom würdigt ihn keines Blickes - so vertieft ist er in seine Arbeit. Mit grossem Ernst führt er seinen Pinsel und, von Zeit zu Zeit, tritt er einen Schritt zurück, um das Resultat kritisch zu begutachten. Geziert folgt hier eine kleine Verbesserung und wird da noch einmal ein Strich nachgezogen. Erst nach geraumer Zeit scheint er die Gegenwart seines Freundes zu bemerken; allzusehr scheint er in sein Tun vertieft zu sein.

Ben stichelt weiter, dass er jetzt baden gehe, doch sehe er, dass Tom wohl eher arbeiten müsse. Dieser antwortet jedoch: "Was nennst Du Arbeit?" Und auf die Gegenfrage, ob dies denn keine Arbeit sei, meint er nur: "Vielleicht, ich weiss nur, dass es mir gefällt." Der Spass sei umso grösser, als sich ja nicht jeden Tag die Gelegenheit böte, einen Zaun zu tünchen. Damit erscheint die Sache nun in einem völlig neuen Licht. Theatralisch wendet sich Tom wieder seinem Werk zu, während seinen Freund nun langsam das Interesse packt. Doch so leicht ist Tom nicht dafür zu gewinnen, den anderen sich in der grossen Kunst des Tünchens versuchen zu lassen. Erst nach langem Hin und Her und gegen die Entrichtung eines satten Entgeltes gibt er schliesslich seinen Pinsel aus der Hand.

Dieser Handel wiederholt sich noch bei vielen anderen Freunden, die sich nach Herausgabe ihres Besitzes am Zaun abschwitzen dürfen, während der grosse Künstler Tom im Schatten geruhsam seine neuen Reichtümer häuft. All diese Freunde kamen, um ihn für sein Pech auszulachen, und blieben, um den Zaun selber zu streichen; dies nicht nur freiwillig, sondern gar noch, indem sie dafür bezahlten. Und während Tom auf unerwartete Weise eine angenehme Zeit verbrachte, erhielt der Zaun in kürzester Zeit drei neue Anstriche. Wäre nicht die Farbe ausgegangen, hätte Tom noch alle Jungen des Dorfes in den Bankrott getrieben.

Die gleiche Tätigkeit kann demnach sowohl unerträgliche Last als auch begehrenswerte Lust bedeuten. Doch worin liegt die Ursache, dass sie einmal dieses und ein andermal jenes ist? Was macht es aus, dass der eine sich damit erquickt, während der andere darunter stöhnt? Dieser Frage soll in diesem Kapitel - und letztlich über diese ganze Arbeit hinweg - nachgegangen werden. Doch vorerst nochmals kurz zurück zum Protagonisten dieser Geschichte: Er entdeckte an diesem Tag ein Gesetz menschlichen Tuns. Es scheint, dass man Menschen umso leichter für etwas begeistern kann, desto schwieriger es zu haben erscheint.

Dies ist wohl eine der möglichen Erklärungen. Eine weitere und zugleich umfassendere liefert der Autor gleich selber: "If he (Tom) had been a great and wise philosopher, like the writer of this book, he would now have comprehended that Work consists of whatever a body is *obliged* to do, and that Play consists of whatever a body is not obliged to do."[2] Der Grad der *Freiwilligkeit* ist ein wesentlicher Bestimmungsfaktor dafür, wie eine Tätigkeit erfahren wird. Wie zufällig wandelt sich eine Arbeit mit dem Grad ihrer Freiwilligkeit zum Spiel: Aus der auferzwungenen Last wird eine frei gewählte Lust; aus Schwernis und Bedrückung wird Herausforderung und Entfaltung.

Damit ist dem menschlichen Handeln grundsätzlich eine *Doppelnatur* eigen und das Verständnis dieser Doppelnatur bildet einen wichtigen Schlüssel für das

2) Twain (1957), S. 17.

Studium des Phänomens Arbeit als ein spezifisch menschliches Verhalten und der mit ihr verknüpften Probleme. Denn menschliches Handeln - und hier speziell Arbeit - kann nur zu einem bestimmten Teil als Folge physiologischer Notwendigkeiten verstanden werden; zum spezifisch Menschlichen wird Handeln - wird also auch Arbeit - dann und weil sich in ihr der Mensch im Wesentlich auch selbst zu finden sucht: In seinen Handlungen, in seiner Arbeit will (und muss) der Mensch seine Identität finden und schaffen, während seine Handlungen - also auch seine Arbeit - zugleich grundlegende Elemente für den Aufbau seiner sozialen Beziehungen und letztlich seiner sozialen Konstituierung sind.[3)]

Um die Probleme erfassen zu können, die insbesondere aus der industriellen Organisation und Gestaltung der Arbeit resultieren, ist es daher sinnvoll, diese Doppelnatur menschlichen Handelns in ihre Qualität eingehend zu untersuchen. Zu diesem Zwecke ist es hilfreich, für Arbeit - zumindest vorerst - eine offenere Definition zu wählen als jene, die heute in der Wissenschaft wie auch im alltäglichen Sprachgebrauch vorherrscht. Exemplarisch für die heute wohl prägende Vorstellung von Arbeit soll hier die Definition von Hans-Paul Bahrdt dienen: "Arbeit ist ein gekonntes, kontinuierliches, geordnetes, anstrengendes nützliches Handeln, das auf ein Ziel gerichtet ist, welches jenseits des Vollzugs der Arbeitshandlung liegt."[4)] *In der Gesamtheit der Elemente* muss diese Definition als eine *kulturspezifische* verstanden werden, die sich vorwiegend auf das Arbeitsverständnis in industrialisierten Gesellschaften bezieht.[5)] Insbesondere in der starken Betonung der Ausrichtung der Arbeit auf ein Ziel, 'welches *jenseits* des Vollzugs der Arbeitshandlung liegt', aber auch im Hinweis auf ihre Kontinuierlichkeit kommt eine kultur- und zeitspezifische Eigenheit sowohl im Arbeitsverständnis als auch in der Arbeitsgestaltung zum Ausdruck, die sich im Verlaufe dieser Untersuchung als zentrale Problemquelle in der Beziehung des Menschen zu seiner Arbeit erweisen wird.

Eine solche Definition der Arbeit verschleiert weitgehend die Doppelnatur menschlichen Handelns, indem sie Arbeit rein als Mittel zu einem Zweck definiert, der ausserhalb ihrer selbst liegt. Mit der gewollten Abgrenzung der Arbeit von Handlungen, die zum reinen Selbstzweck erfolgen - so vor allem das oben von

3) Vgl. Bergmann (1988), S. 79; Baitsch/Ulich (1990b), S. 5.
4) Bahrdt (1983), S. 124.
5) Wie in einem späteren Kapitel gezeigt werden wird, weisen etwa die Adjektive 'kontinuierlich' und 'geordnet' stark auf eine industrielle Arbeitsorganisation hin.

Mark Twain zum Gegensatz zur Arbeit erklärte *Spiel* -, geht jedoch auch das Bewusstsein verloren, dass menschliche Handlungen immer in unmittelbarer Beziehung stehen mit dem Handelnden selbst und somit meist auch einen teilweisen Selbstzweck - die Bedeutung der Tätigkeit selbst für den Tätigen etwa, oder die Lust die sie ihm bereitet - bewahren. Wie die Definition von Marie Jahoda zeigt, wird diese zweite Natur menschlichen Handelns zwar meistens nicht ausgeschlossen, jedoch, sofern überhaupt erwähnt, als nebensächlich behandelt oder lediglich angeführt, um so das eigentliche Wesen - das mit ihr angestrebte, ausserhalb liegende Ziel - besser hervorzuheben: "Unter Arbeit versteht man jede manuelle oder geistige Tätigkeit, die einen Zweck hat, der über die Lust oder Unlust an der Tätigkeit selbst hinausgeht."[6)]

Um die Doppelnatur der Arbeit besser erfassen zu können, soll hier nun - wegen der zu starken Einseitigkeit des gängigen Arbeitsbegriffes - Arbeit vorerst in einem weiteren und umfassenderen Zusammenhang begriffen werden; und zwar als das, was Arbeit immer auch ist: ein *Handeln des Menschen.*[7)] Wenn auch Arbeit als eigentliche Unterkategorie des Handelns durchaus spezifische - jedoch je nach Kultur und geschichtlichem Zeitpunkt z.T. unterschiedliche - Merkmale aufweisen kann, so sind gerade auch die allgemeinen Merkmale, die in einem Oberbegriff zusammengefasst werden können, von grosser Bedeutung; ihre Vernachlässigung kann deshalb, wie sich noch zeigen wird[8)], durchaus zu Fehleinschätzungen und Fehlentwicklungen führen. Der Begriff des Handelns erlaubt es, die wichtigsten Aspekte der Arbeit vorerst ohne spezifische Rangordnung zu erfassen, ohne dabei Gefahr zu laufen, inhaltsleer zu sein. Zugleich kann mit diesem weiteren Oberbegriff auch die Entwicklung hin zum spezifisch industriellen Arbeitsbegriff besser aufgearbeitet werden, da er prinzipiell offen ist für verschiedene Kombinationen und Ausformungen seiner Elemente. Diese Offenheit ist nicht zuletzt angesichts der Tatsache angezeigt, dass zwar Menschen sich schon immer zur Erhaltung ihrer Existenz abgemüht haben, aber hierfür erst seit wenigen Jahrhunderten einen derart eigenständigen Begriff der Arbeit ausgeformt haben.

---

6) Jahoda (1984), S. 11

7) Die *menschliche Handlung* ist vorab in der Psychologie ein wichtiger Begriff. Vgl. Ulich (1978a), S. 45, der hierbei auch auf den marxistischen Psychologen S.L. Rubinstein (Grundlagen der allgemeinen Psychologie, Berlin (DDR) 1958, S. 229.) verweist; dieser will sie gar als Grundeinheit der psychologischen Analyse begriffen haben.

8) Deutliches Beispiel ist das Arbeitssystem des Taylorismus, das später behandelt werden wird.

"Handeln kann hierbei verstanden werden als bewusst zielgerichtetes, rückgemeldetes Verhalten."[9] Obwohl mit dieser Definition das Untersuchungsobjekt für den Anfang sehr weit gefasst wird, ist es hier gleichzeitig von entscheidender Bedeutung, dass Handeln immer als etwas *bewusstes* und *zielgerichtetes* begriffen wird. Tätigkeiten, die rein willkürlich oder zufällig, also unbewusst und letztlich absichtslos erfolgen, werden somit grundsätzlich von der Untersuchung ausgeschlossen. Innerhalb dieser klaren Eingrenzung zeigt sich aber, dass bewusstes und zielgerichtetes Handeln durchaus viele Formen annehmen kann: Die Offenheit der Definition lässt klar werden, dass einerseits einem Handeln mehrere, auch konfligierende[10] Ziele zugrundeliegen können; andererseits können diese Ziele sowohl jenseits und ausserhalb der eigentlichen Tätigkeit als auch in der Tätigkeit selbst liegen oder zumindest unmittelbar mit dieser verknüpft sein.

Die Untersuchung der Doppelnatur der Arbeit setzt an diesem Punkt an: In polarisierender Darstellung von Idealformen soll menschliches Handeln einmal untersucht werden als unausweichliche, meist anstrengende und unangenehme *Notwendigkeit*, wenn ein bestimmtes Ziel, das nicht in der Tätigkeit selbst liegt, erreicht werden soll; zum anderen wird Handeln - im Gegensatz hierzu - untersucht als eine Tätigkeit, die ausschliesslich um ihrer selbst willen erfolgt. Die Darstellung dieser zweiten Extremposition erfolgt dabei idealerweise mittels der Kategorien des *Spiels*.

Diese duale Darstellung der Arbeit schliesst sich in gewissem Masse einer Vielzahl von bereits früher diskutierten Dualismen an. Dabei steht sie vor allem jenen Konzepten nahe, die sich mit der Frage beschäftigen, "wie eine Arbeit sein *soll*, oder wie Betroffene sie *wahrnehmen* und *empfinden*"[11]. Auch die hier gewählte duale Darstellung der Arbeit als Notwendigkeit und als Spiel basiert vorwiegend auf normativen und subjektiven Aspekten der Arbeit, während andere, durchaus auch wichtige Bedeutungsebenen vernachlässigt werden.

9) Ulich (1978a), S. 45.
10) Sie können etwa zueinander in einer Rangfolge stehen, die sich je nach Bedingungen verändern kann.
11) Huber (1984), S. 65.

Gleichzeitig unterscheidet sich jedoch der hier gewählte Ansatz von der Mehrheit der in der Literatur dargebotenen Dualismen[12) darin, dass mit den Kategorien Notwendigkeit und Spiel - wenn es auf den ersten Blick auch scheinen mag - noch keine eigentliche Wertung vorgenommen wird. Vielmehr handelt es sich hier um eine Benennung von Charakteristika, die in unterschiedlicher Verteilung jeder Tätigkeit eigen sind. Es wird also nicht ein wünschenswertes Spiel einer angeprangerten Notwendigkeit gegenübergestellt, sondern es sollen hier Kategorien entwickelt werden, anhand derer eine spezifische Arbeit oder Tätigkeit untersucht werden kann. Damit besteht auch keine Identität zwischen der hier gewählten Strukturierung und der scheinbar ähnlichen Unterscheidung einer Arbeit im Reich der Notwendigkeit und einer solchen im Reich der Freiheit, wie sie von Karl Marx und Friedrich Engels vorgenommen wurde.[13)] Obgleich die Freiwilligkeit, in der eine Arbeit vorgenommen oder gestaltet wird, ein zentrales Merkmal der Qualität einer Arbeit darstellt, so wird mit den Kriterien Spiel und Notwendigkeit noch nichts hierüber ausgesagt, sondern erst anhand ihrer Anteile an einer spezifischen Arbeit: So kann eine als Lebensgrundlage dienende Arbeit durchaus so beschaffen sein, dass zugleich auch der Tätigkeit selbst ein Lebenswert zukommt, während gewisse Formen von ausgetragenen Spielen, wie etwa ritualisierte Formen des Kriegs oder des Duells im Mittelalter, nach dem Eintrittseintscheid für die Protagonisten nur noch wenig Freiräume offenlassen. Gleichfalls liegt der Dualismus von Notwendigkeit und Spiel quer zur Einteilung von Erwerbsarbeit und Nichterwerbszeit, bzw. Eigenarbeit, die in dieser Zeit ausgeführt wird. "Selbsterfüllung und Selbstbestimmung kann man in einer Erwerbstätigkeit ebenso finden wie Frustration und Fremdbestimmung in der Eigenarbeit."[14)] Spiel etwa darf demnach nicht missverstanden werden als Freizeit, Selbstbestimmung und Spass, sondern steht hier für ganz bestimmte Qualitätseigenschaften einer Tätigkeit.

In den folgenden zwei Unterkapiteln sollen die Wesensmerkmale von Notwendigkeit und Spiel, die beiden Janusgesichter der Arbeit, herausgearbeitet

12) Seit Mitte der 70er Jahre erwachte eine neue Auseinandersetzung mit dem Begriff Arbeit; vgl. Huber (1984), S. 64 ff.; eine kurze Zusammenstellung neuerer dualer Arbeitskonzepte finden sich ebenda S. 66.

13) Vgl. Marx-Engels Werke (MEW), Bd. 23 (Das Kapital I), S. 57, 198 f.; MEW 20 (Anti-Dühring), S. 106 ff., 264 ff., 273 ff.; insbesondere MEW 25 (Das Kapital III), S. 828: "Das Reich der Freiheit beginnt in der Tat erst da, wo das Arbeiten, das durch Not und äussere Zweckmässigkeit bestimmt ist, aufhört; es liegt also der Natur der Sache nach jenseits der Sphäre der eigentlichen materiellen Produktion."

14) Huber (1984), S. 67.

werden. In einem dritten Unterkapitel wird kurz das Zusammenwirken dieser beiden idealtypisch dargestellten Eigenschaften in konkreten Tätigkeiten skizziert.

2.1. ARBEIT ALS MITTEL ZUR ERREICHUNG VON ZIELEN: NOTWENDIGKEIT

"Der Arbeitsprozess (...) ist zweckmässige Tätigkeit zur Herstellung von Gebrauchswerten, Aneignung des Natürlichen für menschliche Bedürfnisse, allgemeine Bedingung des Stoffwechsels zwischen Mensch und Natur, ewige Naturbedingung des menschlichen Lebens und daher unabhängig von jeder Form dieses Lebens, vielmehr allen seinen Gesellschaftsformen gleich gemeinsam."[1] Der Mensch ist ein bedürftiges Wesen. Dies gilt schon und zuallererst für den physiologischen Bereich: er braucht Nahrung, Kleidung, usw. Die allgemeinste Bedingtheit menschlichen Lebens liegt in der Tatsache, dass es durch Geburt entsteht und im Tod vergeht. "Was die Mortalität anlangt, so sichert die Arbeit das Am-Leben-bleiben des Individuums und das Weiterleben der Gattung (...)."[2] Das Leben und Ueberleben des Menschen verläuft in einer Welt und einer Natur, mit der er in einem beständigen Austauschprozess steht und stehen muss. Diese Welt ist jedoch nicht im vorneherein entsprechend der menschlichen Bedürfnisse geordnet; im Zweifel kann sie für sein Ueberleben gar zur Gefahr werden.

Arbeit, wie sie auch im allgemeinen Sprachgebrauch verstanden wird, ist die Leistung, die erbracht werden *muss*, um selbst profanste Bedürfnisse decken zu können. So reich und mannigfaltig diese Welt an sich auch ist, so knapp und widerspenstig kann sie dem Menschen in bezug auf seine Bedürfnisse erscheinen. Zwar lässt sich in dieser Welt zum Beispiel durchaus reichlich Nahrung finden, doch muss dieser Umstand in Ort und Zeit nicht zwingend mit dem Hungernden übereinstimmen, oder aber Form und Qualität entsprechen noch nicht den Bedingungen, unter denen sie erst den Hunger stillen können.

---

1) MEW 23, S. 198.

2) Arendt (1989), S. 15. Das durch Geburt und Tod begrenzte Leben unterliegt primär einem biologischen Prozess - spontanes Wachstum, Stoffwechsel und Verfall -, der "sich von Naturdingen nährt, welche die Arbeit erzeugt und zubereitet, um sie als die Lebensnotwendigkeiten dem lebendigen Organismus zuzuführen". Unter der Bedingung der Mortalität sichert die Arbeit so das "Am-Leben-bleiben". Vgl. hierzu eingehender Arendt (1989), S. 14 - 26.

Mittels der Arbeit muss der Mensch also versuchen, diese Welt seinen Bedürfnissen dienlich zu machen. Der Zweck der Arbeit besteht demnach vorerst darin, jene Güter zu beschaffen, deren der Mensch für sein Leben bedarf; mittels der Arbeit soll aber auch die Welt so verändert werden, dass die von ihr ausgehende Bedrohung des menschlichen Lebens gemindert wird. Neben der Deckung des physiologischen Existenzminimums und des Schutzes des blossen Lebens vor gefährlichen Umwelteinflüssen entfaltet sich darüber hinaus eine Vielzahl von unterschiedlichsten Bedürfnissen, deren Befriedigung das Wohlbefinden des Betreffenden hebt. Sie sind weniger Folge der natürlichen Ueberlebensnotwendigkeiten als vielmehr Ergebnisse des Austausches mit dem sozialen und gesellschaftlichen Umfeld. Immer aber, wenn zur Deckung von Bedürfnissen Güter und Dienste beschafft werden müssen oder die Welt gemäss den eigenen Vorstellungen verändert werden muss, bedarf es hierzu des Einsatzes von Arbeit.[3] Arbeit dient insofern als Mittel zu einem Zweck, der ausserhalb ihrer selbst liegt und der unabhängig von ihr bestimmt wird. Mittels der Arbeit wird angestrebt oder geschaffen, was eigentlich Ziel ist; das Verhältnis der Arbeit zum Ziel ist ein mittelbares, indirektes, da das Ziel weder die Arbeit selbst ist, noch in ihr liegt. Zugleich aber ist diese Arbeit unumgänglich, zwingend notwendig, wenn das Ziel erreicht, das betreffende Bedürfnis befriedigt werden soll: Die so gesehene Arbeit kann daher am besten betitelt werden als *Arbeit aus Notwendigkeit*.

In der groben Einseitigkeit dieser Betrachtung steht Arbeit ausschliesslich als die notwendige *Voraussetzung* für all jenes, was der Mensch benötigt oder als Ziel zu erreichen sucht; insofern ist *Arbeit ausschliesslich Mittel zum Zweck*. Durch sie werden Nahrungsmittel bereitgestellt, die dann den Hunger zu stillen vermögen; durch Arbeit werden Flussläufe begradigt und eingedämmt, damit das Leben vor Ueberschwemmungen geschützt wird; analog werden Häuser und Stadtmauern errichtet, Strassen gebaut und Kleider genäht, köstliche Gerichte gekocht und herrliche Parks angelegt. "All the wealth of this world is the product of human work, and vice versa, mankind could not exist without work."[4]

---

3) Wo die Welt nicht mit den eigenen Vorstellungen übereinstimmt, besteht jedoch auch die Alternative, die Vorstellungen und Bedürfnisse - soweit möglich - der Welt anzupassen. Vgl. hierzu Kirsch (1988a), S. 190 ff. Im Zen-Buddhismus wird die Welt als eigentlich vollkommen begriffen, während es durchaus möglich ist, dass der Mensch etwas an der Struktur seines Bewusstseins ändern muss, damit er zur Harmonie mit der wahren Wirklichkeit gelangen kann. Vgl. hierzu z.B. Izutsu (1986).

4) Margulies/Zemanek (1983), S. 121.

Doch innerhalb der hier verwendeten Abstraktion bleibt die Arbeit immer nur der Weg, die Vorbedingung und Vorbereitung zu den Zielen menschlichen Strebens - so mannigfaltig diese Ziele auch sein mögen. Zwar kann dieser Weg, weil das Ziel, zu dem er führt, gewollt wird oder zumindest als notwendig anerkannt wird, deshalb auch als ein gewolltes und aufbauendes Mittel begriffen werden. Dennoch wird die Arbeit aber *an sich* nicht gewollt; vielmehr kann sie geradezu als störendes und fremdes Element, als eigentliches Hindernis empfunden werden zwischen sich und seinen Zielen. Einerseits wirkt Arbeit demnach *vermittelnd* zwischen Bedürfnis und Befriedigung, weil sie die Möglichkeiten zur Befriedigung schafft; andererseits *trennt* sie gleichfalls den Bedürftigen von der Befriedigung seiner Bedürfnisse, weil erst die Arbeit getan sein muss, bevor ihr Ergebnis genossen werden kann.

Will ein Ziel erreicht werden, will ein Bedürfnis befriedigt, ein Bedarf gedeckt sein, so muss notwendigerweise die entsprechende Arbeit geleistet werden. Unter diesem Gesichtspunkt - und dies sei hier betont: nur bei einer so abstrakten und einseitigen Sicht - macht Arbeit *an sich* nicht glücklich. Im Gegenteil: Sie ist der ebenso unangenehme wie unausweichliche Preis für das erstrebte Glück.[5] Der allgemeine Sprachgebrauch weist denn der Arbeitdementsprechend auch qualitative Eigenschaften zu: Arbeit steht geradezu synonym für Mühsal, Not und Beschwerde.[6] "Alle Worte für 'Arbeit' in den europäischen Sprachen (...) bedeuten ursprünglich 'Mühsal' im Sinne einer Unlust und Schmerz verursachenden körperlichen Anstrengung (...). *Labor*, verwandt mit *labare*, heisst eigentlich 'das Wanken unter einer Last', *Arbeit* (...) hat die gleiche etymologische Wurzel wie *Armut* (...)".[7] Die Worte travail und trabajo für Arbeit leiten sich aus dem lateinischen tripallium her, das ein Folterinstrument bezeichnet. Zweifellos stehen damit beim Begriff Arbeit allgemein Assoziationen von Pein, Mühsal, und Anstrengung im Vordergrund; sie ist unabänderliches und zu beklagendes Schicksal des Menschen.

Es erstaunt daher nicht, dass sich in fast allen Kulturen die Mächtigen und Reichen der Arbeit entzogen, indem sie andere für sich arbeiten liessen und ihre

5) Wie Arbeit selbst als Glück erfahren werden kann und eine Tätigkeit an sich zur Befriedigung von Bedürfnissen beitragen kann wird später dargelegt werden.

6) Vgl. Höffe (1986), S. 11.

7) Arendt (1989), 327 (FN 40). Sowohl *arm* wie auch *Arbeit* stammen von dem germanischen Stamm *arbm-*, dessen Ausgangsbedeutung etwa mit *vereinsamt* und *verlassen* wiederzugeben ist.

Besserstellung vorab damit ausdrückten, dass sie eben nicht zu arbeiten brauchten. So wird zum Beispiel in fast allen Hochkulturen der Antike Arbeit begriffen und definiert als Negation der Musse, welche allein edel, frei und eines freien Menschen würdig ist: "a-scholia (griech.) und neg-otium (lat.) bezeichnen in den alten Sklavenhaltergesellschaften alle Tätigkeiten, die als 'unfrei' galten, insbesondere alle körperliche Arbeit zur Sicherung der Lebensnotdurft, die Sache der Sklaven war"[8]. Da die Arbeit dazu dient, "das Notwendige herbeizuschaffen und das Nützliche zu produzieren, (ist) sie unfrei, nämlich gezwungen von den Nöten und Wünschen der Menschen"[9]. Wer es sich leisten konnte, hielt sich von ihr fern, denn sie hatte nichts mit dem wahren Leben zu tun; sie war hierfür lediglich Vorbedingung und Zuträger.[10]

Arbeit bedeutet im letzten und ursprünglichen Existenzkampf, wobei der Arbeitende dabei seine Bedürftigkeit, seine Abhängigkeit und Verwundbarkeit direkt vor sich sieht und nun mittels der Arbeit diese Bedrängnis oder diesen Misstand abzuwenden versucht. Sein Streben und Hoffen sind dabei auf das gerichtet, was *nach* der Arbeit folgt.[11] Da die Arbeit eben gerade diese Trennung vom angestrebten Zustand sichtbar macht und gleichzeitig den einzigen und zumeist beschwerlichen Weg zu diesem Ziel darstellt, kann kaum etwas Leichtes und Fröhliches an ihr haften. Im Gegenteil: Diese Arbeit bedeutet Ernst, ihr gebührt

8) Müller (1979), S. 29. In diesem Zusammenhang kann festgestellt werden, dass sich die allgemeine Einstellung zur Arbeit mit der Ueberwindung der Sklavenhaltung und der Leibeigenschaft zunehmend ins Positive wandelte.

9) Arendt (1989), S. 19.

10) Auch der Handel und selbst die Tätigkeiten eines Tyrannen fallen unter dieses Verdikt. Dies, weil er dafür garantieren muss, dass in der Gesellschaft Ordnung herrscht - nicht zuletzt auch, um selbst an der Macht zu bleiben. Die Beschäftigung mit der Polis, die als nicht mehr erzwungene Betätigung begriffen wird, welche über die Notwendigkeiten einer geordneten Gesellschaft hinaus eine eigene Bedeutung in sich trägt, muss hiervon deutlich unterschieden werden. Denn das eigentlich Politische entsteht nach antiker griechischer Auffassung keineswegs notwendigerweise, wohingegen die blosse Organisiertheit einer Gesellschaft - z.B. in der Tyrannis - lebensnotwendige Bedingung für ihr Bestehen ist. Alles, was jedoch aus Notwendigkeit geschieht, gehört nicht zur Lebensweise eines freien Mannes. Vgl. Arendt (1989), S. 19 f. Wie verpönt Arbeit in der Antike gewesen sein muss, lässt sich erahnen, wenn selbst Hesiod, der gemeinhin zu den wenigen Verteidigern der Arbeit im Altertum gezählt wird, von 'peinvoller Arbeit' spricht und sie an erster Stelle unter den Uebeln aufzählt (Theogonie 226). Vgl. Arendt (1989), S. 327 (FN 40).

11) Hierin liegt einer der wesentlichen Unterschiede zum Spiel, das im weiteren Verlauf dieses Kapitels der hier geschilderten, bewusst einseitigen Konzeption der Arbeit gegenübergestellt werden wird. Vgl. Huizinga (1987), u.a. S. 60; Caillois (1967); Holl (1984).

Ernsthaftigkeit oder auch Eifer, Anspannung und Mühe.[12)] Geprägt wird sie von der Kategorie des 'Nützlichen', also lediglich vom *Grad ihrer Tauglichkeit zur Erreichung des gesteckten Zieles.* Damit ist diese Arbeit zwar unausweichlich, für sich selbst jedoch beliebig und kann durchaus auch ohne innere Anteilnahme ausgeführt werden; sie muss halt eben getan werden, jedoch wirklich wichtig ist lediglich, sie möglichst schnell hinter sich zu bringen.[13)]

Gearbeitet wird in diesem Fall niemals um der Arbeit selbst willen, sondern rein aus äusserer Notwendigkeit. Nur schon der Umstand, dass jemand arbeiten muss, offenbart damit implizit, dass er unter einem äusseren Zwang steht, dass er unfrei, also ein bedingtes, in Abhängigkeit stehendes Wesen ist. In Gesellschaften, die diese Arbeit grundsätzlich den Menschen der unteren Schichten überliessen und aufzwangen - so z.B. den Sklaven - wird dieser Umstand noch verstärkt durch einen Souveränitätsverlust des Arbeitenden innerhalb der Gesellschaft. So ist es durchaus verständlich, dass diesem Eingeständnis eigener Bedingtheit und der Gefangenheit in äusseren Zwängen nach Möglichkeit entflohen wird, um sich Edlerem und Reinerem zuzuwenden, dem Schönen und Bildenden, dem also, was das Menschsein (in Abgrenzung zum Rest der Natur) ausmacht.[14)]

Die so verstandene Arbeit ist als solche niemals gewollt, sondern dem Menschen auferlegt; sie ist in gleichen Masse Inbegriff und Ausdruck für das irdische Leiden, zu dem die Menschheit geboren wurde.[15)] Unabhängig von der 'objektiven' Anstrengung, welche die Arbeit vom einzelnen abverlangt - dieser Aufwand ist abhängig sowohl von den Widerständen, auf die er dabei stösst, als auch von der gegebenen Technologie und Arbeitsorganisation -, ist sie immer nur ungeliebtes Mittel zum Zweck und wird entsprechend auch als störend, belastend und be-

---

12) Dies sind alles Begriffe und Hilfskonstruktionen, die das Gegenteil von 'Spiel' ausdrücken sollen. "Dem Spiel gegenüber steht für uns *Ernst*, in speziellerem Sinne auch wohl *Arbeit* (...)." Huizinga (1987), S. 54. Bezeichnenderweise sind diese Begriffe jedoch nicht gleichwertig: "*Spiel* ist etwas Eigenes. Der Begriff *Spiel* als solcher ist höherer Ordnung als der des *Ernstes*. Denn Ernst sucht *Spiel* auszuschliessen, *Spiel* jedoch kann sehr wohl den Ernst in sich einschliessen." Während sich der Ernst als Nicht-Spiel eindeutig definiert, ist der Bedeutungsinhalt von Spiel durch die Negation von Ernst keineswegs erschöpft. Das Begriffspaar Spiel-Ernst basiert daher eigentlich nicht auf gleichwertigen Bedeutungsebenen; vgl. Huizinga (1987), S. 56.

13) Vgl. Huber (1984), S. 66; vgl. auch Aznar (1978) für eine beissend-böse Darstellung.

14) "In der Antike - im alten Aegypten, Persien, Griechenland und Rom - galt Arbeit den Oberen (also den Begüterten; R.v.R.) als unrein und tierisch." Huber (1984), S. 112.

15) In Platons Gesetzen z.B. wird der Mensch ausdrücklich als ein von Natur mit Mühsal beladenes Geschlecht definiert; vgl. Platon, Gesetze II 653.

drückend empfunden. Nur die Zwecke werden angestrebt, während die Arbeit lediglich ein lästiges oder gar quälendes Erfordernis darstellt, weil die Welt den Bedürfnissen widersteht.[16)] Die Unfreiheit besteht darin, dass mit dem Ziel immer auch die Arbeit verkoppelt ist; ohne an sich erwünscht zu sein, kann sie auch nicht umgangen werden - ausser man hat in irgend einer Form die Macht (z.B. durch die Herrschaft über Sklaven), sie auf einen anderen abzuwälzen.

Doch auch wenn es dem einzelnen verwehrt ist, die unumgänglich notwendige Arbeit auf andere abzuschieben, besteht für ihn eine Möglichkeit, sie nicht nur als äusseren, erdrückenden Zwang zu erleben: Er kann sie *bejahen als sinnvolles und nützliches Mittel* zur Sicherung seiner Existenz und zur Bereitstellung von Gütern und Diensten, die seine Bedürfnisse befriedigen. Obwohl diese Art Arbeit für sich keineswegs erwünscht ist, so kann sie doch bejaht werden als Beitrag zu einem besseren Leben. Trotz der mit ihr verbundenen Mühen und Entbehrungen kann ihr ein indirekter Wert zugesprochen werden, wenn ihr Ergebnis insgesamt zu einer spürbaren Verbesserung des Lebens beiträgt.

Zentrale Voraussetzung dafür, dass Arbeit - im hier gebrauchten engen Sinne einer unausweichlichen, drückenden Notwendigkeit - bejaht werden kann, ist *die Erfahrung ihrer Nützlichkeit und Sinnhaftigkeit bezogen auf die eigene Lebenssituation und die eigenen Bedürfnisse.* Wenn, wie bislang, vorwiegend davon ausgegangen wird, dass die Arbeit verursacht und geprägt wird durch die natürliche Bedingtheit des Menschen oder durch bestimmte Bedürfnisse, die auf diesem Wege befriedigt werden, so besteht wohl in den meisten Fällen eine grosse Chance, dass der Bezug von Anstrengung und Entbehrung zu Überleben und Bedürfnisbefriedigung relativ leicht einsehbar und erlebbar ist: Sowohl im allgemeinen - als (Lebens-)Notwendigkeit, "deren Zwang alle Sterblichen unterworfen sind"[17)] - als auch im spezifischen Einzelfall - etwa beim Holzspalten, um im Winter über genügend Brennholz zu verfügen - steht hier die Tätigkeit noch in enger Verbindung zum jeweils angestrebten Zweck: Dieser ist sichtbarer Anlass zur Anstrengung und er bestimmt und begrenzt damit meist auch sehr direkt Form, Inhalt und Ausmass der betreffenden Arbeit.

---

16) Es stehen also "der Mensch und seine Arbeit auf der einen, die Natur und ihre Stoffe auf der anderen Seite (..)." MEW 23, S. 198 f.

17) Arendt (1989), S. 33.

Solche leicht einsehbare, sinngebende Bezüge zwischen Art und Ausmass einer Arbeit und den vom einzelnen angestrebten Zielen, bzw. seiner existentiellen Bedingtheit, sind jedoch nicht immer gegeben. In arbeitsteiligen und hochtechnisierten Gesellschaften sind natürliche Bedingtheit des Menschen oder sein jeweiliges, momentanes Bedürfnis bei weitem nicht mehr die einzigen Faktoren, die - neben dem Widerstand, den die Welt dem menschlichen Streben entgegensetzt - die Arbeit in Inhalt und Form determinieren; wahrscheinlich sind sie nicht einmal mehr die einzigen Gründe, welche die Arbeit erzwingen. Zwar bleiben Bedürftigkeit und Bedürfnisse weiterhin Grundbedingung und Urmotiv menschlichen Arbeitens, doch dieser Zusammenhang wird oft recht undeutlich und abstrakt, da er von vielen anderen Bedingungen und Bezügen überlagert, verschüttet und verzerrt wird: Ausmass, Inhalt und Form einer Arbeitstätigkeit können daher - obwohl über viele Querverbindungen und Interdependenzen hinweg letztlich immer Mittel zum Zweck der Lebenserhaltung und Bedürfnisbefriedigung - für den einzelnen diesen wesentlichen Sinnbezug, diese unmittelbare Bestimmung und Begründung (fast) gänzlich verlieren. Denn nicht mehr allein die Natur steht dem einzelnen widerstehend gegenüber, sondern auch von Menschen geschaffene Einrichtungen; nicht allein 'natürliche' Bedingungen bestimmen sein Arbeiten, sondern - je höher die Entwicklungsstufe desto bedeutsamer - auch kulturelle und strukturelle, organisatorische wie architektonische Gegebenheiten. Sie sind von Menschen geschaffen worden, oder aus menschlichem (Zusammen-)Leben erwachsen, und bestimmen nun wiederum das menschliche Leben mit.[18)] Die Bedeutung der vom Menschen geschaffenen Wirklichkeit und ihr Einfluss auf sein Leben wachsen zunehmend an und können durchaus jene direkten, von der Natur her gegebenen Bedingtheiten überdecken und übertreffen; dennoch bleiben sie aber letztlich immer darin verhaftet. "Die Welt als ein Gebilde von Menschenhand ist, im Unterschied zur tierischen Umwelt, der Natur nicht absolut verpflichtet, aber das Leben als solches geht in

18) "Nun umfasst aber die Condition humaine, die menschliche Bedingtheit im Ganzen, mehr als nur die Bedingungen, unter denen den Menschen das Leben auf der Erde gegeben ist. Menschen sind bedingte Wesen, weil ein jegliches, womit sie in Berührung kommen, sich unmittelbar in eine Bedingung ihrer Existenz verwandelt." "Die Menschen leben also nicht nur unter den Bedingungen, die gleichsam die Mitgift ihrer irdischen Existenz überhaupt darstellen, sondern darüber hinaus unter selbstgeschaffenen Bedingungen, die ungeachtet ihres menschlichen Ursprungs die gleiche bedingende Kraft besitzen wie die bedingenden Dinge der Natur. Was immer menschliches Leben berührt, was immer in es eingeht, verwandelt sich sofort in eine Bedingung menschlicher Existenz. Darum sind Menschen, was auch immer sie tun oder lassen, stets bedingte Wesen." Arendt (1989), S. 16.

diese künstliche Welt nie ganz und gar ein, wie es auch nie ganz und gar in ihr aufgehen kann; als ein lebendes Wesen bleibt der Mensch dem Reich des Lebendigen verhaftet, von dem er sich doch dauernd auf eine künstliche, von ihm selbst errichtete Welt hin entfernt."[19)]

Viele der Eingriffe in die natürliche Umwelt, mit denen der Mensch versucht, sein Leben und seine Existenzbedingungen nach seinen Vorstellungen zu verbessern, haben nebenbei auch zur Folge, dass diese nun teilweise veränderte Umwelt insgesamt immer schwieriger zu durchschauen und zu begreifen ist, während sie aber gleichzeitig auf immer komplexere und vielfältigere Art das Leben des einzelnen beeinflusst und bestimmt. Zusätzlich zu den natürlichen Bedingungen und Abhängigkeiten erhebt sich eine wachsende Zahl 'künstlicher' Bedingungen, Interdependenzen und Kausalketten, die die ursprünglichen überlagern oder sich mit ihnen auf vielfältige Weise durchmischen, woraus völlig neue, nicht vorhergesehene Bezüge, Bedingungen und Zwänge resultieren. Damit steigt die Komplexität der menschlichen Existenzbedingungen, was wiederum die Vermutung zulässt, dass damit auch die unmittelbare Einsehbarkeit existentieller Notwendigkeiten teilweise verlustig geht. Die Notwendigkeit einer Arbeit ist nicht mehr direkt und unmittelbar einsichtig und erfahrbar, sondern wird oftmals nur noch mittelbar - z.B. über gesellschaftliche Normen oder über einen Befehl - erlebt, womit aber auch die Erkenntnis über deren existentielle Notwendigkeit, über die inneren Zusammenhänge von Leben, Bedürfnissen und Arbeit verschleiert wird. Im Extrem fällt so die Arbeit selbst in die Beliebigkeit, nur noch bestimmt und erzwungen durch die Anordnungen des Vorgesetzten - und nicht durch die Notwendigkeit des Lebens -, was leicht dem Gefühl Vorschub leistet, in der Arbeit nur noch Opfer der Willkür und des Fremdzwanges zu sein.

Eine durch Willkür und Fremdzwang geprägte Arbeit, die in sich selbst aber zugleich völlig beliebig bleibt, muss für den Menschen, seine Selbsterfahrung und seine Entwicklung weitreichende, negative Folgen zeitigen, weil diese Situation keine kreative und gestalterische Auseinandersetzung, keine Bejahung der Lebensbedingungen und letztlich - wenn sich Freiheit gemäss Hegel als Einsicht in die Notwendigkeit versteht[20)] - keine Entfaltung in Freiheit erlaubt: "Nicht in der geträumten Unabhängigkeit von den Naturgesetzen liegt die Frei-

19) Arendt (1989), S. 8 f.
20) Hier übernommen nach Marx, MEW 20, S. 106.

heit, sondern in der Erkenntnis dieser Gesetze, und in der damit gegebenen Möglichkeit, sie planmässig zu bestimmten Zwecken wirken zu lassen. Es gilt dies mit Beziehung sowohl auf die Gesetze der äusseren Natur, wie auf diejenigen, welche das körperliche und geistige Dasein des Menschen selbst regeln (...). Freiheit des Willens heisst daher nichts andres als die Fähigkeit, mit Sachkenntnis entscheiden zu können." "Freiheit besteht also in der auf Erkenntnis der Naturnotwendigkeiten gegründeten Herrschaft über uns selbst und über die äussere Natur (...)."[21)] Erst in der *Erkenntnis der Notwendigkeiten und in der aktiven Auseinandersetzung mit ihnen kann demnach Freiheit erwachsen*, kann die Arbeit und über sie das Leben bejaht werden und kann sich der Mensch darin entwickeln. Wo aber diese Einsicht vereitelt wird, die Bezüge des eigenen Tuns zu den eigenen Bedürfnissen und Lebensbedingungen zumindest verworren sind und daher dieses Tun auch nicht mehr vom einzelnen im eigentlichen Sinne kontrolliert, seiner Nützlichkeit wegen gestaltet werden kann, verkümmert die Arbeit zum dumpfen, vielleicht gar schmerzlichen Zwang, dem man passiv unterworfen bleibt.

Es können hier nicht alle Implikationen dieses Problemfeldes untersucht werden. Mit der Hervorhebung einer einzigen Dimension, die für unseren Zusammenhang von direkter Bedeutung ist, mögen diese Ueberlegungen jedoch etwas verdeutlicht werden: Eine weitgehend aus dem menschlichen Zusammenleben erwachsene Wirklichkeit stellt die Ungleichheit der Menschen untereinander dar. Die einen vermögen sich von Notwendigkeit und Zwang zu befreien, indem sie die Arbeit anderen aufzwingen. Der Arbeitende aber erlebt nun die Notwendigkeit seiner Arbeit nicht mehr unmittelbar als Bedingung seines Lebens und als sinnvolles Mittel zur Deckung seiner Bedürfnisse, sondern lediglich noch kaschiert hinter dem Befehl eines anderen. Damit geht er zumindest teilweise auch der Möglichkeit verlustig, durch die Einsicht in die Notwendigkeit, Freiheit zu erlangen. Mehr noch: Diese Arbeit unterliegt einem doppelten Zwang, "nämlich dem Gezwungenwerden durch das Leben selbst und durch die Befehle des Herrn"[22)]. Was hier für die Situation des Sklaven in aller Deutlichkeit gilt, kann

21) MEW 20, S. 106.

22) Arendt (1989), S. 19; Das Leben in der Notwendigkeit bedeutete für den Griechen der Antike Unglück; Leben in der Sklaverei hiess darüber hinaus, der durch Menschen ausgeübten Herrschaft der Gewalt unterworfen zu sein, und galt deshalb als doppeltes Unglück. Zwischenmenschlicher Zwang und Gewalt waren im übrigen nur dort legitim, wo sie der Befreiung aus dieser Eingebundenheit in das Reich der Notwendigkeit dienten - z.B. in der Herrschaft über Sklaven: "Die Notwendigkeit, deren Zwang alle Sterb-

in abgeschwächter Form in jeder Art von Befehl-Gehorsam-Beziehungen festgestellt werden: Selbst, wenn sie auf einer grundsätzlich freiwilligen Unterwerfung beruhen, entsteht im konkreten Einzelfall Unfreiheit, wenn eine Handlung nur erfolgt, weil sie befohlen ist, wenn sie also eigentlich den aktuellen Bedürfnissen des Ausführenden zuwiderläuft oder dieser selbst ihren Sinn nicht mehr erfassen kann.

Die Erkenntnis der eigenen Bedingtheit wiegt um einiges schwerer, wenn diese über die 'natürlichen' Bedingungen hinaus durch die Vorrangstellung eines anderen verursacht ist. Die Entgegennahme von Anweisungen bedeutet, dass der andere es vermochte, sich der existentiellen Zwänge zumindest teilweise zu entledigen, während man selbst nun auch noch unter dem Befehl dieses anderen steht. Dabei handelt es sich auch bei diesem um einen Menschen, der grundsätzlich genauso ein bedingtes Wesen ist, seine Situation jedoch auf Kosten anderer verbessern konnte. Diese Darstellung gilt wohl vollumfänglich für eine Gesellschaft, in der Arbeit mit einem 'guten Leben' unvereinbar ist. Für eine Gesellschaft, die letztlich völlig auf der Arbeit aufbaut, müssten sicher wesentliche Einschränkungen vorgenommen werden. Dennoch ist immer wieder festzustellen, dass selbständige Arbeit höher eingeschätzt wird als Anstellungsverhältnisse und dass mit der Durchschaubarkeit der Notwendigkeit und der Nützlichkeit einer zu erbringenden Arbeit auch deren Akzeptanz wächst wie auch die Zufriedenheit in dieser Arbeit. Aus diesem Umstand leitet sich die wichtige Forderung ab, dass jegliche Organisation menschlicher Arbeit unter anderem immer auch Transparenz zum Ziel haben sollte; sie ist notwendige Voraussetzung dafür, dass der einzelne erkennen und verstehen kann, was und wozu er etwas tut.

---

lichen unterworfen sind, rechtfertigt die Gewalt; gewaltsam befreien sich die Menschen von der Notwendigkeit, die das Leben auf sie legt, für die Freiheit der Welt." Vgl. Arendt (1989), S. 33 f. Ein freier Mann kann sich aber nach griechischer Vorstellung umgekehrt niemals einem Abhängigkeitsverhältnis unterwerfen: Wenn er sich schon zur Arbeit gezwungen sieht, so soll er in Freiheit einer Arbeit nachgehen, so schwer sie auch sein mag, jedoch sich niemals einem fremden Willen unterwerfen, auch wenn die Arbeit dann leichter wäre oder zu Reichtum verhülfe; vgl. Arendt (1989), S. 33 ff. Konsequenterweise können sie sich die Zufriedenheit gewisser Sklaven nur damit erklären, dass diese eben zur Unfreiheit geboren sind, da ein *freier* Mann den Tod der Sklaverei jederzeit vorzieht.

2.2. SELBSTVERWIRKLICHUNG UND SELBSTFINDUNG IN TÄTIGER AUSEINANDERSETZUNG MIT DER WELT: SPIEL

2.2.1. DIE BEGEGNUNG MIT DER WELT UND MIT SICH SELBST

Es lassen sich Tätigkeiten und Engagements des Menschen feststellen, die wenig oder gar nicht von äusseren Notwendigkeiten und Zwängen bestimmt, jedoch für den Betreffenden von grösster Bedeutung und Wichtigkeit sind. Nicht leicht ist es aber, deren Ursprung und Motivation im letzten zu bestimmen und zu benennen. Kaum einfacher wäre es, eine einigermassen vollständige Liste, wenn nicht der ursprünglichsten, so doch der wirksamsten Beweggründe sowie der Wesensmerkmale und Eigenschaften dieser doch so sehr anders gearteten Handlungen zusammenzustellen. Als Ausgangspunkt der folgenden Ueberlegungen wird deshalb eine recht allgemeine Hypothese genommen, die durch eine ebenso offengehaltene Feststellung ergänzt wird. Die Absicht und die Hoffnung bauen auf der Idee auf, dass über eine Sammlung von Argumenten im Verlauf der weiteren Ausführungen diese Grundfragen zwar nicht schlüssig gefasst, aber wenigstens ansatzweise umschrieben werden können.

Die Hypothese geht von der Vorstellung aus, dass der Mensch als erkennendes und seine eigene Situation reflektierendes Wesen bestrebt ist, seine mit dem Tierreich vergleichbare Eingebundenheit im Reich der Notwendigkeit zu transzendieren. Wahrscheinlich er allein ist sich seiner Begrenztheit, seiner Isolation und nicht zuletzt seiner Vergänglichkeit in schmerzlicher Weise bewusst. Wiewohl er von sich selbst Ich sagen kann, weiss er zugleich um seine Unzulänglichkeit; aus dem Ich heraus erkennt er eine Umwelt aus Menschen und Dingen, ein Nicht-Ich, das ihm äusserst fremd und erschreckend entgegensteht, das aber gleichzeitig ultimative Bedingung ist, dass er sich selbst überhaupt als Ich erkennen kann. Während er sich selbst als einzigartig und zentral erfährt, muss er zugleich erkennen, dass er so nicht unsterblich ist, dass er schon nach kurzer

Zeit aus dem gesamten Kontext des Nicht-Ich herausgerissen werden wird, dass er, der sich doch selbst erkennt und spürt, einmal spurlos verschwunden sein wird.

Als der Erkenntnis fähige Person sucht daher der Mensch die *Auseinandersetzung mit der ausserhalb von ihm existierenden Welt.* Sie ist nicht nur von zentraler Bedeutung (und Gefahr) für seine physisch-biologische Existenz, sondern wahrscheinlich auch Träger jener Geheimnisse, die der Mensch zur Erkennung, zum Verständnis und zur Bejahung seiner selbst zu ergründen sucht. In der *tätigen* Auseinandersetzung mit der Natur, mit der er so untrennbar verbunden ist und von der er sich als sie Erkennender auch wieder dermassen abhebt, sucht der Mensch nach den Ursprüngen des Lebens und erprobt seine ihm spezifischen Fähigkeiten. Vielleicht ist es letztlich der drohende Tod, der den Menschen um Einsicht und Erkenntnis ringen lässt: Worin unterscheidet er sich von dieser Welt; worin liegen das Wesen und der Sinn seines Lebens; wie kann er in dieser Welt ein Zeugnis seiner Existenz hinterlassen? Die Auseinandersetzung mit der Natur entspringt einem tiefen Erkenntnisdrang und darüber hinaus der Ahnung, dass darin auch der Schlüssel zum eigenen Selbst verborgen liegt. Denn die Erfahrung einer Welt ausserhalb des eigenen Selbst, kristallisiert und geformt an jenem Widerstand, den diese Welt nur einem tätigen Menschen entgegenbringen kann, lässt die eigene Existenz erst als etwas davon Verschiedenes und insbesondere als etwas Eigenständiges erstehen.[1)] Jedes menschliche Leben ist letztlich nur zu verstehen im Zusammenspiel und im Austausch mit der Welt; in diesem Austausch entfaltet sich der Mensch und prägt er wiederum die ihn umgebende Welt.[2)]

1) In diesem Zusammenhang muss nochmals auf einen wichtigen Umstand hingewiesen werden, der schon weiter oben in anderem Zusammenhang erwähnt wurde. Die tätige Auseinandersetzung mit der Welt führt auch dazu, dass diese immer mehr zu einer künstlichen, d.h. von Menschen geschaffenen und gestalteten wird. Damit muss aber in einem weiteren Schritt auch die Auseinandersetzung des einzelnen mit seiner Umwelt eine andere Qualität erhalten. Die erschreckende Fremdheit von Grossstadtkindern gegenüber der Natur und dem Leben an sich mag hier ein Beispiel für eine durchaus problematische Entwicklung sein.

2) Vgl. dagegen die kritische Diagnose von Richard Sennett: Der Rückzug in sich selbst, in die Intimität und Privatsphäre, dieser Narzismus, der für Sennett die Moderne charakterisiert, in der das Oeffentliche, das Aussengeleitete auf der Suche nach dem eigenen Innen aufgegeben wird, führt dann letztlich zu jener tragischen Selbstversunkenheit, in der keiner mehr sagen kann, was 'innen' ist; vgl. Sennett (1986), S. 18.

Diese andere, zweite Natur aller menschlichen Tätigkeiten erwächst somit aus dem Innersten allen menschlichen Strebens, ist ein bedeutsamer, vielleicht gar der zentrale Teil menschlichen Wesens selbst. Dieser Gehalt der Arbeit ist zugleich Ausdruck und Form der Suche nach sich selbst, der Suche nach einem Sinn für die eigene Existenz und dem Streben nach der Ueberwindung der eigenen Isolation und Bedingtheit. In der tätigen Beschäftigung, in der Auseinandersetzung mit der ihn umgebenden Welt macht der Mensch sich diese zu eigen, versucht er deren - und damit letztlich auch seine eigene - Fremdheit zu überwinden.

Nebst der Natur ist auch der Mitmensch in dieser ausserhalb des Ichs liegenden Umwelt von zentraler Bedeutung. Er ist dem eigenen Ich am ähnlichsten und zugleich individuell ein anderer, eindeutig von ihm getrennt. Die Erfahrung der Gemeinsamkeiten und der gleichzeitig so entscheidenden, individuellen Differenzen lässt den einzelnen den Umgang und die Nähe des Mitmenschen suchen. In der tätigen Begegnung mit dem anderen sucht der Mensch sowohl seine eigene Isoliertheit in der Vereinigung zu überwinden[3)], als auch den anderen wie sich selbst besser zu verstehen, ja als jeweils eigene Subjekte überhaupt erst zu erkennen. Gemeint ist hier *Kommunikation*, nicht als Vermittler objektiver Informationen, sondern als jenes existentielle Mittel zur Selbstfindung, zur Definition des eigenen Ichs; es ist diese Kommunikation, die lediglich um der Kommunikation willen erfolgt, ohne die die Vielfalt der Gefühle, die Menschen füreinander haben können, kaum existieren würden, ohne die wir in einer Welt leben würden, in der es nichts ausser reiner Zweckmässigkeit gäbe, keine Schönheit, keine Poesie, kein Spiel und keinen Humor. Die hier angesprochene Qualität der Kommunikation liegt vorab in der Inter*aktion*, in dem, was neben der eigentlichen informativen Mitteilung an vielschichtigen Bezügen, Uebermittlungen und gegenseitigen Bestätigungen vermittelt wird. "Es hat den Anschein, dass wir Menschen mit anderen zum Zweck der Erhaltung unseres Ichbewusstseins kommunizieren *müssen*."[4)] Es scheint unmöglich zu sein, geistige

3) Vgl. die Erzählung des Aristophanes, in der er die Liebe als das Zusammenstreben zweier künstlich geteilter Hälften einer früheren Ganzheit darstellt; Platon (1977), S. 56 ff.

4) Watzlawick u.a. (1969), S. 84. Vgl. auch Sennett (1986), S. 16: "Je mehr die Psyche privatisiert, d.h. ins Private gedrängt wird, desto weniger wird sie stimuliert, und desto schwieriger ist es für uns, zu fühlen oder Gefühle auszudrücken." Grenzen und Charakteristika werden verschwommen und es wird zunehmend schwieriger, ein klares Bild von der eigenen Persönlichkeit zu erhalten - für sich selbst und in den Augen anderer.

Stabilität und Entwicklung auf längere Dauer ohne zwischenmenschliche Kommunikation, ohne die Begegnung mit dem Anderen aufrecht erhalten zu können.

Ueber die Arbeit trachtet der einzelne also der Welt zu begegnen, der Natur und dem Mitmenschen und über diese letztlich sich selbst. Vielleicht ist die Erfahrung und die Erkenntnis seines eigenen Selbst das tiefste aller Bedürfnisse. Die *aktive* Begegnung mit der Welt ist hierbei wohl nicht der einzige, aber doch ein zentraler Weg: Die Arbeit dient dabei nicht nur zur Deckung des Lebensbedarfs oder zur Bereitstellung von Gütern und Dienstleistungen, mittels deren vielfältigste Bedürfnisse befriedigt werden können, sondern sie ist unmittelbar auch ein Mittel, bzw. eine Form oder ein Weg zur Selbstfindung; zur menschlichen Selbstverwirklichung und zur Gestaltung eines der menschlichen Eigenart gemässen Lebens ist die Arbeit selbst als Begegnung, Interaktion, Gestaltung von existentieller Wichtigkeit.[5)]

Bezüglich dieser Bedeutung und dieses Stellenwertes der Arbeit ist jedoch auch schon die These vertreten worden, dass das Bedürfnis, sich selbst als unverwechselbar erkennen zu können[6)], erst in neuerer Zeit einen ausgesprochen hohen Stellenwert erfahre, während dies bisher kaum in dem Masse der Fall gewesen sei. Den Nachdruck, mit dem der einzelne damit beschäftigt ist, sich in seinen Eigenarten zu entfalten und mit dem er nach Selbstverwirklichung strebt, führt denn z.B. Gertrud Höhler auf den Umstand zurück, dass wir uns heute "in der Luxusetage einer Kultur"[7)] befinden. Die Abwesenheit von Not, sei es mate-

---

5) Dass Arbeit als aktive Auseinandersetzung mit der Welt trotz ihrer existentiellen Bedeutung für den Menschen hier dennoch definitorisch einer Arbeit *aus Notwendigkeit* gegenübergestellt wird, mag jedoch verwirren. Diese Namensgebung kann aber damit gerechtfertigt werden, dass es sich um Notwendigkeiten auf verschiedenen Bezugsebenen handelt: Die Arbeit aus Notwendigkeit, wie sie hier definiert wird, steht ausschliesslich als Mittel zu einem Zweck, wobei letzterer sowohl lebensnotwendig (Nahrung) als auch nur wünschenswert (Segelyacht) sein kann. Zur Erreichung dieses Zieles muss jedoch mittelbar Arbeit erbracht werden - notwendig, wenn Essen beschafft oder eine Yacht erbaut sein soll, für sich selbst aber ist diese Arbeit ohne weitere Bedeutung. Demgegenüber realisiert sich die hier untersuchte Bedeutung einer Handlung in der jeweiligen Tätigkeit selbst; die Handlung selbst ist Form, Ausdruck und Medium der so notwendigen Auseinandersetzung mit der Welt. Damit ist sie nicht notwendiges Mittel zum Zweck, sondern sie ist - bei aller existentiellen Bedeutung, die ihr für die Persönlichkeit des Menschen zukommt - in gewissem Sinne eben Mittel *und* Zweck *zugleich.*

6) Vgl. Höhler (1988), S. 4.

7) Höhler (1988), S. 4; Hier liesse sich jedoch einwenden, dass wohl fast jede Kultur auch ihre eigene, in Luxus lebende Schicht hervorgebracht hat. Es war für diese zwar eventuell leichter, sich von einer grossen Mehrheit von ärmeren Mitmenschen abzuheben, doch muss dies ja nicht zugleich jedes Bestreben nach Selbstentfaltung ausserhalb eines

rieller Mangel oder existentielle Bedrohung durch Epidemien, Katastrophen oder Kriege, erlaubt, ja erfordert demnach eine neue Art der Selbstvergewisserung des Menschen, eben weil dessen materielle Ausstattung überreichlich ist, sich die Menschen hierdurch höchstens noch marginal voneinander unterscheiden können und der Existenzkampf höchstens noch als eine grundsätzliche Existenzberechtigung erkannt, nicht mehr aber als Charakteristik und sinnstiftende Bedeutung unmittelbar erlebt werden kann. Ueber materielle Güter, insbesondere über deren Verfügbarkeit und Konsum lässt sich also die Einzigartigkeit nicht mehr finden. Gerade in einer Zeit, in der die Massengesellschaft[8)] zunehmend als Bedrohung und die Ohnmacht des einzelnen darin als Gefahr erachtet werden, muss das Bedürfnis anwachsen, die persönliche Einzigartigkeit und Unverwechselbarkeit zu erleben und darzustellen. Im Streben hiernach sammelt der einzelne zwar noch weiterhin Besitz an, doch wird er zunehmend souverän im Umgang mit ihm, denn er konzentriert sich in seinem Suchen vermehrt auf immaterielle Güter.[9)]

Das Problem ist jedoch ein weit grundsätzlicheres: Mögen auch die obigen Argumente im einzelnen überzeugen, so muss hier doch grundsätzlich der Meinung von einer 'lediglich' modernen Erscheinung widersprochen werden. Zwar ist wahrscheinlich, dass die Formen der Suche oder die expliziten Aeusserungen über diese Suche heute nicht die gleichen sind wie jene zu früheren Zeiten, doch die Suche nach dem eigenen Ich, das Streben nach Lebenssinn und - je nach Kultur verschieden - nach Persönlichkeit und Unverwechselbarkeit hat den Menschen wohl seit je her bewegt, war ihm ein tiefes Anliegen.[10)] Denn der

verschwenderischen Konsums ausschliessen, was z.B. die griechische Antike deutlich zeigt.

8) Vgl. hierzu Arendt (1989), S. 52 ff.

9) Vgl. Höhler (1988), S. 5.

10) Es spricht einiges dafür, dass die kognitive und organisatorische Trennung der Arbeit aus Notwendigkeit von den übrigen Dimensionen und Qualitäten des menschlichen Handelns eine wichtige Ursache dafür ist, dass diese anderen Dimensionen nun ebenfalls explizit reflektiert und als Lebensnotwendigkeiten gefordert werden. Diese These wird gegen Ende dieser Arbeit ausgeführt werde. Hier ist vorerst nur folgendes von Interesse: Solange Tätigkeiten nicht getrennt werden in Notwendiges und 'Uebriges', kann auch eine Forderung, wie etwa jene nach 'Selbstentfaltung' kaum als etwas von den alltäglichen Handlungen Getrenntes gedacht werden. Aus diesem Grunde ist hier zum Vergleich die Griechische Antike von besonderem Interesse, denn auch sie kennt eine klare Loslösung des Notwendigen von den übrigen Tätigkeiten, was historisch und im kulturellen Vergleich eher eine Seltenheit ist. Bemerkenswert ist dabei im Vergleich der griechischen und der industriellen Kultur, dass erstere aus dieser Trennung eine Priorität der Selbstentfatung ableitet, während letztere sich der Notwendigkeit und der instrumentellen Nützlichkeit verschrieben hat. Neuerdings gewinnen aber auch hier - zumin-

Mensch kennt im Gegensatz zur Tierwelt eine *individuelle Einzigartigkeit*, die im persönlichen Selbstbewusstsein gründet, weshalb die das einzelne Leben überdauernde Erhaltung der Gattung für den Menschen seine persönliche Mortalität nicht aufhebt. Er erfährt seine individuelle Vergänglichkeit - in aller Deutlichkeit im Denken der griechischen Antike - als eine typisch menschliche gegenüber einer Welt, die dieses Einzelleben überdauert, gegenüber den Göttern, die unsterblich sind.[11)] Der einzelne Mensch kennt im Gegensatz zu allem übrigen Leben, welches in einem Kreislauf verläuft, eine individuelle Lebensgeschichte, die linear verläuft zwischen einer Geburt und einem Tod. "Den Griechen erwuchs Verlangen nach Unsterblichkeit aus dem Bewusstsein, als Sterbliche von einer unvergänglichen Natur umgeben zu sein und unter den Augen todloser Götter ihr Leben zu verbringen."[12)] Die Sterblichkeit durch Taten zu überwinden, kann hier als wichtige Antriebsfeder menschlichen Strebens gesehen werden. Nur der Mensch hat die Fähigkeit, Dinge herzustellen, die es verdienen, seine persönliche Lebenszeit zu überdauern und ihm so eine Art von Unsterblichkeit zu vermitteln. Ueber diese antike Vorstellung hinaus zwingt die Begrenztheit der als individuell wahrgenommenen Existenz den Menschen ganz allgemein, sich mit seiner Existenz, dem Wesen seiner Person und dem Sinn seines Lebens, bzw. mit der Frage, wie sein kurzes Leben sinnvoll und befriedigend gelebt werden kann, auseinanderzusetzen. Wesentlicher Teil dieser Auseinandersetzung findet in tätiger Form statt, in der sich der suchende Mensch an Welt und Mitmensch reibt und in dieser aktiven Begegnung wesentliche Impulse zu seiner Selbsterkenntnis und zur Lebensorientierung finden kann.

Ein überaus wichtiger Bezugspunkt für den Menschen ist dabei sein Mitmensch. In der Auseinandersetzung und über die Begegnung mit anderen Menschen versucht der einzelne, zu sich selbst zu finden, sein Leben einzurichten. Es ist denn auch wenig verwunderlich, dass gerade das Handeln (inklusive dem Reden) - hier verstanden als Tätigkeiten im Umgang mit anderen Menschen, die keiner vermittelnder Materie bedürfen[13)] - von den Griechen am höchsten, dem Men-

---

dest in den Forderungen - auch andere Qualitäten Zielrichtungen des menschlichen Handelns an Bedeutung und Beachtung.

11) Vgl. Arendt (1989), S. 23 ff.

12) Arendt (1989), S. 23 f.

13) Unter Handeln versteht Arendt all jene Tätigkeiten, die unmittelbar und ohne materielle Hilfsmittel zwischen Menschen möglich sind. "Das Handeln ist die einzige Tätigkeit

schen am würdigsten eingeschätzt wurde. Auch der Ort des Handelns, die Polis, genoss grösste Wertschätzung. Doch unabhängig von diesem für die Griechen zentralen Ort des öffentlichen Lebens, unabhängig von den institutionellen Auswirkungen dieses Ortes auf die Begegnung und Betätigung der dort anwesenden Menschen müssen zwischenmenschliche Beziehungen, muss der Umgang mit anderen Menschen als Bedingung und Bedürfnis menschlichen Lebens schlechthin verstanden werden. "Für Menschen heisst Leben - wie das Lateinische, also die Sprache des vielleicht zutiefst politischen unter den uns bekannten Völkern, sagt - so viel wie 'unter Menschen weilen' (inter homines esse) und Sterben so viel wie 'aufhören unter Menschen zu weilen' (desinere inter homines esse)."[14) Wie schon oben kurz erwähnt, leitet sich dabei der Wert der Begegnung mit dem anderen aus dem Umstand seiner gleichzeitigen Gleichheit und Andersartigkeit ab. Denn die tätige Begegnung mit dem anderen, das Handeln, "bedarf einer Pluralität, in der zwar alle dasselbe sind, nämlich Menschen, aber dies auf die merkwürdige Art und Weise, dass keiner dieser Menschen je einem anderen gleicht, der einmal gelebt hat oder lebt oder leben wird."[15)

Diese Pluralität ist Bedingung und Voraussetzung dafür, dass der einzelne über die Begegnung mit dem anderen sich selbst erkennen kann. Doch ist sie darüber hinaus auch essentiell für jede Erfahrung der Welt, denn erst der Umstand, dass auch andere, die für sich ein Ich postulieren, mit einem in Interaktion treten und dabei ebenfalls eine Welt des Nicht-Ich erkennen, die mit der eigenen Umwelt vergleichbar ist, vermittelt dem einzelnen eine gewisse Sicherheit bezüglich der Existenz seiner selbst und der Welt, die er um sich herum zu erkennen glaubt. Wichtig dabei ist, dass der andere nicht mit dem eigenen Ich zusammenfällt, sondern in dieser Welt einen eigenen Platz einnimmt und deshalb auch seinen eigenen Blickwinkel besitzt. Erst über die Begegnung mit diesem anderen entsteht Wirklichkeit. "Die Gegenwart anderer, die sehen, was wir sehen, und hören, was wir hören, versichert uns der Realität der Welt und unser selbst"[16).

Damit sei nun kurz umrissen, welche Dimensionen Arbeit neben ihrer Zweckgebundenheit in der Notwendigkeit noch haben kann und wie tief und für den Menschen ebenso existentiell ihre Motivation und Bedeutung jenseits der biolo-

der Vita activa, die sich ohne Vermittlung von Materie, Material und Dingen direkt zwischen Menschen abspielt." Arendt (1989), S. 14.

14) Arendt (1989), S. 15.
15) Arendt (1989), S. 15.
16) Arendt (1989), S. 50.

gischen Abhängigkeiten sein kann. Arbeit ist eine der Nützlichkeit verpflichtete Tätigkeit, die das Ueberleben physiologisch und biologisch sichert. Arbeit ist aber darüber hinaus eine nur dem Menschen, als einem zur Erkenntnis fähigen Wesen, eigentümliche Tätigkeit zur Begegnung mit der Welt, mit dem anderen und damit letztlich zur Selbstfindung. In und durch diese Arbeit hebt sich der Mensch von der Tierwelt ab.

2.2.2. DIE MUSSE

Die obigen Ausführungen haben gezeigt, dass die Arbeit für den Menschen recht unterschiedliche Dimensionen beinhalten kann und aus grundsätzlich verschiedenen Beweggründen erfolgt, woraus sich auch ihr unterschiedlicher Gehalt und Stellenwert ableiten lässt. Noch ist aber nicht geklärt, worin sich die Arbeit zur Selbstverwirklichung von jener aus Notwendigkeit qualitativ unterscheidet. Zu dessen Darstellung empfiehlt es sich, jenen Begriff näher zu untersuchen, mit dem in der Antike die Antipode zur geschmähten Arbeit aus Notwendigkeit bezeichnet wurde: die Musse.

Die Musse, auf griechisch *scholé*, auf Latein *otium*, ist untrennbar verknüpft mit dem Begriff der Freiheit, mit der persönlichen "Freiheit, nicht arbeiten zu müssen"[17]. Zuerst bedeutet Musse also über Zeit zu verfügen, die nicht von der Notwendigkeit bestimmt wird. "Die etymologische Wurzel von *scholé* bedeutet 'einhalten' oder 'aufhören', folglich 'Ruhe oder Frieden haben'. Später bedeutet es 'Zeit übrig haben', insbesondere 'Zeit für sich selbst haben'."[18] Musse könnte demnach geradezu als Synonym für Freizeit angesehen werden; dies wäre jedoch nur bedingt richtig, denn diese freie Zeit kann durchaus auch Nützlichkeitserwägungen unterliegen. Gerade die Freizeit ist oft ein unabdingbarer Bestandteil der Arbeit.[19] Damit ist sie jedoch genau wie diese in der Notwendig-

17) De Grazia (1972), S. 56.
18) De Grazia (1972), S. 57.
19) Die gute Erfüllung der in der Notwendigkeit begründeten Arbeit erfordert entsprechende Zeiten der Erholung. Diese Begründung der Nützlichkeit galt im 19. Jh. als einzige Legitimation arbeitsfreier Zeit und findet sich auch noch in Vorstellungen heutiger Zeit wieder. Noch immer gilt die Ansicht, dass die Freizeit 'nützlich' sein soll, wenn nun auch weniger aus der Sicht des Arbeitgebers argumentiert wird als aus jener des Arbeiters selbst. Die Freizeit soll und kann diesem z.B. dazu dienen, seine Fähigkeiten zu verbessern. Vgl. hierzu Scheuch (1972). Zudem steht heute Freizeit oft syn-

keit angesiedelt und bezieht ihren Wert aus ihrer Nützlichkeit in bezug auf einen lebensnotwendigen Zweck. "Vergnügen (..) und Erholung (..) sind notwendiger Teil der Arbeit. Sie sind nicht Selbstzweck."[20] Freizeitbeschäftigungen sind demnach nicht sogleich auch Tätigkeiten, die ausschliesslich der Freiheit und dem persönlichen Willen entspringen. Ebenso kann die freie Zeit weniger zur Musse genutzt werden, sondern in Zügellosigkeiten bestehen oder von Aengsten durchwirkt sein.[21]

So wichtig die freie Zeit als Voraussetzung für die Musse auch ist, so vermag sie dennoch nicht den Gehalt der Musse zu bestimmen. Musse bezeichnet weniger die benötigte Zeit als den eigentlichen Umstand oder Zustand der Freiheit von der Verpflichtung, arbeiten zu müssen; die Freiheit von jeder fremdbestimmten Verpflichtung und von jeder Aktivität, von der man eigentlich gerne befreit wäre. Es ist "eine von Sorge und Mühe freie Lebenslage"[22]. Ueberhaupt ist Musse niemals an einen Zweck, d.h. an ein fremdes, übergeordnetes Ziel gebunden; der Zweck wie auch die Motivation der Musse liegt vielmehr in ihr selbst begründet. "Musse ist ein Zustand, in dem eine Aktivität *um ihrer selbst willen* unternommen wird, als Selbstzweck."[23]

Im Verständnis der griechischen Antike kann denn auch nur in der Musse Zufriedenheit und Glück unmittelbar und frei von Einschränkungen erlebt werden. Dies begründet sich damit, dass jede andere Tätigkeit, also die Arbeit aus Notwendigkeit, immer auf ein Ziel hin gerichtet ist, das nicht unmittelbar in der Tätigkeit selbst liegt. Dass also gearbeitet wird, bedeutet zugleich, dass noch ein Mangel empfunden wird und dass erst mit der Erreichung des Zieles - also *nach* der Arbeit - eine gewisse Zufriedenheit erwartet wird. Arbeit ist damit Mittel zum noch zu erreichenden Zweck der Zufriedenheit. Die Zufriedenheit ist aber ein gegenwärtiges Ziel und kann daher nur im eigentlichen Akt und Moment der

onym für die Zeit ausserhalb der Erwerbsarbeitszeit. Wie jedoch Huber deutlich zeigt, ist von dieser Zeit ein wesentlicher Teil von weiteren Arbeiten ausgefüllt, die für das Leben unumgänglich notwendig sind; er spricht hierbei von Eigenarbeit und von Konsumarbeit; vgl. Huber (1984).

20) De Grazia (1972), S. 59; vgl. auch Huizinga (1987), S. 174 ff.; Im Gegensatz hierzu definiert Clawson die Freizeit als jene Zeit, die nicht den Erfordernissen der Existenz und der Lebenserhaltung dient. Vgl. Clawson (1972). Dieser Darstellung fehlt jedoch nicht nur der historisch-kulturelle Bezug, sondern sie verwischt in ihrer zu breiten Allgemeinheit bedeutende Charaktere und schränkt damit die Analyse unnötig stark ein.

21) Vgl. De Grazia (1972), S. 57 f.

22) Arendt (1989), S. 319 (FN 10).

23) De Grazia (1972), S. 59; Hervorhebungen, RvR.

Musse *unmittelbar* erfahren werden. "Glückseligkeit ist nur in der Musse zu finden", weil diese an sich endgültigen Charakters ist und keinem anderen Zwecke mehr dient, sondern um ihrer selbst willen getan wird und "niemals um einer anderen Sache willen begehrenswert ist".[24)]

Damit wird auch verständlich, weshalb für die griechische Antike ausschliesslich die Musse eines freien Mannes würdig war.[25)] Nur sie unterliegt nicht einem äusseren Zwang, ist nicht Folge irgendwelcher Notwendigkeiten, die den Menschen einschränken und sein Tun bestimmen. Dabei darf aber nicht der Fehlschluss gezogen werden, dass Musse Untätigkeit bedeutet. Die Musse als Tätigkeit im Reich der Freiheit trägt ihre Bestimmung immer *unmittelbar* in sich selbst, dient niemals einem anderen Zweck, ist also niemals nützlich: Alles nur Notwendige oder auch nur Nützliche wird sogar grundsätzlich ausgeschlossen. Stattdessen sind Tätigkeiten der Musse ausschliesslich dem 'Schönen' verpflichtet und erfahren darin unmittelbar ihre Bestimmung. Aristoteles unterscheidet drei Lebensweisen, die ausschliesslich dem 'Schönen' gewidmet sind und sich darin genügen, ohne von irgendwelchen weiteren Trieben und Begehrlichkeiten gehetzt zu werden: "das Leben, das im Genuss und Verzehr des körperlich Schönen dahingeht; das Leben, das innerhalb der Polis schöne Taten erzeugt; und das Leben des Philosophen, der durch Erforschen und Schauen dessen, was nie vergeht, sich in einem Bereich immerwährender Schönheit aufhält, das dem doppelten Eingriff des Menschen, seinem Herstellen neuer Dinge und seinem Verzehren dessen, was ist, entzogen ist."[26)]

Die griechische Antike kannte nicht nur eine klare Unterscheidung zwischen Tätigkeiten, die aus Notwendigkeit erfolgen müssen, und solchen, die ein freier Mann um des 'Schönen' willen ausübt, sondern sie ordnete diese beiden Tätigkeitsarten gleichfalls ganz bestimmten Sozialräumen zu. Mit der Ausdifferenzierung von Handlungen mit unterschiedlichen Eigenschaften werden diese somit auch zeitlich, räumlich und sozial voneinander getrennt. Die negativ bewertete und als Unfreiheit empfundene Arbeit aus Notwendigkeit wurde gänzlich in den nach aussen weitgehend abgeschotteten Raum des Haushaltes, bzw. der Familie im weiteren Sinne, verwiesen. Hier erfolgten die Arbeiten, die von den Lebens-

---

24) Vgl. De Grazia (1972), S. 59 ff.
25) "Das Leben in Musse war für einen Griechen das einzig gebürende Leben." DeGrazia (1972), S. 63.
26) Arendt (1989), S. 19.

notwendigkeiten diktiert sind, unter Ausschluss der Oeffentlichkeit; die Erstellung der Lebensgrundlagen war verbannt in den privaten, weitgehend in sich geschlossenen Raum - Ort der Unfreiheit und deshalb, zur Befreiung des 'freien Mannes' aus der Unfreiheit der Notwendigkeit, für ihn auch Ort der legitimierten Zwangsausübung[27]. Entsprechend gestaltete sich darin auch das Zusammenleben in einer weitgehend funktionalen Ausrichtung: "Das Zusammenleben im Haushalt hatte seinen Ursprung in der Notwendigkeit, und Notwendigkeit durchherrschte alle Tätigkeiten, die in diesen Bereich fielen."[28]

Weil alles Notwendige in den Bereich des Haushaltes verwiesen blieb, öffneten sich ausserhalb des Haushaltes, ausserhalb des familiären Zusammenlebens - und damit vorab in der Oeffentlichkeit - Räume der Freiheit, die von allem Notwendigen befreit sind und in der daher Musse angestrebt werden konnte. Im Vordergrund stand hier lange Zeit die Politik, das Engagement in der Polis.[29] "Das 'recht und gut Leben' (...), wie Aristoteles das Leben in der Polis nannte, war dabei aber nicht so sehr besser, sorgloser oder edler als das gewöhnliche Leben, als es von anderem Rang und anderer Qualität war."[30] Wie die Betätigung in der Polis waren auch alle anderen Tätigkeiten der Musse durchaus anstrengend, zeitraubend und aufreibend; ihr Vorzug begründete sich nicht durch Bequemlichkeit oder Genuss, sondern dadurch, dass sie ausserhalb des durch Notwendigkeit bedingten Zwanges, also in Freiheit, in freier Wahl und nur um der Sache selbst willen ausgeführt werden. Erhaben über jeglicher profaner Arbeit verlangen aber Tätigkeiten der Musse oft Mut und immer auch ein hohes Mass an Seriosität, um sich darin zu engagieren und der Sache - wie etwa der Politik, der Wissenschaft und Philosophie, den Kulten und Zeremonien oder auch der Kriegskunst - gerecht zu werden und darin zu bestehen.[31]

Der Rückblick in die griechische Antike sollte eines verdeutlichen: Da Arbeit hier restriktive definiert wurde als rein zweckgerichtete Tätigkeit aus Notwendigkeit und sie damit zugleich gesellschaftlich-strukturell einer weitgehend ab-

27) Vgl. Arendt (1989), S. 31 ff.
28) Arendt (1989), S. 32 f.
29) Nicht in den Bereich der Politik fiel aber demnach all jenes, "was für das Wohlergehen der Gesellschaft *notwendig* war" (Arendt (1989), S. 33). Trotz Ansehen und Macht zählte daher das Leben, das ein Fürst oder Tyrann führte, nicht zum 'guten Leben', da er für Ruhe und Ordnung und für die Erhaltung seiner Macht sorgen muss.
30) Arendt (1989), S. 37.
31) Vgl. Müller/Halder (1979), S. 29; Arendt (1989), S. 36 f., 42 und speziell auch S. 319, FN 10.

gegrenzten Lebenssphäre zugeordnet wurde, existierten als Gegengewicht und als Ausgleich zu dieser Arbeit qualitativ andere Tätigkeiten, die im Gegensatz zur Arbeit nicht aus Notwendigkeit erfolgten, sondern in gewissem Sinne frei gewählter Selbstzweck waren und für die ebenfalls ein eigenständiger Lebensraum definiert wurde; deren relative Bedeutung, ja gesellschaftliche Höherwertigkeit - bemerkenswert ist hier die systematische Umkehrung der Bewertung verglichen mit der heutigen Sichtweise - könnte nicht zuletzt auch damit erklärt werden, dass in diesen Tätigkeiten Bedürfnisse gedeckt werden können, die die Griechen als für den Menschen essentiell erachteten oder erahnten.

Zur heutigen, oft einseitig auf Arbeit und ihre Zweckhaftigkeit konzentrierten Sichtweise ist die (Rück-)Besinnung auf die Bedeutung dieser anderen Qualität des Handelns - der Musse als tätigen und kommunikativen Auseinandersetzung mit der Welt, dem Mitmenschen und mit sich selbst - notwendig, denn sie ist für das Leben, die Entfaltung und die Selbstfindung des Menschen überaus wichtig. In diesem Sinne wäre es doch allzu vereinfachend, wenn man die im Verlaufe des Wertwandels wieder verstärkte Betonung der Selbstentfaltung und -verwirklichung einzig als Luxuserscheinung in Folge materiellen Wohlstandes herabzuwürdigen versuchte. In der klaren Trennung der Antike steht die Musse für all jene Qualitäten, Dimensionen und Bedeutungen, die Tätigkeiten für den Menschen haben können - jenseits ihrer mittelbaren Zweckhaftigkeit aus Notwendigkeit. Sie zu vergessen, zu vernachlässigen oder gar zu unterdrücken, hat folgenschwere Auswirkungen auf das individuelle wie gesellschaftliche Leben. Wenn man davon ausgehen kann, dass sich das Wesen des Menschen nicht nur auf sein zweckgerichtetes Arbeitsvermögen beschränkt, dass der Mensch in seinem Streben und Handeln nicht nur auf die (materiellen) Existenznotwendigkeiten abzielt, so müssen in einer einseitigen Konzentration auf ausschliesslich zweck- und nützlichkeitsorientiertes Arbeiten wichtige Bedürfnisse unbefriedigt bleiben, mit all ihren negativen Konsequenzen. Der in den 80er Jahren diskutierte WErtwandel kann denn auch - so die hier vertretene These - als (vielleicht späte) Gegenreaktion zu einer allzu einseitig materiell und instrumentell ausgerichteten Arbeits- und Lebensauffassung und einer entsprechend einseitigen Gestaltung verstanden und gewürdigt werden.

2.2.3. ARBEIT UND SPIEL

Es ist nun an der Zeit, sich nebst dem Ursprung und dem Gehalt der 'Arbeit zur Selbstverwirklichung' auch einige Gedanken zur möglichen Gestalt dieser Arbeit zu machen. Dies ist wiederum ein sehr weitläufiges und schwieriges Unterfangen. So viele Arten der Selbstverwirklichung vorstellbar sind, so viele Formen dieses Bestrebens können wohl auch ausgemacht werden. Insbesondere, wo die Selbstfindung in einer Religion aber auch allgemein in einer geistigen Bildung und Ergründung gesucht wird, könnten die folgenden Ueberlegungen unpassend erscheinen. Ohne hier aber auf eine alles erklärende Theorie abzuzielen, kann das *Spiel*, wenn es auf seine Grundeigenschaften zurückgeführt wird, als eines der mächtigsten kulturschaffenden Faktoren verstanden werden.[32)]

Anhand der Kategorien, die in der Anthropologie als Wesensmerkmale des Spiels herausgearbeitet worden sind, können auch wesentliche Eigenschaften und Merkmale der Musse dargestellt werden. Zudem: Wurde die Musse hier eingeführt als Anschauungsmaterial und als historischer Beleg, dass Handeln durchaus unterschiedlichen Konzeptionen zugeordnet und entsprechend - je nach Sichtweise[33)] - unterschiedlich bewertet und auch gesellschaftlich-institutionell unterschiedlich organisiert werden kann, so eröffnet das Konzept des Spiels den Einblick in Funktion und Eigenart all jenes Handelns, das nicht durch die Notwendigkeit diktiert ist. Da zudem beide Naturen des Handelns für den Menschen auf ihre Weise essentiell sind, muss somit das, was hier als Spiel analysiert werden wird, das menschliche (Zusammen-)Leben ebenso geprägt haben wie das an Nützlichkeit orientierte Arbeiten aus Notwendigkeit.

Diese Ueberzeugung stützt sich auf das klassische Werk 'Homo Ludens' von Johan Huizinga; schon in der Vorrede postuliert er die Unvollständigkeit einer

---

32) Vgl. Huizinga (1987), S. 56 ff.; Huizinga zeigt hier u.a. auch, dass kultische Tätigkeiten ebenso wie die Wissenschaft zumindest in ihren Ursprüngen durchaus als Formen des Spiels zu verstehen sind.

33) Wenn auch erst später die Konzeption des Arbeitens in Industriegesellschaften ausgeführt werden wird, so enthalten die Ausführungen über die griechische Antike dennoch implizit auch den Vergleich zur Moderne, in der die Familie eher einen privaten Intimbereich abdeckt, während die Arbeit aus Notwendigkeit eher ausserhalb, in der Industrie- und Wirtschaftswelt angesiedelt ist. Gleichzeitig lassen sich wohl nur schwer institutionelle Räume der Oeffentlichkeit, des Handelns in Musse im Sinne griechischer Antike ausmachen; Sennett (1986) diagnostiziert gar Verfall und Ende des öffentlichen Lebens.

Konzeption des Menschen, die diesen ausschliesslich als arbeitenden und herstellenden, als *homo faber* begreift. "Als es klar wurde, dass der Name *Homo sapiens* für unsere Art doch nicht so gut passte, wie man einst gemeint hatte, weil wir am Ende doch gar nicht so vernünftig sind, wie das 18. Jahrhundert in seinem naiven Optimismus zu glauben geneigt war, stellte man neben diese Bezeichnung für unsere Spezies den Namen *Homo faber*, der schaffende Mensch. Dieser Name aber ist weniger zutreffend als der frühere, denn *faber* ist auch manches Tier. Was vom Schaffen gilt, gilt auch vom Spielen: recht viele Tiere spielen. Dennoch scheint mir *Homo ludens*, der spielende Mensch, eine ebenso wesentliche Funktion wie das Schaffen anzugeben und neben *Homo faber* einen Platz zu verdienen."[34] Dabei wird das Spiel hier "nicht, wie in bisherigen Theorien, als eine Kulturerscheinung unter anderen angesehen, sondern als ein Element, d.h. eine grundlegende Substanz und formative Kraft der Kultur."[35]

Versucht man das Spiel gegenüber scheinbar verwandten Formen des Lebens abzugrenzen, so tritt schnell dessen weitgehende Selbständigkeit zutage. Dies ist jedoch nur der Fall, wenn man an das Spiel nicht unter der verbreiteten Annahme herangeht, dass es immer nur wegen etwas anderem betrieben wird und zumeist irgendwelchen biologischen Zweckmässigkeiten dient.[36] Denn so interessant die Ergebnisse auch sein können, die unter dieser Annahme erzielt werden, so scheinen sie doch nur Teillösungen zu enthalten. Insbesondere verwehrt aber eine solche Annahme den Zugang zur Frage nach der Eigenart, nach dem, *was das Spiel an und für sich ist.* Erst die Untersuchung dieser tiefsten Qualität des Spiels kann jedoch den für uns interessanten Bezug aufzeigen, dass darin eine bestimmte Qualität des Handelns liegt, die sich vom 'gewöhnlichen Leben' unterscheidet. Allem voran heisst dies folgendes: Mag das Spiel auch in verschiedener Hinsicht von Nützlichkeit sein - etwa bei der Entfaltung motorischer Fähigkeiten beim Kind -, so verfolgt doch der Spielende im Spiel keinen diesbezüglichen Zweck; für ihn liegt der Zweck in der Handlung, im Spiel selbst. Spiel wird hier also weder verstanden als eine zwecklose - weil nicht auf ein sichtbares Ergebnis ausgerichtet - noch als eine biologischen Entwicklungs-

34) Huizinga (1987), S. 7.
35) Flitner (1987), S. 232.
36) Das Spiel wird oft als nutzlos-zweckfreie Handlung der zweckgebunden-nützlichen Arbeit gegenübergestellt. Vgl. Müller/Halder (1979), S. 255.

bedürfnissen dienliche Handlung, sondern vielmehr "als eine Form von Aktivität, als sinnvolle Form und als soziale Funktion"[37].

Die Selbständigkeit des Spiels zeigt sich darin, dass sein Vorhandensein an keine Kulturstufe oder an irgendeine Form von Weltanschauung gebunden ist. So steht es ausserhalb jeder Wertigkeit von Gut und Böse und es ist "in ihm an sich noch keine moralische Funktion (...) gegeben"[38]. Spiel ist denn auch weder unernst, noch zeichnet es sich durch Komik oder Torheit aus. Schon bei der Beobachtung eines spielenden Kindes fällt auf, mit welchem Ernst und welcher Konzentration es bei der Sache sein kann, und dies ohne jeglichen äusseren Anlass. Genauso ist das Spiel an sich nicht komisch, "weder für den Spieler noch für den Zuschauer"[39]. Die Komik ergibt sich allenfalls - wie z.B. beim Lustspiel - aus dem Vergleich der Spielhandlung mit anderen Erfahrungen oder Ueberlegungen. Auf keinen Fall ist das Spiel selbst töricht, denn "es liegt ausserhalb des Gegensatzes Weisheit - Torheit"[40], genauso wie es auch das Gegensatzpaar Wahrheit und Unwahrheit sprengt. Nur auf dem ästhetischen Gebiet, in der Frage, ob das Spiel zum Schönen oder zum Un-Schönen gezählt werden könnte, wird seine Eigenständigkeit etwas verschwommener, denn: "Vielfältige und enge Bande verbinden Spiel mit Schönheit."[41]

Es scheint, "dass wir es im Spiel mit einer Funktion des lebendigen Wesens zu tun haben, die sich weder biologisch noch logisch vollkommen determinieren lässt"[42]. Letztlich kann weder eine physische Notwendigkeit noch eine sittliche Pflicht für das Spielen des Menschen ausgemacht werden; weshalb es dennoch so anziehend und dringend erscheinen kann, liegt einzig im unmittelbaren *Vergnügen*, das es selbst bereitet.[43] Damit hebt sich jedoch das Spiel klar vom 'gewöhnlichen' und 'eigentlichen' Leben und der dort angesiedelten Tätigkeiten ab. "Dieses Etwas, das nicht das 'gewöhnliche Leben' ist, *steht ausserhalb des Prozesses der unmittelbaren Befriedigung von Notwendigkeiten und Begierden,*

37) Huizinga (1987), S. 12.
38) Huizinga (1987), S. 15.
39) Huizinga (1987), S. 14.
40) Huizinga (1987), S. 14.
41) Huizinga (1987), S. 15.
42) Huizinga (1987), S. 15.
43) Natürlich kann hier in einem weiteren Sinne darauf verwiesen werden, dass das psychische Wohlbefinden, welches durch Vergnügen erhalten oder gefördert werden kann, letztlich ebenfalls eine wesentliche Voraussetzung auch für das physische Ueberleben darstellt. Das Spiel wird abernicht mit diesr Zielsetzung und Begründung gespielt.

ja es unterbricht diesen Prozess."[44)] Hierin offenbart sich die enge Verwandtschaft mit der Musse. Ebenfalls besteht zur Musse darin eine Parallele, dass das Spiel eigentlich nur um jener Befriedigung willen gespielt wird, "die in der Verrichtung selbst liegt"[45)].

Dies soll und kann jedoch nicht heissen, dass das Spiel deshalb nur von marginaler Bedeutung ist, dass es nur gerade dort einen Platz finden könne und dürfe, wo die in der Notwendigkeit verhaftete Arbeit eine Pause zulässt; ebenso beschränkt sich die Bedeutung des Spiels nicht nur auf die Ebene des einzelnen Individuums. Huizinga weist eindrücklich nach, dass "die grossen ursprünglichen Betätigungen des menschlichen Zusammenlebens (..) alle bereits von Spiel durchwoben"[46)] sind. Das Spiel ist damit eigentlicher Bestandteil des Lebens. "Es schmückt das Leben, es ergänzt es und ist insofern unentbehrlich, unentbehrlich für die Einzelperson (...) und unentbehrlich für die Gemeinschaft wegen des Sinnes, der in ihm enthalten ist, wegen seiner Bedeutung, wegen seines Ausdruckswertes und wegen der geistigen und sozialen Verbindungen, die es schafft: kurzum als Kulturfunktion. Es befriedigt Ideale des Ausdrucks und des Zusammenlebens."[47)] Gespielt wird überall dort, wo über die detaillierte Bedarfsbefriedigung hinaus das Handeln auf eine universale geistige Lebensordnung hinzielt, die dann als solche selbst stellvertretend und symbolisch als gegenwärtig und real gesetzt wird.[48)]

Die Erfüllung dieses Anspruches sucht das Spiel durch seine Stellung ausserhalb des Reiches der Notwendigkeit. Langsam gewinnt hier die oben aufgestellte These an Gestalt, dass neben der immer ungeliebten Arbeit auch Tätigkeiten zu finden sind, die keines äusseren Zwanges bedürfen, die vielmehr von innen, von der Existenz des Menschen selbst her ihren Antrieb finden und der Form nach durchaus in den Kategorien des Spiels zu erfassen sind. Gemäss unserer Gegenüberstellung sondert sich das Spiel klar aus dem äusseren Zwang der Naturprozesse aus; und: "Alles Spiel ist zunächst und vor allem *ein freies Handeln.* Befohlenes Spiel ist kein Spiel mehr."[49)] Der Befehl wie auch der natürlich gegebene Zwang können nicht zum Spiel gehören, denn "*die Ziele, denen es dient,*

44) Huizinga (1987), S. 17 (Hervorhebung im Original).
45) Huizinga (1987), S. 17.
46) Huizinga (1987), S. 12.
47) Huizinga (1987), S. 17.
48) Vgl. Müller/Halder (1979), S. 256.
49) Huizinga (1987), S. 16 (Hervorhebung im Original).

liegen selber ausserhalb des Bereichs des direkt materiellen Interesses oder der individuellen Befriedigung von Lebensnotwendigkeiten"[50].

Doch nicht nur die Ziele sind von anderer Art; das Spiel setzt sich seine eigenen Grenzen von Zeit und Raum und hebt sich damit eindeutig vom gewöhnlichen Leben ab.[51] "Es hat seinen Verlauf und seinen Sinn in sich selbst."[52] Beispiele für solche zeitweilige Welten, die der Ausführung in sich geschlossener Handlungen dienen, sind "die Arena, der Spieltisch, der Zauberkreis, der Tempel, die Bühne, (...) der Gerichtshof"[53]. Selbst das Schlachtfeld wurde bisweilen derart - sogar sichtbar - begrenzt und so in Form und Funktion zum Spielplatz, zum geweihten Boden mit besonderen Regeln.

Die Freiheit besteht denn nicht nur in der Freiwilligkeit der Teilnahme am Spiel, sondern ebenso darin, dass mit der völligen Eigenständigkeit des Spiels in Raum und Zeit ebenso die Regeln, die herrschende Ordnung nicht mehr von der Notwendigkeit bestimmt sind. Je nach Art des Spieles können sie - normalerweise im voraus - frei gewählt, in Hinblick auf einen möglichst wünschenswerten oder spannenden Spielverlauf aufeinander abgestimmt und festgelegt werden; es ist selbst denkbar, dass Aenderungen der Regeln noch während des Spiels vorgenommen werden können - jedoch nur im vorgesehenen Masse. Denn das Spiel fordert eine unbedingte Ordnung[54], weil schon deren geringste Verletzung das Spiel verdirbt, es seines Charakters beraubt und es damit wertlos macht. Wo nicht äussere Notwendigkeiten und Zwänge die Handlung bestimmen und auch begründen, muss diese in einem unverletzbaren Raum stattfinden mit ihrer eigenen unumstösslichen Ordnung. Deshalb kann diese Ordnung aber auch nicht eine beliebige sein, denn die Teilnahme bleibt freiwillig.[55] Es erstaunt daher

---

50) Huizinga (1987), S. 18 (Hervorhebung im Original).

51) Die damit geschaffene Welt ist aber nur auf den ersten Blick eine 'blosse' Scheinwelt. Die Scheinhaftigkeit des Spiels und des Raumes, in dem es stattfindet ist "selbst eine besondere Seins- und Wirklichkeitsweise". Vgl. Müller/Halder (1979), S. 255.

52) Huizinga (1987), S. 18.

53) Huizinga (1987), S. 18.

54) Damit ist dem Spiel aber auch jede Willkürlichkeit fremd. Vgl. Müller/Halder (1979), S. 255.

55) Im Gegensatz zur Arbeitswelt der Notwendigkeit findet das Spiel durch seine Ordnung eine innere Abgeschlossenheit. Das Spiel kann zu Ende gehen, sich erfüllen, während die sonst allgemein als die einzig 'wirkliche' angesehene Arbeit immer nur ein Versuch bleiben kann, der unvollendet bleiben muss. "Die Arbeit zeigt sich (unter diesem Blickwinkel; RvR) als die in die Vielfalt der nie vollständig zu integrierenden Teilprobleme und -abläufe immer zerstreute, unabschliessbare blosse Aktionsserie"; im Ringen mit der Welt bleibt diese Arbeit immer ein Kompromiss. Dagegen erscheint das Spiel

wenig, dass die Elemente des Spiels beinahe nur mit Begriffen der Aesthetik und der Schönheit beschrieben werden können: "Spannung, Gleichgewicht, Auswägen, Ablösen, Kontrast, Variation", Harmonie und Rhythmus.[56)] Das Spiel muss ja, weil es nicht zwingend ist, bezaubern.

Ein bedeutender Anteil am inneren Antrieb zum Spiel erwächst denn auch aus dem Vergnügen, das unmittelbar aus der Handlung heraus gewonnen wird. Es ist gerade dieser Genuss und diese Erhebung, die Ausführende und Zuschauende aus der 'gewöhnlichen' Sphäre entrückt und sie - so z.B. in der Musik - mittels der gegebenen Ordnung auf diesem zeitlich und örtlich begrenzten Gebiet, über Rhythmus, Spannung, Wechsel und Wiederholung in ein Gefühl der Heiterkeit versetzt.[57)]

Ein zentraler Aspekt des Spiels ist immer wieder die Messung, Erprobung und Feststellung eigener Tauglichkeit. Die in archaischen Gesellschaften hoch angesiedelte und geschätzte Tugend muss denn hier auch nicht als abstraktes, auf göttlichem Gebot beruhendes Streben nach sittlicher Vollkommenheit verstanden werden, sondern leitet sich vielmehr direkt aus "seinem verbalen Stamm 'taugen', zu etwas fähig, tüchtig sein" ab. Jedes Ding hat seine arteigene Tugend: "Kraft und Gesundheit sind die Tugenden des Körpers, Klugheit und Einsicht die des Geistes."[58)] In den Formen des Spieles sollen eben diese erprobt und vergewissert, auch gefördert und - in der unmittelbaren Freude, persönliche Fortschritte zu erkennen und zu erleben, jedoch nicht etwa aufgrund eines anderen, mittelbar zweckorientierten Ziels - perfektioniert werden.

Damit zeichnet sich das Spiel deutlich als Form der Begegnung mit der Welt, mit der Natur der Dinge aus. Vor allem aber erkennt der Spielende dabei sich selbst und wird sich seiner Fähigkeiten und seiner Eigenart bewusst. Diese Dimension erweitert sich noch in der Weise, dass über das Spiel ganz allgemein der Zugang zum Leben und zur Welt gesucht werden kann. Die Ausbildung von Kulthandlungen, auch und eben weil sie gerade sehr oft über Schauspiel und Tanz erfolgten, entsprang wohl dem Bedürfnis, die Ordnung der Natur zu er-

innerhalb seiner Grenzen und in seiner Ordnung als in sich ruhende, vollendete Bewegung, die in sich die Freiheit völlig einbezieht. Vgl. Müller/Halder (1979), S. 255.

56) Vgl. Huizinga (1987), S. 19.

57) Anzumerken wäre, dass das Musizieren für die Griechen eine hoch angesehene Tätigkeit war, die sie ausdrücklich der Musse, also dem 'guten Leben' zuordneten.

58) Vgl. hierzu Huizinga (1987), S. 75 ff.

gründen, etwas über den Sinn des Lebens zu erfahren, aber auch den Lauf der Natur zu bestimmen, also weniger dem mörderischen Zufall zu überlassen. "Nach der altchinesischen Lehre haben Tanz und Musik den Zweck, die Welt im Gleise zu halten und die Natur den Menschen zuliebe zu bezwingen."[59] Im Hinduismus erhält der Gott Shiva die Welt durch seinen Tanz. "Die 'Herausgenommenheit' des eigentlichen Spiels aus der Alltagswirklichkeit bedeutet deshalb keine radikale Gegensätzlichkeit und Fremdheit zur Alltags- und Arbeitswirklichkeit, vielmehr wird im Spiel (hier insbesondere im Kult; RvR) gerade das ausdrücklich und in seiner Totalität repräsentiert, worum es unausdrücklich auch im alltäglichen Leben geht: *die gültige Gestalt des menschlichen Daseins und seiner Welt.*"[60] Woraus sich die Kulthandlungen letztlich entwickelten, kann und soll hier nicht untersucht werden; jedoch scheint die 'Ergriffenheit' vor der Eingebundenheit im Werden und Vergehen, vor dem Schicksal, vor dem Leben und der Welt wirksamer Ausgangspunkt zu sein.

Die Erprobung seiner Fähigkeiten - "seine Körperkraft, seine Ausdauer, seine Findigkeit, sein Mut, sein Durchhaltevermögen und zugleich auch seine geistigen Kräfte"[61] - findet oft in einer konkurrierenden Auseinandersetzung mit anderen statt. So ist dem Spiel denn ganz allgemein - zwar nicht zwingend, aber doch meistens - ein agonistischer Charakter eigen.[62] Das Spannungselement, das im Spiel eine ganz besonders wichtige Rolle spielt, erfährt hier noch eine eigene Steigerung: Risiko und Chance ergeben sich weniger aus dem Zufall oder aus dem Zusammentreffen mit der Natur, sondern aus dem Wettstreit, dem Messen der Fähigkeiten *unter im Prinzip gleichen und ebenbürtigen Gegnern.* Im agonistischen Wettstreit erreicht wohl das Element der Spannung, diese Unsicherheit über das Gelingen seinen höchsten Grad.[63] Derartige Wettkämpfe

---

59) Huizinga (1987), S. 23; "Die Menschheit *spielt* (...) die Ordnung der Natur so, wie sie sich ihrer bewusst geworden ist. In einer fernen Vorzeit (...) hat sie zuerst die Erscheinungen der Pflanzen- und Tierwelt in ihr Bewusstsein aufgenommen und dann auch den Sinn für die Ordnung von Zeit und Raum (...) erworben. Und nun spielt sie diese ganze Ordnung des Daseins in einem heiligen Spiel. Darin und dadurch verwirklicht sie die dargestellten Ereignisse von neuem und hilft die Weltordnung instand halten. Aber noch mehr geht von diesem Spiel aus. Denn in den Formen dieses Kultspiels ist die Ordnung ihrer Gemeinschaft selber, sind die Einrichtungen ihrer primitiven Staatsform aufgekommen." ebenda, S. 24 f. (dort übernommen aus: Leo Frobenius, Kulturgeschichte Afrikas, 1933, u. Schicksalskunde im Sinne des Kulturwerdens, 1932).

60) Müller/Halder (1979), S. 256; Hervorhebung RvR.

61) Huizinga (1987), S. 19 f.

62) Vgl. Huizinga (1987), S. 58 f.

63) Vgl. Huizinga (1987), S. 58 f.

spielen sich meistens 'zwischen' zwei Parteien ab, doch können es durchaus auch mehr sein. Die Formen des Wettkampfes oder Agons erstrecken sich in der archaischen Vorstellung vom unbedeutendsten Spiel bis zum blutigen und tödlichen Kampf, wobei immer das regelgebundene Erproben des Geschicks im Vordergrund stehen bleibt. "Wie jedes andere Spiel muss man den Wettkampf (wie auch den Kampf mit Waffen; RvR) als bis zu einem gewissen Grade zwecklos bezeichnen. Das will heissen: *er läuft in sich selber ab, und sein Ausgang ist nicht an dem notwendigen Lebensprozess (...) beteiligt.*"[64] Insofern ist das Spiel aber eine Form zwischenmenschlicher Begegnung von nicht zu unterschätzender Bedeutung.

In der Begegnung mit anderen, im gesellschaftlichen Zusammenleben sucht der einzelne Mensch immer wieder, sich seiner individuellen Persönlichkeit und seiner Einzigartigkeit zu vergewissern und darin von den übrigen anerkannt zu werden. Der Wettstreit ist hierfür sicher eine passende Form. Spiel ist oftmals ein Kampf um etwas; es handelt sich jedoch nicht um biologische Notwendigkeiten oder ökonomische Vorteile, sondern immer wieder um Ehre, Ansehen, Anerkennung, Prestige und Lob; Antrieb ist das Bedürfnis[65], Erster, Bester oder Vortrefflichster zu sein und damit die übrigen zu überragen. In erster und in letzter Instanz ist es immer der Sieg selbst, um den man spielt oder kämpft. Genau besehen findet sich im Agon aber sowohl eine Beziehung zum anderen als auch zu sich selbst. Zum anderen: Mit einem Sieg ist meist auch der Triumph verbunden; der Sieger wird - wenn vielleicht auch nur für kurze Zeit - zum Mittelpunkt und erfährt so die begehrte Aufmerksamkeit gegenüber der eigenen Person. Das Verhältnis zu sich selbst: Der Sieg kann auch die rein persönliche Bestätigung bedeuten, ein gestecktes und schwieriges Ziel erreicht zu haben. Es ist aber sicher auch richtig, dass ein Spiel nicht immer nur um Ehre und Ruhm ausgetragen wird, sondern oftmals auch um einen Einsatz; dies kann eine Wette sein oder ein Preis, der dem Sieger versprochen ist. Von einem Lohn kann hier jedoch ausdrücklich nicht gesprochen werden. Es muss hier festgehalten werden, dass dieser gänzlich ausserhalb der Spielsphäre angesiedelt liegt: "er bezeichnet

---

64) Huizinga (1987), S. 60; vgl. auch S. 51 f. Genauso wie das 'gute Leben' in der Vorstellung der antiken Griechen sowohl Beherrschtwerden als auch das Beherrschen ausschliesst, verliert auch der Kampf seinen Spielcharakter, sobald er der Unterwerfung, der endgültigen Eroberung oder irgendwelchen ökonomischen Zwecken dient.

65) Huizinga betrachtet das Spiel um Ruhm und Ehre als eines der Grundbedürfnisse der Menschheit. Vgl. Huizinga (1987), u.a. S. 74 ff.

die gerechte Vergeltung eines geleisteten Dienstes oder einer getanen Arbeit. Um Lohn spielt man nicht, um Lohn arbeitet man"[66].

Grundbedingung für die Austragung einer jeglichen Art von Spiel, in dem sich Menschen in irgend einer Form gegenüberstehen, ist - neben dem oben ausgeführten - die *absolute Gleichstellung der Teilnehmer*, was die Belange des Spieles anlangt. Ein Wettstreit kann nur unter Gleichberechtigten und dem Prinzip nach Ebenbürtigen ausgetragen werden; nur unter dieser Voraussetzung kann Spannung entstehen, kann ein Spiel gewonnen werden. Wenn dem Kampf mit der Waffe oder gar dem Krieg die Merkmale des Spieles zugeordnet werden können, so gilt dies nur, sofern diese ausschliesslich agonalen Charakters sind. Der Charakter des Agons, des Wettstreits fällt sogleich dahin, wenn sich die Gegner nicht als ebenbürtig akzeptieren, oder wenn der Kampf der Eroberung, der Beherrschung oder gar der Ausrottung dient. Wo nicht mehr im Prinzip gleiche miteinander wetteifern, werden die Begriffe wie Ehre und Ruhm inhaltsleer, der Gegner wird blutig niedergemetzelt.[67]

Im Agon ist aber nicht nur der Wettstreit um den Sieg über den andern angelegt; Agon und Wettkampf schaffen wie jedes Spiel immer auch eine Verbindung der Teilnehmer untereinander. Der Ruhm des Siegers überträgt sich auf die Familie, die Gruppe oder das Dorf, aus dem dieser stammt. Das Spiel wirkt verlockend und zieht die Menschen an: Kontrahenten und Zuschauer. Es besteht kein Zweifel, dass das Spiel wichtiger Faktor sozialer Integration ist, dass es Menschen zusammenführt und unter gewissen Umständen gar die soziale Organisation beeinflussen kann. So führen gar manche Spiele zur Formung von Spielgemeinschaften und Klubs. "Das Gefühl (..), sich gemeinsam in einer Ausnahmestellung zu befinden, zusammen sich von den anderen abzusondern und sich den allgemeinen Normen zu entziehen, behält seinen Zauber über die Dauer des einzelnen Spiels hinaus. Der Klub gehört zum Spiel wie der Hut zum Kopf."[68] Ueber das ihm zu Grunde liegende Spiel vermag der Klub zu einem Ort ausserhalb alltäglicher Notwendigkeiten zu werden, womit auch in ihm die Gesetze, Rangordnungen und Gebräuche des gewöhnlichen Lebens ihre Geltung verlieren. Spannung, Freude und das Gefühl des 'anders sein, als das gewöhnliche Leben', sind auch wichtige Elemente des Festes. Es ist deshalb wenig verwunder-

66) Huizinga (1987), S. 62.
67) Vgl. Huizinga (1987), S. 102 ff.
68) Huizinga (1987), S. 21.

lich, dass auch diese Form des menschlichen Zusammenseins oft mit der Ausübung von Spielen einhergeht, seien es Wettkämpfe, Kulthandlungen oder Schaustellungen. Wiederum erscheint das Spiel als Ort, menschlicher Begegnung und zwar rein dieser Begegnung willen.

Kurz sei noch angefügt, dass das Spiel auch Darstellen von Etwas sein kann. Die spielerische Spannung ist sehr geeignet zur Mitteilung menschlicher Empfindungen: "Situationen des Kampfes oder der Liebe, oder beides durcheinander"[69]. Aber auch die Lust an der Verkleidung, am Rollenspiel kommt hier voll zur Geltung, während die Darstellung von etwas - z.B. durch Tanz oder Theater - Teil gesellschaftlicher Kommunikation ist. Die tiefe Beziehung zwischen menschlichem Streben, menschlichem Wesen sowie kultureller Errungenschaften und dem Spiel lässt sich erahnen, wenn wir uns bewusst werden, "wie über die ganze Erde hin ein Komplex von vollkommen gleichartigen Vorstellungen und Bräuchen agonistischer Art das Gebiet des frühen Gemeinschaftslebens beherrscht." "Die nächstliegende Erklärung für diese Gleichartigkeit hat man in der menschlichen Natur selber, die stets nach Höherem strebt, mag dies Höhere nun irdische Ehre und Ueberlegenheit oder ein Sieg über das Irdische sein. Die angeborene Funktion aber, durch die der Mensch dieses Streben verwirklicht, ist Spielen."[70]

Die Darstellung des Spiels blieb hier über weite Strecken auf Spiele 'sozialer Art' beschränkt: "Die Sucht, eine Aufführung zum besten zu geben, und die, einen Rivalen in offenem Kampf zu schlagen, *diese zwei grossen Triebfedern des sozialen Spiels* (...)."[71] Ziel war es, die Form - und etwas auch den Gehalt - des Spieles aufzuzeigen, um so das Spiel als wichtigen Teil menschlichen Tuns und Ausdruck seines Strebens verstehen zu können. Manche der hier angeführten Momente des Spiels können ohne weiteres auch auf Spiele bezogen werden, die ohne Gegner und Zuschauer gespielt werden - mit sich selbst oder in der rein persönlichen Begegnung mit der Natur. Einige Male wurde direkt auf diese Dimension verwiesen, aber die Beschränkung auf den sozialen Aspekt drängte sich aufgrund seiner Bedeutung in unserem Zusammenhang auf. Selbst unter dieser Einschränkung mussten noch viele Aspekte des Spiels unberücksichtigt bleiben, dennoch sollen die hier angeführten Momente unsere Betrachtung der Eigen-

69) Huizinga (1987), S. 147.
70) Huizinga (1987), S. 88.
71) Huizinga (1987), S. 161.

arten der Arbeit um ein Wesentliches bereichert haben, und uns später zu konkreten Aussagen verhelfen. Zusammenfassend lässt sich Spiel - als Dimension der Arbeit - wie folgt definieren: "Spiel ist eine freiwillige Handlung oder Beschäftigung, die innerhalb gewisser festgesetzter Grenzen von Zeit und Raum nach freiwillig angenommenen, aber unbedingt bindenden Regeln verrichtet wird, ihr Ziel in sich selber hat und begleitet wird von einem Gefühl der Spannung und Freude und dem Bewusstsein des 'Andersseins' als das 'gewöhnliche Leben'."[72)]

72) Huizinga (1987), S. 37.

2.3. ARBEIT: GEPRÄGT DURCH DIE MISCHUNG VON NOTWENDIGKEIT UND SPIEL

2.3.1. ZWISCHEN ARBEIT AUS NOTWENDIGKEIT UND DEM SPIEL BESTEHT EIN KONTINUUM VON GEMISCHTEN HANDLUNGSFORMEN

Zumindest auf den ersten Blick mag es befremden, wenn unter dieser strengen Definition Spiel mit Arbeit verknüpft wird. Wie kann Arbeit Spiel sein, wo doch Arbeit ein prägender Bestandteil des Alltags, des 'gewöhnlichen Lebens' ist?

Es ist nun daher wichtig, sich nochmals die Ausgangslage der obigen Überlegungen vor Augen zu führen: Um das Wesen der Arbeit - ihre Doppelnatur - besser erfassen zu können, ist es zweckmässig, auf den Oberbegriff *Handeln* zurückzugreifen: Arbeit ist im Wesentlichen immer menschliches Handeln. Definiert als 'bewusstes, zielgerichtetes und rückgemeldetes Verhalten' kann menschliches Handeln analytisch und idealtypisch unterteilt werden in zwei Grundformen, je nachdem, ob das angestrebte Ziel *ausserhalb* der jeweiligen Handlung liegt und somit über die Handlung nur mittelbar erreicht wird oder ob es *in* der Handlung *selbst* verwirklicht wird;[1] ist die Handlung im ersten Fall lediglich notwendiges Mittel zum Zweck, erfüllt sie im letzteren einen eigentlichen Selbstzweck.

Unter den Bezeichnungen *Arbeit aus Notwendigkeit* und *Spiel* konnte in der Folge untersucht werden, worin die spezifischen Eigenarten und Auswirkungen dieser beiden - durchaus stark typisierten - Handlungsformen bestehen. Die obige Definition des Spiels von Huizinga schliesst die Untersuchung jener Handlungen ab, die den ihnen zugrundeliegenden Zweck in sich selbst erfüllen, und versteht sich als Zusammenfassung und als idealtypische Kristallisation der zuvor ausgeführten Motive, Bedingungen und Auswirkungen dieser Handlungs-

---

1) Bewusst und rückgemeldet bleiben dabei beide Formen in gleichem Masse.

form. Entsprechend wird hier das Spiel analytisch in seiner *reinsten Form* definiert und so von anderen Handlungen unterschieden.

Wichtige Erkenntnis der Ausführungen über das Spiel ist es vorerst, dass dessen grundsätzliche Bedeutung und Stellenwert nicht unterschätzt und vernachlässigt werden darf. In seiner reinen und idealtypischen Form grenzt jedoch die obige Definition das Spiel gegenüber allen anderen Handlungsformen und damit auch gegenüber der Arbeit ab: Arbeit und reines Spiel können daher niemals identisch sein; das reine - jedoch nur das reine - Spiel als idealtypische Unterkategorie des Handelns schliesst jene andere Unterkategorie, Arbeit, per Definition aus. Obwohl somit das Spiel in dieser definitorischen Strenge nicht mehr in unser Untersuchungsgebiet Arbeit fällt, bleibt die Definition für unsere Zwecke dennoch von Nutzen, da sie zugleich wesentliche Aspekte menschlichen Handelns - wenn auch in idealtypischer und ausschliessender Form - zusammenfasst, die andernfalls leicht übersehen oder nur unsystematisch berücksichtigt werden könnten: Freiwilligkeit und Eigenwertigkeit einer Handlung, die unter freiwillig respektierten Regeln ausgeführt wird, sowie die qualitative Bedeutung von Spannung, Herausforderung und Freude und der Wert des Verlassens des 'Gewöhnlichen' für eine Handlung.

Diese Elemente sind für uns deshalb für die weitere Untersuchung von Bedeutung, weil sie nicht nur im reinen Spiel zu finden sind, sondern - in unterschiedlicher Ausprägung und Zusammenstellung - auch in anderen Handlungsformen. Denn: Arbeit aus Notwendigkeit und Spiel, wie sie oben untersucht und einander gegenübergestellt wurden, stellen Extremformen menschlichen Handelns dar und dienten in ihrer idealtypischen Darstellung im wesentlichen dazu, ihre spezifischen Eigenschaften, Bedingungen und Auswirkungen in aller Deutlichkeit analysieren zu können. Zwischen der Arbeit aus schierer Notwendigkeit, die einzig zur Erreichung eines ausserhalb der Tätigkeit liegenden Zieles erfolgt und dem reinen Spiel auf einem gänzlich vom übrigen Leben abgegrenzten Spielfeld, das sich vollumfänglich in seinem Selbstzweck genügt, muss man sich aber ein Kontinuum vorstellen, in dem Handlungen je nach Form und Rahmenbedingungen in unterschiedlichem Masse Elemente des Spiels und der Arbeit aus Notwendigkeit in sich vereinigen; solche Mischformen von Handlungen sind in Wirklichkeit denn wohl auch die Regel.

Obwohl gemeinhin Arbeit und Spiel als ein eindeutiges Gegensatzpaar aufgefasst werden, trifft die Feststellung, dass Handlungen in der Regel weder reines Spiel sind noch sich ausschliesslich in ihrer unumgänglichen Notwendigkeit erschöpfen, ebenso für ihre Unterkategorie zu: die Arbeit.[2)] Auch die Arbeit kann spielerische Elemente enthalten und Wesensmerkmale und Bedeutungen, bzw. Motive und Auswirkungen des Spiels in sich vereinigen. Arbeit ist nicht nur ungeliebtes Mittel zu einem Zweck, der gänzlich von diesem Mittel losgelöst ist, sondern dient auch für sich selbst einer Vielzahl von Bedürfnissen und zeitigt weit über das, was sie als mittelbarer Zweck bewirken soll, hinaus wesentliche Auswirkungen auf das individuelle und soziale Leben. Diese Erkenntnis ist bei weitem nicht neu; so betont etwa auch Lewin in seiner 1920 verfassten Beschreibung des Wesens der Arbeit neben der Unausweichlichkeit und Zweckhaftigkeit der Arbeit ihre identitätsstiftende Bedeutung für den einzelnen und leitet daraus entsprechende, je nach Betrachtungsweise sogar widersprüchliche programmatische Forderungen für deren Gestaltung ab:[3)]

> "Arbeit ist einmal Mühe, Last, Kraftaufwand. (...) Sie ist nichts als ein Mittel, ein Ding ohne eigenen Lebenswert, das Gewicht hat nur, weil es die Möglichkeit zum Leben schafft. (...) Darum Arbeit so kurz und so bequem wie möglich, also ökonomische Gestaltung des Arbeitsprozesses. Wenn die Arbeit dazu gleichförmiger und einseitiger werden muss, so schadet das nichts, solange es ihrer Produktivität keinen Abbruch tut. Denn aller positiver Wert kommt dieser Arbeit nur indirekt zu. (...) Demgegenüber das andere Gesicht der Arbeit: Die Arbeit ist dem Menschen unentbehrlich. (...) das Leben ohne Arbeit hohl und halb. (...) Dieses Bedürfnis nach Arbeit (...) gründet sich auf den 'Lebenswert' der Arbeit. (...) Diese Fähigkeit der Arbeit, dem individuellen Leben Sinn und Gewicht zu geben, wohnt irgendwie jeder Arbeit inne, ob sie schwer oder leicht, abwechslungsreich oder monoton ist, sofern sie nur keine Scheinleistungen hervorbringt wie das sinnlose Hin- und Herstapeln von Holz in Gefängnishöfen. (...) Der Fortschritt der Arbeitsweise gehe also (...) auf Steigerung des Lebenswertes der Arbeit, mache sie reicher und menschenwürdiger."

---

2) Auf dem ganzen Kontinuum kann Arbeit jede Mischform annehmen ausser, wie bereits ausgeführt, die Form des reinen Spiels; sie kann aber ausschliesslich aus Notwendigkeit erfolgen und keine weiteren Merkmale oder Motive aufweisen. Umgekehrt könnte natürlich auch das Spiel graduell um Elemente der Notwendigkeit angereichert werden.

3) Lewin (1920), S. 11 f.; zitiert aus: Baitsch/Ulich (1990b), S. 5.

Je nachdem, ob eine Tätigkeit mehr aus reiner Notwendigkeit erfolgt oder aber spielerische Elemente enthält und somit in der Tätigkeit selbst bereits gewisse Zwecke erfüllt, kann diese Handlung entsprechend auf dem Kontinuum zwischen reiner Notwendigkeit und reinem Spiel - näher am einen oder am anderen Pol - angesiedelt werden. Wie eine Handlung je nach deren Gestaltung, Ausrichtung und Rahmenbedingungen entsprechend unterschiedlich beurteilt - und daher auf dem Kontinuum auch unterschiedlich eingeordnet - werden kann, lässt sich am einfachsten an einem Beispiel verdeutlichen. Wenn jemand sich mit dem Malen eines Bildes beschäftigt, einzig mit der Absicht, sich in seinen darstellerischen und malerischen Fähigkeiten zu üben, sich mit dem, was er darstellen will, und den Möglichkeiten der Darstellung auseinanderzusetzen und sich an dieser Tätigkeit zu erfreuen, so entspricht dies wohl weitgehend den Kriterien des Spiels. Dies gilt wohl auch dann, wenn der Maler sich mit seinem Werk der öffentlichen Diskussion stellen will, um Kritik und mehr noch Anerkennung zu erfahren. Das Malen erfolgt freiwillig, ausserhalb des normalen Alltages, dient nicht der materiellen Existenzsicherung und erfüllt seinen Zweck weitgehend in der Handlung selbst: Es ist eine Form der Auseinandersetzung mit der Welt, mit den eignen Fähigkeiten, eventuell mit den Fähigkeiten anderer und deren Sicht der Welt und darüber im letzten auch mit dem eigenen Selbst.

Nicht mehr ganz reines Spiel bleibt das Malen des Bildes, wenn das Bild später einmal verschenkt wird, weil es z.B. einem Freund so gut gefällt; zumindest im Nachhinein erhielt die Handlung des Malens so auch noch den Zweck, über das Verschenken dem Freund Freude zu bereiten - ein Zweck, der nicht mehr unmittelbar in der Handlung des Malens selbst erfüllt wird. Mit jeder weiteren Veränderung der Bedingungen und Beweggründe muss das Malen weiter weg vom reinen Spiel eingeordnet werden und damit näher beim Gegenpol der Arbeit aus schierer Notwendigkeit: Vorzustellen wären etwa Situationen, in denen sich der Maler noch immer mit Hingabe und Ehrgeiz mit seinem Bild auseinandersetzt, aber von Anfang an auch mit der Absicht, es nach Vollendung einem Freund zu schenken, weil er weiss, dass dieser daran eine besondere Freude haben wird. Wird damit mit dem Malen von Anfang an *auch* ein Ziel verfolgt, das ausserhalb der eigentlichen Handlung liegt, nämlich der durchaus freiwillige und selbstbestimmte Wunsch, ein Geschenk zu machen, so gewinnt dieses Ziel etwa dann noch weiter an relativer Bedeutung, wenn nicht der Maler selbst die Idee dazu hatte, sondern der Freund sich ein persönliches Bild von ihm wünscht.

Dem Wunsch wird zwar freiwillig entsprochen, aber es ist der Wunsch des Freundes, der beim Malen erfüllt werden soll. Weniger spielerische Auseinandersetzung kann dem Malen zusätzlich dann zugesprochen werden, je mehr der Freund darüber hinaus Wünsche äussert, wie er das Bild gerne haben möchte.

Ein einmal in eifriger Versunkenheit geschaffenes Bild kann aber auch verkauft werden, weil der Bewunderer des Werkes doch kein so enger Freund ist. Damit bekommt das Malen, wenn auch im Nachhinein, den mittelbaren Zweck, einen materiellen Beitrag zur Existenzsicherung oder -verbesserung beizutragen. Dieser Zweck gewinnt an prägender Bedeutung, wenn der Verkauf durch eine finanzielle Notlage mehr oder weniger erzwungen wird; der Aspekt, ein Bild aus Notwendigkeit heraus zu malen, um auf diese Weise andere, etwa materielle Ziele zu erreichen, gewinnt in dem Masse an Bedeutung, wie der Käufer zunehmend zu einem anonymen Nachfrager wird und die Notwendigkeit eines Erwerbes als Motiv für das Malen in den Vordergrund rückt. Auch hier verliert das Malen zusätzlich an spielerischer Qualität, wenn es sich nach den Wünschen des Käufers oder gar eines anonymen Marktes ausrichten muss; immer weniger freiwillig und selbstbestimmt ist das Malen sowohl in der Entscheidung, überhaupt zu malen, als auch in den Fragen des Was und Wie gemalt wird. Der Auftrag oder eine Modeströmung bestimmen zunehmend eine Handlung, die anfangs noch persönliche Auseinandersetzung mit der Welt und mit sich selbst war.

Schliesslich sind noch Situationen vorstellbar, in denen der Maler nicht mehr selbständig seiner Kunst - oder sollte man nicht schon längst von einem Handwerk sprechen? - nachgeht, sondern in einem Atelier als Maler angestellt ist.[4] In der Regel wird sein Malen hier stark die Züge einer Arbeit aus Notwendigkeit annehmen. Wäre es dem Maler als selbständiger Produzent noch irgendwie möglich, einen Kundenwunsch nicht zu erfüllen oder einen möglichen Verkauf abzulehnen, stünde ihm also als Selbständigem noch - unter der Gefahr, bei Nichterfolg wirtschaftlich ruiniert zu werden - die Freiheit offen, sich einen passenden Markt zu finden oder gar zu schaffen und demnach weiterhin nach seinen persönlichen Vorstellungen und Bedürfnissen zu malen, untersteht er als Angestellter nun direkt den Befehlen, Kontrollen und Sanktionen seines Arbeit-

4) Solche Malateliers sind vielleicht heute keine gängige Vorstellung mehr; als Beispiel kann aber etwa auf die Malateliers für Freskoarbeiten der Renaissance verwiesen werden, die bereits eine hohe Arbeitsteilung und Funktionszuweisung kannten.

gebers, bzw. seines Vorgesetzten und muss sich - solange er nicht kündigt - nach diesen ausrichten. Zwar ist auch hier vorstellbar, dass dem einzelnen aufgrund des kreativen Anspruchs an seine Arbeit grosse gestalterische, künstlerische und arbeitsbezogene Freiheiten belassen werden; mehrheitlich muss aber davon ausgegangen werden, dass sein Malen - inhaltlich wie auch bezüglich Quantität, Qualität, zeitlichem Aufwand, Arbeitszeiten usf. - mehr oder weniger stark durch Weisungen des Vorgesetzten bestimmt wird. Die wiederum grosse Bandbreite von Bedingungen, unter denen gemalt wird - etwa zeitliche Vorgaben und feste Arbeitszeiten, inhaltliche und technische Vorgaben bis hin zu einer genauen Definition des zu malenden Bildes -, findet wohl ihre einseitigste und extremste Ausprägung in Situationen, wo immer dasselbe Bild identisch reproduziert werden muss oder gar nur noch Teile davon, etwa der Himmel oder die Rahmenverzierung, ausgeführt werden müssen und dürfen.

Dieses Beispiel macht deutlich, wie eine Handlung je nach Zielsetzung, Gestaltung und Rahmenbedingungen in unzähligen Variationen mehr oder weniger Eigenschaften des Spiels und Eigenschaften einer Arbeit aus Notwendigkeit aufweisen kann. In der graduellen Variation von Situationen des Malens, die sich vom reinen Spiel immer mehr entfernen und einer Arbeit aus schierer Notwendigkeit annähern, zeigt sich im weiteren aber auch die Schwierigkeit, eine eindeutige Grenze zwischen Spiel und Arbeit ziehen zu können. Selbst im Falle des reinen Spiels, wo der Maler sich nur um des Malens willen mit seinem Bild auseinandersetzt, findet sich im allgemeinen Sprachgebrauch der Ausdruck, dass er sich seinem 'Werk' widmet, wird der Maler zuweilen sagen, dass er arbeitet.

2.3.2. IN INDUSTRIELLEN GESELLSCHAFTEN NEHMEN ARBEIT UND ARBEITSVERSTÄNDNIS EINE SONDERSTELLUNG EIN

Betrachtet man nun die (Erwerbs-)Arbeit in den industriellen Gesellschaften so fallen insbesondere zwei Dinge auf. *Erstens:* Die überwiegende Zahl der Definitionen von Arbeit - siehe oben - betonen einseitig, dass sie auf ein Ziel ausgerichtet ist, das ausserhalb der Handlung selbst liegt. Arbeit ist auch im allgemeinen Verständnis in erster Linie *Mittel zum Zweck*, während Qualitäten, die oben dem Spiel zugeordnet wurden, kaum Erwähnung finden. Wie sich noch zeigen wird, ist entsprechend auch die Gestaltung der industriellen Arbeit primär auf dieses mittelbare Ziel ausgerichtet. *Im Streben nach Effizienz der Zielerreichung und nach Steigerung der Produktivität* wird zwar eine einseitig als Notwendigkeit betrachtete Arbeit erleichtert und verbessert; aber *vielfach verliert sie dabei ihre dem Spiel zuzuordnenden Qualitäten, Motive und Potentiale.* Arbeit ist somit sowohl im allgemeinen Verständnis als auch in der alltäglichen Erfahrung eine klar von anderen Tätigkeiten getrennte, eigenständige Form des Handelns; ihre Eigenständigkeit begründet sich dabei im wesentlichen eben darin, dass sie im Gegensatz zu anderen Tätigkeiten einzig auf einen existenznotwendigen Zweck ausgerichtet ist, der ausserhalb der Tätigkeit selbst liegt, weshalb auch alle Anstrengungen darauf konzentriert werden können, die Tätigkeit auf diese Zielerreichung hin zu optimieren.

Zweitens: In den modernen Industriegesellschaften nimmt die Arbeit, genauer: die Erwerbsarbeit eine geradezu *überragende Stellung* ein - und zwar sowohl auf gesellschaftlicher wie auf individueller Ebene. Ihr kommt wohl der *höchste soziale Wert* zu[5]; sie ist zentraler Faktor in der Sozialisation wie auch bezüglich der sozialen Stellung und des Selbstverständnisses des arbeitenden Menschen. "Ein arbeitsfähiger Erwachsener (...) wird erst dadurch ein nützliches Glied der Gesellschaft, dass er in Geld entlohnte Leistungen vollbringt."[6] Für Simonnet geht die Bedeutung der Erwerbsarbeit gar so weit, dass sie sich rechteigentlich an die Stelle des Sozialen gestellt habe.[7] Arbeit ist gemäss Huber schlicht "*die* Lebensform der Industrie"[8]; sie bildet das "innere Rückgrat" der Lebensführung, mit dessen Verlust sowohl die gesellschaftliche Stellung als auch die persönliche Orientierung und das Selbstwertgefühl aufs höchste gefährdet sind.[9] Man kann wohl sagen, *dass die Arbeit in den Industriegesellschaften zu einem wesentlichen Anteil das gesellschaftliche wie das individuelle Selbstverständnis prägt.*

Zwischen diesen beiden Feststellungen besteht ein enger Zusammenhang: Wenn Handlungen so ausdifferenziert werden, dass Tätigkeiten aus schierer Notwendigkeit gesondert und als eine eigenständige Handlungsform betrachtet werden, so besteht eine grosse Wahrscheinlichkeit, dass diesen Tätigkeiten auch eine

---

5) Vgl. etwa Simonnet (1979), S. 31.
6) Klipstein/Strümpel (1984), S. 19.
7) Vgl. Simonnet (1979), S. 32.
8) Huber (1984), S. 27 (Hervorhebung RvR). Schon in der Wortbedeutung kommt dies zum Ausdruck: Industrie bedeutet soviel wie 'Fleiss', Betriebsamkeit', 'Emsigkeit'.
9) Vgl. Heubrock (1989), S. 349.

übergeordnete Bedeutung zugeordnet wird. Eine rein auf Notwendigkeit ausgerichtete Arbeit muss zumindest kurzfristig für das Ueberleben dringlicher und wichtiger sein als alle anderen Tätigkeiten, die aufgrund dieser Ausdifferenzierung des Elementes der Notwendigkeit weitgehend beraubt sind und somit nur noch spielerische Qualitäten aufweisen. Letztere können - zumindest kurzfristig - ohne sichtbaren Schaden zurückgestellt werden, wenn die Notwendigkeit 'zur Arbeit' zwingt; man mag zwar die unmittelbaren Freuden und Befriedigungen des Spiels missen, aber angesichts einer notwendigen Arbeit kann man sich auch auf später vertrösten.

Die Höherbewertung der Arbeit aus Notwendigkeit wird dabei wohl auch dadurch gefördert, dass diese Ausdifferenzierung der Tätigkeiten - wie noch gezeigt werden wird - *eine wesentliche Voraussetzung darstellt, um die unausweichliche, rein notwendige Arbeit konsequent auf Effizienz gestalten zu können.* Da eine Arbeit aus reiner Notwendigkeit im Gegensatz zum angestrebten Ziel für sich selbst keinen Wert haben kann, ist eine Steigerung der Effizienz überaus wünschenswert, weshalb - ökonomisch rational - alle Konzentration und alle Anstrengung hierauf verwendet werden sollte. Der grössere Ertrag gibt dieser Vorstellung recht; die Steigerung der gewünschten Ergebnisse verleiht der Arbeit nochmals zusätzliche Bedeutung. Eine zusätzliche Anstrengung in der Arbeit, bzw. in einer noch effizienteren Arbeitsgestaltung drängt sich angesichts des Ergebnisses geradezu auf, ist offensichtlich lohnenswert - nicht zuletzt auch in der oft trügerischen Aussicht, dass das mit zusätzlichen Anstrengungen erreichte grössere Ergebnis wieder vermehrt Möglichkeiten eröffnen werde, sich anderen Tätigkeiten zuzuwenden.

Jedoch: Sowohl ein kulturübergreifender Vergleich[10)] als auch ein historischer Rückblick auf den Wandel des Arbeitsverständnisses[11)] zeigen, dass eine solche Herauslösung und Verselbständigung einer *reinen Arbeit aus Notwendigkeit* keinesfalls selbstverständlich oder der Normalfall ist; als noch ungewöhnlicher erweist sich dabei, dass eine reine Arbeit aus Notwendigkeit für sich als etwas Positives erachtet wird und einen zentralen Stellenwert im individuellen wie gesellschaftlichen Leben einnimmt. Die griechische Antike zum Beispiel, eine der wenigen Hochkulturen, die ebenfalls eine klare Trennung von Arbeiten aus Notwendigkeiten und Handlungen, die ihre Zweck in sich selbst erfüllen, vor-

10) Vgl. etwa Slocum u.a. (1971).
11) Vgl. etwa Tilgher (1962).

nahmen, bewerteten im Gegensatz zu den modernen Industriegesellschaften letztere, wie bereits ausgeführt, weit höher. Die meisten Kulturen kannten jedoch keine derart klare Trennung; zumindest im Alltag und im Selbstverständnis der breiten Bevölkerung vermengten sich spielerische Gehalte und notwendige Arbeitsanstrengungen nahtlos miteinander. So anstrengend und hart ihre Lebensbedingungen auch sein konnten, sie kannten oft nicht einmal einen eigenen Begriff für Arbeit. Der mühselige Existenzkampf war ebenso integraler Bestandteil des Lebens wie die religiösen Zeremonien, die Spiele und Feste und das enge soziale Zusammenleben und vielfach waren sie aufs engste, eigentlich ununterscheidbar miteinander verflochten.

Dies galt weitgehend auch für die mittelalterliche Lebens- und Arbeitsweise und das entsprechende Welt- und Selbstverständnis, das sich zumindest teilweise in breiten Bevölkerungskreisen bis in die industrielle Revolution hinein bewahrt hat. Gleichfalls waren auch Arbeitsgestaltung und -intensität sowie der Stellenwert, der Gehalt und die Bedeutung der Arbeit grundsätzlich verschieden von der Arbeit des nachfolgenden industriellen Zeitalters. Die Umstellung erwies sich als entsprechend langwierig und konnte zum Teil nur unter äusserster Härte gelingen. Da es sich hierbei um einen so wichtigen Prozess handelt, in dem sich eine Arbeitsrealität und ein Arbeitsverständnis durchsetzten, die sowohl im historischen wie auch im kulturellen Vergleich aussergewöhnlich, wenn nicht gar einzigartig sind, scheint es sinnvoll im folgenden Kapitel den Konflikt und die Unterschiede zwischen zwei konträren Lebens- und Arbeitsformen an ihrem Scheidepunkt, der Industriellen Revolution, eingehend zu untersuchen. Ein vergleichender Rückblick erweist sich nicht nur deshalb als sinnvoll, weil aus der Sicht der heutigen Realität und des heutigen Arbeitsverständnisses eine andere Realität kaum mehr vorstellbar scheint und vielfach gänzlich in Vergessenheit geraten ist, sondern er eröffnet ebenfalls Erkenntnisse und Einsichten, die im späteren Verlauf dieser Arbeit auch ein besseres Verständnis von arbeitsbezogenen Problemen und neu erwachenden Spannungen etwa im Rahmen des Wertwandels ermöglichen.

Kapitel 3

DER SCHMERZHAFTE WANDEL ZUM INDUSTRIELLEN ARBEITSVERSTÄNDNIS

3.1. ANPASSUNGSERFORDERNIS UND ABLEHNUNG

Zentrale Grundbedingung für einen sich entwickelnden Kapitalismus ist für Werner Sombart, dass *geeignete Arbeitskräfte in ausreichender Menge* zur Verfügung stehen. Die "Entstehung eines Lohnarbeiterstandes"[1] muss somit als neuralgischer Punkt in der Entwicklung der industriellen Produktionsmethode angesehen werden. Sie kann logisch in zwei grundsätzliche Fragenkomplexe aufgeteilt werden:

1. Es muss erklärt werden, wie, wann und warum gerade zu jener Zeit - und in besonderem Masse gerade in England - "eine genügende Menge besitzloser Menschen (Lohnarbeiter in potentia) heranwuchs".[2]
2. Doch selbst, wenn genügend potentielle Arbeitskräfte zur Verfügung stehen, stellt sich noch die - hier besonders interessierende - Frage, "wie der Unternehmer *geeignete* und *willige* Arbeitskräfte (Lohnarbeiter in actu) sich verschaffte".[3]

Gerade dieser zweite Punkt mag nun überraschen. Doch der frühkapitalistische Arbeitsmarkt ist diesbezüglich gekennzeichnet durch eine tiefe Widersprüchlichkeit[4], die bis weit in die Industrielle Revolution hinein fortdauert. Einerseits herrscht in dieser Epoche ein Ueberangebot an Arbeitskräften (Punkt 1), was sich nicht zuletzt im wiederkehrenden Massenelend vom 16. bis zur

---

1) Sombart (1916a), S. 785.
2) Sombart (1916a), S. 785.
3) Sombart (1916a), S. 785; (Hervorhebungen, RvR).
4) Vgl. MEW 23, S. 670 ff.; Sombart (1916a), S. 788.

Mitte des 19. Jahrhunderts auf erschütternde Weise manifestiert[5]: eine grosse Masse von besitzlosen, armen, jedoch durchaus arbeitsfähigen Menschen, die kein Auskommen finden und ihr Leben mit Betteln und Hungern fristen müssen, zuweilen gar den Hungertod erleiden. Lohnarbeiter 'in potentia' gibt es im Uebermass, andererseits herrscht gleichzeitig vielerorts Mangel an Arbeitskräften, fehlt es an Lohnarbeitern 'in actu', wird ihre Rekrutierung zum existentiellen Problem für die Unternehmer. In eigentlich allen sich industrialisierenden Ländern mangelt es an Arbeitern für Manufakturen und für industrielle Betriebe (Punkt 2).[6]

3.1.1. TROTZ ARMUT: MANGEL AN WILLIGEN ARBEITSKRÄFTEN

3.1.1.1. Industrielle Revolution und Massen in Armut und Elend

Es ist nicht einfach, sich ein klares Bild von den Bevölkerungsverhältnissen vergangener Jahrhunderte zu machen: Einerseits sind die Verhältnisse weder regional noch über die Zeit einheitlich; andererseits sind die uns überlieferten Daten äusserst mangelhaft und bedürfen oft der Interpretation.[7] Als Nichthistoriker bleiben wir daher auf Sekundärliteratur verwiesen, die nun aber durchaus auch widersprüchliche Darstellungen liefert.[8] Mit aller Vorsicht können hier daher

5) Vgl. Abel (1974). In seinem etwas früher erschienen Aufsatz 'Der Pauperismus in Deutschland am Vorabend der Industriellen Revolution' verfechtet Abel dezidiert eine Gegenthese zur weitverbreiteten Meinung, dass der Pauperismus in der zweiten Hälfte des 18. und der ersten Hälfte des 19. Jahrhunderts nicht nur zeitlich, sondern auch *kausal* mit den Anfängen des modernen Industriekapitalismus zusammenfällt; vgl. Abel (1970).

6) Vgl. Sombart (1916a), S. 798.

7) Vgl. hierzu allgemein Braudel (1990a), S. 21 ff.

8) Dies mag verschiedene Gründe haben. Einmal wird oft nur ungenau angegeben, auf welchen Zeitraum, auf welchen geographischen Raum und auf welche Sozialschicht sich die Angaben beziehen. Weit gewichtiger ist aber, dass es sich bei den überlieferten Quellen nur in den seltensten Fällen um statistische Materialien handelt; die Aufarbeitung der zumeist textlichen Ueberlieferungen - Parlaments- und Expertenberichte, Briefe, Literatur, usf. - kann daher oft nur in interpretierender und kombinierender Weise erfolgen. Ausschlaggebend für die Ergebnisse wird aber damit, welche Daten verwendet werden und welche Fragen an sie gestellt werden. Am Beispiel: Die Evaluierung des Lebensstandards vorab der Unterschichten und Industriearbeiter im Verlaufe der Industriellen Revolution ist mangels umfassender Daten zu Löhnen und Preisen mit hohen Unsicherheiten verbunden, weshalb die sog. Optimisten und Pessimisten unter den Historikern zu stark divergierenden Ergebnissen gelangen; vgl. Eggebrecht u.a. (1980), S. 220 ff.; Thompson (1987), S. 222 ff. Die Abweichungen erklären sich insbe-

nur sehr allgemeine, auf breitem Konsens abgestützte Aussagen gemacht werden, wobei das Problem bestehen bleibt, dass in der Fachliteratur im einzelnen wesentlich nuanciertere Angaben gefunden werden können.

Ganz allgemein kann aber als gesichert angenommen werden, dass es in Westeuropa über die ganze Zeit sowohl der sogenannten Proto-Industrialisierung[9)] als auch der Industriellen Revolution - hier vorab bezogen auf England - generell eine grosse Zahl armer, oft besitz- und erwerbsloser Menschen gab. In ihrer zum Teil schier unvorstellbaren Not und Armut, in ihrem - wie viele Zeugnisse belegen - bedrückenden, ja existenzbedrohenden Elend bilden sie zweifellos ein grosses Potential, aus dem grundsätzlich Lohnarbeiter gewonnen werden können. Sie bilden jene *Reservearmee*[10)], auf die nicht nur die Industriebetriebe der Industriellen Revolution, sondern bereits auch die Manufakturen und Heimindustrien der Proto-Industrie zur Beschaffung der von ihnen benötigten Arbeitskräfte zurückgreifen konnten. So herrscht denn auch weitgehend Einigkeit darüber, dass gerade diese Existenz einer grossen Zahl in Armut lebender Menschen, die zugleich weitgehend ihre Eingebundenheit in die sozialen Strukturen des Feudalismus, des Dorfes und der Grossfamilie verloren haben, zu den wichtigsten Voraussetzungen zu zählen sind, welche vorab in England ein

---

sondere mit der Zusammenstellung von unterschiedlichen, jeweils sehr eingeschränkten Indizes für Lebenshaltungskosten und der Wahl der Löhne: beziehen sich die Einkommen auf vollbeschäftigte Facharbeiter, wenn möglich gar aus privilegierten Branchen, oder wird berücksichtigt, dass wahrscheinlich nur wenige über das ganze Jahr vollbeschäftigt waren? Vgl. Thompson (1987), S. 264. Aussagen zur Entwicklung der Realeinkommen werden aufgrund der Konjunkturzyklen zudem erheblich geprägt durch die Wahl der Vergleichsjahre.

9) Mit dem Begriff der 'Proto-Industrialisierung' löste Mendels (1972) - vgl. auch Tilly/Tilly (1971) - eine langanhaltende Debatte aus über den Uebergangsprozess vom Feudalismus zum Industriezeitalter. Dabei wird die Ansicht vertreten, dass die Ursprünge der Industrialisierung weniger bei der Einführung der Dampfmaschinen im 18.Jh. zu suchen sind, sondern dass es sich dabei um einen sozialen, kulturellen und wirtschaftlichen Entwicklungsprozess handelt, der bereits im ausgehenden Mittelalter mit den sich langsam neu formierenden Kräften 'Geld, Arbeit und Zeit' seinen Anfang nimmt. Die Industrialisierung stellt insofern weniger eine Zäsion, denn eine über Jahrhunderte parallel zu den - langsam zerfallenden - feudalen Strukturen einhergehende Entwicklung dar, die sich mit der Industriellen Revolution lediglich um ein vielfaches beschleunigt und erst dann die feudalen Restbestände endgültig überwindet. Vgl. auch Kriedte u.a. (1978); sowie zum Ueberblick über die im deutschen Sprachraum geführte Debatte Kriedte u.a. (1983). Das Phänomen der Gleichzeitigkeit kultureller Erscheinungen bezieht sich auch auf die ihnen zugrundeliegenden ethischen und sittlichen Vorstellungen und Ueberzeugungen; vgl. speziell bezogen auf diesen Zeitraum auch Walzer (1965), S. 199 ff.

10) Vgl. MEW 23, u.a. S. 657 ff.; sowie für einen Ueberblick auch Braverman (1977), S. 293 ff.

'selbständiges' Entstehen eines Werkstatt- und Fabriksystems erst ermöglichten; denn diese Menschen sind genötigt, sich auf irgendeine Weise ihren Lebensunterhalt zu beschaffen, während sie weder über einen bebaubaren Boden verfügen, noch an feudale Bindungen gefesselt und somit frei sind für andere Arbeitsengagements. "Diese für den Betrieb der modernen Fabrik notwendigen *freien Arbeitskräfte* sind nur im Okzident und nur hier in dem nötigen Umfang vorhanden gewesen, so dass hier allein das Fabriksystem entstehen konnte."[11)]

Massenarmut, Heere von Besitzlosen, gar hungernden Menschen sind nicht erst Erscheinungen des Zeitalters der Industriellen Revolution. Armut, Entbehrung und Elend bedrücken und gefährden seit jeher einen mehr oder weniger grossen Teil der Menschen; über die Jahrhunderte geisseln Hunger und Not in immer neuen Formen und Erscheinungen zumeist die unteren Schichten der Bevölkerung. Dabei kann sich die Armut im Versteckten zeigen, wenn etwa Sklaven, Leibeigene oder kleine Bauern und Hintersassen trotz grösster Anstrengung sich nur gerade das für das Leben Allernotwendigste beschaffen können[12)]; sie kann aber auch offen zu Tage treten, wenn die Armut die Menschen auf die Strasse treibt, wenn Menschen jedes Zuhause und jede soziale Zugehörigkeit verlieren und als Bettler, vielleicht als Tagelöhner, durchs Land ziehen und die Städte bevölkern. Im 16. Jahrhundert werden die Klagen über die Plage des wachsenden Armenheers immer lauter.[13)] Zur Zeit der Stuarts des 17. Jahrhunderts leben zwischen einem Viertel und der Hälfte der Bevölkerung Englands unter der damaligen Armutsgrenze.[14)] Eine ähnliche Situation herrscht auch während des 18. und der ersten Hälfte des 19. Jahrhunderts. Ebenfalls vergleichbar, wenn

---

11) Weber (1923), S. 150 (Hervorhebungen im Orig.). Auf dem Kontinent werden jedoch seit dem 15. Jahrhundert Massenproduktion, Manufakturen und Handel weit mehr vom Staat planmässig gefördert als dass sie, wie in England, 'selbständig' entstehen. Doch auch hier dienen die grossen Massen der verarmten Unterschichten zur Rekrutierung von Arbeitskräften.

12) So wird etwa geschätzt, dass im Mitteleuropa des 18.Jh. 70-80% der landbesitzenden Bevölkerung (einschliesslich der Landarmen, aber ohne die Landlosen) mit ihrem Land nur knapp oder gar nicht ihren gesamten Lebensunterhalt erarbeiten konnten; vgl. Henning (1969), S. 171 ff.. Der ausserordentliche Zuwachs an Unterschichten mit nur sehr wenig Land (Häusler, Hintersassen u.ä.m.) spätestens seit dem 16.Jh. (Vgl. Kriedte u.a. (1983), S. 96 und die dort aufgeführte Literaturliste) lässt ebenfalls eine verbreitete Armut im Versteckten vermuten.

13) Vgl. Rühle (1930), S. 45. Um ihrer Herr zu werden ernannten einige Städte gar regelrechte Bettelvögte unter den Bettlern und schufen für sie z.T. sogar Amtstrachten. Vgl. ebenda, S. 47.

14) Vgl. Coleman (1955/56), S. 283 f. 500'000 Familien - ein Viertel der Bevölkerung - erhielt Unterstützung; vgl. Rühle (1930), S. 48

auch vor jeweils anderem Hintergrund, ist die Lage in den Ländern des Kontinentes.

Sucht man nach Gründen für diese Massenarmut, so gehört das Bevölkerungswachstum sicher zu den Hauptfaktoren. Für die Zeit kurz vor - ab ca. 1750 - und während der Industriellen Revolution sprechen die meisten Autoren von einem geradezu "stürmischen Bevölkerungswachstum"[15] in England, die innert hundert Jahren zu einer Verdreifachung der Bevölkerung geführt hat.[16] Die von Habakkuk für die Periode 1750-1850 errechnete jährliche Wachstumsrate von bis zu 1%[17] wurde zwar auch schon in früheren Perioden erreicht, doch bedeutet sie jetzt bei einer bereits relativ grossen Bevölkerung einen jährlich grossen Zuwachs in absoluten Zahlen. Zudem bleibt lange Zeit die sonst übliche, periodische Dezimierung der Bevölkerung durch Hungersnöte, Epidemien und Kriege aus.[18]

Dennoch kann eine absolute Ueberbevölkerung, wie sie entsprechend der Theorie von Malthus durch Bevölkerungswachstum entsteht[19], nicht der einzige Grund für das Massenelend sein; er ist vielleicht sogar nicht der wichtigste, denn spätestens seit 1790 wächst das Sozialprodukt in England schneller als die Bevölkerung.[20] So ist auch Werner Sombart der Ueberzeugung, dass zwar in England das Wachstum der Bevölkerung teilweise über den Möglichkeiten der Stellenbesetzung - entweder in der Landwirtschaft oder im Gewerbe - lag, doch dass dies meist nur in relativ bescheidenem Umfang der Fall war.[21] Dem natürlichen Bevölkerungswachstum steht denn auch eine teilweise rasant wachsende Wirtschaft mit enormem Bedarf an Arbeitskräften gegenüber. Die Ursachen der grossen Zahl erwerbsloser, im Elend versinkender Menschen müssen daher auch in strukturellen und sozialen Umwälzungen gesucht werden.

---

15) Braudel (1990c), S. 628; ebenso auch Bendix (1960), S. 61; Cipolla (1985), S. 5.

16) Vgl. Eggebrecht u.a. (1980), S. 194; in Zahlen dokumentiert bei Braudel (1990c), S. 630 f. Eggebrecht u.a. geben für 1850 ein Total von 20,8 Mio. Einwohner an, während Braudel die häufiger genannte Zahl von knapp 18 Mio. ausweist.

17) Vgl. Habakkuk (1973), S. 207.

18) Vgl. zur wellenförmigen Bevölkerungsentwicklung Europas Braudel (1990a), S. 22 ff.

19) Zur Kritik eines Trends hin zu einer absoluten Ueberbevölkerung siehe MEW 23, S. 663; MEW 25, S. 965 und die dort angegebenen Seiten.

20) Vgl. Thompson (1987), S. 341. Das Wachstum des Sozialproduktes beträgt zwischen 1770 und 1780 jährlich hingegen lediglich 0,3%; vgl. Cipolla (1985), S. 6. Für die Ernährung wichtig sind zudem die bedeutenden Produktivitätssteigerungen in der Landwirtschaft.

21) Vgl. Sombart (1916a), S. 795. Vgl. auch den Begriff der 'relativen Uebervölkerung' bei Marx; MEW 23, u.a. S. 661 ff.

Gleichzeitig mit dem Bevölkerungswachstum vollziehen sich auch markante demographische Verschiebungen zugunsten der Städte und industriellen Ballungsgebiete. Wo sich Heimindustrien, Manufakturen oder Industriebetriebe ansiedeln und zu eigentlichen Ballungsgebieten verdichten, wächst die Bevölkerung in der Regel ungleich schneller und unkontrollierter als in traditionell landwirtschaftlichen Regionen.[22)] So kämpfen die Industriestädte Englands zwischen 1750 und 1850 mit einem Wachstum ihrer Bevölkerung um das Fünf- bis Zehnfache. Diese so ungleiche Bevölkerungsentwicklung kann zum einen auf die veränderten Lebens- und Heiratsgewohnheiten jener zurückgeführt werden, die nicht mehr den Regelmechanismen landwirtschaftlicher - und damit primär von knappem Boden abhängiger - Dorfgemeinschaften unterworfen sind: Sowohl in Regionen mit starker Heimindustrie als auch in (proto-)industriellen Ballungsgebieten wird generell häufiger - dh. nicht nur vom erbberechtigten Erstgeborenen einer Familie - und früher - was tendenziell eine grössere Kinderzahl zur Folge hat - eine Ehe eingegangen.[23)] Damit wird deutlich, dass das Bevölkerungswachstum nicht nur Voraussetzung für die Industrialisierung, sondern zumindest teilweise auch Folge der strukturell veränderten Produktions- und Lebensbedingungen ist. Für Braudel ist es gar "eindeutig erwiesen, dass England seinen Bevölkerungszuwachs in erster Linie der Industrialisierung verdankt, ein Eindruck, den alle Einzeluntersuchungen bestätigen"[24)].

22) Vgl. Eggebrecht u.a. (1980), S. 194 f.; Braun (1960). Zu den durch das meist ungeplant und chaotisch verlaufende Wachstum der Städte verursachten Problemen und deren Rückwirkungen auf die Bevölkerung - z.B. die markant kürzere Lebenserwartung im Vergleich zur Landbevölkerung - siehe Checkland (1973).

23) Vgl. Braudel (1990c), S. 631. Neben dem Wegfallen der unmittelbar sichtbaren ökonomischen Restriktionen für eine Eheschliessung (zumeist der fehlende Boden) verlieren in den neuen Ballungsgebieten vor allem auch die traditionellen Normen und Institutionen ihre Geltung und ihre Wirkung; bestimmt nicht mehr die Gemeinschaft - etwa jene der 'Familie' oder des Dorfes - das Leben; entfällt mit der Unübersichtlichkeit auch die soziale Kontrolle. Habakkuk spricht in diesem Zusammenhang von einer "sozialen Desorganisation"; vgl. Habakkuk (1973), S. 211. Zur demographischen Regulierung in Agrargesellschaften siehe etwa Kriedte u.a. (1978), S. 159 ff. Einblick in das Heiratsverhalten und die damit einhergehende Bevölkerungsentwicklung in Regionen mit Heimindustrie vermittelt ausführlich Braun (1960).

24) Braudel (1990c), S. 631. In *Kontinentaleuropa* setzt jedoch die Industrielle Revolution erst deutlich *nach* dem Bevölkerungswachstum ein. Doch dürfen hier die durch die historisch vorangehenden Phase der Proto-Industrie (Heimindustrie und Manufakturen) verursachten strukturellen und sozialen Veränderungen und deren Folgewirkungen nicht unterschätzt werden; vgl. Habakkuk (1973), S. 207 ff. Kriedte et al. heben hierbei gerade auch die strukturelle Verursachung hervor: "Bevölkerungswachstum als Funktion der effektiven Nachfrage nach Arbeitskraft war der erweiterten Reproduktion des protoindustriellen Kapitalismus (..) nicht nur von den konjunkturellen Impulsen, sondern

Ein verändertes Heiratsverhalten in den wirtschaftlichen Ballungsräumen kann jedoch für sich alleine das Bevölkerungswachstum nicht erklären; der daraus resultierende Geburtenzuwachs reicht bei weitem nicht aus, auch nur den wachsenden Bedarf an Arbeitskräften in der Industrie abzudecken. Neben den neuen Lebensgewohnheiten in den Städten müssen zum anderen insbesondere *Wanderungsströme* zur Erklärung des Bevölkerungswachstums herangezogen werden: Während Einwanderer aus Irland, aber auch aus Schottland und vom Kontinent nicht unwesentlich zum allgemeinen Wachstum beitragen, erklärt sich der Bevölkerungsboom in den Industriezentren massgeblich auch durch die *Binnenwanderung*.[25)] Da dieser Zustrom von potentiellen Arbeitskräften und ihr geballtes Auftreten nicht nur als Bedingung für die Entfaltung der Industriellen Revolution angesehen werden können, sondern ebenso auch als deren Folge, findet sich in der Wanderung gleichfalls das wohl gewichtigste Argument für Braudels Feststellung.

Als Bedingung für die industrielle Entwicklung setzt die Wanderung von Arbeitskräften deren Mobilität voraus; im historischen Rückblick heisst dies, dass insbesondere die sozialen Unterschichten von ihrer feudalen Einbindung befreit werden. Gerade auch in dieser Hinsicht ist England dem kontinentalen Europa weit voraus: Die Leibeigenschaft wurde hier weit früher und konsequenter aufgehoben. Die rechtliche Befreiung der Landarbeiter und Kleinpächter muss jedoch noch keine Wanderung zur Folge haben, sondern sie ist lediglich eine Voraussetzung hierfür. Dass es dann aber tatsächlich zu Wanderungsbewegungen kommt, ist meist auf eine drastische Verschlechterungen der Existenzgrundlage in den angestammten Arbeits- und Lebensräumen zurückzuführen; zu den Gründen dieser Verschlechterung zählen auch solche, die direkt oder indirekt mit der Entfaltung einer industriellen Produktionsweise in Zusammenhang stehen.

Dass sich die Massen potentieller Industriearbeiter zu einem grossen Teil aus zugewanderten Menschen zusammensetzen, die zuvor auf dem Lande lebten und arbeiteten, wird bereits von Marx und Engels betont. Sie führen dabei die Existenz freier Arbeitskräfte in England auf eine *gewaltsame* Vertreibung der Landbevölkerung zurück. Ursachen sind dabei einerseits die Aufhebung der

auch von den strukturellen Produktionsbedingungen her inhärent." Kriedte u.a. (1978), S. 164. Gerade im westlichen Kontinentaleuropa des 18. und frühen 19. Jahrhunderts erfährt die Proto-Industrie massive staatliche Förderung und einen erheblichen und expansiven Aufschwung; vgl. Kriedte u.a. (1983), S. 96.

25) Vgl. Braudel (1990c), S. 632; Sombart (1927), S. 383 ff., bes. S. 386 ff.

Klöster als wichtige Arbeitsgeber und mehr noch als Zentren der Armenfürsorge; andererseits raubt insbesondere der Prozess der *Landeinhegung* (Enclosures) vielen kleinen, aber bisher unabhängigen Bauern ihre Existenzgrundlage.[26)] Wirtschaftlicher Hauptgrund für die Einzäunungen ist wohl, dass hierdurch die Selbstversorgungswirtschaft durch eine gewinnbringende Produktion ersetzt werden kann, die auf die Bedürfnisse eines wachsenden, durch die Industrie geprägten Markt ausgerichtet ist. Die hierbei im Vordergrund stehende Viehzucht benötigt selbst ebenfalls nur noch wenige Landarbeiter.[27)]

Demgegenüber wehrt sich Sombart gegen die Marx-Engelssche Sicht, dass die Massen von zugewanderten Arbeitskräften und Elenden einzig auf *gewaltsamen* Einkommens- und Besitzentzug zurückzuführen seien. Zwar misst er diesem auch eine gewisse Bedeutung zu, doch sieht er den Hauptgrund für das Entstehen eines eigentlichen Lohnarbeiterproletariats darin, dass diese Menschen ihre wirtschaftliche Selbständigkeit eingebüsst haben.[28)] Hiervon betroffen sind neben den Kleinbauern auch Heimhandwerker und Handwerker; der Verlust ihrer wirtschaftlichen Selbständigkeit muss nach Sombart im Rahmen der grossen Absatzstockungen jener Zeit, der Kriege, des wachsenden Steuerdrucks (hoch sowie oft schlecht und parteiisch veranlagt) u.a.m. gesehen werden. Unter diesen schwierigen Bedingungen und aufgrund von Wettbewerbsdruck und wirtschaftlichem Versagen kommt es zu einer *allmählichen Verarmung*, die Sombart als

---

26) Dies gilt auch für Irland; vgl. etwa MEW 23, S. 737 ff.. Weidewirtschaft ist für die Landlords wesentlich rentabler, nicht zuletzt auch, weil damit viele kleine Ackerbauern vertrieben werden. Marx zitiert u.a. einen Landlord, der zur Gesundung der Irischen Wirtschaft eine weitere Entvölkerung für angemessen hält.

27) Meyer ordnet dieses 'Bauernlegen', das bereits im 15. Jh. einsetzte und trotz mehrfacher königlicher Erlasse in Schüben über Jahrhunderte fortdauerte, den direkt wirkenden Zwängen zur Sozialisation der Arbeitskraft für die Industrieproduktion zu; vgl. Meyer (1982), S. 108 f. Vgl. zur Einhegungspraxis auch Rühle (1930), S. 35 ff.: Das erste Gesetz gegen das Bauernlegen stammt aus dem Jahre 1489 (Heinrich VII) und prangert dessen negativen Folgen an, da da, wo bisher 200 Menschen lebten und arbeiteten, lediglich noch drei Hirten genügen. Die Folgen der Landvertreibung müssen zeitweilig derart verheerend gewesen sein, dass Thomas Morus in seiner 'Utopia' von einem sonderbaren Land erzählt, in dem "die Schafe die Menschen auffressen". Zwischen 1750 und 1830 erfolgt abermals eine Welle der Landeinhegung und Vertreibung; vgl. Rühle (1930), S. 71.

28) Vgl. Sombart (1916a), S. 795 ff. Gemäss Bosl (1972b) wächst bereits seit dem 14. Jh. eine niedere, im Pauperismus lebende Klasse heran, die er aber noch nicht als Proletariat bezeichnen kann; vgl. ebenda, S. 26.

einen natürlichen Differenzierungsvorgang begreift, bei dem "lebensunfähige Existenzen" ausgeschieden werden.[29)]

Es soll und kann hier nicht entschieden werden, ob das schnell anwachsende Proletariat zur Hauptsache auf gewaltsame Enteignungen und Vertreibungen oder auf wirtschaftliche Niedergänge zurückzuführen ist; je nach Zeitpunkt und Ort werden die Kausalitäten wohl verschieden sein. Oft aber stellen die tatsächlichen Gründe auch eine Mischung hiervon dar: Die wirtschaftlichen Probleme sind dann auch ein Reflex etwa von ungleich verteilter Macht. Die Herausbildung kapitalistischer Produktionsmethoden seit dem 15./16. Jahrhundert[30)] geht einher mit nur unvollkommen ausgebildeten und daher schlecht funktionierenden Märkten. Ungleiche Abhängigkeiten der Arbeiter und Produzenten von Verlegern, Manufakturbesitzern und Händlern gibt den letzteren nur zu oft die Möglichkeit, die Unsicherheiten und Wechselfälle des überaus instabilen Wirtschaftsverlaufs fast gänzlich auf die Arbeiter und die kleinen Produzenten abzuwälzen. Vielfältig sind ebenso die Formen direkter Ausbeutung über Wucherzinsen, Rohstoff- und Absatzmonopole (konsequente Trennung des Produzenten vom Markt), Absprachen über Beschäftigung (schwarze Listen; Zeugnis des vorgängigen Verlegers) und Entlöhnung, schlechte Zahlungsmoral bei Abnahme der Produkte - um nur einige Mittel zu nennen. Diese ungleiche Machtverteilung in einem zunehmend härter werdenden Wettbewerb ist nicht selten der eigentliche Grund für die Verarmung breiter, bisher relativ unabhängiger und selbständiger Schichten (Kleinbauern mit Nebenverdienst oder Handwerker).[31)]

---

29) Vgl. Sombart (1916a), S. 795 ff. Analog diagnostiziert auch Abel für die Zeit der Industriellen Revolution, dass mit dem Wachstum der Bevölkerung die durchschnittliche Produktivität der Arbeit generell rückläufig ist, weshalb Teile der Bevölkerung 'freigesetzt' werden; mit steigender durchschnittlicher Produktivität ab Mitte des 19. Jh. wird diese wieder integriert; vgl. Abel (1970), S. 56.

30) Zu dieser Datierung vgl. etwa Pirenne (1946), S. 207. Hohn (1984), S. 114, sieht in Anlehnung an Schmoller die Hausindustrie bereits im 14.Jh. als die eigentliche Hauptform der Produktion. In einzelnen Regionen bilden sich gar noch früher kapitalistische Produktionsmethoden aus; so etwa in den grossen Manufakturen und der ausgedehnten Heimindustrie in Flandern und rund um Florenz ab dem 11./12. Jahrhundert; vgl. Dobb (1970), S. 150 ff., besonders S. 157.

31) Vgl. ausführlich Dobb (1970), S. 135 ff. u. 150 ff.; Meyer (1982), S. 92 ff.; Coleman (1955/56), S. 289 f.; Marglin (1977), S. 176. Thompson (1987) gibt anhand der Weber ein ausführliches Beispiel für Marktunvollkommenheiten und ihre Folgen; siehe ders., Kap. 9, S. 293 ff.

All diese strukturellen und sozialen Umwälzungen haben dazu beigetragen, dass in England für die Entfaltung der Manufakturen und Industrien potentielle Arbeitskräfte in gewaltigem Uebermass zur Verfügung stehen. Zwar wird zu jener Zeit die Arbeitslosigkeit noch nicht statistisch erhoben, doch Darstellungen aus zeitgenössischer Publizistik sowie parlamentarische Untersuchungsberichte über Pauperismus und Arbeitssituation zeichnen ein eindeutiges und erschreckendes Bild[32]: Arbeitslosenquoten in den Ballungsgebieten von gelegentlich bis zu 60% scheinen nicht unwahrscheinlich zu sein.[33] Gleichzeitig ist eine ununterbrochene Tätigkeit über das ganze Jahr hinweg keineswegs der Normalfall und der Anteil der chronisch Unterbeschäftigten steigt während der Industriellen Revolution bis hinein in die vierziger Jahre an.[34]

Gerade in den industriellen Ballungszonen sind die Lebensbedingungen breiter Bevölkerungskreise entsprechend schlecht; bei allen Evaluierungsproblemen scheint es gar, dass sie sich im Verlaufe der Industriellen Revolution gar noch verschlechterten. "Die Lebensbedingungen der Mehrheit waren 1790 schlecht - und sie waren 1830 immer noch schlecht."[35] Die existentielle Not ist in den Unterschichten allgemein gross: Selbst gegen Ende der Industriellen Revolution, im Jahr 1849 mit einer überschäumenden Hochkonjunktur, lebt noch ein beachtlicher Teil der Fabrikarbeiter - auch trotz permanenter Beschäftigung - noch unter dem (damaligen) Existenzminimum.[36]

3.1.1.2. Trotz Armut und Not fehlt es in Manufakturen und Industriebetrieben an willigen Arbeitskräften

Angesichts der grossen Zahl in Armut lebender, oft arbeitsloser Menschen ist es überraschend, dass über die ganze Periode sowohl der Proto-Industrie als auch der Industriellen Revolution ein *Mangel an Arbeitskräften* - vorab *für die Manufakturen und Fabriken* - beklagt wird. Die Situation auf dem frühkapitalistischen Arbeitsmarkt ist somit geprägt von einem Paradoxon: Auf der einen Seite darben grosse Massen von besitzlosen, armen, aber durchaus arbeitsfähigen Menschen mit Betteln und Hungern ein elendes Leben, das nicht selten im Hun-

32) Vgl. Thompson (1987), S. 269 ff.
33) Vgl. Eggebrecht u.a. (1980), S. 223.
34) Vgl. Thompson (1987), S. 287 ff., 339 f.
35) Thompson (1987), S. 225.
36) Vgl. Eggebrecht u.a. (1980), S. 225.

gertod endet[37]. Auf der anderen Seite stellen zeitgenössische Quellen der Industriegeschichte seit dem 16. Jahrhundert und aus fast allen Ländern immer wieder fest: "Es fehlt nicht an Arbeit, es fehlt an Arbeitern"[38]. Einem Übermass an Lohnarbeitern 'in potentia' steht immer wieder - und unter den unterschiedlichsten Rahmenbedingungen - ein akuter Mangel an Lohnarbeitern 'in actu' gegenüber, der für viele Unternehmer zum zentralen und über die Existenz des Unternehmens entscheidenden Problem wird. Das Ausmass der Schwierigkeiten, insbesondere für die zentralisierte Grossproduktion genügend Arbeiter zu rekrutieren - und mehr noch: sie auch für längere Zeit halten zu können[39] -, ist so gross, dass für Dobb dadurch bereits im 17. Jahrhundert die kapitalistische Entwicklung Englands gehemmt wird[40]; noch im 18. und 19. Jahrhundert müssen organisatorische Neuerungen verschiedentlich rückgängig gemacht werden, weil die betroffenen Arbeiter sie boykottieren.[41]

Natürlich liegen den Klagen über mangelnde Arbeiter auch *technische Ursachen* zugrunde: Zum einen herrscht immer wieder grosser Mangel an *qualifizierten Arbeitskräften.*[42] Während die grosse Mehrheit der vom Lande zugewanderten, potentiellen Arbeitskräfte über keine, bzw. nicht über die gewünschten Qualifikationen verfügen, bleiben die qualifizierten Handwerker selbst in harten Krisenzeiten nach Möglichkeit darauf bedacht, im Schutz von stadtwirtschaftlichem Protektionismus und Zunftordnung ihre traditionelle Arbeitsweise und ihre Unabhängigkeit bewahren zu können.[43] Diese Probleme hemmen insbesondere die Entwicklung der proto-industriellen Manufakturen, da diese zwar die Produktion zentralisieren, ansonsten jedoch weitgehend nach traditioneller Technologie arbeiten. Ohne die Mitarbeit qualifizierter Handwerker lässt sich daher in dieser Phase der Entwicklung keine Produktionsstätte aufbauen. Dies umso mehr, als Handwerker ihre Handwerkskunst noch im eigentlichen Sinne '*beherrschen*': Die Produktionskenntnisse existieren noch nicht in abstrakter

37) Vgl. Sombart (1916a), S. 788; Rühle (1930), S. 58 ff.
38) Sombart (1916a), S. 798.
39) Es ist nicht leicht, Arbeiter aus der Landwirtschaft oder der Heimindustrie an die Monotonie und den Freiheitsverlust in der Fabrik zu gewöhnen; viele verlassen den neuen Arbeitsplatz nach kurzer Zeit. Das wohl grösste Problem ist daher nicht die Rekrutierung *besserer* Arbeiter, sondern *sesshafterer*. Vgl. Pollard (1965), S. 161.
40) Vgl. Dobb (1970), S. 228 f.
41) Vgl. Pollard (1965), S. 162.
42) Vgl. Meyer (1982), S. 99.
43) Vgl. Kriedte u.a. (1978), S. 217.

Form, unabhängig und losgelöst vom einzelnen Handwerker.[44] Die Vermittlung der Kenntnisse erfolgt daher über einen langjährigen, personengebundenen Interaktionsprozess[45], weshalb es immer nur relativ wenige Handwerker gibt und es gleichzeitig keinem Aussenstehenden möglich ist, in ihr Metier einzubrechen. Mit der Einführung neuer Produktionsmethoden - verstärkt in der Zeit der Industrialisierung - wird diese Abhängigkeit zwar (bewusst) durchbrochen; der Einsatz neuer Technologien und die Mechanisierung der Produktion setzt jedoch ebenfalls wieder Fachkräfte anderer Art voraus, die nun über völlig neue und sich schnell entwickelnde Kenntnisse verfügen müssen. Auch an ihnen mangelt es oft in kritischem Ausmass, da entsprechende moderne Ausbildungsmöglichkeiten meist weit hinter dem Bedarf herhinken.[46]

Zum anderen ist - vorab während der Proto-Industrialisierung - die Mobilität der Bevölkerung noch gering und wird durch staatliche Massnahmen noch zusätzlich erschwert.[47] Der Informationsfluss über Arbeitsmöglichkeiten ist oftmals ungenügend und die Freizügigkeit der Arbeitskräfte wird vorerst in ganz Europa weitgehend unterbunden.[48] In England etwa findet letzteres seinen Höhepunkt im Armengesetz von 1662, wo im Kampf gegen vagabundierende Bettlerscharen jegliche Armenunterstützung auf die jeweilige Heimatgemeinde beschränkt wird; zugewanderte Arbeitsuchende finden somit in ihrer Not keine Unterstüt-

44) Vgl. Meyer (1982), S. 88.

45) Vgl. Sombart (1916a), S. 824. Dies ist jedoch nicht nur eine Folge traditioneller Ausbildungsformen und prohibitiver Massnahmen der Zünfte; es entspricht auch der spezifischen Qualität der vermittelten Fertigkeiten und Kenntnissen: Es handelt sich hierbei weniger um Wissen, denn um *Können*, weniger um Verstehen, denn um *Begreifen*. Dies bedeutet, dass diese Fähigkeiten nicht losgelöst werden können von der sie beherrschenden Person; sie existieren noch nicht als eigenständiges, in Worte fassbares Wissen. "An art which cannot be specified in detail cannot be transmitted by prescription, since no prescription for it exists. It can be passed on only by example from master to apprentice." Polanyi (1958), S. 53.

46) Vgl. Pollard (1965), S. 167 ff. Die Firmen jagen sich gegenseitig die Arbeiter ab, die über Kenntnisse in den neuen Technologien verfügen. Diese Arbeiter besitzen lange Zeit eine Sonderstellung, da ganze Fabriken und Eisenhütten stillstehen können, wenn der betreffende Mann krank wird, oder gar bei seinem Tod die Produktion ganz schliessen müssen. Vgl. Meyer (1982), S. 100; ebenso bei Ried (1979); Lambert (1979).

47) So versuchen sich die Staaten bis Ende des 18. Jh. gegenseitig qualifizierte Arbeiter abzuwerben, während sie die Abwanderung eigener Fachkräfte unter höchste Strafen stellen; vgl. Sombart (1916a), S. 824 ff.

48) Vgl. Sombart (1916a), S. 800.

zung mehr und werden darüber hinaus in ihre Ursprungsgemeinden zurücktransportiert und drakonisch bestraft.[49)]

Fehlende Qualifikationen und ungenügende Mobilität sind sicher wichtige Gründe für den Mangel an Arbeitskräften; es sind jedoch bei weitem nicht die einzigen und sie verlieren über die Zeit zunehmend an Bedeutung. Bezüglich der Mobilität nimmt gerade England eine eigentliche Sonderstellung ein: Vor den einschneidenden Armengesetzen ist die Mobilität der Bevölkerung bereits relativ hoch und im 18. und 19. Jahrhundert konzentrieren sich - wie oben bereits ausgeführt - die arbeitslosen und armen Unterschichten vorzugsweise in den städtischen und industriellen Ballungsgebieten. Zumindest in England finden sich damit meist genügend potentielle Arbeitskräfte vor Ort. Zum anderen mangelt es in den Manufakturen und industriellen Betrieben nicht nur an qualifizierten, sondern insbesondere auch an ungelernten, jedoch *loyalen, zuverlässigen und disziplinierten* Arbeitskräften.[50)] Gerade auch mit der Entwicklung neuer, auf Arbeitsteilung beruhender Produktionsmethoden wächst die Zahl einfacher und leicht anlernbarer Arbeitsabläufe schnell an.

Einen gewichtigen Hinweis darauf, dass bereits in der Proto-Industrie ein akuter Mangel auch an *un*qualifizierten Arbeitern herrscht, liefern die *staatlichen Zwangsmassnahmen* zur Arbeitsförderung. Die zum Teil drakonische Härte und Einseitigkeit, mit der die Unterschichten hier zur Arbeit getrieben werden, lässt sich dabei jedoch nur verstehen im Zusammenhang mit den allgemeinen Vorstellungen jener Zeit sowie der allgemeinen Wesensart ihrer Menschen, von denen Sombart sagt: "Die Menschen des frühkapitalistischen Zeitalters waren ein hartes Geschlecht, das im Kampfe für objektive Ziele - mochten sie religiöser, mochten sie staatlicher Natur sein - sich verzehrte (...)."[51)] Eines dieser objektiven Ziele ist unter merkantilistischem Einfluss die Förderung der wirtschaftlichen Prosperität, welche die Grundlage der Macht der absolutistischen Fürsten bildet.[52)] Gleichzeitig setzt sich erstmals auch die Idee durch, dass nur die Arbeit der letzte und eigentliche Ursprung wirtschaftlicher Prosperität sein

49) Vgl. Rühle (1930), S. 67 f.; über die verschiedenen Massnahmen gegen die Bettlerplage in England und deren unterschiedliche Erfolge, s. ebenda S. 60 ff. Vgl. ebenfalls Meyer (1982), S. 109.
50) Vgl. Kocka (1973), S. 170.
51) Sombart (1916a). S. 809.
52) Zum Merkantilismus vgl. ausführlich Heckscher (1932).

kann.[53] So wird Arbeit erstmals als Mittel politischer Zwecke erkannt und *gefördert*: Durchaus aus einer *staatsidealistischen Grundstimmung* heraus, in welcher die politischen Eigeninteressen der Zentralgewalten identisch sind mit dem *Gemeinwohl*[54], wird die *Mehrung des Arbeitsangebotes* zu einem Eckpfeiler merkantilistischer Politik.[55]

Die Massnahmen der staatlichen Arbeitsförderung und insbesondere ihre Härte gegenüber den arbeitenden Unterschichten lassen sich dabei aber nur verstehen im Rahmen einer sich wandelnden Einstellung der Oberschichten gegenüber den Unterschichten und ihrer Armut. Vorab unter Unternehmern, absolutistischen Fürsten und Merkantilisten setzt sich zunehmend die Ueberzeugung durch, dass Armut und Elend in der Regel *selbstverschuldet* seien durch die natürliche Faulheit, Trägheit und Indolenz der gemeinen Masse.[56] Damit entfällt aufgrund dieses negativen Menschenbildes für die Oberschichten auch ihre traditionelle Unterstützungspflicht: Vielmehr würden Barmherzigkeit und Unterstützung geradezu die Lage der Armen noch verschlimmern, da diese weder Stolz, Ehre noch Ehrgeiz besitzen, ihre Lage aus eigener Kraft zu verändern. Unter dem Eindruck eines zunehmenden Elends und einer von diesem Massenelend

---

53) Vgl. Coleman (1955/56), S. 280; Sombart (1916a), S. 809 ff.

54) Sombart (1916a), S. 809 f.; Hohn (1984), S. 117.

55) Vgl. Coleman (1955/56), S. 282; Hohn (1984), S. 122. Gemäss Pirenne (1946) finden sich die ersten Spuren merkantilistischer Politik in England bereits im 14. Jahrhundert, da hier die Zentralgewalt schon sehr stark ist; vgl. ders., S. 209.

56) Vgl. Bendix (1960), S. 92 ff.; 106 ff. Im Mittelalter ist Armut demgegenüber noch keineswegs mit einem Makel besetzt, sondern wird allgemein als ein *unentrinnbares Schicksal* angesehen; vgl. Meyer (1982), S. 113 ff. Wie der Fortgang des Lebens allgemein wird auch Armut gemeinhin Kräften zugeschrieben, die ausserhalb der menschlichen Kontrolle liegen; Verarmung und Elend werden somit verursacht durch widrige Umstände ausserhalb des individuellen Einflussbereiches. Sie sind etwa Folge von Missernten, Naturkatastrophen, Krankheiten, Seuchen und Kriegen; oder sie werden bedingt durch die soziale Stellung, durch Unterordnung, Unterdrückung und Ausbeutung; vgl. Bendix (1960), S. 36, 92 f. Armut ist gemäss dieser Vorstellung ein *unentrinnbares Schicksal*; vgl. Meyer (1982), S. 114. "An eine Arbeitsunlust oder Arbeitsscheu dachte man noch nicht; selbstverschuldete Arbeitslosigkeit und im Zusammenhang damit *selbstverschuldete Armut* waren Begriffe, die ausserhalb des mittelalterlichen Vorstellungsbereiches lagen." Rühle (1930), S. 54 (Hervorhebungen, RvR). In der Folge ist es Aufgabe der sozialen Oberschichten, für die Armen zu denken und sie zu beschützen. Der Arme andererseits hat einen gerechten *Anspruch auf Barmherzigkeit*, der die *Sorgepflicht* durch die Bessergestellten gegenübersteht. Diese Vorstellung herrscht bei den sozialen Unterschichten, aber auch bei einem Teil der Aristokratie teilweise bis ins 19. Jahrhundert vor und steht damit diametral den Vorstellungen der aufkommenden Unternehmer und der absolutistischen Zentralgewalten entgegen. Ein solches Selbstverständnis erklärt aber teilweise auch, weshalb in Armut lebende Menschen zu dieser Zeit in ihrer Situation kaum einen Anlass sehen, sich einer verabscheuten Arbeitsweise in den Fabriken und Manufakturen zu unterwerfen.

ausgehenden Bedrohung setzt sich die Vorstellung durch, dass die Gewohnheiten und Sitten in der Unterschicht daher grundlegend reformiert werden müssen.[57] Als am geeignetsten hierzu gilt eine permanente Beschäftigung, um den Armen so ihre 'Faulheit' auszutreiben.[58] *Unterwürfiges und gottesfürchtiges Arbeiten* werden so als erzieherische Mittel begriffen, um Charakter und Verhalten in der Unterschicht zu bessern. Da diese Menchen aber nicht freiwillig dazu bereit sind, können sie nur unter existentieller Not und auch dann nur unter Anwendung von Zwang zur Arbeit getrieben werden.[59]

Die völlig neue 'Ächtung des Müssigganges'[60] hat somit zwei Gründe. Zum einen liegt es im Interessen des Staates, dass die Arbeiter fleissig sind und abhängig, weil sie den Grundreichtum der Nation darstellen.[61] Zum anderen resultiert aus der Armut eine *Pflicht zur Arbeit*, weil Armut auf Selbstverschuldung zurückzuführen ist und nur mit Arbeiten dessen Ursachen - Faulheit und Unmündigkeit - ausgemerzt werden können.[62] Da aber gleichzeitig die grossen Massen der Armen sich dagegen sträuben, in Manufakturen und Fabriken zu arbeiten, und angesichts dieser Alternative selbst die Bettelei und das Elend vorziehen, versucht die merkantilistische Politik die Unterschichten mit Zwang und Gewalt zur Arbeit zu rekrutieren. Dies erfolgt grundsätzlich auf zwei Arten: Zum einen wird jeder, der nicht einer geregelten Arbeit nachgeht, per Gesetz mit drakonischen Strafen belegt. Da der Erfolg dieser Gesetze jedoch nur mässig ist[63], werden zum anderen spezielle Arbeitshäuser eingerichtet, um die Menschen so zur Arbeit zu zwingen.

Da Arbeitsverweigerung aus merkantilistischer Sicht als eine Sabotage an den nationalen Interessen erscheinen muss, wird sie entsprechend gesetzlich geahndet. So verfolgt etwa in England bereits Heinrich VIII 'arbeitsfähige' Bettler mit eigentlichen Blutgesetzen: Schon beim dritten 'Rückfall' soll der beim Betteln oder Nichtstun erwischte als 'schwerer Verbrecher' und als 'Feind des Gemein-

57) Vgl. Bendix (1960), S. 94.
58) Vgl. Coleman (1955/56), S. 280. Zur Sozialdisziplinierung unter dem Absolutismus siehe auch Seifert (1988), S. 23 sowie die dort angeführte Literatur.
59) Vgl. Rühle (1930), S. 59.
60) Vgl. Hohn (1984), S. 123.
61) Vgl. Bendix (1960), S. 92 f.
62) Vgl. Rühle (1930), S. 53 ff.
63) "Man glaubte, mit (..) harten Strafen den Willen zum Müssiggang brechen zu können. Man täuschte sich; die Gesetze blieben meist ohne Erfolg. Ihre häufige Wiederholung beweist es." Sombart (1916a), S. 809.

wesens' behandelt und hingerichtet werden.[64] Neben solcherart auf Abschreckung zielenden Gesetzen, die jedoch wegen des mangelnden Polizeiapparates meist nur unvollkommen in die Tat umgesetzt werden können, zielt die staatliche Arbeitsföderung darauf ab, das Arbeiterpotential aus der Armenbevölkerung den Fabrikanten und Manufakturbesitzern zu erschliessen. Die Anreizstruktur wird dabei so angelegt, dass diese selbst auf die Anwendung der entsprechenden Gesetze bedacht sind: In einem englischen Statut des Jahres 1547 wird ein Müssiggänger, der als solcher von einem Bürger angezeigt wird, diesem auf mehrere Jahre überantwortet, sodass dieser über ihn verfügen kann wie über sein Vieh und das übrige bewegliche Gut.[65] Da zudem eine Disziplinierung zur Arbeit in frühen Jahren am meisten Wirkung zeigen soll, dürfen den Vagabunden ihre Kinder von jedermann weggenommen und als 'Lehrlinge' in Dienst genommen werden.[66] In der so schwierigen Rekrutierung von Arbeitskräften werden Unternehmer mit Ermächtigungen zu gewaltsamem Anwerben von Arbeitern und selbst mit dem Einsatz von Militär unterstützt.[67] Es handelt sich hierbei um die Höhepunkte einer Politik, die zur Nutzung des brachliegenden Arbeiterpotentials auch allgemein mit einer Reihe von gesetzlich festgeschriebenen und sanktionierten Arbeitsverpflichtungen, Maximallöhnen und überlangen Arbeitsverträgen die Rechte der sich sträubenden Arbeiter beschneidet und deren Proteste, Lohnforderungen und Arbeiterkoalitionen auf brutalste Art unterdrückt.[68] Die Menschen werden in hoffnungslose Abhängigkeit und in leibeigenenähnliche Verhältnisse getrieben: "Noch im Jahre 1842 konnten die Commissioners

---

64) Noch unter seiner Herrschaft werden so 75'000 'grosse und kleine Diebe' hingerichtet; vgl. Rühle (1930), S. 60 f.

65) Vgl. Rühle (1930), S. 61. Von einem ähnlichen Gesetz aus dem Jahre 1663 berichtet Sombart (1916a), S. 834. Vgl. auch Dobb (1970), S. 235.

66) Vgl. Rühle (1930), S. 62; Sombart (1916a), S. 816. Während diese Kinder anfangs zumeist von Privatpersonen und Handwerkern in Dienst genommen , dabei unterschiedlich erzogen und ausgebildet und oft auch in die Sozialsphäre der Familie eingebunden werden (damit ist jedoch keine Wertung verbunden über Lebensqualität oder die Existenz der Ausbeutung), fällt die Disziplinierung der Kinder im 18.Jh. immer mehr den verschiedenen Schulen und Arbeitshäusern zu. Die Kinder dürfen sich niemals an das Spielen gewöhnen, derweil die ständige Beschäftigung - wie William Temple 1770 die allgemeine Ueberzeugung niederschreibt - die positive Wirkung zeitigen soll, dass die Kinder diese Arbeit letztendlich gar als angenehm und unterhaltend empfinden. Ziel aller Erziehung der Unterschichten ist gemeinhin die Gewöhnung an einen 'unermüdlichen Fleiss'. Vgl. Thompson (1973), S. 95.

67) Vgl. Dobb (1970), u.a. S. 148 (FN 287), S. 233 ff.

68) Vgl. Kriedte u.a. (1978), S. 264; Dobb (1970), S. 234 ff. Zur merkantilistischen Theorie der niedrigen Löhne vgl. etwa Thompson (1973), S. 92 f.

von Staffordshire berichten: 'hier im Mittelpunkte Englands herrscht eine Sklaverei, die so verabscheuungswürdig ist wie je die Sklaverei in Westindien'."[69)]

Die Errichtung von Armen-, Zucht-, Waisen- und Arbeitshäusern ist eine weitere Massnahme, um einerseits der Bettlerplage Herr zu werden und andererseits das brachliegende Arbeiterpotential der Industrie zu erschliessen.[70)] Für die Verfechter dieser Institutionen stellen sie eine "wichtige Einrichtung (dar), um das Volk zur Betriebsamkeit zu erziehen und an Zucht und Ordnung zu gewöhnen"[71)]. Seit ihrem Aufkommen im 16. Jahrhundert sind sie darin wohl auch weit erfolgreicher als die drakonischen Gesetze und Strafen.[72)] Sie sind aber auch für das grausame und harte Leben, das ihre Insassen führen müssen, berüchtigt und gefürchtet; für die arme und arbeitende Bevölkerungsmehrheit sind sie der Inbegriff des Schreckens.[73)]

Hauptzweck dieser Einrichtungen ist seit Beginn des 17. Jahrhunderts die "*Erziehung zur Arbeit*", wobei die moralische Dimension des Arbeitsproblems hierbei weitaus mehr Beachtung findet als die technische: Während nur in den seltensten Fällen auch eine technische Ausbildung der Arbeiter angestrebt wird, bildet die Erzwingung der Arbeit, der *Arbeitszwang* den eigentlichen Gehalt und das wichtigste Ziel dieser Institutionen.[74)] Wenn auch keine weiteren Qualifikationen vermittelt werden, so leisten die Arbeitshäuser mit der Durchsetzung des Arbeitszwanges gute Dienste als Lieferanten von Arbeitskraft für Manufakturen und Industriebetriebe.[75)] Vielerorts werden die grossen, zentralisierten Produktionsbetriebe in unmittelbarer Nachbarschaft von Armen- und Arbeitshäusern aufgebaut[76)] oder die Produktion wird gar durch diese Häuser selbst

69) Sombart (1916a), S. 816.
70) Vgl. Sombart (1916a), S. 817 ff; Kriedte u.a. (1978), S. 256; Rühle (1930), S. 63 und S. 70 ff.
71) Vgl. Sombart (1916a), S. 819.. Symptomatischerweise werden in Zuchthäusern vorwiegend *Arbeitsfähige* eingesperrt; vgl. Meyer (1982), S. 111.
72) Vgl. Rühle (1930), S. 63; Sombart (1916a), S. 817. Das vielleicht erste Arbeitshaus beschäftigt in Genua im Jahr 1539 500 Männer und 1300 Frauen; vgl. Sombart (1916a), S. 818.
73) Vgl. Rühle (1930), S. 74; Bendix (1960), S. 68.
74) Vgl. Rühle (1030), S. 66; Sombart (1916a), S. 823.
75) Für Beispiele hierfür siehe etwa Sombart (1916a), S. 819 ff.
76) Vgl. Pollard (1965), S. 162 f.; Noch lange gleichen Fabrikgebäude eigentlichen Gefängnissen, aus denen es kein Entkommen gibt. Vgl. auch Rühle (1930), S. 75 ff. Manche Unternehmer machen auch für die Errichtung eines Betriebes zur Bedingung, dass die öffentlichen Instanzen daneben ein Arbeitshaus errichten und auffüllen.

übernommen und - im Auftrag eines Unternehmers - ausgeführt.[77] Auch werden diese Häuser bis in die 30er Jahre des 19. Jahrhunderts hinein - oft über weite Distanzen hinweg - von Werbeagenten der Unternehmer nach potentiellen Arbeitern durchforstet.[78]

Die hier aufgezeigte merkantilistische Politik stammt grösstenteils aus der Zeit zwischen dem 16. und dem 18. Jahrhundert. In sie fällt die Phase der Proto-Industrialisierung mit Manufakturen, die die Produktion zwar zentralisieren, jedoch die Produktionsabläufe nur langsam verändern und noch keine Maschinisierung kennen. Obwohl die hieran anschliessende Industrielle Revolution teilweise auf Arbeiter zurückgreifen kann, die nun an Arbeitsbedingungen in zentralisierten Betrieben gewöhnt sind, stösst auch sie mit ihren Neuerungen im Arbeitsbereich - insbesondere die zunehmende Arbeitsteilung und der Einsatz von Maschinen mit fremden Energiequellen, die beide zu einer Verstetigung des Arbeitstaktes und zu einer umfassenden Disziplinierung der Arbeitsleistung beitragen und die Kontrolle hierüber erleichtern - auf massiven Widerstand. Gegen die neuen Arbeitsformen und die damit verbundene Verschärfung der Fabrikdisziplin wehrt sich auch die altetablierte Industriearbeiterschaft immer wieder von neuem. Ein betroffener Unternehmer erklärt mit folgenden Worten, weshalb er sich gezwungen sah, die eingeführten Neuerungen wieder rückgängig zu machen: "I found the utmost distaste, on the part of the men, to any regular hours or regular habits (...). The men themselves were considerably dissatisfied, because they could not go in and out as they pleased, and have what holidays they pleased, and go on just as they had been used to do; and were subject, during after-hours, to the ill-natured observations of other workmen, to such an extent as completely to disgust them with the whole system, and I was obliged to break it up."[79]

Immer noch kämpfen die Unternehmen in der Industriellen Revolution mit Rekrutierungsproblemen. Denn noch immer lebt der grösste Teil der englischen Bevölkerung weitgehend verhaftet in den überlieferten Arbeits- und Lebensformen. Solange mit Landwirtschaft, Heimarbeit oder Handwerk das Ueberleben in

---

77) Etwa in Waisen- und Findelheimen. Die staatlichen Organe sind z.T. bemüht, nur gesunde Frauen und Kinder in die Anstalten einzuliefern, damit so die Einnahmen der Pächter auch ordentlich anwachsen; vgl. Meyer (1982), S. 111.

78) Vgl. Bendix (1960), S. 68.

79) Committee on the Woollen Manufacture of England, 1806; zitiert aus Pollard (1963/64), S. 255.

auch noch so bescheidenen Formen garantiert werden kann, halten sie auch daran fest. Sie sind weder bereit, ihre Unabhängigkeit aufzugeben, noch sich der neuen Arbeitsdisziplin zu beugen. Aber auch jene, die bereits in Manufakturen arbeiten, wechseln kaum in die neuen Fabriken, die von ihren Vorstellungen noch weiter entfernt sind. Alle neu entstehenden Industrien rekrutieren daher einen Grossteil ihrer Arbeiterschaft gezwungenermassen aus dem 'Abschaum der Städte', aus gestrandeten Existenzen aller Berufsgattungen, aus Immigranten, Vertriebenen und Verarmten.[80)] Doch diese Arbeiter sind nur von bedingtem Wert für die industriellen Unternehmer.[81)] Herausgerissen aus ihrer sozialen und kulturellen Einbettung in traditionelle Strukturen, Normen und Werte und oftmals über grosse Entfernungen angeheuert und zugewandert, fassen diese Menschen in den industriellen Ballungsgebieten nur schwer neue Wurzeln und finden, ihrer herkömmlichen (Lebens-)Orientierung beraubt, meistens nur schwer neuen Halt. Sie sind daher unstet, unzuverlässig und verlassen nur allzuschnell ihren Arbeitsplatz.[82)] Wie schwierig auch für die Fabriken in der Zeit der Industriellen Revolution die Beschaffung von Arbeitskräften insgesamt ist, geht aus der Tatsache hervor, dass im ganzen Textilbereich bis zu einem Drittel unfreiwillige Arbeiter beschäftigt werden.[83)]

Zusammenfassend kann damit festgehalten werden, dass die Rekrutierung einer geeigneten Arbeiterschaft über einen langen Zeitraum hinweg eines der zentralsten und brennendsten Probleme der neu entstehenden zentralisierten Produktionsstätten darstellt.[84)] Immer, wenn eine neue Industrie im Entstehen begriffen ist und mit den herkömmlichen Produktionsformen zu konkurrieren beginnt - sei dies im Falle einer Technologie wie etwa Spinnereien, Webereien, usf. oder sei dies bezüglich einer Region, die den Wandel nicht alle gleichzeitig durchmachen -, ist die Rekrutierung vorab der ersten Generation das Schlüsselproblem.[85)] Solange irgendwelche Wahlmöglichkeiten bestehen, entscheidet sich der Arbei

80) Vgl. Marglin (1977), S. 180; Pollard (1965), S. 173.
81) Vgl. Pollard (1965), S. 171.
82) Für die hohe Fluktuation in den Industriebetrieben wird u.a. als Grund angeführt, dass es den Fabriken kaum gelingt, ansässige Arbeitskräfte zu rekrutieren und sie deshalb auf Wanderarbeiter angewiesen bleiben. Vgl. Bendix (1960), S. 62.
83) Vgl. Pollard (1965), S. 172. Vorab in ihrer Anfangsphase nehmen auch hier Arbeits- und Waisenhäuser für die Rekrutierung eine bedeutende Stellung ein; vgl. Marglin (1977), S. 182.
84) Zu diesem Schluss gelangen explizit etwa Pollard (1965), S. 160; Kocka (1973), S. 170.
85) Vgl. Marglin (1977), S. 182; Pollard (1963), S. 254.

ter in der Regel für seine bisherige Arbeit in gewohnter Umgebung und in traditionsgetragenem Wert- und Sinnkontext, oder richtiger: gegen die Fabrik.[86)]

3.1.2. DIE SCHWIERIGKEIT, SICH EINER NEUEN ARBEITSWEISE ANZUPASSEN, UND DIE ABNEIGUNG GEGENÜBER EINER NEUEN WIRTSCHAFTSWELT

Weshalb aber sträuben sich die Menschen, in den neuen zentralisierten Betrieben zu arbeiten? Die im hier behandelten Zusammenhang wesentlichsten Gründe sind zum einen die erheblichen physischen und psychischen Belastungen einer bis anhin in dieser Kombination unbekannten und daher ungewohnten Arbeitsweise. Zum anderen wird die nötige Angewöhnung an diese neuen Verhältnisse dadurch erschwert, dass sie von den Betroffenen nicht als Ziel und als Herausforderung bejaht, sondern aufgrund alter und tief verwurzelter Ueberzeugungen, Wertorientierungen und Weltbildern verabscheut und als ungerecht abgelehnt werden.

3.1.2.1. Physische und psychische Anpassungsschwierigkeiten

Die herkömmlichen Arbeitsformen und -inhalte und die mit der Arbeit verbundenen Traditionen und Gewohnheiten erschweren die Anpassung des Arbeiters an die Erfordernisse eines industriellen (Gross-)Betriebes, machen ihn für diesen im Zweifel gar untauglich. Dieser Tatbestand ist als ein grundsätzliches Problem zu begreifen, denn: "Das Arbeitsvermögen ist den Menschen nicht angeboren"[87)]. Ausmass und Art des Arbeitsvermögens bildet sich erst aus in der Auseinandersetzung vor allem des Kindes mit seiner jeweiligen Umwelt und korrespondiert daher immer auch mit den Bedarfsstrukturen und Wirtschaftstechniken der jeweiligen historischen und kulturellen Gesellschaftsform. Im hier betrachteten Fall einer ungewohnt schnellen Veränderung der Arbeitsweisen - schnell

86) Vgl. Pollard (1965), S. 162.
87) Volmerg (1978), S. 31. Die häufigen Probleme beim Einsatz von Sklaven aus anderen Kulturräumen, etwa die schiere Unmöglichkeit, Indianer im Plantagenanbau einzusetzen, lassen sich damit einmal anders begreifen, als mit den damals oft vorgebrachten Vorurteilen bezüglich der Fähigkeiten von Rassen.

daher, weil Menschen, die auf ein anderes Arbeitsvermögen hin sozialisiert worden sind, nun auf ganz andere Weise gefordert werden - leiden die Menschen, die aus der Landwirtschaft, aus der Heimindustrie oder auch aus dem Handwerk kommen, in erster Linie unter der unabänderlichen *Stetigkeit* und der vorherrschenden *Einseitigkeit* der Fabrikarbeit und der damit verbundenen *Monotonie* sowie auch unter der ungewohnten *Geschwindigkeit des Arbeitstaktes.* Diese Arbeitsbedingungen sind so unerträglich, dass die Menschen ihren neuen Arbeitsplatz oft schon nach kürzester Zeit wieder verlassen.[88)] Dabei liegt das Problem weniger in der Anstrengung an sich oder in der Länge des Arbeitstages[89)], denn auch die herkömmlichen Arbeitsweisen sind anstrengend und kräftezehrend - in der einzelnen Tätigkeit wahrscheinlich oft weit mehr als in der Fabrikarbeit.

Unzulänglich wäre aber auch die Vorstellung, dass mit der Einführung des Fabriksystems - durch die Arbeitsteilung einerseits und mehr noch durch den Einsatz von Maschinen andererseits - die Arbeit generell und von allem Anfang an erleichtert wird. Zwar kann hierzu keine allgemeingültige Aussage gemacht werden; für den Textilbereich aber - und dieser stellt zur Zeit der Industriellen Revolution die mit Abstand wichtigste und grösste Industriesparte Englands dar[90)] - kann jedoch festgehalten werden, dass sich durch die Einführung der Fabriken Arbeitsbelastung und Leistungsanforderungen lediglich in ihrer jeweiligen konkreten Ausformung verändert haben, wobei sie in ihrer Wirkung quantitativ sogar noch zulegten. Während durch eine weitgehende Arbeitsteilung und durch den Maschineneinsatz die qualitativen Fähigkeitsanforderungen im Schnitt eher zurückgehen, wachsen die *physischen* und vor allem die *psychischen* Belastungen insgesamt an.[91)]

88) Vgl. Pollard (1965), S. 161.

89) Die Dauer der Arbeitstage ist allgemein, also auch im Heimhandwerk, in der Landwirtschaft oder im zünftischen Gewerbe aus der heutigen Sicht sehr lang. Sie variiert hier aber stark mit der Jahreszeit. Auch spricht Sombart von einem allgemein gemächlichen Arbeitstempo (Vgl. Sombart (1916a), S. 36). Die langen Arbeitstage stehen zudem in einem dauernden Wechsel mit einer Vielzahl von Festtagen, die die Gesamtbelastung ebenfalls erheblich vermindern. Demgegenüber muss festgestellt werden, dass in den Fabriken das tägliche Arbeitspensum bis in die Mitte des 19.Jh. vielerorts ausgedehnt wird auf bis zu 18 Stunden, was dann auch quantitativ wesentlich mehr ist als in anderen Arbeitsbereichen üblich. Vgl. Kuczynski (1964), S. 137 ff.

90) Vgl. Eggebrecht u.a. (1980), S. 195.

91) Vgl. Eggebrecht u.a. (1980), S. 216 ff. Karl Marx hebt eindringlich hervor, dass der Maschineneinsatz den *Charakter der Arbeit* gänzlich verändert: Die Arbeit an der Maschine unterdrückt weitgehend das freie Spiel der Muskeln und des Geistes und greift gleichzeitig das Nervensystem aufs äusserste an. Seiner Ansicht nach ergibt sich aus

Sucht man nach den Ursachen dieser Mehrbelastung, so zeigt sich einmal ein äusserst unerfreuliches Bild der Arbeitsqualität: Wiederum am Beispiel des Textilbereiches ist eine Verschlimmerung der Situation belegbar. Betrachtet man hier zwei der wichtigsten Arbeitsbereiche - das Spinnen und das Weben -, so scheint, dass die Spinnarbeiten zuvor des öfteren im geselligen Zusammensein getätigt wurden. Wenn auch kein Zweifel über die Monotonie und Dauer der Heimarbeit und über die Härte dieses Lebens aufkommen darf, so erlauben doch die relativ kleinen Gerätschaften, dass die Menschen sich zur Arbeit in einer Stube oder auf dem Platz zusammenfinden, um sich während der Arbeit zumindest miteinander unterhalten zu können. Demgegenüber müssen die Weber ihre Arbeit bereits in der Heimindustrie zumeist in niederen, dunklen Kellerräumen verrichten, wobei sie dabei von der Aussenwelt schon in erheblichem Masse abgeschnitten sind, wenn sie dort tage- und nächtelang die geforderten Mengen produzieren.[92] Doch weist Thompson für die selbständigen Weber in England des 18. und frühen 19. Jahrhunderts ebenso nach, dass sie über eine hochgeschätzte Zeitautonomie verfügen, dass eine Vielzahl anderer Beschäftigungen die Arbeit am Webstuhl - meist in eigenem Entschluss - unterbricht und ergänzt und dass ihnen - während oder nach der Webarbeit - sogar Zeit bleibt, sich zu bilden, zu lesen und sich auch kulturell und künstlerisch zu betätigen.[93]

Im Vergleich zu den keineswegs rosigen Arbeitsbedingungen in der Heimarbeit, sind diese aber in den Fabriken allein schon aufgrund des Umstandes, dass nun weitaus mehr Menschen in ein und demselben Raum - mit oft spärlicher Beleuchtung und schlechter Lüftung - arbeiten müssen, meist noch erheblich

---

dem Maschineneinsatz weniger eine Erleichterung der Arbeit als - insgesamt gesehen - eine eigentliche "Tortur, indem die Maschine nicht den Arbeiter von der Arbeit befreit, sondern seine Arbeit vom Inhalt"; MEW 23, S. 446. Der geänderte Charakter der Arbeit verändert auch die *Stellung des Arbeiters*, weil er nun weniger Subjekt ist, das die Arbeit beherrscht und das Werkzeug führt, sondern immer mehr zum Objekt wird, zu einem Instrument, das der Logik der Maschine zudient. "In Manufaktur und Handwerk bedient sich der Arbeiter des Werkzeugs, in der Fabrik dient er der Maschine. Dort geht von ihm die Bewegung des Arbeitsmittels aus, dessen Bewegung er hier zu folgen hat. In der Manufaktur bilden die Arbeiter Glieder eines lebendigen Mechanismus. In der Fabrik existiert ein toter Mechanismus unabhängig von ihnen, und sie werden ihm als lebendige Anhängsel einverleibt." MEW 23, S. 445. In dieselbe Richtung zielt auch die Kritik Simone Weils an der Maschinenarbeit: Nach ihrer Ansicht folgt aus der Eigenart der Maschine, dass der Arbeiter sie kaum als ein Instrument versteht, um damit eine Aufgabe (leichter, schneller, besser) ausführen zu können, sondern dass er sich selbst als ein Instrument erfährt, das der Maschine dient; vgl. Weil (1962), S. 456 f.

92) Vgl. Braun (1960).

93) Vgl. Thompson (1973), S. 89; Thompson (1987), S. 316 ff.

schlechter. *Lärm, Hitze und Staub* machen die Arbeit unerträglich, während Autonomie, Individualität und sozialer Austausch - wichtige Faktoren für das momentane Wohlbefinden - systematisch unterbunden werden.[94)] Insbesondere bleiben den Menschen hier die Möglichkeiten weitgehend verwehrt, die Arbeitsbedingungen nach eigenen Vorstellungen und Bedürfnissen zu erleichtern und mit kleinen Freuden zu erhellen.

Aber nicht nur diese zusätzlich erschwerten Rahmenbedingungen machen den Arbeitern in der Fabrik zu schaffen, sondern auch die Form des Arbeitens selbst. Woran die Menschen geradezu zerbrechen, ist die *unabänderliche Konstanz und Gleichförmigkeit der Arbeit* - über den Tag, die Woche, ja über das ganze Jahr hinweg gesehen. Einerseits der Produktionsprozess selbst - etwa aus der Notwendigkeit heraus, die einzelnen Teilarbeiten miteinander zu koordinieren, und zudem verstärkt durch die gleichförmig weiterlaufenden Maschinen[95)] - und andererseits die ständige Präsenz von Aufsehern erzwingen einen unterbruchslosen Arbeitsrhythmus; treffender ist hierbei wohl der von Simone Weil verwendete Begriff *Kadenz*[96)], womit der Unterschied deutlich gemacht werden soll zum natürlichen, wechselvollen Rhythmus, strukturiert durch Arbeitsinhalt und -abfolge sowie durch die Befindlichkeit des Arbeitenden selbst. Die kräftezehrende Arbeitskadenz wird dabei meist begleitet von einer unverminderten, zwar oberflächlichen und teilspezifischen, aber dabei umso angespanteren Konzentration, die den Arbeiter auslaugt und zermürbt.

Arbeitsunzufriedenheit, Stress und psychische Störungen können gemäss arbeitspsychologischer Erkenntnisse sowohl aus Ueber- als auch aus Unterstimulierungen, sowohl aus einer Ueberbelastung als auch aus einer Unterbeanspruchung der menschlichen Fähigkeiten herrühren.[97)] Beides kann für die

94) Vgl. Eggebrecht u.a. (1980), S. 204. Staub, Lärm, Hitze, mangelnde Frischluft und schlechte Lichtverhältnisse, aber auch einseitige körperliche Belastung und unergonomisch gestaltete Arbeitsplätze machen die Arbeit nicht nur unerträglich, sondern sind auch für eine Vielzahl von Krankheiten und eine kürzere Lebenserwartung verantwortlich. Bis heute sind in vielen Berufsbereichen die *gesundheitsschädigenden Rahmenbedingungen* trotz grosser Anstrengungen in dieser Richtung nicht in zufriedenstellender Weise ausgeschaltet.

95) Bis heute wird generell mit der Automation für die Mehrzahl der Arbeitenden eine Reduktion der Komplexität der Tätigkeiten bei gleichzeitiger Zunahme der Stressoren, der sozialen Isolation und eine höhere Belastung bei der Konzentration konstatiert; vgl. Greif (1978), S. 233 f.

96) Vgl. Weil (1962), S. 456.

97) Vgl. Gardell (1978), S. 79. (Vgl. weiter auch die Ausführungen unter Kapitel 3.2.4.)

Fabrikarbeit, und ganz besonders für jene zur Zeit der Industriellen Revolution im Zweifel gleichzeitig zutreffen: Arbeitsweise und -tempo sind weitgehend vorgegeben und die Arbeit am einzelnen Arbeitsplatz zumeist auf wenige Handgriffe und auf eine Durchlaufzeit für die einzelnen Tätigkeit von wenigen Sekunden reduziert, während die Einsicht in die Gesamtvorgänge und damit in die immer wieder erforderlichen Veränderungen verloren gehen. Nach empirischen Befunden steigt der *Stress* - vom Arbeiter eingestanden oder nicht - mit dem Grad an *Unsicherheit* und mit der *Abnahme an Eigenkontrolle* über den Arbeitsvorgang und über die stressverursachenden Faktoren.[98)]

Auch gemäss Semmer und Pfäfflin beinhaltet Stress "immer eine Diskrepanz zwischen den Anforderungen einer Situation und den (realen oder wahrgenommenen) Möglichkeiten des Individuums, diesen Anforderungen gerecht zu werden"[99)]. Die negativsten Befunde bezüglich psychischem Wohlbefinden und medizinischer Gesundheit ergeben sich folglich erwartungsgemäss bei eingeschränkter und maschinengesteuerter Arbeit.[100)] Die in diesem Zusammenhang festzustellende *Ueberforderung* ist oft *zeitlicher* Natur: der stete Druck, mehr Arbeit leisten zu müssen, und die Angst, das Pensum nicht mehr zu schaffen.[101)] Symptome sind etwa die bei Fliessbandarbeit nicht atypischen zwi-

98) Vgl. Gardell (1978), S. 91. Dass Fabrikarbeiter mit monotoner Arbeit in aller Regel Neuerungen, unvorhersehbare Job-Rotationen oder Springerfunktionen ablehnen, muss als Folge des durch Unterforderung und zugleich durch Unvorhersehbarkeit hervorgerufenen Stress verstanden werden. "Nothing is worse than a mixture of monotony and accident." Weil (1962), S. 455. Plötzlich abwechselnde Aufgaben und die Unvorhersehbarkeit ihres Auftretens verunmöglichen es, dem Stress und der Monotonie durch eine entlastende Routinisierung zu begegnen; wenn nämlich die Arbeitstätigkeit mehrheitlich motorisch gesteuert werden kann, so wird auf diese Weise einerseits Stress leichter bewältigt und andererseits bleibt die kognitive Ebene weitgehend frei für eigene Gedanken.

99) Semmer/Pfäfflin (1978), S. 192. Vgl. zu der hier implizit enthaltenen Konzeption der 'individuellen Kontrollmöglichkeiten' bezüglich Aufgabe, Situation und Stress verursachenden Faktoren auch Frese (1978).

100) Vgl. Gardell (198), S. 80 f. Insbesondere auch die Arbeitsform des Akkords wird als starker Stressfaktor empfunden. Auch der Akkordlohn ist in den frühen Fabriken verbreitet.

101) Vgl. Kahn (1978), S. 29 f. Und Simone Weil (1962), S. 454 schreibt: "The pervasive anxiety - the anxiety of not working fast enough - that is diffused through every working moment (...)."

schenmenschlichen Konflikte und Aggressivität[102]), sowie Gefühle der Angst und der Feindseligkeit.[103])

Nicht weniger problematisch ist aber auch die im Zusammenhang mit einer ausgedehnten Arbeitsteilung mit ihren repetitiven Teilarbeiten anzutreffende *Unterforderung*. Bereits Kornhauser hat in seiner bekannten Untersuchung an Automobilarbeitern nachgewiesen, dass geringe psychische Gesundheit vor allem mit der subjektiven Einschätzung korreliert, die eigenen Fähigkeiten bei der Arbeit nicht einsetzen zu können.[104]) Ueber- wie Unterforderungen können Ursache sein für *Stress* mit all seinen negativen Auswirkungen.[105]) Einschränkend muss jedoch festgehalten werden, dass es sich bei diesen Erkenntnissen grundsätzlich um empirische Korrelationen handelt, wobei die Wirkungsrichtung nicht eindeutig festgestellt werden kann.[106]) Entscheidend sind dabei immer auch die jeweiligen Persönlichkeitsmerkmale des Arbeitenden; die unterschiedlichen Reaktionen von Menschen auf objektiv gleiche Stressintensitäten - aus Ueber- oder aus Unterforderung -, Arbeitsbedingungen und -inhalte sind immer auch Ergebnis der subjektiv unterschiedlichen Wahrnehmung der Situation und der unterschiedlichen Einschätzung der eigenen Kontrollmöglichkeiten über die Stressoren, bedingt durch die individuell verschiedenen Persönlichkeitsmerkmale.[107])

102) Vgl. etwa Frese/Greif (1978), S. 224; zum Phänomen der Aggression als eine der Widerstands- und Abwehrformen in Reaktion auf Arbeitsbelastungen siehe Volmerg (1978), S. 138 ff. und die dort verwiesene Literatur.

103) Vgl. Kornhauser (1965), u.a. S. 255 f.; Maccoby (1978), S. 114. Die subjektive Komponente von Stress zeigt sich hier im nicht zu unterschätzenden Problem der *positiven Rückkoppelung* der durch Stress verursachten Angst auf die subjektive Einschätzung von Kontroll- bzw. Handlungsmöglichkeiten, wodurch sich der Stress wiederum steigert; vgl. Semmer/Pfäfflin (1974), S. 192.

104) Vgl. Kornhauser (1965). Vgl. ebenso bereits Ulich (1960).

105) Vgl. Ulich (1991), S. 286 ff. und die dort zitierte reichhaltige Literatur. Einen ausführlichen Einblick vermitteln auch die Aufsätze in Bösel u.a. (1978).

106) Vgl. Gardell (1978), S. 85; Frese (1979), S. 53 zählt jedoch verschiedene Gründe und Plausibilitäten auf, weshalb bis zum Nachweis der umgekehrten Wirkungsrichtung eine Wirkung von der Arbeit auf den Menschen angenommen werden kann und soll: Gerade aus individualistischer Sicht kann es nicht angehen, dass die festgestellten Korrelationen einfach als Folge der selektiven Berufswahl abgetan werden; denn dies würde ein Streben nach Verbesserungen der Arbeitsbedingungen als unnötig erscheinen lassen - ein tragischer Schluss für den Fall, dass diese Annahme sich als falsch erweisen sollte. Auch Hoff (1977) betont in seiner Zusammenstellung der Studien über Arbeitssituation und psychischem Wohlbefinden, dass die *Korrelation* meist eindeutig belegbar sei, *bei der Kausalbeziehung jedoch lediglich eine erhebliche Wahrscheinlichkeit bestehe*; vgl. ders. S. 77.

107) Vgl. Seligman (1979); Frese/Greif (1978), S. 217. Die Unterordnung des Arbeiters unter die Betriebshierarchie und die zum Sachzwang stilisierte Faktizität der Ar-

Wie schwierig gerade in der Industriellen Revolution aber generell die Gewöhnung und Anpassung an diese neue Arbeitsformen ist, wie tiefgreifend und gewaltsam die damit erforderliche Umstellung für den Menschen, zeigt sich etwa deutlich darin, dass selbst Frauen, die bereits während Jahrzehnten in Manufakturen gearbeitet haben, kaum an die nun endgültig nicht mehr beeinflussbare, vorantreibende Kadenz der Dampfmaschinen in den Fabriken zu gewöhnen sind.[108)] Dabei handelt es sich eigentlich nur noch um einen graduellen Unterschied, indem die Maschine - im Gegensatz zum Aufseher - in der Kadenz und in der Kontinuierlichkeit der Arbeit gar keine 'Ausflüchte' mehr erlaubt. Weit stärker noch als in der Manufaktur wird damit keinerlei Rücksicht genommen auf die physische oder psychische Beschaffenheit und momentane Befindlichkeit des arbeitenden Menschen.[109)] Er hat sich weitgehend dem Diktat der Erfordernisse eines durch andere gestalteten und zergliederten Produktionsprozesses zu unterwerfen. Der Arbeiter erfährt sein Tun in dessen stereotypen Wiederkehr zunehmend als etwas Künstliches, ohne jeglichen Bezug zu ihm selbst. Er ist in seiner Arbeit nicht mehr länger gestaltendes Subjekt, sondern lediglich Lieferant einer abstrakten Arbeits*kraft* - Objekt in einem fremdbestimmten Produktionsprozess.

Die Arbeitsweise ausserhalb der grossen, zentralisierten Produktionsstätten - vorab der Fabriken - ist hierzu grundsätzlich verschieden. Sei es in der Landwirtschaft, sei es in der Heimindustrie oder im gewerblichen Handwerk, die Ar-

---

beitsorganisation prägen jedoch nicht nur die subjektive Wahrnehmung, sondern sie werden auch kognitiv verfestigt.

108) Vgl. Pollard (1965), S. 161. Einen interessanten Ansatz zum Verständnis der Probleme von Uebergangsgenerationen bietet Maccoby, indem er den Begriff der *Normalität* eines Charakters relativiert. "Die Qualität des sozialen Charakters und der Normalität hängt zum grossen Teil davon ab, ob er den sozialen Bedingungen gerecht wird." Was demnach als 'normal' zu gelten hat, hängt immer von den sozialen und kulturellen Gegebenheiten ab, in denen ein Mensch lebt. Wenn aber ein Charakter, der gewissen Bedingungen angemessen ist und hier auch als 'normal' bezeichnet werden kann, unter anderen Bedingungen zurechtkommen muss, können Frustration und Stress die Folge sein, selbst dann, wenn der Betreffende sich äusserlich - wie auch vor dem eigenen Bewusstsein - anzupassen scheint. Innerlich und unbewusst aber rebelliert er, weil sein charakteristisches Selbstvertrauen und sein Gefühl für Achtung gefährdet sind, und er leidet unter den Symptomen dieses Konfliktes. Vgl. Maccoby (1978), S. 118.

109) Vgl. Braun (1960), S. 195 : "Der ökonomische Rationalismus kann wenig Rücksicht auf die physiologische und psychische Natur des Menschen nehmen, sofern sie nicht seinen Zwecken dient. In konsequenter Entwicklung dieses Prinzips werden 'menschliche Eigenschaften und Sonderheiten, vom Standpunkt der Produktion aus gesehen, zu blossen Fehlerquellen' gestempelt." (Die zitierte Passage stammt vom Zürcher Landpfarrer Hirzel aus dem Jahre 1795.)

beit zeichnet sich gemeinhin aus durch einen häufigen Wechsel und eine Vielfalt der Tätigkeiten.[110] Ausgehend von einer gewissen Selbständigkeit und Zeitautonomie ist nicht nur eine Tätigkeit zu verrichten, sondern es gilt einen ganzen Arbeitskomplex in seiner Globalität zu gestalten und ins Leben zu integrieren. Der Tagesablauf untergliedert sich so in unterschiedlichste Tätigkeiten: Vorbereitung, Ausführung und Kontrolle verschiedener Arbeitsschritte, unterbrochen auch von Arbeiten des täglichen Lebens etwa in Garten und Küche. Bereits aus diesem Wechsel der Tätigkeiten ergibt sich automatisch ein *unregelmässiger Arbeitsrhythmus* über den Tag, über die Woche und über das Jahr. Diese Unregelmässigkeit wird zudem verstärkt durch natürliche Bedingungen, wie etwa des Wetters oder der Jahreszeiten, die selbst noch in Manufakturen ohne maschinelle Energiequellen den Arbeitsablauf massgeblich beeinflussen, sowie auch durch die physische und psychische Konstitution und Befindlichkeit des Arbeitenden selbst. Denn der Arbeitende bestimmt weitgehend selbst sein Tun, womit denn auch er selbst - mit all seiner Befindlichkeit - unmittelbar in seine Entscheidung mit einfliesst.[111]

Die unterschiedlichen Arbeitsformen und -anforderungen werden auch von grundverschiedenen Verhaltensweisen und Gewohnheiten begleitet, die mit ihnen korrespondieren. "Wo immer die Menschen ihren Arbeitsrhythmus selbst bestimmen konnten, bildete sich ein *Wechsel von höchster Arbeitsintensität und Müssiggang* heraus."[112] In der unmittelbaren und impulsiven Lebensweise 'natürlicher' Menschen ist der häufige Wechsel zwischen "frenetischer Arbeit und frenetischer Freizeit"[113] ein typisches Merkmal: "Traditionally, work-rhythms had fluctuated both within the day and within the week: idleness on 'Saint Monday' and even on Tuesday was followed by frantic exertion and long hours at the end of the week"[114]. Tief verwurzelt in den Lebensgewohnheiten wie auch im allgemeinen Verständnis ist zudem der enge *Konnex von Arbeit und*

110) Vgl. Bendix (1960), S. 65.

111) Selbstbestimmung und Zeitautonomie sind so zu verstehen, dass über sie nicht von aussen, durch eine abstrakte Grösse oder durch einen anderen Menschen, bestimmt wird, sondern fast ausschliesslich durch den betreffenden Menschen selbst und durch die zu erledigende Aufgabe - beide konkret und unmittelbar erfahrbar. Die Dauer der Produktionsperiode wird so - in einem *aufgabenorientierten Arbeitsverständnis* - bestimmt "durch die Anforderungen, die das Werk an gute und solide Ausführung stellt und durch die natürlichen Bedürfnisse des arbeitenden Menschen selbst". Sombart (1916a), S. 37.

112) Thompson (1973), S. 89 (Hervorhebung, RvR).

113) Bendix (1960), S. 65.

114) Harrison (1971), S. 40. Die Bedeutung des 'Saint Monday' - 'Blauer Montag' - wird an anderem Ort ausgeführt werden.

Entspannung, die zusammen eine Einheit, ein Ganzes bilden.[115] Arbeit und Freizeit existieren im wesentlichen noch nicht als je eigene Kategorien, sie bezeichnen noch nicht voneinander eindeutig unterschiedene Zeitabschnitte und Lebensinhalte, sondern bilden sich gegenseitig organisch ergänzende und miteinander verbundene Bestandteile eines ganzheitlichen Lebensverständnisses und beziehen ihren Sinn im wesentlichen aus der gegenseitigen Wechselbeziehung. Nicht zuletzt muss aber auch davon ausgegangen werden, dass in vorindustrieller Zeit in der Regel *wesentlich langsamer und gemächlicher gearbeitet* wurde.

Gerade Menschen, die sich bereits an diese Formen, Inhalte und Zweckrichtungen sowie an diesen Rhythmus des Arbeitens gewöhnt haben, bekunden daher grösste Mühe mit der industriellen Arbeitsweise. "Bemerkt wird in allen Arbeitern der Frühzeit auch noch der hochkapitalistischen Epoche der völlige Mangel an Fähigkeit und Willigkeit, überkommene, einmal erlernte Arten des Arbeitens zugunsten anderer, praktischerer aufzugeben, sich neuen Arbeitsformen anzupassen, zu lernen und den Verstand zu konzentrieren oder nur überhaupt zu gebrauchen."[116] Ure, ein feuriger Verfechter der Vorzüge industrieller Produktionsmethoden, kommt noch 1835 zu der pessimistischen Erkenntnis, dass diese Menschen für die Fabrik für immer unbrauchbar bleiben: "Selbst heut zu Tage, wo das System vollkommen organisiert und die Arbeit auf das Aeusserste erleichtert ist, hält man es fast für unmöglich, Personen, welche bereits über die Pubertät hinaus sind, sie mögen von landwirtschaftlicher oder gewerblicher Arbeit genommen werden, zu nützlichen Fabrikarbeitern abzurichten. Nach einigem Kampfe mit ihren sorglosen und widerspenstigen Gewohnheiten verlassen sie ihre Stelle entweder selbst oder müssen wegen ihres Mangels an Aufmerksamkeit von den Aufsehern entlassen werden."[117] Damit wird deutlich, wie wichtig es zu dieser Zeit ist, die Menschen möglichst früh an die industrielle Arbeitsweise zu gewöhnen, sie also bereits im Kindesalter in Schulen oder in Waisen- und Arbeitshäusern mit der Fabrikdisziplin und mit dem stetigen Arbeitsrhythmus vertraut zu machen. Denn: Diese Art des Arbeitens scheint nicht der 'natürlichen' Verfassung des Menschen zu entsprechen[118]; sie erfor

115) Vgl. Lambert (1979), S. 299.
116) Sombart (1927), S. 426.
117) Ure (1835), S. 14.
118) Vgl. Sombart (1916a), S. 806 f.

dert gewiss ein gehöriges Mass an Training und Umgewöhnung, aber darüber hinaus für einen anhaltenden Erfolg wohl insbesondere auch eine entsprechende willensmässige Einstellung.

3.1.2.2. Im Lebensverständnis verwurzelte Ablehnung der hereinbrechenden Wirtschaftswelt

Die physischen und psychischen Anpassungsschwierigkeiten an eine neue Arbeitsweise stellen eine wichtige Erklärung dafür dar, dass die Arbeiter nur unter äusserstem Druck und mit grosser Anstrengung die von ihnen verlangte Leistung zu erbringen vermögen. Sie erklären auch die hohen Ausfallquoten, das häufige Fernbleiben von der Arbeit und die hohe Bereitschaft, den Arbeitsplatz schnell wieder zu verlassen. Auch dringt die Nachricht von der Härte der Arbeitsbedingungen schnell über die Fabrikmauern hinaus und lässt potentielle Arbeiter zurückschrecken; die Verbindung von Fabrik und Gefängnissen, Armen- und Waisenhäusern prägt das in der Bevölkerung vorherrschende Bild von den Arbeitsverhältnissen in den Fabriken auch noch lange nachdem diese Form von Produktionsstätten höchstens noch eine seltene Ausnahme darstellt.[119)] Dennoch können diese Schwierigkeiten, sich an eine ungewohnte Geschwindigkeit und Kontinuität der Arbeit anzupassen, nicht die alleinige Erklärung sein für die ablehnende Haltung der Bevölkerung gegenüber der Fabrikarbeit. Es ist zu vermuten, dass sich die Menschen weitaus schneller und leichter an die neuen Bedingungen anpassen würden, *wenn sie dies wollten und wenn sie in den neuen Arbeitsformen für sich selbst einen Sinn und einen Nutzen sehen würden*; doch gerade dies ist nicht der Fall. Wenn selbst in bedrückender ökonomischer Lage Landarbeiter, Heimarbeiter und Handwerker auch bei einem verdoppelten Lohn nicht dazu zu bewegen sind, ihr - ökonomisch gesehen wesentlich besseres - Auskommen in der Fabrikarbeit zu suchen[120)], so kann dies nur heissen, dass gemäss ihrer Vorstellungen ihre gegenwärtige Situation noch immer besser ist oder dass gar grundsätzlich die Arbeit in der Fabrik aus der Sicht ihres Lebensverständnisses heraus kaum als Alternative akzeptiert werden kann.

Das Vorhandensein einer Werthaltung, die nicht dem uns geläufigen ökonomischen Kalkül entspricht, und einer Vorstellung von Leben und Arbeiten,

---

119) Vgl. Pollard (1965), S. 166.
120) Vgl. Bendix (1960), S. 62; Pollard (1965), S. 173.

die mit der Realität der Fabrikarbeit nicht vereinbar ist, erklärt plausibel das von Zeitgenossen in aussergewöhnlicher Uebereinstimmung berichtete Phänomen, "dass die besitzlosen oder besitzarmen Leute jener Jahrhunderte *nicht arbeiten wollten*, jedenfalls nicht *so* arbeiten und *das* arbeiten wollten, wie es und was die kapitalistischen Unternehmer von ihnen verlangten"[121)]. Doch sind diese Menschen dabei weder Saboteure der Wirtschaft noch Gegner des Kapitalismus aus Überzeugung. Sie wären grösstenteils durchaus bereit gewesen, "soviel zu arbeiten, als sie gerade zum Leben brauchten. Denn sie standen noch in der Ideologie des Mittelalters, nach der Arbeit ein Mittel zum Leben war. Sie boten sich auch für solche Arbeit an. Es wird vielfach bezeugt, dass sie sich, besonders in sehr schweren Zeiten, mit grosser Anstrengung um Arbeit bemühten."[122)]

Auch von den kleinen, in Armut lebenden Landarbeitern, Kleinpächter und Landbesitzer kann mit Sicherheit gesagt werden, dass sie sich mit harter Arbeit über Wasser zu halten versuchen. Auch zeigt sich hier, dass sie keineswegs neue Arbeitsmöglichkeiten grundsätzlich ablehnen, sofern diese mit ihrer herkömmlichen Lebensweise und ihren Vorstellungen vereinbar sind. Dies gilt insbesondere für die verschiedenen, unter dem Verlagssystem ausgeführten Heimarbeiten, welche die traditionelle Wirtschaftsweise dieser Menschen - zumindest in den Anfängen - nicht konkurrenzieren, sondern vielmehr geradezu in organischer Weise ergänzen: Gerade im Falle von zu kleiner oder zu wenig fruchtbarer Landparzellen[123)] liefert die Arbeit in der *Heimindustrie* ein überlebenswichtiges Nebeneinkommen, ohne dass hierfür die Sozialstrukturen der Familie und

121) Sombart (1916a), S. 802. Andererseits waren die Unternehmer *ebensowenig bereit, die Angewohnheiten der Arbeitssuchenden zu tolerieren* - und dies nicht nur aus technischen Gründen. Vgl. Pollard (1965), S. 166.

122) Rühle (1930), S. 58.

123) Die Heimindustrie entwickelt sich daher - trotz längerer Transportwege - besonders gut in unfruchtbaren Gebirgsregionen, wie dies Braun für das Zürcher Oberland nachweisen konnte; vgl. Braun (1960) sowie auch Kriedte u.a. (1978), S. 40; Hohn (1984), S. 127. Neben der hier meist zu knappen Existenzgrundlage im landwirtschaftlichen Kernbereich ist aber auch das weitgehende Fehlen von institutionellen und traditionellen Hemmnissen gegenüber Neuerungen - wie etwa der fehlende Flurzwang mit all seinen sozialen und wirtschaftlichen Bindungen sowie die in traditionellen Landwirtschaftsregionen kaum vorhandene Möglichkeit für Aussenseiter, in diese Regionen zuzuwandern und eine eigene Existenz aufzubauen - ausschlaggebender Grund für die Verbreitung der Hausindustrie in landwirtschaftlichen *Rand*regionen. Regionen mit strenger, durch die Dorfgemeinschaft kontrollierter Arbeitsregelungen über Flurzwang und Dreifelderwirtschaft widersetzen sich demgegenüber der Ansiedlung von Heimgewerbe; vgl. Braun (1960), S. 51 ff. In England sind jedoch die Bedingungen für die Heimindustrie allgemein besser, da hier zu dieser Zeit Mobilität und Niederlassungsfreiheit wesentlich grösser sind als fast überall auf dem Kontinent; vgl. Landes (1972), S. 287.

ihre traditionelle Wirtschaftsweise sogleich zwingend zerstört werden müssten.[124] Die geradezu *symbiotische Verbindung*[125] von Familienwirtschaft und Heimindustrie erklärt sich einerseits durch die Tatsache, dass die Arbeiten in der Landwirtschaft sowohl während des Tages als auch über die Woche und über das Jahr unregelmässig anfallen und dadurch Leerzeiten anfallen, die für andere Arbeiten genutzt werden können[126]; andererseits werden die Verlagsarbeiten zu Hause ausgeführt - mit den Vorteilen, dass die Familie weiterhin als geschlossene Einheit zusammenarbeitet und gleichzeitig sowohl das Wieviel als auch das Wann solcher Nebenerwerbsarbeit nach eigenen Bedürfnissen bestimmen kann.

Verlagswesen und Heimindustrie nehmen denn auch schon früh eine bedeutende Stellung ein und bestreiten lange Zeit den Hauptteil aller gewerblichen Produktion.[127] Jedenfalls wird die englische Produktion im 17. Jahrhundert wahrscheinlich von der Hausindustrie beherrscht.[128] Der Grund für ihre Bedeutung liegt nicht zuletzt darin, dass sie sowohl den Industriellen als auch den Arbeitern Vorteile von jeweils ganz eigener Art bietet. Für die Händler und Verleger, welche nach Pirenne erste eigentlich kapitalistische Unternehmer darstellen[129], bieten sie die Vorteile, dass durch die Produktion auf dem Lande die restriktiven Gesetze der Städte und ihrer kartellisierten Innungen und Zünften umgangen werden können und die Produktion so auf das Niveau der Nachfrage erhöht werden kann. Zugleich profitiert die Hausindustrie vom Umstand, dass die Grossfamilien die mit der Massenproduktion anfallenden sozialen Spannungen weit besser aufzufangen vermögen als zentralisierte Betriebe.[130] Auch sind die in der Heimindustrie beschäftigten Menschen oft weit verstreut über das Land,

124) Vgl. Brunner (1950), S. 120. Auf die Dauer hat aber auch die Heimindustrie das soziale und insbesondere das familiäre Zusammenleben erheblich verändert (vgl. die folgende Fussnote 130).

125) Vgl. Hohn (1984), S. 114.

126) Vgl. Coleman (1955/56), S. 291.

127) Hohn (1984) beruft sich auf Schmoller bei der Aussage, dass die Hausindustrie seit dem 14. Jh. bis ins 18. Jh. die Hauptform der (gewerblichen) Produktion darstelle; vgl. ders., S. 114.

128) Vgl. Dobb (1970), S. 149.

129) Vgl. Pirenne (1946), S. 207.

130) Vgl. Brunner (1950), S. 120 ff. Mit der Zeit wird jedoch auch die Grossfamilie von den veränderten (Wirtschafts-)Bedingungen in Mitleidenschaft gezogen. Dank des von landwirtschaftlichem Boden unabhängigen Erwerbseinkommens verlassen die Kinder immer früher das Elternhaus und gründen eigene Familien. Gleichzeitig verliert die Ehe an ökonomisch-rationalem Bedeutungsgehalt und gewinnt zunehmend an intimer, gefühlsmässiger und emotionaler Bedeutung; vgl. Braun (1960).

sodass sie sich schlechter zu gemeinsamen Aktionen gegen die Verleger zusammenschliessen können, währenddessen die städtischen Arbeiter sich immer öfter in kämpferischen Vereinigungen organisieren.

Für die Familien wiederum stellt die Heimarbeit eine willkommene Erweiterung und Absicherung ihrer Existenzgrundlage dar, weil ihre Wirtschaftsorientierung trotz dieser erwerbswirtschaftlichen Zusatzarbeit weiterhin jene der Subsistenzwirtschaft bleiben kann: Die Heimarbeit kann - zumindest anfangs - ohne grössere Umbrüche und Anpassungen in die Wirtschafts- und Lebensgemeinschaft der Familie als der eines 'ganzen Hauses' integriert werden.[131)] Die zusätzliche Erwerbsarbeit wird dann und in dem Masse von der Familie aufgenommen, wie die landwirtschaftliche, der Selbstversorgung dienende Grundproduktion für das von ihr als wünschenswert und notwendig angesehene Reproduktionsniveau nicht mehr ausreicht; dabei bleibt das Gesamtziel des Arbeitens weiterhin die Gewährung der Ueberlebenschancen des ganzen Haushaltes als eine Lebensgemeinschaft.[132)]

Die Arbeit in zentralisierten Produktionsstätten steht demgegenüber der Wirtschafts- und Lebensweise des 'ganzen Hauses' diametral entgegen. Nicht nur wird die Wirtschafts-, Arbeits- und Lebensgemeinschaft der Grossfamilie durch die Arbeit ausser Hause (und oft über weite Arbeitswege) sozial auseinandergerissen, sondern die Familie kann auch weitgehend nicht mehr darüber bestimmen, wieviel gearbeitet und wie die Arbeit auf die Mitglieder verteilt werden soll. Das Ausmass an Erwerbsarbeit kann weitgehend nicht mehr dem Bedarf der Familie angepasst werden, da die Manufakturen und Fabriken meistens nur Vollzeitarbeiter anstellen. Die noch verbleibende, theoretische Möglichkeit, dass nur einige Familienmitglieder einer solchen Erwerbsarbeit nachgehen, wird

---

131) Vgl. Brunner (1950), u.a. S. 120. Generell bleibt der Subsistenzbetrieb auch die agrarische Basis der Proto-Industrie. Vgl. Kriedte u.a. (1978), S. 67.

132) In seiner Untersuchung der russischen Bauernwirtschaft Anfangs des 20. Jahrhunderts macht `Cajanov anhand einer tabellarischen Auflistung deutlich, wie mit zunehmender Grösse der bestellten Landwirtschaftsfläche die zu ihrer Bestellung verwendete Arbeitszeit (in Prozenten des Arbeitsjahres) zunimmt, während gleichzeitig die prozentuale Arbeitszeit in anderen Erwerbstätigkeiten - vorab in der Hausindustrie - abnimmt. Dass das Ziel der Arbeit die Sicherung der Subsistenz und nicht die Maximierung des Einkommens ist, verdeutlicht dabei die Feststellung, dass das Total der Arbeitszeit immer um etwa 50% des theoretisch möglichen Arbeitsjahres pendelt, was eindeutig auf das Streben nach einem Gleichgewicht zwischen der Beschwerlichkeit bei der Erlangung der Konsummittel und dem Mass der Befriedigung der familiären Bedürfnisse hinweist. Vgl. `Cajanov (1923), S. 53.

meist durch die dadurch verursachten sozialen Spannungen in der Familie zunichte gemacht: Zum einen ist die gegenseitige Aufrechnung und Angleichung von Erwerbseinkünften und Selbstversorgungsgütern zum Gesamtertrag der Familie schon grundsätzlich schwierig; zum anderen muss - in Anlehnung an die Erhebungen von `Cajanov - davon ausgegangen werden, dass die Arbeit in den Betrieben meist länger ist und aus vielen Gründen als härter empfunden wird als jene im Familienverbund, was somit zu einer ungleichen und ungerechten Belastung der einzelnen führt und kaum mehr sozial aufgefangen werden kann.

Mit der Tatsache, dass in den Manufakturen und Fabriken nur Vollzeit oder gar nicht gearbeitet werden kann, tun sich aber auch Alleinstehende, Arbeitslose und Bettler schwer. Zwar wären sie meist durchaus bereit, für die Deckung ihres Lebensbedarfs zu arbeiten, doch die Arbeit in den Betrieben ist wesentlich länger und aufgrund ihrer Stetigkeit und Schnelligkeit sowie auch aufgrund der Verhinderung von arbeitsbegleitenden sozialen Interaktionen wesentlich härter, als was diese Menschen aus ihrer früheren Arbeit gewohnt sind; die enormen Anstrengungen, die von ihnen in den Betrieben gefordert werden, steht in keinem Verhältnis zum Arbeitsaufwand, der aus herkömmlicher Sicht für ein angemessenes Leben vonnöten war. Aus ihrer traditionellen Wirtschaftsgesinnung heraus besitzen sie aber auch "nicht den Ehrgeiz, nur deshalb härter zu arbeiten, um über ein höheres Einkommen verfügen zu können als jenes, das zu ihrer Subsistenz erforderlich ist"[133]. Entsprechend charakterisiert auch Sombart diese Menschen mit leiser Missbilligung: "Der Arbeiter befand sich noch in der Verfassung jedes 'natürlichen' Menschen, und das ist Faulheit oder mindestens die Bequemlichkeit. Vor allem herrschte auch in ihm noch die Meinung, die wir bei den vorkapitalistischen Wirtschaftssubjekten verbreitet fanden: Dass man wirtschafte, *arbeite, um zu leben,* nicht lebe, um zu wirtschaften, zu arbeiten."[134] Diese aus dem Mittelalter tradierte, in der breiten Bevölkerung jedoch noch lange - in ländlichen Gebieten Mitteleuropas z.T. noch bis in das frühe 20. Jahrhundert hinein - beibehaltene Lebensweise kennt Arbeit ausschliesslich als

133) Lambert (1979), S. 301.
134) Sombart (1916a), S. 806 f. (Hervorhebung, RvR). Eben diese Einstellung sieht er noch bei seinen italienischen Zeitgenossen verbreitet und fürchtet, dass ihr Sinn für das 'dolce far niente' ihre wirtschaftliche Entwicklung für immer behindert.

Aufwand zur Gewährleistung eines angemessenen Lebens: also als Mittel zur Erstellung des zur Subsistenz notwendigen. "Man arbeitete, um zu leben; hatte man genug zum leben, war der Zweck der Arbeit erfüllt."[135)]

Im folgenden Kapitel wird noch ausführlich gezeigt werden, wie sehr sich die Vorstellungen und Traditionen der Bevölkerung von der neuen Arbeits- und Wirtschaftsweise von Industrie und Erwerbswirtschaft unterscheiden. Am Auseinanderklaffen dieser Welten kann deutlich gemacht werden, wie verschieden die Vorstellungen von Arbeit sein können und wie diese in wechselseitiger Wirkungsrichtung verzahnt sind mit den vielfältigen Bereichen des Lebens. Gerade diese Unterschiede sind in Anschluss an die Dimensionen von Handlung aus Notwendigkeit und Handlung als Spiel für uns von grösstem Interesse, da sie helfen, die Probleme in und mit der Arbeit in unserer rationalisierten Wirtschaftsgesellschaft aus einer grundsätzlichen und die einzelnen, aktuellen Aspekte übergreifenden Sicht zu verstehen.

Wenn aber hier die Rekrutierungsprobleme von Arbeitern für die zentralisierten Produktionsbetriebe in der Anfangsphase der Industrialisierung zur Hauptsache mit der Unversöhnlichkeit zweier zutiefst unterschiedlicher Vorstellungs- und Lebenswelten mit ihren geradezu konträren Weltbildern, Werten, Normen, Orientierungsmustern und Sozialstrukturen erklärt werden, so darf dabei doch nicht verschwiegen werden, dass die überlange und kräftezehrende Arbeit in diesen Betrieben - in Einklang mit der merkantilistischen Doktrin, die Massenarmut durchaus als vorteilhaft ansieht für das Gemeinwesen insgesamt und die nicht zuletzt aus Motivationsgründen generell für Minimallöhne optiert[136)] - zumeist sehr schlecht bezahlt wird. Die hartnäckige Ablehnung der Arbeit in Manufakturen und Fabriken findet denn auch sicher einen Grund darin, dass hier die Menschen, die in ihrem Elend keine Möglichkeit haben, auf andere Art zu überleben, ausgebeutet werden, um auf ihre Kosten die Gewinne zu vergrössern. Entsprechend beschreibt und erklärt auch Rühle die verzweifelte Ablehnung jener Men-

135) Rühle (1930), S. 53. Zeitgenössische Beschreibungen (16.-18. Jh.) dieser Einstellung finden sich bei Sombart (1916a), S. 803 ff.; Meyer (1982), S. 106 f.; Vgl. auch Sombart (1916b), S. 629.

136) Vgl. etwa auch Coleman (1955/56). Während des 17. Jahrhunderts herrscht in England nicht nur Einigkeit darüber, dass es sehr viele 'labouring poor' gibt, sondern ebenso darüber, dass es noch mehr geben sollte, und vor allem, dass diese auch weiterhin arm bleiben sollen - und: Politik und wirtschaftliche Realität richten sich auch weitgehend danach. Vgl. ders., S. 280 f.; Quinlan (1941), S. 68 ff.; Thompson (1987), S. 211; Bendix (1960), S. 98 f.

schen wie folgt: "So schlimm das Los der Bettler war und so jammervoll sie ihr Dasein fristeten - das Los des Arbeiters, der sich quälte und trotzdem bettelarm blieb wie sie, erschien ihnen noch viel schlimmer. Ihr einfacher, gerader Verstand wehrte sich gegen den Missbrauch der Arbeit, der nach ihrer Auffassung darin bestand, dass die Unternehmer die Arbeit ihrer natürlichen Bestimmung entzogen. Denn es war nicht der überlieferte Sinn der Arbeit, sich durch sie auf Kosten anderer zu bereichern."[137)]

Der Hinweis auf den 'überlieferten Sinn der Arbeit' weist jedoch darauf hin, dass hier Gerechtigkeitsvorstellungen verletzt werden, die weit über ein individuelles Kosten-Nutzen Kalkül und den Konflikt über die Verteilung hinausgehen und auch hier tief in den überlieferten Vorstellungen von sozialer Ordnung und von sozialer Stellung mit all ihren Rechten und Pflichten verankert sind. Obwohl das feudalistische Mittelalter schon weit zurückliegt, ist dabei wohl wesentlich, dass die Unternehmer keine durch ihre Geburt ausgezeichnete Feudalherren darstellen, sondern im Prinzip aus derselben Gesellschaftsschicht, aus demselben Stand emporgestiegen sind wie ihre Arbeiter[138)]; auch entspricht der Unternehmer nicht dem traditionellen Handwerker, der mit seinem Gesinde auch über die eigentliche Arbeit hinaus unter einem Dache zusammenlebt. Mit Ausnahme weniger, sich als Patriarchen verstehender Unternehmer, entziehen sich diese konsequent dem überlieferten Ausgleich von Rechten und Pflichten gegenüber ihren Untergebenen. Während sie Anspruch erheben auf (bedingungslosen) Gehorsam der Arbeiter und auf einen grossen Gewinnanteil an ihrer Arbeit - sie können hier verglichen werden mit den Abgaben und Frondiensten an den Feudalherren - entziehen sie sich weitgehend ihrer 'natürlichen' Pflicht zur allgemeinen Fürsorge[139)] gegenüber ihren Untergebenen. Erhebt jedoch ein Unternehmer Anspruch auf Befehlsgewalt und Ertragsanteile, so dürfte er sich aus traditioneller Sicht - wenigstens der Idee nach - bei seinen Entscheidungen nicht alleine von seinen individuellen Interessen leiten lassen, sondern müsste auch alle Belange seiner Untergebenen, deren Wohlergehen ja von ihm abhängt, miteinbeziehen und ihnen zudem bei Bedarf seinen Schutz und Schirm gewähren. Da die Unternehmer dies jedoch ablehnen, haben sie aus traditioneller Sicht weder

137) Rühle (1930), S. 58.
138) Zur ständischen Gesellschaftsordnung des Mittelalters siehe ausführlich Duby (1986); zur Stellung der Menschen in dieser Ordnung und gegenüber dieser Ordnung siehe auch Walzer (1965).
139) Vgl. etwa Bosl (1972a), S. 89.

Anrecht auf eine übergeordnete Stellung noch auf übermässige Gewinne; ihr Anspruch hierauf wird als willkürlich abgelehnt und als Zwangsherrschaft verabscheut.

3.2. GEGENSÄTZLICHE ARBEITS- UND LEBENSWELTEN

Die nachhaltige Aversion der potentiellen Arbeitskräfte gegen die Fabrikarbeit, wie auch die mannigfaltigen Formen des Widerstandes gegen die Logik der modernen Wirtschaftsweise[1], lassen sich höchstens teilweise verstehen, wenn lediglich die rein äusserlichen Aspekte der ungewohnten Arbeitsformen - Disziplin, Stetigkeit, Monotonie, fremdbestimmte Zeit, u.a.m. - zur Erklärung herangezogen werden. Hemmungen und Widerstand finden ihre Ursache ebensosehr in tief verwurzelten Vorstellungen und in über Jahrhunderte tradierten Normen und Werten. Einerseits althergebrachte Lebensvorstellungen im Einklang mit eingespielten Sozialstrukturen und Verhaltensweisen und andererseits mehr oder weniger explizite Vorstellungen einer 'sittlichen Oekonomie' prallen auf eine völlig anders geartete Welt mit den neuen Orientierungsmustern und Sozialstrukturen einer 'politischen Oekonomie'.[2] Es sind nicht unwesentlich diese *sowohl psychologischen als auch ethischen Barrieren*, die der neuen Wirtschaftsweise und ihrem Verständnis entgegenstehen und sich nach Sombart bei der Bevölkerung "einerseits (..) als sittliche Bedenken, andererseits als Lust am ruhigen Leben in überkommenen Formen"[3] äussern. Die Fabrik steht in diesem Zusammenhang nicht zuletzt auch als Symbol der Bedrohung überlieferter Werte, wie Gerechtigkeit, Unabhängigkeit, Sicherheit und Familienökonomie; Widerstand und Ablehnung sind daher auch Ausdruck des Unwillens, gar der 'sittlichen' Empörung über eine die bisherigen Werte und Lebensprinzipien verletzende Wirtschaftsform und deren sowohl im allgemeinen - auf dem Markt, wie im politischen Verständnis - wie auch am einzelnen Arbeitsplatz *entpersonalisierten Sozialbeziehungen*.[4]

Es ist hier von grossem Interesse, die Wirtschafts-, Arbeits- und Lebensweise der vorindustriellen und der industriellen Zeit zu vergleichen, da anhand dieser Gegenüberstellung zum einen verdeutlicht werden kann, wie kultur- und

---

1) Vgl. hierzu Thompson (1979).
2) Zur Gegenüberstellung dieser beiden Begriffe vgl. etwa Thompson (1979).
3) Sombart (1916b), S. 1113; vgl. auch ders. S. 23 ff. u. S. 1111 ff.
4) Vgl. Thompson (1987), S. 218.

zeitspezifisch unsere Lebensform ist, und sich zum anderen zeigen lässt, *wie einst wesentliche Charakteristika von Arbeit und Leben zugunsten einer effektiven Arbeitsgestaltung in den Hintergrund gedrängt werden mussten.* Wie sich im letzten Kapitel zeigen wird, sind es gerade diese zurückgedrängten Qualitäten der Arbeit sowie die Folgen einer verselbständigten, an einer eigenständigen Rationalität orientierten Arbeits- und Wirtschaftswelt, die den aktuellen Problemen rund um die Arbeit und der immer wieder auftretenden Suche nach Neuorientierung zugrundeliegen.

Wenn hier in einer bewussten Vereinfachung die *Subsistenzwirtschaft* der *Erwerbswirtschaft* - in ihren für unsere Fragestellung wichtigsten Aspekten - plakativ in der Form eines Vorher-Nachher gegenübergestellt wird, so soll damit noch nichts über den Uebergang selbst ausgesagt werden.[5)] Dieses Vorgehen scheint mir hier deshalb angebracht, weil die Darstellung einer reinen Subsistenzwirtschaft das Verständnis fördert für die Tragweite des Wandels und die grundsätzliche Verschiedenheit der beiden Lebenskonzepte. Zwar ist unbestritten, dass sich diese Lebensformen in der Phase des Wandels zunehmend durchmischen und dass dabei vorab die traditionellen Elemente überlagert und verdrängt werden bis sie als solche kaum mehr erkannt werden können; gerade aber auch deshalb wäre es allzu einseitig, den Uebergang von einer Gesellschaftsform in eine andere lediglich von der letzteren aus zu betrachten; die zur Analyse einer bestimmten Gesellschaft entwickelten Ansätze lassen sich nur bedingt auf eine andere übertragen. Gerade in Phasen eines tiefgreifenden Wandels finden sich auch noch in einem fortgeschrittenen Stadium Verhaltensweisen und zeitweise wieder vehement ausbrechende Protestformen und Widerstände, die nur aus der Sicht der traditionellen Vorstellungen heraus erklärt werden können. Auch wenn etwa während der Industriellen Revolution die erwerbswirtschaftliche Markt- und Tauschökonomie auf gesamtgesellschaftlicher Ebene zur dominierenden Wirtschaftsform aufschwingt und die Subsistenzökonomie faktisch verdrängt ist, so finden sich doch noch immer Verhaltensweisen und Lebensorientierungen, die nicht mit 'marktrationalen Regulativen' oder mit erwerbswirtschaftlicher Rationalität erklärt werden können.[6)]

5) Auch Brunner (1950) stellt auf diese Weise die alteuropäische Gesellschaft der modernen, industriellen Gesellschaft gegenüber, um in aller Deutlichkeit die Unterschiede hervorzuheben. Polanyi initiierte hingegen mit seinem Buch 'The Great Transformation', erschienen 1944, das wachsende Interesse am Uebergang selbst; vgl. Polanyi (1978).

6) Vgl. Groh (1988), S. 136.

3.2.1. SUBSISTENZWIRTSCHAFT UND ARBEIT ALS INTEGRALER TEIL DES LEBENS

In den traditionellen Wertvorstellungen, an denen insbesondere die sozialen Unterschichten und die Landbevölkerung noch lange festhalten, ist bereits *der Zweck des Arbeitens und Wirtschaftens* in besonderer Weise vorbestimmt und eingegrenzt, indem er tief in der Ganzheit der Befindlichkeiten und Notwendigkeiten des Lebens eingeschlossen ist. Seit dem Mittelalter stellt die *Subsistenzsicherung* das allgemeingültige Wirtschaftsprinzip der vorkapitalistischen Zeit dar. "Wenn man von einem Wirtschaftsziel des Mittelalters sprechen kann, so folgt dies der 'Idee der Nahrung' und liegt in der Abwendung von Not."[7)] Insofern steht im Mittelpunkt allen Wirtschaftens der *lebendige Mensch*[8)]: Es ist sein jeweiliger Bedarf, von dem die wirtschaftliche Tätigkeit ihren Ausgang nimmt und den sie zu decken hat; im Bedarf findet das Wirtschaften und Arbeiten aber auch ihre Begrenzung. Ebenso wird das wirtschaftliche Engagement unmittelbar begrenzt durch die Tatsache, dass die Arbeit neben dem angestrebten Output für den Betreffenden auch Anstrengung und Mühsal mit sich bringt; wo traditionell Eigen- und Familienwirtschaft vorherrschen und daher Produktion, Verteilung und Konsum noch nicht voneinander getrennt sind[9)], findet die Lust nach Mehrkonsum ihre natürlichen Grenzen in der Beschwerlichkeit der Arbeit selbst.[10)] Der rapide abnehmende Grenznutzen zusätzlicher Arbeit ist direkt einsichtig und spürbar; gleichzeitig steht er unmittelbar dem dadurch entstehenden Verlust an Musse und sozialen Aktivitäten gegenüber.[11)] Daher sind

---

7) Hohn (1984), S. 31. Vgl. besonders auch Sombart (1916a), S. 29 ff.

8) Vgl. Sombart (1916a), S. 31.

9) In seiner idealtypischen Beschreibung der Hauswirtschaft schreibt Bücher: "Gütererzeugung und Güterverbrauch fliessen ineinander über; sie bilden einen einzigen ununterbrochenen und ununterscheidbaren Prozess." Bücher (1893), S. 92. Die Verteilung erfolgt unmittelbar in der Familie selbst und nach dem jeweiligen Bedarf der Mitglieder. Dass heute wieder von '*Konsumarbeit*' gesprochen wird (vgl. Huber (1984)), erinnert wieder daran, dass die Trennung von Arbeit und Konsum letztlich eine künstliche ist, indem Arbeit weitgehend nur als jene Erwerbsarbeit definiert wird, die in einem verselbständigten Wirtschafts- und Produktionsbereich geleistet wird - für die Dauer jener bezahlten Arbeitszeit, die diese Arbeit so systematisch vom restlichen Leben trennt.

10) Vgl. Hohn (1984), S. 32 ff.

11) Vgl. Vgl. Groh (1988), S. 150 ff. Die Unterproduktivität, die einer solchen Lebensweise aus der Sicht eines rein ökonomischen Kalküls öfters vorgeworfen wird, kann nicht nur eine Folge des abnehmenden Grenzertrages sein, da dieser in vielen Bereichen zu beobachten ist. Wird dieser aber einem direkten Vergleich mit anderen Handlungsalternativen unterzogen, für die eine ausgesprochene Präferenz besteht, so kann es durchaus rational sein, auf mögliche marginale Gewinne zu verzichten. Das Problem bei der An-

dem Arbeitenden jegliche Ambitionen fremd, durch harte Arbeit den Ertrag über den jeweiligen Stand einer angemessenen Subsistenz anzuheben.[12)]

Die Arbeit ist in ihrem Sinnbezug und in ihrer Motivation verflochten mit den sozialen Beziehungen, mit Tradition, Kultur und mit einem übergeordneten Wertsystems. Die ökonomische Dimension, etwa die Erzielung eines Einkommens ist diesem Verständnis entsprechend - so wichtig sie auch für das Ueberleben ist - sekundär; sie ist integraler Bestandteil der alles umfassenden Welt- und Wertordnung: "(...) the economic aspect of occupation, which is the most important at present, came to the fore only as late as the medieval town economy; before that work for an income was not regarded as proper, income itself being a function of social status rather than of occupation."[13)] Der ethische Bezug zur Arbeit verpönt, ja verbietet dabei gar ein Arbeiten über das notwendige Mass hinaus und verurteilt jedes materielle Streben über den 'natürlichen' Bedarf hinaus als unbotmässig und als Sünden der Habsucht - der 'aura sacra fames' - und der Völlerei.[14)]

Als umfassendes, ganzheitliches Konzept umgreift die Subsistenz neben der materiellen, stets auch die soziale und kulturelle Existenz.[15)] So stellt die Arbeit

---

wendung der mikroökonomischen Nutzentheorie besteht darin, dass sich das Handeln weitgehend an der sozialregulativen Idee des '*guten und richtigen Lebens*' ausrichtet. Dabei sind materielle *und* soziale Aspekte *gleichzeitig* zu berücksichtigen. Musse hat so für sich einen Nutzen, der als solcher ins rein ökonomische Kalkül (wenn es ein solches geben würde) eingehen muss, oder gar, allem ökonomischen Kalkül zum Trotz, eine gewisse Grenze niemals unterschreiten darf. Da zugleich der über nicht-ökonomische Handlungen aufgebaute soziale Zusammenhalt wichtige - auch in materieller Hinsicht wichtige - Voraussetzung für das Leben ist, fällt es zudem bei Subsistenzökonomien schwer, zwischen konsumptiven und investiven Handlungen, zwischen Kosten und Nutzen zu unterscheiden; vgl. Groh (1988), S. 162 ff.

12) Vgl. Pollard (1965), S. 195. Der Bedarf des mittelalterlichen Menschen ist dabei im wesentlichen durch seine soziale Stellung vorgegeben und somit weniger ein Ausdruck individuellen Glückstrebens. Zudem variiert die Höhe der Subsistenz auch mit den allgemeinen Bedingungen der Produktion, wie etwa die jeweilige Fruchtbarkeit des Bodens u.a.m.

13) Salz (1962), S. 58. Die ökonomische Bedeutung der Arbeit in der mittelalterlichen Stadt bezieht sich hauptsächlich auf ihre Eigenschaft und ihre Aktivitäten im Bereich des Handels. Dass das zünftische Handwerk weitgehend in traditionellen Strukturen wirtschaftet, wird an anderem Ort ausgeführt. Mit der mittelalterlichen Stadt kann - von den Zünften einmal abgesehen - durchaus erstmals eine ökonomische Orientierung festgestellt werden (vgl. etwa Lüthy (1973), S. 25 f.), doch gilt sie damit noch keineswegs für alle Menschen und für jede Arbeit, sondern stellt eher einen spezifischen Sonderfall des städtischen Welthandels dar - und zwar noch für Jahrhunderte.

14) Vgl. etwa Le Goff (1989), S. 36 f.; Hohn (1984), S. 31.

15) Vgl. Groh (1988), S. 142 ff. "Subsistenz umgreift immer sowohl die physische oder materielle als auch die soziale Existenz und meint nie die alleinigen materiellen Be-

keinen eigenständigen, vom übrigen Lebenszusammenhang getrennte Sphäre oder gar einen eigenen Wert dar, sondern ist ein integrierter Bestandteil davon. Erst mit der Durchsetzung der industriellen Produktionsweise wird Arbeit als Begriff zu einer Abstraktion, der nichts Konkretes, Lebensweltliches mehr anhaftet. Solange jedoch die Strukturen der Familienwirtschaft noch weitgehend erhalten sind - und dies ist etwa auch in der Heimindustrie zumindest dem Prinzip nach noch der Fall -, bildet die Arbeit einen organischen Bestandteil des Lebens als Ganzes und ist vom übrigen Lebenszusammenhang *weder zeitlich, räumlich noch inhaltlich* eindeutig abgetrennt. Demgegenüber bedeutet die Industriearbeit für den bisher in der wirtschaftlichen und sozialen Einheit Familie tätigen Menschen nicht nur die Trennung von seinen eigenen Produktionsmitteln und die Herabsetzung zum wenig geachteten Lohnarbeiter[16)], sondern schon nur durch die unweigerliche Trennung von Wohn- und Arbeitsstätte einen weitreichenden Bruch mit ursprünglichen Arbeits- und Lebensgewohnheiten sowie deren Inhalten.[17)] Die Arbeit erfolgt nun zeitlich und örtlich getrennt vom übrigen Leben; auch sind in den Produktionsbetrieben Arbeitszeit und -tätigkeit durch die organisatorischen und technischen Gegebenheiten festgesetzt und nicht, wie gewohnt, unmittelbar aus den Bedürfnissen und Notwendigkeiten im Leben des Arbeitenden abgeleitet.

In der noch *wenig ausdifferenzierten Form* der Lebensführung in der Subsistenzwirtschaft kann Arbeit keinen gesonderten Stellenwert besitzen, weil sie auch nicht "als ein besonderer, eigenständiger und ausgegliederter Lebensbereich gedacht" werden kann.[18)] Obwohl zur Sicherung der eigenen Existenz, bzw. des Ueberlebens der Familie, durchaus hart gearbeitet wird und das Leben (!) durchaus als beschwerlich empfunden wird, so scheinen die Menschen doch noch kaum die Vorstellung entwickelt zu haben, dass es sich hierbei um Arbeit als einer speziellen Kategorie von Tätigkeit handelt. Vielmehr sind diese mühseligen Tätigkeiten integraler Bestandteil des Lebens im Kreislauf von Bedürfnis und Befriedigung. In dem Masse, wie sich das wirtschaftliche Engage-

---

dürfnisse im engeren, d.h. in unserem Sinn. Subsistenzökonomien sind also stets materiell *und* kulturell definiert, was angesichts der Tatsache, dass sie 'eingebettete' Oekonomien sind, selbstverständlich ist." Ders., S. 143.

16) Wie bereits in einem vorigen Kapitel angedeutet, geniesst die Lohnarbeit einen schlechten Ruf, während im traditionellen Verständnis sogar das Betteln noch eine bestimmte Würde besitzt. Vgl. auch Huber (1984), S. 114.

17) Vgl. Eggebrecht u.a. (1980), S. 206.

18) Hohn (1984), S. 39. Nicht nur die Arbeit, sondern die Oekonomie insgesamt wird in der vorindustriellen Gesellschaft noch nicht als etwas Eigenes gedacht; vgl. Seifert (1988).

ment an der Bedarfsdeckung ausrichtet, ist das einzelne Engagement durch die *konkrete Bestimmtheit* des einzelnen Bedarfes bestimmt und auch begrenzt. Weil zudem der einzelne, konkrete Bedarf in einem realen Bezug steht zu den übrigen Bereichen des Lebens, wird auch die zur Deckung des Bedarfes erforderliche Arbeit durch soziale, kulturelle und persönlich-individuelle Faktoren, Normen und Werte mitgeprägt und relativiert. In diesem Sinne wird "Arbeit eher unter sozialen statt wirtschaftlichen Erwägungen gesehen"[19]. Nicht alleine das zur Existenz Notwendige etwa, sondern ebenso Festlichkeiten und Riten sind somit wichtige Motive und Begleitumstände, unter denen gerade schwere und anstrengende Arbeit aufgenommen und ausgeführt wird.[20] Daraus folgt einerseits, dass eine Arbeitsausdehnung um rein wirtschaftlicher Vorteile willen nicht nur wenig Sinn macht, sondern weitgehend unvorstellbar ist. Andererseits bildet in dieser Lebensform die eigentliche Arbeit, d.h. das 'instrumentelle' Handeln zur Erreichung von Zielen, die ausserhalb der Handlung selbst liegen, noch eine untrennbare Einheit mit dem sozialen und 'kommunikativen' Handeln, das in seinen Charakteristika des Spiels seinen Zweck in der Handlung selbst erreicht.[21] Unter diesem Gesichtspunkt erhält auch die so wichtige Zeitautonomie des Arbeitenden eine im Vergleich zum heutigen Verständnis anders gelagerte Bedeutung, da in der bestehenden Durchmischung von Arbeit und übriger Zeit noch kein Konflikt bestehen kann.

In der Subsistenzwirtschaft wird entsprechend auch die Wirtschaft als Ganzes nicht als etwas Gesondertes und Eigenständiges gedacht; ein "Denken vom Markt her"[22] ist hier noch gänzlich unbekannt und auch nicht möglich. Die traditionelle Bedeutung von 'Wirtschaft' liegt vielmehr in so umfassenden Vorstellungen, wie 'pflegen', 'sorgen' und 'schützen', und bezieht sich hiermit auf alle

---

19) Bendix (1960), S. 62. Aus einer etwas anderen Ueberlegung heraus - aus der Unterscheidung dessen, was bei der Produktion mehrheitlich im Vordergrund steht: der Tauschwert oder der Gebrauchswert - gelangt Marx ebenfalls zu diesem Ergebnis. Aus dem Wesen dieser beiden Konzepte heraus ist es für ihn klar, "dass, wenn in einer ökonomischen Gesellschaftsformation nicht der Tauschwert, sondern der Gebrauchswert des Produktes vorwiegt, die Mehrarbeit durch einen engeren oder weiteren Kreis von Bedürfnissen beschränkt ist, aber *kein schrankenloses Bedürfnis nach Mehrarbeit aus dem Charakter der Produktion selbst entspringt.*" MEW 23, S. 250 (Hervorhebung, RvR). Wenn dies sogar für die Mehrarbeit - gemäss Marx' Terminologie jene Arbeit, die dazu dient, die Besitzer von Produktionsmitteln, die sie dem Arbeiter zur Verfügung stellen, zu entschädigen - gilt, so trifft dies für jene Arbeit noch weit unmittelbarer zu, die dazu dient, Bedürfnisse des jeweils hierfür Arbeitenden zu befriedigen.

20) Vgl. Harrison (1971), S. 40.

21) Vgl. Thompson (1973), S. 84; Groh (1988), S. 154.

22) Brunner (1950), S. 114.

möglichen Belange des Lebens innerhalb des Oikos.[23] Entsprechend umfasst in älteren theoretischen Abhandlungen über die Wirtschaft die *Oekonomik* "als Lehre vom Oikos (...) die Gesamtheit der menschlichen Beziehungen und Tätigkeiten im Hause"[24].

Erst im Laufe des 18. Jahrhunderts kommen Sinngehalte, wie 'kluges Planen' und 'rationelles Handeln' hinzu, um dann zunehmend die älteren Inhalte zu verdrängen.[25] Die Wirtschaft erlangt auf diese Weise ihren eigenen und eigenständigen Stellenwert; sie entwickelt zunehmend eine eigene Rationalität und Logik, die jedoch nicht mehr die Gesamtheit der menschlichen Belange zu umfassen und zu berücksichtigen mag. In der spezifischen Logik der Wirtschaft werden dafür die Energien zweckdienlich gebündelt, was zu einer erheblichen Effizienzsteigerung bezüglich rein wirtschaftlicher Ziele führt. Entscheidend ist hier aber, dass die Wirtschaft damit zum ersten mal - sowohl im Denken als auch in ihren sozialen Institutionen - etwas Eigenständiges wird und sich somit aus der bisherigen Einheit des sozialen Lebens ausgliedert.[26] Im Bereich der Wirtschaft existieren nun eigenständige Ziele und das wirtschaftliche Handeln folgt der Rationalität einer eigenständigen Systemlogik mit eigenen Gesetzen; als verselbständigtes System kann die Wirtschaft jedoch nicht mehr Ort sein eines umfassend verstandenen 'recht und guten Lebens', sondern wird dieses, wenn es der wirtschaftlichen Rationalität und ihren Erfordernissen entspricht, in seinen anderen, vielfältigen Belangen im Zweifel gar verletzen.

Folgt die Subsistenzwirtschaft dem *Bedarfsdeckungsprinzip*, in dem konkrete Bedürfnisse in für ausreichend erachtetem Ausmass abgedeckt werden, so ba-

---

23) Oikos steht für ein stark traditionsbestimmtes, das Leben in (fast) all seinen Facetten als ein Ganzes umspannendes Sozialgebilde, das am besten umschrieben werden kann mit dem von Brunner geprägten Begriff des "ganzen Hauses" - die Grossfamilie mit all ihrem Gesinde, die als enge Lebensgemeinschaft eine weitgehend autarke Wirtschaft führt; vgl. hierzu ausführlich Brunner (1950). Eine idealtypische Darstellung liefert bereits Bücher in seiner Wirtschaftsstufentheorie unter dem Begriff 'Hauswirtschaft'; vgl. Bücher (1893), S. 92 ff.

24) Brunner (1950), S. 116.

25) Vgl. Brunner (1950), S. 117 f.

26) Nach Weber hebt vor allem Polanyi diesen Tatbestand als ein zentrales Wesensmerkmal der 'Grossen Transformation' hervor; vgl. Polanyi (1978). Die Ausdifferenzierung des gesellschaftlichen Lebens in spezifische Sozialbereiche wird später von Luhman systemtheoretisch dargestellt, wobei neben das Funktionssystem 'Wirtschaft' eine ganze Reihe anderer Funktionssysteme mit je eigenen Strukturen gestellt werden (etwa 'Politik', 'Recht', 'Wissenschaft', 'Religion', 'Familie' usf.); vgl. etwa Luhmann (1985), (1986) und speziell zur Stellung und Funktionsweise der Wirtschaft in der Gesellschaft Luhmann (1988).

siert die industrielle, auf den Tausch ausgerichtete Wirtschaft auf dem *Erwerbsprinzip*, das sich nicht an einem qualitativ und quantitativ bestimmten - und somit begrenzten - Zweck orientiert: Insofern, als Geld einen abstrakten Wert darstellt, kann es für alles und jedes stehen; indem es aber für alles und jedes im allgemeinen stehen kann, steht es für nichts im besonderen. Damit aber entfallen auch die mit dem Bedarfsdeckungsprinzip verbundenen spezifischen Begrenzungen und Ausrichtungen der Arbeit. Die Arbeit wird tendenziell aus dem konkreten Lebens- und Gesellschaftsbezug herausgelöst, verselbständigt und verabsolutiert. An die Stelle traditioneller und damit vielfältiger und sozial-kulturell integrierter Entscheidungsmuster treten *rationale* Erwägungen, die sich ausschliesslich nach wirtschaftlichen Zielen orientieren und lediglich wirtschaftliche Sachverhalte berücksichtigen.[27)] Und: Der beim Erwerbsprinzip im Vordergrund stehende unspezifische, monetäre - also dem Wesen nach abstrakte und numerische - Ertrag wird - geradezu um seiner selbst willen[28)] - optimiert, gar maximiert.[29)]

Gerade in den sozialen Unterschichten ist aber ein solches Denken noch lange unbekannt. Nicht nur, dass es kaum deren wirtschaftliches Handeln zu beeinflussen vermag; dem Erwerbsstreben und der Intensivierung der Arbeit wird aus den traditionellen Leitmotiven vorindustrieller Arbeitsweise heraus auch ein "unendlich zäher Widerstand"[30)] entgegengesetzt. Gerade am Beispiel des Ak-

---

27) Vgl. Sombart (1916a), S. 14.

28) Vgl. hierzu die Analyse des kapitalistischen 'Geistes' von Max Weber, dargestellt anhand von Textstellen Benjamin Franklins: Der Erwerb von Geld und immer mehr Geld wird - unter dem Einfluss des Zeitgeistes und der puritanischen Ethik - rein als Selbstzweck angestrebt; der unbefangene Genuss der erworbenen Reichtümer wird ausdrücklich verpönt. "Der Mensch ist auf das Erwerben als Zweck seines Lebens, nicht mehr das Erwerben auf den Menschen als Mittel zum Zweck der Befriedigung seiner materiellen Lebensbedürfnisse bezogen." Weber (1920), S. 35 f.

29) Während das Wirtschaften nach dem Bedarfsdeckungsprinzip letztlich als "Oekonomie der begrenzten Ziele" (Hohn (1984), S. 35.) bezeichnet werden kann, findet sich beim Erwerbsprinzip nur noch ein einziges, dafür aber in seiner Abstraktheit unbegrenztes Ziel: das Einkommen. Insofern hat sich ein Mittel (zur Bewältigung der existenziellen Notwendigkeiten des Lebens und zur Deckung von Bedürfnissen - also insgesamt ein Mittel zur Gestaltung eines möglichst gefälligen Lebens) in ein eigenständiges, selbstwertiges Ziel verwandelt: "In der Tauschwirtschaft wird Reichtum bald ein Ziel an sich, und diese psychologische Veränderung erfasst nicht nur die unmittelbar Betroffenen, sondern (obschon zweifellos in geringerem Masse) auch diejenigen, die mit der Tauschwirtschaft in Berührung kommen." Sweezy (1978), S. 53. Das Unspezifische des Geldes, seine Aura der unbegrenzten Verwendungs- und Einsatzmöglichkeiten üben eine derartige Faszination aus, dass sich sein Einflussbereich scheinbar immer weiter verbreitet.

30) Weber (1920), S. 44.

kordlohnes beschreibt Max Weber, wie eine Erhöhung des Akkordsatzes nicht als Anreiz zu Mehrarbeit wirkt, sondern in dem Masse zu einer Arbeitsverminderung führt, dass am Ende wieder derselbe Tagelohn resultiert. Die Schlussfolgerung, die Weber hieraus zieht, ist weitreichend: "Der Mensch will 'von Natur' nicht Geld und mehr Geld verdienen, sondern einfach leben, so leben, wie er zu leben gewohnt ist und soviel erwerben, wie dazu erforderlich ist."[31)] Menschen mit dieser traditionellen Einstellung sind daher aber auch wenig empfänglich für die möglichen Incentives der Unternehmen. Im Gegenteil: *Mehr Lohn bedeutet gemeinhin mehr Freizeit* - jedenfalls weit mehr als einen zusätzlichen Anreiz zu Mehrarbeit.[32)]

In der ökonomischen Theorie verursacht dieses Phänomen in ihrer Darstellung als 'backward sloping supply curve of labour' gelegentlich einiges Kopfzerbrechen, da sie nicht mit der üblichen Vorstellung vom nutzenoptimierenden Verhalten vereinbar scheint. Wie soll mit den gängigen Annahmen erklärt werden, dass bei besserer Bezahlung der Arbeit plötzlich dessen Alternative - die Freizeit

31) Weber (1920), S. 45. Webers Beobachtung ist keineswegs auf monetäre Entlöhnung und deren Anhebung beschränkt, wie Erfahrungen im Austausch mit zeitgenössischen archaischen Gesellschaften zeigen: Bei den Siane auf Neuginea, einem Stamm, der Landwirtschaft betreibt mittels Brandrodung, hat die Einführung der Stahlaxt einzig zur Folge, dass die Arbeits*effizienz* bei den Rodungsarbeiten massgeblich gesteigert wird; die Rodungsfläche wird jedoch nicht vergrössert. Mehrerzeugung wäre sinnlos, weil hierfür kein Bedarf besteht und die Produkte letztlich verrotten würden. Die gewonnene Zeit wird genutzt für ein Mehr an Musse, Zeremonien und Feste. Kalahari-Buschmänner, die von Jagd und vom Sammeln wildwachsender Früchte leben verschliessen sich gar dem technischen Fortschritt der Landbebauung, weil dies offensichtlich mehr Arbeit bedeuten würde. Vgl. Groh (1988), S. 158 und die dort angegebenen Quellen. Hier zeigt sich also noch die intuitiv zu erwartende Reaktion auf technische Verbesserungen der Arbeitsproduktivität: *Im Spannungsfeld zwischen Notwendigkeit und Spiel wird die notwendige Arbeit möglichst effizient ausgeführt um den Raum für das Spiel auszudehnen*; wo technische Verbesserungen zur Beschaffung von Bedarfsmitteln nur über eine Mehrarbeit umgesetzt werden können, werden sie zumindest solange abgelehnt, als nicht eine tiefgreifende Krise in der bisherigen Lebensweise zu einem Wandel zwingt. Die *Neolithische Revolution* scheint durch eine derartige Krise (Erwärmung des Erdklimas mit Folgen auf Flora und Fauna) ausgelöst worden zu sein. Sie zwang, die bisher optimale Lebensform aufzugeben. Ein demographischer Druck hingegen - vergleichbar mit der Entwicklung während der Proto-Industrialisierung und der Industrialisierung - scheint erst im Verlaufe dieser Revolution erwachsen zu sein; sie mag der Grund sein, weshalb eine Rückkehr zur früheren Lebensweise nicht mehr möglich war; sie kann aber als Auslöser der Krise weitgehend ausgeschlossen werden. Vgl. Groh (1988), S. 159 ff. und die dort angegebene Literatur.

32) Wenn der Arbeiter von zeitgenössischen Moralisten, Pamphletisten und Unternehmern durchwegs als faul, träge und arbeitsscheu (idle) und sein Lebenswandel mit ausschweifend und liederlich (dissolute) verunglimpft wird, so meinen diese Urteile exakt, dass er nicht auf die Anreize des Unternehmers anspricht. Vgl. Pollard (1965), S. 196.

- überproportional höher bewertet wird? Dieser Frage kann hier jedoch leider nicht weiter nachgegangen werden. Zu einer möglichen Erklärung des Phänomenes selbst soll hier aber kurz die Theorie des russischen Oekonomen Alexander 'Cajanov[33] herangezogen werden, da sie zur Analyse von Subsistenzökonomien einige Vorzüge aufweist. Er geht nicht vom Individuum als der ökonomischen Einheit aus, sondern von der Haus- oder Familiengemeinschaft, die zudem sowohl in der Produktion als auch in der Reproduktion eine Gemeinschaft bildet. Dass daher die ökonomische Beziehungsgrösse das *Gesamteinkommen* ist, wurde bereits oben ausgeführt; es errechnet sich über einen ganzen Zyklus - etwa das Jahr - hinweg. An ihm orientieren sich die Ueberlegungen bezüglich Aufwand und Ertrag. Die ökonomische Steuerungsgrösse ist dabei die Subsistenz. In Ableitung von 'Cajanovs Theorie führt Thorner hier den Begriff von der *Labor-Consumer-Balance* (LCB) ein.[34] Die Obergrenze der Bedürfnisse (C) ist dabei relativ starr, da sie in hohem Masse soziokulturell definiert wird und von Tradition und Gewohnheit mitgetragen wird. Der Aufwand (L) ist hingegen sehr elastisch, was etwa in den wesentlich höheren Anstrengungen in (klimatisch) schlechten Jahren zum Ausdruck kommt. Diese Elastizität gilt jedoch nur bis C erreicht ist; darüber hinaus wird kaum mehr gearbeitet, kann zu einer Mehrarbeit auch kaum mehr motiviert werden. Die typische Balance- oder Gleichgewichtssituation hat sich hiermit eingestellt.[35]

Damit der Arbeiter auf die ökonomischen Anreize reagiert und vor allem so reagiert, wie es erwünscht wird, ist daher eine völlige *Neuorientierung der Lebenswerte* vonnöten - eine 'innere' Anpassung an ein neues Oekonomie- und Lebens-

33) Vgl. 'Cajanov (1923).

34) Vgl. Thorner (1966), S. XV ff. Wenn auch die ersten Punkte wesentliche Merkmale der Wirtschaftsweise von Gesellschaften mit Subsistenzökonomie darstellen, so kann die Steuerungsgrösse LCB unter bestimmten Umständen auch für individuelle Aktoren Gültigkeit behalten, wenn sie auch schon längst in einer kapitalistischen Wirtschaft leben. Nur so lässt sich erklären, weshalb Industriearbeiter, die schon weitgehend nicht mehr in den traditionellen Sozialstrukturen leben, sich weiterhin nach diesem Gleichgewicht zu richten versuchen.

35) Will jemand, dass über dieses notwendige Mass hinaus gearbeitet wird, so ist hier die Reduzierung der Entlöhnung, also die Minderung des Ertrages für den Arbeitenden das zweckdienlichste Mittel, sofern er über die Macht verfügt, dies durchzusetzen und gleichzeitig eine Abwanderung zu verhindern. Die lange vorherrschende Meinung, das Volk sei nur solange bei der Arbeit zu halten, als dessen Lohn das Existenzminimum nicht überschreitet, findet hier einen Grund. Zu beachten ist aber, dass Subsistenz und Existenzminimum bei weitem nicht das Gleiche bedeuten. Falls diese Meinung also einmal richtig gewesen ist, so mussten andere Faktoren, etwa die Arbeitsbedingungen, dafür verantwortlich sein, dass die Arbeiter nach Erreichen des Existenzlohnes sogleich bereit waren auf zusätzliche Erträge zu verzichten und die Fabriken flohen.

verständnis: "Menschen, die bisher für ihre Subsistenz, nicht für die Maximierung ihres Einkommens gearbeitet haben, müssen jetzt für den Reiz des Geldes empfänglich gemacht werden."[36] In erster Linie müssen sie ambitiös gemacht werden, denn, solange sie nicht wünschen, 'respektvoll' zu werden, bleiben alle Anreize ohne Biss.[37] Der Begriff der Ehrbarkeit wird in den moralisierenden Werken des 19. Jahrhunderts im Hinblick auf diesen Umwandlungsprozess anfangs zur motivierenden Kraft erkoren; der 'respektable' Mensch zeichnet sich durch die neuen Werte Fleiss, Gehorsam, Nüchternheit und Sparsinn aus.[38]

3.2.2. NICHT-ARBEIT UND FESTTAGE: WICHTIGE ELEMENTE TRADITIONELLEN LEBENS

Subsistenz- und Erwerbswirtschaft unterscheiden sich auch grundsätzlich durch den Stellenwert der Arbeit im Leben insgesamt. In den modernen Industrie- und Wirtschaftsgesellschaften nehmen Arbeit und Wirtschaftstätigkeit ohne Zweifel eine *übergeordnete Stellung* ein; sie diktieren weitgehend Tages-, Wochen- und Jahresverlauf, während sich alle anderen Bereiche des Lebens mit diesen Vorgaben arrangieren müssen: Es enthält nicht immer eine Anklage, sondern es ist oft auch Ausdruck stolzer Selbsteinschätzung, wenn die moderne Gesellschaft als Wirtschafts- oder als Arbeitsgesellschaft bezeichnet wird.

Ganz anders verhält es sich in Subsistenzwirtschaften: So wichtig auch hier das Arbeiten für das Ueberleben ist, so ist Arbeit doch bei weitem nicht die einzige und auch nicht die dominierende Grösse im Lebensverlauf. "Kult und Ritus, Fest und Tanz sind dem traditionalen Bewusstsein gleichermassen sinnvoll, nützlich und notwendig wie die Feldarbeit und das Anfertigen von Gebrauchsgegenständen."[39] Eine Vielzahl von Tätigkeiten, die keinen unmittelbar wirtschaftlichen Zweck verfolgen, und selbst das Nichtstun sind sowohl für das individuelle als auch für das gesellschaftliche Leben von grosser Bedeutung. Wenn es auch den

36) Lambert (1979), S. 300. Auch Pollard sieht eines der grössten Probleme des Kulturwandels darin, "that men who were non-accumulative, non-acquisitive, accustumed to work for subsistence, not for maximization of income had to be made obedient to the cash stimulus, and obedient in such a way as to react precisely to the stimuli provided"; ders. (1963/64), S. 254.
37) Vgl. Pollard (1965), S. 195.
38) Vgl. Lambert (1979), S. 300 f.
39) Hohn (1984), S. 39.

tatsächlichen Verhältnissen nicht gerecht wird, da Arbeit und Nicht-Arbeit hier nahtlos ineinander überfliessen und kaum voneinander getrennt gedacht werden, so könnte doch in unserer Sprache gesagt werden, dass in diesen Gesellschaften eine hohe und natürliche Präferenz besteht für Freizeit, Musse und vielfältige Formen des Spiels.[40)] Da das Leben weitgehend als Einheit erfahren wird, kann eigentlich nicht von einer *Mussepräferenz* gesprochen werden; es fehlt jedoch jegliche Terminologie, mit der "der Vorzug oder der hohe Nutzen, den die in Subsistenzökonomien Lebenden der Nichtarbeit einräumen"[41)], adäquat erfasst werden könnte, weshalb dieses Hilfskonstrukt bei allen Einschränkungen beibehalten werden muss.[42)] Es soll damit zum Ausdruck gebracht werden, dass neben der existenznotwendigen Arbeit zur Erstellung von Gütern Tätigkeiten mit anderen Inhalten und selbst Ruhezeiten für ebenso wichtig angesehen werden und unantastbar ihre Stellung auch in Notzeiten behaupten. Dies hat zur Folge, dass in Subsistenzwirtschaften vergleichsweise wenig gearbeitet wird und Tages-, Wochen- und Jahresverlauf zu einem wichtigen Teil nicht durch die Arbeit, sondern durch Feste und Riten strukturiert werden.[43)] So durchschneidet seit dem Mittelalter eine Vielzahl zumeist kirchlicher Feiertage den Arbeitsrhythmus.[44)] Aus dem Bayerischen Bergbau des 16. Jahrhunderts wird überliefert, dass ein normales Jahr nicht mehr als 100 Arbeitstage zählte.[45)]

Feste, Feiern, Spiele und Ruhezeiten stellen für den Menschen einen natürlichen Ausgleich zu den Anstrengungen der Arbeit dar. Der Wechsel von Arbeit und anderen, spielerischen Tätigkeiten entspricht aber auch der Wesensart der Menschen, die in einem unmittelbar erlebbaren, im Zyklus der Jahreszeiten immer

---

40) Vgl. Coleman (1955/56), S. 290; Meyer (1982), S. 134; ausführlich auch Groh (1988), S. 154 ff.

41) Groh (1988), S. 155.

42) Der Begriff Musse ist jedoch hier nicht deckungsgleich mit den obigen Ausführungen über Musse. Er steht hier als Sammelbegriff für alles, was nicht Arbeit im engeren Sinne ist - also Tätigkeiten ohne direkten wirtschaftlichen Zweck und Untätigkeit zugleich.

43) In der noch nicht ausdifferenzierten Lebensweise stehen diese Feste und Riten natürlich oft in engem Zusammenhang mit (landwirtschaftlichen) Arbeitsvorgängen, die auf diese Weise geordnet werden. Sie besitzen jedoch traditionell eine hohe Eigenwertigkeit und werden nicht etwa aus Zweckmässigkeit (z.B. Wetter) zugunsten der Arbeit verkürzt oder verschoben.

44) Vgl. Huber (1984), S. 110 ff.

45) Vgl. Sombart (1916a), S. 37. \`Cajanov errechnet noch in einer Erhebung aus dem Jahre *1907* für die Bauern einer russischen Region durchschnittlich *132 Arbeitstage* pro Jahr, wobei aber in Einzelfällen auch 200 Tage festgestellt wurden. Vgl. \`Cajanov (1923), S. 29 f.

wiederkehrenden und als Ganzheit erfahrenen Lebenszusammenhang leben und weder langfristige Planung noch stetiges Arbeiten kennen, sondern vielmehr noch geprägt sind von einem starken Triebleben mit heftigen, aber auch relativ kurz andauernden Gefühls- und Gemütszuständen.[46] Dorffeste, Kirchweihen, Jahrmärkte, kirchliche Feiertage u.ä.m. haben zwar vielfältigste kulturelle, soziale und auch ökonomische Funktionen; sie werden aber immer auch gelebt und gefeiert in direkter Gegenwartsbezogenheit, in der Mühsal und Pein vergessen und Gefühle, die Freude am Augenblick in vollen Zügen ausgelebt werden können. "Zu Beginn der Industriellen Revolution bestand das Jahr des arbeitenden Menschen immer noch aus Zyklen von harter Arbeit und schmaler Kost, unterbrochen von Festtagen, an denen Essen und Trinken reichlicher vorhanden waren, Luxusartikel wie Orangen und Bänder für die Kinder gekauft wurden, an denen getanzt, gefreit, gefeiert und gespielt wurde."[47] Feste und Mussestunden als Gelegenheit zu Geselligkeit und Spiel bilden jedoch nicht nur als Ausgleichsfunktionen sondern auch ganz für sich allein gesehen einen *wesentlichen, eigenwertigen Bestandteil des Lebens*. In ihnen lebt der Mensch viele der für ihn wichtigen Bedürfnisse aus - immaterielle und auch materielle -, begegnet seinen Mitmenschen, seiner Welt und sich selbst auf vielfältigste und anregende Weise; sie sind deshalb nicht zuletzt untrennbarer Bestandteil seines Lebens- und Weltverständnisses.

Ueber ihre Bedeutung im und für das Leben des einzelnen hinaus besitzen diese Festlichkeiten auch sozial und kulturell einen hohen Stellenwert, der erst im Rahmen der gegebenen Lebensbedingungen richtig gewürdigt werden kann. Ueber Feste wird einerseits der *soziale Zusammenhalt*, die *Gruppenidentität* und die *Solidarität* erneuert und vertieft; sie sind essentielle Voraussetzungen für die überlebenswichtige Kooperation und die gegenseitige Unterstützung und Absicherung bei Notfällen. "Ohne dieses Netz wäre auch die rein materielle Subsistenz auf Dauer nicht gesichert."[48] Nicht nur ist also die ökonomische Arbeit unabdingbare Voraussetzung, um soziale und religiöse Feste feiern zu können, sondern auch umgekehrt bedarf es der sozialen Handlungen, um die materielle Existenz zu gewährleisten: Man könnte geradezu von der Bereitstellung 'sozialer Ressourcen' zur Gewährleistung des Ueberlebens - als Komponente der Produktion in Form etwa der Kooperation und als Absicherung vor Risiken - sprechen;

46) Vgl. Sombart (1916a), S. 35.
47) Thompson (1987), S. 435.
48) Groh (1988), S. 162.

Feste, Nicht-Arbeit und Musse bilden zu deren Erstellung die Grundlagen. Feste und Zeremonien schaffen darüber hinaus oftmals auch die Möglichkeit, dem Fremden - dem Nachbarn, der Nachbargemeinde oder dem Zugewanderten - konfliktfrei zu begegnen und mit ihnen friedenstiftende Bande zu knüpfen. Damit erfüllen diese sozialen Handlungen weitgehend jene Aufgaben, die heute weitgehend durch den Staat erfüllt werden: Schutz der Person und des 'Eigentums' mittels einer Rechtsordnung und deren Durchsetzung - intern mittels Polizei und Gerichten und extern mittels internationaler Politik, Verträgen und militärischer Abschreckung.[49)]

Andererseits wird über Riten, Kulthandlungen, Zeremonien und Feierlichkeiten mit all ihren traditionellen Attributen Kultur aktiv gelebt, weitergetragen und weiterentwickelt. Ueber sie wird die Begegnung mit der Welt und mit der eigenen Existenz kanalisiert, wird ein gemeinsames Weltbild und eine gemeinsame Identität geschaffen und an die nachfolgenden Generationen weitergegeben. So tragen Festakte dazu bei, sowohl das Leben als sinnhafte Ganzheit zu erfahren als auch das gesellschaftliche Zusammenleben zu ordnen.

Sowohl der generell unstete Arbeitsrhythmus als auch die Vielzahl von Fest- und Feiertagen stehen jedoch gleichermassen den Erfordernissen industrieller Produktion entgegen, da Produktions- und Erwerbspotentiale nicht ausgeschöpft werden. Ueber die Zentralisierung der Produktion wird denn nicht zuletzt auch das Ziel angestrebt, durch direkte Kontrolle von Arbeitsintensität und Arbeitszeit den Arbeiter zu einem stetigeren Arbeiten zu bewegen.[50)] Der Erfolg dieser Bestrebungen ist jedoch über lange Zeit sehr unterschiedlich, denn auch in zentralisierten Betrieben kann die direkte Kontrolle nur greifen, wenn der Arbeiter überhaupt am Arbeitsplatz erscheint.[51)] Für die ganze Zeitspanne der Proto-Industrie und auch der Industriellen Revolution stellt aber gerade der *Absentismus* ein weitverbreitetes Problem dar: Weder zusätzliche Anreize noch Verbote, weder Bitten noch Drohen vermögen in der Regel die Arbeiterschaft dazu zu bewegen, während den Kirch- und Dorffesten, den Jahrmärkten und allen übrigen Arten von Festen an der Arbeit zu erscheinen.[52)] Die Klage eines Unternehmers jener Zeit macht seine Probleme hiermit deutlich, etwa bezüglich der regulären

---

49) Vgl. hierzu ausführlich die Darstellung und Würdigung von Festen bei sog. 'primitiven' Kulturen von Mauss (1923/24).
50) Vgl. Meyer (1982), S. 99.
51) Vgl. Meyer (1982), S. 101.
52) Vgl. Pollard (1963/64), S. 255 f.; Pollard (1965), S. 181 ff.

Feste: "'Our men will go to the Wakes', Josiah Wedgwood complained in 1772, 'if they were sure to go to the D-1 the next. I have not spared them in threats and I would have thrash'd them right heartily if I could'. Again, in 1776, 'Our men have been at play 4 days this week, it being Burslem Wakes. I have rough'd & smoothed them over, & promised them a long Xmas, but I know it is all in vain, for Wakes must be observed though the World was to end with them'."[53)]

Mit der Verstetigung und Intensivierung der Arbeit in den zentralisierten Betrieben werden traditionelle Festtage und Jahrmärkte fast noch ausschweifender gefeiert. Teilweise rein intuitiv, aber wohl auch in bewusster Ablehnung der neuen ökonomischen Vorstellungen und Prioritäten entwickeln gerade die Menschen in den Städten und industriellen Ballungsgebieten einen ausgeprägten traditionellen Stolz und ein Selbstbewusstsein, das sie hartnäckig an ihren Festen und Spielen festhalten lässt; trotz enormer Anstrengungen von Seiten der Unternehmer kann dieses Brauchtum bis weit in die Industrielle Revolution hinein nicht ausgelöscht werden.[54)] An ihnen wird wohl nicht zuletzt deshalb mit aller Zähigkeit festgehalten, weil mit der modernen Produktionsorganisation die Einheit von Arbeit und Leben immer mehr zerstört wird. Da dabei die Arbeit immer stärker auf rein instrumentelle und wirtschaftliche Aspekte reduziert wird, suchen die Menschen mit den Festlichkeiten das Ungleichgewicht wieder auszugleichen und hier in Spiel und Freude den sozialen und kulturellen Bedürfnissen einen angemessenen Raum zu schaffen. Wo sich also in der Entwicklung hin zur modernen Gesellschaft Musse und Arbeit zu unterscheiden beginnen, wird damit erstmals mit Nachdruck an der Musse als einem ebenso 'wichtigen und eigenständigen' Bereich des Lebens festgehalten. Während in reinen Subsistenzwirtschaften dem Spiel, der Geselligkeit und den Festlichkeiten in der Ganzheitlichkeit des Lebenszusammenhanges in aller Selbstverständlichkeit eine grosse Bedeutung zukommt, erwacht mit der Intensivierung und Heraushebung der Arbeit aus diesem Zusammenhang eine ebenso eigenständige Wertschätzung, ja Bevorzugung von Freizeit und Musse - und zwar nicht nur als äquivalenter Ausgleich, sondern auch als letztes Refugium, in dem der Mensch sich noch als weitgehend ganzheitliche Person bewegen und begegnen kann.

---

53) Pollard (1963/64), S. 256.
54) Vgl. Thompson (1973), S. 91; ders. (1987), S. 439.

Für diese Deutung spricht auch der Umstand, dass sich der Absentismus der Arbeiter nicht nur auf die traditionellen Festtage beschränkt, sondern dass sich im beginnenden 18. Jahrhundert in Handwerk und Proto-Industrie noch eine zusätzliche, lebenskräftige und anerkannte Volkskultur entwickelt, die ihre wohl eindrücklichste Ausprägung in der Institution - nur der Begriff Institution wird der Bedeutung und Tragweite gerecht - des 'Blauen Montags' (Saint Monday) findet: Sofern in der übrigen Zeit das Subsistenzniveau erreicht werden kann, wird am Montag, manchmal sogar noch am Dienstag und Mittwoch, die Arbeit verweigert.[55)] Schnell wird der Blaue Montag fester Bestandteil im Leben der Arbeiter und eine auch gegen Repressionen hochgehaltene Tradition, die anfangs in fast allen Gewerben, in den Manufakturen und im Bergbau verbreitet ist und später auch in den Industriebetrieben nach Möglichkeit beibehalten wird; und nicht nur England, sondern auch Deutschland und Frankreich kennen diese Institution.[56)] Trotz des zum Teil mit grosser Härte geführten Kampfes gegen diese Sitte, vermag sich der 'Blaue Montag' bis weit in die zweite Hälfte des 19. Jahrhunderts zu behaupten und findet sich gar noch im 20. Jahrhundert vereinzelt wieder; doch entwickelt er sich zusehends zu einem Statusprivileg besser bezahlter Handwerker und Ingenieure, während insbesondere bei den Arbeitern in den modernen, mechanisierten Fabriken dieser Brauch früher als anderswo unterbunden werden kann.[57)]

Entgegen aller Schimpftiraden gegen diesen verbreiteten und mächtigen Brauch wird dieser freie Tag nicht nur genutzt zur ungezügelten Sauferei, zu Glücksspiel und anderen 'unsittlichen und gotteslästerlichen' Taten, sondern ist zu Zeiten Ausdruck einer neuen Kultur mit reichhaltigen Formen.[58)] Vergleichbar mit den übrigen Festtagen sind zweifellos auch für den 'Blauen Montag' der 'Wunsch nach Geselligkeit' und das Ausleben sozialer, kultureller und spielerischer Bedürfnisse dominierende Motive. Ebenso begründet sich diese Tradition letztlich

55) Vgl. Sombart (1917/18), S. 41. Ein Gutachten der Bremer Handelskammer aus der Mitte des 19.Jh. berichtet: "Viele Arbeiter finden sich veranlasst, nur vier, manche sogar, wie es heisst, nur drei Tage jeder Woche in ihrem Beruf tätig zu sein". Aus: ebenda, S. 28. Vgl. auch Thompson (1973), S. 92. Als einen der Gründe, weshalb sich diese Kultur derart verbreiten und festigen vermochte, nennt Thompson die lange protoindustrielle Vorbereitungsphase - besonders in England - bis zur Industriellen Revolution.

56) Vgl. Thompson (1973), S. 90; Pollard (1963/64), S. 256; Pollard (1965), S. 182; Sombart (1917/18), S. 26 ff.

57) Vgl. Thompson (1973), S. 90, S. 109 (FN 45); Ried (1979), S. 278.

58) Vgl. ausführlich Ried (1979), besonders S. 271 ff.

in den Vorstellungen der 'sittlichen Oekonomie', wird das Arbeitsangebot, auch noch in den frühen Industriezentren, bestimmt durch die Subsistenz[59]: Sofern der Lebensunterhalt gesichert werden kann, wird ein Weniger an Arbeit - im Einklang mit dem gesamten Lebensverständnis - einem Mehr an Lohn vorgezogen, werden die gewonnen Stunden - wo möglich auch die Verlängerte Mittagsrast - genutzt zu Spielen und Geselligkeit.[60]

3.2.3. ORGANISCHE VERSUS ABSTRAKTE ZEIT

In der Umstellung vom vorindustriellen Dasein zu einem Leben in einer industriellen Gesellschaft offenbart sich noch ein weiterer, grundlegender Unterschied dieser beiden Kulturformen, eine tief verwurzelte Andersartigkeit, die durchaus Anlass zu Problemen und Konflikten sein kann; gemeint ist das *Empfinden der Zeit* und die Einstellung zu ihr. Die zentrale Bedeutung und die fast stetige Präsenz der Zeit im alltäglichen Leben moderner, industrialisierter Gesellschaften mag eine Vorstellung davon geben, wie wichtig es heute ist, dass eine gemeinsame Zeit die hochgradig interdependenten und vielfältigen Handlungen der Menschen untereinander koordiniert und synchronisiert. Ihre Wichtigkeit und ihre Allgegenwart mag aber auch erklären, weshalb in der Regel kaum über sie nachgedacht wird[61]. So scheinen viele Menschen das heutige Zeitverständnis[62] und die Art, wie die Zeit mit Hilfe von Uhren und Kalendern gemessen wird, als etwas Absolutes anzusehen, oder aber als eine rein praktische Einrichtung, über deren Nutzen kaum Zweifel bestehen und die daher auch

59) Vgl. Sombart (1917/18), S. 26 ff. "Der Arbeiter stand (..) auch im Dienste des kapitalistischen Unternehmers noch durchaus im Bann der alten Nahrungs-, Entbehrungs- und Genussideen. (...) Was mehr verdient wurde (als für den Unterhalt nötig; RvR), wurde verjubelt, wenn man nicht vorzog, überhaupt nicht zu arbeiten."

60) Vgl. Ried (1979), S. 266.

61) Vgl. Elias (1984), S. 101: Selbst reflektierende Arbeiten, auch von Philosophen, akzeptieren und übernehmen gemeinhin den Zeitbegriff, in den sie hineinsozialisiert worden sind; sie fragen kaum einmal "wie und warum das *Zeiterleben eine solche Gewalt über Menschen gewonnen hat"* (Hervorhebung, RvR.)

62) Hier werden zumeist die Oberbegriffe 'Zeitverständnis' und 'Zeitbegriff' verwendet. Damit soll aber keineswegs eine objektive Sachlage angedeutet werden. Wenn dies auch gängige Begriffe sind, so dürfen sie doch nicht darüber hinwegtäuschen, dass sie vorwiegend subjektiven Charakters sind, oder zumindest von subjektiven Komponenten wie Empfinden, Einstellung, Erleben usf. zu einem wesentlichen Teil mitgeprägt werden. All diese Begriffe werden hier grundsätzlich synonym verwendet, wobei in einzelnen Fällen der subjektive Gehalt noch speziell hervorgehoben wird.

nicht weiter zu hinterfragen ist. Demgegenüber soll hier gezeigt werden, dass es sich bei unseren Vorstellungen der Zeiteinteilung um eine reine *Konvention*[63] handelt, der Vorstellungen und Empfinden zugrundeliegen, die geschichtlich keineswegs immer vorherrschten. Und: Es wird sich auch zeigen, dass die Entwicklung und die Aneignung des heute gängigen Zeitbegriffes in der Regel mit Konflikten und Problemen verbunden war und ist.

Zeitvorstellungen sind weder angeboren, noch werden sie von selbst erlernt. Obwohl die Zeit - zumindest heute - eine der grundlegenden menschlichen Erfahrungen darstellt und obwohl - zumindest der moderne - Mensch sich bei allem, was er tut, bewusst oder unbewusst von der voraneilenden Zeit diszipliniert und nicht selten sogar gehetzt fühlt, gibt es für Whitrow keinen Anhaltspunkt dafür, dass der Mensch einen spezifischen Zeitsinn besitzt.[64] "Das jeweilige Zeitbewusstsein einer Epoche gründet also nicht in sich selbst, sondern ist einerseits Ausdruck übernommener Tradition, andererseits auch eigener Lebenserfahrungen, religiöser Erlebnisse, wissenschaftlicher Welterkundung, des Selbstbewusstseins innerhalb der Geschichte und der jeweiligen Art, den Sinn des Lebens zu deuten."[65] Zeitvorstellungen sind also weder absolut, noch sind sie in der jeweils konkreten Ausprägung als etwas dem Menschen eigenes zu verstehen; vielmehr sind sie historisch bedingt und entsprechen daher dem jeweils kulturspezifischen Reflex, den u.a. durch die jeweiligen kulturellen, technischen und sozialen Gegebenheiten mitgeprägten Erfahrungen von zeitlicher *Dauer und Abfolge*.

Zeitbegriff und Zeitempfinden, wie sie heute in den meisten Regionen der Erde vorherrschen, müssen grundlegend als Ergebnisse eines historischen Prozesses verstanden werden. Mögen sie heute auch - vor allem in den industrialisierten Gesellschaften - beinahe alle sozialen Sphären durchdrungen haben, so sind sie doch in der heute bekannten Form eine verhältnismässig junge Erscheinung. Der Zeitbegriff - also einerseits die Vorstellung einer 'Zeitigkeit' überhaupt und andererseits dann die konkrete Ausformung der Vorstellungen über die Zeit - musste durch Erfahrungen und Reflexionen in einem langen, generationenübergrei-

63) Vgl. Whitrow (1991), S. 19. Zwar orientiert sich diese Konvention grösstenteils an sichtbaren Naturerscheinungen (Tage, Mondzyklen, Jahre); ihre Einteilung und Ordnung etwa in Stunden, Minuten und Sekunden oder in Monate mit ungleichen Längen beruhen aber zugleich auch auf frei gewählten Zahlensystemen und Annäherungen.
64) Vgl. Whitrow (1991), S. 19 ff.
65) Wendorff (1980), S. 10.

fenden Lernprozess erst einmal entwickelt werden.[66] Selbst nachdem sich langsam die Vorstellung eines zeitlichen Ablaufes herauszukristallisieren begann, als also - um es von der anderen Seit eher zu betrachten - ein *Bedarf nach Orientierung* bezüglich der Zeit erwuchs, musste noch immer über einen äusserst schwierigen Lernprozess eine für dieses Bedürfnis taugliche Vorstellung des Zeitverlaufes entwickelt werden.[67]

Je nach den natürlichen und gesellschaftlichen Bedingungen, in denen die Menschen leben, können diese Vorstellungen sehr unterschiedlich sein und sie können sich wandeln, wenn veränderte Bedingungen dies erfordern. "Die menschlichen Erfahrungen dessen, was heute 'Zeit' genannt wird, hat sich in der Vergangenheit verändert und verändert sich in der Gegenwart weiter".[68] Nichts wäre demnach falscher, als die Zeit und damit auch das Empfinden der Zeit und der Umgang mit ihr als etwas Absolutes und durch die Geschichte der Menschheit hindurch Gleichbleibendes verstehen zu wollen. Der jeweils vorherrschende Zeitbegriff entspricht vielmehr den Bedürfnissen und Lebensbedingungen der entsprechenden Bevölkerung[69]; er steht weitgehend in Einklang mit deren Selbsterfahrung und allgemeinen Weltbild und ist in der gegebenen Form zumeist auch eine taugliche Orientierung zur Organisation des individuellen und gesellschaftlichen Lebens. Im Verlauf der Proto-Industrie und der Industriellen Revolution muss jedoch eine breite Bevölkerungsmehrheit einen im historischen Vergleich schnellen Wandel ihrer Zeitvorstellungen nachvollziehen: Mit ihrem Eintritt in den industriellen Produktionsprozess werden die aus der Landwirtschaft, dem Handwerk und der Heimindustrie stammenden Menschen mit einer für sie weitgehend neuen Vorstellung von Zeit konfrontiert. Es handelt sich dabei jedoch nicht nur um ein weiteres Attribut einer neuen Arbeits- und Wirtschaftsweise, sondern mit dieser 'neuen Zeit' wird ihr gesamtes Weltbild, ihre Lebenserfahrung und -orientierung sowie auch ihre Selbsterfahrung tiefgreifend verändert. Dieser Wandel soll im folgenden untersucht werden.

---

66) Vgl. Elias (1984), S. 2.

67) Lange Zeit war die Vorstellung eines Tages von 24 Stunden unbekannt; sie war dannzumal aber für die Orientierung in der Welt auch nicht erforderlich. Da sich die Zeitvorstellungen darüber hinaus an natürlichen, 'unmittelbar' einsichtigen Phänomenen orientierte, waren etwa in primitiven Völkern der Tag und die Nacht zwei völlig unterschiedliche Phänomene. Selbst im Mittelalter wurde noch in Tag- und Nachtstunden gedacht. Vgl. Whitrow (1991), S. 34 ff.

68) Elias (1984), S. 2.

69) Diese Zusammenhang betonen insbesondere Hohn (1984), Whitrow (1991) und zeichnen ihn unter vielfältigen Gesichtspunkten nach.

Um diesen Wandel und das Aufeinanderprallen geradezu konträrer Vorstellungen und Empfindungen der Zeit besser verstehen zu können, ist es angebracht, vorerst zu untersuchen, worum es sich bei Zeit, bzw. beim Zeitbegriff eigentlich handelt. Gemäss Elias ist Zeit weder etwas eigenständiges, noch existiert sie für sich allein. Insofern ist es eigentlich falsch, wenn in der Ökonomie auch schon mal von Zeit als einer Ressource gesprochen wird. Es handelt sich hierbei um eine Symbolisierung oder Vergegenständlichung der Tatsache, dass Ressourcen über eine gewisse Dauer hinaus zum Einsatz gelangen; sie ist ein Erfordernis und ein Produkt menschlichen Zusammenlebens, eine von Menschen dank ihrer mentalen Fähigkeit zur generalisierenden Synthese hervorgebrachte Dimension.[70)] Beim Zeitbegriff handelt es sich also "weder um ein begriffliches 'Abbild' von einem objektiv existierenden Fluss noch um eine vor aller Erfahrung existierenden Erlebnisform aller Menschen".[71)]

Dies mag erstaunen angesichts einerseits der grossen Bedeutung der Zeit in den Naturwissenschaften und der hohen technischen Genauigkeit, mit der sie gemessen wird, sowie andererseits ihrer - vor allem heute - durchaus als zwingend erfahrenen Kraft im gesellschaftlichen Zusammenleben. Doch gerade deshalb ist die Stellung der Zeit und die allgemeine Einstellung zu ihr auch für unsere Fragestellung von grosser Bedeutung: Die Zeit ist soziologisch betrachtet nichts anderes als ein Orientierungsmittel mit vornehmlich *koordinierender und integrierender Funktion*,[72)] welches je nach Umwelt, Lebensform und Kulturstufe von unterschiedlicher Wichtigkeit und unterschiedlicher Ausprägung ist. "Wie zu erwarten, variierte das Bedürfnis nach einer geordneten und einheitlichen Zeitrechnung mit dem Wachstum und Niedergang der Staatseinheiten, mit dem Umfang und Grad der Integration ihrer Völker und Territorien und mit dem entspre-

70) Vgl. Elias (1984), S. 4 ff. Aufgrund dieser Sichtweise kann auch der Mensch gar nicht über einen gesonderten Zeitsinn verfügen. Dennoch kennen wir aber so etwas, wie eine 'innere Uhr', können wir Zeiträume nach unterschiedlicher Dauer unterscheiden. Inwieweit hier doch ein innerer Sinn vorhanden ist, oder diese Fähigkeit im kulturellen Zusammenhang erworben wird; bzw. inwieweit hier natürliche - d.h. durch den menschlichen Körper/Geist verursachte oder durch eine nicht-kognitive Wahrnehmung natürlicher Vorgänge aus der Umwelt (Tag/Nacht) geprägte - Prozesse später durch kognitive, kulturspezifische Deutungen überlagert werden, kann hier aufgrund der vorliegenden Literatur nicht entschieden werden. Sofern diese 'innere Uhr' nicht nur aus einer Gewöhnung an äussere Zeitmuster resultiert, kann aber dennoch davon ausgegangen werden, dass die Wahrnehmung, Deutung und Gewichtung einer solcherart eigenständigen, biologischen Uhr weitgehend durch das jeweilige kulturell bestimmt Zeitverständnis geprägt sind.

71) Elias (1984), S. XV.

72) Vgl. Elias (1984), S. 19.

chenden Grad der Differenzierung und Länge ihrer kommerziellen und industriellen Verflechtungsketten."[73] Daher glaubt Elias auch, dass die historischen wie auch die gegenwärtigen Veränderungen des Zeitbegriffes und des menschlichen Erlebens der Zeit "nicht in einer zufälligen oder historischen Weise, sondern in einer strukturierten und gesicherten Weise"[74] vorsichgehen und sich auch solcherart erklären lassen: Zeit als Reflex der gesellschaftlichen Lebensbedingungen und der daraus resultierenden Erfordernisse zeitlicher Koordination und Integration menschlicher Handlungen und als eine Ordnung zur Orientierung. Je länger und vielgliedriger, je komplexer also die *Interdependenzketten* in einer Gemeinschaft werden, desto grösser der Bedarf nach einer verfeinerten Zeitordnung, desto wahrscheinlicher, dass der Zeitbegriff dieser Gemeinschaft einen höheren Abstraktionsgrad - oder, wie Elias sich ausdrückt: ein höheres *Syntheseniveau* - erreicht[75]: Der Zeitbegriff wird umfassender, genereller und zunehmend gegenüber den direkt erlebbaren zeitlichen Abläufen, etwa dem Verlauf des Sonnenstandes, verselbständigt, also zu einem eigenständigen, unabhängigen Konzept.

Hohe Arbeitsteilung und Interdependenzen der Aktoren in den modernen Industriegesellschaften machen zu deren Koordination eine 'abstrakte' (soweit bezüglich eines Begriffes, und Zeit ist letztlich ein Begriff, überhaupt zwischen 'abstrakt' und 'konkret' unterschieden werden kann[76]), unterbruchslose Zeiteinteilung mit hoher Verbindlichkeit für jedes Handeln erforderlich. "Obwohl es Unterschiede zwischen der objektiven Ordnung der physikalischen Zeit und der individuellen Zeit der persönlichen Erfahrung gibt, sind wir in zunehmendem Masse gezwungen, unsere persönliche 'Gegenwart' an den von Uhr und Kalender diktierten Zeitmaßstab anzupassen."[77] Obwohl die Masseinheiten, mittels deren die stetig verstreichende Zeit gemessen und eingeteilt wird, die Tage, Monate und Jahre - hingegen die Stunden bereits weniger - eng mit natürlichen Phänomenen verbunden sind und eigentlich von diesen hergeleitet wurden, spielt dieser reale Bezug im modernen Zeitverständnis kaum mehr eine Rolle. Als eine abstrakte, verabsolutierte Dimension ist sie vorerst reines Mittel zum Zweck, das sich aus einem langen, kognitiven Synthetisierungsprozess un-

73) Elias (1984), S. 21.
74) Elias (1984), S. 2.
75) Vgl. Elias (1984), S. 165 ff.
76) Vgl. Elias (1984), S. 65.
77) Whitrow (1991), S. 39.

ter dem Einfluss von Bedürfnissen und Lebensbedingungen entwickelt hat; als solche hat sie aber nun eine grosse Gewalt über den Menschen gewonnen. Für Whitrow besteht diesbezüglich kein Zweifel: "Der Begriff der Zeit beherrscht unser Verständnis des physikalischen Universums und der menschlichen Gesellschaft; gleichzeitig bestimmt er die Art, wie wir unser Leben und unsere sozialen Handlungen organisieren."[78)] Dabei ist die Verwandlung des - aus sozialer Notwendigkeit eines umfassenderen Koordinationsinstrumentes heraus entstandenen - anfänglichen "*Fremdzwanges* der sozialen Zeitinstitutionen in ein das ganze Leben umgreifendes *Selbstzwangmuster* des einzelnen Individuums (...) ein anschauliches Beispiel dafür, in welcher Weise ein Zivilisationsprozess zur Ausprägung des sozialen Habitus beiträgt, der zum integralen Bestand jeder individuellen Persönlichkeitsstruktur gehört"[79)]. Aufgrund dieses Phänomens erklärt sich aber auch die falsche Vorstellung, es handle sich bei der zeitlichen Dimension um eine wesensmässige Eigentümlichkeit des menschlichen Bewusstseins.

Dass dem nicht immer so war, lässt sich - in extremer Form - anhand von Kulturen zeigen, die bis in die jüngere Gegenwart hinein in ihrer Sprache keinen eigenen Begriff für die Zeit ausgebildet haben: so etwa die Hopi-Indianer und gewisse sudanesische Volksstämme.[80)] Unter ihren Lebensbedingungen hatten diese Völker kein Bedürfnis nach einer gesonderten Zeitdimension, da eine solche für ihr Zusammenleben und die Organisation ihres Alltages nicht vonnöten war. Dies ist sicher eine extreme Position bezüglich eines Zeitbegriffes; der Weg von hier bis zum heutigen Zeitbegriff stellt einen entsprechend langen und vielgestaltigen Entwicklungsprozess dar.[81)] Dabei kann aber grundsätzlich festge-

---

78) Whitrow (1991), S. 39.

79) Elias (1984), XVIII f.

80) Vgl. Whitrow (1991), S. 24 ff. Dies muss jedoch noch nicht heissen, dass ihnen jegliche Vorstellung von Dauer, Abfolge oder Zeitpunkt fremd ist. So sind sie etwa sehr wohl fähig, das Alter einer Fussspur präzise zu bestimmen. Was jedoch für das Zusammenleben relativ kleiner und weitgehend autonomer Gruppen nicht notwendig ist, ist die abstrakte Vorstellung einer kontinuierlich verstreichenden Zeit.

81) Es sei hier auf die mittlerweile sehr reichhaltige Literatur über das Phänomen Zeit verwiesen. Die *Entwicklungsgeschichte* unseres Zeitbewusstseins wurde jedoch bisher nur in sehr wenigen Werken umfassend dargestellt. Speziell zu erwähnen sind besonders drei: Die relativ frühe Arbeit von Toulmin/Goodfield (1965); die umfangreiche und detaillierte Arbeit von Wendorff (1980); unter den jüngsten Publikationen gewährt insbesondere Whitrow (1991) einen guten Einblick, wobei er speziell darum bemüht ist, den Zusammenhang zwischen den unterschiedlichen Zeitbegriffen und den jeweiligen kulturellen, sozialen und natürlichen Rahmenbedingungen aufzuzeigen; vgl. auch den kurzen Aufsatz von Whitrow (1973). Auch Hohn (1984) versucht ausführlich die Wech-

halten werden, dass die Vorstellung eines linearen und kontinuierlichen Zeitverlaufes erst gegen Ende dieser Entwicklung Gestalt annimmt und dass folglich erst in jüngster Zeit das gesellschaftliche und individuelle Leben nach einer mechanisch gemessenen und vorgegebenen Zeit als ein eigenständiges und unabhängiges Faktum ausgerichtet wird. "Bis zur Entstehung der modernen Industriegesellschaft liessen sich die Menschen in viel geringerem Masse bewusst von der Zeit beherrschen, als dies seitdem der Fall ist."[82] Dafür war die Zeit auch viel zu sehr auf die noch *relativ kurzfristigen Bedürfnisse der Menschen ausgerichtet*: Die Vorstellungen von Zeit fast aller Kulturen waren "viel enger mit den wiederkehrenden Zyklen ihrer greifbaren Bedürfnisse verbunden, mit dem endlosen Kreislauf von momentaner Befriedigung, aufkommendem neuerlichen Bedürfnis und der Suche nach weiterer Befriedigung".[83] Die Vorstellung von einer zur Eile treibenden Zeit war hier schon daher ein Unding, weil sie noch nicht als ein eigenständiges Phänomen gedacht wurde; sie wurde noch nicht gedacht als ein objektiv existierender, unaufhaltsam und stetig fliessenden Strom.

In der Entwicklung des Zeitbegriffes war Zeit bis hin zur Neuzeit nicht nur kaum eine wirklich eigenständige Dimension - und somit auch nicht als solche das Bewusstsein und das Leben beherrschend - sondern wurde, mit wenigen Ausnahmen, auch in ganz anderer Weise wahrgenommen und die Art des Zeitablaufs ganz anders vorgestellt. Sosehr die Vorstellungen in den unterschiedlichen Epochen und Kulturen auch verschieden waren, bzw. verschiedene Ausprägungen zeigten, und die Zeit unterschiedlich gemessen, dargestellt und erklärt wurde, so ist es dennoch in einer groben Abstraktion möglich, sehr allgemeine Charakteristika herauszufiltern, die dem Zeitverständnis sowohl einfacher Naturvölker als auch der europäischen Antike und letztlich auch der bäuerlichen Gesellschaften am Vorabend der Industriellen Revolution gemeinsam waren. Aufgrund dieser Charakteristika unterscheidet sich diese Zeit, bzw. dieses Zeitverständnis jedoch, wie im folgenden gezeigt wird, grundsätzlich von jener Zeit, die uns heute als Selbstverständlichkeit gilt. Das Verständnis dieser Unterschiede hilft letztlich auch, den grundsätzlichen Wandel der Lebensbedingungen zu verstehen, und zu erklären, weshalb erst die Zeit der Moderne - in ihrem

---

selwirkungen von Zeit und Lebenserfahrungen in den verschiedenen Epochen seit dem Mittelalter herauszuarbeiten.

82) Whitrow (1991), S. 38 f.

83) Elias (1984), S. 18.

Konzept Ergebnis u.a. auch der Lebensbedingungen, aber zugleich erst aufgrund ihrer konzeptionellen Eigenschaften auch - einen derart wichtigen Stellenwert erlangen konnte.

Die traditionelle Zeit ist *konkret* und beruht auf einem *unmittelbaren Realitätsbezug*. Zeitpunkt und Zeitdauer werden hergeleitet aus sicht- und erlebbaren Vorgängen und Phänomenen in der Natur: Tag und Nacht, Sonnenstand im Tagesverlauf, Mondphasen, Stand der Gestirne (hauptsächlich Sonne und Mond) an wichtigen Bezugszeiten des Jahres (etwa Aussaat) u.ä.m. Die Vorstellung von Zeit ist - zumindest in den frühen Entwicklungsstadien - geradezu identisch mit diesen Naturerscheinungen. Die Vorstellung von Zeit ist aber auch später auf diese Weise immer mit einem entsprechenden *Inhalt* verbunden.[84)] Diese Naturerscheinungen bilden darüber hinaus auch für sich alleine gesehen einen zentralen Bezugspunkt zur Bestimmung von Zeit und Dauer. Die Bestimmung von Zeitpunkt und Zeitdauer erfolgt in vielen Fällen aber auch durch soziale Handlungen und Arbeitstätigkeiten - und nicht etwa, wie dies heute mehrheitlich der Fall ist, umgekehrt.[85)] Beispiele sind etwa das Tagwerk, der Zeitraum des Reiskochens oder Brotbackens; bei Letzterem steht die Tätigkeit in direkter Abhängigkeit von natürlichen Prozessen.

Im grossen Zusammenhang wird die Zeit als ein *zyklischer*, immer wiederkehrender Prozess aufgefasst. Diese Vorstellung, die mit Ausnahme der Neuzeit ebenfalls fast allen Kulturen eigen ist, leitet sich ebenfalls direkt aus den Erfahrungen mit der Natur ab, zu der sich ursprüngliche Kulturen noch als gänzlich zugehörig zählen und mit der die Menschen meist in direkter Auseinandersetzung und Abhängigkeit leben. Das Werden und Vergehen des individuellen Lebens, die Folge von Tag und Nacht, die stete Wiederkehr der Mondphasen und der Jahreszeiten und die jahreszeitlich bedingten Veränderungen in der Pflanzen- und Tierwelt prägen auf unmittelbare Weise Vorstellungen und Weltbild der mit dem zyklischen Gang der Natur konfrontierten Menschen. Dies gilt einleuchtend für die Mehrheit der Bevölkerung: die Bauern und Jäger, die sich zwangsläufig diesem Rhythmus unterwerfen müssen, ihn aber auch für sich nutzen können. Als Angelpunkt des Erlebbaren und somit des Denkbaren und Erklärbaren widerspiegeln sich diese gewaltigen Naturerscheinungen aber auch in den Reflexionen der Philosophen: Im Hellenismus steht als Symbol für die Zeit

84) Vgl. 'Capek (1973), S. 389.
85) Vgl. Whitrow (1991), S. 26; Elias (1984), S. 158.

der *Kreis*.[86)] Auch grössere, etwa geschichtliche Abläufe und Zusammenhänge werden weitgehend aus der Perspektive eines zyklischen Verlaufes gesehen und interpretiert: Bis ins 17. Jahrhundert glauben Astronomen und die meisten Gelehrten Europas an eine *Periodizität der Geschichte*; in der breiten Bevölkerung scheint diese Vorstellung gar bis ins 19. Jahrhundert hinein zu dominieren.[87)]

Im Speziellen, in der alltäglichen Erfahrung ist aber Zeit zugleich *punktuell, diskontinuierlich* und *partikulär*. In ihrem inhaltlichen Konnex bleibt die Zeitvorstellung, bleibt auch der Einfluss der Zeit auf die Lebensführung auf diesen inhaltlichen Bereich beschränkt. Zeit wird gemessen und bestimmt nach bestimmten Erfordernissen: spezielle Tage im Jahresverlauf, spezielle Stunden des Tages, die jeweils für das soziale und wirtschaftliche (Bsp.: Aussaat) Leben von grösserer Bedeutung sind. Sie wird erlebt anhand markanter Erscheinungen, wie Sonnenauf- und -untergang, Vollmondnächten, Feiertagen usf. Dazwischen liegen Leerräume, die nicht eigens strukturiert werden müssen und für die es keiner speziellen zeitlichen Bezugnahme zum Vorher und Nachher bedarf. Sofern hier dennoch zeitliche Aspekte auftreten, stehen diese unmittelbar in Zusammenhang mit der Dauer von Tätigkeiten, wobei eben diese Tätigkeiten selbst die Orientierung geben und die Abfolge determinieren. Beispiele für das diskontinuierliche Zeiterleben sind - aus einer bereits relativ späten Entwicklungsphase, in der schon eigene Strukturen zur Zeitbestimmung bereitliegen - etwa die mittelalterlichen, canonischen Horen[88)], die den Tag wie auch die Nacht in zwölf gleichlange Abschnitte unterteilen, wobei diese zumeist noch zur vier Abschnitten zusammengefasst werden; deren Übergänge - die eigentlich wichtigsten Orientierungspunkte im Tagesverlauf - werden entsprechend der ersten Unterteilungs-

86) Vgl. Whitrow (1991), S. 115, 121 ff. In der ganzen Antike stellt hier das Judentum die grosse Ausnahme dar; vgl. Wendorff (1980), S. 26 ff.; Whitrow (1991), S. 87 ff. Das Symbol für Zeit im biblischen Judentum ist - wie später auch im Urchristentum - die *aufsteigende Linie*. Ihre lineare Zeitvorstellung steht in direktem Zusammenhang mit dem religiösen Weltbild, in der die Welt mit der Schöpfung ihren Anfang nimmt und auf eine Erlösung in der Zukunft zuschreitet. In neuerer Zeit werden jedoch deutliche Vorbehalte geäussert, ob das jüdische Volk tatsächlich auch im Alltag mit einer klar linearen Zeitvorstellung gelebt habe.

87) Vgl. Whitrow (1991), S. 201 ff., 281. So herrscht auch hier das *Sinnbild des Kreises* vor. Bezüglich des Mittelalters ist allenfalls einzuschränken, dass, soweit die christliche Vorstellung einer Erschaffung der Welt und deren zukünftige Erlösung tatsächlich auch das diesseitige Denken beeinflusste, eine gewisse Vorstellung der Linearität ebenfalls verbreitet war. Die stärkere Hinwendung zu einer rein weltlichen Geschichte in der Renaissance verstärkte jedoch auch wieder die Vorstellung eines zyklischen Geschichtsverlaufes.

88) Etabliert um 530; vgl. Landes (1983), S. 61 f.

form mit hora tertia, sexta und nona bezeichnet[89], während dazwischen kaum weitere Einteilungen vorgenommen werden. Als weiteres Beispiel soll noch ein früher Kalender der Römer genannt werden: Obwohl die Erstellung eines Jahreskalenders bereits sehr hohe Anforderungen an die Synthese eines Zeitbegriffes stellt[90] - die somit hier grundsätzlich erreicht ist -, begnügt sich dieser mit zehn Monaten zu dreissig Tagen; der Zeitraum von Mitte Winter bis zum Frühjahrsbeginn wird ohne kalendarische Einteilung belassen, ja als zeitlos ausgelassen, da in dieser Zeit auch kaum landwirtschaftliche Arbeiten anfallen, die einer zeitlichen Orientierung bedürften.[91] Und selbst das einzelne, individuelle Menschenleben wird entsprechend - wie in der Antike - noch weit über das Mittelalter hinaus nicht als eine kontinuierliche, aufeinander aufbauende Entwicklung vorgestellt, "sondern als eine Folge von plötzlichen Veränderungen, die von einem Lebensabschnitt in den nächsten überleiten"[92].

Die traditionelle Zeit ist mit ihren Schwankungen, in ihrer Partikularität und Inhaltsbezogenheit letztlich immer eine *menschzentrierte* Zeit. Sie steht in unmittelbarem Einklang mit den tagtäglichen und wiederkehrenden Ereignissen und Bezugspunkten des Lebensgeschehens, ist identisch mit den als für das eigene Leben relevant wahrgenommenen Vorgängen in der Natur und mit den sozialen Handlungen und individuell verrichteten Tätigkeiten. Sie schafft dabei das Bindeglied zwischen durch die Natur vorgegebenen Lebensbedingungen und den schwankenden Befindlichkeiten und Bedürfnissen der in und mit ihr lebenden Menschen. Immer sind dabei vor allem die Arbeits- und Lebenstätigkeiten des Menschen selbst wichtiger Bezugspunkt für ihr unmittelbares Erleben von Dauer und Abfolge, indem durch sie der Welt begegnet wird. Somit ist es zu einem wesentlichen Teil die *menschliche Arbeit selbst, die sowohl das Zeitempfinden begründet als auch diese Zeit misst und strukturiert.* Im Gegenzug integriert sich diese Form der Zeit nahtlos - und von diesem nicht gesondert vorstellbar - in das ganzheitliche Bild von Leben und Welt und wirkt aus diesem - entsprechend der Bedürfnisse - als integrales Element des Lebenszusammenhanges ordnend und

89) Beide Formen der Zeiteinteilung wurden aus der römischen Antike übernommen, vgl. Bilfinger (1892), S. 1 ff. Die None verschob sich jedoch zwischen dem 10. und 13. Jahrhundert langsam nach vorne und bezeichnete am Schluss nicht mehr zwei Uhr nachmittags sondern den Mittag, was noch im englischen 'noon' zum Ausdruck kommt; vgl. Le Goff (1987), S. 30 f.

90) Vgl. Elias (1984), S. 23.

91) Vgl. Whitrow (1991), S. 112.

92) Whitrow (1991), S. 122.

leitend auf den Menschen zurück. Diesem Zeitbegriff, diesem Lebensverständnis muss daher aber auch die Vorstellung einer 'Vergeudung von Zeit' weitgehend fremd bleiben. "Ein zeitlicher Abschnitt ist dann beendet, wenn ein Sinn- und Bedeutungsgehalt sich 'erfüllt' hat, ein Gestalterlebnis 'abgeschlossen' ist."[93)] Es handelt sich damit um eine im Gesamtkontext des Daseins verhaftete, *erlebte* Zeit.

In gleicher Weise, wie sich der Zeitbegriff aus den Erfordernissen der Existenzbedingungen und der jeweiligen Lebensweise herleitet, wirkt er auch auf diese harmonisierend und stabilisierend zurück. Da im Gegensatz zu unserem Zeitverständnis das zyklische Wiederkehren der Zeit kein Vergehen kennt, das - ausser natürlich das eigene, individuelle Leben - unwiederbringlich ist, kann die Zeit auch nicht als ein 'vergängliches Gut' gedacht werden, das - weil alles, was vergänglich ist, auch knapp ist - möglichst gut genutzt, jedenfalls nicht verschwendet werden sollte.[94)] Dass man auch noch im hohen Mittelalter Jahrzehnte, ja Jahrhunderte für den Bau von Kathedralen, Burgen und Ratshäusern einsetzten konnte, lag demzufolge auch daran, "dass das menschliche Leben in erster Linie als das Leben der Gemeinschaft betrachtet wurde, in dem eine Generation still der nächsten folgte, so dass es nicht zwingend notwendig war, den Bau schnell zu vollenden".[95)] Im Kommen und Gehen der Generationen ist die Zeit gesellschaftlich gesehen noch nicht knapp, ebensowenig für den einzelnen Menschen, der sich in diesen sanften Zyklus einfügt, sich eigentlich nur wahrnimmt als einen Teil davon.

Der Zeitbegriff ist auch hier auf seinen Nutzen ausgerichtet, den er im sozialen und wirtschaftlichen Leben bringen kann und muss. In der Mehrzahl der Epochen der Menschheitsgeschichte stellt dabei aber der *Boden* den wichtigsten Produktionsfaktor dar und über den *Landbesitz* regelt sich ein grossteil der sozialen (Macht-)Beziehungen. Unter diesen Voraussetzungen kann Zeit kaum als knappes Gut betrachtet werden; "vielmehr assoziiert man Zeit mit dem unveränderlichen Rhythmus der Scholle".[96)] Vom Menschen unbeeinflussbar ist die Zeit eingebettet in den wiederkehrenden Verlauf der Jahreszeiten und Arbeits-

---

93) Hohn (1984), S. 10. Dieser *konkrete Bezug des Zeitempfindens* ist wohl auch Ursache dafür, dass wir selbst heute noch, nach langer kultureller Anpassung, die Zeit als unterschiedlich schnell erleben.
94) Vgl. Whitrow (1991), S. 26.
95) Whitrow (1991), S. 174.
96) Whitrow (1991), S. 172 f.

tage. Bemühungen zur Steigerung der Arbeitsproduktivität sind nicht zuletzt angesichts der überwältigenden Bedeutung des Rhythmus der Natur höchstens von nebensächlicher Bedeutung; auch der Landbesitzer kann in dieser Situation - und aufgrund der schwierigen Durchsetzung - nur einen mässigen Mehrertrag erhoffen, wenn er seine Arbeiter zu grösseren Anstrengungen antreibt. In der Folge gehört diese Zeitvorstellung und insbesondere auch ihre Regelung der Arbeitszeit so insgesamt "zu einer Wirtschaftsform, die noch von agrarischen Rhythmen geprägt ist, die keine Hast, kein Streben nach Präzision, keine Sorge um Produktivität kennt - und zu einer Gesellschaft nach ihrem Bilde 'voll Mass und Keusch', ohne grosse Begierden, genügsam und kaum zu quantitativen Kraftakten in der Lage"[97].

Aber es sei hier nochmals betont: Die mit dem Naturverlauf identische, unregelmässige und punktuelle Zeitvorstellung war damals für die Organisation der Arbeit und die Bedürfnisse des sozialen Lebens eine durchaus adäquate und nutzbringende Einrichtung. Die aus ihr resultierende konkrete, qualitative und aufgabenbezogene Zeiteinteilung "ist für Agrargesellschaften die vielleicht effektivste Art der Orientierung"[98] und sie erfüllt auch im dörflichen Gewerbe und in der Heimindustrie diese Funktion noch vollauf. Mit gutem Grund: Denn wie jede Tradition ist auch dieses Zeitverständnis "das Ergebnis eines Auswahlvorgangs, der nicht vom Verstand, sondern vom Erfolg gelenkt wird"[99]. Der traditionelle Zeitbegriff ist erfolgreich und nützlich, wo immer die entsprechenden Lebensbedingungen vorherrschen, weshalb er auch in rein ländlichen Gebieten Europas bis ins 19. Jahrhundert hinein Bestand hatte.[100] Und für breite Bevölkerungsschichten hatte er zudem den Vorteil, dass er in seiner unmittelbaren Erlebbarkeit die traditionell geprägte Wahrnehmung der Welt und der Gesellschaft umfassend unterstützte und so das ganzheitlich Weltbild und Lebensverständnis immer wieder bekräftigte - und umgekehrt.

Ein Leben ohne eine feste Zeiteinteilung mit einem steten und messbaren Verlauf ist jedoch letztlich auch "nur in Kleinbauern- und Fischergemeinschaften

97) Le Goff (1987), S. 30. Betont sei hier, dass auch das Städtische Zunftwesen weitgehend dieses Zeitempfinden bewahrt; über eine weitgehende Kartellierung des Marktes können sich die zünftisch organisierten Gewerbler dem äusseren Anpassungsdruck widersetzen; vgl. zur Kartellfunktion der Zünfte Mickwitz (1936).
98) Thompson (1973), S. 84.
99) von Hayek (1979), S. 31.
100) Vgl. Landes (1983), S. 72.

ohne ausgebildete Markt- und Verwaltungsorganisation möglich"[101], in denen sich die täglichen Aufgaben sozusagen von selbst, durch die Logik des Notwendigen offenbaren und wo sich die sozialen Interaktionen auf einen kleinen, überblickbaren Bereich begrenzen. In grossen und komplexen Sozialstrukturen, im Falle einer ausdifferenzierten Marktwirtschaft und industrieller Produktionsstrukturen vermag der traditionelle Zeitbegriff den Anforderungen nach Koordination und Integration der verschiedenen Tätigkeiten nicht mehr zu genügen. Das eigentliche Problem ist nun aber, dass sich die Lebensbedingungen - und damit der Zeitbegriff - nicht überall in gleicher Weise und gleich schnell verändert haben: Die Menschen aus Landwirtschaft, Heimindustrie und z.T. auch aus dem Gewerbe werden mit ihrem Eintritt in die Industriearbeit fast völlig unvorbereitet mit einer ihnen unbekannten und aus ihrer Sicht letztlich auch unverständlichen, unsinnigen und ungerechten Zeiteinteilung konfrontiert.

Dabei sind die moderne, *von Uhren gemessene Zeit* und das *neue Verhältnis der Menschen zu ihr durchaus in einem langen Entwicklungsprozess entstanden*, dem einerseits neue gesellschaftliche und wirtschaftliche Lebensbedingungen und andererseits die technische Entwicklung und Verbreitung der mechanischen Uhr zugrundeliegen. Nach dem Untergang des römischen Westreichs interessiert sich im westlichen Europa bis ins 14. Jahrhundert vorerst eigentlich nur die Kirche für eine Messung und Einteilung der Zeit. In Anlehnung an das jüdische Weltbild und in der Gewissheit einer (baldigen) Wiederkunft Christi übernimmt sie bereits im noch jungen Christentum die Vorstellung einer linear fortschreitenden Zeit.[102] In ihrer letzten Konsequenz scheint aber die Linearität des Zeitverlaufes erst von Newton in seinem 1687 erschienen Hauptwerk, 'Philosophiae Naturalis Principia Mathematica', in der Analogie einer *geometrischen Geraden* durchdacht worden zu sein.[103] Die Kirche ist gleichfalls die treibende Kraft in der Weiterentwicklung und Verbreitung eines das Jahr verbindlich strukturierenden Kalenders; der heute wohl verbreitetste Kalender erfuhr dabei seine letzten Modifikationen durch Papst Gregor XIII im Jahre 1582. Sowohl dieser

101) Thompson (1973), S. 83.

102) Neben der jüdischen Vorstellung der Zeit beinhaltet das von der Kirche getragene Zeitkonzept aber auch das Ergebnis kontroverser Konzeptionen spätrömischer Philosophen; vgl. Whitrow (1991), S. 95 ff.

103) Vgl. Whitrow (1991), S. 196. Auf dieser Grundlage kann nun die Vorstellung von Entwicklung und Fortschritt langsam greifen und das bis anhin in ferner Vergangenheit verlorene 'Goldene Zeitalter' wird für Wirtschafts- und Geschichtsoptimisten - vorab des 18. und 19. Jahrhunderts - zu einer daraus resultierenden Vision einer fernen Zukunft; vgl. ders., S. 208.

Kalender als auch eine Zeitrechnung, die die Jahre seit Christi Geburt kontinuierlich weiterzählt, können jedoch nur allmählich gesamteuropäisch durchgesetzt werden.

Neben dem Kalender, anhand dessen vorab auch die Einhaltung und Durchführung der Feiertage organisiert werden kann, und der kontinuierlichen Zeitrechnung ist auch die klare Einteilung des Tagesverlaufs anfangs nur ein Bedürfnis - begründet aus ihrem Lebens- und Vorstellungszusammenhang heraus - der hierarchischen katholischen Kirche - und besonders auch ihres Mönchtums.[104)] Vor allem das Zusammenleben in den Klöstern ordnet sich - nicht zuletzt aufgrund ihres Selbstverständnisses und ihrer eigenen Zwecksetzung - schon früh nach einem festen Tagesplan, der für alle verbindlich die Stunden des Gebetes, der Arbeit und der Ruhe festlegt.[105)] Die oft mit Glockenschlag verkündeten canonischen Horen sind jedoch mit dem Nachteil behaftet, dass sie im Verlaufe des Jahres von stark unterschiedlicher Länge sind. Dennoch dienen sie bis ins 14. Jahrhundert hinein auch den um die Klöster herum lebenden Menschen - soweit diese einer Zeitenteilung bedürfen - zur Orientierung.[106)] Dies nicht zuletzt auch, weil eine genauere Zeitmessung technisch kaum möglich war.

Ein vitales Bedürfnis nach einer zeitlichen Einteilung des Tagesablaufes erwächst andererseits zunehmend in den ab dem 10./11. Jahrhundert entstehenden Städten: Weiträumige Handelsbeziehungen, Märkte, zunehmende Arbeitsteilung, aber auch die Enge des sozialen Zusammenlebens mit ihrer relativ hohen Zahl von Menschen sind hierfür wohl die wesentlichen Gründe.[107)] Weil weniger zwingend und unmittelbar mit den Phänomenen der Natur konfrontiert, bestimmen in den Städten aber immer mehr die Menschen selbst die Art der Zeit-

104) Sie unterscheidet sich damit wesentlich von anderen Kirchen und Religionen; vgl. Landes (1983), S. 58 ff.

105) Gerade die Reformorden des 10. und 11. Jahrhunderts legen einen grossen Wert auf Zeitdisziplin. So auch die Zisterzienser; Durch ihre Betonung der Arbeit entwickeln sich ihre Klöster zu den grössten Produktionseinheiten jener Zeit, in welchen Massnahmen zur Produktivitätssteigerung erprobt werden und deren betrieblicher Ablauf ganz allgemein einer genauen Zeitregelung bedurfte; vgl. Landes (1983), S. 69. Erste zeitlich festgelegte Ordensregeln finden sich jedoch bereits im frühen 4. Jahrhundert; vgl. ebenda, S. 61.

106) Vgl. Le Goff (1987), S. 29; Bilfinger (1892), S. 3; Landes (1983), S. 61 ff. Nachdem der Hl. Bernhard den sechs Gebetstunden eine siebte hinzugefügt hatte, verordnete eine päpstliche Bulle aus dem 7. Jahrhundert, dass in den Klöstern pro 24 Stunden sieben Mal die Glocken zu schlagen seien; vgl. Mumford (1950), S. 22.

107) Vgl. Le Goff (1987), S. 30 ff.

gestaltung[108], wobei diese Gestaltung nicht zuletzt durch den Umstand geprägt wird, dass hier nun zunehmend die *Arbeit* zum wichtigsten und vor allem auch teuersten Produktionsfaktor wird. Doch der Wandel erfolgt dennoch sehr langsam: Die meisten Menschen und selbst die Gebildeten machen sich im alltäglichen Leben kaum Gedanken über die Zeit und das Gefühl orientiert sich weiterhin meist an traditionellen Zeitvorstellungen.[109] Andererseits kann aber auch festgehalten werden, dass das städtische Handelsbürgertum bereits im Spätmittelalter die moderne Zeitstruktur vorweggenommen hat.[110] Einerseits die langen Handelswege und komplexen Handelsnetze über den gesamten Kontinent hinweg und andererseits die Wirtschaftsbedingungen, die ein schnelles Wahrnehmen von Handelschancen erfordern, da sie sonst vielleicht unwiederbringlich verloren sind, aber auch grosse Gewinne ermöglichen, welche schnell zu erheblichem Reichtum verhelfen, sind wohl die Gründe dafür, dass diese Händler die *Kostbarkeit der Zeit* als erste für sich entdecken: Time is money.[111]

Ein allgemeines Denken in Stunden, Minuten und Sekunden und damit vor allem eine Zeitvorstellung, die nicht mehr mit qualitativen Bezügen verschränkt sondern von *quantitativem* Charakter ist, setzt sich jedoch erst in den letzten Jahrzehnten des 16. Jahrhunderts im Rahmen eines auch allgemein stärker quantitativ geprägten Denkens richtig durch.[112] Sowohl die Vorstellung einer

108) Vgl. Landes (1983), S. 72. Die klassische Arbeitszeit gerät hier bereits im 13. Jahrhundert in eine tiefe Krise, die sich auch in heftigen Konflikten entlädt. Bei den ersten grossen Arbeitskämpfen steht somit vorab die Länge des Arbeitstages im Zentrum des Konflikts - etwa in der Frage, wer die Arbeitsglocken kontrollieren darf - und noch nicht direkt der Lohn; vgl. Landes (1983), S. 73 ff., Le Goff (1987), S. 33 f. Wie viele andere Bereiche des sozialen Lebens ändert sich dann die Arbeitszeit vorab im 14. Jahrhundert (ebenfalls unter erheblichen Anpassungsschwierigkeiten): sie wird genauer, ein Massstab der Effizienz; vgl. Le Goff (1987), S. 31.

109) Vgl. Whitrow (1991), S. 135, 169 f. Die Städte des Mittelalters und der Renaissance bleiben - insbesondere in ihrem zünftischen Gewerbe - weiterhin zu Hälfte ländlich; vgl. Landes (1983), S. 72. "Obwohl die Menschen der Renaissance über die abstrakte Zeit verfügen können, fahren sie fort, mit unbestimmter Zeit zu leben." Le Goff (1987), S. 36.

110) Vgl. Seifert (1988), S. 20.

111) Berühmtheit erlangte dieser Satz durch Benjamin Franklin, der ihn in 'Advice to a young trades man' 1748 niederschrieb; vgl. der längere Textauszug in Weber (1920), S. 31 f.

112) Vgl. Nef (1958), S. 17. Die Vorstellung eines eigenständigen, von den beobachteten Naturphänomenen grundsätzlich unabhängigen Zeitmassstabes ist in engem Zusammenhang zu sehen mit einem neuen Wissenschaftsverständnis, das sich der Naturbeobachtung verschreibt, ohne, wie bis anhin, die Natur immer auch in direktem Bezug zu religiösen und ästhetischen Dimensionen zu sehen; Kunst und Glaube treten gegenüber einer 'objektiven' Erforschung, die nicht mehr auf Wesens- und Sinnfragen abzielt, in den Hintergrund. Vgl. Nef (1958), S. 19 ff.

gleichmässig voranschreitenden und damit auch vergänglichen Zeit als auch deren Annahme und Verbreitung scheint dabei nicht zuletzt auch die Folge der Erfindung der *mechanischen Uhr* und deren - langsamen - Entwicklung zu einem Präzisionsinstrument und zu einem Massenprodukt zu sein.[113)] Die ersten Stadtuhren, die im 14. Jahrhundert überall in Europa eingerichtet werden[114)], vermögen das Zeitempfinden vorerst nur geringfügig zu beeinflussen: In ihrer Ungenauigkeit und Anfälligkeit sind sie mehr Schmuckstücke und Objekte des Stolzes und des Prestiges, denn der Nützlichkeit.[115)] Zwar regeln nun mechanische Glockenschläge das Gemeinschaftsleben, was allgemein begrüsst wird, weil diese zwar vielleicht ungenau, so doch nicht von der Willkür - etwa der Arbeitgeber oder Stadtherren - abhängig sind[116)]; die Uhren selbst, wenn auch an bevorzugter Lage errichtet, liegen jedoch nur in den seltensten Fällen im unmittelbaren Blickfeld der Bürger und da sie anfangs meist nur mit einem Stundenzeiger bestückt sind, vermag dessen (fast) unbewegliche Stellung dem hinblickenden Menschen kaum die Vorstellung von einem 'Gang der Zeit' zu suggerieren.[117)] Dennoch erlangt die Uhrzeit zunehmend an Stellenwert und bindet den Menschen an ihren Rhythmus, sodass Rabelais sich bereits 1535 genötigt sieht, darauf zu verweisen, dass die Zeit höchstens ein Mittel nicht aber ein Ty-

---

113) Vgl. Mumford (1950), S. 24; Bloch (1982), S. 97 ff., der das mangelnde Bewusstsein des mittelalterlichen Menschen um die Bedeutung der Zeit auf das Fehlen geeigneter Messinstrumente zurückführt; Landes (1983). Derek J. de Solla Price formuliert gar die provokante und umstrittene These, dass es sich bei der Uhr historisch lediglich um ein zufälliges und unbeabsichtigtes Nebenprodukt astronomischer Mechanismen handelte, das - in vereinfachter Ausführung - im weiteren Verlauf zunehmend an eigener Bedeutung gewann. Vgl. Price (1955), S. 6: "The mechanical clock is nought but a fallen angel from the world of astronomy". Eine ausführlichere Wiederholung dieser These findet sich bei Price (1959), S. 86 ff.

114) Die erste uns bekannte öffentliche Uhr Italiens wird 1309 in Mailand errichtet; vgl. Whitrow (1991), S. 169.

115) Vgl. Le Goff (1987), S. 36; Landes (1983), S. 79. Die Ungenauigkeit der Uhren macht sie in den Augen der Menschen zu Behelfsmitteln oder Luxusgütern; nach ihrem ersten Erscheinen braucht es noch einmal fast vierhundert Jahre, bis ihre Genauigkeit tatsächlich auch zu 'überzeugen' vermag und das Bild einer Unaufhaltsamkeit und einer Eigenexistenz der Zeit vermittelt. Vgl. Landes (1983), S. 83. Indem sie zugleich kleiner und billiger - und damit überall verfügbar - wird, gelingt es ihr dann auch, 'ihren Imperativ' nachhaltig und überzeugend durchzusetzen.

116) Vgl. Landes (1983), S. 75, 81. Sobald jedoch in einer Stadt mehrere Uhren errichtet werden, entsteht als neues Problem, dass diese aufgrund ihrer Ungenauigkeit ungleich schlagen - Anlass zu neuerlichen Konflikten und Quängeleien. Frankreichs König Carl V bestimmt 1370, dass sich alle Uhren in Paris nach der Palastuhr zu richten hätten; doch selbst 200 Jahre später ist die technische Lösung hierfür noch immer nicht gefunden.

117) Einige der Uhrwerke dienen gar ausschliesslich dem Glockenschlag und besitzen weder Zifferblatt noch Zeiger.

rann sein darf: "Die Stunden sind für den Menschen da und nicht der Mensch für die Stunden."[118]

Erst in der zweiten Hälfte des 17. Jahrhunderts gelingen aber jene technischen Durchbrüche, die die Uhr zum Präzisionsinstrument machen und damit das Verständnis von Zeit, aber auch von Kosmos, Natur und Naturwissenschaft endgültig mitprägen: das Pendel (als Patent für Uhren 1657) und die Ankerhemmung (1679) für ortsgebundene Standuhren sowie die Unruh (um 1675) für tragbare Uhren.[119] *Der präzise Rhythmus der unaufhaltsam voranschreitenden Uhrzeit beeinflusst nachhaltig die Vorstellung vom Vergehen der Zeit* während die zunehmende Verbreitung der Uhren auch in Privathaushalten dieses Phänomen den Menschen immer häufiger vor Augen führt; sobald die Uhr sogar in der Tasche mitgetragen werden kann, wird sie endgültig nicht nur Mittel zur Regelung des sozialen Lebens, sondern auch Masstab für *individuelle, selbstauferlegte* Tagesprogramme - im Bewusstsein, dass jede ungenutzte Stunde für immer verloren ist.[120] Der stete, gleichmässige Gang der Zeiger macht das abstrakte Phänomen Zeit konkret und sichtbar und fördert auf diese Weise "den Glauben an die *Homogenität* und *Kontinuität* von Zeit" erheblich.[121] Für Lewis Mumford ist daher diese Uhr weit mehr als nur ein Sinnbild für eine neue Zeitauffassung; sie bewirkt und verursacht letztendlich die *Loslösung der Zeit von den menschlichen Handlungen und Ereignissen.*[122]

Die von der Uhr angezeigte Zeit erfährt immer mehr Eigenständigkeit und wird insofern abstrakter, als sie immer weniger in Bezug steht - oder in Bezug gesehen wird - mit den unmittelbaren, inhaltsbezogenen Erfahrungen von Zeit und Dauer. Im Grunde nur eine Konvention, scheint sie aber immer mehr als eine eigenständige Tatsache zu existieren: "*unabhängig* von jeder gesellschaftlichen Normierung von Bezugsabläufen und von jedem Bezug auf spezifische Geschehensabläufe"[123]. Als neue, weitgehend vom Tagesgeschehen unabhängige

118) Rabelais (1535), S. 122.
119) Vgl. Whitrow (1991), S. 189 ff. "Für die Entwicklung der mechanistischen Naturkonzeption im Laufe jenes Jahrhunderts (des 17.; RvR) spielt die mechanische Uhr eine entscheidende Rolle." Whitrow (1991), S. 189.
120) Vgl. Landes (1983), S. 89. Mumford schreibt, dass mit der Verbreitung der (Billig-) Uhr sich die Tendenz verstärkt, selbst die grundlegenden Bedürfnisse, wie Essen und Schlafen, nicht mehr nach Massgabe ihres entstehens (Hunger, Müdigkeit) zu befriedigen, sondern anhand der Uhr festzulegen; vgl. Mumford (1950), S. 26.
121) Whitrow (1991), S. 195 (Hervorhebung, RvR).
122) Vgl. Mumford (1950), S. 24.
123) Elias (1984), S. 79.

Dimension wird sie selbst zur *zentralen Orientierung des Handelns wie des Denkens.*[124] Der ehemalige Sinnbezug wird in sein Gegenteil verkehrt, indem nun eine technisch gemessene Zeit dazu dient, das menschliche Handeln zu messen, zu ordnen und zu bewerten. Die Uhrzeit stellt denn auch eine zentrale Grundlage der industriellen Produktion und der Industriewirtschaft dar: Erst unter dem Bewusstsein einer linear fortschreitenden und damit vergänglichen und knappen Zeit verbreitet und konkretisiert sich auch die Vorstellung einer konsequenten Steigerung der Arbeitsproduktivität, denn die Zeit soll optimal genutzt werden. Erst das Vorhandensein von Messinstrumenten, die immer gleich auch Stunden und Minuten angeben, ermöglicht denn auch ein Messen und Vergleichen von Arbeitsleistungen auch über kurze Intervalle. Entsprechend soll die Arbeit genauso konstant und gleichförmig ausgeführt werden, wie die Zeit voranschreitet; jede Minute soll gleich fruchtbar genutzt werden und die Arbeit nicht wie gewohnt zwischen Hast und Bummelei, zwischen eruptiver Anstrengung und Erholung hin- und herpendeln[125], denn letzteres verhindert eine exakte, kurzzeitige Leistungskontrolle und -optimierung. Ein konstanter Arbeitstakt hingegen lässt sich durchgehend kontrollieren und schafft die Gewissheit, dass die gesamte Zeit voll ausgenutzt wird. Nicht zuletzt lassen sich nur unter Kenntnis der genauen Uhrzeit grössere und komplexere Arbeiten und Wirtschaftstätigkeiten miteinander synchronisieren.[126] Deshalb folgert Mumford: "Die massgebende Maschine des modernen Industriezeitalters ist die Uhr, nicht die Dampfmaschine."[127]

So langsam die Entwicklung dieses neuen Zeitbegriffes historisch auch verlief, so neu und ungewohnt ist er in der Regel für die Menschen, die in die neuen Industriebetriebe eintreten. Die Fabrikglocke, die den Arbeitstag ein- und ausläutet, ist dabei nur ein erstes und relativ äusserliches Zeichen dieser neuen

124) Vgl. Mumford (1950), S. 25. Weil die Zeit nun als eigenständige, nicht abgeleitete Dimension gedacht wird, kann man sie auch als eine *absolute* bezeichnen; vgl. 'Capek (1973), S. 392.

125) Erst mit der abstrakten, linearen und gleichförmigen Zeit als einer unabhängigen, losgelösten Referenz macht das Produktionsziel 'möglichst ohne Unterbrüche, in möglichst kurzer Zeit' nämlich wirklich Sinn; vgl. Lambert (1979), S. 300; Meyer (1982), S. 133.

126) Vgl. Thompson (1973), S. 87.

127) Mumford (1950), S. 23 (Übersetzung nach der französischen Fassung). Die Uhr gehört sicher auch zu den neuen, herausragenden Bedürfnissen des industriellen Lebens, als Prestigeobjekt, als Investition oder als Sparanlage; vgl. Thompson (1973), S. 87 f.

Zeit.[128)] Deutlicher noch zeigt sie sich aber in der neuen und ungewohnten Arbeitsweise, im steten Takt der Maschinen, in der unausweichlichen Stetigkeit der Verrichtungen, im immergleichen Leistungsdruck. Die in den Industrien von der Uhr vorgegebene "Zeitregulierung ist nicht mehr punktuell und partikulär. Sie überzieht das ganze Leben der Menschen. Sie erlaubt keine Schwankungen, ist ebenmässig und durchaus unentrinnbar."[129)] Vor allem aber steht die Zeit nicht mehr in Einklang mit einem Arbeitsprozess, in dem der Mensch mit all seinen Befindlichkeiten sich mit einer Aufgabe auseinandersetzt; das Zeitgefühl resultiert somit nicht mehr aus der vom Menschen in Begegnung mit der Welt verrichteten Arbeit, sondern es ist nun die Uhr, die die Arbeitszeit vorgibt und gleichzeitig die gänzlich abstrakte Referenz darstellt, an der seine (Akkord-)Arbeit gemessen wird.[130)] Die Zeit als zentraler Referenzpunkt der Arbeit tritt so gegenüber der zu bewältigenden Aufgabe in den Vordergrund.[131)] Und diese Zeit nimmt keine Rücksicht weder auf äussere Bedingungen noch auf das momentane Befinden des einzelnen, sondern schreitet voran nach dem ihr eigenen, von allen bisherigen Inhalten losgelösten Gesetz.

In der Industrie werden die Menschen mit einer für sie bis dahin unvorstellbaren *Zeitdisziplin* konfrontiert. Die Zeitdisziplin wie auch die dazu notwendige Selbstzügelung sind dabei auch in engem Zusammenhang zu sehen mit der puritanischen Ethik und ihrer strengen Ausrichtung auf ein zukünftiges Leben nach dem Tod, das aber wesentlich von den Leistungen im Diesseits abhängt.[132)] "Ein Handeln und Planen auf eine Zukunft und vielleicht sogar eine ziemlich entfernte Zukunft hin verlangt eine Fähigkeit zur Unterordnung gegenwärtiger Bedürfnisse unter erwartete künftige Belohnungen".[133)] Der im traditionellen Leben verhaftete Mensch ist jedoch weit stärker gegenwartsbezogen und von seinen gegenwärtigen Bedürfnissen und Befindlichkeiten getrieben und sein Zeitbegriff, der sich nicht zuletzt an seinen Handlungen orientiert, kann keine

128) In ihrer Einsichtigkeit und Prägnanz wird sie aber oft zum ersten und äusserlichen Anlass für die Kämpfe gegen die neue Zeit; vgl. auch die Schilderungen aus dem Glarnerland von Emil Zopfi (1991).

129) Elias (1984), S. 129.

130) "C'est ce cadre abstrait du temps qui est devenu de plus en plus le point de référence à la fois de l'action et de la pensée." Mumford (1950), S. 25.

131) Vgl. Lambert (1979), S. 300.

132) Vgl. Whitrow (1991), S. 172. Vgl. auch die ausführliche Darstellung in Weber (1920).

133) Elias (1984), S. 126. Derartige Fähigkeiten sind keineswegs 'normale menschliche Eigenschaften', wenn auch Menschen, die in Gesellschaften mit vorwiegender Zukunftsorientierung leben, dieses Muster der Selbstregulierung für fraglos gegeben ansehen mögen.

Zeit*disziplin* kennen. Gerade dieser Zeitbegriff prägt aber noch lange sein Denken und Handeln: "Offenkundig orientierten sich das Zeitbewusstsein und die 'innere Zeiteinteilung' der Schwermetallarbeiter um 1860 noch immer hauptsächlich an der konkreten Arbeitsaufgabe (oder an der Freizeit), nicht an der Uhr."[134)] Nur in diesem grundsätzlichen Spannungsfeld darf denn auch das Lamentieren und Klagen der Merkantilisten, der Moralisten und der Unternehmer vom 17. bis ins 19. Jahrhundert hinein über den unregelmässigen Arbeitsrhythmus der Bevölkerung gesehen werden[135)]: Aus der Sicht der wirtschaftlichen Möglichkeiten und Erfordernisse und vor dem Hintergrund einer klaren, mathematischen Zeitordnung, die den (Geld-)Wert und die Knappheit jeder Stunde vor Augen führt, muss die Lebensweise der Arbeiter als regellos, sprunghaft und flatterhaft erscheinen und als solche verurteilt und bekämpft werden.[136)] Der Hang zu Pausen und Leerzeiten sowie die extensiv gelebte Freizeit müssen als sinn- und verantwortungslose Verschwendung kostbarer Zeit gesehen werden; statt sie zu nutzen, wird sie - aus dieser Sicht - vertan in "völliger Leere und Stumpfheit"[137)].

Nicht zuletzt wirkt sich die neue Zeit aber auch über den Industriebetrieb hinaus auf das ganze Leben der Arbeiter aus. Die Uhrzeit misst und bewertet nicht nur die Arbeit, sie trennt sie auch klar von der Zeit der Nichtarbeit. Das Leben bildet somit nicht mehr die gewohnte Einheit und Ganzheitlichkeit und selbst da, wo wieder eine eigentliche Freizeit gewährleistet wird (so etwa ab der zweiten Hälfte des 19. Jahrhunderts), wird auch diese gemessen in Stunden, Tagen oder Wochen[138)] - als Belohnung für die harte Arbeit und definiert als Zeit der Nicht-Arbeit. Wo aber der Mensch in einem Arbeitnehmerverhältnis steht, teilt die Zeit damit auch die 'eigene' Zeit von der 'Zeit des Arbeitgebers' ab und schafft damit einen strengen Antagonismus.[139)]

---

134) Vgl. Ried (1974), S. 280. Auch bei Akkordarbeitern findet sich, dass sie 'eigenmächtig' über ihr Zeitkapital verfügen. Die Beobachtung des 'Blauen Montages' und anderer Formen traditionellen Zeitempfindens ist weder auf Branchen noch auf Regionen beschränkt.

135) Vgl. Thompson (1973), S. 89.

136) Vgl. Pollard (1965), S. 191 ff.; Lambert (1979), S. 300.

137) Thompson (1973), S. 100.

138) Nach Thompson kennen nur vollausgebildete Industriegesellschaften (jeglicher Spielart) eine strenge Zeiteinteilung und vor allem die daraus hervorgehende klare Trennung von 'Arbeit' und 'Leben'. Jedoch hieraus resultieren die vorwärts gerichteten Antriebskräfte, die erst ein andauerndes Wirtschaftswachstum ermöglichen; vgl. Thompson (1973), S. 101 f.

139) Vgl. Thompson (1973), S. 85.

Die in den Fabriken mit Härte durchgesetzte Zeitökonomie stellt für die betroffenen Arbeiter somit eine ungewohnte, unverständliche und somit auch ungewollte 'erzwungene Askese' dar.[140)] Widerstand und Ablehnung haben dabei nicht nur technische Ursachen, sondern resultieren aus dem tiefgreifenden Unterschied dieser beiden Kulturen, Lebens- und Arbeitsweisen, ja aus den 'moralischen' Problemen, die diese Menschen in einer völlig neuen Weltanschauung und Lebensausrichtung sehen.[141)] So geht es in diesem Konflikt auch nicht um ein mehr oder weniger, sondern um inhaltlich fundamental entgegengesetzte Vorstellungen, deren Gehalt sich, betrachtet man es nur von einer Seite, nicht verstehen lässt. Der Kampf der ersten Arbeiter richtet sich grundsätzlich *gegen* das neue Zeitregime; erst nach einer Generationen dauernden Sozialisation beginnen sie innerhalb des neuen Zeitverständnisses *um* die Zeit zu kämpfen.[142)]

3.2.4. FUNKTIONSORIENTIERTE ARBEITSGESTALTUNG UND IHRE PROBLEME

Bisher wurde gezeigt, wie mit der Industrialisierung Arbeit und Wirtschaft einen neuen, eigenständigen und geradezu dominierenden Stellenwert erhalten. Zielrichtung und Bedeutung des Wirtschaftens sind von einer neuen Art, die mit den traditionellen Vorstellungen und Werten weitgehend bricht. Immer wieder wurde dabei auch darauf verwiesen, dass sich dies auch ganz direkt und spürbar auf die Arbeit selbst, auf ihren Gehalt, ihre Form und Organisation auswirkt. Dies soll im folgenden ausgeführt werden.

---

140) Vgl. Pollard (1963/64), S. 257. Der Begriff wurde geprägt von Max Weber, vgl. Weber (1920).

141) Vgl. Lambert (1979), S. 300.

142) Vgl. Meyer (1982), S. 140. Die Dauer der Sozialisation wird des öfteren mit mindestens drei Generationen angegeben; vgl. Elias (1984), S. 119 f. Wiewohl ein Zeitempfinden sich kaum messen lässt, finden sich heute in den Entwicklungsländern erstaunlich ähnliche Probleme und eine gegenüber einer anderen Kultur ebenso verständnislose Kritik an den Arbeitern wie im England des 18. Jahrhunderts. Doch auch hier handelt es sich um fundamental unterschiedliche Weltanschauungen. Ein vielfach weggelaufener Plantagearbeiter aus Kamerun fragte zu seiner Rechtfertigung: "Kann denn ein Mann Tag für Tag so arbeiten, ohne wegzubleiben? Würde er nicht sterben?" Vgl. Thomson (1973), S. 100 ff.

Mit dem Begriff 'arbeiten' werden aus traditioneller Sicht Vorstellungen verknüpft, wie *Ganzheitlichkeit*, *Sinn-* und *Zweckbestimmtheit*.[143] Sowohl die Art oder Form einer Tätigkeit als auch deren Sinn und Zweck werden - im Idealfall - bestimmt durch die mit ihr zu bewältigende Aufgabe: Im Grunde ist das traditionale Arbeitsverständnis somit *aufgabenorientiert*. Am deutlichsten kommt dies wohl in der letztlich auf Autarkie ausgerichteten mittelalterlichen Familienwirtschaft zur Geltung: "Man stellt noch keine Tauschwerte her (die rein quantitativ bestimmt sind), sondern ausschliesslich Gebrauchsgüter, also qualitativ unterschiedliche Güter."[144] Dabei besteht hier zugleich noch ein direkter Sinnzusammenhang (gar Identität) zwischen dem über die Arbeit zu befriedigenden Bedarf und dem Inhalt der Arbeit: die Herstellung des zur Deckung dieses Bedarfs benötigten Gutes. Dies ist jedoch keine notwendige Voraussetzung dafür, dass sich Ausführung und Gestaltung der Arbeit vorwiegend an der jeweiligen Aufgabe orientieren. Auch das städtische Handwerk des Mittelalters arbeitet dem Prinzip nach aufgabenorientiert; auch hier bildet der Arbeitsprozess weitgehend selbst den Anlass für Arbeitsbeginn und -ende, erfolgt die Organisation und Strukturierung der Produktion anhand in sich geschlossener Aufgaben.[145] So bleibt der persönliche, vieldimensionale Bezug zur Aufgabe - in ihrer ganzen vielschichtigen Ausgestaltung - und damit zum hergestellten Produkt wesentliche qualitative Eigenschaft der Arbeit: Selbst wo es zum Tausch oder zum Verkauf kommt, entspricht es traditioneller Vorstellung, dass "das erzeugte Gut seines Schöpfers würdig sein (soll). Der Bauer wie der Handwerker stehen hinter ihrem Erzeugnis; sie vertreten es mit Künstlerehre."[146]

Wie es bereits im Begriff zum Ausdruck kommt, richtet sich das traditionelle Arbeiten in erster Linie an der jeweiligen Aufgabe aus; die Arbeit ist eine Auseinandersetzung mit den jeweiligen Gegebenheiten der Aufgabe, sie wird geprägt durch deren natürlichen Rhythmus, begrenzt durch Beginn und Vollendung und unterteilt in eine Vielfalt unterschiedlichster Arbeitsschritte mit ihren unterschiedlichen Anforderungen und den zumeist technisch bedingten Pausen und Wartezeiten. Damit leitet sich auch ein beachtlicher Teil der Motivation unmittelbar aus der Aufgabe selbst her: aus der Begleitung des ganzen Ent-

143) Vgl. Meyer (1982), S. 81.
144) Vgl. Sombart (1916a), S. 36.
145) Dies gilt sowohl für die Arbeitsgestaltung innerhalb eines einzelnen Handwerksbetriebes als auch für das Prinzip der *sozialen Arbeitsteilung* zwischen den verschiedenen Gewerben einer Stadt.
146) Vgl. Sombart (1916a), S. 36.

wicklungsprozesses einer Aufgabe, aus der Abwechslung und aus der Bewältigung immer neuer Probleme; aber auch aus der Erfahrung eines erfolgreichen Abschlusses und der wohlverdienten Ruhepausen.[147)] Diese Form der Arbeit kann keine Trennung kennen zwischen geistiger und körperlicher Tätigkeit, zwischen Planung und Ausführung. Wo sich die Arbeit an der Bewältigung einer Aufgabe orientiert, steht sie für eine vielschichtige und *umfassende Auseinandersetzung mit der Sache, mit der Welt und mit sich - dem Arbeitenden - selbst.* Die Auseinandersetzung mit sich selbst kommt dabei nicht zuletzt darin zum Ausdruck, dass der Arbeitende im Arbeitsablauf und in der Arbeitsweise seine psychischen und physischen Gegebenheiten und Befindlichkeiten auf natürliche Weise mitberücksichtigt und andererseits in der Bewältigung der Aufgabe seine Fähigkeiten bewähren und weiterentwickeln kann.[148)]

Diese in der Aufgabenorientiertheit möglichen Dimensionen der Welt- und der Selbstbegegnung - Dimensionen, die insofern *unmittelbar* mit der Arbeit selbst verknüpft sind, als die Arbeit hierbei nicht nur als Mittel zum Zweck begriffen wird - wären jedoch noch unvollständig, wenn nicht noch die so wichtige, dritte Dimension der *sozialen Interaktionen* ebenfalls eine bedeutende Stellung inne-

147) Vgl. hierzu die bis heute in der Wirtschaft auf grossen Widerhall stossende Motivationstheorie von Herzberg; ausführlich in Herzberg u.a. (1959). In seiner 'Zwei-Faktoren-Theorie' bewirken nur gewisse Faktoren Zufriedenheit; es handelt sich dabei durchweg um solche, die *mit dem Inhalt der Arbeit unmittelbar zusammenhängen*, wie etwa die Arbeit selbst, die Möglichkeit, etwas zu leisten, Entwicklungsmöglichkeiten und Anerkennung; vgl. Ulich (1991), S. 40 ff. u. 158 ff. In positiver Ausprägung bewirken diese Faktoren Zufriedenheit und motivieren infolgedessen (weil die Zufriedenheit unmittelbar aus der Arbeit selbst resultiert und mit ihr verbunden ist) zu Leistung, weshalb sie gelegentlich auch als *Motivatoren* bezeichnet werden. Die andere Gruppe von Faktoren bewirkt lediglich Unzufriedenheit, sofern sie negativ ausgestaltet sind; sie sind eher der Arbeitsumgebung zuzuordnen und werden daher gemeinhin 'Hygienefaktoren' genannt. Interessanterweise wird damit die so erklärte Arbeitszufriedenheit nicht mehr zweidimensional dargestellt zwischen den Polen 'zufrieden' und 'unzufrieden', sondern in zwei unterschiedlichen Dimensionen geortet: bezüglich der Motivatoren zwischen 'zufrieden' und 'nicht-zufrieden' und bezüglich der Hygienefaktoren zwischen 'unzufrieden' und 'nicht-unzufrieden'; vgl. auch die Darstellungen in Maier u.a. (1976), S. 75. Von weit grösserer Bedeutung ist hier aber noch, dass Herzberg als einer der ersten den *Inhalt der Arbeit* in den Mittelpunkt des Interessens gerückt hat. Zwar sind gegen die Theorie erhebliche und grundsätzliche Einwände - methodologischer und sachlicher Art wie auch hinsichtlich der theoretischen Stringenz - erhoben worden (vgl. Ulich (1991), S. 159 u. die dort angeführte Literatur); der empirische Befund über die Bedeutung der sog. Motivatoren bezüglich der Zufriedenheit ist dafür umso eindeutiger. Die Zuordnung der *sozialen Interaktionen* zu den Hygienefaktoren muss jedoch als grosses Defizit dieser Theorie angesehen werden. Zur Generalisierbarkeit der Zwei-Faktoren-Theorie vgl. Maier u.a. (1976).

148) Vgl. etwa die Ueberlegungen bei Tilgher (1962), S. 24.

hätte. Wo Aufgaben zu bewältigen sind, bietet sich oftmals die Kooperation an; auch hier ist die Arbeit nicht bloss Mittel zum Zweck, sondern gleichzeitig Ort und Rahmen eines die momentanen menschlichen Bedürfnisse berücksichtigenden Lebens, während gleichzeitig in unmittelbarem Bezug zur Aufgabe selbst die soziale Interaktion eine bessere Bewältigung der anfallenden Probleme ermöglicht und die gegenseitige Unterstützung hilft, die Belastungen besser zu ertragen.[149)] In der aufgabenorientierten Arbeit findet sich demnach auch die Begegnung mit dem Mitmenschen als integraler Bestandteil der Handlung. Das aufgabenorientierte Arbeiten entspricht so - wenn zur Idealform stilisiert, im weiteren aber auch, wenn in der Realität bezüglich des Ideales Abstriche gemacht werden müssen - dem zentralen *menschlichen Bedürfnis nach Selbsterfahrung in der Auseinandersetzung mit der Welt, den Mitmenschen und mit sich selbst*, wie es im Kapitel über das Spiel hervorgehoben wurde.

Entscheidend ist hierfür, dass der Arbeitsprozess nicht - oder nur unwesentlich geteilt ist; die Arbeit bleibt sinnhaft an den Werkgegenstand und an den Grund der Produktion gebunden und die Produktion erfolgt zumeist durchgehend durch dieselbe Person. Mit der Produktion für den Verkauf kommt es zwar auch zu einer Spezialisierung, doch handelt es sich dabei im wesentlichen um eine 'gesellschaftliche' Teilung der Arbeit in verschiedene Berufe, während innerhalb des einzelnen Berufes weiterhin umfassende Aufgaben im Vordergrund stehen.[150)]

149) Vgl. Ulich (1991), S. 157. Gerade auch die Bewältigung schwieriger und hartnäckiger Probleme kann durch soziale Interaktionen erleichtert, oder gar erst ermöglicht werden. Interaktion heisst immer Kommunikation, wobei hier nicht einmal konkrete Informationen zur Problemlösung übermittelt werden müssen (dies ist ebenfalls ein wichtiger Aspekt zusammen mit der durch die sprachliche Kommunikation ausgelöste Strukturierung des Problems), sondern allein schon die psychische Wirkung einer stattfindenden Kommunikation kann zu jenen Gründen und Möglichkeiten verhelfen, die fürs Weitermachen und damit für die letztendliche Bewältigung des Problems so bedeutsam sind. "Dabei dürfte die Maxime gelten: Je unwahrscheinlicher eine kognitive Operation ist, desto abhängiger ist sie von sozialen Bedingungen." Schmidt (1990), S. 319.

150) Vgl. Meyer (1982), S. 87. Zur Bedeutung, Zweckhaftigkeit und Problematik der gesellschaftlichen oder sozialen Arbeitsteilung siehe bereits die differenzierten Ausführungen in Platons 'Der Staat'; vgl. Platon (1973), Zweites Buch X-XIII, S. 50 ff. Neben der höheren Produktivität durch Spezialisierung hebt Platon insbesondere hervor, dass die Wahl der jeweiligen *Spezialisierung nach den persönlichen Fähigkeiten* erfolgen kann; nicht jeder verfügt über dieselben Anlagen und Fähigkeiten, womit dem einzelnen am ehesten gerecht wird, wenn im Prinzip jeder das tun kann, was ihm am besten behagt. Er betont aber auch, dass die Spezialisierung ganzheitliche Aufgaben beinhalten müsse. Andererseits erblickt Platon in der sozialen Arbeitsteilung deshalb eine grosse Gefahr, weil sich in ihr der Hang zur Ueppigkeit, zur Unersättlichkeit stärker entfalten mag, als wenn jeder alle Arbeiten zur Deckung seiner Bedürfnisse selber versehen muss. Die so-

Dennoch existiert sowohl in der Landwirtschaft als auch im traditionellen Gewerbe gleichfalls eine gewisse *funktionale* Arbeitsteilung, müssen auch stereotype und monotone Arbeiten ausgeführt werden; auch in der Wirtschaft des Oikos, der Familie, ist letztlich nicht jeder befähigt oder autorisiert, eine Aufgabe als Ganzes zu erledigen. Damit wird der Begriff der Aufgabenorientiertheit sicherlich komplexer und schwieriger: Auf jeden Fall bleibt aber die Familie - oder das Haus - als Ganzes in ihrem wirtschaftlichen Handeln aufgabenorientiert[151)], während der einzelne, wenn auch mit einer arbeitsteiligen Funktion betraut, sich vorerst als organischen Bestandteil der Familie erfährt. Selbst 'Angestellte', wie Knechte oder Gesellen, sind ursprünglich gänzlich in die Familie eingebunden und erfahren so, auch dank der Uebersichtlichkeit der kleinen Strukturen, die von ihnen in 'Arbeitsteilung' ausgeführten Einzelarbeiten als sinnhaften Beitrag zur gemeinsam angegangenen Aufgabe.[152)] Die Existenz einer gewissen Arbeitsteilung innerhalb der Produktionseinheit 'Familie' ändert noch nichts an ihrem Grundcharakter einer Arbeits*gemeinschaft*, die ihre wirtschaftlichen Handlungen weitgehend an den jeweiligen Aufgaben ausrichtet, während jedes Mitglied sich zumindest als an der Bewältigung der Aufgabe Mitwirkender erfahren kann.[153)]

Aufgabenorientiertes Arbeiten heisst einerseits, dass eine *Aufgabe* als eine umfassende und sinnhaft zusammenhängende Ganzheit die Arbeit bestimmt und leitet. Die Aufgabe steht im Zentrum des Interessens; an ihr orientiert und formt sich die einzelne Handlung.[154)] Die Sichtbarkeit und Erfahrbarkeit dieser der

---

ziale Arbeitsteilung fördert so immer 'künstlichere', 'exotischere' Berufszweige, die jedoch weiterhin auch mit existentiellen Gütern versorgt werden müssen; der Wohlstand fordert eine Ausdehnung des Wirtschaftsraumes, etwa zur Vergrösserung des landwirtschaftlichen Bodens, was unausweichlich zu kriegerischen Auseinandersetzungen mit benachbarten Völkern führen muss.

151) Vgl. Thompson (1973), S. 84.

152) Vgl. Brunner (1950), S. 120. Auch das in Zünften organisierte Handwerk der Städte gestaltet den Arbeitsprozess ursprünglich gänzlich nach dem Prinzip der Familienwirtschaft. Mit der Agrarkrise des 14.Jh. verstärken sich jedoch einerseits die Abschliessungstendenzen, und es entwickelt sich andererseits eine 'echte' Arbeit*nehmer*beziehung zwischen den Gesellen und den Meistern; vgl. hierzu Eggebrecht u.a. (1980), S. 180 ff.

153) Der Stellenwert der Arbeitsaufgabe wird in der neueren Arbeitspsychologie hervorgehoben. Dass dabei auch eine *Unterteilung in Teilarbeiten* möglich ist, stellte Rice (1958) bei seinen empirischen Untersuchungen in der indischen Textilindustrie fest; er betont aber hierbei die motivierende Bedeutung, sich als *Mitwirkenden* an der Vollendung einer ganzheitlichen Aufgabe erfahren zu können.

154) Vgl. Ulich (1991), S. 155 ff. Dabei definiert er bei leicht anderem Blickwinkel Aufgabenorientierung als einen "*Zustand des Interesses und Engagements*, der durch bestimmte Merkmale der Aufgabe hervorgerufen wird"; ders., S. 155 (Hervorhebung,

Arbeit zugrundeliegenden Aufgabe vermittelt zugleich - zumindest einen Teil - des erstrebten *Sinnes*; dies noch verstärkt, wenn die Aufgabe selbst wiederum - etwa durch die spätere Vermittlung eines Konsumnutzens - als sinnvoll angesehen werden kann.

Aufgabenorientiert heisst andererseits aber auch, dass die *Kontrolle* über die Aufgabe und über die hierfür benötigten Hilfsmittel bei der arbeitenden Person liegt. Unter Kontrolle ist hier zu verstehen: die Freiheit, zwischen verschiedenen Möglichkeiten zu wählen; die Entscheidung über die Gestaltung des Arbeitsprozesses aber auch die faktische Möglichkeit und Fähigkeit, den Arbeitsprozess wirklich beeinflussen zu können, sowie - nicht zuletzt - der Einblick in das Endergebnis mit dem dazugehörigen Feedback.[155)]

In grosser Uebereinstimmung werden heute von Arbeitspsychologen und Motivationstheoretikern folgende Merkmale, oder Voraussetzungen einer *aufgaben*bezogenen Arbeit hervorgehoben: "Ganzheitlichkeit, Anforderungsvielfalt, Möglichkeit der sozialen Interaktion, Autonomie, Lern- und Entfaltungsmöglichkeiten"[156)]. Damit eine Arbeit wirklich als Bewältigung einer vollständigen Aufgabe erfahren werden kann, postuliert Ulich etwas ausführlicher die folgenden fünf Massnahmen der Arbeitsgestaltung[157)]:

RvR). Demgegenüber wird hier *eine Arbeit* als aufgabenorientiert bezeichnet, wenn diese Merkmale anzutreffen sind. Interesse und Engagement werden dann als Folge erwartet.

155) Vgl. Ulich (1991), S. 155 f. Es mag aus heutiger Erfahrung leicht einleuchten, dass der Arbeiter über sein Tun eine gewisse Eigenkontrolle beansprucht und damit insbesondere über Entscheidungsfreiheiten verfügen will. Die Bedeutung des Feedbacks durch das Endresultat wird dennoch oft unterschätzt. Verschiedene Umfragen und arbeitspsychologische Studien ergeben aber immer wieder, dass Fabrikarbeiter nicht zuletzt deshalb unter der hohen Kadenz der Arbeit leiden, weil sie keine eingehende Qualitätskontrolle und -verbesserung durch den betreffenden zulässt. Genau wie im zünftisch organisierten Handwerk des Mittelalters kommt aber auch noch beim Industriearbeiter dem Stolz auf die eigene Arbeit und dem Anspruch auf hohe Qualität der Ausführung ein beachtlicher Stellenwert zu - ein Bedürfnis, das allzuoft unbefriedigt bleiben muss. Vgl. hierzu etwa Gardell (1978), S. 97.

156) Ulich (1991), S. 156. In unserer Darstellung zeichnet sich eine *aufgaben*orientierte Arbeit durch diese Merkmale - zumindest durch einen Teil davon - aus und unterscheidet sich dadurch von Arbeiten, die lediglich Funktionen versehen. Diese Merkmale sind also konstitutiv für diese Form der Arbeit. Ulich formuliert sie als Bedingungen oder Voraussetzungen zur Erzielung einer Aufgabenorientierung, welche er als einen Zustand des Interessens und der Motivation versteht. Im Kern bleiben sich aber beide Sichtweisen gleich.

157) Ulich (1991), S. 163.

1. Das selbständige Setzen von Zielen, die in übergeordnete Ziele eingebettet werden können,
2. selbständige Handlungsvorbereitungen im Sinne der Wahrnehmung von Planungsfunktionen,
3. Auswahl der Mittel einschliesslich der erforderlichen Interaktionen zur adäquaten Zielerreichung,
4. Ausführungsfunktionen mit Ablauffeedback zur allfälligen Handlungskorrektur,
5. Kontrolle mit Resultatfeedback und der Möglichkeit, Ergebnisse der eigenen Handlungen auf Uebereinstimmung mit den gesetzten Zielen zu überprüfen.

Es soll hier nicht in undifferenzierter Verklärung die vorindustrielle Arbeitssituation mit diesen fünf Merkmalen gleichgesetzt werden; die Realität kennt meistens Einschränkungen - entweder, dass nicht alle Merkmale zutreffen, oder, dass einzelne nur in abgeschwächter Form zu erkennen sind. Die Abneigung gegen die industrielle Arbeit in den zentralisierten Grossbetrieben lässt aber mit einiger Sicherheit vermuten, dass die Arbeitsweise in den Fabriken weitestgehend nicht aufgabenorientiert ist, während dies in der Landwirtschaft und im traditionellen Gewerbe weit mehr der Fall ist.[158)]

Die Arbeit in den auf Massenproduktion ausgerichteten Grossbetrieben zur Zeit der Industriellen Revolution kann - in idealtypischer Gegenüberstellung - allgemein als weitgehend *funktionsorientiert* bezeichnet werden: Inhalt und Form der einzelnen Arbeit werden nicht von einer ganzheitlichen, umfassenden Aufgabe bestimmt, sondern resultieren aus einer *weitreichenden Arbeitszerlegung in einzelne Funktionen und Teilfunktionen*, die dann von jeweils spezialisierten Arbeitern repetitiv ausgeführt werden.[159)] Was ehemals als ganze Aufgabe viel-

158) Bis in die jüngste Zeit kann beobachtet werden, dass Neugestaltungen eines Arbeitsprozesses, die von der Aufgabenorientiertheit wegführen hin zu Partialisierung und Funktionalisierung der Arbeit zu sinnentleerten Teilarbeiten, mit schlechter Arbeitsmotivation, hohen Fehlzeiten und Fluktuationsraten, mit häufigeren Unfällen, sinkender Qualität und vermehrten Arbeitskämpfen verbunden sind; vgl. Rice (1958); Ulich (1991), S. 145 ff.

159) Dies soll jedoch nicht besagen, dass nicht auch grosse Unternehmen eine Aufteilung der Arbeit nach Aufgaben kennen. So sind etwa Abteilungen auf einzelne Aufgaben ausgerichtet; selbst einzelne Stellen können zur Erfüllung einer Aufgabe geschaffen sein. Die hier unternommene Unterscheidung zielt auf die Tatsache ab, dass derartige Aufgaben zumeist weiter in kleinere Teilschritte *zerlegt* werden, die dann als Funktionen einem einzelnen Arbeiter zugeteilt werden. Zur Unterscheidung von gesellschaftlicher, bzw. aufgabenbezogener Arbeits*teilung* und funktionaler Arbeits*zerlegung* siehe auch Littek (1982), S. 117 f.: Die Arbeitszerlegung ist somit ein Unterbegriff der Arbeitsteilung. Sie bedeutet eine "Aufspaltung von Arbeitsfunktionen in Detailverrichtungen mit dem Ef-

gliedrige und vielfältige Arbeit eines einzelnen war, präsentiert sich nun als grosse Anzahl in sich verkürzter Teilarbeiten, die nun von verschiedenen Menschen versehen werden - ohne erkennbaren Bezug zur Gesamtaufgabe und zumeist auch ohne nachvollziehbare Beziehung untereinander. Was als aufgabenorientierte Arbeit dereinst vielgestaltige Einheit war, wird durch ihre funktionale Aufteilung zur eingestaltigen Vielheit: Viele unterschiedliche Funktionen reduzieren die an den jeweiligen Arbeitsplätzen anfallende Arbeit auf eine einzelne Tätigkeit, auf wenige Handgriffe, auf den Einsatz eines einzelnen Werkzeuges.[160)]

Sicher eines der berühmtesten Beispiele für funktionale Arbeitszergliederung in der Literatur bildet die Beschreibung der Stecknadelproduktion in Adam Smith's 'Der Wohlstand der Nationen'.[161)] Karl Marx beziffert für dieses Beispiel die Anzahl unterschiedlicher und voneinander getrennter Arbeitsschritte auf insgesamt 92![162)] Diese Partialisierung einer Arbeitsaufgabe in eine Vielzahl von Funktionsschritten stellt für die Entwicklung der industriellen Fertigung einen entscheidenden Wendepunkt mit weitreichenden Auswirkungen dar. Schon Adam Smith sah in der *Arbeitsteilung* den Ausgangs- und Angelpunkt zur Steigerung der Arbeitsproduktivität - und damit zur Erhöhung des Wohlstandes eines Landes -, einerseits, und den Motor der technischen Entwicklung andererseits.[163)] Zwei Gründe, weshalb diese, den Arbeitsprozess in seiner Qualität gänzlich umwälzende Veränderung von so grosser Bedeutung ist, sollen hier beschrieben werden.

Erstens kann über die immer weitere Teilung des Arbeitsprozesses in immer kleinere Arbeitsschritte die bisher untrennbare Einheit von Produktion und Produzent, sprich Arbeiter, aufgebrochen werden. Die Zentralisation erfolgt im Wesentlichen zur Steigerung der Effizienz, wobei jedoch Rationalisierungen von Transport- und Lagerhaltungskosten sowie die Verbesserung von Beaufsichti-

---

fekt, dass tendenziell immer wiederkehrende einfache Handgriffe von geringer qualifizierten (...) Arbeitskräften ausführbar sind"; als Ausnahme ist hierbei jedoch der hochqualifizierte Spezialist zu nennen. In der Literatur wird aber oftmals auch für die funktionale Gliederung der Arbeit der Begriff der Arbeitsteilung verwendet, weshalb eine exakte Trennung der beiden Konzepte nicht möglich ist.

160) Vgl. Sombart (1927), S. 430 ff.

161) Vgl. Smith (1776), S. 9 ff.

162) Vgl. MEW 23, S. 364.

163) Vgl. Recktenwald (1976), S. 121. Die Ausführungen hierzu finden sich bei Smith's 'Wohlstand der Nationen' im ersten Buch; vgl. Smith (1776), S. 9 ff.

gung und Kontrolle lediglich einen Teil der Vorteile ausmachen. Von weit grösserer Bedeutung ist die damit geschaffene Möglichkeit, den bisher in traditionellen Strukturen, Techniken und Gewohnheiten festgefahrenen Produktionsprozess selbst verändern zu können. Durch die Aufsplitterung in einfachste, dafür repetitive Teilhandlungen kann vorab der natürliche Rhythmus der Arbeit durchbrochen und durch eine unentwegte Stetigkeit und Routine ersetzt werden.[164)]

Solches ist aber erst möglich, wenn die zur Produktion notwendigen Kenntnisse nicht mehr unmittelbar mit dem Arbeitenden verbunden sind; sie existieren nun vielmehr als Wissensstock für sich selbst. Gleichzeitig sind einfache Teilarbeiten nicht nur schneller und leichter zu erlernen[165)], sondern sie eignen sich auch besser für externe Ueberwachung, Kontrolle und Bemessung. So wird es möglich, den als unproduktiv erachteten Konnex von Arbeit und Erholung zu unterdrücken und die Arbeit von ihren traditionell 'spielerischen' - d.h. für das Produktionsziel *nicht direkt* notwendigen und somit oft als unnötig und störend erachteten - Elementen abzukoppeln.[166)] Zur Steigerung der Produktivität sollen Leerzeiten und Freiräume ausgemerzt werden, deren Ursachen bisher darin gelegen haben, dass der Facharbeiter einerseits geradezu über ein Wissensmonopol verfügte und daher seine Arbeit *nach seinem Gutdünken und Befinden* gestalten konnte; andererseits führte bisher die *Heterogenität der Arbeit* zwangsläufig zu Unterbrüchen zwischen den Arbeitsschritten (etwa durch Kontrolle, Anpassung, Planung etc.) und Unregelmässigkeiten der Arbeitsgeschwindigkeit, die nicht zuletzt in ihrem Wert für die Produktion zumindest von aussen schlecht eingeschätzt und von Trödelei schlecht unterschieden werden können. Das Konzept der funktionsorientierten Arbeitsgliederung zur fachlichen Vereinfachung der einzelnen Arbeiten und zur Vermeidung unproduktiver Leerzeiten findet in den Ausführungen Frederick W. Taylors über die Prinzipien der wissenschaftlichen Betriebsführung einen theoretischen, in der Einführung der Produktionsstrassen durch Henry Ford I. einen praktischen - jedoch wohl nur vorübergehenden - Höhepunkt. Aus der Sicht des arbeitenden Menschen ist jedoch mit der Partialisierung des Arbeitsprozesses immer ein Verlust der Kontrolle über die

164) Vgl. Meyer (1982), S. 102 ff.
165) Was nicht zuletzt den - auch von Taylor angestrebten - Vorteil hat, dass der einzelne Beschäftigte jederzeit austauschbar ist; vgl. Ulich u.a. (1983), S. 5.
166) Vgl. Lambert (1979), S. 299.

eigene Tätigkeit zu beklagen; die Kontrolle liegt nun ausserhalb der eigenen Person.[167)]

Zweitens ist - zumindest in der Anfangsphase der industriellen Entwicklung - die Unterteilung des Gesamtarbeitsprozesses in kleinste und vom Handlungsablauf her einfachste Einzelfunktionen unabdingbare Voraussetzung zu dessen Mechanisierung.[168)] Es waren demnach in der Regel nicht technische Innovationen, die den Arbeitsablauf veränderten, sondern - umgekehrt - die Entwicklung neuer Produktionstechniken wurde erst durch die Unterteilung des vormals hoch komplexen und vielgestaltigen Arbeitsprozess ermöglicht. Erst die Beobachtung und Analyse einfachster Arbeitsschritte mit repetitiven, immer gleichen Bewegungsabläufen machten die Mechanisierung einerseits technisch möglich und andererseits wirtschaftlich sinnvoll.[169)]

Die positiven Erfahrungen mit der funktionalen Arbeitszergliederung, insbesondere bezüglich der Möglichkeiten der Produktivitätssteigerung und des Maschineneinsatzes, sind sicher wichtige - wenn auch vielleicht nicht die einzigen[170)] - Gründe dafür, dass diese bis heute die Arbeitssituation - zumindest in der Massenproduktion - in wesentlichem Masse prägt. Erst in jüngerer Zeit wird das technisch/ökonomische Argument für die Arbeitszergliederung insofern teilweise entkräftet, als moderne, hochentwickelte Technologien es nun ermöglichen, auch komplexere Funktionen zu bewältigen, womit die voneinander ge-

---

167) Vgl. Frese (1978), S. 165. Dies manifestiert sich nur vordergründig durch die Präsenz und die übergeordnete Stellung einer Aufsichtsperson. Weit wichtiger ist, dass dem Arbeiter die geistige und planerische Auseinandersetzung mit der Aufgabe (wie auch die Erfolgsbestätigung) entzogen sind - wobei damit noch nichts zur Monotonie und Sinnleere der einzelnen Teilarbeiten gesagt ist. Der Arbeitsablauf ist im voraus (durch andere) gestaltet und für den Betroffenen in ihrer Starrheit nicht mehr beeinflussbar. Dass mit der Kontrolle über die Aufgabe ein wesentlicher Teil der *intrinsischen* Motivation verbunden ist, wurde bereits oben gezeigt; zum Begriff der Kontrolle vgl. ausführlich auch Frese (1977), S. 29 ff. Der mit dem Verlust der Kontrolle einhergehende Motivationsrückgang (vgl. etwa Ulich u.a. (1983), S. 13 ff.) wurde jedoch erst relativ spät erkannt.

168) Vgl. Meyer (1982), S. 104.

169) Dieses Argument wird bereits von Adam Smith hervorgehoben: "Ich möchte lediglich bemerken, dass es vermutlich die Arbeitsteilung war, die den Anstoss zur Erfindung solcher Maschinen gab." Vgl. ders. (1771), 1. Buch, 1. Kap., S. 13.

170) Neben den ökonomischen Vorteilen scheinen immer wieder auch die Faktoren 'Macht' und 'Status' die konkreten Situationen mitzuprägen. Wie Liebau feststellt, handelt es sich bei Unternehmen, wenn sie auch zu wirtschaftlichen Zwecken geschaffen wurden, in ihrer hierarchischen Struktur immer auch um "Herrschaftsorganisationen, in denen es um Machtausübung und -erhaltung des Managements geht"; vgl. Liebau (1989), S. 170.

trennten Arbeitsfunktionen wieder (re-) integriert werden können.[171] Gleichzeitig scheint aus der unternehmerischer Sicht die *Produktivität* gegenüber einer *erhöhten Flexibilität* an Bedeutung zu verlieren.[172] Flexibilität bedingt aber, dass sowohl Arbeiter als auch Maschinen imstande sind, verschiedene Funktionen wahrzunehmen und mehr noch, ganze Aufgaben oder Teilaufgaben autonom zu bewältigen, denn die externe Vorausplanung wird bei häufigen Veränderungen, die zudem oft nur einzelne Bereiche der Produktion betreffen, schnell zu aufwendig und zu teuer. Demnach lassen heute sowohl die technischen Möglichkeiten als auch die wirtschaftlichen Bedingungen im Produktions- wie auch im Bürobereich starke Integrationstendenzen erkennen - oder doch zumindest als wünschenswert erscheinen. Als *die grosse Schwierigkeit* bezeichnet Bodendorf in diesem Zusammenhang allerdings, "dass die oft verfolgte Strategie der Arbeitsteilung umgekehrt werden muss und schrittweise immer komplexere 'Ganzheitsaufgaben' einzuführen sind"[173].

Wenn heute auch vielerorts eine Entwicklung weg von der funktions- oder verrichtungsorientierten hin zu einer aufgaben- oder objektorientierten Arbeitsorganisation konstatiert, begrüsst oder auch nur postuliert wird, so ändert dies nichts daran, dass zuvor eine *extensive Partialisierung des Arbeitsprozesses* nach rein funktionalen Gesichtspunkten wohl *das* charakteristische Merkmal der industriellen Massenproduktion darstellte und zugleich für deren Entwicklung eine der wichtigsten Bedingungen war. Diese einseitig auf die Produktivitätssteigerung ausgelegte Arbeitsteilung war aber gleichzeitig auch eine der Ursachen für deren Ablehnung durch die Arbeiter, für ihren aktiven oder passiven Widerstand. "Mit der Zerschlagung der Formen handwerklicher Produktion wurde mehr zerstört als nur die technische Einheit eines ungeteilten Arbeitspro-

---

171) So etwa auf Betriebsebene im Rahmen des 'Computer Integrated Manufacturing' (CIM). Rationalisierungen werden nicht mehr über Ausdifferenzierungen tayloristischen Zuschnitts angestrebt, sondern über Reorganisationen des gesamten betrieblichen Ablaufes in Hinblick auf die Gesamtprozesse. Im Vordergrund steht dabei die *Integration* der verschiedenen Bereiche zu einem System, wobei über die elektronische Datenverarbeitung den Beteiligten auch vermehrt Einsicht in den Gesamtprozess vermittelt werden soll. Vgl. hierzu Wittemann/Wittke (1989). Ebenfalls im Zentrum steht die Integration bei den Konzepten des 'Computer Integrated Office' (CIO) und des übergeordneten, das gesamte Unternehmen (also CIM und CIO zusammen) umschliessenden, 'Computer Integrated Enterprise' (CIE).

172) Vgl. Bodendorf (1990), S. 294. Gerade die steigenden und wechselnden Anforderungen aus der Umwelt verlangen zu ihrer Bewältigung eine immer grössere Flexibilität: "Zukunftsorientierte Unternehmen brauchen eine Struktur und ein Management, die am geplanten Wandel orientiert sind." Ulich u.a. (1983), S. 35.

173) Bodendorf (1990), S. 296.

zesses. Zerschlagen wurde auch und gerade der soziale und psychische Kontext, das Warum und Wozu der Arbeit, ihre immanenten Antriebselemente, ihre Sinnhaftigkeit."[174)]

Ist die Arbeitsteilung vorerst Ursache für eine Dequalifizierung des Arbeiters und für den Verlust der Einsicht in die Gesamtzusammenhänge, so steht sie - aus globalerer Sicht betrachtet - für einen weitgehenden *Verlust der Kontrolle* über die eigene Arbeit.[175)] Nicht erst in der Maschine, wie dies etwa Meyer meint[176)], - dort vielleicht nur augenscheinlicher, auch physisch präsent - 'materialisiert' sich das Produktionswissen des einzelnen Arbeiters, wird es von ihm unabhängig und so ohne ihn oder gar gegen ihn einsetzbar, sondern bereits in der funktionsorientierten Ausdifferenzierung der eigentlichen Arbeitsaufgabe. Durch sie wird die Beziehung zur Arbeit - wie auch zum Vorgesetzten und zu den Mitarbeitern - *entpersonalisiert*[177)]: Weder in der Ausführung - der Art des Vorgehens, der verwendeten Techniken oder dem Rhythmus des Arbeitens - noch im Ergebnis - in der Gestaltung und Ausprägung des Arbeitsproduktes -

---

174) Meyer (1982), S. 105.

175) Kontrolle steht hier wiederum für das umfassende Konglomerat von Wahl, Planung, Entscheidung, soziale Interaktion und Ergebnisbewertung.

176) Vgl. Meyer (1982), S. 105.

177) In einem späteren Kapitel wird gezeigt werden, wie sich die Beziehung zwischen Unternehmer (Management) und Arbeiter/Angestelltem im Industrieunternehmen weitgehend auf die Dimensionen *Leistung* und *Lohn* reduziert. Aber auch die zwischenmenschlichen Beziehungen zwischen den Arbeitern/Angestellten wird durch die fremdbestimmte, funktionale Arbeitsteilung (mit-)geprägt. Zwar ergibt sich aus dieser Arbeitsteilung ein hoher Grad an Interdependenz und gegenseitiger Abhängigkeit, die nicht zuletzt dafür verantwortlich ist, dass die einzelnen Arbeitsschritte in der vorgegebenen Kadenz zu erfolgen haben; die Existenz dieser Form der Arbeitsteilung verunmöglicht jedoch gleichzeitig ein wirkliches Zusammenarbeiten und weitgehend auch personenbezogene soziale Interaktionen; vgl. Groskurth (1979), S. 47. Sehr pointiert formuliert auch Simone Weil diesen Sachverhalt, wobei aber ihre Einschränkung der Aussage auf die klassischen Arbeiter aus heutiger Sicht kaum mehr erforderlich wäre: "At the worker level, the relations established among various jobs and functions are relationships between things, not men." Weil (1962), S. 455. Gemeint sind natürlich weitgehend die *arbeitsbezogenen* Beziehungen, so wie sie formell vorgesehen und gestaltet sind; dass Arbeiter nebenher, in Umgehung der Ordnung oder während der Arbeitspausen informell menschliche Kontakte pflegen, soll damit noch nicht bestritten werden. Meissner (1971) kann aber darüber hinaus auch den empirischen Nachweis erbringen, dass mit dem Ausmass an Kontroll- und Freiheitsverlusten in einer arbeitsteiligen Funktion ebenfalls eine Beeinträchtigung der sozialen Interaktionen am Arbeitsplatz sowie der gesamten *Soziabilität* zu beobachten ist. Es kann nur als eine der grossen Widersprüchlichkeiten der industriellen Organisation angesehen werden, dass der für sie charakteristische hohe Koordinationsbedarf, die hohe faktische Interdependenz und gegenseitige Abhängigkeit der in ihr arbeitenden Menschen zugleich einhergeht mit einer wachsenden sozialen Isolation und einer Anonymisierung der verbleibenden Beziehungen.

kann die Individualität und Persönlichkeit des Arbeitenden in Erscheinung treten, denn eine auf Arbeitsteilung aufgebaute Massenproduktion erfordert möglichst standardisierte Arbeitsabläufe sowie (Zwischen-)Produkte, die sich in nichts voneinander unterscheiden, denn nur so kann in den einzelnen Funktionen ein hoher Grad an Routine erreicht werden. Individuelle Ausprägungen würden den weiteren Verlauf der Produktion nachhaltig beeinträchtigen, da Anpassungen an diese Besonderheiten zu erfolgen hätten. Die vielfältigen, geradezu dem Spiel zuordenbaren Elemente und Bezugspunkte der menschlichen Arbeit werden aber damit reduziert auf einen einzigen Faktor: die *Verausgabung abstrakter Arbeitskraft.*[178)]

Die menschliche Arbeit hat sich ganz den sachlichen Erfordernissen des Gesamtprozesses unterzuordnen, wobei es sich dabei aber nicht um eine persönliche Auseinandersetzung mit einer fremden Aussenwelt handelt, sondern um starre Vorgaben von dritten; im Extrem kennt diese Arbeit weder eine persönliche Prägung noch eine spürbare, inhaltliche Strukturierung durch die jeweilige Aufgabe selbst. Vor dem Hintergrund einer weitreichenden Ausdifferenzierung des Arbeitsprozesses ist das Ziel der Produktivitätssteigerung am augenscheinlichsten dadurch zu erreichen, dass die einzelnen Funktionen möglichst reibungslos und ohne nennenswerte Unterschiede in der Belastung oder gar mit Unterbrüchen abläuft. Im Resultat ist eine derartige Arbeit abstrakt und inhaltslos; der Einsatz von Maschinen, auf deren Prozessgeschwindigkeit und -fortgang der jeweilige Arbeiter oft keine Einflussmöglichkeit hat, bedeutet letztlich noch eine weitere Verstärkung und Zementierung dieser Abstraktion. "Manual operations upon machines can attein the required cadence only if those second-long movements follow one another uninterruptedly in something like the tick-tocks succession of a timepiece, with nothing to mark the end of something concluded and something about to begin."[179)]

Die Abstraktheit der Fabrikarbeit resultiert aber nicht nur aus dieser repetitiven Eintönigkeit heraus, sondern findet ihre Ursache auch darin, dass in diesem wiederkehrenden Fluss weniger Bewegungsabläufe kein Ergebnis mehr erkennbar ist. Vergleichbar mit dem Stein, den Sisyphus in der griechischen Mythologie den Berg hinaufschiebt, von wo dieser immer wieder herunterrollt, womit das ganze Mühen deshalb vergebens war, weil wiederum die gleiche Ausgangssi-

178) Vgl. Meyer (1982), S. 81.
179) Weil (1962), S. 456.

tuation vorliegt, sich also nichts verändert hat, so erfährt - am krassesten wohl der am Fliessband tätige - Arbeiter sein Tun: Die Vollendung eines Arbeitsschrittes gebiert sogleich den Neuanfang ein-und-derselben Arbeit; nichts hat sich sichtbar geändert, nichts scheint erreicht worden zu sein. Linhart beschreibt dieses Grunderlebnis am Fliessband des Automobilwerkes von Citroën auf eindrückliche Weise: "Die Zahnräder des Fliessbandes, das unerschütterliche Gleiten der Autos, die Wiederholung identischer Handgriffe, die nie vollendete Aufgabe. Ist ein Auto fertig? Das nächste ist es noch nicht und hat schon seinen Platz besetzt; ungeschweisst genau an derselben Stelle, wo man gerade geschweisst hat; rauh an demselben Fleck, wo man soeben poliert hat. Fertig mit dem Schweissen? Nein, wieder nicht, nie getan, immer zu tun - als gäbe es keine Bewegung mehr, keine Wirkung der Handgriffe, keine Veränderung; sondern nur noch ein absurdes Trugbild der Arbeit, die sich, kaum getan, wie unter einem Fluch in Nichts auflöst."[180] Die hier gewiss etwas literarisch-prägnant abgefasste Beschreibung der Fliessbandarbeit liesse sich aber in ihrer Grundaussage analog auch auf entsprechend gestaltete Büroarbeiten übertragen.

Die Arbeit dient in dieser Form einzig noch der Produktion von Output und kann deshalb auch auf dieses Ziel hin maximiert werden; dafür ist sie nicht mehr zugleich auch *unmittelbarer Ausdruck* des grundmenschlichen Bedürfnisses, *der Welt, dem anderen und sich selbst zu begegnen.* Sie kann es nicht sein, wenn nur noch eine geisttötende, abstumpfende Handlungsfolge - möglichst ohne individuellen Gestaltungsspielraum, welcher die komplizierte, maschinengleiche Ablauforganisation ohnehin nur stören könnte - von aussen vorgegeben ist[181], derweil des öfteren alle Formen der sozialen Interaktion als Disziplinlosigkeit mit drakonischen Strafen geahndet werden. Die Eindimensionalität des Arbeitsbegriffes lässt - jedenfalls während der Industriellen Revolution und auch noch in der, zumindest als Leitbild noch lange wirksamen Rationalisierungsstrategie nach tayloristischem Zuschnitt - kaum eine andere Gestaltung sinnvoll erscheinen; Ausnahmen sind selten. Der Mensch selber, "der Arbeiter ist (dabei) zum '*Instrument*' geworden, oder zu einem Posten unter anderen Kostenfaktoren"[182].

---

180) Linhart (1978), S. 10.

181) Auch in jüngster Zeit belegen empirische Untersuchungen immer wieder, dass im Management eine vorwiegend technische Sicht des Unternehmens vorherrscht; vgl. etwa bezüglich der Schweiz Tschirky (1981), u.a. S. 35.

182) Thompson (1987), S. 219 (Hervorhebung, RvR). Wenn bis heute menschliche Arbeitskraft und Mitarbeiter noch immer im wesentlichen als Kostenfaktoren betrachtet

Was für das Unternehmen Instrument ist, versteht sich volkswirtschaftlich als *Produktionsfaktor*; in beiden Fällen gilt es, dessen Einsatz in Hinblick auf das gewünschte Ergebnis zu optimieren, den Ertrag zu steigern, die Produktivität zu erhöhen. Die Arbeit, so gesehen nur eine abstrakte Inputgrösse im Produktionsprozess, bleibt aber trotz dieser Betrachtungsweise untrennbar verbunden mit demjenigen Menschen, der sie verrichtet. Der rein sachbezogene, technische Umgang mit dem *Faktor Arbeit* kann daher nicht ohne Auswirkung bleiben auf den *arbeitenden Menschen*. Bereits Adam Smith, der nachdrücklich die Vorteile und die Bedeutung der Arbeitsteilung hervorhebt und dabei der Arbeit bereits ihre Funktion eines abstrakten Produktionsfaktors zuweist, weist auf den Preis einer so gestalteten Arbeit hin. Obwohl er zu einer Zeit schreibt, zu der sich die industrielle Entwicklung noch in ihren Anfängen befindet, sieht er die Gefahren für den in einer weitgetriebenen Spezialisierung arbeitenden Menschen bereits nicht nur im möglichen Abhandengehen beruflicher Qualifikationen, sondern ebenso in der Verkümmerung geistiger und psychischer Fähigkeiten, in der Entfremdung gegenüber der Welt, den Mitmenschen und nicht zuletzt gegenüber sich selbst[183]: "Nun formt aber die Alltagsbeschäftigung ganz zwangsläufig das Verständnis der meisten Menschen. Jemand, der tagtäglich nur wenige einfache Handgriffe ausführt, die zudem immer das gleiche oder ein ähnliches Ergebnis haben, hat keinerlei Gelegenheit, seinen Verstand zu üben. Denn da Hindernisse nicht auftreten, braucht er sich auch über deren Beseitigung keine Gedanken zu machen. So ist es ganz natürlich, dass er verlernt, seinen Verstand zu gebrauchen, und so stumpfsinnig und einfältig wird (...)." Nach der Aufzählung weiterer Nachteile kommt er zum Schluss: "Seine (des Arbeiters; RvR) spezifisch berufliche Fertigkeit, so scheint es, hat er sich auf Kosten seiner geistigen, sozialen und soldatischen Tauglichkeit erworben."[184]

Inzwischen ist nach einer Periode der rein 'wissenschaftlichen' Betriebswirtschaft seit den 50er Jahren - angefangen mit der 'Human-Relation-Bewegung' - wieder ein wachsendes Interesse an der Bedeutung und an den Auswirkungen

---

werden, so mangelt es nicht eines gewissen Zynismus, wenn im Vergleich andere 'Instrumente', wie etwa Maschinen, Werkzeuge oder Gebäude als Investitionen in Erscheinung treten; vgl. Ulich u.a. (1983), S. 7.

183) Vgl. Recktenwald (1976), S. 122 f.

184) Smith (1776), 5. Buch, 1. Kap., S. 662 f. Auf diese frühe und weitsichtige Kritik kann später Marx zurückgreifen in seinen Ausführungen über die Beeinträchtigung der Persönlichkeitsentwicklung unter Bedingungen extremer Arbeitsteilung; vgl. MEW 23, S. 380 ff.

der Arbeit und ihres Umfeldes auf den arbeitenden Menschen zu beobachten.[185] Eine schnell anwachsende Zahl von empirischen Untersuchungen bildet dabei eine wichtige Grundlage für die Erkenntnisse. Mit Nachdruck wird immer wieder die zentrale Bedeutung der Arbeit, sprich hier: der Erwerbsarbeit, für die Entwicklung - oder eben auch Beeinträchtigung - von Persönlichkeit und Identität hervorgehoben.[186] Insofern ist denn auch die Formulierung "The Product of Work is People", mit der Herbst seinen Aufsatz betitelt[187], in dieser Form vielleicht gerade deshalb so überraschend, weil ihre inhaltliche Aussage geradezu gedankenlos als Selbstverständlichkeit angesehen wird.

Viele der Untersuchungen konzentrieren sich aber vornehmlich auf einzelne Aspekte, wobei zumeist die Folgen - sowohl die kurzfristigen als auch die subtileren, langfristigen - funktional ausdifferenzierter, technikzentrierter und/oder fremdbestimmter Arbeit - sowohl aus der spezifischen Arbeitssituation heraus als auch in Abhängigkeit des gesamten Arbeitsumfeldes - untersucht werden. Obwohl die Mehrzahl dieser empirischen Studien mit formalen Mängeln behaftet sind, bestätigen sie doch mit grosser Regelmässigkeit die bereits von den Klassikern der politischen Oekonomie, wie etwa Adam Smith oder Karl Marx,

185) Vor der Periode der 'wissenschaftlichen' Betriebsführung, der sogenannten praktisch-normativen oder wertfreien Betriebswirtschaftslehre herrschte bereits eine rege Auseinandersetzung mit diesem Problemfeld - nicht zuletzt aus einem ethisch-normativen Standpunkt heraus, wobei die oben angeführten Autoren Smith und Marx nur die herausragendsten darstellen; vgl. Schanz (1988), S. 25 f.; Baitsch/Ulich (1990b), S. 5 f.; Walter-Busch (1977), S. 189 f.

186) Vgl. u.a. die Arbeiten in Groskurth (1979a), insbes. Volpert (1979); Ulich (1978a); Kohn (1981); Schallberger (1987); ebenso die Arbeiten im Schwerpunktband 'Arbeit und Identität' der Zeitschrift Psychosozial, Baitsch/Ulich (1990a), insbes. Hoff (1990). Nach S.L. Rubinstein ist Arbeit schlicht "das *wichtigste Mittel zur Formung der Persönlichkeit*"; zitiert in Ulich (1991), S. 121. Die Beziehung zwischen Persönlichkeit und Arbeit ist aber insofern interdependent, als die Erfahrung und Bewertung der Arbeitssituation auch durch die Persönlichkeitsmerkmale geprägt werden. Die Wirkungsrichtung kann daher empirisch nicht mit letzter Eindeutigkeit festgestellt werden; die Art, wie ein Individuum eine Situation bewertet und sich auf sie einstellen kann, ist von grosser Bedeutung für die Wirkung der Situation auf dieses Individuum; vgl. hierzu Gardell (1978), S. 79 f. u. 85; Udris (1981). (Vgl. hierzu auch die Ausführungen unter Kapitel 3.1.2.1. Das Problem bleibt sich das Gleiche, ob untersucht wird, wie sich die Arbiet auf Wohlbefinden und Stress auswirkt, oder wie sie dadurch indirekt auch die gesamte Persönlichkeit und Identität mitprägt.) Für ein fundierteres Verständnis, auch der möglichen wechselseitigen Wirkungsweisen, bedarf es vor aller empirischen Datenerhebung einer theoretischen und konzeptionellen Durchdringung, die versucht, die dem Problemfeld 'Identität und Arbeitserfahrung' enthaltene Komplexität in einer möglichst übergreifenden Perspektive zu erfassen. Diesbezüglich interessant und fruchtbar erweisen sich die theoretischen Kapitel bei Volmerg (1978), S. 13 ff.

187) Herbst (1975).

hervorgehobenen Gefahr möglicher (intellektuell, emotional, motivational, sozial, physisch) *nachteiliger Wirkungen derartiger Arbeit auf den Menschen.*[188)] Es zeigt sich dabei immer wieder, dass selbst scheinbar nebensächliche Merkmale einer konkreten Arbeitssituation von nachhaltiger Bedeutung sein können.[189)] Generell sind es vor allem die fehlenden Möglichkeiten und/oder die Verhinderung der *Befriedigung menschlicher Bedürfnisse in der Arbeit*, die in ihren negativen Auswirkungen bis zu *psychosomatischen* und *psychopathologischen Störungen* führen können.[190)]

In aller Kürze hier einige wesentliche Ergebnisse: Das Fehlen einer eigentlichen, umfassenden Aufgabe bei monotoner, repetitiver und arbeitsteiliger Arbeit, die zudem oftmals von einer Maschine her bestimmt wird, bedeutet zumeist eine *Unterforderung* des Arbeiters. Als mögliche Folgen von sinn-, inhalts- und anforderungslosen Tätigkeiten werden demzufolge - neben einer allgemeinen *Verschwendung* menschlicher Fähigkeiten, Ressourcen und Potentiale[191)] - vor allem eine Behinderung der Lern- und Qualifikationsprozesse oder sogar eine *Verkümmerung der fachlichen Qualifikationen und Fähigkeiten* genannt[192)]. Da

188) Sowohl Arbeitsinhalte wie auch die Arbeitsbedingungen - insbesondere die Dispositionsspielräume - haben einen wesentlichen Einfluss auf die Fähigkeiten, Motive, Verhaltensweisen und auf das Wohlbefinden der Menschen. Vgl. hierzu die Zusammenstellung der bis dahin erschienenen Studien im deutschen Sprachraum bei Lempert (1977); zusammenfassend auch Lempert (1979); Volpert (1979), S. 21;

189) Vgl. Baitsch/Ulich (1990b), S. 5. Dass hier die *negativen* Aspekte hervorgehoben werden, soll nicht heissen, dass Arbeit - selbst bei hoher Fremdbestimmung - nicht immer auch *positive* Auswirkungen auf das psychische Wohlbefinden haben kann.

190) Vgl. Gardell (1978), S. 79; Frese (1977); Hoff (1977); Frese (1979), S. 56 ff. Volmerg untersucht eine ganze Reihe von Krankheiten und Störungen, wie allgemein anerkannte Berufskrankheiten, Verschleisserscheinungen, psychosomatische Störungen, psychischer Zusammenbruch oder die Destruktion von Raum- und Zeitbewusstsein, und bezeichnet sie entweder als unmittelbare Folgen der Ueberbelastung in der Arbeit oder als - in einem weiteren, weniger unmittelbar einsichtigen Zusammenhang - Auswirkungen der generellen Arbeitsbedingungen; vgl. Volmerg (1978), S. 88 ff. Gestützt wird diese Betrachtung noch zusätzlich, wenn man sich die soziologische Definition des Phänomens Krankheit von Alexander Mitscherlich et al. zu eigen macht: Hier wird Krankheit u.a. auch verstanden als eine Möglichkeit des Individuums, seine Nichtübereinstimmung mit exogenen, meist gesellschaftlichen Forderungen zum Ausdruck zu bringen; vgl. Mitscherlich u.a. (1967), S. 53 ff.; vgl. zur 'Krankheit als psychosoziales Phänomen' auch Orendi (1978), S. 202 ff. Es entspricht jedoch genau dem lange vorherrschenden Bild über die Arbeit, dass der *Arbeitsplatz* bei der Erforschung der Entstehung psychischer Störungen (Aetiologieforschung) bis Ende der 60er Jahre fast gänzlich vernachlässigt wurde; er galt als vernachlässigbarer Teilbereich des Lebens, wo lediglich Arbeitsleistung verausgabt wird; vgl. Frese (1979), S. 48.

191) Diese Feststellung lässt sich bereits bei Drucker (1950) finden. Allgemeine Verbreitung findet er aber erst mit dem Gedankengut der 'Human-Resource-Bewegung'.

192) Vgl. Ulich (1978a), S. 49 f.

in neuerer Zeit auch die allgemeine *Intelligenzleistung* nicht mehr als eine konstante, sondern als eine veränderliche Eigenschaft betrachtet wird, wird ebenfalls ein bedeutender Zusammenhang mit den jeweiligen Arbeitsbedingungen und -inhalten für wahrscheinlich gehalten, wobei auch eine Abnahme der Intelligenz nicht ausgeschlossen wird.[193)] Jedoch nicht nur die inhaltlichen Anforderungen einer Arbeit, sondern vor allem auch die Bedingungen, unter denen die Arbeit zu erfolgen hat, können sich auf die Intelligenzleistung (besonders bezüglich deren altersbedingten Abbaus) auswirken. Hohe Fremdbestimmung, zeitlicher Druck, hohe Anforderungen an Konzentration bei gleichzeitiger Monotonie usw. lösen oftmals Stress aus, wenn der Betreffende über keine *Kontrollmöglichkeiten* verfügt. In klinischen Versuchen konnte mit hoher Uebereinstimmung nachgewiesen werden, dass unter Stress oftmals die Intelligenzleistung, die Fähigkeit, komplexere und schwierigere Aufgaben zu lösen, beeinträchtigt wird, während einfachere Aufgaben und gut gelernte Routinehandlungen weiterhin problemlos, ja z.T. sogar besser ausgeführt und bewältigt werden.[194)]

Neben den kognitiv-intellektuellen scheinen aber auch die sozialen Anforderungen und Bedingungen in der langfristig ausgeübten Arbeitstätigkeit die Persönlichkeitsentwicklung u.U. zu fördern oder zu hemmen.[195)] Meissner stellt in seiner breit angelegten Untersuchung in der holzverarbeitenden Industrie einer kanadischen Kleinstadt fest, dass - in einem ersten Wirkungszusammen-

---

193) Vgl. Schleicher (1973); Ulich (1978a), S. 49; Greif (1978), S. 232 ff.; Kohn/Schooler (1973). Für den Beleg dieses Zusammenhanges besteht wiederum die Schwierigkeit, die Kausalität eindeutig zu bestimmen. Eine zu einem Zeitpunkt festgestellte Korrelation zwischen eintöniger, anforderungsarmer Beschäftigung und reduzierter Intelligenzleistung, kann auch so interpretiert werden, dass solche Arbeiten einfach von weniger intelligenten Menschen ausgeführt werden, dass also die Korrelation "von Prozessen der selektiven Rekrutierung herrührt" (Kohn/Schooler (1981a), S. 115; vgl. ebenfalls Frese (1979), S. 52 f.). Um mit grösserer Sicherheit von einer negativen/positiven Wirkung einer über längere Zeit ausgeübten Arbeit auf die geistigen Fähigkeiten sprechen zu können, müssen die Daten in einer Langzeit- oder Längsschnittstudie erhoben werden. Eine der wenigen Langzeitstudien hierzu haben Kohn/Schooler vorgenommen; nach eigenen Worten wird mit den so erhobenen Daten "zweifelsfrei bewiesen, was bis jetzt lediglich als einleuchtende These, die durch vorläufige Beweise gestützt wurde, behauptet werden konnte: Die inhaltliche Komplexität der Arbeit der Männer beeinflusst erheblich deren geistige Beweglichkeit und wird von dieser wiederum erheblich beeinflusst". Kohn/Schooler (1981b), S. 193.

194) Vgl. Semmer/Pfäfflin (1978), S. 193 ff.

195) So auch die Schlussfolgerung Ulichs: "Offenbar sind es vor allem die *kognitiven* und *sozialen* Anforderungen der *längerfristig* ausgeübten Arbeitstätigkeit, die die Persönlichkeitsentwicklung zu fördern oder zu beeinträchtigen geeignet sind." Ulich (1978a), S. 49.

hang - technische und organisatorische Zwänge den Umfang an sozialen Interaktionen erheblich einschränken.[196] In einem zweiten Wirkungszusammenhang kann dieser Mangel sich auch in umfassender Weise auf die soziale Kompetenz, auf die 'Soziabilität' des Betreffenden negativ auswirken; Meissner belegt anhand seines Datenmaterials, dass Arbeiter, die während ihrer Arbeit kaum soziale Interaktionen haben können - sei es als eigentlicher Bestandteil der Arbeit oder auch nur nebenher -, mehrheitlich auch ausserhalb der Arbeit weniger soziale Kontakte pflegen und sich seltener in freiwilligen Gruppen (Klubs, Verbände usw.) engagieren.[197]

Wenn auch diese Ergebnisse immer nur als Tendenz-Aussagen, als mögliche Wirkungen, die aber im Einzelfall nicht zutreffen müssen, verstanden werden dürfen, so kann doch mit Meissner festgestellt werden, dass bezüglich des Zusammenhanges von Arbeitsbedingungen und Freizeitverhalten die überwiegende Mehrzahl der Ergebnisse für eine 'carry-over'-Hypothese und gegen die Annahmen einer Kompensation in der Freizeit oder einer allgemeinen Autonomie der verschiedenen Bereiche sprechen. Der 'lange Arm der Erwerbsarbeit' zeigt sich darin, dass offenbar die Freizeitaktivitäten in ihrem qualitativen Gehalt mehrheitlich mit den Arbeitsbedingungen korrelieren: Arbeiter, die in ihrer Arbeit nur über geringe eigene Kontrollmöglichkeiten verfügen, tendieren mehrheitlich auch zu Freizeitaktivitäten, die wenig 'Handlungskompetenz' erfordern, und mangelnde soziale Interaktionen in der Arbeit werden nur in selteneren Fällen durch verstärkt soziale Freizeitengagements kompensiert.[198]

---

196) Vgl. Meissner (1971), S. 248 ff.

197) Vgl. Meissner (1971), S. 253 ff.; zu ähnlichen Ergebnissen gelangten zuvor schon Argyris (1959), S. 158; Kornhauser (1965), S. 195 ff. Als grosse Ausnahme stellt Meissner die aktive Mitgliedschaft in Kirchen fest; vgl. Meissner (1971), S. 251 f.

198) Vgl. Meissner (1971), S. 250. Auch Ulich/Ulich (1977) sprechen von einer gewissen empirischen Evidenz des 'carry-over'-Modells (auch Generalisationsmodell genannt). Dagegen sprechen in einer bundesdeutschen Studie über Berufserfahrungen und Teilnahme an freiwilligen Vereinigungen die Ergebnisse überwiegend für eine Autonomiehypothese; während aber auch schwache Beziehungen im Sinne eines 'carry-over' festgestellt werden konnten, erwies sich auch hier die Kompensationshypothese als am unfruchtbarsten; vgl. Fröhlich (1978). Generell muss aber wohl davon ausgegangen werden, dass sich diese komplexen Zusammenhänge nicht allein durch *ein* Modell abbilden lassen - selbst nicht bezogen auf nur eine Person; vgl. Ulich/Ulich (1977), S. 221; ebenso Groskurth (1979c). Zur Diskussion der drei Modelle (carry-over, Kompensations- und Autonomiemodell) vgl. auch Udris (1981). Auch Simone Weil weist mit Nachdruck auf die Nebenwirkungen der Arbeit auf das übrige Leben hin: Wenn der Arbeiter in die Fabrik geht, dann nimmt er immer auch seine Seele mit; er kann sie nicht am Werktor in Verwahrung geben, um sie sich nach der Arbeit wieder unversehrt anlegen zu können. Diese Seele aber wird in der Fabrik derart geschunden, dass sie am

Diese Ergebnisse können weitgehend in eine allgemeine Theorie psychologischer Wirkungen integriert werden und erfahren so eine umfassendere Erklärung. Nach Seligman wird durch die Erfahrung, dass Ereignisse durch die jeweilige Person nicht kontrollierbar sind, ein psychologischer Zustand der *Hilflosigkeit* erzeugt.[199)] Insbesondere die wiederholte gleichzeitige Erfahrung von Stress und Machtlosigkeit gegenüber den Verursachern dieses Stresses kann jenes Phänomen der 'erlernten Hilflosigkeit' hervorrufen, das auch in Situationen das Verhalten weiterhin prägt und bestimmt, in denen faktisch kontrollierende Reaktionen möglich wären. Eine derart psychologisch bedingte und verfestigte Hilflosigkeit kann sich demnach zu einer generellen Hilflosigkeit ausdehnen, die über jene ursprüngliche Situation, in der die Stressoren nicht zu kontrollieren waren, hinaus das gesamte Verhaltensmuster einer Person in den unterschiedlichsten Situationen beeinflusst: Die 'erlernte Hilflosigkeit' untergräbt so generell die Motivation, auf Situationen und insbesondere auf Stress zu reagieren; der Betreffende wird mutlos, passiv und apathisch.[200)] Weiter beeinträchtigt Hilflosigkeit nach Seligman die Lernfähigkeit und sie kann zu emotionalen Störungen, zu Depressionen, Aengsten und psychosomatischen Krankheiten führen bis hin zum Tod.[201)]

Bei aller Vorsicht konstatieren Frese und Frese/Greif in Anlehnung an Seligmans Theorie die Möglichkeit negativer Auswirkungen der Arbeitsbedingungen auf die gesamte psychische Struktur der Arbeitenden.[202)] Insbesondere für Frese stellt die gleichzeitige Erfahrung von Stress und Macht- bzw. Hilflosigkeit gegenüber den Stressverursachern für die industrielle Arbeit unter den gegebenen Verhältnissen geradezu typische Verhältnisse dar: Starke Stressoren sind dabei Monotonie, soziale Isolation, Arbeitsthempo, Unfallgefahr,

Abend ausgepumpt ist und der Arbeiter nichts mehr anfangen kann mit seiner Freizeit; vgl. Weil (1962), S. 455.

199) Vgl. Seligman (1979), S. 8.

200) Vgl. Seligman (1979), S. 20 ff. (Die ersten klinischen Tests zu diesem Zusammenhang wurden an Tieren vorgenommen.)

201) Vgl. Seligman (1979), S. 34 ff. Der Vollständigkeit halber sei hier darauf hingewiesen, dass Hilflosigkeit beim Menschen auch durch kognitive Faktoren, wie etwa gezielte (verfälschte) Informationen über die Qualität einer stressverursachenden Situation, sowie durch vorgängige Persönlichkeitsmerkmale, wie etwa die Einstellung zum eigenen Lebensverlauf als Zufallskette oder als Folge eigener Entscheidungen gefördert oder abgeschwächt werden kann; vgl. ders., S. 27 f. Apathie und Hilflosigkeit kann aber auch hervorgerufen werden, durch unkontrollierbare Belohnungen, die für den Betreffenden ohne ersichtlichen Zusammenhang mit seinem Verhalten erfolgen oder unterbleiben.

202) Vgl. Frese (1977); Frese/Greif (1978); Frese (1979). Vgl. weiter auch die von Hoff (1977) zusammengetragenen Ergebnisse.

schädliche Umgebungseinflüsse; der durch dritte oder auch durch die Maschine diktierte Arbeitsablauf sowie die im Betrieb herrschenden Macht- und Rechtsverhältnisse beschränken gleichzeitig den Arbeiter in seinen Einflussmöglichkeiten auf diese Stressfaktoren.[203)] Auch die von Seligman beschriebenen Auswirkungen können diesen Autoren zufolge für den Arbeitsbereich empirisch belegt werden: Im Extremfall können verschiedenste Formen psychischer und somatischer Störungen auftreten. Gewisse Einschränkungen zu Seligmans Darstellung einer *generellen* Hilflosigkeit müssen aber insofern vorgenommen werden, als im Falle der Erwerbsarbeit verschiedene Momente auch gegen eine Generalisierung wirken können; erwähnt sei etwa die Möglichkeit, anhand von Gesprächen mit Mitarbeitern die Hilflosigkeit am Arbeitsplatz als allgemeines Problem erkennen zu können, dem keine persönliche Defizite zugrunde liegen. Die Hilflosigkeit ist weiter auch deshalb nicht eine generelle, weil die daraus resultierende Inaktivität und Apathie in vielen Fällen gerade in der geforderten Arbeitsleistung nicht beobachtet werden kann, obwohl eigentlich die dort herrschenden Bedingungen die Hilflosigkeit auslösten.[204)] Frese/Greif verwenden daher das leicht veränderte Konzept einer 'bereichsspezifischen gelernten Hilflosigkeit'.

Der Arbeitsprozess ist also nicht nur der Ort, an dem Sachwerte und Dienstleistungen erstellt werden, sondern über die Auseinandersetzung mit der Natur, mit den Mitmenschen und mit sich selbst entfaltet und gestaltet sich auch die Persönlichkeit des Arbeitenden. Neben den Arbeitsinhalten und der Art des Arbeitens kommt hier auch dem sozialen und organisatorischen Umfeld eine grosse Bedeutung zu. Zwar erfolgt selbst bei hohem Sanktionsdruck durch das soziale Umfeld (etwa durch das Unternehmen) die Verinnerlichung normativer Anforderungen beim einzelnen zumeist *nicht bruchfrei*; vielmehr handelt es sich dabei

---

203) Es ist dabei wohl richtig, dass etwa maschinenzentrierte Massenproduktion - so z.B. die Fliessbandarbeit - diesbezüglich am augenscheinlichsten ist. Analoge Verhältnisse lassen sich aber auch im Bürobereich ausmachen, wo in Chargen mit relativ niedriger Qualifikation ebenfalls Stress und fehlende Kontrollmöglichkeiten zusammenfallen; vgl. exemplarisch die Aufsätze in Frese (1981). Die oftmals um der Deutlichkeit willen auf den Produktionsbereich bezogenen Darstellungen der Gefahren und Nebenwirkungen manueller Spezialisation und Fremdbestimmung gelten also, mutatis mutandis, ebenso bei entsprechender geistiger, politischer oder administrativer Spezialisation. Gerade bei der wenig qualifizierten Büroarbeit können genügend Beispiele gefunden werden mit stark tayloristisch geprägter Arbeitsgestaltung und -teilung; ein Beispiel für viele ist die von Ulich beschriebene Hauptverwaltung eines deutschen Zigarettenkonzerns, die dann später reorganisiert wurde, vgl. Ulich (1978a), S. 58 ff.

204) Vgl. Frese/Greif (1978), S. 220.

um eine - durch die bisherigen Persönlichkeitsmerkmale und die individuelle Situationswahrnehmung mitgeprägte - Reaktion auf diese Anforderungen innerhalb einer Skala, die von einem bewussten Verhalten - zwischen Zustimmung und Ablehnung - bis hin zu einer resignativ-apathischen Anpassung reicht.[205)] Gerade im Falle der Erwerbsarbeit in grösseren Unternehmen muss aber angesichts des hohen Anpassungszwanges im Betrieb - trotz dieser Relativierung des Sozialisationsprozesses - von einer nachhaltigen Beeinflussung der Persönlichkeit (sowie des Selbstverständnisses und der Lebensziele) ausgegangen werden; so scheint u.a. etwa eine Reorganisation des Rollensystems dahingehend wahrscheinlich, dass die berufspezifische Rolle im gesamten Persönlichkeitsbild an relativer Bedeutung hinzugewinnt.[206)] Insofern sind Unternehmen immer auch soziale Organisationen, deren Strukturen und Entscheidungsregeln einen *nachhaltigen sozialisatorischen* Einfluss (tertiäre Sozialisation) ausüben.[207)]

Sowohl die festgestellten - möglichen - psychischen und physischen Beeinträchtigungen des arbeitenden Menschen als auch die möglichen negativen Folgewirkungen auf dessen Persönlichkeitsentwicklung durch die jeweilige Arbeitssituation sind im Falle ihres Auftretens aus individualistischer Sicht als *Wohlfahrtseinbussen* zu betrachten, die die jeweiligen Wohlfahrtsgewinne aus einer Mehrproduktion aufgrund industrieller Methoden im entsprechenden - leider kaum messbaren - Ausmass relativieren. Darüber hinaus wird einerseits - etwa im Umfeld neuer Technologien und wirtschaftlicher Entwicklung - über generelle und einschneidende Folgewirkungen auf den gesamten sozialen und

205) Vgl. Schumm (1982), S. 258. Die Sozialisation ist also kein einseitig mechanisch ablaufender Prozess.

206) Vgl. Schumm (1982), S. 259.

207) Vgl. Windolf (1981). Die Sozialisation ist zumindest insofern von grosser Bedeutung für die Entwicklung der Persönlichkeit, als sie hier als 'Verinnerlichung' externer Strukturen, als deren mentale Reproduktion verstanden wird. Die über einen Lernprozess derart internalisierte Struktur ist dabei aber "ebenso Abbild des Gegenstandes (vorab der externen, sozialen Strukturen; RvR) wie Produkt der eigenen Aktivität", womit nochmals vor einer unzulässigen Vereinfachung dieser Wirkungsweise gewarnt sein soll; Windolf (1981), S. 20. Groskurth (1979c), S. 10, definiert die *berufliche Sozialisation* entsprechend als "permanenten Prozess der Ausbildung von Persönlichkeitsstrukturen in der Auseinandersetzung mit den sich aus dem Produktionsprozess ableitenden (zum Teil widersprüchlichen) Anforderungen". Damit es sich bei diesem Lernprozess, bei der Verinnerlichung externer Strukturen zu einem innerlichen - meist vereinfachten - Bild oder Modell tatsächlich um eine *Sozialisation* handelt, muss dieses verinnerlichte Modell handlungs- und orientierungs*regulative* Funktion besitzen.

gesellschaftlichen Lebenszusammenhang spekuliert[208]; andererseits sind auch gesamtgesellschaftlich gesehen die *sozialen Kosten* schädigender Arbeitsbedingungen ebenfalls von ernstzunehmendem Ausmass.[209]

Diese etwas ausführlichere Darstellung der möglichen negativen Auswirkungen einer rein *funktionsorientierten* Arbeitsweise sollte hier verdeutlichen helfen, wie die Menschen zur Zeit der Industriellen Revolution, an der Nahtstelle zweier Arbeitssysteme, die Fabrikarbeit wahrgenommen haben könnten. Zwar ist wohl wenig wahrscheinlich, dass sie im einzelnen Kenntnis hatten von diesen, oft langfristigen Auswirkungen, denn sie basieren auf einer langen und intensiven Forschung. Wie aber oben ausgeführt, treffen in dieser Zeit gleichfalls zwei tiefgreifend unterschiedliche Wertsysteme aufeinander; es kann daher vermutet werden, dass aufgrund der traditionellen Werte - aus heutiger Sicht teilweise auch fälschlicherweise - manche Problematik der Fabrikarbeit vielleicht noch deutlicher erkannt wurde, als dies heute im normalen Alltag möglich ist. Die traditionellen Erfahrungen mit der Arbeit dürften weiter auch dazu beigetragen haben, dass gewisse Unvereinbarkeiten der Arbeitsbedingungen mit dem sozialen Lebenszusammenhang, mit den physischen und psychischen Kräften des Menschen *intuitiv* erfasst wurden. Die Ablehnung gegenüber der neuen Arbeitsweise kann also erklärt werden mit der grundsätzlichen Unvereinbarkeit der verschiedenen Werthaltungen und Weltbildern und gleichfalls auch mit den - doch

208) Vgl. etwa Heubrock (1989), S. 349.

209) Otto Bauer beschäftigte sich bereits 1931 eingehend mit dem Problem der *Fehlrationalisierung*: Weil für ein Unternehmen bezüglich der Arbeit nur solange Kosten anfallen, als der betreffende Mensch auch in diesem Unternehmen angestellt ist, können Rationalisierungsbestrebungen seitens der einzelnen Unternehmen in vielfältiger Weise zu einer Kostenabwälzung auf die gesamte Gesellschaft führen (etwa im Falle von 'Freisetzung' und Arbeitslosigkeit). Es ist sogar denkbar, dass Massnahmen zur Senkung der einzelunternehmerischen Produktionskosten die gesellschaftlichen Produktionskosten insgesamt (langfristig, unter Berücksichtigung aller Nebenwirkungen) erhöhen; vgl. Bauer (1931), S. 166 ff. In unserem Zusammenhang steht besonders die - aus gesellschaftlicher Sicht - Fehlrationalisierung durch Intensivierung der Arbeitsverfahren im Vordergrund, sofern dadurch der Mensch vorzeitig ausgepumpt und 'arbeitsinvalide' wird; ohne dass er von diesem Moment an noch zur gesellschaftlichen Produktion beitragen könnte, muss dennoch von der Gesellschaft - nicht vom bisher nutzniessenden Unternehmen - sein Lebensbedarf gedeckt werden; vgl. hierzu ebenda, S. 176 ff. Zur Krankheit als psychosoziales Phänomen vgl. auch Mitscherlich u.a. (1967); Halliday (1967). Schwierig, vielleicht gar unmöglich, aber auf jeden Fall ideal wäre diesbezüglich eine Regelung zur Internalisierung dieser Kosten, indem das Unternehmen (Arbeits-) Krankheiten versichern müsste. Dies hätte den Vorteil, dass das Unternehmen die Auswirkungen seiner gestalterischen Massnahmen auf den Menschen stärker in den Entscheidungen mitberücksichtigen würde.

relativ offenkundigen - negativen Auswirkungen der damals herrschenden Arbeitsbedingungen.

Kapitel 4

PRODUKTIONSORT 'UNTERNEHMEN'

4.1. HIERARCHISCHE ORGANISATIONEN SIND DAS DOMINIERENDE UMFELD DER ARBEIT

4.1.1. DAS UNTERNEHMEN - PRODUKT EINER SPEZIFISCHEN WIRTSCHAFTSWEISE

Der historische Rückblick hat gezeigt, dass im Verlaufe der Industrialisierung ein tiefgreifender und durchaus konfliktreicher und schmerzhafter Wandel stattgefunden hat, in den mit wachsender Geschwindigkeit immer grössere Bevölkerungskreise hineingezogen wurden. Es wurde dabei auch deutlich, dass dieser Wandel ein globales Phänomen darstellt und sich in allen kulturellen, wirtschaftlichen und gesellschaftlichen Bereichen niederschlägt. Dabei wird die individuelle Lebensgestaltung und -ausrichtung tiefgreifend verändert. Gleichzeitig wird dieser Wandel umgekehrt aber auch von sich verändernden Vorstellungen, Lebensverständnissen und -projekten sowie von sich verändernden kulturellen, wirtschaftlichen und gesellschaftlichen Rahmenbedingungen geprägt und getragen.

Wenn wir uns im weiteren auf die Untersuchung der Arbeitsbedingungen in Unternehmen beschränken, soll aber doch vorab darauf hingewiesen werden, dass die Arbeitsweise in den modernen Industriegesellschaft, dass insbesondere der Stellenwert, den die Arbeit in diesen Gesellschaften einnimmt, sowie die Zielrichtung, nach der sich die Arbeit ausrichtet und anhand der sie gestaltet und geformt wird, keineswegs ausschliesslich durch die Existenz von hierarchischen Unternehmen erklärt und begründet werden können. Wesentliche Ursachen müssen vielmehr eben in diesem kulturellen, gesellschaftlichen und vor allem wirtschaftlichen Wandel gesehen werden, der nicht zuletzt auch der Entstehung und machtvollen Verbreitung hierarchischer Wirtschaftsorganisationen zugrunde liegt: Es ist der Wandel weg von der handlungsleitenden, die gesellschaftlichen Strukturen und die Lebensweise prägenden Vorstellung des *Guten* und des *Ausreichenden* hin zu einer stets vorantreibenden Ausrichtung des Handelns am *Besseren* und am *Mehr.*

Die moderne Arbeits- und Wirtschaftsweise wurde erst möglich - und ist damit in ihrer Ausrichtung und Wesensart erst umfassend verständlich - auf der Grundlage eines qualitativen Umbruchs in den Handlungsmotiven der Menschen: Gemeint ist hier die von Albert Hirschman nachgezeichnete Herausbildung von der Rationalität zugänglichen, abwägbaren *Interessen*, die die oft eruptiven, destruktiven und vor allem weder vorhersehbaren noch beständigen *Leidenschaften* zunehmend zurückdrängen.[1)] Leidenschaften und Triebe sind vornehmlich gegenwartsbezogen, streben nach Erfüllung und Befriedigung im Hier und Jetzt. Da dieses Streben gerade im Falle der gefürchteten Leidenschaften der Habgier, der Machtsucht oder der Sexualität für das soziale Zusammenleben und den gesellschaftlichen Frieden gefährlich sein kann, ist etwa die mittelalterliche Gesellschaftsordnung und Ethik darauf ausgerichtet, diese Leidenschaften zu unterdrücken, was zu einer relativen Statik der Lebensverhältnisse führte. Interessen können demgegenüber durchaus berechnend, abwägend und vor allem auch auf längere Frist ausgerichtet sein. Sofern eine entsprechende Gesellschaftsordnung existiert, können auch die unterschiedlichsten Interessen verfolgt werden, ohne dass dadurch die Gesellschaft als Ganzes gefährdet wäre, ja sie gar davon profitieren kann. Voraussetzung hierfür ist, dass die Interessen nur unter ganz bestimmten Regeln verfolgt werden dürfen, was nach der Art der Interessen zur Herausbildung von unterschiedlichen Handlungsräumen mit je eigenen, spezifischen Regeln führt - Luhmann spricht hier von einer sozialen Differenzierung und von der Existenz strukturell unterschiedlicher Funktionssysteme innerhalb der Gesellschaft.[2)] Die Wirtschaft ist einer dieser verselbständigten Handlungsräume: Im Rahmen einer marktwirtschaftlichen Wettbewerbsordnung können die Menschen ihre wirtschaftlichen Interessen zielbezogen ver-

1) Vgl. Hirschman (1987).
2) Vgl. Luhmann (1985), (1986), (1988).

folgen, während der marktwirtschaftliche Preis die unterschiedlichen Interessen koordiniert.

Unter dem Gesetz des Wettbewerbes obsiegt jedoch das Bessere über das Gute und indem die Produktion nicht mehr nur auf Bestellung oder gar lediglich zur Selbstversorgung erfolgt, sondern *auf einen anonymen Markt ausgerichtet* ist, kann der Betreffende oft mittels einer Mehrproduktion seinen wirtschaftlichen Interessen noch besser genügen. Aufgrund der relativen Verselbständigung des Wirtschaftsbereiches werden hier aber auch nur wirtschaftliche Belange und Interessen berücksichtigt und im Wettbewerb von Qualität, Preis und Menge wird jeder in Wahrnehmung seiner individuellen Interessen durch die Anstrengungen der Mitbewerber seinerseits zu Mehranstrengungen gezwungen, was die Eigendynamik der wirtschaftlichen Entwicklung erklärt. Da die wirtschaftliche Aktivität immer auch unabdingbare Grundlage der Lebensexistenz ist, mag diese Eigendynamik auch erklären, weshalb das Funktionssystem Wirtschaft in den modernen Wirtschaftsgesellschaften die wohl dominierende Stellung im Leben und in der Gesellschaft einnimmt und die anderen Bereiche des Lebens, die anderen Funktionssysteme, wie etwa die Politik, die Wissenschaft oder die Familie, mehr oder weniger in ihrem Bann stehen.

Wenn hier im weiteren über Unternehmen und Arbeit im Unternehmen gesprochen wird, dürfen diese Rahmenbedingungen und Handlungsmotive nicht vergessen werden. Wie noch zu zeigen sein wird, ist das Unternehmen selbst zu verstehen als eine im wirtschaftlichen Wettbewerb erfolgreiche Form, in der wirtschaftliche Interessen wahrgenommen werden können: Das Unternehmen ist im wirtschaftlichen Wettbewerb ein erfolgreiches Instrument bei der Verfolgung partikulärer (Unternehmer-)Interessen auf dem Markt. Gleichzeitig ist es aber auch selbst ein Ort, an dem Menschen - Arbeiter, Angestellte und Manager - ihre wirtschaftlichen Interessen verfolgen. Dennoch: Unternehmen präsentieren sich im Wirtschaftsgeschehen durchaus auch als Aktoren von eigener, individueller Qualität - fast so, "als würden sie ein Eigenleben führen"[3)] - und sind als solche auch selber wieder in die Rahmenbedingungen und Strukturen des Wirtschaftssystems eingebunden. Entsprechend ist auch die Arbeit innerhalb des Unternehmens nicht nur den Erfordernissen der hierarchischen Organisation unterworfen und einzig durch diese bestimmt, sondern ebenso immer auch geprägt

3) Woll (1984), S. 60.

durch die gesamten sozialen und wirtschaftlichen Bedingungen und Verhältnissen einer Gesellschaft. Arbeit ist immer durch die gesellschaftlichen Verhältnisse geprägt.[4)]

4.1.2. EINGRENZUNG DER UNTERSUCHUNG AUF DAS UNTERNEHMEN

Eine Begrenzung des Untersuchungsgebietes auf die Unternehmen und die in ihr organisierte und gestaltete Arbeit stellt jedoch aus verschiedenen Gründen eine durchaus sinnvolle und zulässige Eingrenzung dar. Nicht nur sind Unternehmen stark in die Rahmenbedingungen des Marktes eingebunden und sind auch bezüglich ihrer Zielsetzung und ihrer Ausrichtung der Arbeit ein weitgehendes Abbild der Wirtschaftsweise der jeweiligen Gesellschaft, sondern diese "anpassungsfähigen und beweglichen Akteure" können auch zu den "Grundelementen des sich entwickelnden Sozialgefüges" gerechnet werden und sie sind vor allem auch die massgeblichen "Träger der wirtschaftlichen Entwicklung"[5)]. Ihre diesbezügliche Bedeutung erlangte sie wohl nicht zuletzt auch deshalb, weil hierarchisch aufgebaute Unternehmen trotz ihrer wirtschaftlichen Ausrichtung immer auch "Herrschaftsverbände und Herrschaftsinstrumente"[6)] darstellen. Dabei können diese Herrschaftsbeziehungen sowohl nach aussen als auch nach innen wirken, wobei im letzteren mittels der Befehl- und Gehorsambeziehungen zwischen den Hierarchiestufen die Untergebenen zu einer Mehrleistung veranlasst werden können, als diese zur Deckung ihrer Bedürfnisse für notwendig erachten. Es ist zu vermuten, dass unter den gegebenen Arbeitsbedingungen - vorab bei unumgänglicher Vollzeitbeschäftigung - unter sanktionsgestütztem Leistungsbefehl und -kontrolle der einzelne in der Regel mehr arbeitet (mehr arbeiten muss), als er in einem völlig freiwilligen Austausch zu leisten bereit wäre. Aber auch die Möglichkeit einer Machtentfaltung nach aussen mag bei einigen - mit Befugnissen und allfälligen Privilegien ausgestat-

---

4) Vgl. etwa Neuberger (1985a).

5) Coleman (1979), S. 19. Vgl. auch Büschges (1983), S. 39 ff.: Obwohl Organisationen "ein spätes Produkt gesellschaftlicher Entwicklung" (S. 39) darstellen, sind sie inzwischen zu einer vorherrschenden Art und Weise geworden, in der bestimmte Probleme angegangen und bewältigt werden, und entwickelten sich darüber hinaus selbst "zu wichtigen Faktoren der weiteren gesellschaftlichen Entwicklung" (S. 40).

6) Büschges (1983), S. 197.

teten - Akteuren innerhalb des Unternehmens eine zusätzliche Motivation bewirken, die eine Leistungsbereitschaft über das rein ökonomisch Notwendige hinaus zur Folge hat. Für François Perroux kann denn auch ganz allgemein nur das *Streben nach Macht* die Dynamik der Wirtschaft sowie die Motivation über die reelle Sättigungsgrenze des einzelnen hinaus erklären.[7)]

Unternehmen und alle Art von Organisationen nehmen im modernen gesellschaftlichen Leben *eine immer bedeutendere Stellung* ein. Das Unternehmen als eine prinzipiell hierarchisch organisierte Wirtschaftseinheit bildet gemäss Zündorf eine der dominierenden Institutionen der modernen Gesellschaft.[8)] Immer mehr Belange des täglichen Lebens werden innerhalb von Organisationen oder in Beziehung mit Organisationen geregelt und abgewickelt; Organisationen binden Menschen ein und verbinden sie miteinander - trennen sie aber auch voneinander. In den modernen Gesellschaften verbringt der Mensch einen Grossteil seines Lebens in oder in engem Austausch mit Organisationen und sein Leben wird von diesen wesentlich beeinflusst: "Sie *bestimmen* seinen *sozialen Alltag* ebenso wie seinen *Lebenslauf*."[9)] In den modernen Industriestaaten steht die überwiegende Mehrzahl der in der Wirtschaft tätigen Menschen in einem Arbeitnehmerverhältnis, arbeitet in kleineren oder grösseren Unternehmen. Ihr Arbeitsalltag und ihre jeweilige Tätigkeit sind daher weit unmittelbarer und stärker geprägt von den Strukturen und Abläufen des Unternehmens, von den hier vorgegebenen Beziehungen, Anforderungen und Arbeitsgestaltungen, als von den Bedingungen der (Markt-)Wirtschaft und der allgemeinen Wirtschafts- und Arbeitsausrichtung der ganzen Gesellschaft, die jeweils nur noch indirekt über die Arbeitsbedingungen innerhalb des Unternehmens - und durch diese teilweise transformiert - erlebt werden.[10)] Zwar ist jedes Handeln in Organisationen an Menschen gebunden[11)], doch erfolgt es in den Bahnen und in der Funktion der durch die organisatorische Struktur vorgegebenen Logik; zwar sind es Menschen, die diese Strukturen erdenken und gestalten[12)] , doch, sobald sie

7) Vgl. Perroux (1961), S. 515.
8) Vgl. Zündorf (1981), S. 195.
9) Büschges (1983), S. 23 (Hervorhebung im Original).
10) Vgl. von Hayek (1979), S. 29. Auch Zündorf (1981), S. 196 hält fest, dass die hierarchischen Strukturen gerade in Unternehmen in hohem Masse handlungsprägend sind.
11) Diese Erkenntnis fördert in jüngster Zeit auch die Entwicklung einer am Subjekt und weniger an den Strukturen orientierten Industriesoziologie; vgl. etwa Brock/Vetter (1982), S. 27 ff.
12) Vgl. etwa Büschges (1983), S. 41 ff.

existieren, prägen und gestalten die Strukturen - in unterschiedlichem Masse - wiederum die Handlungen der in ihnen tätigen Menschen mit.[13)]

Dass es tatsächlich weitgehend hierarchische Organisationen und vorab Unternehmen sind, die die wirtschaftliche Entwicklung und auch die Art und Weise, den Rhythmus und die Zielrichtung des Wirtschaftens und Arbeitens beeinflussen, zeigt sich auch daran, dass in der Frühphase der industriellen Entwicklung die Gewöhnung der Arbeiter an die neue Wirtschafts- und Arbeitsweise massgeblich in den Industriebetrieben erfolgte.[14)] Auch heute sind Unternehmen ein wichtiger Ort für die tertiäre Sozialisation, für die Gewöhnung an die Arbeits- und Wirtschaftsbedingungen und für die Vermittlung eines Wirtschaftsverständnisses.[15)] Selbst die Primärsozialisation der Kinder wird wohl stark durch die Erfahrungen der Eltern an ihren Arbeitsplätzen in Unternehmen mitgeprägt.[16)] Es zeigt sich, dass die verbindlichen Werte und Normen in der

13) Vgl. Zündorf (1981), S. 196. Zur 'Produktion' und 'Reproduktion' von Strukturen vgl. Empter (1988), S. 64 ff.

14) Vgl. Sombart (1916a), S. 38; Bendix (1960), S. 66 ff.; Pollard (1965), S. 183 f.; Eggebrecht u.a. (1980), S. 212 ff.; Meyer (1982), S. 125; Neuberger (1985).

15) Siehe hierzu etwa das Prozess-Modell über die Anpassung von Anspruchsniveaus von Bruggemann (1974) sowie Bruggemann u.a. (1975), welches in manchen Punkten der Theorie der kognitiven Dissonanz von Festinger (1978) nahe ist. Auch vermitteln die faktischen Gegebenheiten im Unternehmen oftmals den Eindruck eines unausweichlichen Sachzwanges, der dann nolens volens angenommen wird; vgl. Ullrich (1977), S. 26 ff., 151 ff.

16) Die Auswirkungen elterlicher Arbeitserfahrungen auf die Persönlichkeitsentwicklung ihrer Kinder sind in den 70er Jahren ausführlich diskutiert und vielfach auch popularisiert worden; demgegenüber blieb aber die Zahl empirischer Studien vergleichsweise klein; vgl. Schumm (1982), S. 267. Grundlegend und vielfach zitiert sind die zu einem Aufsatzband zusammengefassten Untersuchungen Kohns über *Class and Conformity*; vgl. Kohn (1969). Empirische Bestätigung der Annahme eines direkten Bezugs zwischen Arbeitserfahrung und Erziehung der Kinder lieferten - mit den üblichen erhebungstechnischen Unzulänglichkeiten - die Untersuchungen von Pearlin/Kohn (1966) und Kohn/Schooler (1973). Eine etwas spätere Untersuchung in der Bundesrepublik Deutschland zeigte, dass vor allem die vom Vater gemachten Erfahrungen von Restriktionen im Berufsleben sich auf Konformitätsanforderungen an ihre Kinder auswirken; vgl. Grüneisen/Hoff (1977), S. 151 ff. Zur Schlussfolgerung, dass neben der Schulbildung massgeblich auch die soziale Herkunft der Eltern (deren Bildung, Arbeits- und Lebenssituation) die Persönlichkeitsentwicklung des Kindes beeinflusst, gelangen ebenfalls: Brandt u.a. (1973), S. 106 ff., speziell S. 116 ff.; Lempert/Thomssen (1974), S. 336 ff. Da letztere in ihrer Studie eine hohe Korrelation zwischen familiärer Herkunft, Schulbildung, Berufswahl und Weiterbildung feststellen konnten, steht für sie fest, dass der berufliche Werdegang in der Regel als eine Folge schichtspezifischer sozialer Beeinflussungs- und Ausleseprozesse verstanden werden kann. Nach Abrahams/Sommerkorn (1976) bleiben aber die Mehrzahl dieser Studien schichtspezifischer Zusammenhänge von Arbeitserfahrungen und Kindererziehung aufgrund empirischer, methodologischer und konzeptioneller Schwächen in ihren Ergebnissen nur begrenzt aussagekräftig; vgl. auch ihre ausführliche Kritik an Kohn S. 77 ff.

Erziehung weitgehend mit den jeweils von den Erziehenden geforderten Arbeitstugenden übereinstimmen. So fördert das Erziehungsverhalten von Fabrikarbeitern bei ihren Kindern mehrheitlich Unselbständigkeit und Konformismus; angestrebt werden bei den Kindern Charaktereigenschaften, wie Gehorsam, Fleiss, Genauigkeit, Pünktlichkeit, Respekt u.ä.m.[17)] Derweil liegt das Hauptgewicht der Erziehung in der sog. Mittelschicht und vorab bei Eltern mit 'anspruchsvolleren' und vielfältigeren Arbeiten bei Selbstbestimmung, Selbstverwirklichung und Eigeninitiative; als Erziehungsziel tritt hier die 'Selbstkontrolle' an die Stelle des Gehorsams. Die bisher in ihrer Bedeutung für die Sozialisation als zentral angesehene Institution der Familie erscheint damit weit mehr als ein *Medium*, über welches die beruflichen Erfahrungen an die Folgegenerationen weitervermittelt werden; die *Arbeit* aber ist somit auch indirekt die dominierende Instanz bei der Persönlichkeitsentwicklung.[18)] "Die entscheidende Phase in der Sozialisation von Menschen sind ihre Erfahrungen und Erlebnisse im Beruf. Alle anderen Sozialisationsphasen werden durch diese Erfahrungen weitgehend bestimmt."[19)]

Das Unternehmen ist demnach ein zentraler Ort, an dem Vorstellungen, Verhaltensweisen und Wertorientierungen geprägt werden. Es stellt zudem in der Arbeitswelt wohl einen der dominierensten - und insbesondere am unmittelbarsten erlebbaren - Sachverhalte dar. Dabei ist es einerseits selbst Ausdruck der industriellen Wirtschaftsgesellschaft und ist durch die in ihr herrschenden Bedingungen und Ausrichtungen geprägt. Diese wirken denn auch indirekt auf den einzelnen Arbeitsplatz aus und werden teilweise sogar durch das Unternehmen verstärkt: So wird etwa das der Marktwirtschaft zugrundeliegende Prinzip der Arbeitsteilung innerhalb von Unternehmen oftmals noch viel weiter vorangetrieben. Andererseits wird die Arbeit im Unternehmen aber weit stärker und unmittelbarer auch geprägt durch unternehmensspezifische Bedingungen, wie insbesondere ihre hierarchische Organisation mit direktem Befehl und direkter Kontrolle, die dem einzelnen wenig Handlungsalternativen offen lassen.

---

17) Vgl. auch Groskurth (1979b), S. 44 f. Ziel und Motivation ist dabei durchaus, dass die Kinder einmal im Leben bestehen können (wobei mit dem Leben weitgehend das Berufsleben gemeint wird) und es, dank der 'guten Erziehung', auch einmal besser haben werden als die Eltern.

18) Vgl. Groskurth (1979c), S. 16.

19) Groskurth (1979b), S. 45.

4.1.3. 'HIERARCHISCHE INSELN' IM 'MEER' MARKTWIRTSCHAFTLICHEN TAUSCHS

4.1.3.1. Das Primat einer marktwirtschaftlichen Koordination ...

Zu Beginn der weiteren Untersuchung ist es sinnvoll vom Markt auszugehen, um ihm dann das Unternehmen gegenüberzustellen. Mit Oliver E. Williamson soll hier davon ausgegangen werden: "In the beginning (...) there were markets."[20] Dies ist jedoch keineswegs historisch gemeint, sondern zum einen die Wahl eines Ausgangspunktes für die theoretischen Reflexionen und zum anderen soll damit generell das *Primat der marktlichen Koordination*[21] von Wirtschaftsaktivitäten über den Preismechanismus ausgedrückt werden. Der in diesem Ausgangspunkt ansetzende Vergleich mit dem Unternehmen empfiehlt sich, da Markt und Unternehmen grundsätzlich als *alternative Formen der Koordination* ökonomischer Aktivitäten verstanden werden müssen, die sich auch gegenseitig konkurrenzieren.[22] Im Vergleich der Unterschiede dieser beiden Koordinationsformen können auch ihre wesentlichen Eigenschaften dargestellt werden und mit der Wahl des Ausgangspunktes kann im weiteren nachgewiesen werden, inwiefern Unternehmen ökonomische Vorteile aufweisen und damit ökonomisch durchaus wünschenswert sind.

Lange herrschte die Vorstellung vor, dass eine gesellschaftliche Ordnung auf Befehl und Gehorsam gründen müsse. Noch heute ist diese Meinung weit verbreitet - nicht zuletzt auch bezüglich der Ordnung in Organisationen. Man tat und man tut sich noch immer schwer dabei, "sich eine wirkungsvolle Koordination der menschlichen Tätigkeiten ohne bewusste Organisation durch eine befehlende Instanz vorzustellen".[23]

Gemäss liberal-individualistischem Anspruch sollte jedoch das einzelne, sollte jedes einzelne Individuum sein Geschick - im Rahmen seiner Möglichkeiten - selber bestimmen und gestalten können. Aus der Freiheit individueller Selbstbestimmung folgt aber, dass es eine Vielzahl von Entscheidungszentren gibt; und:

20) Williamson (1981a), S. 1547.
21) Vgl. auch Kirsch (1983), S. 23.
22) Vgl. Coase (1937), S. 389; Bössmann (1981), S. 668.
23) von Hayek (1971), S. 192.

In einer Welt der knappen Ressourcen wirkt sich die Entscheidung des einen in irgend einer Weise auch auf die anderen aus, indem sie deren Entscheidungsräume beeinträchtigt. In einer Welt der knappen Mittel trägt die Existenz vieler Entscheidungszentren immer die Gefahr eines potentiellen Konflikts in sich. Die Frage nach einer *geordneten, friedlichen Koordination* der individuellen Entscheidungen stellt sich hier in aller Dringlichkeit.

Es ist daher eine verdienstvolle Errungenschaft der liberalen, nationalökonomischen Theorie, tatsächlich eine Erklärung gefunden zu haben, "wie eine solche gegenseitige Anpassung der spontanen Tätigkeiten der einzelnen durch den Markt zustande kommt, vorausgesetzt, dass der Herrschaftsbereich jedes Individuums bekannt ist".[24] Die *Marktwirtschaft* als "die konkrete Ausprägung des liberalen Ordnungsentwurfes für eine freiheitliche und friedliche Gesellschaft"[25] ermöglicht demnach, was lange Zeit der Versuch einer Quadratur des Kreises zu sein schien: die Verbindung eines geordneten und friedlichen Zusammenlebens mit der individuellen Freiheit, die eigenen Handlungen nach eigenen Vorstellungen den jeweils besonderen Umständen anpassen zu können.

Im Gegensatz zur in letzter Konsequenz *zentral* geleiteten Ordnung durch Befehl und Gehorsam kann mit Michael Polanyi der Markt als eine '*polyzentrische Ordnung*'[26] charakterisiert werden. Die Polyzentrizität gewährleistet ein Höchstmass an individueller Freiheit, soweit jedes Individuum ein selbstbestimmendes Entscheidungszentrum sein kann, und ist in diesem Sinne schon aus normativer, liberal-individualistischer Sicht wünschenswert. Jedoch bedeutet hier Freiheit weder die Existenz unbegrenzter Möglichkeiten noch das Fehlen von Einschränkungen; sowohl die allgemeine Knappheit der Ressourcen dieser Welt als auch die Ansprüche der Mitmenschen schränken die Handlungs- und Entscheidungsalternativen des einzelnen erheblich ein. Das Handeln der Individuen auf dem Markt kann jedoch als *frei* bezeichnet werden, weil "they are not determined by any *specific* command, whether of a superior or of a public authority; the compulsion to which they are subject is impersonal and general"[27].

Ein anderer wesentlicher Vorteil resultiert aus einer polyzentrischen Ordnung dadurch, dass die Menge und Vielfalt des Wissens und der Informationen, die in

24) von Hayek (1971), S. 192.
25) Kirsch (1986), S. 22.
26) Vgl. Polanyi (1951), S. 170 ff.
27) Polanyi (1951), S. 159.

einer ganzen Gesellschaft existiert, niemals in einem einzigen Entscheidungszentrum zusammengetragen werden kann.[28] Wo jedoch dezentrale Entscheidungen getroffen werden können, können auch diese verteilten Informationen an Ort und Stelle miteinbezogen werden. Dies gilt nicht nur für die individuellen Bedürfnisse, die niemand besser kennen kann, als der Betreffende selbst. Der einzelne kennt auch seine Fähigkeiten und Ressourcen und er besitzt spezifische Informationen über sein Umfeld. Der Einbezug des "Wissens über die spezifischen Umstände von Zeit und Ort"[29] in einer Gesellschaftsordnung mit dezentralen Entscheidungszentren führt - unter der Bedingung einer umfassenden Koordination - zu einer optimalen Verwendung der Ressourcen und damit zu einer effizienten Allokation. Ein wesentlicher Vorteil gegenüber einer zentralen Planung ist dabei auch die Flexibilität, mit der auf örtliche Veränderungen reagiert werden kann[30], und zwar früher und zugleich feiner als dies für eine zentrale Instanz möglich ist, da sie Veränderungen erst wahrnehmen kann, wenn sie in den aggregierten Informationen, wie sie bei ihr ankommen, Wirkung zeigen.

Damit jedoch diese *Allokation* tatsächlich optimal ist, muss auch die Voraussetzung erfüllt werden, dass diese Einzelentscheidungen möglichst kostenfrei miteinander koordiniert werden und dass dem jeweils Entscheidenden - ebenfalls möglichst kostenfrei - die diesbezüglichen allgemeinen und überaus wichtigen Informationen zugänglich sind. Denn: Mag es auch richtig sein, dass jene, die von speziellen Umständen der Zeit und des Ortes direkt betroffen sind, auf diese am adäquatesten und auf deren Veränderungen am schnellsten reagieren können, so können diese ihre Entscheidungen doch nicht nur auf der Basis dieser intimen, aber höchst begrenzten Kenntnisse, die sich lediglich auf ihre unmittelbare Umgebung beschränken, fällen. Die individuellen Handlungen müssen ebenso auf die grösseren, gesamtwirtschaftlichen Bedingungen abgestimmt sein; die hierzu benötigten Informationen sind jedoch im Prinzip unendlich viele, da im letzten eigentlich alles, was auf der Welt geschieht, einen Einfluss auf die einzelne Entscheidung haben kann.[31]

---

28) "The pecular character of the problem of a rational economic order is determined precisely by the fact, that the knowledge of the circumstances of which we must take use never exists in concentrated or integrated form, but solely as the dispersed bits of incomplete and frequently contradictory knowledge which all the separate individuals possess." von Hayek (1945), S. 519.

29) von Hayek (1945), S. 521.

30) Vgl. von Hayek (1945), S. 522 ff.; von Hayek (1979), S. 38.

31) Vgl. von Hayek (1945), S. 524 f.

Dieses Problem wird gelöst durch das *System der Preise*. Es ist gemäss von Hayeks ein 'Wunder' des Marktes, dass über das System der Preise die einzelnen Entscheide der Individuen aufeinander abgestimmt werden, obwohl sich diese in der Regel kaum bewusst sind, wie die Preise zustandekommen und was sie bedeuten.[32] Als aggregierte Grössen stellen Preise eine hochgradig integrierte Information über die *relative Bedeutung* eines Gutes oder einer Ressource dar. Für den einzelnen ist es dabei unwichtig, wieso ein Gut oder eine Ressource einen bestimmten Preis hat und was alles an Informationen und Tatbeständen somit hinter diesem Preis versteckt liegt; der Preis stellt für ihn lediglich eine zusätzliche Information - oder eine Rahmenbedingung - dar, die bei der Entscheidung mitzuberücksichtigen ist. Ansonsten ist er frei, auf dieser Grundlage jene Entscheidungen zu treffen, die ihm in seiner Situation die besten zu sein scheinen. Indem alle so verfahren, widerspiegelt *der Preis* wiederum die relative Bedeutung und Knappheit der Güter und Produktionsfaktoren, womit der einzelne über den Preis - ohne weitere spezifische Kenntnisse - sein Handeln an der überaus komplexen, vielschichtigen, multikausalen und gar wiedersprüchlichen Gesamtheit der gesellschaftlichen Bedingungen ausrichten kann - usw., usf.. Das System der Preise ist damit ein effizientes und kostengünstiges Mittel der Koordination, denn es liefert in Form von relativ leicht zugänglichen Werteinheiten alle nötigen Informationen über die Verhältnisse in einem gesamtinterdependenten Wirtschaftssystem. Als ein Substrat aus vielfältigsten inhaltlichen Informationen und als Aggregat aller irgendwie wirksamen Handlungen und relevanten Rahmenbedingungen liefert der Preis eine kurze und klare Entscheidungshilfe, die sich zudem - wenn nicht künstlich festgefroren - schnell den Veränderungen anpassen und so die Veränderung allen Teilnehmern mitteilt, ohne, dass diese hierfür weitere Informationen verbreiten zu müssten.

Ueber die Koordination durch den Marktmechanismus resultiert aus den vielen Einzelentscheidungen und -handlungen - auch bei hochgradiger Arbeitsteilung und über grösste Distanzen hinweg - eine enge *Kooperation*: sowohl zwischen den einzelnen Tauschpartnern als auch auf die Gesamtheit aller am Wirtschaftssystem Beteiligten bezogen. Zugleich regelt der Markt die *Verteilung* (bzw. die *Allokation)* der knappen Güter und Ressourcen, indem über den Preismechanismus ein gegebenes Angebot an jene verteilt wird, die hierfür am meisten zu zahlen bereit (weil sie daraus einen entsprechend hohen Nutzen ziehen) und fä-

32) Vgl. von Hayek (1945), S. 527.

hig sind. Die zur Nachfrage notwendige Kaufkraft letztlich stammt grundsätzlich von erbrachten Marktleistungen her, die wiederum nach Massgabe der relativen Bedeutung und Wertschätzung dieser Leistungen durch die Gesamtheit der Marktteilnehmer - und somit letztlich auch durch den einzelnen - im Spiel der Preise bewertet wurde. *Weder die Kooperation noch die Verteilung werden aber im voraus durch irgend eine Instanz bestimmt*, sondern stellen sich erst - *ex post* - als Ergebnis des Marktprozesses ein und sind somit nicht gewollt, oder besser: *ungeplant*. Zwar sind alle Einzelhandlungen durchaus geplant, doch die aus ihrer - durch den Preismechanismus erfolgenden - interdependenten Verzahnung resultierenden Ergebnisse: Koordination und Verteilung, werden durch keine irgendwie übergeordnete Instanz geplant, gesteuert oder kontrolliert.[33)] In diesem Sinne kann gesagt werden: "The economic system 'works itself'."[34)]

4.1.3.2. ... und die Existenz von hierarchischen Wirtschaftsorganisationen

Prinzipiell könnten alle wirtschaftlichen Handlungen, könnte auch jeder arbeitsteilige Produktionsablauf über den Markt koordiniert werden; d.h. der Preismechanismus würde die Aktivitäten von gegenseitig unabhängigen Individuen miteinander verknüpfen.[35)] Die Erfahrung zeigt jedoch, dass in praxi nicht alle wirtschaftlichen Interaktionen über den Markt koordiniert werden: Im grossen Meer des polyzentrischen Tausches finden sich *Inseln hierarchischer Ordnung*, die intern prinzipiell nicht über einen anonymen Preismechanismus koordiniert werden, sondern durch explizite Anordnungen und Befehle, die von einem einzigen Entscheidungszentrum ausgehen; in den Worten D.H. Robertsons und S. Dennisons: "Here and there, it is true, we have found islands of conscious power in this ocean of unconscious co-operation, like lumps of butter coagulating in a pail of buttermilk". [36)]

Als herausragender Unterschied zum Markt wird im Unternehmen der *Preismechanismus ausgeschaltet*; die Koordination der unterschiedlichen Handlungen erfolgt durch eine zentrale, bzw. übergeordnete - wenn es sich um Koordinationsentscheide auf mittlerer Stufe handelt -, Entscheidungsinstanz, die sich hierfür - über meist lange Informationswege - die nötigen Informationen zusammen-

33) Vgl. von Hayek (1945), S. 520 f.
34) Coase (1937), S. 387.
35) Vgl. Posner (1978), S. 242 f.
36) Robertson/Dennison (1923), S. 73.

fassen und verdichten lässt und - über ebenso lange - Befehlsketten, in denen die allgemeinen Befehle über die verschiedenen Hierarchiestufen hinweg zunehmend konkretisiert werden, die entsprechenden Handlungen anordnet und deren Ausführung kontrolliert. So erfolgt auch die interne *Allokation* der Unternehmensressourcen durch Anordnungen und ist demnach *gewollt*: "If a workman moves from department Y to department X, he does not go because of a change in relative prices, but because he is ordered to do so."[37)]

Die ganze *Kooperation* im Unternehmen ist in der Folge nicht mehr das ex post-Ergebnis freiwilliger Einzelentscheidungen und -handlungen, sondern wird bereits *ex ante* durch eine mit entsprechenden Kompetenzen versehene, übergeordnete zentrale Instanz *geplant*. Zur Um- und Durchsetzung dieser Planung bedarf es in der Regel - die Ausnahme stellen u.U. genossenschaftliche, selbstverwaltete Kooperativen dar - hierarchischer "Beherrschungs- und Ueberwachungssysteme (governance structures)"[38)], die das Unternehmen ebenfalls vom Markt unterscheiden. Daraus folgt, dass im klassischen Typus eines Unternehmens "das individuelle Verhalten (...) 'ex ante' durch eine übergeordnete und mit Zwangsgewalt ausgestattete Instanz bestimmt"[39)] wird. Da kein Preissystem als allgemein gültige Orientierung existiert und ein genau geplantes Ziel und Vorgehen eingehalten werden muss, bedarf es zur Koordination einer *Leitung* - also einer Hierarchie.

Damit ist im Unternehmen ein erheblicher Autonomieverlust für die einzelnen Mitglieder zu beklagen. Die *Arbeitsmotivation* kann daher nachhaltig beeinträchtigt werden, weil der einzelne nicht mehr nach seinen Bedürfnissen, Befindlichkeiten und Ueberzeugungen handeln und entscheiden kann, sondern - mehr oder weniger stark - von Vorentscheidungen anderer betroffen ist und vor allem sich den Dispositionen und Anordnungen der Vorgesetzten fügen muss. Unternehmensziele wie auch die Ziele, die dem einzelnen Arbeiter vorgegeben

37) Coase (1937), S. 387. Neuerdings wird dem Preis auch in der internen Organisation wieder mehr Beachtung geschenkt. Die Divisionalisierung, und mehr noch die Schaffung von Profit Centers und die gegenseitige interne Verrechnung von Diensten sind Beispiele hierfür.
38) Williamson (1990), S. 2.
39) Behrens (1986), S. 198. Dies nicht nur über direkte Befehle und Kontrollen, sondern auch über die Festlegung der Organisation, der Art der Arbeitsteilung, der Technologiewahl und der Zuteilung des Arbeitsplatzes, bzw. der Hierarchieebene und den damit verbundenen Rollenerwartungen.

werden, müssen bei weitem nicht mit seinen eigenen Zielen übereinstimmen.[40)] Die leitenden Instanzen von Organisationen stehen damit "vor der stets prekären und immer problematischen Notwendigkeit, durch entsprechende Vorkehrungen dafür Sorge tragen zu müssen, dass trotz dieses möglichen Auseinanderfallens von 'organisatorischem Zweck' und 'individuellem Motiv' die einzelnen Personen jene Beiträge erbringen, die ihnen aufgetragen sind und von deren Leistung die Verwirklichung des Organisationszweckes abhängig ist"[41)]. Neben Zwang und Kontrollen als die eine Möglichkeit von hierzu geeigneten Massnahmen, sind *Anreize* aus individualistischer Sicht zu bevorzugen. Der wichtigste Anreiz, über den ein Unternehmen verfügt und der wohl auch grundsätzlich als Hauptgrund dafür anzusehen ist, dass Menschen überhaupt in Unternehmen arbeiten, ist der *Lohn*. Im Lohn verbergen sich jedoch selbst bereits latente Interessenkonflikte, da der Arbeiter nicht der Arbeit, nicht der Aufgabe und nicht des Unternehmenszieles, sondern lediglich des Lohnes wegen arbeitet.[42)]

Aber auch das Fehlen eines Preissystems wirkt sich negativ auf die Motivation aus, da es in vielen Fällen sehr schwierig und kostspielig, ja oft gar unmöglich ist, in einem kooperativen und arbeitsteiligen Arbeitsprozess, sowohl die genaue Grenz*leistung* jedes einzelnen festzustellen als auch seinen *Anteil am Enderlös* der Produktion genau zu evaluieren. So stellt sich im Unternehmen gerade auch bezüglich der Motivation die zentrale Frage: "How can the members of a team be rewarded and induced to work efficiently?"[43)] Statt Arbeitsmotivation besteht bei einer gegebenen Entlöhnung oft fast mehr Anreiz zu Bummelei und Arbeitsverweigerung, wenn diese nur schwer festgestellt werden kann, was insbesondere dann der Fall ist, wenn der einzelne Leistungsbeitrag in der engen Zusammenarbeit nicht mehr herausgesondert werden kann. "Since costs must be incurred to monitor each other, each input owner will have more *incentive to shirk* when he works as part of a team, than if his performance could be monitored easily or if he did not work as a team."[44)] Arbeitstechnische und organisatorische Massnahmen, die darauf abzielen, jede einzelne Leistung einer leichteren

40) Vgl. Littek (1982), S. 120 f.
41) Büschges (1983), S. 34.
42) Vgl. Littek (1982), S. 113 und 122. Der Leistungs- oder Akkordlohn scheint vorerst einen engeren Bezug zwischen individuellen Motiven und Unternehmenszielen herzustellen; eine Reihe gravierender Mängel führte jedoch dazu, dass er heute nur noch eine untergeordnete Rolle spielt.
43) Alchian/Demsetz (1972), S. 779.
44) Alchian/Demsetz (1972), S. 780 (Hervorhebung, RvR).

Kontrolle zugänglich zu machen - etwa Einzelarbeitsplätze am Fliessband - vermögen zwar die Chancen zu solchen Minderleistungen zu verkleinern, bewirken aber oft noch eine weitere Verringerung der Motivation. Nicht zuletzt resultieren aus der Unmöglichkeit einer exakten Bestimmung des wertmässigen Anteils, den eine Arbeit zum Gesamtertrag beiträgt, die langen und harten Kämpfe um Löhne und das demotivierende Gefühl der ungerechten Bezahlung der Arbeit.

Nach dieser Gegenüberstellung von Markt und Unternehmen drängt sich die Frage auf: "Weshalb entstehen in einer hinreichend differenzierten Tauschwirtschaft überhaupt Unternehmungen?"[45] Auf diese Frage werden viele unterschiedliche Antworten angeboten, die oft nicht ökonomischen Ursprungs sind oder nur als externe Faktoren ökonomische Auswirkungen zeigen.[46] Hier sei aber auch gleich zu Anfang darauf hingewiesen, dass auch innerhalb der ökonomischen Theorie noch keine einheitliche Erforschung des Phänomens 'Unternehmen' existiert: "It is doubtful if there is yet general agreement among economist on the subject matter designated by the title 'theory of the firm', on,

45) Bössmann (1981), S. 667.

46) Oft werden zur Begründung von Unternehmen *technische* Argumente, wie der Einsatz von (Gross-)Technologien und Anlagen, die Vorteile arbeitsteiliger Produktion oder die Grösse des eingesetzten Kapitals, angeführt; vgl. etwa Woll (1984), S. 59 f. Doch sind weder Entwicklung noch Einsatz von Technologien determiniert (vgl. etwa Dhose (1987), S. 223; Rammert (1982b), S. 69.); auch werden die gleichen Technologien - insbesondere auch zu Beginn der Industriellen Revolution, als die Investitionen noch relativ klein waren - unter unterschiedlichen Organisationsformen eingesetzt (vgl. etwa Lewis (1976), S. 137.). Auch das Argument wachsender *Skalenerträge* vermag nur teilweise zu befriedigen, da Massenproduktion nicht notwendigerweise innerhalb eines Unternehmens erfolgen muss; vgl. Archibald (1987), S. 357; Posner (1978), S. 242. Selbst Alchian und Demsetz legen ihrem ökonomischen Erklärungsversuch die technische Bedingung zugrunde, dass gewisse Aufgaben nur in unmittelbarer Zusammenarbeit mehrerer Menschen, bzw. mehrerer Faktoren, die im Besitz verschiedener Menschen sind, überhaupt bewältigt werden können; vgl. Alchian/Demsetz (1972), S. 779. Derartige Unteilbarkeiten von Arbeitsaufgaben existieren jedoch weitaus seltener, als in der Regel angenommen, und beschränken sich dann meist auf relativ kleine Gruppen; vgl. Williamson (1975), S. 49. Unternehmen werden im weiteren oft auch behandelt im Zusammenhang mit dem Streben nach Macht; vgl. Büschges (1983), S. 30 ff.; Russell (1947), S. 89; Perroux (1963), S. 35. Liebau etwa kommt zum Schluss: "Als Wirtschaftsorganisationen sind (...) Unternehmungen zugleich Herrschaftsorganisationen, in denen es um Machtausübung und -erhaltung des Managements geht." Liebau (1989), S. 170. Diese Machtausübung kann sich nach innen, dh. über die Untergebenen in der Organisation, richten (vgl. Galbraith (1987), S. 40 ff.) oder aber die Organisation dient insgesamt der Machtausübung in einem grösseren ökonomischen, politischen oder militärischen Raum (vgl. ders., S. 77 ff.). Vgl. auch die reich dokumentierte Abhandlung über 'Handeln, Macht und Organisation' von Stefan Empter (1988), in der ältere und neuere machttheoretische Ansätze ausgeführt werden.

that is, the scope and purpose of the part of economics so titled."[47] Abgesehen von einigen wenigen, viel beachteten aber wenig wirkungsvollen, frühen Arbeiten[48] erwachte in der Oekonomie das Interesse am Unternehmen selbst und damit auch an den Gründen seiner Existenz und seiner internen Organisation auch erst so richtig im Verlaufe der 70er Jahre.

Ziel einer ökonomischen Untersuchung des Unternehmens ist: "to explain the conditions that determine whether the gains from specialization and cooperative production can better be optained within an organization like the firm, or across markets, and to explain the structure of the organization"[49]. Wie bei allen Analysen in der Wirtschaftstheorie, steht auch hier die "*Wirtschaftlichkeit* als Kernproblem ökonomischer Organisation"[50] im Mittelpunkt: In unserem Zusammenhang ist dabei wichtig, dass mit der - durchaus idealtypischen - Gegenüberstellung von Unternehmen und Markt als zwei *alternative Formen der Koordination individueller Handlungen und Entscheidungen* gezeigt werden kann, dass die Wahl einer hierarchischen Koordination mit zentraler Entscheidungsinstanz - unter gewissen Bedingungen - *ökonomisch vorteilhafter* ist als die dezentrale Koordination über den Markt.[51] Dies wird besonders deutlich im sehr weit gefassten Erklärungsansatz der *Theorie der Transaktionskosten*, die insbesondere von Oliver E. Williamson weiterentwickelt wurde: Unter gewissen Voraussetzungen können mittels eines zentralen Entscheidungs- und Ueberwachungssystems Kosten eingespart werden, die im Zusammenhang mit der Koordination individueller Handlungen anfallen. Damit wird auch deutlich, *dass Unternehmen ein wertvolles Instrument darstellen, um die zum Leben notwendige Arbeit möglichst effizient zu gestalten*, d.h. den Ertrag bei gleichem Aufwand zu steigern oder aber für einen bestimmten Ertrag weniger Aufwand zu

---

47) Archibald (1987), S. 357; vgl. die entsprechende Stellungnahme von Williamson (1981a), S. 1539 sowie Williamson (1981b), S. 677. Eine Integration der verschiedenen theoretischen Konzepte versucht etwa Krüsselberg (1991).

48) Über seine bahnbrechende Arbeit 'On the Nature of the Firm' (1937) schreibt Coase später selber: "An article much cited and little used"; Coase (1972), S. 63.

49) Alchian/Demsetz (1972), S. 777.

50) Vgl. Williamson (1990), S. X.

51) Es können auch durchaus nicht-ökonomische Vorteile existieren. So etwa die vergleichsweise grössere Sicherheit und Vorhersehbarkeit in hierarchischen Organisationen: Die Arbeitsabläufe bleiben oft über lange Zeiträume hinweg konstant; der Ertrag der Arbeitsleistung ist durch die Löhne relativ gesichert; die Begrenzung der Interaktionen auf wenige Mitarbeiter, Vorgesetzte und Untergebene, welche zudem oft allgemeiner Regelungen unterworfen sind, machen diese überschaubar und berechenbar. Nicht wenige Menschen ziehen diese Sicherheiten den Schwankungen und Unwägbarkeiten von Marktbeziehungen vor.

benötigen, was allgemein als wünschenswert erachtet wird. So hält denn auch Williamson fest: "Since transaction-cost economizing is socially valued, it follows that the modern corporation serves affirmative economic purposes."[52)] Denn eine effiziente Produktionsweise bedeutet, dass ein gewünschtes Ziel oder ein gewünschter Nutzen mit möglichst wenig Entbehrungen[53)] und Anstrengungen erreicht werden kann. Mit anderen Worten: die betriebliche Organisation der Arbeit führt - unter gewissen Umständen - gegenüber anderen Koordinationsformen zu einer erwünschten *Steigerung der Produktivität*.[54)]

Im weiteren wird sich aber auch zeigen, dass die hierarchische Koordination der Produktion in Unternehmen für die Beteiligten durchaus auch Nachteile mitsichbringt. Insbesondere ist durch die Existenz einer zentralen Entscheidungsinstanz und durch die zentrale Vorgabe von Zielen *ein Autonomieverlust bei den einzelnen Mitarbeitern* zu beklagen: Sie sind - zumindest teilweise - zu Handlungen und Entscheidungen gezwungen, die sie autonom nicht, oder nicht in dieser Form vornehmen würden. Das dem ökonomischen Ziel der Effizienzsteigerung dienende Instrument 'Unternehmen' bestimmt in seiner institutionellen Verfestigung selbst immer mehr die Ziele und Abläufe der Handlungen; in Ausrichtung auf die jeweils vorgegebenen Ziele wird der Faktor Arbeit, wird somit auch der arbeitende Mensch möglichst zweckmässig, bzw. effizient, eingesetzt[55)]: *Der Mensch wird zum Instrument für die Zielerreichung.* Durch die Einrichtung hierarchischer Unternehmen als Mittel zur Einsparung von Transaktionskosten kommt es also letztlich zu einer *Umkehrung der Ziel-Mittel-Relation*: Erst, wenn Arbeit, bzw. Produktion selbst zum Ziel erhoben wird, sich als Ziel verselbständigt, wird ihr ungeteilte Konzentration zuteil, werden Effizienz- und Produktivitätsvorteile - eben aus der Sicht dieses neuen Ziels - konsequent genutzt und umgesetzt; erst, wenn das primäre Ziel - zumindest während der Dauer einer klar abgegrenzten Arbeitszeit - Produktion heisst, werden die Konzentration, die Bemühungen und Anstrengung, die zur Zielerreichung verwandt werden, nicht durch den Vergleich mit dem Nutzen aus der Bedürfnisbefriedigung mittels des Produzierten relativiert und begrenzt. Dies

52) Williamson (1981a), S. 1538.
53) Für Cairnes sind die Begriffe 'Kosten' und 'Entbehrung' gleichbedeutend, denn, was keine Entbehrung (sacrifice) bedeutet, stellt auch keine Kosten dar; vgl. Cairnes (1874), S. 57.
54) Vgl. Rammert (1982a), S. 47.
55) Deutlich kommt dies etwa zum Ausdruck im Faktortheoretischen Ansatz von Erich Gutenberg (1929); vgl. auch die Uebersicht in Werhahn (1980), S. 67 ff.

heisst aber auch, *dass im Arbeitsalltag die dem einzelnen vorgegebenen Arbeitsziele oftmals nicht mit seinen eigenen Zielen und Motiven übereinstimmen*; obwohl es für den einzelnen grundsätzlich durchaus vorteilhaft ist, in einem Unternehmen zu arbeiten, da er so von den Effizienzgewinnen mitprofitieren kann, *existiert im Konkreten der Konflikt, dass nicht mehr seine eigenen Ziele, sondern externe Vorgaben sein Handeln bestimmen.* Dieser Konflikt prägt zu einem wesentlichen Teil Organisation, Führung und Arbeitsalltag im Unternehmen, denn die leitenden Instanzen stehen damit "vor der stets prekären und immer problematischen Notwendigkeit, durch entsprechende Vorkehrungen dafür Sorge tragen zu müssen, dass trotz dieses möglichen Auseinanderfallens von 'organisatorischem Zweck' und 'individuellem Motiv' die einzelnen Personen jene Beiträge erbringen, die ihnen aufgetragen sind und von deren Leistung die Verwirklichung des Organisationszweckes abhängig ist"[56].

56) Büschges (1983), S. 34.

4.2. UNTERNEHMEN - MITTEL ZUR EINSPARUNG VON TRANSAKTIONSKOSTEN

4.2.1. MODIFIZIERTE ANNAHMEN UND EIN NEUER AUSGANGSPUNKT

4.2.1.1. Kosten des Preismechanismus'

Das "Zustandekommen von Institutionen zur Produktion von Gütern und Dienstleistungen, genannt 'Unternehmungen'"[1], soll hier primär ökonomisch erklärt werden: Wo Unternehmen die Koordination über den Markt ersetzt haben, müssen daher komparative Vorteile, d.h. vorab eine *verbesserte Wirtschaftlichkeit* bei der internen Organisation vermutet werden. Für Arrow stehen dabei die *Vorteile der Kooperation* im Vordergrund, wenn er feststellt, "dass Organisationen dazu da sind, die Vorteile kollektiven Handelns in all jenen Situationen sicherzustellen, in denen das Preissystem versagt"[2]. Es ist jedoch weniger ein Problem des *Versagens* des Preissystems, denn eine Frage der *relativen* Zweckmässigkeit und Billigkeit des Preismechanismus im Vergleich zur Koordination über zentrale Anordnungen. Dies bedeutet, dass sich die Welt nicht in die dualen Pole einteilen lässt, in denen entweder eine Koordination über den Markt möglich ist oder aber der Preismechanismus versagt; vielmehr befinden sich die Probleme der Koordination auf einem Kontinuum zwischen diesen Polen. Da sich die interne Koordination der wirtschaftlichen Aktivitäten im Unternehmen massgeblich dadurch von der Koordination über den Markt unterscheidet, dass der Preismechanismus unterdrückt[3] und durch Anordnungen ersetzt wird[4], liegt die Vermutung nahe, dass die Koordination über den *Preismechanismus mit Kosten verbunden* ist, und dass diese Kosten in gewissen Fällen

---

1) Bössmann (1981), S., 667.
2) Arrow (1980), S. 31.
3) Vgl. Coase (1973), S. 389; Arrow (1980), S. 23.
4) Vgl. Bössmann (1981), S. 668.

derart hoch ausfallen, dass sich eine alternative Koordinationsform zu lohnen beginnt. "The main reason why it is profitable to establish a firm would seem to be that there is a cost of using the price mechanism."[5)]

Damit wird aber eine wichtige Annahme neoklassischer Gleichgewichtstheorie aufgegeben: Der Preismechanismus wird nicht mehr als kostenlos angesehen. Die ökonomische Analyse der Existenz und der internen Organisation von Unternehmen basiert denn auch auf dem Verzicht auf eine ganze Reihe restriktiver Annahmen der orthodoxen Wirtschaftstheorie, denn unter diesen Annahmen würde eine Untersuchung der ökonomischen Gründe von Unternehmen wenig Sinn machen, da der Preismechanismus immer optimale Ergebnisse zeitigen würde.

"The most obvious cost of 'organising' production through the price mechanism is that of discovering what the relevant prices are."[6)] *Informationskosten* fallen aber in noch ganz anderen Dimensionen an, sobald die Preise nicht alle relevanten Informationen auszudrücken vermögen; sofern es sich nämlich nicht um homogene Güter handelt - und der Wettbewerb führt ja gerade dazu, dass immer neue, andersartige Produkte angeboten werden: Heterogenität ist gefragt, nicht Homogenität -, sind weitergehende Informationen zur Beschaffenheit, Qualität und - für den gegebenen Fall - Verwendbarkeit des Produktes oder sogar über dessen schiere Existenz von Nöten.

Eng verbunden mit dem Problem der Informationskosten ist auch das Vorliegen von *Unsicherheit*; wichtige Unsicherheiten bestehen bezüglich der Entwicklung und der Ereignisse in der Zukunft, sowie bezüglich dem Verhalten des Tauschpartners. Ersteres wird in der klassischen Theorie mit der Annahme vollkommener Information ausgeschlossen; letzteres wird vernachlässigt, da hier entweder die Marktkräfte für ein regelkonformes Verhalten sorgen oder bei Missachtung der Regeln der Fehlende über eine staatliche Rechtssprechung verfolgt werden kann. Für Coase ist jedoch das Vorliegen von Unsicherheit für die Begründung von Unternehmen von herausragender Bedeutung: "It seems improbable that a firm would emerge without the existence of uncertainty."[7)] Denn das Preissy-

5) Coase (1937), S. 390. Wenn die Kosten der Koordination zu hoch sind, besteht natürlich auch die Alternative, auf jede Kooperation zu verzichten, doch entfallen so auch die beträchtlichen Vorteile aus der Zusammenarbeit.

6) Coase (1937), S. 390.

7) Coase (1937), S. 338; zur Bedeutung der Unsicherheit vgl. auch Knight (1957).

stem kann diese Unsicherheiten nicht in allen Fällen in befriedigendem Mass auffangen, weshalb aus den verbleibenden Unsicherheiten z.T. erhebliche Kosten erwachsen. Sobald jedoch bei der Verwendung des Preissystems Kosten anfallen können, muss auch davon ausgegangen werden, dass in spezifischen Fällen andere Koordinationsmechanismen existieren, die günstiger ausfallen, auch wenn sie selbst auch Kosten verursachen.

4.2.1.2. Wirtschaftssubjekte mit begrenzter Rationalität und opportunistischem Verhalten

Die Kosten, die in Verbindung mit dem Preissystem anfallen, sind letztlich weitgehend auf gewisse Eigenschaften der Wirtschaftsaktoren zurückzuführen, die jedoch in den klassischen Annahmen der Wirtschaftstheorie grundsätzlich nicht berücksichtigt, ja teilweise explizit ausgeschlossen werden. Frank Knight fordert daher, dass der ökonomischen Analyse Annahmen zum menschlichen Verhalten zugrundeliegen müssen, die der menschlichen Natur, so wie wir sie kennen, entsprechen.[8] Mit den gängigen Annahmen, die der ökonomischen Theorienbildung zugrundeliegen, kann das Phänomen 'Unternehmen', können seine Existenzgründe und seine spezifische Erscheinungsform nur ungenügend erklärt werden, was sicher mit ein Grund ist für das lange Zeit fehlende Interesse der Neoklassik an diesem Fragenkomplex.[9] Zwei wichtige Unterschiede zu den üblichen Annahmen sind hier besonders hervorzuheben: die lediglich begrenzte Rationalität der Aktoren und ihr Hang zu opportunistischem, d.h. arglistigem Verhalten.[10] Der Begriff der '*begrenzten Rationalität*' (bounded rationality) wurde massgeblich von Herbert Simon geprägt. Zwar sind Wirtschaftsaktoren seiner Meinung nach in der Intention rational; Kapazitätsgrenzen bei der Formulierung und Lösung von Problemen sowie bei der Verarbeitung von Informationen haben jedoch zur Folge, dass ihre Handlungen und Entscheidungen nur in begrenztem Masse rational sind.[11] Damit liegt für Simon das zentrale Problem

8) Vgl. Knight (1957), S. 270: "human nature as we know it".

9) Vgl. Williamson (1981a), S. 1539: Ihre spezifischen Annahmen - über das Verhalten der Aktoren und ihren Informationsstand sowie über die Vollkommenheit von Markt- und Preissystem - haben zur Folge, dass "the neoclassical theory of the firm, which is the main referrent to which economists appeal, is devoid of interesting hierarchical features". Das Unternehmen existiert weitgehend nur als Aktor auf dem Markt, der für sich eine *blackbox* bleibt. Vgl. auch Krüsselberg (1991), S. 7 f.

10) Vgl. Williamson (1981a), S. 1544 f.

11) Vgl. Simon (1957), S. 196 ff. "The capacity of the human mind for formulating and solving complex problems is very small compared with the size of the problems whose

der Organisation in der "Verbindung von rationalen Zwecken mit den Erkenntnisgrenzen der menschlichen Akteure"[12]: (...) it is precisely in the realm where human behavior is *intendedly* rational, but only *limitedly* so, that there is room for a genuine theory of organization and administration."[13]

Die Annahme begrenzter Rationalität gewinnt jedoch noch zusätzliche Bedeutung, wenn sie mit der zweiten Annahme, dass die Wirtschaftsaktoren weniger glaubwürdig und zuverlässig sind, als im Modell des 'homo oeconomicus' gemeinhin angenommen wird, gepaart wird. Der für diese zweite wichtige Annahme von Williamson verwendete Begriff des *Opportunismus* stellt dabei eine Erweiterung und Verallgemeinerung der von Knight hervorgehobenen Problematik des 'moral hazard' dar.[14] Mit opportunistischem Verhalten wird all jenes Verhalten umschrieben, das auf bewusster Verschleierung der tatsächlichen Absichten, auf falschen Vorgaben und auf Arglist beruht. "Opportunism effectively extends the usual assumption of self-interest seeking to make allowance for self-interest seeking with guile."[15]

Diese beiden Verhaltensannahmen sind *essentiell* für die Untersuchung sowohl der Existenzgründe als auch der konkreten Organisation von Unternehmen.[16] Ausschlaggebend für die gesamte Untersuchung ökonomischer Institutionen ist dabei, dass diese beiden Annahmen *gleichzeitig und gemeinsam* das Verhalten der Wirtschaftsaktoren prägen und damit auch gemeinsam sich dafür verantwortlich zeichnen, dass die Organisation und Koordination von wirtschaftlichen Handlungen mit Unsicherheiten, Risiken und Kosten verbunden ist. Solche Risiken und Kosten fallen - im Gegensatz zum Gleichgewichtsmodell unter klassischen Annahmen - gerade auch bei Tauschhandlungen über den Markt an. Hieraus lässt sich nun ableiten: "Nonmarket forms of organization thus arise in ef-

---

solution is required for objectively rational behavior in the real world - or even for a reasonable approximation to such objective rationality." (S. 198) "For the first consequence of the principle of bounded rationality is that the intended rationality of an actor requires him to construct a simplified model of the real situation in order to deal with it. He behaves rationally with respect to this model, and such behavior is not even approximately optimal with respect to the real world." (S. 199).

12) Williamson (1990), S. 12.
13) Simon (1961), S. XXIV.
14) Vgl. hierzu Knight (1957), S. 251 ff.
15) Williamson (1981a), S. 1545.
16) Vgl. zum Sinn solcher Verhaltensannahmen; Williamson (1990), S. 49 f.

forts to economize on bounded rationality while simultaneously safeguarding the transactions in question from the hazards of opportunism."[17]

Natürlich soll damit nicht gesagt werden, dass in all jenen Fällen, in denen die obigen Annahmen zutreffen, der Markt durch eine hierarchische Koordination innerhalb eines Unternehmens ersetzt wird. Wäre dies der Fall, so würden wohl kaum mehr Tauschhandlungen über den Markt stattfinden. Es handelt sich also vielmehr um die Frage nach dem Mehr-oder-Weniger, bzw. um die Frage der Zweckmässigkeit, die noch von weiteren Faktoren, die im nächsten Kapitel dargestellt werden, bestimmt wird. Da es sich aber um eine Frage des Mehr-oder-Weniger handelt, stehen sich in Wirklichkeit nicht nur die Alternativen Markt oder Unternehmen gegenüber; zwischen ihnen sind noch eine unzählige Menge von institutionellen und vertraglichen Regelungen - z.B. Garantieerklärungen, langfristige Verträge mit Drittparteien als Bürgen und Konfliktschlichter, richterliche und staatlich sanktionierte Absicherungen usf. - angesiedelt, die jedoch hier nicht berücksichtigt werden. Dennoch ist der Umstand, dass es sich nicht um eine polare oder binäre Entscheidungsalternative handelt, von einiger Bedeutung, da im einzelnen Fall durchaus nicht immer klar feststeht, wie die Kosten tatsächlich verlaufen, weshalb gleichzeitig unterschiedliche Lösungswege beobachtet werden können. Dies nicht zuletzt auch deshalb, weil - wie sich noch zeigen wird - unter den obigen Annahmen in jeder Organisationsform Risiken und Kosten entstehen; diese aber je nach Situation bei den unterschiedlichen Organisationsformen unterschiedlich hoch ausfallen. Aus dem Prinzip der Wirtschaftlichkeit folgt sodann, dass für jede Situation die günstigste Alternative gewählt werden sollte, und wohl auch gewählt wird.

4.2.1.3. Die Transaktion als Ausgangspunkt der Analyse

Um nun aber die verschiedenen Organisationsformen auf ihre Zweckmässigkeit hin miteinander vergleichen zu können, muss eine gemeinsame Grösse gefunden werden, an der sich auch die unterschiedliche Qualität der verschiedenen Koordinationsformen manifestiert und an der sich gleichfalls zeigen lässt, wie sich das Verhalten der Aktoren unter den gemachten Annahmen kostenwirksam auswirkt. Die Koordination auf dem Markt erfolgt über den Tausch zwischen im Prinzip voneinander unabhängigen Aktoren. Im Prinzip lassen sich auch im Un-

17) Williamson (1981b), S. 676.

ternehmen fast alle Abläufe in einerseits Handlungen einzelner Akteure und andererseits Transfers zwischen diesen Akteuren aufteilen. Damit wird einerseits lediglich die bereits oben zitierte Feststellung wiederholt, dass fast jeglicher Produktionsablauf innerhalb eines Unternehmens auch über den Markt koordinierbar wäre. In dieser Vorstellung zeigt sich aber andererseits auch, dass die Übergänge zwischen den einzelnen Aktoren analog erfolgen, wie auf dem Markt; nur erfolgt beim letzteren der Übergang durch einen Tausch, der durch einen Preis vermittelt wird und beim ersten durch eine reine Weitergabe, die befohlen ist. Beide Vorgänge können unter dem Oberbegriff *Transaktion* zusammengefasst werden.

Als einer der ersten hat John R. Commons bereits 1934 die Transaktion als die grundlegende Untersuchungseinheit für das Verständnis ökonomischer Organisation hervorgehoben.[18)] Vorrangig ist für ihn dabei die Art, wie die Beziehungen zwischen den Partnern einer Transaktion gestaltet sind; den Zweck ökonomischer Organisationen sieht er deshalb vorrangig darin, diese Beziehungen, die allenfalls miteinander in Konflikt stehen könnten, möglichst harmonisch zu gestalten.[19)] Wenig später verwendet Ronald H. Coase die Transaktion erstmals als Grundlage für einen ausführlichen Vergleich ökonomischer Institutionen, wobei er zur Hauptsache Märkte und Unternehmen einander als *alternative Möglichkeiten der Koordination* ökonomischen Handelns gegenüberstellt.[20)] Die Entscheidung, ob eine Transaktion über den Markt geregelt wird oder innerhalb der hierarchischen Strukturen eines Unternehmens, ob sich also zwei rechtlich selbständige Aktoren für die Durchführung der Transaktion (Tausch) zusammenfinden müssen oder ob das Zustandekommen durch eine zentrale Instanz bestimmt und kontrolliert wird, diese Entscheidung hängt massgeblich davon ab, mit wievielen Kosten jede dieser Koordinationsformen verbunden ist. Folglich können moderne Unternehmen massgeblich verstanden werden "as the product of a series of organizational innovations that have had the purpose and effect of economizing on transaction costs"[21)].

18) Vgl. Commons (1934), S. 4 ff.
19) Vgl. Commons (1934), S. 6; aber auch gegenseitige Abhängigkeit und die Errichtung einer Ordnung mittels kollektivem Handeln erwähnt er als zu berücksichtigende Eigenschaften von Transaktionen.
20) Vgl. Coase (1937).
21) Williamson (1981a), S. 1537.

Indem also die Transaktion konsequent zum Ausgangspunkt der Untersuchung gemacht wird, wird es sowohl möglich, die Existenz von Unternehmen rein ökonomisch und mittels eines umfassenden Konzeptes zu erklären, als auch die unterschiedlichen wirtschaftlichen Organisationssysteme anhand einer ökonomisch fundierten *Strukturanalyse* zu untersuchen und miteinander zu vergleichen.[22)]

Transaktionen definiert Williamson zu diesem Zweck möglichst offen: "Eine Transaktion findet statt, wenn ein Gut oder eine Leistung über eine technisch trennbare Schnittstelle hinweg übertragen wird. Eine Tätigkeitsphase wird beendet; eine andere beginnt."[23)] Würde man diesen Übergang von einer Tätigkeitsphase zur nächsten als technischen Prozess ansehen - eine nützliche, wenn auch unvollständige Analogie -, so würde die Anforderung an die technische Gestaltung dieses Überganges, an das hierzu verwendete Interface lauten, dass der Transfer möglichst reibungslos, ohne Stockungen und unter möglichst geringem Energieaufwand vonstatten gehen soll.[24)] Dies bedeutet im einzelnen auch, dass über das Interface allfällige Friktionen zwischen den beiden Tätigkeitsphasen ausgeglichen werden können, sobald etwa in einer der Phasen unvorhergesehene Probleme auftreten; eine weitere Anforderung ist ebenfalls, dass das Interface im Falle von Veränderungen des Umfeldes möglichst schnell und einfach an die veränderten Bedingungen angepasst werden kann.[25)]

Im institutionellen Vergleich von Organisationsformen steht analog im Mittelpunkt des Interesses, wie die Transaktion einerseits möglichst friktionslos und - im Falle sich ändernder Rahmenbedingungen - flexibel organisiert und gegen Risiken und Gefahren, die sich vor allem aus den Verhaltensannahmen bezüglich der Aktoren herleiten, abgesichert werden können. Transaktion treten unter diesem Blickwinkel als *Vertragsprobleme* in Erscheinung oder lassen sich zumindest als solche darstellen.[26)] Es gilt zu untersuchen, ob und, wenn ja, wie reibungslos und sicher unterschiedliche vertragliche Arrangements unter gegebenen Bedingungen eine Transaktion gewährleisten. Da die jeweils unterschiedlich auftretenden Probleme massgeblich durch die oben beschriebenen Eigen-

22) Vgl. Bössmann (1981), S. 671; Williamson (1981a), S. 1537 f.
23) Williamson (1990), S. 1.
24) Vgl. Williamson (1981a), S. 1544.
25) Vgl. in Bezug auf ökonomische Institutionen Bössmann (1981), S. 671.
26) Williamson (1990), S. X.

schaften der Aktoren verursacht werden[27]), lautet entsprechend die Grundfrage: "Wie schafft man Vertrags- und Beherrschungs- bzw. Überwachungssysteme, die der begrenzten Rationalität Rechnung tragen und zugleich Transaktionen gegenüber den Gefahren opportunistischen Verhaltens absichern?"[28])

Die Funktionstüchtigkeit der Gestaltung einer Transaktion kann jedoch kein Selbstzweck sein; die jeweiligen Vorzüge einer Lösung müssen immer auch beurteilt werden an den hierbei anfallenden *Kosten*.[29]) Eine effiziente Gestaltung einer Transaktion erfordert daher die Berücksichtigung sowohl der Kosten und Risiken, die sich aus den Verhaltensannahmen ergeben (begrenzte Rationalität und Opportunismus sowie der Kosten der Informationsbeschaffung), als auch der Kosten, die aus der Gestaltung und Betreibung der unterschiedlichen Organisationsformen anfallen. All diese Kosten werden unter dem Begriff der *Transaktionskosten* zusammengefasst. Sie sind möglichst gering zu halten, da sie Mittel binden, die andernorts u. U. nutzenbringender eingesetzt werden könnten.[30]) Die Transaktionskosten können aber auch derart hoch ausfallen, dass sie den möglichen Nutzen aus der Kooperation übersteigen, weshalb die Transaktion überhaupt nicht zustandekommt.

Damit sich jedoch das Konzept der Transaktionskosten nicht in einer Tautologie[31]) erschöpft, anhand deren jede gegebene Organisation als die in der gegebenen Situation günstigste Alternative lediglich bestätigt und legitimiert werden kann, müssen die Kosten im einzelnen näher präzisiert werden, um dann ihre Wirkung in den unterschiedlichen Koordinationsstrukturen feststellen zu können. Behrens schlägt hierfür eine Einteilung in *Informationskosten, Entscheidungskosten* und *Kontrollkosten* vor.[32]) Die Entscheidungskosten fassen dabei die oben dargestellten Komponenten der Risiken in Folge von Opportunismus und die Kosten der vertraglichen Regelung zusammen. Die Informationskosten setzen sich zusammen aus dem Aufwand der Informationsbeschaffung und den sich ergebenden Unsicherheiten infolge der begrenzten Informationsverarbeitungskapazität des Aktors. Die Kontrollkosten tragen der Tatsache Rechnung, dass auch die Durchführung einer bereits beschlossenen Transaktion

27) Vgl. auch Williamson (1981b), S. 676.
28) Williamson (1990), S. XI.
29) Vgl. Williamson (1981a), S. 1544.
30) Vgl. Behrens (1986), S. 106 f.
31) So die Kritik von Alchian/Demsetz (1972), S. 783.
32) Vgl. Behrens (1986), S. 107 ff.

weder selbstverständlich noch kostenlos ist; aufgrund opportunistischem Verhalten und nicht vorhergesehener Unklarheiten über die Transaktion oder Veränderungen der Bedingungen kann das Ergebnis einer Transaktion durchaus von den anfänglichen Vorstellungen abweichen.

Die Errichtung eines eigenen Beherrschungs- und Überwachungssystems, in dem die betreffenden Transaktionen unter einer zentralen Entscheidungs- und Anordnungsinstanz koordiniert, gesteuert und abgewickelt werden, verringert jedoch nicht immer die hierbei anfallenden Informations-, Entscheidungs- und Kontrollkosten. Es ist daher zu fragen, welche Eigenschaften der jeweiligen Transaktionen wohl am ehesten den Ausschlag geben, ob eine interne Koordination oder eine Abwicklung über den Markt vorteilhafter ist. Da eine interne Regelung eine weit engere Verbindung der Transaktionspartner zueinander zur Folge hat und diese zumeist auf eine längere Zeitdauer hin ausgelegt ist, liegt die Vermutung nahe, dass die intern organisierten Transaktionen entsprechende Eigenschaften besitzen. Die Errichtung einer zentralen Entscheidungsinstanz zur Organisation von Transaktionen ist demnach vorab dann angezeigt, wenn - immer unter den Bedingungen der obigen Verhaltensannahmen, also unter *Unsicherheit* - 1) *Faktorspezifität* gegeben ist und 2) die Transaktionen mit grosser *Häufigkeit* wiederholt werden.

4.2.2. HAUPTGRÜNDE FÜR VERTIKALE UND HORIZONTALE INTEGRATION

"Die Transaktionskostentheorie formuliert das Problem ökonomischer Organisation als Vertragsproblem."[33] Der Tausch über den Markt stellt dabei eine der möglichen Vertragsformen dar, wobei der *Kauf* insofern als eine spezielle Form angesehen werden kann, als er auf einem abgerundeten Regelwerk beruht, das den Markt ordnet und das durch die öffentliche Rechtssprechung durchgesetzt wird. Im Falle des klassischen Kaufes erfolgt weiter der Transfer an Eigentumsrechten *vollumfänglich* und *zum Zeitpunkt des Kaufes*, sodass das Gut zuvor in Augenschein genommen werden kann. Sobald jedoch an den Kauf dieses Gutes Erwartungen geknüpft werden, deren Erfüllung nicht sogleich kon-

33) Williamson (1990), S. 22.

trolliert werden kann, wie etwa die Qualität, die Lebensdauer, die Tauglichkeit zu bestimmten Zwecken usw., wird der Kauf in der Regel mit zusätzlichen Verträgen, wie etwa Garantieerklärungen, abgesichert.

Bei zunehmender Unsicherheit und bei grösserer Zeitdauer, über die eine Beziehung oder eine Transaktion fortdauern soll, sind eine Vielzahl von vertraglichen Regelungen denkbar, die den einfachen Tausch über den Markt ergänzen oder gar ersetzen: angefangen bei den verschiedensten Formen langfristiger Verträge, über Verträge unter Hinzuziehung einer Drittpartei als Bürge oder als allfällige Schlichtungsinstanz und zweiseitigen Kooperationsverträgen, bis hin zu einheitlichen, zentralisierten Beherrschungs- und Überwachungssystemen.[34)] All diese vertraglichen Regelungen haben zum Zweck, die aus dem Vorliegen begrenzter Rationalität und Opportunismus und aus der Unsicherheit über die zukünftige Entwicklung resultierenden Gefahren und Risiken, kurz: die möglichen und tatsächlichen Kosten der Transaktion, zu reduzieren. Die Wahl der Vertragsform hängt dabei von den Bedingungen und von der Art der Transaktion ab; d.h. es existieren unterschiedliche Vertragsformen, weil "vorgegebene *Unterschiede in den Eigenschaften von Transaktionen*" vorliegen.[35)] Da aber jede dieser möglichen Vertragsformen auch ihrerseits wieder mit unterschiedlichen Kosten und Risiken verbunden ist, kommt es letztlich zu einer Optimierung, zu einem tradeoff zwischen diesen unterschiedlichen Kosten.

So haftet beispielsweise langfristigen Verträgen der Nachteil an, dass es aufgrund von Unvorhersehbarkeit und begrenzter Rationalität letztlich unmöglich ist, alle Eventualitäten bereits ex ante vertraglich zu regeln; selbst der Versuch einer möglichst weitgehenden Regelung wird in der Regel unterbleiben müssen, da die diesbezüglichen Kosten viel zu hoch ausfallen würden.[36)] Im Falle von Unsicherheit über die Bedingungen der Zukunft scheint daher eine relativ offene vertragliche Regelung ex ante zweckmässiger, da auf ihrer Basis mittels fortlaufender Verhandlungen jeweils situationsgerechte Lösungen gefunden werden könnten. Da sich jedoch bei veränderten Bedingungen auch die Interessen der Vertragspartner verändern können, da zudem deren Interessen bezüglich der Gewinnverteilung einander letztlich immer entgegengesetzt sind und da die (Neu-) Verhandlungen diesbezüglich immer unter dem Vorzeichen verlaufen

34) Für einen kurzen Überblick dieser Vertragstypen siehe Williamson (1990), S. 81 ff.
35) Williamson (1990), S. 77 (Hervorhebung im Original).
36) Vgl. Williamson (1990), S. 33.

müssen, dass aufgrund begrenzter Rationalität und Opportunismus der andere über bessere Informationen verfügen und daher aus der veränderten Sachlage einen unverhältnismässigen Profit - bis hin zur Abschöpfung der gesamten Kooperationsvorteile - schlagen könnte[37], erweisen sich derart offene Regelungen mit einer rollenden Anpassung an Veränderungen spätestens in ihrem Verlauf ebenfalls als sehr unsicher und kostspielig.

Anhand dieser Beispiele lässt sich zudem auch erkennen, dass *kulturspezifische Merkmale* - nicht zuletzt das Vertrauen in den Vertragspartner - die Wahl der Vertragsform stark beeinflussen können.[38] So lässt sich vorstellen, dass in kleineren Sozialräumen unter Umständen die Gefahr des Opportunismus weniger hoch ausfällt, womit 'gütliche Einigungen' bei offenen Verträgen leichter möglich sind. Auch kann es kulturell üblich sein, mögliche Konflikte unter Beizug einer Drittpartei zu schlichten, oder aber diese auf gerichtlichem Wege auszutragen; letzteres führt jedoch zumeist auch zu einem Abbruch der Beziehung.

Im weiteren müssen jedoch diese unterschiedlichen Vertragsformen weitgehend ausseracht gelassen werden. Das Hauptaugenmerk wird sich auf die Schaffung von zentralisierten Unternehmen richten, wobei bei den folgenden Ausführung nicht vergessen werden darf, dass zur Regelung von Transaktionen in Unternehmen oder aber über den freien Markt eine ganze Reihe weiterer Alternativen bestehen. Unternehmen, bzw. hierarchische, zentral gesteuerte Ueberwachungs- und Kontrollsysteme, sind aber in der Praxis überaus weit verbreitet und bilden wohl für die Mehrheit der arbeitenden Menschen in prägender Weise das alltägliche Arbeitsumfeld, weshalb sich die weitere Untersuchung auf das - durchaus idealtypisch dargestellte - Unternehmen konzentriert.

Die Zusammenfassung von Transaktionen unter ein *gemeinsames Eigentum* - als Grundlage und Legitimation hierarchischer Dispositions- und Kontrollgewalt - bildet gemeinhin eine der üblichsten und sichersten Formen der Absicherung gegen Unsicherheit und Opportunismus.[39] Dies, weil damit - zumindest vorläufig - grundsätzlich von einer *Interessenharmonie* ausgegangen werden kann: "Wo beide Partner einer Transaktion im selben Eigentum stehen, ist die Annahme gemeinsamer Gewinnmaximierung statthaft."[40] Indem auf ein gemein-

37) Vgl. Williamson (1984), S. 207 f.
38) Vgl. Williamson (1990), S. 10.
39) Vgl. Williamson (1990), S. 23.
40) Williamson (1990), S. 88.

samer Nutzen, bzw. auf ein gemeinsamer Gewinn hin gearbeitet wird können bei gemeinsamem Eigentum die ansonsten z.T. divergierenden und konfligierenden Einzelinteressen der Transaktionspartner harmonisiert werden. Unter dieser Voraussetzung hat der einzelne im Prinzip keinen Anreiz, den individuellen Gewinn aus der Kooperation auf Kosten seiner Partner zu vergrössern; denn erstens wird dieser bei gemeinsamem Eigentum nicht mehr gesondert gerechnet, sondern höchstens ex post aus dem Gesamtgewinn verteilt, und zweitens würde sich ein solches Verhalten oft negativ auf das - gemeinsame - Gesamtergebnis auswirken.[41)] Interessenkonflikte zwischen den Transaktionsteilnehmern werden somit durch den Umstand abgebaut, dass sie nun alle Teil ein und derselben Organisationsstruktur sind und sich nicht mehr als unabhängige Entscheidungseinheiten gegenüberstehen; notfalls können Probleme relativ leicht durch administrative Anordnungen von oben gelöst werden.[42)] Die zentrale Entscheidungsinstanz einer vertikalen Integration des Produktionsablaufes *entscheidet und disponiert dabei in Hinblick auf den Gesamterfolg*; und: man kann vorerst davon ausgehen, dass diesbezüglich bei allen Mitgliedern *ein gemeinsames Interesse* besteht.

Im folgenden soll untersucht werden, unter welchen Bedingungen die Etablierung eines zentralen, hierarchisch organisierten Ueberwachungs- und Kontrollsystems unter gemeinsamem Eigentum in der Regel günstiger und somit für die Beteiligten insgesamt vorteilhafter ausfällt als die Koordination der Transaktionen über das Preissystem. Damit soll und kann gezeigt werden, dass in diesen Fällen das Unternehmen ein *wirkungsvolles Mittel* darstellt, entweder den Aufwand, bzw. die Entbehrungen zur Erreichung eines Zieles zu verringern oder aber den Ertrag aus einer gewissen Anstrengung zu erhöhen; dass also mit der Etablierung eines Unternehmens das Leben in der Welt der Notwendigkeit erleichtert werden kann.

---

41) Einschränkend sei jedoch festgehalten, dass in praxi auch bei gemeinsamem Eigentum durchaus Anreize bestehen können, den eigenen Vorteil auf Kosten der übrigen auszudehnen, und dass auch Konflikte erwachsen können aus unterschiedlichen Vorstellungen, wie das gemeinsame Ziel am besten angestrebt werden kann. Von besonderem Interesse wird später noch sein, dass insbesondere Mitarbeiter eines Unternehmens sich opportunistisch verhalten, denn an der Arbeitskraft existiert niemals eine vollumfängliche Eigentumsgemeinschaft; sie bleibt immer auch individuelles Eigentum des Arbeitenden.

42) Vgl. Williamson (1975), S. 29 f.

4.2.2.1. Erhöhte Transaktionsrisiken bei Faktorspezifität

Spezialisierung der Produktionsfaktoren und Investitionen in spezifische Technologien und spezifisches Know-How können u. U. unabdingbare Voraussetzung für eine bestimmte Produktion sein, oder aber sie besitzen schlicht den Vorteil, im Vergleich zum Einsatz unspezifischer Faktoren und Technologien effizienter und kostengünstiger zu sein. Je höher jedoch die Spezifität der Faktoren ist, desto grösser wird auch die *Abhängigkeit* vom Transaktionspartner und desto grösser ist auch das Risiko, das sich aus opportunistischem Verhalten ergibt. Denn aus der Verwendung spezialisierter Faktoren folgt, dass diese im Falle eines Abbruches der Transaktionsbeziehung nicht oder nur mit erheblichen Produktivitätseinbussen für andere Zwecke verwendet werden können. Da der Wert eines Produktionsfaktoren nicht zuletzt von seinem je individuellen Einsatzbereich abhängig ist, wächst mit dem Grad seiner Spezialisierung auch die an diesem Ort erzielte *Quasi-Rente*, d.h. die Differenz zwischen der jetzigen Vergütung und dem Ertragspotential in der nächstgünstigsten Verwendungsalternativen.[43] Zudem erschwert die erforderliche Spezialisierung die Chance, dass ein Transaktionspartner durch einen anderen ersetzt werden könnte, wie dies beim klassischen Fall der marktlichen Tauschbeziehungen bei vollkommenem Wettbewerb problemlos möglich wäre; die hierbei angenommene Homogenität ist nicht gegeben.

Aus der Sicht der Transaktionstheorie ist somit das wohl zentralste Kriterium bei der Wahl der Organisationsform einer Transaktion das Vorliegen von *Faktorspezifität.* Denn: "Die Akteure in einem Tauschvorgang, der durch nicht-triviale Investitionen in transaktionsspezifische Anlagen gestützt wird, stehen effektiv in einer bilateralen Tauschbeziehung zueinander."[44] Sobald in einer Transaktion die Transaktionsobjekte speziell auf die Erfordernisse der Vertragspartner zugeschnitten sind, d.h. sobald die Transaktionspartner zu deren Erstellung oder Weiterverarbeitung spezifische (Einzweck-)Technologien verwenden und ein spezifisches Know-How erwerben müssen, stehen sie einander in der Form eines *bilateralen Monopols* gegenüber.

"Während (nicht-spezifische) neoklassische Transaktionen auf Märkten stattfinden, wo 'gesichtslose Käufer und Verkäufer (...) für einen Augenblick zusam-

43) Vgl. Krüsselberg (1991), S. 53.
44) Williamson (1990), S. 34.

mentreffen, um standardisierte Güter zu Gleichgewichtspreisen zu tauschen' (Ben-Porath, 1980, S. 4), sind Tauschvorgänge, die sich auf transaktionsspezifische Investitionen stützen weder gesichtslos noch Sache eines Augenblicks."[45]) Bei steigender Faktorspezifität wird die spezifische Identität der Transaktionsbeteiligten von immer grösserer Bedeutung und mit der Ausdehnung der Zeitdauer wächst auch mit aller Wahrscheinlichkeit das Mass an *Unsicherheit*[46]) an und es wird zugleich immer zwingender, die gegebene Transaktionsbeziehung flexibel an veränderte (Rahmen-) Bedingungen anpassen zu können. Aufgrund opportunistischem Verhaltens ist hierbei jedoch zu befürchten, dass ein - bei Markttransaktionen selbständiger - Transaktionspartner aus Eigeninteresse die Abhängigkeit des anderen (erpresserisch) auszunutzen und in unverhältnismässiger Weise die Vorteile der Kooperation abzuschöpfen sucht.

Aus diesen Gründen haben Wirtschaftsaktoren, die für eine Transaktion spezifische Investitionen vornehmen, ein starkes Interesse, entsprechende Absicherungen zum Schutze dieser Investitionen vorzunehmen. Vollständige Verträge sind jedoch keine realistische organisatorische Alternative, wenn begrenzte Rationalität vorausgesetzt wird.[47]) Ganz allgemein kann aus der *Forderung nach Sparsamkeit* abgeleitet werden, dass auch die Ressourcen begrenzter Rationalität sparsam und optimal eingesetzt werden: "Der organisatorische Imperativ, der unter solchen Umständen laut wird, heisst: *Organisiere Transaktionen so, dass die begrenzte Rationalität sparsam eingesetzt wird, die Transaktionen aber gleichzeitig vor den Risiken des Opportunismus geschützt werden."*[48])

In dem hier gegebenen Fall sind jedoch weder vollständige Verträge ex ante noch Verträge mit sequentiellen Anpassungsverhandlungen oder die Inanspruchnahme des marktwirtschaftlichen Wettbewerbs und gerichtlicher Regelungen gangbare Wege: "Die Planung ist notwendigerweise unvollständig (wegen der begrenzten Rationalität), Versprechen bleiben, wie vorherzusehen, unerfüllt (wegen des Opportunismus), und die paarweise Identität der Vertragspartner (bleibt immer) von Bedeutung (wegen der Faktorspezifität)."[49])

45) Williamson (1990), S. 63 f. Nebenbei: "Dieser Umstand wurde zum Ausgangspunkt der Analyse von Machtstrukturen." Ebenda.

46) Unsicherheit kann dabei einerseits *verhaltensbedingt* sein (Opportunismus) oder sich aus der Unabsehbarkeit zukünftiger Ereignisse und Konstellationen herleiten; vgl. Williamson (1990), S. 64 ff.

47) Vgl. Radner (1968), S. 31 ff.

48) Williamson (1990), S. 36 (Hervorhebung im Original).

49) Williamson (1990), S. 36.

Weil unter solchen Bedingungen der Schutz durch gerichtliche Regelungen fragwürdig bleiben muss - eine Auseinandersetzung vor Gericht bedeutet meist das Ende einer kooperativen Beziehung, doch gerade deren Fortführung wäre das Ziel -, lastet die Vertragserfüllung schwer auf den allfälligen Institutionen der aussergerichtlichen Regelung. Die hierfür wohl geeigneteste und standfesteste ist die Etablierung eines monozentralen Beherrschungs- und Überwachungssystems auf der Grundlage gemeinsamen Eigentums: "Bei Transaktionen, die von Investitionen in dauerhafte, transaktionsspezifische Güter gestützt werden, kommt es zu einer restriktiven Bindung an den Partner ('lock-in'-Effekt), weshalb der Tausch zwischen autonomen Partnern für gewöhnlich durch einheitliches Eigentum abgelöst wird (vertikale Integration)."[50)]

Die *Faktorspezifität* stellt aus der Sicht der Transaktionskostentheorie wohl die kritischste Eigenschaft einer Transaktion dar; sie kann somit für die Bildung von Unternehmen als ausschlaggebend angesehen werden. Ihre Bedeutung erhält die Faktorspezifität natürlich erst im Zusammenhang mit den Annahmen begrenzter Rationalität und Opportunismus und bei Vorliegen von Unsicherheit. Dieser Zusammenhang ist ebenfalls von Bedeutung für die zweite wichtige Eigenschaft, anhand deren Transaktionen unterschieden werden können und die ebenfalls eine wichtige Rolle spielt bei der Wahl der Koordinationsform der betreffenden Transaktion: die Häufigkeit ihres Eintretens.

4.2.2.2. Häufigkeit - Zunehmende Abhängigkeit und wachsendes Risiko aber auch Möglichkeit der Kostenaufteilung

Ausgehend von der oben beschriebenen Faktorspezifität kann aus der Sicht der Transaktionskosten festgehalten werden, dass "spezialisierte Beherrschungs- und Überwachungssysteme (..) ceteris paribus auf die Kontrollnotwendigkeiten von Nichtstandard-Transaktionen genauer eingestellt (sind) als nicht-spezifische"[51)]. Unternehmen mit ihren spezifisch gestalteten Organisationen der internen Transaktionen vermögen damit in der Regel die aus Opportunismus und begrenzter Rationalität erwachsenden Risiken und Kosten in ihren ganz spezifischen Bedingungen gegenüber einer alternativen Abwicklung über den Markt zu reduzieren. Wie aber noch zu zeigen sein wird, fallen auch innerhalb des Unter-

50) Williamson (1990), S. 61.
51) Williamson (1990), S. 69.

nehmens noch entsprechende Kosten und Risiken an und die Errichtung und Betreibung einer eigenen Kontroll- und Ueberwachungsstruktur ist ebenfalls mit Kosten verbunden, während der Markt diesbezüglich kostenfrei zugänglich ist; es stellt sich damit die Frage, ob sich dieser Aufwand im Ergebnis wirklich lohnt. Die Antwort wird neben dem relativen Nutzen bei hohen, kostenwirksamen Risiken im Falle von transaktionsspezifischen Investitionen auch vom jeweiligen Auslastungsgrad der spezialisierten Systeme abhängen. Dabei können sich diese beiden Entscheidungskriterien sowohl gegenseitig verstärken als auch jeweils für sich alleine ausschlaggebend sein. Die Transaktions*häufigkeit* stellt schon deshalb für sich alleine ein relevantes Kriterium dar, weil "die Kosten spezifischer Beherrschungs- und Überwachungssysteme (..) bei grossen Transaktionen, die sich wiederholen, leichter einzubringen"[52] sind.

Damit jedoch überhaupt ein Anlass zur Erstellung spezialisierter Systeme besteht, muss entweder wiederum Faktorspezifität angenommen werden oder aber es kann angenommen werden, dass die Transaktionen mit der *Häufigkeit* ihres Auftretens kostenwirksam ihre Eigenschaften verändern; dies würde heissen: mit der Häufigkeit der Transaktion wachsen die wahrscheinlichen Gefahren und Risiken für die Partner, wenn die Regelung der Transaktionen über den Markt erfolgte oder nur durch einfache Verträge gesichert wären. Insofern als dies der Fall ist, bedeutet die Häufigkeit nicht nur eine bessere Verteilung der Kosten spezialisierter Systeme auf die einzelnen Transaktionen, sondern sie kann auch Ursprung solch spezialisierter Systeme sein.

Um dies zu zeigen, gehen wir im folgenden von vorerst nicht-spezfischen Transaktionen aus. Gemäss klassischer Vertragslehre wie auch in der herkömmlichen Wirtschaftstheorie wird angenommen, dass in diesem Falle die Verträge am zweckmässigsten auf *isolierte* Transaktionen zugeschnitten werden: Die Kooperation besteht somit aus eindeutigen Vereinbarungen und eindeutigen Leistungen. Im weiteren wird im klassischen Vertragsrecht wie in der Ökonomie des vollkommenen Markts erklärt, dass die *Identität* der Partner als belanglos anzusehen sei. Unter diesen Bedingungen kommt auch der *Unsicherheit* bei nicht-spezifischen Transaktionen vorerst höchstens eine geringe Bedeutung zu, da leicht neue Tauschbeziehungen hergestellt werden können.[53] Bis jetzt be-

52) Williamson (1990), S. 69.
53) Vgl. Williamson (1990), S. 68.

stehen also prinzipiell kaum Anreize zur Bildung von Unternehmen, da die Kontinuität der Beziehung relativ unwichtig ist.

Inzwischen setzt sich jedoch die Erkenntnis durch, dass sich längst nicht alle Transaktionen in Verträgen von solch genauer Definition fassen lassen. Zu erwähnen wären einmal Transaktionen, die sich über einen längeren Zeitraum hinweg erstrecken und die deshalb *langfristige Verträge* erforderlich machen. Zwar mag hierbei anfänglich eine Wettbewerbssituation bestehen, wo ein Transaktionspartner unter vielen Konkurrenten ausgesucht werden kann. Nach erfolgter Wahl sind jedoch die Partner transaktionsbedingt auf längere Zeit bestimmt und können höchstens unter Kosten ausgewechselt werden. Unter diesen Bedingungen muss der klassische Vertrag versagen, da die Unsicherheit bei grösserer Zeitdauer erheblich anwächst und gleichzeitig den Erfolg einer Transaktion nachhaltig beeinflussen kann. Weil die Transaktionspartner nicht schnell und kostenlos gewechselt werden können, erlangen begrenzte Rationalität und Opportunismus für die Gestaltung der Vertragsform wieder eine ganz andere Dimension als bei der einfachen Kauf-Transaktion. Weder können im Vertrag alle Eventualitäten und die entsprechenden Vertragsmodifikationen vorweggenommen werden, noch geben offene, anpassungsfähige Verträge genügend Sicherheit, dass die Anpassungen in befriedigender Weise erfolgen und die Beziehung erhalten bleibt.

Das neoklassische Vertragsrecht reagiert auf diese Probleme, indem es zwar im Vertrag die ursprüngliche Form der Tauschbeziehung beibehält, sie jedoch mit zusätzlichen Kontrollmechanismen, wie Schiedsverfahren unter Mithilfe einer Drittpartei, absichert.[54)] Bei allen Vorteilen, die diese Lösung bezüglich Flexibilität und Kontinuität der Beziehung bietet, kann doch nicht übersehen werden, dass bei steigender Geltungsdauer und Komplexität die *Bedeutung der Ausgangslage*, welche im Vertragsrecht als die ursprüngliche Vereinbarung immer vorrangiger Bezugspunkt bleibt, in Wirklichkeit immer mehr in den Hintergrund tritt. An Bedeutung gewinnt hingegen die *Beziehung selbst*; "die gesamte Beziehung, so wie sie sich mit der Zeit entwickelt hat"[55)], entwickelt sich zum eigentlichen Bezugspunkt. Auch ein Schiedsverfahren vermag kaum, die vielfältigen Bezüge, Inhalte und Besonderheiten einer solchen Kooperation gebührend

54) Vgl. Williamson (1990), S. 78 ff.
55) Macneil (1978), S. 890, zitiert nach Williamson (1990), S. 81. Natürlich können die ursprünglichen Vereinbarungen hier mit unterschiedlichem Gewicht dazugehören.

zu berücksichtigen, und muss sich daher zu stark an den ursprünglichen Vereinbarungen orientieren, wenn es taugliche Lösungen in Bezug auf die veränderten Bedingungen sucht. Es lässt sich daher beobachten, dass diese Anpassungsprozesse öfters in "transaktionsspezifischen, fortlaufend-administrativen"[56)] Formen organisiert werden; d.h. die vertraglich gestützte Tauschbeziehung wird durch eine engere Form der Kooperation ersetzt, wobei ihre vertikale Integration in ein unternehmensinternes Beherrschungs- und Überwachungssystem die stärkste Form darstellt.[57)]

Auch bei häufig wiederkehrenden, jedoch grundsätzlich kurzfristigen Transaktionen kann mit der Zeitdauer die Unsicherheit anwachsen; sich über die Zeit verändernde Bedingungen machen bei Annahme begrenzter Rationalität "adaptive sequentielle Entscheidungen erforderlich"[58)], damit aus der Transaktion weiterhin für alle Parteien ein optimales Ergebnis resultieren kann. Nun besteht bei wiederkehrenden Transaktionen im Prinzip die Möglichkeit, dass im Falle veränderter Bedingungen die folgenden Transaktionen wiederum über den Tausch im Wettbewerb vieler potentieller Partner organisiert werden. Doch obwohl anfangs gemeinhin von einer grossen Zahl möglicher Transaktionspartner für eine Tauschbeziehung ausgegangen werden kann, so ist es durchaus möglich, dass sich im Verlauf häufig wiederkehrender Transaktionen diese Zahl erheblich reduziert. Williamson spricht in diesem Fall von einer *'fundamentalen Transformation'*, wenn der Abbruch einer ursprünglich über den Markt vermittelten Tauschbeziehung mit einem bestimmten Tauschpartner zu erheblichen Produktivitätsverlusten führen würden und die Wahl eines neuen Partners mit hohen Transaktionskosten verbunden wäre.[59)] Eine derartige Transformation kann damit erklärt werden, dass *nach* dem ursprünglichen Bietprozess unter Wettbewerb im Verlaufe der wiederkehrenden Transaktionen sich erhebliche Investitionen in transaktionsspezifische Faktoren - Human- oder Sachkapital - ergeben. In der Folge bestehen für potentielle Rivalen im Vergleich zum einmal gewählten Tauschpartner nicht mehr gleiche Wettbewerbsbedingungen, da sie mit nicht-spezifischen Faktoren in der Regel nur unvorteilhaftere Angebote anzubieten vermögen. "Was also zunächst ein Bietprozess mit einer grossen Zahl

56) Williamson (1990), S. 81.
57) Vgl. Williamson (1990), S. 85 ff.
58) Williamson (1990), S. 81.
59) Vgl. Williamson (1990), S. 70 ff.

von Teilnehmern war, wird in der Folge effektiv zu einer Situation bilateralen Angebots."[60]

Die Auswirkungen des bilateralen Monopols unter begrenzter Rationalität bzw. Opportunismus auf die Formen des Vertrages wurden bereits oben ausgeführt. Wie auch bei langfristigen Transaktionen, werden auch hier infolge dieser 'fundamentalen Transaktion' "gesichtslose Tauschverträge (...) durch solche ersetzt, in denen die paarweise Identität der Vertragspartner wesentlich ist"[61]. Diese Entwicklung kann einerseits beruhen auf *bewussten* Investitionen, da sich im Verlaufe einer sich vertiefenden, erfolgreichen Transaktionsbeziehungen etwa Problemlösungen aufdrängen, die stärker faktorspezifisch sind. Andererseits kann es sich aber, und dies ist hier fast noch bedeutsamer, auch um einen *unbewussten* Entwicklungsprozess handeln: Gerade im Falle des *Humankapitals* ergeben sich öfters dadurch Einsparungen, dass sich über die Transaktionsabwicklung infolge eines 'learning by doing' spezielle Kenntnisse und Fertigkeiten ansammeln. Berücksichtigt man weiter die auch auf dem Markt anfallenden Transaktionskosten, so erweist es sich in vielen Fällen schon als hilfreich und vorteilhaft, wenn man weiss, wer der Ansprechpartner ist und wie er sich in der Regel verhält. Aufgrund begrenzter Rationalität und der Notwendigkeit, mit dieser Ressource sparsam umzugehen, ist es oftmals rational, bei einer neuerlichen Transaktion beim alten Partner zu verbleiben, mit dem man bereits positive wie vielleicht sogar negative Erfahrungen gesammelt hat, statt sich für einen neuen zu entscheiden, dessen Verhalten überhaupt noch nicht eingeschätzt werden kann. Aus diesem Grund kommt Arrow zum Schluss, dass es oftmals billiger ist, bereits geschaffene Informationskanäle und Transaktionsbeziehungen weiterhin zu benutzen, als in neue zu investieren; schon alleine deshalb, weil die individuellen Verarbeitungskapazitäten beschränkt sind.[62]

Die hierdurch entstehenden Abhängigkeiten und die weiterhin bestehende Gefahr des Opportunismus macht bei häufigen Transaktionen deren Integration in ein einheitliches Entscheidungssystem - etwa durch Zusammenschluss des Eigentums - zunehmend sinnvoll.

60) Williamson (1990), S. 70.
61) Williamson (1990), S. 70.
62) Arrow (1980), S. 39.

4.2.2.3. Horizontale Integration zur Einsparung von volumenunabhängigen Kosten

Wenn identische Produktionen oder Arbeitsabläufe unter eine gemeinsame, zentrale Kontroll- und Entscheidungsinstanz zusammengefasst werden oder wenn einzelne Produzenten oder Unternehmen aus demselben Wirtschaftssektor mit vergleichbaren Produkten sich zu einer Produktionseinheit zusammenschliessen oder sich gegenseitig aufkaufen, so spricht man von *horizontaler Integration*. Es handelt sich dabei jedoch nicht um eine alternative Form der Organisation von Transaktionen, da die vorerst autonomen Produzenten nicht zueinander in einer Kooperationsbeziehung stehen, sondern sich vielmehr gegenseitig konkurrenzieren. Verständlicherweise werden daher die Gründe für eine horizontale Integration vielfach im Streben nach einem grösseren Marktanteil oder gar nach Marktmacht sowie beim Ausschalten gefährlicher Konkurrenz gesucht. So erklärt etwa Richard Edwards in fundierter Weise die Entstehung von mächtigen Oligopol- und Monopolunternehmen in den Kernbereichen der amerikanischen Wirtschaft (etwa die Automobil-, Elektrik- und Stahlindustrie) einerseits mit dem verheerenden (Verdrängungs-) Wettbewerb um einen sich integrierenden Markt zwischen 1890 und 1920 und zum anderen mit der von einigen Unternehmen erfolgreich praktizierten Gegenstrategie der Fusion oder des Aufkaufs ruinierter Konkurrenten. In der Folge finden sich heute im Zentrum der amerikanischen Wirtschaft einige hundert Konzerne mit extensiver Marktmacht und mehreren zehn- oder hunderttausend Beschäftigten.[63)]

Eine zweite, gängige Begründung für die horizontale Integration macht technologische Vorteile geltend. Die Produktion in grossen Mengen bringt oft den Vorteil mit sich, dass bei entsprechender Technologie von Skalenerträgen profitiert werden kann. Einer der massgeblichen Faktoren hierfür ist wohl in dem Umstand zu sehen, dass bei grösseren Produktionseinheiten die Spezialisierung und die Arbeitsteilung wesentlich weiter getrieben werden können als in kleinen. Denn die Arbeitsteilung findet vorerst dort ihre Grenzen, wo zwar die Arbeit eines Mannes technisch in weitere Teilarbeiten unterteilt werden könnte - und hiermit auch eine Produktivitätssteigerung zu erzielen wäre -, gleichzeitig aber die hierzu benötigten zusätzlichen Arbeiter nicht voll ausgelastet werden könnten; ausser natürlich: es finden sich Teilzeitarbeiter oder aber sie können auch

---

63) Vgl. Edwards (1981), S. 47 ff. und 83 ff.

noch anderweitig beschäftigt werden, wobei letzteres wiederum in grösseren Betrieben leichter fallen dürfte. "The extent of useful division of labor is intimately related to the size of the establishment or complexity of the industry as a whole. Thus, as a general rule, the larger the concern, the greater the possible degree of specialization."[64] Generell gilt daher, dass bei wachsender Unternehmensgrösse - etwa durch horizontale Integration - die Vorteile der Arbeitsteilung noch besser ausgeschöpft werden können.

Neben diesen Argumenten ist es aber durchaus auch möglich, die horizontale Integration als ein Mittel zur Einsparung von Transaktionskosten zu verstehen, obwohl - wie bereits oben gesagt - damit nicht eigentlich Transaktionen alternativ organisiert werden. Die möglichen Einsparungen sind darauf zurückzuführen, dass in der Produktion Kosten anfallen können, deren Höhe nicht oder nur degressiv mit dem Produktionsvolumen korreliert sind. So stellt etwa Roy Radner fest, dass oftmals die Beschaffung von Informationen unabhängig von der Grösse der Produktion mit gleichbleibenden Kosten verbunden sein kann: "The acquisition of information often involves a 'set-up cost'; i.e. the resources needed to obtain the information may be independent of the scale of the production process in which the information is used."[65]

Neben der Informationsbeschaffung können auch die anderen, kostenverursachenden Faktoren in einer Transaktion - die Ausarbeitung von Verträgen sowie ihre Kontrolle - grössenunabhängig sein. Dasselbe kann auch für Teile des administrativen Aufwands gelten. Dank einer horizontalen Integration fallen all diese Kosten nur noch einmal an und können zudem auf mehr produzierte Einheiten aufgeschlüsselt werden, was zu erheblichen Einsparungen und somit zu einer Steigerung der Effizienz führt.

---

64) Moore (1962), S. 96.
65) Radner (1970), S. 457.

4.2.3. VORTEILE UND GRENZEN DER INTEGRATION VON TRANSAKTIONEN IN HIERARCHISCHEN ORGANISATIONEN

4.2.3.1. Die Hierarchie als erfolgreiche und effiziente Koordinationsform

Die Hierarchie mit zentraler Entscheidungs-, Dispositions- und Kontrollinstanz stellt nicht die einzige Alternative zur Koordination über den Preis dar, um insbesondere bei transaktionsspezifischen Investitionen und häufigen Transaktionen die dabei anfallenden Kosten und Risiken zu verringern. Wie bereits erwähnt, können die mit Markttransaktionen verbundenen möglichen Kosten auch durch verschiedene Vertragsformen eingeschränkt werden, wobei jedoch auch die Ausarbeitung, Kontrolle und Sanktion dieser Verträge mit Kosten verbunden sind. Eine weiter Möglichkeit besteht darin, Transaktionen in Arbeits- und Produktionsgemeinschaften zu organisieren, die nicht hierarchisch strukturiert sind, sondern auf der *Gleichberechtigung aller Mitglieder* beruhen. Insbesondere unter der Kennzeichnung als Kooperativen oder Genossenschaften haben solche Kooperationsformen eine gewisse Verbreitung gefunden. Vergleichbar mit den hierarchisch organisierten Unternehmen sind auch sie in der Regel langfristig ausgelegt, haben oft gar einen institutionellen Rahmen und orientieren sich an einem - formell oder informell vertraglich festgelegten - mehr oder weniger konkreten, gemeinsamen Ziel. Im Gegensatz zu jenen gewähren aber diese nicht hierarchischen Kooperationsformen ihren Mitgliedern meist eine grössere Selbstbestimmungsfreiheit und die Möglichkeit, in allen Fragen mitentscheiden und mitbestimmen zu können.

Die Vorteile dieser Form der Koordination von Transaktionen kommen jedoch in der Regel nur dann voll zum Tragen, wenn es sich um eine relativ kleine Zahl von Transaktionen, also um eine *kleine Zahl von Mitglieder* handelt. Begrenzte Rationalität und vor allem der Hang zu opportunistischem Verhalten stellen auch für diese 'idealistischen', nichthierarchischen Organisationsformen die Hauptprobleme dar[66], die sich bei wachsender Grösse immer schwerwiegender und kostenwirksamer auswirken und diese Koordinationsform im letzten gar ganz verunmöglichen. So zeigt sich auch in der Praxis, dass sich nichthierarchische Kooperationen meist auf kleine, einfache Gruppen (peer groups) beschrän-

66) Vgl. Williamson (1990), S. 73.

ken, während Genossenschaften ab einer gewissen Grösse immer mehr auch hierarchische Strukturen ausbilden.

Die vor allem bei zunehmender Grösse anfallenden Probleme in einer nichthierarchischen Kooperation von Gleichberechtigten resultieren zumeist aus der Art, wie hier die sonst durch die hierarchische Ordnung wahrgenommenen Funktionen und Aufgaben - Informationsverarbeitung, Entscheidungsfindung, Aufgabenteilung, Durchsetzung und Kontrolle - gemeinhin gelöst werden. Die hier praktizierte spezifische Art der Koordination und Kooperation kann somit je nach Bedingungen und nach Gesichtspunkt sowohl vorteilhafte wie auch unvorteilhafte Ergebnisse zeitigen; im Wettbewerb mit hierarchischen Kooperationsformen erweist sich die nichthierarchische Kooperative jedenfalls oft als insgesamt kostspieliger und daher als unterlegen. Erhebliche Kosten können etwa bei der *Entscheidungsfindung* anfallen, die in der Kooperation von Gleichberechtigten *gemeinsam* - demokratisch oder einstimmig - angestrebt wird.[67) Voraussetzung ist hierbei, dass alle über ausreichend Informationen verfügen, was insbesondere bei einer grösseren Spezialisierung der Mitglieder einen umfassenden Informationsfluss und einen grossen Lernaufwand voraussetzt. Der häufige und allseitige face-to-face Kontakt in kleinen Gruppen kann die diesbezüglichen Kosten erheblich reduzieren[68)]; bei steigender Mitgliederzahl schwindet jedoch dieser Vorteil.

Neben unbestrittenen Vorteilen kollektiver Entscheidungsfindung - Berücksichtigung der Informationen und Kenntnisse aller Beteiligten und eine höhere Akzeptanz der jeweiligen Ergebnisse etwa - erweist sich das Aushandeln von gemeinsamen Lösungen meist aber auch als langwieriger und schwieriger, und somit als kostspieliger als die Entscheidungsfindung in hierarchischen Strukturen, da oft die unterschiedlichsten Interessen und Vorstellungen miteinander rivalisieren.[69)] Die kollektive Entscheidungsfindung kann jedoch erheblich erleichtert werden, wenn unter den Mitgliedern über die Ziele, Werte und Ansichten zu einzelnen Problemen eine hohe Uebereinstimmung herrscht, was wiederum eher in kleinen Gruppen der Fall sein dürfte. Kosten entstehen aber auch dadurch, dass selbst flexible Anpassungen an veränderte (Rahmen-)Bedingungen immer wieder kollektive Entscheidungsprozesse, bzw. gar Neure-

67) Vgl. Williamson (1975), S. 45 ff.
68) Vgl. Arrow (1980), S. 70.
69) Vgl. Arrow (1980), S. 70.

gelungen der wechselseitigen Kooperationsverträgen, nötig machen, da nur auf diese Weise eine wirkliche Gleichrangigkeit und ein hoher Selbstbestimmungsgrad der Mitglieder erreicht werden kann.

Ganz allgemein kann daher festgehalten werden, dass in nichthierarchischen Kooperationen sowohl die *Identität* der Mitglieder als auch ihre *Beziehung* zueinander von grösster Bedeutung sind und den Erfolg der Kooperation nachhaltig beeinflussen. Die engen Beziehungen und die vorzugsweise grossen Gemeinsamkeiten unter den Mitgliedern, welche sich oft und mit Vorteil auf weit mehr Ebenen ausdehnen als nur auf die rein wirtschaftliche, werden nicht nur von den Mitgliedern meist schon als Wert für sich begrüsst, sondern stellen in vielen Aspekten den spezifischen Vorteil dieser Kooperationsform dar - sind also die eigentliche Idealform für ihre Funktionsfähigkeit.[70)] Gleichzeitig resultieren hieraus aber auch eine Reihe weiterer Probleme: Da die Mitglieder tendenziell nicht nur als Wirtschaftsaktoren, sondern als integrale Personen miteinander interagieren, kommt auch deren innere Widersprüchlichkeit oft stärker zum Ausdruck und kann sowohl die Entscheidung als auch die Durchführung erheblich belasten.

Die grosse Bedeutung, die den - nicht nur fachlichen - Qualitäten der einzelnen Personen und den Beziehungen unter den Mitgliedern für den Erfolg der Kooperation zukommt, erschwert die Auswahl und Integration neuer Mitglieder in erheblichem Masse; zudem hat die Bedingung der Gleichrangigkeit hierbei zur Folge, dass ein Neumitglied faktisch von allen anderen Mitgliedern einzeln akzeptiert, bzw. es mit allen Mitgliedern einzeln einen Kooperationsvertrag aushandeln muss. Entsprechend besteht aber auch die Gefahr, dass Mitglieder auf der Basis ihrer relativen Wichtigkeit für das Ganze ihren individuellen Nutzen auf Kosten der übrigen zu vergrössern suchen, indem sie etwa mit ihrem Austritt drohen. Opportunistisches Verhalten, wie Drückebergerei oder strategisches Manövrieren zum eigenen Vorteil stellt diese Kooperationsform denn auch vor erhebliche Probleme[71)], während der Erfolg der hier so wichtigen und charakteristischen gegenseitigen *sozialen Kontrolle* wiederum massgeblich von der Grösse der Gruppe abhängt. Soll jedoch die Kontrolle zur Verhinderung opportunistischen Verhaltens verbessert werden, so geschieht dies gemäss Alchian und Demsetz mit Vorteil mittels Einsetzung einer spezialisierten Person, die die

70) Vgl. Williamson (1975), S. 45 ff.
71) Vgl. Williamson (1975), S. 47 ff.

Leistungserbringung der Mitglieder überwachen soll; sie kommen denn auch zum Schluss, dass es eben diese Funktion ist, die zur Entstehung von hierarchisch strukturierten Unternehmen führt.[72] Damit wird aber auch bereits deutlich, dass solche Massnahmen schnell zu einer qualitativen Veränderung des ursprünglichen Gruppencharakters und der Art der Kooperation führen: "Die Einrichtung einer Leitungsinstanz (bzw. einer Kontroll- oder Entscheidungsinstanz; RvR) verwandelt in vielen Organisationen die Kooperation funktional gleichwertiger und gleichgewichtiger Personen in ein hierarchisch gegliedertes, Weisungsbefugnisse zuteilendes, Kompetenzen regelndes, Über-, Neben- und Unterordnungsbeziehungen begründendes Herrschaftssystem."[73]

Diese kurzen Ausführungen sollten ausreichend verdeutlicht haben, wie insbesondere bei zunehmender Mitgliederzahl oder steigender Heterogenität - in fachlicher Spezialisierung oder bezüglich Werten und Anschauungen - unter den Mitgliedern die Kosten der Koordination in Kooperativen erheblich ansteigen; in der Folge kann eine Koordination über den Markt oder mehr noch: in einem hierarchischen Unternehmen kostengünstiger und damit effizienter sein und daher an deren Stelle treten. Hier sei jedoch auch betont, dass für manche Menschen die Kooperativen für sich Vorteile besitzen, die einen gewissen wirtschaftlichen Effizienzverlust ausgleichen: Die Tatsache, dass sich Kooperativen z.T. trotz erheblicher Produktivitätseinbussen gegenüber hierarchischen Unternehmen behaupten, zeigt, dass Gleichstellung, Beteiligung an den Entscheidungen, Selbstbestimmung und das Fehlen einer hierarchischen Kontrolle für die betreffenden Mitglieder einen eigenen Wert darstellen, der die wirtschaftlichen Einbussen bis zu einer gewissen Höhe auszugleichen vermag.[74]

Bereits ab kleinen Mitgliederzahlen überwiegen in der Praxis jedoch hierarchisch strukturierte Kooperationsformen bei weitem. Zur Erklärung dieser Tatsache werden - siehe oben - unterschiedlichste Argumente, darunter auch die Möglichkeit der Machtausübung für Vorgesetzte, angeboten. Die Verteilung der

---

72) Vgl. Alchian/Demsetz (1972), S. 781 ff. Die Existenz eines solchen Spezialisten hätte zudem den Vorteil, dass allfällige Verträge nicht mehr zwischen allen Mitgliedern, sondern nur noch bilateral zwischen den einzelnen Mitgliedern und diesem 'übergeordneten' Spezialisten abgeschlossen werden müssten und somit individuell auch leichter verändert werden könnten.

73) Büschges (1983), S. 31. Es ist nicht auszuschliessen, dass diese Veränderung der Beziehungen wiederum das Verhalten der Mitglieder beeinflusst, dass etwa opportunistisches Verhalten vermehrt auftritt, was dann weitere Kontrollen erforderlich macht.

74) Vgl. Williamson (1975), S. 54 f.

Macht ist denn auch oft ein wesentlicher Bestandteil der Definitionen von Hierarchie: "Unter Hierarchie versteht man gewöhnlich ein strukturell verfestigtes, pyramidenförmiges System von *Über- und Unterordnung*, in dem Macht oder Autorität ungleich verteilt ist, und in dem die Inhaber übergeordneter Stellen den untergeordneten Stellen Handlungs- und Entscheidungsbedingungen vorgeben und verbindliche Anweisungen erteilen."[75)] Für unsere Fragestellung ergiebiger ist es jedoch, wenn die Vorherrschaft hierarchisch geordneter Unternehmen mit von Hayek als Resultat einer Evolution verstanden wird, in der unterschiedliche organisatorische und institutionelle Formen miteinander in Wettbewerb stehen: "In viel grösserem Mass als bisher muss erkannt werden, das unsere gegenwärtige gesellschaftliche Ordnung nicht in erster Linie das Ergebnis eines menschlichen Entwurfs ist, sondern aus einem wettbewerblichen Prozess hervorging, in dem sich die erfolgreicheren Einrichtungen durchsetzten."[76)]

Aus rein ökonomischer Sicht zeigt sich denn auch, dass eine hierarchische Koordination von Transaktionen unter den Annahmen von Unsicherheit, begrenzter Rationalität und Opportunismus in der Regel immer dann die vorteilhafteste Alternative darstellt, wenn den Transaktionen spezifische Investitionen zugrundeliegen oder aber dieselben Transaktionen häufig auftreten. Im Vergleich zu einer Koordination über den Markt fallen die mit den Transaktionen verbundenen Kosten in diesen Fällen meistens geringer aus, wenn die Transaktionen einem zentralen Beherrschungs- und Ueberwachungssystem unterstellt werden; auch gegenüber nichthierarchischen Kooperationsformen ist dieses System in den meisten Fällen überlegen. Durch die ex ante Regelungen der Transaktionen können diese intern weitgehend im voraus aufeinander abgestimmt werden, was einen Grossteil der im Markt notwendigen, permanenten adaptiven Anpassungen erübrigt. Damit kann hier auch - theoretisch - weitgehend auf die Erstellung von kapitalbindenden 'Puffer' verzichtet werden, die bei Markttransaktionen zur Dämpfung negativer Auswirkungen aus Störungen und Unvorhersehbarkeiten angelegt werden.[77)] Sofern aber dennoch Anpassungen an veränderte Bedingungen notwendig werden, so können diese in hierarchischen Systemen - unter den Bedingungen von Akzeptanz und Gehorsam - durch schlichte, kostengünstige Anordnungen bewerkstelligt werden, ohne dass kollektive Entscheidungs-

75) Zündorf (1981), S. 192 (Hervorhebung im Original).
76) von Hayek (1979), S. 10.
77) Vgl. Williamson (1975), S. 51.

prozesse vonnöten sind.[78] Auch sind bei solchen Anpassungen in der Regel keine Neuregelungen der internen Verträge erforderlich.[79] Nicht zuletzt können hierarchische Strukturen - bei entsprechender Gestaltung - auch dazu verhelfen, die Kosten der Entscheidungsfindung zu verringern, indem alle im Kollektiv vorhandenen Informationen gesammelt und der entscheidenden Instanz in gebündelter Form - d.h. *alle* relevanten, aber auch *nur* die relevanten Informationen - zugeleitet werden[80]; diese aber kann wiederum ihre Entscheidungen relativ autonom fällen.

Aufgrund dieser Effizienzvorteile und Kosteneinsparungen, die eine hierarchische Organisation von Transaktionen - unter entsprechenden Bedingungen - erbringt, stellt diese in einer von Knappheit geprägten Welt der Notwendigkeit - in den Worten von Hayeks - "eines der mächtigsten Mittel dar, deren sich der menschliche Verstand bedienen kann"[81]. Wie aber noch zu zeigen sein wird, stehen dem unbestreitbaren Nutzen, der aus den Einsparungen von Transaktionskosten in wirtschaftlicher Hinsicht resultiert, auch erhebliche Nachteile gegenüber, welche vorab die in Hierarchien arbeitenden Menschen insbesondere in anderen, nicht-wirtschaftlichen Belangen erleiden müssen. Für eine umfassende Beurteilung hierarchischer Koordinationsstrukturen müssen aber vorerst die bisher grundsätzlich dargestellten Vorteile auch in rein ökonomischer Hinsicht noch weiter präzisiert und in der Folge auch relativiert werden.

4.2.3.2. Organisationskosten hemmen und begrenzen den Integrationsprozess

Angesichts des Potentials an Kosteneinsparungen mittels einer hierarchischen Organisation von Transaktionen und des nachweislichen Nutzens der hieraus resultierenden Effizienz- und Produktivitätssteigerungen stellt sich die Frage, weshalb - im Produktionssektor - überhaupt noch Transaktionen über den Markt koordiniert und geregelt werden. Oder andersherum gefragt: "Why is not all production carried on by one big firm?"[82]

78) Vgl. Williamson (1990), S. 86.
79) Vgl. Williamson (1990), S. 88. Selbst interne Umdispositionen beim Einsatz der Produktionsfaktoren sind meist ohne Neuaushandlungen der Verträge möglich; vgl. Krüsselberg (1991), S. 58.
80) Vgl. Arrow (1980), S. 52.
81) von Hayek (1971), S. 47.
82) Coase (1937), S. 394.

Bereits von Hayek hat mit Nachdruck darauf hingewiesen, dass sich in diesem Falle der enorme Nutzen der Organisation in sein Gegenteil verkehren würde: Im Falle einer einzigen, alles umfassenden hierarchischen Organisation wäre jeglicher Wettbewerb zwischen unterschiedlichen Organisationsformen, der die Entwicklung effizienter und erfolgreicher Einrichtungen vorantreibt, unterbunden; und unterbunden wäre auch die Freiheit der Wahl zwischen unterschiedlichen Formen, die Freiheit auch, es auf eine andere, neue Art zu versuchen, um zu noch besseren Ergebnissen zu gelangen.[83)] Im Falle einer einzigen, monopolistischen Organisation stellt die Organisation letztlich nicht mehr ein zur Disposition stehendes Mittel dar, das zu einer besseren Zielerreichung eingesetzt werden kann, sondern sie stünde als eine unausweichliche Realität, als Sachzwang in der Welt, an der kein Handeln und Entscheiden vorbeiführt.

Diese Einsicht mag einer aktiven Wettbewerbspolitik zugrundeliegen. Gesetzliche und politische Hemmnisse vermögen aber nicht ausreichend zu erklären, weshalb sich nicht eine umfassende hierarchische Organisation etabliert hat, denn sie sind nicht zuletzt je nach Staat sehr unterschiedlich ausgestaltet. Solange die Integration einer Transaktion in ein zentral geleitetes Beherrschungs- und Ueberwachungssystem für die Beteiligten individuelle Vorteile verspricht, muss davon ausgegangen werden, dass eine solche Integration nach Möglichkeit auch angestrebt wird und zustandekommt. Verschiedene Autoren heben denn auch hervor, dass derartige Vorteile grundsätzlich in umfangreichem Masse gegeben sind: So weist etwa Tacy Lewis nach, dass ein Marktleader gegenüber einem potentiellen Marktneuling immer im Vorteil ist, weil er sowohl seine Produktionsfaktoren in gleicher Weise einsetzen kann wie dieser, als auch zusätzlich noch von den Synergien aus der Produktionskoordination seiner neuen und seiner bereits vorhandenen Einsätze profitieren kann.[84)] Insofern scheint aufgrund der bisherigen Darstellung einer vollständigen *horizontalen Integration* zu Marktmonopolen von der Logik her nichts entgegenzustehen - ausser eben eine entsprechende Wirtschaftspolitik. Aehnliches gilt im Prinzip, wie oben schon ausgeführt, auch für die *vertikale Integration*. Da im weiteren selbst *Mischkonzerne* gegenüber unabhängigen Einzelunternehmen von Vorteilen profitieren können, wenn sich etwa organisatorische und administrative Synergien

83) Vgl. von Hayek (1971), S. 46 f.
84) Vgl. Lewis (1983), S. 1092.

nutzen lassen[85)], spricht letztlich vorerst nichts gegen eine allumfassende Integration des gesamten Produktionssektors unter einer einzigen hierarchischen Organisation.

Dass es dennoch bislang nicht dazu gekommen ist, kann - neben ordnungspolitischen Vorkehrungen - nur damit erklärt werden, dass auch bei einer unternehmensinternen Koordination von Transaktionen Kosten anfallen, welche im weiteren zur Unterscheidung *Organisationskosten* genannt werden sollen.[86)] Mit der Grösse des Unternehmens, d.h. mit wachsender Zahl intern organisierter Transaktionen, steigen in der Regel auch die Kosten für die Integrierung einer zusätzlichen Transaktion: Aufgrund eines 'abnehmenden Grenzertrages des Managements' wachsen somit die Gesamtkosten der Organisation bei steigender Anzahl integrierter Transaktionen überproportional.[87)] Da in der internen Organisation die Koordination der Transaktionen ex ante erfolgt, steigen mit der Zahl der Transaktionen auch die Anforderungen an die *Planung*; die Bedeutung eines möglichst reibungslosen Verlaufes jeder einzelnen Transaktion steigt schon deshalb, weil immer mehr Transaktionen von allfälligen Friktionen betroffen wären. Mit dem Umfang wächst damit auch die Komplexität der Beziehung, da die interdependenten Handlungen vom Verlauf von immer mehr Transaktionen abhängen; dies bedeutet aber auch, dass bei allfälligen Änderungen in Teilbereichen deren Auswirkungen auf die übrigen Transaktionen berücksichtigt werden und gegebenenfalls auch hier Anpassungen vorgenommen werden müssen.

Mit zunehmender Integration ebenso wie bei fortschreitender Arbeitsteilung und Spezialisation - Transaktionen sind hier die logische Folge - wachsen sowohl die Notwendigkeit ihrer organisatorischen Koordination als auch die Komplexität der hierbei anfallenden Probleme.[88)] Je grösser also die Zahl intern organisierter Transaktionen, desto umfangreicher werden die Anforderungen an das Management, die internen Ressourcen optimal einzusetzen und die Produktionsab-

---

85) Grundsätzlich spricht bislang nichts dagegen, dass ein Mischkonzern in allen Bereichen ebenso effizient produzieren kann wie Einzelunternehmen, während im Zusammenschluss dieser Effizienzsteigerungen zumindest möglich sind. Vgl. Williamson (1990), S. 152.

86) Zur klaren Unterscheidung dieser Kosten von den auf dem Markt anfallenden *Transaktionskosten* spricht hier bereits Bössmann von *Organisationskosten*; dem Prinzip nach handelt es sich jedoch um dasselbe Phänomen - was auch notwendige Bedingung ist, wenn sie miteinander verglichen werden sollen; vgl. Bössmann (1982), S. 665.

87) Vgl. Coase (1937), S. 394; ausführlich Kaldor (1934).

88) Vgl. Moore (1962), S. 94; Mickler u.a. (1976), S. 172.

läufe unter Berücksichtigung der spezifischen Bedingungen zu koordinieren.[89)] "Die Integration (...) verlangt einen hohen, fast unwahrscheinlichen Grad von geistiger Vorstellungskraft und technischer Intelligenz."[90)] Die zentrale Planung und Verwaltung nehmen daher schnell ein Ausmass an, das nicht mehr durch eine Person - dem Unternehmer - bewältigt werden kann. Dies ist nur noch möglich mit Hilfe arbeitsteiliger Managementstäbe und einer ausgebauten Bürokratie, die jeweils selbst wieder geplant und koordiniert werden müssen. Diesbezüglich konstatiert Hans Bahrdt sogar, dass die Bürokratie industrieller Grossunternehmen oft fast noch ausgeprägter als andere Grossorganisationen eine *institutionalisierte hierarchische Struktur* ausbildete.[91)] Insbesondere im Falle vertikaler Integration schwellt der Koordinationsbedarf mit wachsender Zahl von Transaktionen überproportional an, womit nach *Parkinsonschem Gesetz* in der Regel auch der administrative Überbau und damit die Kosten progressiv anwachsen.[92)]

Unter diesen Bedingungen findet das Wachstum von Unternehmen dort seine Grenzen, wo die Integration einer zusätzlichen Transaktion mit soviel Kosten verbunden ist, dass der Grenzerlös aufgewogen wird; oder, formuliert in bezug auf alternative Koordinationsformen: "A firm will tend to expand until the costs of organising an extra transaction within the firm become equal to the costs of carrying out the same transaction by means of an exchange on the open market or the costs of organising in another firm."[93)] Die Entscheidung, ob eine weitere Transaktion intern organisiert oder über den Markt abgewickelt werden soll, stellt demnach ein *Trade-Off*-Verfahren zwischen den unterschiedlichen Kosten

89) Vgl. Williamson (1975), S. 117 ff.; ders. (1990), S. 150 ff.
90) Drucker (1950), S. 45.
91) Vgl. Bahrdt (1958), S. 1. Dies gilt insbesondere für die klassischen, zentralisierten Grossindustrien; inzwischen wurden gemeinhin grosse Anstrengungen unternommen, um diesen Überbau zu verkleinern.
92) In jüngster Zeit konnte jedoch das Parkinsonsche Gesetz zumindest teilweise widerlegt werden. Zwar ist es wohl nach wie vor unbestritten, dass mit zunehmender Organisationsgrösse der Koordinationsbedarf stark, vielleicht sogar überproportional ausschwillt; andererseits belegen empirische Studien, dass der Anteil des Verwaltungsapparates bei wachsender Organisationsgrösse prozentual kleiner werden kann. Gründe für dieses Phänomen könnten sein: 1) organisatorische Massnahmen, wie etwa die Divisionalisierung der ganzen Organisation; 2) organisatorische Massnahmen im Verwaltungsbereich; 3) Einsatz von arbeitssparender und automatisierender Technologie in der Administration, wie etwa EDV und elektronische Kommunikationsmittel; sowie 4) mögliche, grössenbedingte "economies of scale in management"; vgl. Zündorf (1981), S. 193 und die dort angeführte Literatur.
93) Coase (1937), S. 395.

dar. Die Höhe der Kosten von Transaktionen über den Markt variiert aber in Abhängigkeit der jeweiligen Eigenschaften der Transaktionen. So kann erwartet werden, dass Transaktionen mit geringer Faktorspezifität und kurzfristiger Dauer weitgehend über den Markttausch geregelt werden, da hier die Kosten bei wachsender Homogenität und im Falle von punktuellen Käufen gegen null tendieren.

Es stellt sich also grundsätzlich nicht die Frage, *ob* bei der Integration von Transaktionen Kosten anfallen, sondern wie sich die Transaktionen mit diesem Übertritt vom Markt in eine Organisation mit zentral gelenkter Koordination verändern.[94] Die intern anfallenden Kosten sind dabei ebenfalls hauptsächlich auf den Umstand zurückzuführen, dass die Wirtschaftssubjekte bei ihrem Eintritt ins Unternehmen keineswegs ihre Eigenschaften - hier massgeblich ihre beschränkte Rationalität und ihr Opportunismus - ablegen. Im Rahmen der andersartigen Koordinationsform wirken sich diese Eigenschaften jedoch z.T. anders oder mit unterschiedlicher Stärke aus.

In der internen Koordination fallen bereits generell Kosten an, weil hier zu diesem Zweck eigens eine Organisation, ein internes Regelsystem erstellt und betrieben werden muss, um jene Aufgaben zu erfüllen, die im Markt durch das Preissystem geregelt werden[95]: Mittels organisatorischer Gestaltung und umfassender ex ante-Planung müssen eine möglichst optimale Allokation der internen Produktionsfaktoren, eine entsprechende Informationsbereitstellung für die entscheidenden Instanzen sowie die Verteilung des Ertrages bewerkstelligt werden. Unter den Bedingungen von *Unsicherheit* und *begrenzter Rationalität* handelt es sich hierbei um komplexe und damit aufwendige Aufgaben, wobei Planung, Entscheidung und Durchführung der Transaktionen immer nur auf Grundlage von *vielfältigsten Informationen* erfolgen können, die nun aber eigens beschafft werden müssen. Kosten erwachsen damit einerseits durch die Errichtung geeigneter Informationskanäle, mittels deren Informationen gesammelt, selektioniert und an die richtigen Entscheidungsinstanzen übermittelt werden. Andererseits entstehen immer dann Kosten, wenn der Informationsfluss dennoch ungenügend ist. So wächst die Gefahr von Informationsverzerrungen etwa mit der Anzahl von Hierarchiestufen, über die die Informationen weitergeleitet und

94) Vgl. Williamson (1990), S. 173.
95) Vgl. Hennart (1982), S. 44.

selektioniert werden.[96)] Mit der *Trennung von Informationserfassung und Entscheidungsfindung* besteht denn auch ganz allgemein die Gefahr, dass die gesammelten Informationen letztlich nicht entscheidungsrelevant sind[97)], was die Gestaltung eines entsprechenden Anreizsystemes notwendig macht.

Dabei müssen Informationen in beiden Richtungen fliessen: Die entscheidende Instanz muss über ausreichend Kenntnisse bezüglich der Transaktionen verfügen und ihre Entscheidungen müssen an die ausführenden Instanzen weitergeleitet werden. Eine effiziente Leitung und Steuerung ist aber im weiteren nur möglich, wenn auch die Ergebnisse fortlaufend kontrolliert werden können. Bei all diesen Informationsflüssen können aber immer wieder gravierende Verzögerungen eintreten, die Fehlentwicklungen in der Koordination und damit Effizienzverluste zur Folge haben können. Generell sei hier zudem noch auf das Problem verwiesen, dass gewisse Informationen, vielleicht sehr wichtige Informationen nur sehr schwierig oder gar nicht übermittelt werden können, weil wir - wie dies Michael Polanyi formuliert - generell meist "*mehr wissen, als wir zu sagen wissen*"[98)]. Es handelt sich hierbei um jenes Wissen, das den qualitativen Unterschied prägt zwischen 'Wissen' und 'Können', zwischen 'Verstehen' und 'Begreifen'[99)]; es ist '*implizites Wissen*'[100)], das nicht in Worte gefasst werden kann, das selbst auf Nachfrage hin vom Wissenden weder präzisiert noch erklärt werden kann. Zwar kann dieses Wissen möglicherweise von Mensch zu Mensch - in z.T. aufwendigen Prozessen - übermittelt werden, doch sind hierfür institutionalisierte, über mehrere Hierarchiestufen gespannte Informationskanäle meist untauglich, womit diese Informationen im Entscheidungsprozess meist verloren gehen.

Ein weiteres, zentrales Problem stellt auch im Unternehmen darüber hinaus das *opportunistische Verhalten* dar. Zwar wird diesem durch die Zusammenlegung des Eigentums und der Ausrichtung an einem gemeinsamen Ziel grundsätzlich

---

96) Vgl. Williamson (1967); ders. (1990), S. 152 f.
97) Vgl. Krüsselberg (1991), S. 217.
98) Polanyi (1985), S. 14.
99) Vgl. zur psychologischen Bedeutung dieser Unterscheidung und der daraus resultierenden Implikationen bezüglich der Gestaltung von Arbeitsabläufen Wehner (1990), S. 71 ff.
100) Vgl. Polanyi (1985), speziell S. 13 ff. Wie Polanyi zu zeigen versucht, stellt dieses 'implizierte Wissen' einen essentiellen Bestandteil allen Wissens dar, ja ist hierfür eigentliche Voraussetzung (S. 29). Es findet sich sowohl im intellektuellen, wie im eher praktischen Wissen.

ein Riegel geschoben, doch gerade bezüglich der Angestellten und Mitarbeiter zeigen sich die Grenzen dieser Strategie: Die Angestellten sind lediglich über einen *Arbeitsvertrag* an das Unternehmen und dessen Ziele gebunden, welcher aufgrund seiner spezifischen Eigenheiten in vielerlei Hinsicht *nicht* mit anderen Vertragswerken verglichen werden kann[101)] und deshalb die Möglichkeit für opportunistisches Verhalten z.T. geradezu mitverursacht. Denn der Arbeitsvertrag ist inhaltlich in aller Regel sehr offen gehalten, um so der zentralen Leistungsinstanz eine möglichst grosse Freiheit und Flexibilität in der Disposition über die Angestellten zu gewährleisten; die auszuführenden Arbeitsaufgaben können so immer neu festgelegt und angepasst werden. "Der Arbeitsvertrag hat - zumindest in den meisten Fällen - den Charakter eines Rahmenvertrages: Nicht die konkreten, nach Quantität und Qualität bestimmten Arbeitsverrichtungen sind Gegenstand des Vertrages, sondern lediglich die formalen Bedingungen, zu denen die Arbeitskraft vom Unternehmen in Anspruch genommen und für - vorab niemals vollständig festgelegte - Zwecke genutzt werden kann."[102)] Die vertragliche Uebereinkunft kommt folglich nicht auf der Basis umfassend festgelegter Leistung und Gegenleistung zustande; zum Zeitpunkt des Vertragsabschlusses besteht für den Arbeitnehmer eine gewisse Unsicherheit darüber, welche Leistungen er für den angebotenen Lohn im einzelnen zu erbringen haben wird. Statt die Entlöhnung an eine feste, tatsächlich erbrachte Leistung zu knüpfen, steht im Arbeitsvertrag im wesentlichen dem Lohn 'lediglich' eine *Verpflichtung* gegenüber, *sich - innerhalb gewisser Grenzen - fremden Anweisungen zu fügen und diese jeweiligen Leistungen zu erbringen.*

Diese unspezifische Form des Arbeitsvertrages birgt ein erhebliches und manifestes Konfliktpotential in sich.[103)] Denn im Gegensatz zu einem normalen Kaufvertrag, der genau regelt, welche Sache in welchem Zustand zu welchem Preis den Besitzer wechselt und vollständig Eigentum des Käufers wird, bringt der Arbeitsvertrag keine vergleichbare "trennscharfe Disjunktion"[104)] zustande: Mit dem 'Kauf' der Arbeitskraft erfolgt kein umfassender Transfer der faktischen Dispositionsgewalt, weil die Arbeitskraft untrennbar an die Person des Arbeiters gebunden bleibt.[105)] "Das Resultat ist, dass innerhalb des Arbeitsvertrages ein

101) Vgl. Simon (1957), S. 183 ff.
102) Offe/Hinrichs (1977), S. 19.
103) Vgl. auch Offe/Hinrichs (1977), S. 18.
104) Offe/Hinrichs (1977), S. 19.
105) Vgl. Wachtler (1982a), S. 19.

faktisches Doppel-Eigentum entsteht, eine Überlagerung von Dispositionssphären, die rechtlich nicht entwirrt werden können."[106] Da das Unternehmen deshalb für die Nutzung der gekauften Arbeitskraft immer auch auf die Bereitschaft der verkaufenden Person angewiesen ist, muss sie sich die Erbringung der Leistung und die Bewahrung ihrer Dispositionshoheit durch zusätzliche Anreize oder - vorwiegend - durch Kontrollen sichern.[107] Gleichzeitig hat der Arbeiter in hohem Masse ein Interessen daran, eine Ausdehnung der Fremdbestimmung und der Leistungsanforderungen nach Möglichkeit zu verhindern, da eben seine Arbeit untrennbar ein Teil von ihm ist und so unmittelbar sein Leben und sein Wohlergehen mitbestimmt. Der Arbeitsvertrag wie dann auch der eigentliche Arbeitsprozess im Unternehmen umschliessen damit nicht nur stofflich-technisch-funktionale und ökonomische Dimensionen, sondern im wesentlichen auch *politisch-herrschaftliche* Bezüge der unternehmerischen Verfügungsmacht.[108] Trotz der vertraglichen Übereinkunft wird hier der einzelne Arbeitnehmer immer einen Anreiz haben, die tatsächliche Fremdbestimmung und die tatsächliche Leistungserbringung - bei gleichbleibendem Lohn - im einzelnen zu seinen Gunsten zu minimieren.

Dass es nun auch in zentral gesteuerten Beherrschungs- und Ueberwachungssystemen zu opportunistischem Verhalten kommen kann, muss nicht zuletzt darauf zurückgeführt werden, dass es in komplexen, interdependenten Kooperationsverhältnissen überaus schwierig, wenn nicht gar unmöglich ist, die individuelle Leistung genau zu bemessen und entsprechend die Entlöhnung nur an dieser auszurichten. Mit wachsender Komplexität, Spezifität und Grösse richten sich denn auch die Löhne in Unternehmen nur noch teilweise an allfälligen Marktpreisen aus und errechnen sich - spätestens nach erfolgtem Eintritt in das Unternehmen - zunehmend auch in Funktion der jeweiligen Stellung innerhalb

---

106) Offe/Hinrichs (1977), S. 29. Die friedenstiftende Funktion des Eigentumsrechts und des Kaufvertrages, deren soziale Funktion darin besteht, Dispositionssphären unzweideutig und verbindlich gegeneinander abzugrenzen, wird hier somit erheblich gestört.

107) Vgl. Edwards (1981), S. 21. Das Unternehmen ist andererseits genaugenommen sogar auf diese Subjektivität der Arbeitsleistung angewiesen, denn die *lebendige* Arbeitskraft ist für einen möglichst reibungslosen Ablauf in der Organisation unumgänglich; andernfalls könnte sie in noch weit höherem Mass durch *sachliche* Produktionsmittel ersetzt werden. Da jedoch ein Produktionsablauf nie vollumfänglich ex ante geplant und koordiniert werden kann, und da zudem immer eine Vielzahl kleinerer und grösserer, intern oder extern verursachter Störungen auftreten, ist auch eine zentralisierte Organisation darauf angewiesen, dass die Mitarbeiter diese in eigener Regie ausgleichen.

108) Vgl. Littek (1982), S. 106 ff.

des internen Regelsystems.[109)] Damit entfällt für den einzelnen aber auch ein unmittelbar wirkender Leistungsanreiz über einen direkt von der Leistung abhängigen Lohn.[110)] Bei - innerhalb von gewissen Grenzen - gegebenem Lohn ist es für ihn vielmehr rational, seine Arbeitsanstrengungen zu minimieren und die Vorgesetzten über die tatsächliche Leistung zu täuschen, auch wenn er prinzipiell ein Interesse daran hat, dass die Erträge des Unternehmens wachsen würden. Da aber die Verteilung eines allfälligen Mehrertrages nur begrenzt an eine individuelle Mehrleistung geknüpft werden kann und sich eine individuelle Anstrengung nur marginal auf das Gesamtergebnis auswirkt, bestehen erhebliche Anreize, nach Möglichkeit individuelle, oft kurzfristige aber zumeist auch dem Unternehmensziel entgegengesetzte Ziele zu verfolgen, den individuellen Nutzen durch verminderte Anstrengungen und vergrösserte Freizeit (Pausen) zu maximieren, solange der Lohn davon nicht beeinträchtigt wird.[111)] Die Folge ist aber, dass damit die potentielle Ertragsfähigkeit, die Effizienz eines Unternehmens beeinträchtigt wird.[112)]

Zur Unterdrückung von effizienzminderndem Opportunismus und kontraproduktiver Verfolgung von Unterzielen sind unter den gegebenen Bedingungen umfangreiche *Kontrollen* der Transaktionen und der Leistungs-

109) Vgl. Krüsselberg (1991), S. 215. Die Bedeutung dieses Regelsystems mag wohl auch die z.T. enormen Gehaltsunterschiede in Funktion der hierarchischen Stellung erklären. Vielleicht weniger aufgrund höherer Produktivität denn durch soziale Stellung und interne Macht wachsen die Löhne mit steigender Hierarchiestufe progressiv an. Im Extremfall verdienen amerikanische Konzernchefs über *hundert* mal mehr als ein einfacher Arbeiter. Es handelt sich hier um einen amerikanischen Spezialfall, der sich insbesondere in der 'Aera Reagan' rapide verschärfte; im Jahre 1980 errechneten sich noch Einkommensunterschiede von 'lediglich' dem Zweiundvierzigfachem. Zum Vergleich: Hauptgeschäftsführer verdienen in Japan das 20fache und in Grossbritannien schätzungsweise noch das 35fache eines Fabrikarbeiters. Vgl. Neue Zürcher Zeitung, Nr. 107, 9./10. Mai 1992.

110) Vgl. auch von Hayek (1979), S. 29. Für von Hayek steht dabei fest, dass sich Menschen in grossen Organisationen wieder vermehrt an althergebrachten Vorstellungen und 'Urinstinkten', wie die Forderung nach gerechter Verteilung, Sicherheit usf., orientieren, da sie - eingebunden in das Regel- und Sozialsystem des Unternehmens - zunehmend den Bezug zum Markt und seiner untrügbaren Gesetzmässigkeit von Leistung und Gegenleistung verlieren und entsprechend wie auch immer begründete Besitzstandsrechte anmelden und diese vorwiegend über politische Verfahren und machtorientierte Verhandlungen durchzusetzen versuchen.

111) Vgl. Alchian/Demsetz (1972), S. 778 ff.

112) Unter dem Begriff X-Effizienz, bzw. X-Ineffizienz untersucht Harvey Leibenstein auf breiter Ebene die Ursachen und Folgen des Nichterreichens einer theoretisch möglichen Effizienz in Organisationen - nicht zuletzt aufgrund des Auseinanderfallens von Aktoren und dem Unternehmen als eine Ziel- und Entscheidungseinheit; vgl. Leibenstein (1978), S. 17 ff.

erbringung nötig. Es genügt nicht, dass der Arbeitgeber mit dem Angestellten einen Arbeitsvertrag im Sinne eines Tausches von Lohn gegen Zeit aushandeln konnte, "sondern er muss nun schleunigst versuchen, die von ihm gekaufte und ihm rechtmässig zustehende Arbeitszeit tatsächlich in verausgabte Arbeit umzusetzen"[113]. Die betriebliche Arbeitsorganisation muss daher auch so gestaltet werden, dass eine möglichst grosse Kontrolle über die Nutzung und Verausgabung der Arbeitskraft erzielt werden kann, während die Handlungsräume zu opportunistischem Verhalten möglichst weitgehend eingeschränkt werden; dies heisst aber auch, dass der einzelne nicht mehr sein eigenes Handeln bestimmen kann.[114] Auch diese Kontrollen sind mit Kosten verbunden, die bei steigender Komplexität und Faktorspezifität stark anwachsen dürften, da nicht zuletzt aufgrund der wachsenden Spezialisierung die Zweckhaftigkeit und der Leistungsbeitrag der einzelnen Handlungen immer schwieriger abzuschätzen sind. Je grösser aber die organisationsbedingten Möglichkeiten zu opportunistischem Verhalten ausfallen und je schwieriger und teurer sich die Etablierung einer umfassenden Kontrolle erweist, desto kleiner muss auch der relative Effizienzvorsprung gegenüber Markttransaktionen ausfallen.[115] Zudem besteht in einer hierarchischen Organisation von Transaktionen, die zu einseitig auf mögliche Kosteneinsparungen bei gegebenen Transaktionen ausgerichtet ist und die zu einseitig durch umfassende Kontrollen möglicherweise opportunistisches Verhalten auszuschliessen versucht, latent die Gefahr, dass sie zu rigide wird und dadurch in einer immer dynamischeren Umwelt Anpassungen höchstens unter erheblichen Kosten stattfinden können.[116]

4.2.3.3. Die Leistungsfähigkeit hierarchischer Organisationskonzepte beruht auch auf ihrer Anpassungsfähigkeit

Dennoch hat die industrielle Entwicklung bis heute gezeigt, dass Unternehmen immer grösser wurden und heute z.T. weltumspannende Konzerne bilden. Dies muss wohl einerseits darauf zurückgeführt werden, dass in einem zunehmend härteren Wettbewerb vorab jener erfolgreich sein kann, der sich mit seinen Produkten von der Konkurrenz sichtbar abhebt; Spezialisation und die Entwicklung neuer, eigenständiger Produkte haben dabei zur Folge, dass immer mehr und in

113) Edwards (1981), S. 21.
114) Vgl. Rammert (1982a), S. 49.
115) Vgl. Hennart (1982), S. 44.
116) Vgl. Arrow (1980), S. 47.

immer grösserem Umfang transaktionsspezifische Investitionen nötig werden. Zugleich erlaubt eine rasant voranschreitende Entwicklung in der Technik markante Produktivitätssprünge mit problembezogenen Lösungen; die jedoch damit einhergehende Spezialisierung lohnt sich nur bei relativ gesicherten Transaktionen in der Zukunft. Nicht zuletzt ermöglichen die sich immer mehr integrierenden und geographisch ausdehnenden Märkte, dass sich Unternehmen technologisch stark spezialisieren und dennoch in die Massenproduktion gehen können, womit auch die Häufigkeit der Transaktionen markant zunimmt. Die Entwicklung im marktwirtschaftlichen Wettbewerb fördert demnach zumindest teilweise auch die relativen Vorteile einer Integration von Transaktionen unter zentral gesteuerte Beherrschungs- und Ueberwachungssysteme.

Andererseits sind es aber insbesondere auch interne gestalterische Massnahmen und Anpassungen, die immer wieder helfen, die Organisationskosten zu senken, indem die Informationsflüsse - etwa durch Verkürzung der Informationswege - und Kontrollmöglichkeiten verbessert, Anreizstrukturen verfeinert und die organisatorische und planerische Flexibilität erhöht werden. Unternehmen, die Lösungen zur Reduktion ihrer Organisationskosten finden oder erfolgreich übernehmen, erhöhen damit ihre wettbewerbliche Stellung gegenüber anderen Organisationsformen und erlangen so zugleich die Möglichkeit, weitere Transaktionen mit Gewinn zu integrieren. Unter sich verändernden Bedingungen erweist sich die hierarchische Struktur so insgesamt sogar als äussert anpassungsfähig; als komplexe Strukturen erhalten sie sich dadurch, "dass sie ihren inneren Zustand ständig an Änderungen in der Umwelt anpassen"[117]. Organisationsform, interne Abläufe und das Verhalten der Unternehmen als Ganze haben sich über die Zeit erheblich verändert und sind in der Regel kaum mehr mit den archetypischen Strukturen der ersten Unternehmen zu vergleichen.

Eine naheliegende und oft besonders von reifen Industrien angewendete Methode zur Reduzierung der verschiedenen Organisationskosten stellt der Versuch dar, die Operationen des Marktes intern zu simulieren und so insbesondere von den Informations-, Signal- und Anreizwirkungen des Preissystems zu profitieren.[118] Der Grad der Umsetzung reicht dabei von der rein buchhalterischen, internen gegenseitigen Verrechnung der Dienste bis hin zur Gestaltung von Profit-Centers mit eigener Buchhaltung und weitgehend autonomer Entscheidungs-

117) von Hayek (1979), S. 16.
118) Vgl. Arrow (1980), S. 22; Williamson (1990), S. 91.

kompetenz. Bei all diesen möglichen Formen erwächst auch - in unterschiedlichem Ausmass - der Vorteil, dass interne Abläufe und die aus den einzelnen Tätigkeiten erwirtschafteten Erträge besser mit dem allgemeinen Wirtschaftsgeschehen auf dem Markt verglichen werden können; ein Höchstmass an Offenlegung - und an Anreiz zur Steigerung - der Produktivität und der Ertragskraft der einzelnen Tätigkeiten oder Tätigkeitssparten wird dadurch erzielt, dass die einzelnen Profitcenters sowohl als Anbieter als auch als Nachfrager nebenbei auf dem Markt auftreten können. Es entstehen so preislich gesteuerte Ströme innerhalb der zentralisierten Struktur von Weisungen und Kontrollen.

Ein anderer Weg zur Reduzierung von Organisationskosten besteht in einer Gestaltung der internen Strukturen, die spezifisch den Problemen aus begrenzter Rationalität und Opportunismus in einem zentral gesteuerten Beherrschungs- und Ueberwachungssystem Rechnung trägt.[119)] Nachdem sich in einer ersten Phase der geschichtlichen Entwicklung sehr grosse Unternehmen entwickelt hatten, die vielfältige und z.T. auch sehr unterschiedliche Wirtschaftstätigkeiten integrierten und unter einem zentralen Planungs- und Überwachungssystem koordinierten, stiessen diese Grosshierarchien mit ihren grossen und vielstufigen Bürokratien an ihre eigenen Wachstumsgrenzen; die wirtschaftliche Krise der dreissiger Jahre stellte andererseits insofern eine existentielle Bedrohung für diese schwerfälligen und teilweise zu starren Wirtschaftsgebilde dar, da in dieser alten Struktur kaum mehr Antworten gefunden werden konnten, mittels derer die ungünstige wirtschaftliche Entwicklung hätte bewältigt werden können.[120)] Aufgrund dieser Probleme der herkömmlichen, funktional gegliederten Stab-Linien-Organisation (U-Struktur oder einfache, zentralisierte Hierarchie) entwickelte sich in der Folge eine neue Strukturform der internen Organisation: die Divisionalisierung (M-Struktur).[121)]

Unter *Divisionalisierung* versteht man eine Gliederung des Gesamtunternehmens in teil-autonome Bereiche, wobei die Gliederung jedoch nicht nach Funktionen (Produktion, F&E, Marketing, usf.) erfolgt, sondern nach strategi-

119) Bereits Alfred Chandler (1962) hebt in seiner wirtschaftsgeschichtlichen Untersuchung der Entstehung grosser Konzerne hervor, dass insbesondere die Form der Organisation einen grossen Einfluss hat auf die wirtschaftliche Leistungsfähigkeit der Unternehmen.
120) Vgl. Williamson (1990), S. 245.
121) Eine ausführliche und fundierte Darstellung dieser historischen Entwicklung der Organisationsformen als Mittel der komparativen wie dynamischen Leistungs- und Produktivitätssteigerung findet sich bei Alfred Chandler (1962), (1977).

schen Wirtschaftsbereichen, wie etwa Regionen, Kundengruppen oder Produktsortimenten. Die einzelnen Divisionen sind damit bezüglich Struktur und Aufgabenbereichen mit selbständigen Unternehmen vergleichbar[122)], wobei aber einzelne Funktionen, wie etwa die Forschung & Entwicklung auch zentral weitergeführt werden können. Im Unterschied zu einer Holding-Struktur, unter der ebenfalls weitgehend selbständig wirtschaftende Unternehmen unter einem gemeinsamen Eigentum zusammengefasst werden, verfügen divisionalisierte Unternehmen über ein ausgebautes Zentralbüro mit Unternehmensleitern und - zur Unterstützung ihrer Unternehmerfunktion - spezialisierten Stäben. Dies hat den Vorteil, dass Synergien zwischen den einzelnen Divisionen besser und strategischer genutzt werden können und dass u.U. zwischen den Divisionen nicht nur ein besser funktionierender interner Kapitalmarkt etabliert werden kann, sondern auch ein die Gesamtproduktivität optimierender Austausch von Wissen, Humankapital und anderer Ressourcen. Die hierzu benötigte Fähigkeit zur übergeordneten strategischen Planung und Allokation bedarf eines ausgebauten zentralen Aufsichts- und Kontrollapparates.[123)]

Die Divisionalisierung trägt der begrenzten Rationalität in mehrfacher Hinsicht Rechnung: Die Unternehmensführung wird weitgehend von den Verwaltungsaufgaben und Entscheidungen im operativen Tages- oder Ablaufgeschäft entlastet, indem diese vom Management der einzelnen Divisionen wahrgenommen werden[124)]; die zentrale Unternehmensführung kann sich so auf eine zielgerichtete Kontrolle der Divisionen und vermehrt auf strategische, das Gesamtunternehmen betreffende Aufgaben konzentrieren. In den einzelnen Divisionen können dank der Konzentration auf ein begrenztes, meist einheitliches Tätigkeitsfeld und der logischerweise kleineren Organisationsgrösse Hierarchiestufen abgebaut werden, was den Informationsfluss einfacher und verzerrungsfreier macht. Die Konzentration auf ein kleineres Tätigkeitsfeld ist weiter mit den Vorteilen verbunden, dass hier einerseits ein besserer Überblick gewährleistet ist und gleichzeitig alle Energie auf einen spezialisierten Aufgabenbereich konzen-

122) In der Regel sind sie eigentliche Profit-Centers.

123) Vgl. Williamson (1990), S. 246.

124) In der klassischen Stab-Linien-Organisation besteht bei wachsender Komplexität zunehmend die Gefahr, dass im Zweifelsfalle alle Entscheidungen an die Hierarchiespitze transferiert werden, womit diese zu stark vom operativen Geschäft absorbiert wird und die eigentliche Unternehmerfunktion - die strategische Planung und Entscheidung - zu wenig wahrnehmen kann; dem wird mit der Divisionalisierung ein struktureller Riegel vorgeschoben.

triert werden und dass andererseits deshalb auch die Anreizstrukturen - gerade auch für das entscheidende Management - differenzierter und zielgerechter gestaltet werden können.

Auch bezüglich Opportunismus bestehen erhebliche Vorteile[125]: In der herkömmlichen Stab-Linien-Organisation bilden in der Regel die verschiedenen Funktionsleiter zusammen die Unternehmensleitung. Dabei besteht die grosse Gefahr, dass sie zu stark in Kategorien der jeweiligen Abteilung denken und deren Bedürfnisse und Ziele tendenziell mehr Beachtung schenken als den Zielen und Erfordernissen des Gesamtunternehmens. In diesem Falle gestaltet sich die zentrale Entscheidungsfindung zunehmend in Form 'politischer' Interessenskoalitionen, indem Projekte einzelner Abteilungen geblockt oder unterstützt werden einerseits nach Massgabe der Auswirkungen auf die eigene Abteilung und andererseits in Abhängigkeit davon, ob der hierfür zuständige Direktor bereit ist, als Gegenleistung eigene Projekte zu unterstützen.[126] Demgegenüber kann sich in divisionalisierten Unternehmen die Gesamtunternehmensleitung ungeteilter auf strategische Aufgaben konzentrieren und hat dabei auch aus ihrer Funktion heraus Anreiz, globaler zu denken. Gegenüber den einzelnen Divisionen übt das Zentralbüro eine strategische Kontrolle aus, um die Verfolgung widerstreitender Unterziele - etwa der dortigen Funktionsleiter - zu unterbinden und opportunistisches Verhalten der Divisionsleiter - etwa Besitzstandswahrung - zu verhindern. Die Möglichkeit, hier gezieltere Anreize zu schaffen, begrenzt ebenfalls den Opportunismus.

Innerhalb der einzelnen Divisionen folgt aus der Bündelung des Tätigkeitsbereiches eine Verringerung potentieller Zielkonflikte; der stark politisch gefärbte Verteilungskampf um Ressourcen für unterschiedlichste Wirtschafts- und Tätigkeitsbereiche wird dadurch entschärft, dass ein stärker gemeinsames Ziel vorliegt. Da nun auch auf einem beschränkteren und homogeneren Gebiet gearbeitet wird, wird die interne Kontrolle auch dadurch erleichtert, dass die jeweils übergeordnete Hierarchiestufe über bessere Kenntnisse über die ihr untergeordneten Aufgabenbereiche verfügt.[127] Bei *grundsätzlicher Beibehaltung der hierarchischen Struktur* ermöglicht die Divisionalisierung in den meisten Fällen

125) Vgl. Williamson (1990), S. 248 ff.
126) Vgl. Williamson (1990), S. 245.
127) Dies verbessert auch die Fähigkeit, die jeweiligen Leistungen besser zu beurteilen und zu bewerten.

eine - qualitative wie quantitative - Verringerung der Kontrollspanne auf den einzelnen Hierarchiestufen und damit eine Intensivierung der Kontrollwirkung. Die Gefahr unkontrollierter und unkontrollierbarer Freiräume wird so gemildert.

Der Wirksamkeit von *Kontrollen* kommt für die Leistungsfähigkeit von hierarchischen Organisationen und für die Eindämmung der Organisationskosten ganz allgemein ein grosser Stellenwert zu; Kontrollen stellen in Strukturen mit zentraler Leitung das wohl wichtigste Gegenstück dar zu den von hier ausgehenden Anordnungen, um deren Befolgung und Ausführung zu gewährleisten.[128)] Die Organisation von Transaktionen unter einem zentralen Beherrschungs- und Ueberwachungssystems ist denn auch undenkbar ohne umfassende Kenntnisse über die Transaktionsabläufe, welche mangels Preisindikatoren nur über gezielte Kontrollen beschafft werden können: Es ist das Charakteristikum dieser Organisationsform, dass die Transaktionen bewusst von einer übergeordneten Instanz kontrolliert, d.h. geplant, gestaltet, überwacht und gegebenenfalls von neuem angepasst werden. In einer hierarchisch gestalteten und geleiteten Kooperation vieler Menschen, bzw. Produktionsfaktoren zielen Kontrollen dabei insbesondere auch unmittelbar darauf ab, dass diese die gewünschte und angeordnete Leistung auch vollumfänglich erbringen und nicht die Kooperation durch opportunistisches Verhalten gefährden.

Aufgrund ihrer zentralen Bedeutung haben sich im Verlaufe der industriellen Entwicklung nicht nur die strukturellen Bedingungen, die Organisationsstrukturen derart verändert, dass die Kontrollmöglichkeiten verbessert werden konnten, sondern auch *die Art der Kontrolle* hat sich qualitativ wesentlich verändert. Im Zuge immer grösserer, komplexerer und ausdifferenzierterer Organisationen wurden auch die Kontrollen zunehmend umfassender, stetiger und systematischer aber auch ausgewogener und in vielfältigster Hinsicht sachlicher und spezifischer. Deutlich wird dies anhand der typologisierten Entwicklungsgeschichte der Kontrollformen im Unternehmen von Richard Edwards.[129)] Gemäss seiner Ausführungen ist die Evolution der Kontrollformen einerseits begründet durch die Erfordernisse wachsender und komplexer werdender Unternehmensstrukturen und Produktionsprozessen sowie durch die technischen Ver-

128) Vgl. z.B. den in Anordnung und Kontrolle aufgeschlüsselten Begriff der *Leitung* eines Unternehmens bei Littek (1982), S. 120 f. Wohl mag Kontrolle nicht die einzige Massnahme sein, die ein Arbeiten im Dienste des Unternehmens zu gewährleisten vermag, aber sie ist in den meisten Fällen die wichtigste.

129) Vgl. Edwards (1981).

besserungen der Kontrollmöglichkeiten; andererseits erklärt sie sich aber auch durch den immer neuen Widerstand der Angestellten - verdeckt oder offen, spontan oder organisiert, im Betrieb oder über die einzelnen Betriebe hinaus - gegen ihre Arbeitsbedingungen, gegen zunehmende Fremdbestimmung und -kontrolle und gegen empfundene Ungerechtigkeiten.[130)]

Edwards unterscheidet im groben vier Kontrolltypen. Die *einfache* Kontrolle durch den Unternehmensleiter und die *hierarchische* Kontrolle durch zwischengeschobene, ebenfalls angestellte Führungskräfte, Manager und Vorarbeiter, an die Kontroll- und Machtbefugnisse delegiert werden, sind stark *personenbezogen*. Ihre Weisungs- und Kontrollmacht legitimiert sich im Falle des Unternehmers durch seine Eigenschaft als Arbeitgeber und im Falle der hierarchischen Vorgesetzten massgeblich durch deren Stellung. Gerade aus ihrer Personenbezogenheit können bei diesen Kontrollformen erhebliche Unzulänglichkeiten und Probleme resultieren, die sich vorab mit wachsender Unternehmensgrösse zusätzlich akzentuieren. Kontrollen und Weisungen, die von einzelnen Personen vorgenommen werden, bergen oft ein *hohes Konfliktpotential* - vorab, wenn sie als willkürlich, ungerecht oder als über Gebühr hart erlebt werden. Die Kontrollspanne direkter, durch Vorgesetzte vorgenommener Kontrolle ist begrenzt. Daraus folgt, dass bei wachsender Zahl von Transaktionen und Angestellten die Kontrolle hierarchisiert werden muss. Die Kontrolle begrenzt sich dabei im wesentlichen aber immer nur auf die jeweils untergeordnete Ebene, was zur Folge hat, dass jede Kontrollinstanz ihrerseits über grosse Freiheiten und - vorab zu Beginn der industriellen Entwicklung - über grosse Macht verfügt gegenüber ihren Unterstellten, da die nächsthöhere Instanz hier kaum mehr Einblick hat. In den sich um die Jahrhundertwende bildenden Konzernen resultieren aus dieser Begrenzung der Kontrollspanne grosse hierarchische Gebilde mit entsprechend schwachen Kontrollmöglichkeiten durch die Unternehmensspitze. Dies hat zum einen zur Folge, dass das Gesamtunternehmen sehr uneinheitlich geführt wird; jede Kontroll- und Leitungsinstanz ist relativ autonom. Zum anderen verfügt die zentrale Unternehmensleitung kaum über Kenntnisse bezüglich der tatsächlichen Produktionsabläufe und -methoden in den einzelnen Abteilungen.

---

130) Häufigste Widerstandsformen, die mit organisatorischen Massnahmen und verbesserten Kontrollformen teilweise erfolgreich, oft nur vorübergehend und vielfach auch erfolglos verhindert werden sollen sind Bummelei, Absprachen (etwa über die Arbeitsgeschwindigkeit), 'Dienst nach Vorschrift' (!), spontane und gewerkschaftlich organisierte Streiks; vgl. Edwards (1981), S. 24.

Aufgrund der häufigen Konflikte und der relativ schwachen Kontroll- und Leitungsmöglichkeiten der Hierarchiespitze, zielen die *technische* und die *bürokratische* Kontrolle darauf ab, die Kontrolle zu *systematisieren*, indem sie konsequent auf die Unternehmensspitze ausgerichtet wird und zugleich ihres Konfliktpotentials durch eine weniger personengebundene Konzeption entledigt wird. Der *technischen* Kontrolle, wie sie etwa im 'wissenschaftlichen Management' von Taylor konzipiert worden ist, wird eine systematische und detaillierte Analyse des Arbeitsprozesses zugrundegelegt, auf der dann ebenso systematische und detaillierte Arbeitsanleitungen beruhen. Die Kontrolle und Bewertung der Arbeit wird entsprechend nicht mehr einzelnen, weitgehend autonom agierenden Vorgesetzten überlassen, sondern sie orientiert sich an vorgegebenen Grössen des Outputs und der Qualität. Idealerweise sollten Zwang und Repression wegen ihrer Konfliktträchtigkeit durch monetäre Anreize auf der Basis eines allgemeingültigen Differentiallohnsystems ersetzt werden.[131)]

Am ausgeprägtesten wird die technische Kontrolle beim Einsatz von Maschinen und Produktionsanlagen. Zum einen, um die Produktivitätsvorteile der Maschinisierung umfassend nutzen zu können, zum anderen aber insbesondere auch, um opportunistisches Verhalten und das Verfolgen individueller Unterziele - auch beim mittleren Management - besser verhindern zu können, werden die Produktionsabläufe nunmehr vermehrt direkt durch die Unternehmensleitung geplant und gestaltet; wichtig ist dabei, dass die einzelnen Arbeitsschritte minutiös aufeinander abgestimmt werden, sodass der Arbeitende bei seiner Leistungserbringung umfassend eingebunden ist. Ein Abweichen in der Leistung soll dadurch verhindert werden, dass die Maschine und der gesamte Produktionsprozess es schlicht nicht zulassen, da es sofort Störungen verursachen würde und diese leicht entdeckt werden könnten. Indem der Mensch umfassend in einen technisch determinierten Arbeitsprozess eingespannt wird, welcher kaum mehr Abweichungen erlaubt und zumeist nur noch einfache, repetitive Arbeiten erfordert, sollen die Unwägbarkeiten, Risiken und Probleme weitgehend ausgeschaltet werden, die der Mensch als das schwächste und unzuverlässigste Glied im Produktionsprozess verursacht. Technische Kontrolle bedeutet damit, dass nicht mehr der Arbeiter *mit* einer Maschine, sondern dass er *an* einer Maschine arbeitet, welche nun die Art, den Ablauf und das Tempo seiner Arbeit be-

131) Vgl. Edwards (1981), S. 110 ff.

stimmt.[132] Dem kann durchaus eine bewusste Absicht zugrundeliegen: "The classic aim of automation ist to replace human manual control, planning and problem solving by automatic devices and computers."[133] Gleichzeitig soll die unausweichliche Notwendigkeit einer angepassten Arbeitsweise in ihrer Form eines 'objektiven' Sachzwanges sowohl das Konfliktpotential zwischen Arbeiter und Vorgesetzten reduzieren als auch die Akzeptanz der Leistungsanforderungen - 'weil sie einfach notwendig und unausweichlich sind' - verbessern.

Die *bürokratische* Kontrolle[134], wie sie vornehmlich seit 1945 entwickelt wurde, stellt eine konsequente Weiterführung dieser systematischen, weitgehend entpersonalisierten Kontrolle dar. Die Kontrolle geht hier nicht mehr nur von Produktions*anlagen* aus, sondern von der gesamten formalen Betriebs*struktur*. Das Wissen und die Fertigkeiten, die für die Produktion und für die Kooperation notwendig sind, werden hier nicht mehr nur dem arbeitenden Menschen entzogen, um es - wie dies Braverman kritisiert[135] - sozusagen in den Maschinen, Produktionsanlagen und -abläufen zu materialisieren, sondern es wird darüber hinaus in allgemeinen strukturellen Regelungen verfestigt und verselbständigt. Das zuvor unmittelbar an den Menschen gebundene Wissen - welches somit nur soweit genutzt werden kann, wie dieser Mensch zu Kooperation bereit ist und sich nicht opportunistisch verhält, bzw. nicht eigene Unterziele zum Schaden des Gesamtzieles verfolgt - findet sich nun "in den Stellenkategorien, Arbeitsregeln, Beförderungs- und Disziplinierungsmethoden, Lohnskalen sowie in der Definition der Verantwortlichkeiten etc."[136] wieder und steht also verselbständigt in der Anlage der organisatorischen Strukturen und allgemeingültiger Regeln dem Menschen gegenüber und bestimmt als externe Vorgabe sein Verhalten, bzw. seine Verhaltens- und Entscheidungsoptionen.[137] Die bürokratische

132) "In Manufaktur und Handwerk bedient sich der Arbeiter des Werkzeugs, in der Fabrik dient er der Maschine." MEW 23, S. 445.

133) Bainbridge (1983), S. 129. Man muss es jedoch direkt als die *Ironie der Automation* ansehen, dass dieses Ziel nicht nur nie vollständig erreicht werden kann, sondern dass bei zunehmender Automation dem verbleibenden Menschen eine immer kritischere Bedeutung zukommt. Denn völlig autonom funktionierende Maschinen, eine Welt ohne menschliche Arbeit wird es nie geben, da dies einen universellen Algorithmus voraussetzen würde, der jedoch selbst in der reinen Mathematik, wie Goedel beweisen konnte, nicht existiert; vgl. Margulies/Zemanek (1983), S. 122.

134) Vgl. Edwards (1981), S. 144 ff.

135) Vgl. Braverman (1977).

136) Edwards (1981), S. 144.

137) Vgl. Zündorf (1981), S. 196: Das Handeln der Organisationsmitglieder wird in wohl nahezu allen Belangen zu einem wesentlichen Teil mitgeprägt durch die formalen Organisationsstrukturen, also auch durch die schiere Existenz einer formalen Hierarchie.

Kontrolle findet damit ihre Basis weder in der persönlichen Autorität eines Vorgesetzten noch im Sachzwang einer gegebenen Produktionstechnologie, sondern in der unpersönlichen Macht der - alle Mitglieder der Organisation in gleicher Weise bindenden und verpflichtenden - Unternehmensregeln und der allgemeinen Unternehmenspolitik.

Die Kontrolle durch die zentrale Unternehmensleitung basiert darauf, dass diese die allgemeinen Regeln und Strukturen festlegen, die dann idealerweise bis in die einzelnen Teilbereiche hinein umgesetzt und entsprechend ausdifferenziert werden. Struktur und Regeln bestimmen das Verhalten der Angestellten und dienen als Bezugspunkt zu deren Ueberwachung ohne Ansehen der jeweiligen ausführenden und überwachenden Personen. "Das Gerippe der Organisationsstruktur sorgt so für die Kontinuität der Zwekkerfüllung unabhängig vom Mitgliederwechsel."[138)] Die sorgfältig abgestimmte Arbeitsorganisation bewirkt durch die grosse Interdependenz der einzelnen Aufgaben und Funktionen, dass jeder einzelne unter einem grossen Druck zur Kooperation und zu einer genauen Erfüllung des von ihm erwarteten Beitrags steht, denn nicht nur die Ueberwachung durch Vorgesetzte, sondern auch die Abhängigkeit vieler Mitarbeiter von den eigenen Leistungen machen immer wieder deutlich, dass diese erbracht werden müssen.[139)] Die Kontrolle über die Leistungserbringung wird so umfassender und stetiger. Die Kontrolle durch Vorgesetzte wird ihrerseits in der Art und Qualität entpersonalisiert und nach Massgabe der strukturellen und reglementarischen Vorgaben auf rein sachlich-funktionale Belange begrenzt. "Die hierarchischen Beziehungen zwischen Menschen mit ungleichen Machtbefugnissen wandeln sich zu Beziehungen zwischen Stelleninhaber oder zwischen den Stellen selber, unabhängig von den betroffenen Personen oder den konkreten Arbeitsaufgaben."[140)] Diese Versachlichung soll das Konfliktpotential in Führungsbeziehungen entschärfen; allgemeingültige, bindende Regelungen verhindern willkürliche Machtausübungen und stellen den - oft schriftlich festgehaltenen - Pflichten auch entsprechende, klare Rechte gegenüber, womit die Kontrolle auch ausgewogener wird. Gleichzeitig begrenzt sich die Kontrolle zuneh-

138) Vgl. Rammert (1982a), S. 59.
139) Dieser Gedanke lehnt sich an die auf den Zwang durch Maschinen bezogenen Feststellung von Bahrdt an, dass durch diese 'technische' - oder eben 'strukturelle' - Verknüpfung der Handlungen eine ganz neue, *zwingende Form der Kooperation* erforderlich wird, die den Kooperierenden weit weniger Gestaltungsfreiräume offen lässt; vgl. Bahrdt (1958), S. 26 ff.
140) Edwards (1981), S. 158.

mend auf die rein kooperations- und leistungsrelevanten Aspekte und beruht nicht mehr auf einem Machtgefälle, das - wie etwa oft noch in frühindustriellen Industrien - die integrale Person umfasst.[141)] Unter- und Ueberordnung beziehen sich ausschliesslich auf die jeweiligen Funktionen in den unterschiedlichen Stellen, während die Integrität der Person hiervon nicht mehr berührt werden sollte.

Durch die bürokratische Kontrolle werden die Kontrollmöglichkeiten durch die zentrale Entscheidungsinstanz nachhaltig verbessert und die Kontrolle wird sachlicher und ausgewogener, was die Rahmenbedingungen, unter denen der einzelne Angestellte arbeitet, zu dessen Gunsten generell eher verbessert. Die Umsetzung einer solchen Kontrollstruktur ist aber auch mit bedeutenden Kosten verbunden. Regeln und Strukturen müssen ausgearbeitet und aufeinander abgestimmt werden - und dies unter dem qualitativen Anspruch, dass sie allgemeingültig, bindend und für die verschiedenen Bedürfnisse ausreichend sein sollen. Da mit der allgemein verpflichtenden Regelung von Pflichten, Aufgaben und auch Rechten die Gewerkschaften neuen Einfluss bei deren Aushandlung erringen können, können aufwendige Verhandlungen und schwierige Konsensfindungsprozesse die Folge sein. Eine ausdifferenzierte bürokratische Kontrolle mit ihren oft schriftlich festgehaltenen, ausführlichen Reglementierungen, Stellenbeschreibungen und Organisationsstrukturen läuft darüber hinaus die Gefahr, zu schwerfällig und rigide zu werden. Situationsbezogene ad hoc-Entscheidungen und Anpassungen sind nur noch begrenzt möglich, da sonst die Gültigkeit und Legitimität - und somit die Akzeptanz und Wirkung - der bürokratischen Regelungen gefährdet würden. Gleichzeitig können aber im voraus nie alle Eventualitäten geregelt werden, weshalb etwa mit einem *Dienst nach Vorschrift* auch eine neue Widerstandsform erwächst, die grosse Produktivitätsverluste mitsichbringen kann. Gerade bei Aenderungen von Reglementen oder Organigrammen erwächst zudem oft grösserer Widerstand, da von den Betroffenen der Verlust von als legitim oder doch vorteilhaft erachteten Besitzständen und Rechten befürchtet wird. Auch hier ist ein einfaches Ueberbordwerfen alter, überkommener Strukturen und Regeln durch die Unternehmensleitung nicht möglich, da hierdurch die Ausbalancierung von Rechten und Pflichten, mit der sich nicht zuletzt

141) Coleman (1979) weist ausdrücklich auf diese qualitative Eigenschaft moderner Korporationen hin.

die ganze Kontrollform legitimiert, gestört wird und somit das Vertrauensverhältnis für eine neue Ordnung im vorneherein verspielt werden könnte.

Zusammenfassend kann festgehalten werden, dass über organisatorische Massnahmen und die Verbesserung der Kontrollformen die Organisationskosten z.T. erheblich gesenkt werden und damit die Effizienzvorteile einer Koordination der Transaktionen unter einem zentralen Beherrschungs- und Ueberwachungssystems besser genutzt werden können. Aber auch hier bleiben weiterhin immer Organisationskosten bestehen und sie können je nach den jeweiligen Bedingungen auch immer wieder stark anwachsen. Weil unterschiedliche Menschen mit unterschiedlichen Zielen miteinander kooperieren müssen erweist sich in einer hierarchischen, zentral gesteuerten Koordination die *Akzeptanz* der Autorität, deren Weisungs- und Kontrollbefugnisse, durch die Mitglieder als zentrales Problem; sie kann zwar durch entsprechende Massnahmen gefördert, aber nicht durch die der hierarchischen Ordnung zur Verfügung stehenden Kontrollmechanismen und Sanktionen vollumfänglich garantiert werden.[142)] Auch scheinen weder die dem Unternehmen zur Verfügung stehenden Zwangs- noch Anreizmittel, noch eine gezielte Mischung der beiden für sich alleine auch über einen längeren Zeitraum hinweg eine befriedigende Leistungserbringung gewährleisten zu können; nach dem Urteil von Margulies und Zemanek erzeugen sie langfristig eher Entfremdung als Motivation.[143)] Im folgenden Kapitel soll untersucht werden, was die Gründe für dieses grundsätzliche und tiefgreifende Problem sein könnten.

142) Vgl. Arrow (1980), S. 72.
143) Vgl. Margulies/Zemanek (1983), S. 125.

4.3. DAS DILEMMA: DIE INSTRUMENTALISIERUNG DES ARBEITENDEN MENSCHEN ZUR ERREICHUNG DER UNTERNEHMENSZIELE

4.3.1. DIE UMKEHRUNG DER ZIEL-MITTEL-RELATION IM UNTERNEHMEN

Anhand der bisherigen Untersuchungen über die Gründe der Existenz von Unternehmen und ihrer spezifischen hierarchischen Organisation konnte gezeigt werden, dass diese im Vergleich zu anderen Organisationsformen und auch im Vergleich zu einer Koordination über den Markt unter bestimmten Bedingungen erhebliche komparative Vorteile aufweisen bezüglich der Einsparung von Transaktionskosten. Eine Reduzierung der Transaktionskosten macht es wiederum möglich, in erhöhtem Masse die Vorteile der *Arbeitsteilung* zu nutzen und "Arbeitsteilung ist Produktivkraftentwicklung"[1]. Sowohl die Einsparung von bei Transaktionen anfallenden Kosten für sich als auch die damit einhergehende Ausdehnung der Nutzungsmöglichkeiten des Arbeitsteilungspotentials ermöglichen eine effizientere Erstellung von Gütern und Dienstleistungen. Unternehmen, die hierarchische, zentrale Koordination von Transaktionen, stellen damit vorerst ein wirkungsvolles und mächtiges *institutionelles Mittel*[2] dar, um die zum Leben benötigten oder zur Steigerung des Wohlbefindens gewünschten Güter mit weniger Aufwand herstellen zu können, als wenn die hierzu notwendige Kooperation über den Markt oder eine nichthierarchische Koordinationsform organisiert werden müsste: Das Unternehmen ist einerseits ein Mittel zur Erzielung eines Gewinnes für die Unternehmensbesitzer; andererseits bildet es den bevorzugten und wichtigsten Ort, an dem in modernen Gesellschaften Men-

---

1) Wachtler (1982a), S. 23; für Wachtler stellt dies eine historisch gewonnene Erkenntnis dar. Darüber hinaus sehen viele Gesellschaftstheoretiker in der voranschreitenden gesellschaftlichen Teilung der Arbeit *das* grundlegende Prinzip sozialer Entwicklung; vgl. etwa Emil Durkheims 'Über die Teilung der sozialen Arbeit'.

2) Vgl. Büschges (1983), S. 26 ff.

schen mit ihrer Arbeit ein Erwerbseinkommen erzielen. Eine Verringerung des benötigten Aufwandes bedeutet aber immer eine diesbezügliche Verbesserung der Lebenssituation in einer Welt der begrenzten Möglichkeiten und Ressourcen.

Dieser Vorteil, aus dem alle Beteiligten ihren Nutzen ziehen, bleibt grundsätzlich bestehen. *Im betrieblichen Alltag jedoch wird für die Mitglieder des Unternehmens die Ziel-Mittel-Beziehung in ihr Gegenteil verkehrt*: Nicht mehr ist das Unternehmen das effiziente Mittel, mit dem die Beteiligten am besten und am wirkungsvollsten ihre Ziele, bzw. einen Teil ihrer Ziele verwirklichen können, die wohl letztlich aus dem Verständnis jedes einzelnen heraus - in allgemeinster Formulierung - dazu verhelfen sollen, ein möglichst gutes Leben oder ein Leben mit möglichst wenig Pein führen zu können; vielmehr steht nun das Unternehmen als weitgehend verselbständigte Institution mit eigenen, festgesetzten Zielen - allgemein: die Erzielung eines Gewinnes, die Steigerung der Rentabilität oder die Erzielung eines Wachstums; speziell: die Erstellung eines Gutes, die Erfindung und Erfolgreiche Produktion neuer Produkte, die Erschliessung neuer Märkte usf. -, zu deren Erreichung die in ihr arbeitenden Menschen *instrumentalisiert* werden.[3)]

Wenn auch vielleicht das Wort 'Instrumentalisierung' überraschen und sogar schockieren mag, so ist doch die damit umschriebene Sachlage im Rückblick auf die obigen Ausführungen wie auch im allgemeinen Verständnis über Unternehmen und in den alltäglichen Erfahrungen in und mit Unternehmen weder neu noch weithergeholt; sie wird vielleicht lediglich seltener explizit reflektiert oder gar bei ihrem Namen genannt, sondern - wenn überhaupt - gefälliger umschrieben. Wichtig ist jedoch, dass sich hier letztlich ein grundsätzlicher Konflikt

3) Da nun ein eigenständiges Unternehmen mit eigenständigen Zielen existiert, kann natürlich auch umgekehrt der Eintritt des einzelnen ins Unternehmen für ein Erwerbseinkommen so interpretiert werden, dass dieser das Unternehmen für seine Zwecke instrumentalisiert. In einem solchen Job-Verständnis kommt zum Ausdruck, dass der Arbeit an sich kaum noch Bedeutung zugemessen wird. Es wird sich noch zeigen, dass zwischen der Instrumentalisierung durch das Unternehmen und jener durch den Arbeiter eine starke Wechselwirkung besteht, indem jede verstärkte Instrumentalisierung durch eine der beiden seiten oft eine entsprechende Gegenreaktion von der anderen Seite provokiert. Wichtig ist daher die Erkenntnis: Je mehr das Unternehmen versucht, die Arbeit vollumfänglich zu instrumentalisieren und in diesem Sinne dessen Produktivität maximal abzuschöpfen, desto eher verschliesst sich der Arbeiter diesem Ansinnen, versucht nun auch er, seinen persönlichen Profit aus dem Unternehmen zu maximieren.

wirtschaftlichen Effizienzstrebens offenbart: Das Unternehmen dient der Verbesserung der Effizienz, indem intern Transaktionskosten gespart werden können; um dies jedoch erreichen zu können müssen diese Transaktionen auf eine - im Vergleich zur Koordination über den Markt - völlig neue Art organisiert werden und erhalten so insbesondere für die an der Transaktion direkt beteiligten Menschen eine gänzlich andere Qualität, einen anderen Charakter.

Die Senkung der Transaktionskosten und damit die Steigerung der Effizienz wird dadurch erreicht, dass die verschiedenen Transaktionen durch eine übergeordnete zentrale Beherrschungs- und Ueberwachungsinstanz koordiniert, d.h. ex ante geplant, angeordnet und überwacht werden. Die Transaktionen müssen jedoch weiterhin durch direkt daran beteiligte Personen durchgeführt werden, doch sind diese nicht mehr, wie im Falle von Markttransaktionen, autonom entscheidende Subjekte, sondern nur noch ausführende Aktoren, die sich unter Kontrolle nach den Anweisungen der zentralen Entscheidungsinstanz auszurichten haben. Lediglich diese ist nach Sombarts Unterscheidung tatsächlich ein Wirtschafts*subjekt*, da einzig sie über die einzelnen Handlungen entscheidet, während die Nur-Arbeiter oder Nur-Ausführenden eigentliche Wirtschafts*objekte* darstellen, die von der zentralen Entscheidungsinstanz angeleitet werden und über die diese nach Zweckmässigkeit disponieren kann, um auf diese Weise ihre Entscheidungen umzusetzen.[4)] Diese Trennung in Subjekte und Objekte, wobei auch letztere immer Menschen bleiben, bildet die wesentliche und tiefste Grundlage der hier untersuchten Probleme; die Darstellung der hiesigen Analyse stellt somit auch als ein Spiegelbild der in der Principal-Agent-Diskussion behandelten Probleme dar.

Unabdingbar für eine ex ante Koordination von Transaktionen durch eine zentrale Instanz, die diese bewusst planen und steuern muss, ist die Existenz eines *im voraus bestimmten Ziels*[5)], auf das sich die Steuerung ausrichten kann. Unbesehen davon, wie diese Ziele zustandekommen und wer sie festlegt, weist die hierarchische Ordnung gemäss Herder-Dorneich grundsätzlich darauf hin, dass -

4) Vgl. Sombart (1916a), S. 320.
5) Der klassische Betriebsökonom Gutenberg geht von *einem einzigen Ziel* aus, das rein mengen- oder geldmässig gefasst wird. Die Entstehung von Zielen wird aus der Theorie ausgeklammert; das Ziel ist für das Unternehmen ein Datum; vgl. Gutenberg (1951), u.a. S. 361. Dies muss jedoch erstaunen, da Ziele aus einer Wechselbeziehung mit der Wahrnehmung von Möglichkeiten und eigenen Potentialen definiert werden und daher durchaus auch aus einem internen Kommunikations- und Verhandlungsprozess heraus erwachsen können.

einmal definiert- im eigentlichen Prozess der Umsetzung "die Zielvorgaben von aussen, also systemtranszendent hereinkommen"[6]. Hieraus lässt sich mit anderen Worten wiederum die Umkehrung der Ziel-Mittel-Beziehung verdeutlichen: Um Ziele möglichst effizient erreichen zu können, müssen diese verselbständigt und als alleinige Orientierung für die Handlungen und Entscheidungen isoliert werden; selbst wenn diese Ziele im Grunde zur Verbesserung der Lebenssituation der jeweiligen Menschen angestrebt werden, können die technischen und organisatorischen Möglichkeiten erst dann möglichst effizient aufeinander abgestimmt und alle produktivitätssteigernden Potentiale vollumfänglich genutzt werden, wenn nur noch das verselbständigte Ziel alleine die ausschliessliche Referenz für die Handlungen und Entscheidungen darstellt. Mit der Verselbständigung eines Zieles können alle Anstrengungen auf dieses Ziel konzentriert werden, womit es auch am besten erreicht werden kann. Demgegenüber bleibt die Erreichung eines Zieles wesentlich ungewisser, bzw. es wird weit weniger effizient angestrebt, wenn es - wie ursprünglich - weiterhin nur als ein Mittel für ein besseres Leben angesehen wird; unter den Rahmenbedingungen eines vielschichtigen und vieldimensionalen Lebens wird das einzelne Ziel und damit auch der zu dessen Erreichung noch zulässige Aufwand wesentlich relativiert und nicht zuletzt auch das momentane Befinden der einzelnen Menschen begrenzt oftmals ihren Einsatz zur Erreichung eines an sich befürworteten Zieles, da dieser Einsatz - zumindest im Augenblick - (scheinbar) mehr Einbussen bezüglich des eigentlichen Oberzieles: das Wohlbefinden bedeutet als der Gewinn aus einer Zielerreichung.[7]

Das Unternehmen stellt eine Form der institutionellen Absicherung dar, dass die hier angestrebten Ziele erreicht werden. Wir werden noch sehen, dass damit aber auch meist Rigiditäten verbunden sind, die insbesondere den darin angestellten Menschen kaum eine Wahl des Mehr oder Weniger offen lassen, sondern lediglich jene des Mitmachens oder des Fernbleibens an der Kooperation. Für unseren Zusammenhang wichtig ist aber, dass die individuellen Ziele eines Ange-

6) Vgl. Herder-Dorneich (1990), S. 945.

7) Gerade weil hier kurzfristige Erwägungen den langfristigen Nutzen oft wesentlich unterschätzen lassen, ist die Verselbständigung eines Zieles auch eine nützliche Vorkehrung gegen eine möglicherweise fatale Fehleinschätzung auf lange Sicht. Der Bauer setzt sich im Frühjahr das Ziel, den Acker zu bestellen, ohne Wenn und Aber, denn obwohl die damit verbundenen Anstrengungen zugunsten eines angenehmeren Tagesverlaufs jederzeit gerne abgebrochen würden, weiss er aus (tradierter) Erfahrung, dass der Hunger in Folge zu kleiner Ernte im Winter noch wesentlich schwerer wiegen würde.

stellten inhaltlich wie auch im Ausmass z.T. erheblich von jenen des Gesamtunternehmens und mehr noch von den ihm vorgegebenen Zielen abweichen können.[8] Gerade die Arbeitsteilung mit ihren erwiesenen Vorteilen verstärken noch dieses Problem, indem die Motive des Arbeitenden - etwa die Sicherung seines Lebensunterhaltes, der Besitz eines Hauses, die Reise in ein fernes Land oder aber auch die Entfaltung von Fähigkeiten in der Arbeit, Sinnfindung und die Suche nach sozialer Integration - mit dem unmittelbaren Inhalt seiner Arbeit auseinanderfallen.[9] Die mit der Arbeitsteilung einhergehende Spezialisierung bringt den grossen Vorteil, dass auf diese Weise die Produktivität verbessert werden kann; sie kann über die Vertiefung spezialisierter Fertigkeiten und Kenntnisse durchaus auch Befriedigung schaffen und das Bedürfnis nach intensiver Auseinandersetzung mit der Welt, bzw. mit einer gewissen Materie befriedigen. Die (Erwerbs-)Arbeit auf der Basis von Arbeitsteilung und Spezialisierung hat aber auch zur Folge, dass oft nur noch ein indirekter, über den Geldertrag vermittelter Bezug besteht zwischen dem Arbeitsaufwand, bzw. der Tätigkeit, und den Bedürfnissen, die hierdurch befriedigt werden sollen; der sinnmässige Bezug zwischen Bedürfnisbefriedigung und der hierzu erforderlichen Arbeit wird damit immer loser, was die Motivation zur Arbeit schwächen kann. Wie bereits beschrieben, verschärft sich das Problem - die Distanz zwischen Tätigkeit und Bedürfnisbefriedigung - innerhalb eines Unternehmens noch dadurch, dass der Lohn nur noch teilweise direkt die eigene Leistung honoriert; als Monatslohn verliert er im Bewusstsein zunehmend seinen Bezug zu den täglichen Anstrengungen und wird selbst zu einer relativ unabhängigen, losgelösten Grösse.

In der Organisation der Arbeit unter einer zentralen Entscheidungsinstanz unterliegt auch die Entscheidung über die Art der Spezialisierung höchstens noch teilweise der freien Entscheidung des einzelnen. Insbesondere aber die jeweilige Tätigkeit, die er verrichtet, wird weitgehend von der zentralen Entscheidungsinstanz, bzw. vom Vorgesetzten vorbestimmt. Es entspricht denn durchaus der Funktionslogik zentraler Koordination, dass diese am wirkungsvollsten ist, wenn die zentrale Entscheidungsinstanz im Hinblick auf die Zielerreichung möglichst vollumfänglich über die einzelnen Ausführenden disponieren und deren Verhalten steuern kann. Es kann daher mit Blick auf eine idealtypische Koordina-

---

8) Vgl. Büschges (1983), S. 97 ff.
9) Vgl. Wachtler (1982a), S. 17; vgl. auch Sombart (1916a), S. 11 f.

tion eines Betriebsablaufes durch eine zentrale Leitung durchaus zu Recht von einer Instrumentalisierung der Angestellten gesprochen werden, da sie ebenso als ausführende Instrumente gelenkt und eingesetzt werden, wie etwa auch ein Werkzeug gelenkt wird in Ausübung eines Werkvorganges. "Workers are instruments of production on their jobs."[10)]

Konsequent weitergedacht bedeutet dies dann aber auch: "Das Individuum ist lediglich eine Funktion des Kollektivs."[11)] Das Organisationsmitglied wird jedoch nicht vollumfänglich instrumentalisiert, sondern lediglich bezüglich seiner jeweils für die Kooperation erforderlichen Funktionen.[12)] Im Falle einer reinen Ausführung vorgeschriebener Verrichtungen also wird lediglich seine Arbeitskraft instrumentalisiert. Dies bedeutet jedoch umgekehrt und in Weiterführung der obigen Ausführungen, dass der Mensch als ganzheitliche Person hier ebenso wenig in Erscheinung tritt wie auch seine vielfältigsten Bedürfnisse und Ziele in der Organisation der Abläufe in Ausrichtung auf das übergeordnete Unternehmensziel - vorläufig - nicht berücksichtigt werden. So wird der Mensch in seinem Streben um eine effektivere Gestaltung der Arbeit und um eine bessere Bewältigung der Knappheit letztlich in jener Institution, die ihm hierbei helfen soll, auf einen 'homo functionalis'[13)] reduziert; womit wir bei Herbert Marcuses fundamentaler Gesellschaftskritik angelangt sind: Der Mensch verkümmert - weil seine Arbeitssituation über den Bereich der eigentlichen Produktion hinaus auch sein Leben massgeblich prägt - in jener Industriegesellschaft, die sich die endgültige Ueberwindung materieller Knappheit zum Ziel gesetzt hat, zu einem 'eindimensionalen Menschen'[14)].

Denn die interne Koordination der Arbeitsabläufe ist am besten gewährleistet, wenn keine anderen Einflüsse, wie Befindlichkeiten, divergierende Ziele usf., die geforderte Leistung der einzelnen Organisationsmitglieder schmälern. Nur, wenn alle Mitglieder vollständig in vorgesehener Weise 'funktionieren', kann die zentrale Entscheidungsinstanz erreichen, dass auch komplexeste Arbeitsprozesse reibungslos ablaufen und ihre Dispositionen vollumfänglich umgesetzt werden. In diesem mechanistischen Bild einer umfassenden Steuerung aller Prozesse durch eine zentrale Instanz kann es Effizienz nur geben, wenn bei den einzelnen

10) Meissner (1971), S. 260.
11) Veit (1957), S. 192, im Kapitel mit der Ueberschrift: "Der Mensch als Werkzeug".
12) Vgl. Coleman (1979).
13) Vgl. Weber (1948), S. 283 ff.
14) Vgl. Marcuse (1967).

Ausführenden ein hoher Grad an Konformität besteht und ihr Verhalten - 'methodisch, vorsichtig und diszipliniert' - sich auf ihre Funktionen beschränkt aber hier auch eine hohe Zuverlässigkeit aufweist.[15)] Bezüglich grosser Wirtschaftsorganisationen drängt sich daher unvermittelt auch jenes mechanistische Bild auf, in dem die Arbeitenden - wie der Industrielle K. Sarasin bereits 1872 beklagt - nur noch "einzelne Räder einer grossen Maschine" darstellen und genau wie diese in vorgegebener Art und möglichst störungsfrei zu funktionieren haben, indem die Handlungen der Arbeitenden, Zahnrädern gleich, ununterbrochen und nahtlos ineinandergreifen und ineinander überfliessen, während es zugleich kaum mehr möglich scheint "als Mensch dem Menschen zu begegnen".[16)]

Die straffe Steuerung aller Handlungen durch eine zentrale Instanz hat unweigerlich zur Folge, dass die *individuellen Handlungs- und Entscheidungsspielräume* der zur Ausführung angestellten Personen auf jenes Restmass eingeschränkt werden, das (noch) nicht von den Vorgesetzten vorausbestimmt und entschieden ist.[17)] Diese nicht nur unerfreuliche, sondern meist in hohem Masse auch demotivierende und damit letztlich auch kontraproduktive Tatsache muss wiederum aus dem Kontext heraus verstanden werden, dass die individuellen Ziele und Motive - generell oder auch nur kurzfristig, insbesondere aber oft bezogen auf die einzelnen, zugewiesenen Ausführungen - erheblich von den sich durch eine zentral gesteuerte Kooperation ergebenden Zielen abweichen können.[18)] Wie noch zu zeigen sein wird, sind Unternehmen aufgrund der negativen Konsequenzen allzu rigider zentraler Steuerung und den damit verbundenen Kosten zunehmend bemüht, spezifische Anreize zu schaffen, um dadurch eine Harmonisierung der Ziele anzustreben[19)] oder gar weitergehend auch in hierarchischen Strukturen eine aktive Kooperation aller Mitglieder zu fördern, in der sie vermehrt auch ihre verschiedenen Fähigkeiten und Kenntnisse selbst in den

15) Vgl. Merton (1962), S. 457.
16) Zitiert aus Walter-Busch (1977), S. 196.
17) Vgl. Margulies/Zemanek (1983), S. 121.
18) Hier sei noch eigens darauf hingewiesen, dass eine ex ante Koordination einer Transaktion mit zentraler Beherrschung durchaus anders beschaffen sein kann, als dies aus der Sicht eines autonom entscheidenden unmittelbaren Transaktionspartners sinnvoll scheinen würde.
19) In kritischer Perspektive stellen damit die meisten Formen der Arbeitsmotivierung seit Beginn der Human-Relation-Bewegung aber vorerst lediglich Verbesserungen und Verfeinerungen des grundsätzlich weiterbestehenden Prinzips des Taylorismus dar, indem auch psychologische Aspekte der Leistungsbereitschaft als Elemente der zentralen Steuerung mitberücksichtigt werden; vgl. etwa Rammert (1982a), S. 55.

Gestaltungs- und Entscheidungsprozess einbringen können. Jedoch: Strukturmerkmal hierarchischer Ordnung bleibt generell die *Autorität* des Vorgesetzten[20] und die Steuerung der Transaktionen erfolgt massgeblich über *besondere Kontrollinstrumente*[21]; bei bereits feststehenden Kooperationszielen bleibt eine Realisierung über eine zentrale Steuerung mittels bindender Anweisungen "durch Befehle entlang vertikaler Ketten"[22] an die Ausführenden die naheliegendste und - in rein mechanischer Auffassung - die wirkungsvollste Lösung. Hierbei kann die Befehlsgewalt auch mehr oder weniger eingeschränkt sein, indem sie sich auf rein funktionsspezifische Aspekte beschränkt oder bewusst gewisse Autonomieräume offen lässt, um allzugrosser Rigidität der Organisation entgegenzuwirken. "Aber innerhalb dieser Grenzen ist Geben und Empfangen von Befehlen und Anweisungen, die Tatsache also, dass irgend jemand einen anderen anweisen kann, was zu tun ist, ein wesentlicher Bestandteil des Mechanismus, der Organisationen lebensfähig erhält."[23]

Wenn auch sicher Einschränkungen angebracht sind und auch unter einer hierarchischen Produktionsorganisation durchaus befriedigende und ausfüllende Arbeitsplätze existieren können, so kann doch abschliessend generell konstatiert werden, dass somit mit der Instrumentalisierung der Arbeit in hierarchischen Organisationen zumeist auch eine *Entfremdung* des einzelnen zu seiner eigenen Tätigkeit und zu seiner Lebenssituation zu beklagen ist.[24] Der Bezug der Arbeit zu seiner eigenen Lebenssituation (ausserhalb der Arbeit), zu seinen Bedürfnissen und Neigungen ist zumeist nur noch ein indirekter, die Arbeit selbst in ihrer hohen Fremdbestimmung und repetitiven Spezialisierung kaum mehr Ausdruck und Mittel, der Welt, den Mitmenschen und sich selbst zu begegnen, sie ist nicht mehr Ort individueller Gestaltung und Auseinandersetzung[25], son-

20) Vgl. McGregor (1970), S. 15.
21) Vgl. Moore (1962), S. 94 f.; Williamson (1990), S. 102.
22) Behrens (1986), S. 198.
23) Arrow (1980), S. 63.
24) Zum Begriff der Entfremdung vgl. auch ausführlich Topitz (1953). In seiner Untersuchung über vier verschiedene Industriearbeiter-Typen fand Robert Blauner den Beweis für vier grundverschiedene Entfremdungsmuster in Abhängigkeit von der am Arbeitsplatz eingesetzten Technologie. Entfremdung definiert er in der Folge als Resultante aus vier verschiedenen psychologischen Zuständen, die grundsätzlich voneinander unabhängig sind: Machtlosigkeit (das Gefühl oder die Unmöglichkeit, die Arbeitssituation zu beeinflussen), Sinnverlust (in der Arbeit), soziale Isolation (auch in Form eines fehlenden Zugehörigkeitsgefühls zur Organisation sowie zu Arbeits- und Berufsgruppen) und Selbstentfremdung (das Gefühl, dass Arbeit lediglich Mittel zum Zweck sei, die keine innere Beteiligung mehr zulasse); vgl. Blauner (1964).
25) Vgl. auch Fromm (1963), S. 49.

dern ausschliesslich abstraktes, aber umso effizienteres Mittel zur Erstellung der Lebensgrundlagen. Der Wirkungsgrad der Arbeit zur Erstellung des für das Leben Notwendigen konnte in der einseitigen Konzentration auf die outputorientierte Effizienz massiv verbessert werden, doch ist die Arbeit dabei selbst nur noch Ausdruck der Welt der Notwendigkeit. Was Otto Veit als Konflikt und als tragische Folgewirkung in Bezug auf den Einsatz von Maschinen formulierte, gilt somit auch bezüglich der viel allgemeineren Dimension der Arbeitsorganisation, die genauso der Verbesserung des Ertrages der Arbeitsanstrengungen dient: "Die Herrschaft über ein wichtiges Lebenselement scheint dem Menschen zu entgleiten. Er gerät in Abhängigkeit von verborgenen Kräften, die sein Leben *innerlich* bedrohen, indem sie es *äusserlich* fördern."[26] Angesichts der Eigendynamik und der negativen Folgewirkungen eines einseitigen Strebens nach Effizienz findet sich denn auch im linken wie im rechten Spektrum der Wirtschafts- und Gesellschaftskritik "die Angst, von den eigenen Idealen gefressen zu werden"[27]. Trotz mannigfaltiger Errungenschaften zur Verbesserung der Arbeitssituation für den arbeitenden Menschen stellt sich auch heute noch grundsätzlich die bange Frage: "Hat das Individuum noch einen akzeptablen Ort in einer sich rationalisierenden Welt?"[28]

4.3.2. DIE PROBLEMATIK DER INSTRUMENTALISIERUNG AUFGESCHLÜSSELT NACH ZENTRALEN KRITERIEN

Diese Darstellung der Instrumentalisierung der Arbeitskraft - und damit des arbeitenden Menschen - im Unternehmen ist zweifellos eine starke Generalisierung und entsprechend einseitig. Ihr kann zu Recht entgegengehalten werden, dass sich die Arbeitswelt im einzelnen wesentlich differenzierter darstellt. Angesichts dieser Vielfalt der heute existierenden Arbeitsbedingungen in Unternehmen können denn auch die obigen Aussagen in dieser Form nur belas-

26) Veit (1957), S. 72 (Hervorhebungen, RvR).
27) Kiessler (1983), S. 31.
28) Kiessler (1983), S. 31. Diese Frage scheint sich noch zu akzentuieren im Rahmen des Wertwandels, der weiter unten behandelt werden wird: Aufgrund der neuen Bedürfnisse und Prioritäten, mit denen sich immer mehr Menschen von einer einseitigen Wirtschafts- und Arbeitsorientierung distanzieren, stellen diese Individuen neue Ansprüche an ihre Arbeit und an ihre Lebensgestaltung, denen Unternehmen vielfach nicht entsprechen zu können scheinen.

sen werden, wenn sie sich entweder nur auf ein rein theoretisches Modell eines *idealtypischen* Unternehmens beziehen, wie es etwa der Theorie von Gutenberg zugrundeliegt, welche über lange Zeit die deutsche Betriebswirtschaftslehre massgeblich prägte[29)], oder wenn sie sich ausschliesslich als Beschreibung frühindustrieller Verhältnisse oder etwa der archetypischen Arbeitsbedingungen an Fliessbändern mit ihren repetitiven, auf kleinste Teilfunktionen reduzierten Arbeitsverrichtungen verstehen.

Der oben ausgeführte Befund der Instrumentalisierung und insbesondere die Darstellung der daraus resultierenden negativen Folgen für den Menschen sind in ihrer Verallgemeinerung grundsätzlich zu verstehen als Tendenzaussagen. Auch hier handelt es sich nicht um eine dogmatische Frage des Entweder-Oder, sondern um eine des Mehr-oder-Weniger: Die Folgen der Instrumentalisierung können mehr oder weniger die Ausprägung und die Ausmasse des oben beschriebenen annehmen und die damit verbundene implizite negative Bewertung der Instrumentalisierung aus individualistischer Sicht muss somit ebenfalls entsprechend differenziert ausfallen. Dass es sich hier um eine graduelle Beziehung handelt, dass also das Problem nicht in der Frage nach der schieren Existenz von Instrumentalisierung angegangen und aus einer solchen sogleich auch eine Beurteilung abgeleitet werden kann, zeigt sich denn auch am deutlichsten daran,

29) Gutenberg schreibt selbst, dass eine Theorie der Betriebswirtschaft nur auf einem rein idealtypischen Modell des Unternehmens aufbauen kann: "Die Unternehmung als Objekt betriebswirtschaftlicher Theorie kann (...) nicht unmittelbar die empirische Unternehmung sein. (...) Es leuchtet nun ohne weiteres ein, dass die Unternehmung (...) unmittelbar auf die Probleme der Theorie zugeschnitten sein muss." Gutenberg (1929), S. 26. In seiner idealtypischen Konzeption wird dabei das Unternehmen nur gesehen als ein "Komplex von Quantitäten"; ebenda, S. 44. Diese Vorstellung prägte lange Zeit die theoretischen Reflexionen über Ziel und optimale Gestaltung von Unternehmen und lag wohl auch vielen tatsächlich umgesetzten Führungs- und Organisationskonzepten zugrunde; sie lässt sich bis heute immer wieder diagnostizieren, wenn auch zunehmend versteckter. Sofern aber das Unternehmen primär als Komplex von Quantitäten verstanden wird und diese Vorstellung Ausgangs- und Orientierungspunkt für Theorie und Praxis ist, muss dies auch Auswirkungen zeigen auf die Art, wie die im Unternehmen tätigen Menschen betrachtet und eingesetzt werden. Für Gutenberg ist folgerichtig die Betriebswirtschaftslehre so gut wie unmöglich, wenn der reale Mensch mit seinen 'irrationalen' Eigenschaften, mit seiner Individualität in die Theorie miteinbezogen würde; er behandelt daher das Unternehmen, *als würde der Mensch nicht existieren.* Vgl. Gutenberg (1929), S. 41 f. Der Mensch existiert ausschliesslich als Produktionsfaktor Arbeit, über den zur Realisierung einer möglichst rationalen Struktur und einer möglichst rationalen, also effizienten Kombination aller beteiligten Produktionsfaktoren ("produktive Kombination" von "produktiven Faktoren"; Gutenberg (1951), S. 2f.) entsprechend instrumentell disponiert werden kann. Die oben beschriebene Instrumentalisierung und ihre Folgen können durchaus aus dieser Konzeption hergeleitet werden.

dass grundsätzlich jede Handlung letztlich eine Form der Instrumentalisierung darstellt: Jede bewusste Handlung erfolgt zu einem gewissen Zwecke und dient somit dazu, diesen zu erreichen.[30)] Dies gilt selbst für das Spiel, wobei hier der Zweck, zu dem eine Handlung ausgeführt wird, in der Handlung selbst liegt. Da jedoch Handlung und Handelnder immer verbunden bleiben, kann weiter gefolgert werden, dass nicht nur die Handlung ein Mittel zum Zweck ist, sondern dass auch der Mensch selbst als Ausführender dieser Handlung als Instrument zur Zielerreichung begriffen werden kann: Mit seinem Entschluss, an einem Spiel teilzunehmen, macht sich der betreffende selbst zum Mitspieler, ist er als Teilnehmer Instrument seines Zieles.

Geht man also von einer derart weiten Konzeption der Instrumentalisierung aus, dann steht auch fest, dass die Folgen und Auswirkungen der Instrumentalisierung sowie deren Beurteilung je nach Situation stark differieren können. Die Qualität und insbesondere die Beurteilung und die Problematik der Instrumentalisierung variiert dabei zur Hauptsache in Abhängigkeit von drei Bedingungen oder Kriterien, die ihrerseits wiederum eng miteinander verknüpft sind: Es sind dies (1) die Enge des Sinnbezuges zwischen der instrumentalisierten Handlung und dem eigentlich anvisierten Ziel, (2) die Frage, wer über die Instrumentalisierung im letzten gebietet, bzw. wer dieses Instrument letztlich 'in Händen hält', und (3) der Grad der Freiwilligkeit, mit der diese Instrumentalisierung erfolgt. Gerade die Punkte zwei und drei, also der Umstand, dass ein Mensch - gar gegen seinen Willen - durch einen anderen zur Erreichung dessen Ziele instrumentalisiert werden kann, unterliegen laut Werhahn zumeist auch einer moralischen Bewertung.[31)]

Diese drei Kriterien, die massgeblich die Wirkung und die Beurteilung einer Instrumentalisierung bestimmen, - Sinnbezug, Eigen- oder Fremdbestimmung und der Grad der Freiwilligkeit - stellen dabei keine binäre Ordnungen dar, sondern sind als graduelle Verschiebungen im Sinne eines Mehr-oder-Weniger zu verstehen. Die kontinuierliche Skala, etwa von einer instrumentellen Handlung, die mit dem anvisierten Ziel geradezu identisch ist, und einer solchen, bei der der Sinnbezug zwischen Handlung und Ziel kaum mehr einsehbar ist, ist jedoch eine

---

30) Auch hierzu kann Gutenberg zitiert werden, für den diesbezüglich keine Zweifel bestehen: "Es ist (...) für alles menschliche Schaffen und Handeln charakteristisch, dass es sich in der Zweck-Mittel-Relation vollzieht." Gutenberg (1929), S. 30.

31) Vgl. Werhahn (1980), S. 75.

rein ordinale, da keine objektive, allgemeingültige Messkriterien angegeben werden können. So muss denn auch festgehalten werden, dass es sich hier jeweils nur um *rein subjektive*, intersubjektiv nicht vergleichbare Einschätzungen handeln kann, die den komplexen Prozessen der subjektiven Wahrnehmung und Interaktion mit dritten unterliegen: Die gleiche Situation kann von unterschiedlichen Personen ebenso unterschiedlich wahrgenommen werden.[32)]

Dennoch können auf der Grundlage dieser ordinalen und rein subjektiven Einschätzungen von Situationen allgemeine Aussagen über die Auswirkungen und die Beurteilung einer Instrumentalisierung hergeleitet werden. Zur Veranschaulichung dient hierzu eine dreidimensionale Graphik, in der die Achsen die drei Kriterien wiedergeben. Die Achse, auf welcher der Sinnbezug einer Instrumentalisierung abgetragen wird, gibt im Ursprung einen Zustand an, in dem eine instrumentelle Handlung identisch ist mit dem jeweiligen Ziel; mit zunehmender Distanz vom Ursprung verringert sich der Sinnbezug von Handlung und Ziel. Die Achse der Instrumentkontrolle erstreckt sich vom Ursprung mit gänzlich autonomer Kontrolle der instrumentellen Handlung hin zu einer zunehmend heteronomen Instrumentalisierung bis zur gänzlichen Fremdbestimmung durch einen dritten. Die dritte Achse gibt wieder, ob - im Ursprung - die instrumentelle Handlung freiwillig oder - mit zunehmender Entfernung von diesem - unfreiwillig, dh. unter Zwang erfolgt.

32) Vgl. etwa Frese/Greif (1978), S. 217; Seligman (1979); Scitovsky (1992), S. 93.

Graphik 1: Dimensionen der Instrumentalisierung

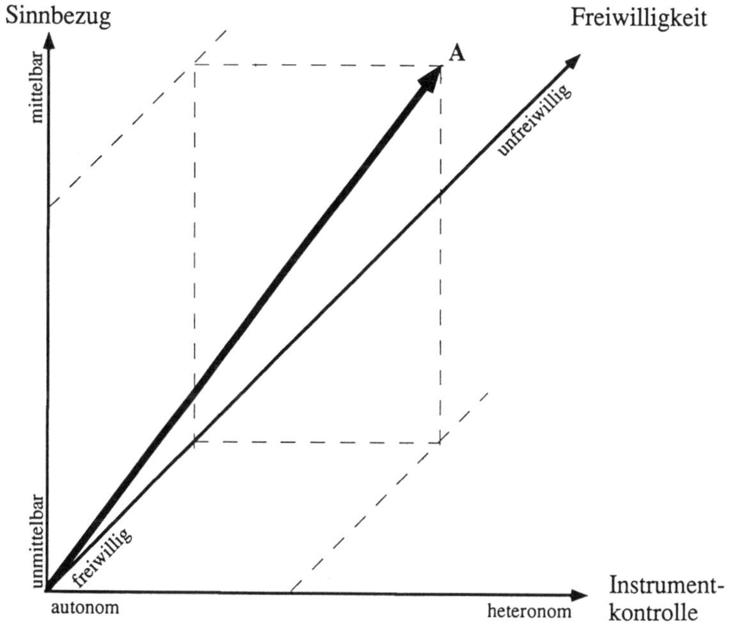

Die individuelle, rein ordinale Einschätzung einer Situation anhand dieser drei Kriterien definiert nun einen Punkt A in diesem dreidimensionalen Raum, dessen Lage die Auswirkungen und die Beurteilung einer Situation für dieses Individuum wiedergibt. Obwohl es sich um rein subjektive Einschätzungen handelt, kann aus der Distanz des Punktes A vom Ursprung, bzw. aus der Länge des Vektors vom Ursprung zum Punkt A, beurteilt werden, wie problematisch diese Instrumentalisierung ist. Der Ursprung selbst gibt eine Situation wieder, in der Ziel und instrumentelle Handlung identisch sind und damit ein unmittelbarer Sinnbezug gegeben ist während die Instrumentalisierung sowohl gänzlich der eigenen Regie unterliegt als auch in völliger Freiwilligkeit erfolgt. Der Ursprung gibt damit eine Situation wieder, die dem oben dargestellten Spiel gleichkommt. Je weiter sich nun A von diesem Ursprung entfernt, desto undeutlicher wird der Sinnbezug zwischen der Handlung und dem jeweiligen Ziel, desto weniger kann die instrumentelle Handlung selber kontrolliert und bestimmt werden, sondern ist zunehmend ein Instrument eines dritten zu dessen Zielerreichung, und desto grösser ist der Zwang, unter dem diese Instrumentalisierung erfolgt, wobei sich jedoch nicht alle drei Faktoren zugleich und in demselben Masse verschieben müssen - eine fremdbestimmte, sinnentleerte Instrumentalisierung kann u.U. durchaus freiwillig sein.

In praxi ist nun die Arbeitswelt äusserst vielgestaltig, sodass generelle Aussagen ebenso schwierig wie gefährlich sind; immer lassen sich bedeutsame Gegenbeispiele finden, die ein gegenteiliges Bild entstehen lassen. Eine Beurteilung der Art der Instrumentalisierung in Unternehmen darf daher nur unter aller Vorsicht vorgenommen werden und kann als allgemeine Aussage letztlich nicht mehr sein als die Angabe einer Tendenz, innerhalb der der einzelne Fall mehr oder weniger starke Ausprägungen aufweisen wird. Im Rahmen dieser erheblichen Einschränkungen kann jedoch davon ausgegangen werden, dass die Arbeitssituation in hierarchisch gelenkten Unternehmen in der überwiegenden Zahl der Fälle durch eine Instrumentalisierung ausgezeichnet ist, in der (1) die individuellen Ziele und das instrumentelle Handeln z.T. erheblich auseinanderfallen, in der (2) schon vom Prinzip einer zentralen Weisungs- und Ueberwachungsstruktur her ein relativ hohes Mass an Fremdbestimmung über die instrumentelle Handlung besteht und in der (3) diese Instrumentalisierung im Ziele eines dritten - einer übergeordneten Instanz - zumindest im alltäglichen, internen Verlauf mit einem gewissen Mass an - verstecktem oder offenkundigem - Zwang verbunden ist.

Je stärker nun die Fremdbestimmung und das Auseinanderfallen des Sinnbezuges zwischen Ziel und instrumenteller Handlung, je grösser auch der Zwang, unter dem diese Instrumentalisierung erfolgt, desto problematischer ist eine Arbeitssituation und desto negativer sind die möglichen Auswirkungen auf den arbeitenden Menschen. Am stärksten, sicher aber am offenkundigsten zeigt sich die Problematik einer solchen Instrumentalisierung durch das Unternehmen zu Beginn der Industrialisierung oder in der Frühphase der Grossindustrien anfangs des zwanzigsten Jahrhunderts. Zwang und gar Gewalt prägen hier vielfach den Arbeitsalltag, wenn mit drakonischen Massnahmen die Arbeitsdisziplin durchgesetzt wird oder gar die Arbeiter zwangsweise für die Fabriken rekrutiert werden. Deutlich sind hier auch das Ausmass der Fremdbestimmung im Rahmen einer rigiden Hierarchie von Befehl und Gehorsam sowie der Sinnverlust am einzelnen Arbeitsplatz, der im Zuge einer forcierten Arbeitsteilung mehrheitlich auf einfachste monotone und repetitive Teilfunktionen und Arbeitsverrichtungen reduziert wird - eine lange praktizierte Strategie in der industriellen Arbeitsorganisation, der mit der Konzeption eines 'wissenschaftlichen Managements' durch Frederik W. Taylor auch eine theoretische Fundierung zuteil wurde. Weitgehend unbestritten sind heute die negativen Auswirkungen solch extremer Arbeitsbedingungen auf den Menschen, die bereits oben in sehr allgemeiner Form umrissen wurden. Auf der Grundlage umfassender Feldstudien in mehreren Produktionsbetrieben kommen Kern und Schuman zum abschliessenden Befund: "Repetitive Teilarbeit ist sich nicht selbst genügende, restriktive und in ihren sozialen Bezügen verkümmerte Arbeit - sie unterwirft den Arbeiter dem Diktat eines fremden Willens; hindert ihn an der Ausbildung und Entfaltung von Kenntnissen und manuellen Fertigkeiten; bindet ihn an einen Arbeitsprozess, der seine physischen und psychischen Reserven auszehrt; ersetzt lebendige Kooperation durch soziale Isolierung."[33)]

Wie bereits oben ausgeführt, lassen sich die negativen Folgen dieser Form der Instrumentalisierung für den Menschen am besten unter dem von Karl Marx geprägten Begriff der Entfremdung zusammenfassen: Je grösser das Ausmass an Fremdbestimmung, Sinnentleerung und Zwang, desto fremder müssen dem einzelnen die Welt, die Mitmenschen und letztlich auch er selbst gegenüberstehen und desto passiver und nur noch rezeptiv wird er seine Umwelt wahrnehmen.[34)] Fremdbestimmung und Sinnentleerung verhindern zunehmend eine aktive und kreative Begegnung mit der Welt und mit sich selbst, da die Arbeit zu einer bezugslosen Verrichtung verstümmelt wird, was unweigerlich auch die Person selbst in Mitleidenschaft ziehen muss.[35)] Für das Unternehmen andererseits er-

---

33) Vgl. Kern/Schumann (1970), S. 66.

34) Vgl. Fromm (1963), S. 49. Das Phänomen ist dabei keineswegs nur auf die untersten Stufen der Hierarchie begrenzt und im weiteren wird Entfremdung heute - in der Folge der allgemein vorherrschenden Arbeitsbedingungen und im weiteren auch der gesellschaftlichen Trennung von Arbeit und Konsum - als ein übergreifendes und generelles Gesellschaftsproblem begriffen, wenn etwa Kappler zum Schluss gelangt: "Am Ende des zwanzigsten Jahrhunderts ist erkennbar, dass Entfremdung ein Merkmal aller Menschen ist - für Verwaltungsangestellte, Parlamentarier, Funktionäre, Vertreter, Manager oder Beamte möglicherweise mehr als für Facharbeiter." Kappler (1992), S. 1331.

35) In Volmergs grundsätzlicher Feststellung: "Durch die Arbeit konstituiert das Subjekt die Welt seiner Erfahrung und zugleich sich selbst als Subjekt dieser Erfahrung" (Volmerg (1978), S. 30) steht vorerst die aktive Auseinandersetzung und das Streben nach Selbstverwirklichung im Vordergrund; vgl. auch Kappler (1992), S. 1331. Eine Arbeit, die eben dieses Bestreben verunmöglicht, prägt aber ebenso die Einstellung des Betreffenden zur Welt und zu sich selbst, doch stehen nun Subjekt und Objekt einander getrennt gegenüber und die Unmöglichkeit einer konstruktiven Verbindung der beiden

wachsen aus dieser Entfremdung und der mit ihr einhergehenden Passivität die negativen Folgen fehlender Motivation und offener oder verdeckter Abneigung gegenüber der Arbeit und der Arbeitssituation bis hin zu verschiedensten Formen des Widerstands, die allesamt den Erfolg dieser Kooperationsform erheblich schmälern können.

Nun kann dem entgegengehalten werden, dass sich die heutigen Arbeitsbedingungen generell erheblich von jenen der frühen Industrialisierungsphase unterscheiden und dass seit Taylor bezüglich Organisation und Führung ein tiefgreifendes Umdenken stattgefunden hat, indem eben diese Probleme zunehmend in den Vordergrund gerückt und reflektiert wurden. Jedoch trotz all dieser Neuerungen und Verbesserungen bleibt das Dilemma der Instrumentalisierung als grundsätzliches Problem weiterhin bestehen - vielleicht weniger akut, vielleicht aber auch nur weniger augenscheinlich und verdeckter. Denn grundsätzlich gilt, dass gleiche Verhältnisse der Instrumentalisierung durchaus unter unterschiedlichen Ausübungs- und Erscheinungsformen existieren können.[36)] An diesem Punkt müssen sich jedoch unsere Reflexionen auf der Grundlage der oben ausgeführten, subjektiv wahrgenommenen Kriterien der Instrumentalisierung von generalisierenden Gesellschaftskritiken scheiden: Sofern neue Konzepte der Arbeitsgestaltung und neue Führungsformen bei den Betroffenen tatsächlich zu einer Neueinschätzung ihrer Situation führen, so muss und kann auch davon ausgegangen werden, dass die Instrumentalisierung eine teilweise neue Qualität erfahren hat; eine 'grundsätzliche' oder 'objektive' Beurteilung, die allenfalls zum Schluss einer reinen Verschleierung 'tatsächlicher Verhältnisse' kommen würde, muss sich hier erübrigen.

Dass wir aber auch heute noch weit davon entfernt sind, die Problematik der Instrumentalisierung aufzulösen, und wie schwierig auch auf rein subjektiver Ebene eine generelle Einschätzung der Situation ist, zeigt der folgende, verwirrende Widerspruch, den demoskopische Erhebungen zutage förderten: Während 80% der Befragten angaben, dass sich ihre Arbeitsbedingungen in den vergange-

---

muss als Ursache angesehen werden für eine tiefgreifende Passivität. Statt des Willens zur Begegnung und Auseinandersetzung in der Lebensform des *Seins* bleibt alleine das *Haben* als letzte Form, in der der Mensch zu einer ihm letztlich immer fremd bleibenden Welt stehen kann. Da dieser Gedankengang hier nicht weiter ausgeführt werden kann vgl. ausführlich Fromm (1963) in seiner Analyse des Menschenbildes bei Marx sowie seine tiefgreifende Analyse des modernen Lebens in 'Haben oder Sein', (1976).

36) Vgl. Littek (1982), S. 121.

nen Jahren verbesserten, dass die Arbeit selbst verantwortungsvoller (57%) und interessanter (60%) geworden ist, während 1979 mehr Befragte als je zuvor ihrer Arbeit Räume der Selbständigkeit und Herausforderung attestieren, hat im gleichen Zeitraum bis 1981 die generelle Arbeitszufriedenheit nach deren eigenen Angaben erhebliche Einbussen hinnehmen müssen, bezeichnen diese ihre Arbeit immer mehr als lästige Notwendigkeit, die aber darüber hinaus nichts mit dem eigenen Leben zu tun hat und fremd bleibt; die Identifikation mit der eigenen Arbeit und die Bereitschaft zu Engagement und Leistung sind sichtbar rückläufig.[37)] Man könnte nun versuchen, diesen Widerspruch mit einer gesteigerten Sensibilisierung oder mit einer wachsenden Reflektierung der eigenen Situation zu erklären. Kritiker hingegen erblicken darin eine Bestätigung, dass allgemeine Aeusserungen wider besseren Wissens des einzelnen durch die öffentliche Meinung und insbesondere durch die Massenmedien verzerrt werden. Hier aber soll dieser Widerspruch lediglich dokumentieren, wie komplex die Wirkungszusammenhänge sind, in denen einzelne Verbesserungen im Zusammenspiel mit anderen Faktoren neutralisiert werden können. Nicht unwesentlich könnte dabei zudem sein, wie sich einerseits einzelne Verbesserungen auf das allgemeine Anspruchsniveau an die Arbeit auswirken können und dieses anheben und wie anderseits Veränderungen in der übrigen Lebenswelt - seien dies forcierte Konsumwerbungen, die Selbstverwirklichung und Genuss im Augenblick propagieren, oder das Anwachsen von Alternativen ausserhalb der Arbeit - ihrerseits die Wahrnehmung der Arbeitssituation und die Einstellung zur Arbeit beeinflussen können.

Die Problematik der Instrumentalisierung ist letztlich also grundsätzlich mit dem Konzept der zentralen Koordination von Transaktionen verbunden. Sie kann dabei mehr oder weniger offensichtlich zu Tage treten; sie kann auch mehr oder weniger stark ausfallen, je nachdem wie die Arbeit organisiert und wie die Führung gestaltet ist. Die Konzeption einer zentralen Koordination, unter der unterschiedlichste Prozesse und Transaktionen minutiös aufeinander abgestimmt werden müssen, hat im täglichen Arbeitsprozess immer ein gewisses Mass an Fremdbestimmung und - zumindest in einzelnen Belangen - an Unfreiwilligkeit zur Folge, denn sie baut letztlich - im Gegensatz zum Markt - auf der Vorhersehbarkeit und Kontrollierbarkeit der einzelnen Transaktionen und damit letztlich auch der einzelnen Aktoren auf. Es darf jedoch vermutet werden, dass in

37) Vgl. Noelle-Neumann/Strümpel (1984), S. 9 ff.; von Klipstein/Strümpel (1984), S. 168.

dem Mass, wie die Vorgabe von ganzen Aufgaben und Projekten unter Eröffnung von Handlungs- und Entscheidungsspielräumen an die Stelle von eng gefassten Befehlen und technisch oder organisatorisch verfestigten Sachzwängen treten, Fremdbestimmung und Unfreiwilligkeit der Instrumentalisierung abnehmen.[38)]

Die Frage der Freiwilligkeit begrenzt sich im Falle einer liberalen Marktwirtschaft jedoch nicht nur auf die einzelnen Arbeits- und Leistungsanforderungen, sondern schliesst im Gegensatz zu totalitären System auch die Wahlfreiheit ein, ein solches Arbeitsverhältnis einzugehen oder nicht. Die Möglichkeit der *Abwanderung* mindert erheblich den Zwang, der mit der Instrumentalisierung verbunden ist - wenn nicht im einzelnen Fall, so doch in der grundsätzlichen Dimension, dass diese Instrumentalisierung aufgekündigt und damit auch aufgehoben werden kann.[39)] Hieraus kann grundsätzlich gefolgert werden, dass bei einem funktionierenden Arbeitsmarkt die problematischen Aspekte einer Instrumentalisierung durch das Unternehmen - insbesondere die Existenz von Fremdbestimmung und der (teilweise) Verlust eines unmittelbaren Sinnbezuges zwischen Tätigkeit und Ziel - dadurch relativiert werden, dass diesem Arbeitsverhältnis ein freiwillig geschlossener Arbeitsvertrag zugrundeliegt. Dies bedeutet im letzten aber auch, dass eine solch freiwillige Uebereinkunft in der Regel nur dann zustande kommen wird, wenn sie dem Betreffenden auch einen Netto-Gewinn versprechen, wenn also etwa die Lohneinnahmen nutzenmässig die Beeinträchtigungen durch Fremdbestimmung, betriebsinternen Zwängen und Sinnverlusten übertreffen.

Diese grundsätzlich richtigen Folgerungen beruhen jedoch auf den sehr restriktiven Bedingungen, unter denen nur ein optimales Funktionieren eines Marktes tatsächlich gewährleistet ist: Fehlen von Wettbewerbsbeschränkungen, Homogenität und Substituierbarkeit (hier der Arbeitskräfte), Preiselastizität, Transparenz und Mobilität der Faktoren (hier der Arbeit).[40)] Gerade im Falle

---

38) Eine ähnliche Wirkung ist auch zu vermuten, wenn die hierarchische Koordination der Transaktionen nicht primär auf einer zentralen Steuerung beruht, sondern vielmehr auf dem Konzept der *Subsidiarität* aufbaut, in der die unteren Instanzen selbsttätig handeln und entscheiden, während die übergeordneten Instanzen lediglich dann beigezogen werden, wenn übergreifende Probleme, welche die einzelnen überfordern würden, gelöst werden müssen. Zur Tauglichkeit des aus der katholischen Soziallehre stammenden Konzeptes der Subsidiarität für wirtschaftliche Unternehmen siehe Kirsch (1966).

39) Vgl. Hirschman (1974); Kirsch (1983), S. 35 ff.

40) Vgl. Neuendorff (1982), S. 192.

des Arbeitsmarktes müssen in der Realität bezüglich all dieser Bedingungen jedoch z.T. erhebliche Abstriche gemacht werden, womit entsprechend auch der Grad der Freiwilligkeit von Arbeitsbeziehungen reduziert wird. Beeinträchtigt wird die Freiwilligkeit, wenn rigide Arbeitszeiten und Arbeitsverträge kaum individuelle Bedürfnisse berücksichtigen und letztlich nur die Wahl zwischen einem vollen Arbeitsengagement oder einem gänzlichen Ausstieg offen lassen; selbst bei generell hohem Lebensstandard und hohen Löhnen stellt der Arbeitsplatz noch immer in den meisten Fällen eine unabdingbare Voraussetzung für die Sicherung der Lebensgrundlagen dar, weshalb z.B. mangels anderer Angebote gezwungenermassen Vollzeitstellen angenommen werden müssen, auch wenn eine Teilzeitstelle vorgezogen würde. Der Marktmechanismus vermag nur in dem Masse eine tatsächliche Freiwilligkeit und optimale Interessenübereinkunft zu gewährleisten, wie auch die relativen Verhandlungsstärken der Vertragspartner einigermassen ausgeglichen sind;[41] dies ist gerade auf dem Arbeitsmarkt vielfach nur ungenügend der Fall.

Die durch die Möglichkeit der Abwanderung prinzipiell eröffnete Freiwilligkeit schwindet aber auch in dem Masse, wie die Abwanderung und die Suche einer neuen Stelle mit Kosten verbunden ist und die Zahl tatsächlicher und valabler, d.h. auch qualitativ tatsächlich unterschiedlicher Alternativen begrenzt ist. Letzteres leitet über zu einem weiteren Problem: Wie oben bereits ausgeführt, sind zwar auch Arbeitsverträge formal frei und können von den Vertragspartnern im Prinzip frei gestaltet werden; damit aber die zentrale Koordinationsinstanz über genügend Dispositionsfreiheit und -flexibilität verfügt, sind Arbeitsverträge bezüglich Inhalt und Gesaltung der eigentlichen Arbeit meist mehr oder weniger offen abgefasst. Daraus folgt, dass nach freiwilligem Vertragsabschluss der Arbeitsalltag weitgehend eine eigene Realität darstellt, die das Erleben der Arbeitssituation wohl meistens stärker prägt - insbesondere, wenn die meisten Arbeitsplätze sowieso ähnlich gestaltet sind - als die gelegentlichen Stellenwechsel auf dem Arbeitsmarkt. "Die Marktgleichheit zwischen Käufer und Verkäufer der Ware Arbeitskraft verschwindet in dieser 'verborgenen Stätte der Produktion', und der Kapitalist übernimmt die Verantwortung."[42] Denn: "Das for-

41) "Der Marktmechanismus setzt mit anderen Worten ein Mindestmass an Gleichheit der Ausgangschancen für die beteiligten Individuen immer schon voraus." Behrens (1986), S. 190.

42) Edwards (1981), S. 21; das Bild der 'verborgenen Stätte der Produktion' stammt von Karl Marx; vgl. MEW 23, S. 189.

male Recht eines Arbeiters, einen Arbeitsvertrag jeden beliebigen Inhalts mit jedem beliebigen Unternehmer einzugehen, bedeutet für den Arbeitssuchenden praktisch nicht die mindeste Freiheit in der eigenen Gestaltung der Arbeitsbedingungen und garantiert ihm an sich auch keinerlei Einfluss darauf."[43] Sofern nicht der Wettbewerb zwischen den Unternehmen auf dem Arbeitsmarkt zu qualitativ unterschiedlichen Angeboten bezüglich Arbeitsbedingungen und -gestaltung führt, hat demnach die (formale) Freiwilligkeit des Arbeitsvertrages kaum einen Einfluss auf die eigentliche Arbeitssituation, bzw. auf die Instrumentalisierung des Mitarbeiters.[44]

Trotz erheblicher Veränderungen und Verbesserungen innerhalb der Unternehmen und auf dem Arbeitsmarkt seit den Anfängen der Industrialisierung bleibt somit die Problematik der Instrumentalisierung der Mitarbeiter auch heute noch bestehen - vielleicht weniger ausgeprägt, vielleicht weniger offensichtlich. Sie ist eine grundsätzliche und systemlogische Folge einer zentralistischen Koordination von Transaktionen. Und als solche beeinflusst und beeinträchtigt sie nach Massgabe des tatsächlichen Sinnverlustes in der Arbeit, der Fremdbestimmung und des Zwanges das Leben der Menschen. Weil die Arbeit zu einem wesentlichen Teil die Auseinandersetzung des Menschen mit der Welt und mit sich selbst prägt und auch weil die Erwerbsarbeit in unserer Gesellschaft schon rein zeitlich einen wesentlichen Teil des Lebens beansprucht, stellt auch die Art der Instrumentalisierung der Mitarbeiter ein vorrangiges soziales und gesellschaftliches, aber vorab auch ein individuell-persönliches Anliegen dar. Es steht im Dilemma zwischen den unbestreitbaren Vorzügen einer effizienten Organisation der in einer arbeitsteiligen Wirtschaft lebensnotwendigen Transaktionen und dem hiermit verbundenen Preis der Instrumentalisierung des Menschen im Dienste dieser Effizienz. Aus individualistischer wie aus gesellschaftspolitischer Sicht stellt sich damit immer wieder die Frage, ob die Wirtschaft im generellen und das Unternehmen im einzelnen primär im Dienste der einzelnen, individuellen Menschen, oder ob der Mensch letztlich im Dienste der Wirtschaft, resp.

---

43) Weber (1922a), S. 454 f. Ebenso Littek (1982), S. 106: "Das Vertragshandeln endet vor Eintritt in den Produktionsprozess, ist auf die Marktbeziehungen (hier den Arbeitsmarkt) ausserhalb des Betriebs beschränkt."

44) Karl Marx beschreibt in bildhafter Überzeichnung den Übertritt vom Tauschvertrag zur Arbeitssituation wie folgt: "Der ehemalige Geldbesitzer schreitet voran als Kapitalist, der Arbeitskraftbesitzer folgt ihm nach als sein Arbeiter; der eine bedeutungsvoll schmunzelnd und geschäftseifrig, der andere scheu, widerstrebsam, wie jemand, der seine eigene Haut zu Markt getragen und nun nichts anderes zu erwarten hat als die - Gerberei." MEW 23, S. 191.

des Unternehmens stehen soll - eine Frage, die aufgrund der Grundsätzlichkeit einer Instrumentalisierung des Menschen durch eine zentrale Organisation von Transaktionen nur tendenziell, dafür aber immer wieder von neuem beantwortet werden kann.

Insofern, als eine Instrumentalisierung vom einzelnen als problematisch erfahren wird und darunter seine Motivation und seine Leistungsbereitschaft in Mitleidenschaft gezogen wird, resultiert aus dem unausweichlichen Konnex von organisatorischer Effizienz mittels zentraler Leitung und Kontrolle und der eben daraus resultierenden Instrumentalisierung des einzelnen aber auch ein betriebswirtschaftliches Problem ersten Ranges: Fehlende Motivation und Leistungsbereitschaft, Abneigung gegenüber den Arbeitsbedingungen oder gar Widerstand beeinträchtigen je nach Ausmass erheblich den Erfolg dieser Organisationsform.[45)] Es stellt sich also hier die zentrale betriebswirtschaftliche - organisations- und führungstheoretische - Frage, wie die Vorteile einer ex ante Kooperation optimal genutzt werden können, während gleichzeitig die Instrumentalisierung der einzelnen Mitarbeiter eine Qualität annimmt, die in ihren Auswirkungen Motivation und Leistungswille weniger stark beeinträchtigt. Im Gegensatz zu früher wird heute von theoretischer wie auch von praktischer Seite vermehrt die Hoffnung geäussert, dass durch entsprechende Massnahmen in Organisation, Führung und Arbeitsrecht Verbesserungen möglich sind, die gleichermassen gesellschaftspolitischen wie betriebswirtschaftlichen Ansprüchen besser gerecht werden können. Es spricht einiges dafür, dass Parallelen bestehen können zwischen den Bedürfnissen der Mitarbeiter[46)] und den neuen Erfordernissen an dynamische Organisationen, wenn die Organisations- und Führungsstrukturen entsprechend umgestaltet werden.

---

45) Dies kann zu dem - endgültig als tragisch zu bezeichnenden - Ergebnis führen, dass die einzelnen zwar eine Instrumentalisierung ertragen müssen, dass aber aufgrund dieser Reibungen gleichzeitig der theoretisch mögliche Erfolg - also letztlich die Entschädigung für die erlittenen Einschränkungen - fast gänzlich ausbleibt.

46) Siehe hierzu weiter unten die Ausführungen über den Wertwandel.

Kapitel 5

DER MENSCH UND SEINE EINSTELLUNG ZUR ARBEIT

Das Dilemma zwischen den Vorteilen, die dem Menschen in seinem mühseligen und anstrengenden Ringen um seine Existenzgrundlagen aus einer effizienten, Transaktionskosten einsparenden Organisation erwachsen, und der Instrumentalisierung des einzelnen durch die so geschaffenen zentralen Lenkungs- und Ueberwachungsinstanzen stellt ein *prinzipielles Problem* dar. Dieses kann zwar in seinen Auswirkungen - in Abhängigkeit von der Form der Instrumentalisierung, von den (sozialen, politischen, ökonomischen, kulturellen usf.) Rahmenbedingungen innerhalb und ausserhalb des eigentlichen Produktionsprozesses und vielleicht auch von der subjektiven Gegenüberstellung der Vorteile und der mit der Instrumentalisierung verbundenen Einbussen - unterschiedlich gravierend sein; es stellt aber gleichzeitig seit den frühen Anfängen der Industrialisierung eine der Grundbedingungen dieser Wirtschaftsweise dar. Ohne dass dieser Zusammenhang als solcher immer wahrgenommen, explizit reflektiert oder eingestanden wird, dienen doch seit Beginn der Industrialisierung verschiedenste, sich über die Zeit immer wieder verändernde Massnahmen und Strategien dem einzigen Ziel, die daraus resultierenden offenen oder verdeckten Konflikte und die Auswirkungen der negativen Reaktionen der Betroffenen einzudämmen. Seit den Anfängen der Industrialisierung besteht auch ein reger Gedankenaustausch über die möglichen Gründe für die immer wieder ausbrechenden Konflikte und über den Widerstand und die Abneigung der Arbeiter gegenüber den industriellen Arbeits- und Wirtschaftsbedingungen, werden Theorien und Erklärungsmodelle ausgearbeitet und Lösungsvorschläge angeboten. Ueber diesen Zeitraum haben sowohl bei den Erklärungsansätzen als auch bei den Lösungsstrategien erhebliche Veränderungen stattgefunden, die nicht zuletzt auch auf die Veränderungen in den allgemeinen Welt- und Menschenbildern sowie auf die gewandelten politischen, kulturellen und sozialen Rahmenbedingungen zurückzuführen sind.

Das Auseinanderklaffen zwischen den Anforderungen der industriellen Produktionsweise an den Arbeiter und der bis dahin völlig anders gearteten Arbeitsweise der Bevölkerungsmehrheit wird zu Beginn der Industrialisierung weitgehend mit der Faulheit und Unbeständigkeit letzterer erklärt. Mit allen Mitteln wird daher versucht, eine neue Disziplin durchzusetzen. Gefordert wird nicht nur von Unternehmerseite eine den Menschen verpflichtende Arbeitsmoral, ein eigentliches Arbeitsethos, das noch heute insbesondere in Krisenzeiten immer wieder beschworen wird. Ohne Zweifel vollzieht sich im Laufe der Industriellen Revolution ein tiefgreifender kultureller Wandel, der sich auch in neuen Arbeitswerten widerspiegelt, und aus dem heraus sich die moderne, industrielle Gesellschaft entwickelt.

Mit dem Aufkommen einer eigenen Wissenschaft der Betriebswirtschaftslehre wird auch die Frage der optimalen Organisationsform und der effizienten Führung als eigenständige Fragestellung erkannt und einer systematischen Untersuchung unterzogen. Voraussetzung ist dabei, dass die Werte und Ziele der Industriegesellschaft als allgemein verankert vorausgesetzt werden können. So können die auftretenden Probleme als weitgehend rein betriebsinterne Fragestellungen behandelt werden. Während das zugrundeliegende Dilemma in den meisten Fällen höchstens als Rahmenbedingung explizit in die Ueberlegungen miteinbezogen wird, konzentriert sich dabei die Diskussion zunehmend auf die Auswirkungen dieses Dilemmas auf den Arbeitenden und damit letztlich auf den Betriebserfolg. Insbesondere im Bereich der Führungstheorie, später aber auch im Bezug auf die organisatorische Gestaltung kristallisieren sich dabei die Motivation und die Arbeitszufriedenheit als jene kritischen Grössen heraus, die es zu fördern und zu erhalten gilt, um Konflikte, Schlendrian und Verweigerung zu verhindern. Die hierzu vorgeschlagenen Lösungswege sind dabei stark geprägt von den ihnen jeweils zugrundeliegenden Menschenbildern. Im Verlauf der Diskussion erhalten die sozialen Bezüge am Arbeitsplatz, die individuellen Ziele des Arbeitenden und damit die Sinnbezüge zur eigenen Arbeit, die Frage des Fremdbestimmungsgrades und der Freiwilligkeit immer grössere Bedeutung. In der Folge wird deren Einbezug und Berücksichtigung sowohl in der Führung als auch in der organisatorischen Gestaltung der Arbeit, der Informationsflüsse und der Weisungs- und Kontrollbeziehungen gefordert und angestrebt. Die ehemals rigide hierarchische Ordnung mit ausschliesslich vertikalen Verbindungslinien von Befehl und Gehorsam sowie die Zerstückelung des Arbeitsprozesses in kleinste Teilfunktionen, die für den einzelnen nur noch repetitive Handgriffe und Monotonie zur Folge hatten, werden zunehmend durch andere Formen ersetzt - oder sollten es zumindest, gemäss weitgehendem Konsens in der wissenschaftlichen Diskussion, werden.

Mit der Diskussion um einen insbesondere in demoskopischen Umfragen zu Tage getretenen Wertwandel weitet sich der Blickwinkel wieder zunehmend aus: Die Problematik der Instrumentalisierung wird als immer vielschichtiger erkannt und reflektiert. Dabei werden insbesondere lange als fest und als allgemeingültig klassierte Werte und Ziele von neuem relativiert. Den lange Zeit dominierenden, wenn nicht gar einzigen Zielen wirtschaftlichen Wohlstands werden andere Werte und Ziele zur Seite gestellt, was nun neue Forderungen und Erkenntnisse zur Folge hat sowohl bezüglich der Gestaltung der Arbeit selbst als auch bezüglich der Stellung von Arbeit - und Konsum - im gesamten Lebenszusammenhang.

5.1. LEBEN UM ZU ARBEITEN

Wie bereits oben ausführlich dargestellt stehen sich zur Zeit der Industriellen Revolution die traditionelle Lebens- und Arbeitsweise, die Sitten und Vorstellungen sowie das Bewusstsein der Bevölkerungsmehrheit und die aus der Sicht der industriellen Produktion notwendigen Anforderungen an diese diametral entgegen[1]: Verlangt diese eine hohe Disziplin und Stetigkeit in der Arbeit, eine konstante, gleichförmige Verausgabung der Arbeitskraft über eine lange Zeitspanne hinweg und mit möglichst wenig Pausen sowie ein möglichst hohes Arbeitstempo, um die Zeit effizient auszunutzen, so erweisen sich demgegenüber die meisten Arbeiter - aus der Sicht der Unternehmer - als grundsätzlich faul und minimalistisch; ihre Arbeitsweise ist unbeständig und triebhaft, von starken Gefühls- und Gemütszuständen geprägt, sodass in schneller Folge sich intensivstes, fast rauschhaftes Arbeiten und geradezu lethargische Erholungsphasen ablösen.

Diese tiefgreifende Gegensätzlichkeit zwischen den traditionellen Verhaltens- und Arbeitsformen und den ökonomischen wie technischen Anforderungen in einer industriellen, arbeitsteiligen Produktion, der zudem auch noch gegensätzliche, miteinander unvereinbare Vorstellungen, Ziele und Werte zugrundeliegen, ist der Grund dafür, dass zu Beginn der Industrialisierung und bis ins 19. Jahrhundert hinein die Gewinnung von Arbeitern - und dies bedeutet vor allem auch deren Erziehung zur neuen Arbeitsweise - das wohl grösste Problem darstellte.[2] Um für die Fabriken brauchbare Arbeiter zu werden, müssen die Menschen nicht nur an eine neue Arbeitsweise gewöhnt werden, sondern sie müssen ihr gesamtes Leben umstellen: In den industriellen Agglomerationen verläuft das Leben in bisher ungewohnten Sozialräumen mit neuartigen und unverständlichen Risiken; der bisher wichtigste Bezug, die Grossfamilie, verliert ihre ökonomische Notwendigkeit und mit ihrer Zerstörung zerfallen auch soziale Bindungen und Absicherungen; die neuen Werte dieses Lebens ergeben aus traditioneller Sicht kaum einen Sinn und die neuen Normen der Arbeit und des Zusammenlebens werden grossteils verabscheut. Die Industrie wie auch zuvor

1) Vgl. auch allgemein Quinlan (1941).
2) Vgl. Sombart (1916a), S. 823.

bereits die grossen Manufakturen sehen sich daher in doppelter Form mit tiefer Ablehnung und mit Widerstand konfrontiert: Die Arbeiter wollen sich nach Möglichkeit der Fabrikarbeit entziehen oder, wenn dies nicht mehr möglich ist, widersetzen sich immer wieder den dort an sie gestellten Anforderungen.

5.1.1. UNTERWERFUNG DES ARBEITERS MITTELS ZWANG

Angesichts der Gegensätzlichkeiten der Lebensweise ausserhalb und in den aufkommenden Industrien und den grundsätzlich verschiedenen Vorstellungen und Werten, die diesen Lebensformen zugrundeliegen, kann mit Sidney Pollard festgehalten werden, "that it was only under the impact of powerful forces, attractive and repellent, that the English labourer or craftsman was transformed into a factory hand"[3]. Insbesondere langfristig müssen auch *Anreize* zur Erklärung dieser tiefgreifenden Umwandlung herangezogen werden[4], doch zumindest in den Anfängen der Industriellen Revolution erklären Anreize bestenfalls das Verhalten der Unternehmer und ihren Durchsetzungswillen gegenüber einer ablehnenden Arbeiterschaft und einer vielfach feindseligen Aristokratie. Doch wenn auch heute das Verhalten von Arbeitern schlüssig mit den ihnen gebotenen Anreizen erklärt werden kann: Zur Erklärung des Wandel der Lebensformen und Einstellungen der Arbeiter während der Industriellen Revolution greift dieser Ansatz - für sich allein genommen - viel zu kurz, übersieht eine solche Erklärung die mannigfaltigen Kräfte, die ebenfalls wirksam und in den Anfängen wohl auch von wesentlich grösserer Bedeutung waren.[5] Eine einseitige Konzentration auf mögliche Anreize lässt die erheblichen Zwangselemente übersehen, die auf eine verzweifelt unwillige Arbeiterschaft einwirkten, und Anreize vermögen letztlich wenig, wenn die damit verbundene Arbeits- und Lebensweise zutiefst verabscheut werden. Insbesondere aber können Anreize nur wirken, wenn auch entsprechende Bedürfnisse bestehen, kann also die Aussicht auf mehr Lohn nur dann eine grössere Arbeitsbereitschaft bewirken, wenn der betreffende Arbeiter auch nach höherem Einkommen strebt. Doch gerade die Vor-

---

3) Pollard (1965), S. 166.

4) Vgl. hierzu Olsons Einschätzung: "In der Wirtschaftstheorie war vielleicht kein anderer Gedanke so einflussreich wie die Vorstellung, dass Ergebnisse wesentlich von der Beschaffenheit der *Anreize* abhängen, die sich den Wirtschaftern bieten." Olson (1991), S. 110.

5) Vgl. Pollard (1965), S. 166.

stellung von 'Mehr' an Geld und Gütern und von 'Schneller' in der Arbeitsverrichtung und im Erlangen von Gütern ist dem vorindustriellen Menschen weitgehend unbekannt. Entsprechend gehört es laut Sombart "zu den dümmsten Ansichten im Bestande unserer herrschenden Lehrmeinung, den 'Erwerbstrieb' als einen Urtrieb der Menschen anzusehen. Das Gegenteil ist richtig. Der natürliche Mensch denkt gar nicht daran, Geld und möglichst viel Geld zu verdienen." Gemeinhin will der vorindustrielle Mensch, will vor allem der Arbeiter aus den sozialen Unterschichten auch zur Zeit der Industriellen Revolution noch nicht "erwerben, um des Erwerbes willen, sondern will gerade so viel erwerben, um davon in *gewohnter* Weise leben zu können. Er will nicht einmal 'immer besser leben'. Hat er im Lohnverhältnis diesen Betrag erreicht, so denkt er nicht daran, weiter zu arbeiten, sondern er hört einfach zu arbeiten auf: das ist die Erfahrung, die alle Unternehmer, zu ihrem nicht geringen Leidwesen, bei der Beschäftigung *unerzogener* Arbeiter gemacht haben"[6].

Werte und Ziele vor der Industrialisierung sind von einer gänzlich anderen Art, sodass auch die Anreize, die die Industrie zu bieten hat, kaum Einfluss haben können auf das Verhalten dieser Menschen. Aber auch das Denken allgemein scheint noch nicht mit den Erfordernissen und Bedingungen der neuen Wirtschaftsweise übereinzustimmen; nach Bosl ist es "nicht rational und berechnend, sondern praktisch, empirisch, natürlich"[7]. Entsprechend schwierig, konfliktreich und qualvoll gestaltet sich für die breite Bevölkerung der Uebergang von der traditionellen Wirtschaftsweise zum industriellen Arbeitsalltag. "There was more to overcome than the change of employment or the new rhythm of work: there was a whole new culture to be absorbed and an old one to be traduced and spurned (...)."[8] Dies erklärt dann wohl auch, weshalb zu Beginn der Industrialisierung Anreize im betrieblichen Alltag höchstens eine sehr untergeordnete Rolle spielen, denn es dauert lange, bis der Arbeiter in gewünschter Weise auf diese reagiert. Die "Umwandlung des arbeitenden Menschen zur Arbeitskraft"[9] verlief - bezogen auf menschliche Dimensionen - sehr langsam, wenn auch der Begriff der Industriellen *Revolution* Gegenteiliges suggeriert. So betont auch Lambert: "Die Auslöschung der 'regellosen' Lebensweisen und die Umwandlung der Arbeiterschaft in einen 'berechenbaren Produktionsfaktor' vollzog sich sehr

6) Sombart (1927), S. 426 (Hervorhebungen RvR).
7) Bosl (1972), S. 15 f.
8) Pollard (1965), S. 162.
9) Meyer (1982), S. 106.

langsam. Es scheint jedenfalls sicher, dass diese Ziele bis 1870 noch nicht vollständig erreicht waren."[10] Nach Eggebrecht et al. erstreckt sich der Prozess eines tiefgreifenden Wandels von Zielen, Werten, Anschauungen und Lebensformen über mindestens drei Generationen.[11]

So lange können jedoch die Unternehmer der ersten Stunde nicht warten. Mehr noch als technische Innovationen entscheidet über ihren wirtschaftlichen Erfolg oder Misserfolg, inwieweit sie die Arbeiter in den neuartigen Produktionsprozess einspannen können. Die Erfindung neuer Technologien mag eine wichtige und notwendige Bedingung für das Entstehen von Industrien und für die Industrielle Revolution sein - sie ist aber hierfür alleine nicht hinreichend, schon gar nicht für deren Erfolg. Bereits 1835 stellt Ure fest, dass Frankreich trotz seiner Berühmtheit in der Erfindung mechanischer Geräte bei der Einführung des Fabrikwesens weitaus weniger erfolgreich war als England.[12] Die Etablierung einer neuen Arbeitsorganisation und die Durchsetzung oder die Entwicklung der hierbei notwendigen Arbeitsdisziplin ist von ebenso grosser, wenn nicht gar grösseren Bedeutung als die technische Innovation.[13] Wenn also im vorigen Kapitel die Existenz von Unternehmen auf die komparativen ökonomischen Vorteile dieser Form der Kooperation und insbesondere auf die Einsparung von Transaktionskosten zurückgeführt wurde, so gilt dies nur unter der Bedingung, dass Bewusstsein und Verhalten der Aktoren - insbesondere der Arbeiter - dieser Wirtschaftsform entsprechen.[14]

Da jedoch das Bewusstsein erst mühsam und langsam erworben werden muss und das Verhalten daher auch kaum durch ökonomische Anreize gesteuert werden kann, wird der Arbeitsalltag zur Zeit der Industrialisierung hauptsächlich

10) Lambert (1979), S. 312.
11) Vgl. Eggebrecht u. a. (1980), S. 212.
12) Vgl. Ure (1835), S. 11; hierzu auch Marglin (1977), S. 174.
13) Vgl. Meyer (1982), S. 120 ff., sowie FN 35, S. 197. So hat Wyatt mit seiner Erfindung des Webstuhls 1733 keinen, Arkwright mit seiner 'Wiedererfindung' 1769 jedoch durchschlagenden Erfolg. Ure führt dies bereits 1835 auf die Durchsetzung von Arbeitsteilung und Disziplin zurück; Arkwrights Maschine musste mit Wasserkraft angetrieben werden, während Wyatts Erfindung noch von Hand zu betreiben war, weshalb sich erstere vorzüglich eignete zur "Gewöhnung der Menschen, das vereinzelte Arbeiten aufzugeben und sich mit der nie irrenden Regelmässigkeit des complicierten Automaten zu identificieren"; Ure (1835), S. 14.
14) Diese Feststellung gilt wohl auch für die heutige Zeit, wenn den Klagen Glauben geschenkt wird, dass vielerorts Arbeitsdisziplin und innere Abkehr oder geistige Neuorientierung bei den Mitarbeitern die Unternehmen trotz vielversprechender Marktpotentiale in grösste Probleme stürzen.

durch die Anwendung von meist sehr direkt wirkendem Zwang geprägt. "Because of the nature of eighteenth-century British society within which modern industrialism arose, because of the bitterly competitive nature of the market facing the typical manufacturer, because of the alienation from work involved in the change, and because after all, they faced the employers as enemies within the distributive system of a capitalist economy, the modern industrial proletariat was introduced to its role not so much by attraction or monetary reward, but by compulsion, force and fear."[15]

Einschränkend sei betont, dass der auf die Arbeiter wirkende Zwang von vielfältiger Natur ist. Der durch die Unternehmer direkt ausgeübte Zwang hätte niemals seine volle Wirkung entfalten können, wenn nicht soziale und vor allem ökonomische Rahmenbedingungen die Arbeiter ihren neuen Arbeitgeber schutzlos ausgeliefert hätten. Die von den Unternehmern angewandten Repressalien können nur Wirkung zeigen, weil sie in den sozialen und wirtschaftlichen Notständen der Arbeiter das hierzu notwendige Gegenstück treffen, weil mit der auch noch so verhassten Fabrikarbeit vielfach die einzige Chance verknüpft ist, sich das Ueberleben zu sichern. "Wichtig ist zu sehen, wie der Fabrikarbeiter dem freien Spiel von Angebot und Nachfrage ausgeliefert ist. Er kennt weder eine Sicherung in einem Besitztum, noch eine solche im Familienverband; ja sogar die letzte Zuflucht, die Armenpflege der Heimatgemeinde, ist ihm nur schwer zugänglich, wenn er die Bindungen mit der Heimat gelöst hat und in fremder Gemeinde lebt."[16] Und: Selbst 1830, nach zwei Generationen des Industrialisierungsprozesses, kann die Industrie (in England) noch kein Auskommen für alle gewähren[17]. Der ökonomische Druck steigt[18], während die Abhängigkeit von der Erwerbsarbeit immer grösser wird.[19] Kein Wunder also, wenn zu Zeiten von Arbeitgebermärkten *Entlassungen* oder auch nur deren

15) Pollard (1965), S. 207.

16) Braun (1965), S. 58. In England kommt 1834 ein neues Armengesetz hinzu, das jegliche Form von Unterstützung und Armengenössigkeit sehr unattraktiv macht; vgl. Bendix (1960), S. 134.

17) Vgl. Bendix (1960), S. 132.

18) Vgl. Ried (1979), S. 285. Wie ähnlich - nur einige Jahrzehnte später - sich die Probleme auch in der Schweiz gestalten, zeigen die Ausführungen bei Braun (1965), S. 56 ff.

19) Sobald in der globalen Wirtschaftslage vorübergehend eine gewisse Entspannung eintritt, greifen auch die Strafen, vorab die Drohung der Entlassung, weit weniger - sehr zum Missfallen der Arbeitgeber.

Androhung die wichtigsten Disziplinarmassnahmen darstellen und die Arbeiter in Angst und Schrecken versetzen.[20)]

Für Neuberger sind *Armut* und *Hunger* nicht nur Rahmenbedingungen der ersten Welle der Disziplinierung, sondern geradezu Massnahmen hierzu.[21)] Die kaum hinterfragte Meinung, Armut und damit *niedrige Löhne* seien die einzigen Mittel, um den Arbeiter zur Arbeit zu zwingen, entspricht dem vollauf. Die Entlöhnung wird in den meisten Fällen derart niedrig angesetzt, dass selbst bei konstanter Arbeitsfähigkeit und bei bester Gesundheit das Geld nicht zum Leben ausreicht.[22)] Die Unzufriedenheit ist verständlich: Dem Fabrikarbeiter bleibt "zu wenig zum Leben und zu viel zum Sterben".[23)] Dieser ökonomische Zwang wird dabei noch verstärkt durch die Ausbeutung über eine immer weitere Ausdehnung der Arbeitszeit[24)]; selbst einem willigen Arbeiter bleibt keine Gelegenheit, seine Situation zu verbessern, jedenfalls bleibt ihm keine Zeit für einen Zusatzerwerb.[25)]

Demnach kann auch der Zwang nicht die alleinige Massnahme sein, mittels deren die widerspenstigen Arbeiter zur neuen Arbeitsdisziplin angehalten werden, sondern er ist aufs engste verknüpft mit der Vergabe oder mit dem Entzug der letzten, minimalsten Grundlage für das Ueberleben; auch zeigt sich am Beispiel von Sklavengesellschaften, dass mit Zwang alleine auf die Dauer nur eine relativ niedrige Produktivität erzielt werden kann[26)], woraus folgt, dass in der bezüg-

20) Vgl. Pollard (1963/64), S. 261.
21) Neuberger (1985), S. 184.
22) Eggebrecht u.a. (1980), S. 225 berichten, dass etwa im englischen Oldham noch 1849 - während einer massiven Hochkonjunkturphase - rund 20% der ständig beschäftigten Fabrikarbeiter unter dem damaligen Minimum liegen. Aehnliche Zustände zur gleichen Zeit in der Schweiz werden von Braun (1965), S. 50 ff. quellenreich und einfühlsam geschildert. Er zitiert dabei auch teilweise einen Bericht an den Zürcher Rat, der ausführlich die während eines Arbeiterlebens möglichen Einkünfte aufrechnet und den existenznotwendigen Lebenskosten gegenüberstellt; das Ergebnis ist hoffnungslos - und es wird vom Rat in seiner Richtigkeit bestätigt; ders. S. 56 ff..
23) Zitiert aus dem oben erwähnten Bericht aus dem Jahre 1857; Braun (1965), S. 56.
24) Etwa über die Aufhebung oder Einschränkung der Pausenzeiten; vgl. Bendix (1960), S. 122 f.
25) Beispielsweise berichtet Braun von einem Artikel in einer den Fabrikkreisen nahestehenden Schweizer Zeitung, der um 1850 von rund 16 stündigen Arbeitstagen bei Kindern berichtet (Arbeitswege von bis zu je 1 Std. nicht inbegriffen); vgl. Braun (1965), S. 60 f.
26) Vgl. die Abhandlung über die Bedingungen und Auswirkungen der Sklavenwirtschaft in den Südstaaten der USA, Fogel/Engerman (1974); über den langwierigen Weg zwischen Sklaverei und Kapitalismus in den USA, Meuschel (1981). Max Weber unterscheidet jedoch insbesondere die Formen und die Wirkungsweise des jeweils geltenden

lich Produktivitätssteigerung erfolgreichen Industrialisierung der Zwang immer auch mit anderen Elementen verknüpft sein muss. Im Zusammenspiel mit den damals herrschenden Verhältnissen ist der direkt ausgeübte Zwang auf die Arbeiter aber wohl das wichtigste und das offensichtlichste Mittel: Fabrikarbeit wird in der Bevölkerung weitherum mit Zwangsarbeit, Gefängnis und Arbeitshäusern - aufgrund der dort herrschenden Verhältnisse geradezu Inbegriffe des Schreckens[27)] - gleichgestellt.[28)] "There are few reccords of co-operation, and they almost appear eccentric. The typical framework is that of dominance and fear, fear of hunger, of eviction, of prison for those who disobey the new industrial rules."[29)]

Es kann hier nicht der Ort sein, die einzelnen, z.T. drastischen Formen des innerbetrieblichen Zwanges - angefangen bei Geldbussen und Drohungen über fristlose Entlassungen und bis hin zu (gelegentlichen, bei Kindern häufiger angewandten) körperlichen Züchtigungen - einzeln aufzulisten, die den Arbeitsalltag in den Fabriken der frühen Industrialisierung weitgehend prägen und die dazu dienen sollen, die Arbeiter in Hinblick auf die betrieblichen Erfordernisse - oder auch nur nach dem normativen Gutdünken der Arbeitgeber - regelrecht 'abzurichten'.[30)] Bereits kleinste Bagatellfälle werden mit drakonischen Strafen geahndet, wobei die meisten dieser 'Delikte' keiner öffentlichen Justiz unterworfen wären, sondern einzig den von den Unternehmern autonom erlassenen Reglementierungen unterliegen. Wie umfangreich diese erzwungene Einflussnahme auf den Arbeiter ist und dass diese weit über das arbeits- und organisationstechnisch Notwendige hinausgehen, lässt sich etwa an dem von Thompson dargestellten Beispiel ablesen, in dem ein betriebsinternes 'Strafgesetzbuch'

Zwanges. So kommt er zum Schluss, dass der *indirekte* Arbeitszwang, wie er im Lohnsystem mit seiner permanenten, auch schon rein impliziten Drohung der Entlassung und der Arbeitslosigkeit herrscht, weit bessere Wirkung auf die qualitative Arbeitsleistung zeigt als der *direkte* Zwang auf Sklaven - (die ja zudem immer auch das Kapital des Sklavenhalters sind und als solches von ihm zumeist einen gewissen Schutz erwarten können); vgl. Weber (1922a), S. 415.

27) Vgl. Rühle (1930), S. 74; Bendix (1960), S. 68.

28) Vgl. Pollard (1965), S. 166.

29) Pollard (1965), S. 207 f.

30) Vgl. Bendix (1960), S. 66 u. 79; Eggebrecht u.a. (1980), S. 212; Meyer (1982), S. 125; Pollard (1965), S. 183 f.

aus dem Jahre 1700 bereits einen Umfang von 100'000 Wörtern umfasst - einem staatlichen Gesetzbuch also (fast) ebenbürtig.[31)]

Ziel dieses allgegenwärtigen Zwanges ist die *Disziplinierung* der Arbeiter: Der arbeitende Mensch muss in erster Linie zu einem reibungslosen Verausgaber kalkulierbarer Arbeitskraft umgeformt werden; nur wenn er in konstanter, gleichförmiger Weise und in vorgegebenem Tempo seine Arbeit verrichtet, kann gewährleistet werden, dass die ebenfalls stetig laufenden Maschinen optimal ausgelastet werden und ein hochgradig arbeitsteiliger Produktionsprozesses reibungs- und stockungsfrei verläuft. Strenge Kontrollen und Sanktionen sollen also bewirken, dass lediglich die vorgesehenen Verrichtungen gleich einer Maschine ausgeführt und jegliche andere Tätigkeit und jegliche Pausen unterlassen werden. Dies heisst genaugenommen, dass die Arbeit grundsätzlich von all ihren möglichen, und traditionell auch oft damit verbundenen *spielerischen Elementen* und vom traditionellen Konnex von Anstrengung und Erholung abgekoppelt werden soll.[32)] "Some early industrial employers were so impressed with the need to dissociate work from recreation that they tried to deprive work entierly of its traditional 'play' element."[33)] So wird denn alles verboten und unterdrückt, was zwar zu den bis anhin grundmenschlichen Ausdrucksformen gehörte, was die Arbeit stets begleitete und erleichterte, aber seinen Zweck oftmals nur in sich selbst erfüllte und so der Produktivität in einer rigiden Arbeitsorganisation zuwiderlaufen (könnte): Spontaneität, Fröhlichkeit, Abwechslung, Bewegungsdrang, Kommunikation, frenetische, manchmal wettbewerbsmässige Anstrengung und zufriedene Entspannung nach erreichten Zielen.[34)] Und alles, was mit Zeit (Pünktlichkeit, Zeitverschwendung), mit Tätigkeit oder mit dem Körper (Körperhaltung, Sauberkeit) zu tun hat, wird auf das peinlichste kontrolliert und (negativ) sanktioniert.[35)] Dabei gehen diese Kontrollen und Sanktionen oftmals auch weit über die Fabrikmauern hinaus, kontrollieren fabrikeigene Wächter das Verhalten und die Moral ausserhalb der Arbeitsstunden[36)], wird über fabrikeigene Läden (in England *Truck-Sytem* genannt, über das die Entlöh-

31) Vgl. Thompson (1973), S. 93. Zu den Fabrikverordnungen als 'Manifestationen frühindustrieller Wirtschaftsgesinnung, Rechts- und Wertvorstellungen' siehe auch Braun (1965), S. 50 ff.
32) Vgl. Lambert (1979), S. 299.
33) Harrison (1971), S. 40.
34) Vgl. auch Meyer (1982), S. 125.
35) Vgl. Bendix (1960), S. 66 u. S. 158 (FN 49).
36) Vgl. Pollard (1963/64), S. 268; Pollard (1965), S. 205.

nung faktisch durch Naturalien erfolgt[37)]) das Konsumverhalten gesteuert und werden Wirtshäuser und Schenken überwacht oder nach Möglichkeit geschlossen, damit die mühsam im Betrieb durchgesetzte Disziplin nicht durch Ausschweifungen nach der Arbeit gefährdet werden - das Problem des Absentismus nach durchfeierter Nacht oder um andere, als wichtiger erachtete, Arbeiten (etwa die Hilfe bei der Ernte) zu erledigen, ist lange Zeit ein brennendes[38)] - und: damit sich Disziplin allmählich als Grundregel des Lebens überhaupt durchsetzen soll.

5.1.2. DISZIPLINIERUNG DES ARBEITERS ZU EINER NEUEN ARBEITS- UND LEBENSWEISE

5.1.2.1. Zwang als Mittel zur Erziehung und Gewöhnung

Instrumentalisierung des Arbeiters durch Zwang und Repressionen ist die wohl bei weitem vorherrschende Form der frühen Industrialisierung und mit Ausnahme einiger moderaterer Formen oder gar einiger weniger Sozialexperimente - etwa jenes durchaus erfolgreiche des Robert Owen in New Lanark[39)] - besteht auch kein Grund, deren Ausmass und deren negative Auswirkungen zu bezweifeln. Wie bereits weiter oben zitiert, beklagen sich noch Mitte des 19. Jahrhunderts sogar öffentlichen Instanzen über die an Sklaverei grenzenden Verhältnisse in einzelnen Betrieben Mittelenglands.[40)] In sich immer wieder ändernden Formen bleiben Zwang und Repressionen aber noch weit länger wesentliche und sehr unmittelbar erfahrbare Determinanten der Fabrikarbeit. So kommen auch

37) Vgl. etwa Lambert (1979), S. 306. Oftmals ist es dabei möglich, oder wird gar gesteuert, dass der Arbeiter sich hier verschulden kann, womit er durch diese Schuldverpflichtungen noch stärker an das Unternehmen gebunden und seinen Repressionen ausgesetzt ist; vgl. ebenda, S. 302.

38) Zur Zeit der Industriellen Revolution und auch noch danach wird vielfach beklagt, dass durchschnittlich jeder Arbeiter pro Woche ein bis zwei Tage fehlt, dass pro Monat eine Woche völlig ausfällt; zwischen 1835 und 1845 werden aufgrund von Alkohol und Arbeitsausfällen ca. 1/6 des möglichen BSP nicht erzielt; vgl. Lambert (1979), S. 303.

39) Vgl. etwa die Ausführungen über dessen Führungsstil und -verständnis bei Bendix (1960), S. 78 ff. Zu den Ideen und Vorstellungen Owens über das anbrechende Industriesystem, über soziale und politische Fragen siehe seine eigenen Schriften; Owen (1991). In Deutschland müsste etwa der Pionier Werner Siemens als ein solcher Vorreiter genannt werden; vgl. Kocka (1973), S. 168 ff.; ausführlich Kocka (1969).

40) Vgl. Sombart (1916a), S. 816.

Kern und Schumann nach ausgiebigen Feldstudien zum Ergebnis, dass auch noch in den 50er Jahren unseres Jahrhunderts und selbst auch im Falle privilegierter Arbeitsgruppen deren Arbeitsrealität völlig unkaschiert von Fremdbestimmung, existentieller Unsicherheit und Ausbeutung bestimmt wird.[41)]

Eine Instrumentalisierung, die massgeblich auf direkten Kontrollen und auf unmittelbaren Zwangs- und Repressionsmassnahmen abgestützt werden muss, erweist sich jedoch auf die Dauer meist doch als unbefriedigend: Einerseits sind die damit verbundenen *Kosten* einer umfassenden Ueberwachung und Sanktionierung relativ hoch und andererseits versuchen die Betroffenen verständlicherweise bei jeder Möglichkeit sich den Repressionen zu entziehen. Insgesamt ist die Strategie der fortdauernden Repression durch Vorgesetzte äusserst *konfliktträchtig*, da die Arbeiter in ihrem Vorgesetzten deutlich den Grund ihrer Probleme erkennen. Sobald es die Situation erlaubt - etwa aufgrund verbesserter ökonomischer Rahmenbedingungen - versuchen sie deshalb, sich dem Zwang zu entziehen oder gar die erduldete Unbill in einem offenen Konflikt zurückzuzahlen.[42)] Eine Disziplinierung ausschliesslich über Zwang- und Kontrollmassnahmen kann somit höchstens über kurze Zeitdauer ausreichen; auf längere Zeit hin ist sie jedoch teuer und letztlich unsicher.

Insbesondere die aus einer völlig anderen Kultur mit anderen Werten, Vorstellungen und mit einer anderen Arbeitsweise stammenden Arbeiter zur Zeit der Industriellen Revolution können nur schwer mit auf den Augenblick ausgerichteten Zwangsmassnahmen umfassend in den industriellen Produktionsprozess integriert werden. Unabdingbar ist auf die Dauer eine *tiefgreifende Umerziehung*, in deren Folge der Arbeiter zunehmend seine Arbeitsbedingungen und im weiteren auch die damit verbundene Lebensweise akzeptiert und die neuen Anforderungen selber verinnerlicht. Erst auf dieser Grundlage treffen Anordnungen und Sanktionen auf eine innere Disposition des Menschen, sodass sie weit mehr Wirkung zeigen und eine auch langfristig erfolgreiche und zunehmend reibungslose Instrumentalisierung möglich wird.

---

41) Vgl. Kern/Schumann (1983), S. 354.

42) Vgl. etwa die historische Aufarbeitung des Widerstandes der Arbeiter gegen Zwang und Unterdrückung in der amerikanischen Industrie, Edwards (1981).

Die Einbindung des arbeitenden Menschen, der noch in den traditionellen Vorstellungen und Handlungsweisen verhaftet ist, in den industriellen Produktionsprozess und seine Umwandlung in eine industrielle Arbeitskraft, die sich stetig und über lange Zeit verausgabt und sich einer fremden Leitung unterordnet, ist nur über eine umfassende *Disziplinierung* denkbar, die somit auf zwei Ebenen ansetzt: im Konkreten, Einzelnen, indem der Arbeiter im Alltag fortlaufend zu einem den Anforderungen entsprechenden Verhalten gezwungen wird; und im Allgemeinen, Umfassenden, indem er grundlegend zu neuen Verhaltensformen erzogen wird. Am Beispiel: Ueber strenge Kontrollen wird täglich die Einhaltung der Arbeitszeiten gesichert; Werkglocken und später Stechuhren repräsentieren eine neue Genauigkeit und eine neue Art der Bestimmung von Arbeit, deren Bedeutung wird durch rigide Sanktionen eingeschärft, eine neue Zeitdisziplin erzwungen.[43)] Darüber hinaus soll sich aber das neue Zeitverständnis und -gefühl bei den Arbeitern durchsetzen, sie sollen den Wert der Zeit erkennen und ihr Leben nach der neuen Sittlichkeit ausrichten, in der Pünktlichkeit einen hohen Eigenwert erfährt und die sich gegen eine Verschwendung von Zeit richtet. Erst wenn sich diese Einstellung zu Zeit im Menschen selbst verfestigt hat, ist auch auf die Dauer die Einhaltung der Arbeitszeiten gewährleistet, können Kontrollen und Sanktionen auf den ihnen angemessenen Raum eines unterstützenden und ergänzenden Mittels reduziert und damit verbilligt werden. Hat sich erst einmal die Vorstellung einer 'Oekonomie der Zeit' umfassend etabliert, so stehen die Arbeiter auch den zeitsparenden Massnahmen in der Pro-

43) Vgl. Meyer (1982), S. 136 f. Indem die Werktore nach dem Glockenschlag sogleich geschlossen werden, werden alle, die auch nur wenige Minuten zu spät erscheinen von der Arbeit und damit vom Tagesverdienst ausgeschlossen. Simone Weil schreibt dazu mit dem ihr eigenen Engagement: "The first detail which, in the workday, makes their (the factory workers; RvR) servitude apparent, is the time clock. The trip from home to plant is dominated by one fact: arrival before a point in time that is arbitrarily determined. Since arrival five or ten minutes ahead of time is of no avail, the flow of time appears as something pitiless, leaving no room for the play of chance." Weil (1962), S. 453. Noch aus den 60er Jahren dieses Jahrhunderts berichtet Linhart über die gestrengen zeitbezogenen Disziplinierungsmassnahmen: "Aber ja! Zwei Minuten Verspätung. Da kann man noch so hetzen, sich in die Arbeitskleidung stürzen, wie ein Pfeil durch den Umkleideraum schiessen und völlig ausser Atem aber auf die Sekunde genau mit Anlaufen des Fliessbands am Arbeitsplatz sein, die Arbeit haargenau zu gleichen Zeit anfangen wie die anderen: trotzdem hat der Wachmann die Stechkarte schon rausgefischt (...)." Linhart (1978), S. 21. Disziplinarmassnahmen bis hin zur Streichung der Prämie im Wiederholungsfalle werden in dem beschriebenen Automobilwerk also sogar dann ergriffen, wenn die tatsächliche Arbeitszeit und vor allem die Arbeitsleistung eingehalten wird.

duktion nicht mehr nur unverständig und ablehnend gegenüber, sondern sie finden in ihren Vorstellungen eine passende Entsprechung.

Die Unternehmer der Industriellen Revolution wie auch die mannigfaltigen Verfechter einer neuen Sittlichkeit gehen dabei von der Ansicht aus, dass die 'natürliche' Lebensweise der Unterschichten, ihre Faulheit, ihr ungeordneter, geradezu lasterhafter Lebensstil und ihre unregelmässige Arbeitsweise nur durch stete, harte und ununterbrochene Arbeit mit möglichst wenig 'ungenutzter' Freizeit in Richtung mehr Sittlichkeit, Gehorsam und Fleiss verbessert werden könne.[44] "Die Arbeiter müssen an anhaltend-ununterbrochenes Tätigsein, an methodisch-zeitsparendes Vorgehen, an maschinengetaktete, fremdbestimmte Ausführung gewöhnt und zur Mehr-Arbeit (nicht das nötige, sondern das mögliche zu leisten) veranlasst werden"[45]. Die harte Disziplinierung in der Arbeit hat also auch das langfristige Ziel, die Arbeiter tiefgreifend an eine neue Arbeitsweise und darüber hinaus an eine neue Lebensweise, an neue Werte und Vorstellungen zu *gewöhnen*. Die Disziplinierung zielt also nicht nur kurzfristig auf die Erzwingung einer bestimmten Handlung, sondern darüber hinaus auf eine umfassende Umerziehung ab, in deren Folge die Menschen zu brauchbaren Arbeitskräften werden, womit auch die Spannung zwischen Instrumentalisierung und den diesbezüglich feindselig und ablehnend eingestellten Arbeiter der ersten

44) Vgl. Eggebrecht u.a. (1980), S. 212 ff. Die Betonung von Wert und Bedeutung der Arbeit ist dabei relativ neu. Arbeit oder wirtschaftlicher Erfolg waren bei weitem nicht immer zentrale Werte oder ziele menschlichen Lebens; Sittlichkeit offenbarte sich nicht immer an Arbeitsfleiss; Ehrenhaftigkeit haftete nicht immer an fortdauerndem Arbeitswillen. In der mittelalterlichen Philosophie nahm vielmehr das Streben nach einem 'guten Leben', in dem eine Vielzahl von Lebensbereichen nach einem harmonischen Gleichgewicht streben, im Mittelpunkt. Erst seit der Renaissance beginnen Philosophen, die Arbeit an sich positiv zu bewerten und zunehmend in den Mittelpunkt menschlichen Seins zu stellen - anfangs als kreative Hinwendung zur Welt, später, mit Luther und Calvin, als eigenständiger Wert, als Notwendigkeit und Berufung. Während die breite Bevölkerung eher nach traditioneller Vorstellung der Arbeit kaum eine Eigenwertigkeit zuordnet, sind die Bemühungen und Handlungen der Unternehmer, aber auch von protestantischen Prediger und ein Teil der öffentlichen Meinung in England von den Vorstellungen der neueren Philosophen und vor allem von einem religiösen Normativ der Arbeit getragen, woraus sich ihr Engagement, ihre Selbsteinschätzung und ihre Vorstellungen einer sittlichen Arbeiterschaft ableiten. Wenige nur, wie etwa Rousseau in seinen 'Discours sur les sciences et les arts' wagen in dieser allgemeinen philosophischen und religiösen Strömung, den Lebenswert der Arbeit kritisch zu hinterfragen; vgl. Battaglia (1973), S. 532 ff. Hegel, Marx, Feuerbach oder Marcuse sehen die Arbeit als Notwendigkeit, bekämpfen jedoch die durch die industriellen Produktionsmethoden provozierte Entfremdung. Erst im 20. Jahrhundert beginnen Denker, wie Max Scheler oder Martin Heidegger, den Lebenswert der Arbeit wieder radikal zu hinterfragen und zu verneinen. Vgl. auch Tilgher (1962).

45) Neuberger (1985), S. 184.

Stunde überwunden werden soll. Auf die Dauer soll das bisher Unbekannte und Verhasste an der neuen Arbeits- und Wirtschaftsweise selbstverständliche Normalität werden und somit auch aus der Sicht der Arbeiter keinen Anlass mehr geben zu Widerstand und Ablehnung, sondern sich in ihren Anschauungen und Werten, in ihrem Eigen- und Weltbild, letztlich gar in ihren Wünschen und Zielen wiederspiegeln. Hart, aber letztlich nicht als falsch erweist sich die mit Härte geführte Disziplinierung mit dem Ziel der "Gewöhnung an Gehorsam, an Unterordnung. Einfügung in ein System der Produktion, deren wesentlichste Merkmale regelmässig und pünktlich beginnende und weniger pünktlich endende lange Arbeitszeiten, sowie eine für die gesamte Arbeitszeit erforderte hohe Arbeitsintensität waren."[46)]

Dass dieser Gewöhnungsprozess durchaus keine Selbstverständlichkeit darstellt, zeigt schon die lange Zeitdauer des Konfliktes. Dennoch ist die Gewöhnung auf eine schrittweise Anpassung ausgelegt, in der selbst unangenehme Ideen, Lebensformen oder Handlungen über die Zeit langsam gleichsam ins Blut übergehen.[47)] Dabei kann die Gewöhnung sowohl in ihrem Hergang unterschiedliche Verläufe aufweisen als auch in ihrer Wirkungsweise unterschiedlich erklärt werden. Für ein Verständnis dafür, wie es zu einer Gewöhnung selbst bei widrigen Umständen kommen kann, leistet das Prozess-Modell von Bruggemann hilfreiche Dienste.[48)] Ausgangspunkt sind dabei jeweils *Anspruchsniveaus*, die vor dem Hintergrund bestimmter Arbeitserfahrungen z.T. revidiert werden. Diese Anpassungsleistungen auf der Grundlage des Vergleiches von bisherigem Anspruch und Realität ortet Bruggemann auf einem Kontinuum zwischen *resignativer* Senkung und progressiver oder *konstruktiver* Anhebung des persönlichen Anspruches. Geht man nun aber davon aus, dass die Anpassung an die Fabrikarbeit mit einer Senkung des bisherigen Anspruchsniveaus einhergeht, so muss dies nicht zwingend als Resignation gedeutet werden, sondern könnte durchaus auch als 'realistische' Annäherung an die Realität verstanden werden.[49)] Die Gewöhnung kann damit durchaus auch Ergebnis sein einer kon-

46) Eggebrecht u.a. (1980), S. 210.
47) Vgl. Sombart (1916a), S. 38.
48) Vgl. Bruggemann (1974), sowie Bruggemann u.a. (1975). Ihre Theorie steht in manchen Punkten jener der Kognitiven Dissonanz von Festinger (1978) nahe, ist aber aufgrund ihrer Einfachheit einprägsamer und findet daher auch verbreitet Anklang. Allgemeine Würdigung erfährt ihr Ansatz durch die Tatsache, dass sie die so erklärte Arbeitszufriedenheit gegenüber den bisherigen Betrachtungen erstmals als Prozess interpretiert; vgl. Ulich (1991), S. 117 f.
49) Vgl. Neuberger (1985), S. 194.

struktiven Hinwendung und Ausrichtung auf neue Gegebenheiten; Gewöhnung kann aber auch auf einer zunehmenden Verzerrung der subjektiven Wahrnehmung der tatsächlichen Situation basieren.

Daraus folgt: Menschliche Verhaltensformen und Eigenschaften - so insbesondere auch das Arbeitsverhalten, die Arbeitsdisziplin und die hiermit verbundene Zeitdisziplin - sind vielfach nicht von Natur gegeben, sondern massgeblich auch durch die jeweilige Kultur geprägt, deren Entwicklung von Hayek generell als eine Zähmung der 'natürlichen', 'animalischen' oder 'ursprünglichen' Instinkte durch die Dominanz erlernter Regeln versteht.[50)] Sofern der überaus harte, verhasste Arbeitsalltag mit seiner ungewohnten und in traditionellen Kategorien unverständlichen Disziplin, mit seinen vergleichsweise überlangen Arbeitszeiten und mit seiner permanenten Präsenz äusseren Zwanges tatsächlich im Verlaufe der Zeit zu einer Gewöhnung führt, so werden dadurch die neuen Verhaltensweisen in einem Masse angelernt, bzw. sozialisiert, dass sie sich u.U. in ihrer Wirkung beinahe als ebenso zwingend und unentrinnbar erweisen, wie eine Naturanlage.[51)] Dieser Wandel von angelerntem, von aussen erforderlich gemachten Verhalten zu einer verinnerlichten, persönlichkeitsprägenden Selbstkontrolle und Disziplin mag denn auch erklären, weshalb diese Eigenschaften heute von vielen Menschen als etwas fest Gegebenes angesehen und kaum einmal hinterfragt, sondern gemeinhin als universelle Gabe, gar als Kriterium des Menschseins schlechthin akzeptiert werden; nach erfolgter Metamorphose sind angelernte und sozialisierte innere Zwänge kaum mehr zu unterscheiden von allfälligen 'natürlichen' Eigenschaften.[52)]

Diese inneren Zwänge, diese verinnerlichten Vorstellungen, Werte und Handlungsweisen, diese neugewonnene Weltsicht, dieses neue Selbstbild ergänzt den von aussen einwirkenden Zwang; sie korrespondieren mit den alltäglichen Anforderungen in der Fabrik und erübrigen so durch den eigenen, inneren Antrieb einen Teil externer Kontrollen und Sanktionen. Damit gilt die Aussage von Ortega y Gasset in gewisser Hinsicht auch für die jeweilige Arbeitseinstellung und Arbeitsdisziplin: "Kurzum, der Mensch hat nicht Natur; er hat (...) Geschichte." Wobei die Geschichte hier für seine täglichen Erfahrungen mit der Arbeit und der Wirtschaft sowie mit den damit verbundenen Einflussnahmen auf sein Ver-

50) Vgl. von Hayek (1979), S. 20.
51) Vgl. Elias (1984), S. 122.
52) Vgl. Elias (1984), S. 126, 135.

halten und die erzieherischen Begründungen steht. Auch dies ist damit ein Beispiel dafür, wie "der arbeitende Mensch in seiner Persönlichkeitsentwicklung umfassend durch seine Arbeitstätigkeit beeinflusst und geformt wird"[53]. Die sich langsam durchsetzende Wirkung der Arbeits- und Lebensbedingungen auf die Anschauungen, Werte, Bedürfnisse und Ziele, auf das Selbstverständnis und auf die Handlungsorientierungen des Menschen findet sich ebenfalls in einer der zentralen Thesen von Karl Marx, dass nämlich "*die Weise, in der der Mensch produziert, sein Denken und seine Wünsche bestimmt,* und *nicht*, dass seine Hauptwünsche solche nach ökonomischem Gewinn sind"[54].

5.1.2.2. Die Gewöhnung wird gestützt durch die Sachzwänge der Maschinen ...

Gewöhnung, im weiteren Sinne Sozialisation, ist ohne Zweifel von grosser Wirkung. Dennoch muss erstaunen, dass gerade der so verhasste Zwang in den Fabriken, der zu so vielen auch äusserst heftigen Konflikten Anlass gab und gibt, eine Gewöhnung an Arbeitsbedingungen und an eine Lebensweise bewirkt haben soll, die ebenso verhasst waren und zugleich unsinnig erschienen. Ganz allgemein muss denn hier auch betont werden, dass ein sozialer Wandel und ein Wandel von Vorstellungen, Werten und Handlungsweisen niemals monokausal erklärt werden kann. "The circumstances that produce social change are complex, and there is probably no key, no single set of conditions to explain a revolution in manners."[55] Ebensowenig ist ein derartig umfassender Wandel 'gemacht', also mit Kenntnis des Ergebnisses von Menschen gesteuert. Der Wandel vollzieht sich vielmehr als ein "unbeabsichtigter sozialer Prozess"[56], in dem widersprüchlichste Interessen miteinander ringen, in dem aus verschiedensten Gründen gegensätzliche Interessen, Auffassungen und Motive zu vorübergehenden Allianzen vereinigen können, in denen auch sich scheinbar entgegengesetzte Handlungen von verbissen verfeindeten Parteien überraschenderweise das gleiche Ergebnis oder ein nie vorausgesehenes, für beide erschreckendes oder glückliches Ergebnis erzeugen und in dem auch soziale und wirtschaftliche

53) Groskurth (1979b), S. 45; Zu gleichen Ergebnissen gelangt auch Ulich (1978a), S. 49.
54) Fromm (1963), S. 24.
55) Quinlan (1941), S. 4 f.
56) Elias (1984), S. 145.

Strukturen, sich selber verändernd, den weiteren Fortgang mitbeeinflussen.[57] Entgegen jeglicher voluntaristischen Geschichtsinterpretation sind Kultur, Wertvorstellungen, Verhaltensformen, Strukturen und insbesondere auch wirtschaftliche und soziale Verhältnisse demnach zu verstehen als "the result of human action but not of human design"[58]. Auch wenn eindeutig soziale Gruppen ausgemacht werden können, die Interessen haben an einem bestimmten Arbeitsverhalten und dieses auch tatkräftig zu fördern versuchen, kann der Wandel dennoch nicht als bewusst gestalteter und von Partikulärinteressen manipulierter Prozess verstanden werden, weshalb hier von einer solchen Interpretation deutlich Distanz genommen werden soll.

Dennoch kann aber davon ausgegangen werden, dass ein Wandel, wie jener zu einem neuen Arbeitsverständnis oder gar zu einem eigenständigen Arbeitsethos, letztlich von - gemäss E. Fromm - einem der wichtigsten Mechanismen des gesellschaftlichen Lebens getragen wird; nämlich: "Jede Gesellschaft tendiert dahin, die Charakterstruktur ihrer Glieder in der Weise zu formen, *dass sie das tun wollen, was sie zur Erfüllung ihrer Gesellschaftlichen Funktion tun müssen.*"[59] Mit aller Vorsicht soll deshalb hier der Frage nachgegangen werden, welche Faktoren wohl im 18. und 19. Jahrhundert im wechselseitigen Zusammenspiel massgeblich dieses so gänzlich neue Arbeitsverständnis und die zentrale Arbeitsorientierung gefördert haben, welche die industriellen Gesellschaften so nachhaltig geprägt haben. Wie also, so lautet die Frage, kommt es im Verlaufe der Industriellen Revolution in der breiten Bevölkerung zu einem so umfassenden Wandel? Wie kommt es - eine Teilerklärung dieses Wandels und zugleich ein Teilaspekt davon - zur Gewöhnung an Arbeits- und Lebensbedingungen, an eine Arbeitsweise und Lebensgestaltung, die der traditionellen Kultur so fremd und deren wichtigste Erscheinungsform: die Fabrik mit ihren Arbeitsqualen und

---

57) Gegen die Idee einer 'gemachten' Veränderung und gegen eine von irgendwelchen Machthabenden 'gesteuerten' Unterwerfung des Arbeiters spricht auch der Umstand, dass sich die Unternehmer nicht nur gegenüber störrischer Arbeitern durchzusetzen hatten - dieses Problem wird im folgenden Kapitel im Mittelpunkt stehen -, sondern als Voraussetzung ihres Erfolges auch unbequeme Gesetze und vieles andere mehr in ihrer Umwelt zu verändern hatten; Vgl. Pollard (1965), S. 7 ebenso Bendix. So standen etwa im 18. Jh. noch immer Vorstellungen der 'sittlichen Oekonomie' - verankert bei der breiten Bevölkerung wie bei der Gentry und bei den Behörden - sowie alte, paternalistische Strukturen den Vorstellungen der 'politischen Oekonomie' und der Entfaltung der Industrie entgegen; vgl. Puls (1979), ausführlich auch Thompson (1979).

58) von Hayek (1967).

59) Fromm (1982), S. 152 (Hervorhebungen im Orig.).

ihren fortlaufenden Repressionen gegen alles Natürliche und Menschliche, so verhasst sind?

Der Zwang der Unternehmer, gepaart mit dem existentiellen Zwang aus ökonomischer Not, stellen wohl einen wesentlichen Grund dar, weshalb diese Menschen sich überhaupt in diese Lage begeben müssen und in ihr gefangen bleiben - Voraussetzungen also dafür, dass über die Zeit sich eine Gewöhnung einstellen kann. Zwang, Repression und Sanktionen werden wohl über die Zeit auch ein immer automatischeres Verhalten favorisieren, mittels dem diesen weitgehend ausgewichen werden kann; Erklärungen, Appelle, 'Aufklärungen' u.ä.m., die mit den Betriebsregeln, Strafaktionen und Kontrollen verbunden werden, helfen zusätzlich, dieses neue Verhalten zu verfestigen, und vielleicht vermitteln sie auch gleichzeitig langsam neue Vorstellungen und Wünsche: Die Bestrafung schmutziger Kleider kann bei entsprechender Einflussnahme durchaus auch den Sinn für Sauberkeit wecken.

Es können hier bei weitem nicht alle Faktoren aufgeführt werden, die die Gewöhnung an eine neue Arbeitsdisziplin favorisierten. Ein weiterer, der mit Zwang in enger Verbindung steht, soll hier ausgeführt werden. Ohne Zweifel steht der unmittelbar durch Vorgesetzte ausgeübte Zwang mit seinem enormen Konfliktpotential, das aus einer tiefen Abneigung gegenüber Einengung und fremder Herrschaft (ohne akzeptierter Legitimität) herrührt, für sich alleine einer Gewöhnung immer wieder entgegen. Entsprechend kämpfen die proto-industriellen Manufakturen immer wieder mit den gleichen Problemen; die aufkommenden Fabriken mit ihren Maschinen hingegen, die durch eine fremde, nicht menschliche Energie angetrieben werden, verzeichnen vergleichsweise leichter Erfolge. So kommt Bahrdt zum Schluss: "Nicht die Betriebshierarchie, deren Legitimität der Arbeiter stets bezweifelte, hat ihn diszipliniert, sondern die Technik, obwohl sie sich als ein harter Herr erwies und ihn mitunter erbarmungsloser hetzte, als es ein menschlicher Antreiber je vermocht hätte, und obwohl sie einen Teil der Arbeiter zu monotonen Tätigkeiten verdammte."[60] Ein Untersuchungsausschuss des britischen Parlamentes gelangte bereits Anfangs

60) Bahrdt (1958), S. 35. Hier sei nochmals betont, dass demgegenüber die Legitimität eines *Hausherrn* - handle es sich dabei um einen Bauern, um einen Handwerker oder gar noch in neuerer Zeit um einen Kaufmann (vgl. hierzu Bahrdt (1958), S. 42 ff.) -, der gleichzeitig auch umfänglich für seine Untergebenen verantwortlich ist nie in dem Masse angezweifelt wurde.

des 19. Jahrhunderts zum selben Ergebnis: "Machinery ultimately forced the worker to accept the discipline of the factory."[61]

Der Einsatz von Maschinen, insbesondere solcher, die über Fremdenergie angetrieben werden und somit einen eigenständigen, vom Menschen unabhängigen Rhythmus haben, entfaltet somit auf die Disziplinierung der Arbeiter eine eigene Kraft. Zum einen führt die Maschine den arbeitenden Menschen mit Nachdruck vor Augen, dass die vorgegebene Kadenz der Arbeitsverrichtungen notwendigerweise und zwingend eingehalten werden muss, denn Schwankungen im Arbeitstempo führen unweigerlich zu Stokkungen oder gar Störungen und das Versäumte kann nicht mehr über eine Mehranstrengung aufgeholt werden, da auch hier die Maschine ihre ihr eigene Kadenz beibehält. Zum anderen ist die durch die Maschine 'objektiv' gegebene Notwendigkeit eines bestimmten Arbeitsverhaltens in aller Regel leichter zu akzeptieren als die Anordnungen eines Vorgesetzten, die oft als willkürlich oder als Schikanen erlebt werden und daher Konflikte provozieren. Der 'Höherwertigkeit' der Vorgesetzten wird natürlicherweise misstraut, während ihre Befehlsgewalt als Angriff auf die eigene Persönlichkeit und als Beschneidung der persönlichen Freiheit empfunden und hinter ihrer Macht über die eigene Person schnell ein Machtmissbrauch geargwöhnt wird. Ueber die Maschine und im weiteren auch über die formalisierte und materialisierte Produktionsorganisation, in der eine hohe Arbeitsteilung zugleich eine zwingende Interdependenz der einzelnen Arbeiten zur Folge hat, werden demgegenüber die Zwänge versachlicht; die durch die Maschinen und den Prozessverlauf erzeugte Notwendigkeit einer steten Arbeitsweise hat offensichtliche und einsehbare Gründe, die nicht direkt einer persönlichen Ausbeutung und Willkür und einer Unterwerfung durch einen Vorgesetzten zugeordnet werden müssen und daher als sachliche Gegebenheiten leichter akzeptiert werden können.[62]

61) Zitiert nach Pollard (1963/64), S. 258. Vgl. auch Eggebrecht u.a. (1980), S. 211.

62) Vgl. Rammert (1982), S. 55 ff.; Littek (1982), S. 121 f.; ausführlich auch Edwards (1981), u.a. S. 124 ff.; und aus allgemeinerer Sicht Ullrich (1977). Die Disziplinierende Wirkung von Maschinen und von automatisierten Prozessen erklärt Bahrdt damit, dass dadurch weniger Alternativen bestehen bei der Arbeitsausführung und dass vor allem die Ausführung in *qualitativer* Hinsicht weit weniger Abstufungen kennt. Im Gegensatz zur nicht-maschinisierten Arbeit besteht häufig nur die binäre Qualität von *gelungener* oder *misslungener* Ausführung, womit die einzige Form der Qualitätssteigerung bei der quantitativen Verminderung des Ausschusses liegt. Misslungene Ausführungen wirken daher unmittelbar disziplinierend auf den Arbeiter, weshalb kaum mehr kontrollierende Vorgesetzte nötig sind. Verstärkt wird diese Form der Disziplinierung weiter dadurch, dass Ausfälle z.T. erheblichen betrieblichen Schaden anrichten können - eine Tatsache,

Die Maschine übt dabei objektiv besehen meist eine weitaus strengere Kontrolle und einen umfassenderen Zwang aus als es durch Vorgesetzte meist möglich wäre. Ein ungenügender Arbeitseinsatz wird augenblicklich sichtbar. Zudem werden vermehrt die ehemals benötigten Handfertigkeiten, über die nur ein gelernter Handwerker verfügte, an die Maschine übertragen[63)], was für den Arbeiter zu Folge hat, dass er nicht mehr aufgrund des ihm alleine vorbehaltenen Fachwissens über gewisse Gestaltungsfreiräume verfügt, in denen er unbeanstandet auch einen unregelmässigen Arbeitsrhythmus entfalten kann. Je weniger in der Fabrik spezielles Fachwissen erforderlich ist, desto besser kann die Arbeit durch Vorgesetzte überwacht werden und desto kleiner werden somit auch die individuellen Freiräume, in denen der Arbeiter die Arbeit nach eigenen Bedürfnissen gestalten kann. Weil zudem diese Arbeit nun zunehmend 'von jedem Kind' verrichtet werden kann, wird die Stellung des Arbeiters gegenüber seinem Arbeitgeber zusätzlich geschwächt, da er kaum mehr über spezifische Kenntnisse und Fertigkeiten verfügt, auf die der Arbeitgeber angewiesen ist. Weil er zudem nun wesentlich leichter ersetzt werden kann, steigt auch der Terror als 'unbotmässiger' Arbeiter entlassen zu werden nochmals.[64)] Immer wieder gelingt es so, über die Erfindung von Maschinen widerspenstige Arbeiter zu ersetzen und im Arbeitskampf die 'Fronten der verbündeten Unzufriedenen' zu durchschlagen.[65)] Kein Wunder also, wenn Ure in seinen "teuflischen Rechtfertigun-

---

die auch dann die Anspannung des Arbeiters steigert, wenn nicht mit drastischen Sanktionen gedroht wird. Auch die sichtbaren Auswirkungen von schlecht ausgeführten Arbeiten auf die Mitarbeiter wirkt in diesem Sinne disziplinierend. Vgl. Bahrdt (1958), S. 100 ff.

63) Vgl. MEW 23, S. 442: Dem Arbeiter wird sein Werkzeug aus der Hand genommen und einer Maschine einverleibt, damit geht "mit dem Arbeitswerkzeug (..) auch die Virtuosität in seiner Führung vom Arbeiter auf die Maschine über". Ure, ein feuriger Verfechter der Vorteile von Maschineneinsatz und Disziplin, sieht im selben Sachverhalt nur Vorteile, weshalb dies als Regel verfolgt werden sollte: "Wo nur irgend ein Verfahren besondere Gewandtheit (...) erfordert, wird es so bald als möglich dem Arbeiter entzogen, der zu Unregelmässigkeiten aller Art geneigt ist, und einem eigenthümlichen Mechanismus übergeben, den ein Kind beaufsichtigen kann." Ure (1835), S. 18.

64) Vgl. Meyer (1982), S. 142 ff. Zur gleichen Erkenntnis, aber bei umgekehrter Bewertung, gelangte bereits Ure (1835), S. 16 ff. Dass der Maschineneinsatz allgemein dazu dienen sollte, den Menschen nach Möglichkeit gänzlich ersetzen zu können oder zumindest seine Arbeit soweit qualitativ zu entwerten, dass sie wesentlich billiger entlöhnt werden kann, berichtet Ure in gewohnter Offenheit: "Jede Verbesserung in dem Maschinenwesen strebt dahin, die menschliche Arbeit gänzlich entbehrlich zu machen oder die Kosten derselben dadurch zu verringern, dass statt der Männer, Frauen und Kinder, oder statt gelernter Handwerker, gewöhnliche Handarbeiter dabei beschäftigt werden." ders. S. 21.

65) Vgl. Meyer (1982), S. 145 ff., der sich vorwiegend auf Ure (1835) bezieht.

gen"[66] frohlockt, dass in der Maschine eben jenes *Instrument der Disziplinierung* gefunden wurde, "vorzüglich in der Gewöhnung der Menschen, das vereinzelte Arbeiten aufzugeben und sich mit der nie irrenden Regelmässigkeit des complicierten Automaten zu identificieren"[67].

Maschinen und Betriebsorganisation wirken also auf zweierlei Art disziplinierend auf den Arbeiter. Einerseits wird der Druck zur Anpassung, der Zwang und die Notwendigkeit einer neuen Arbeitsweise verstärkt. Andererseits sind die neuen Arbeitsbedingungen in ihrer Erscheinungsform als objektive Sachzwänge leichter zu akzeptieren und weniger konfliktträchtig. Weil mit der Zeit ihre sachliche Gegebenheit auch bewirkt, dass kaum noch Alternativen dazu vorgestellt werden können - Befehle hingegen können immer als unverhältnismässig und anmassend empfunden werden -, versucht der Mensch in der Regel auch schneller, sich mit diesen Bedingungen abzufinden und sich neu einzurichten. "Ganz allgemein wirken betriebliche Verhältnisse bis zu einem gewissen Grade schon allein über die 'Normativität des Faktischen' integrierend, über den Umstand, dass diese betrieblichen Verhältnisse den Charakter von *Selbstverständlichkeiten* bekommen, und über den Umstand, dass diese Verhältnisse nur bestimmte Erfahrungen zulassen, bestimmte andere Erfahrungen aber weitgehend verunmöglichen und somit die Phantasie der unter diesen Verhältnissen Arbeitenden hinsichtlich möglicher Alternativen beschneiden."[68]

5.1.2.3. ... und durch die Veränderungen im sozialen und kulturellen Leben

Wie bereits früher kurz erwähnt, entwickelt der Prozess der Gewöhnung, der zunehmenden Akzeptanz neuer Bedingungen und der Anpassung des eigenen Verhaltens an diese über die Generationen hinweg eine eigene Dynamik, in der sich diese verstärkt. Denn gemäss neueren Erkenntnissen scheinen gerade auch die spezifischen Erfahrungen am Arbeitsplatz massgeblich die Erziehung der fol-

66) Thomson (1987), S. 388.

67) Ure (1835), S. 14. Zu einer ganz anderen Beurteilung der Auswirkungen der Maschinenkraft gelangt Otto Veit in seiner 'Soziologie der Freiheit': "Die Herrschaft über ein wichtiges Lebenselement scheint dem Menschen zu entgleiten. Er gerät in Abhängigkeit von verborgenen Kräften, die sein Leben innerlich bedrohen, indem sie es äusserlich fördern." "Bis heute ist nicht entschieden, ob die Technik Freiheit gebracht hat oder Unfreiheit." Veit (1957), S. 72.

68) Groskurth (1979c), S. 11. Einschränkend betont Groskurth, dass dieser Mechanismus zwar integrierend wirkt, jedoch noch keine affektiv positiv gefärbte Einstellung gegenüber diesen Verhältnissen sichert. Vgl. auch Groskurth (1979b), S. 48.

genden Generationen, also deren primäre und sekundäre Sozialisation mitzuprägen: Um es den eigenen Kindern einmal leichter zu machen, werden sie bereits früh auf ihr Los vorbereitet.[69] Die erste Generation der Fabrikarbeiter stammt aus einem traditionellen Sozialkontext und muss sich erst in der Konfrontation mit der Fabrik gegen ihren Willen, gegen ihre tief verwurzelten Vorstellungen und unter heftigem Widerstand mühsam an die neuen Arbeitsbedingungen in den Fabriken gewöhnen, sich also in dieser dritten Phase der Sozialisation völlig unvorbereitet nochmals völlig umstellen und sich neue Verhaltensmuster aneignen. Je mehr nun diese neue Arbeitswelt eine dominante Lebenserfahrung der Arbeiter wird, je mehr sie sich ihr anpassen und sich an sie gewöhnen, desto stärker fliessen diese Erfahrungen und neuen Verhaltensmuster auch in die Erziehung ihrer Kinder ein, die damit schon in der Familie und zunehmend auch in der Schule - primäre und sekundäre Sozialisation - an diese neuen Lebens- und Arbeitsbedingungen gewöhnt werden. Weit mehr als für die Eltern, werden für diese Kinder die neuen Verhältnisse Selbstverständlichkeiten, richten sie ihre Wünsche und Bedürfnisse, ihre Ziele und Anschauungen an einer (Arbeits-)Welt aus, zu der sie keine Alternativen mehr kennen.

Aber sowohl die Gewöhnung an eine neue Arbeitsweise am Arbeitsplatz selbst (tertiäre Sozialisation) als auch die Erziehung und Sozialisation durch die Familie und durch die Schule verlaufen weder einheitlich noch sind sie umfassend, solange ausserhalb der Fabrikmauern weiterhin soziale Strukturen fortbestehen und die traditionelle Kultur weitergelebt wird. Sind auch in der Fabrik selbst nur noch einschlägige Erfahrungen möglich, so kontrastieren diese doch schmerzhaft mit der weiterhin in den überkommenen Traditionen verhafteten Lebensweise ausserhalb der Arbeitszeiten. Feste, Jahrmärkte, Erntezeiten sind denn auch noch lange Zeit immer wieder Anlass für Rückfälle; an ihnen halten die Arbeiter auch gegen massive Repressionen seitens der Unternehmer noch lange Zeit fest und bleiben der Arbeit fern.

Weit weniger erstaunlich oder gar irrational, als dies aus heutiger Sicht erscheinen mag, sind daher auch die oft weitreichenden Massnahmen der Un-

69) Vgl. u.a. Groskurth (1979b), S. 45. Zum Teil sind jedoch die familiären Verhältnisse zu jener Zeit für eine richtige Erziehung zu zerrüttet; auch lässt sich leicht vorstellen, dass dafür aus reiner Erschöpfung die Kraft fehlt. Hier setzen dann aber auch gezielt die Armen- und Sonntagsschulen an.

ternehmer ausserhalb der eigenen Fabrikmauern.[70)] Da die Disziplinierung am Arbeitsplatz immer wieder daran scheitert, dass die Arbeiter aus verschiedensten Gründen der Arbeit fern bleiben und sie unter dem Einfluss alter und geliebter Traditionen und traditioneller Verhaltensweisen, die sie nach der Arbeit immer wieder neu aufleben lassen, erneut ihre Arbeitsbedingungen bekämpfen, steht es im direkten Interessen der Unternehmer, dass sich auch das Leben ausserhalb der Fabrik verändert. Ueber verschiedenste Massnahmen versuchen daher viele Unternehmer, die Moral ihrer Arbeiter insgesamt anzuheben, deren Wertorientierung zu wandeln und ihnen den Wunsch nach Ehrbarkeit und Anständigkeit (im bürgerlichen Sinne) einzuimpfen und - aus ihrer Sicht - unnütze, unmoralische und schädliche Traditionen, Verhaltensweisen und Anschauungen auszumerzen. Bei diesen Bemühungen steht er aber nicht alleine, sondern sie werden allgemein getragen von einer breiten Strömung der Reform und Stärkung der Moral und unterstützt von verschiedensten sozialen Gruppierungen, die in dieser Zeit des sozialen und kulturellen Umbruchs eine Besserung der Volksmoral und des Lebensstiles anstreben und verfechten.[71)] Die öffentliche Meinung, die sozialen, kulturellen und religiösen Grundströmungen jener Zeit arbeiten - wenn auch oft aus anderen Motiven - vielfach zugunsten der Unternehmerinteressen, indem auch sie sich gegen die alten Traditionen stellen und - vor allem im viktorianischen England - eine neue Sittlichkeit der Disziplin, der Arbeit und der Askese fördern.[72)] Während andere Jahrhunderte sich loben aufgrund der ihnen eigenen Toleranz, Weisheit oder Fortschrittlichkeit, beruht der ureigene Stolz des 19. Jahrhunderts auf seiner *moralischen Ueberlegenheit.*[73)]

Die Herbeiführung und vor allem die Verankerung und Verinnerlichung der Fabrikdisziplin, die Schaffung eines hierzu förderlichen Arbeitsethos bedingt damit also insgesamt auch die Zerstörung einer "blühenden vorindustriellen Volkskultur".[74)] "Communal feasts, as part of the old pattern of leisure activities, were to be throttled together with other relics of an older morality."[75)] Die in-

70) Vgl. Pollard (1965), S. 193. Dieses Engagement erfolgt auch aus der weitverbreiteten, religiös bestimmten Vorstellung der menschlichen Fähigkeit zur Vervollkommnung.

71) Vgl. Quinlan (1941); Bendix (1960); Walzer (1965); Harrison (1971);

72) Daher unterstützen einerseits manche Unternehmer die Gründung von Schulen und Kirchen, oder sind selber Mitglieder, während andererseits viele Evangelisten die Disziplinierung im Unternehmen befürworten. Dennoch existieren auch grosse Meinungsverschiedenheiten. Vgl. Bendix (1960), S. 100 ff.

73) Vgl. Quinlan (1941), S. 4.

74) Lambert (1979), S. 311.

75) Pollard (1965), S. 183; vgl. auch Pollard (1963/64), S. 268.

nere Umwandlung des Arbeiters kann erst umfassend erfolgen, wenn Dorfkultur, Feste, Jahrmärkte, Kirchweihen, arbeitsfreie Tage sowie alle möglichen Plätze und Gelegenheiten für Spiele nach Möglichkeit ausgemerzt oder doch in ihrer Bedeutung eingeschränkt sind. Sie alle stehen für jenes auch lustbetonte Leben mit seinem verschwenderischen Umgang mit der Zeit, und seiner, den Augenblick betonenden 'Lasterhaftigkeit'; zusehr steht es in Kontrast zur Monotonie und Mühsal der Fabrikarbeiter, zusehr läuft es mit seinen Verlockungen den Bestrebungen der Unternehmer zuwider. Wiederum ganz im Einklang mit dem Chor der Moralisten, die diese Lebensäusserungen der Unterschichten verurteilen, setzt denn auch um die Wende des 19. Jahrhunderts eine von vielen Seiten geführte Attacke auf volkstümliche Bräuche, Spiele und Feiertage ein.[76)] Wie Ried jedoch bezüglich der Abschaffung des 'Blauen Montags' treffend formulierte, duldet es keinen Zweifel, dass deren Zerstörung "die wirkliche und die mögliche Lebensqualität und die Lebensformen der Arbeiterklasse schmälerte"[77)]. Vor allem gehen mit all diesen Formen des Spiels und der (erwerbs-)arbeitsfreien Tage sowohl die Praxis als auch die Vorstellung eines Gleichgewichtes von Arbeitszeit und Freizeit verloren. Mit dem neuen Arbeitsethos dominieren Arbeit und Arbeitszeit das restliche Leben; dem Leben selbst kommt nur allzuleicht die Rolle eines - nach Möglichkeit - nützlichen Ausgleichs zu, verkümmert es zu einem Anhängsel, zum Lieferanten von Energie und Erholung.

Damit sich auch ausserhalb der Fabrikmauern ein der Arbeitsdisziplin entsprechendes Verhalten, eine 'moralische' Lebensweise durchsetzt und keine mit Unnützem vertrödelte Freizeit entsteht, fördern viele Unternehmer in ihrem Umfeld die Ansiedlung von (nonkonformistischen) Kirchen[78)], von Armen- und

76) Vgl. Thompson (1973), S. 95.
77) Ried (1979), S. 287.
78) Die Bedeutung der Predigt für die Bildung einer öffentlichen Meinung darf keinesfalls unterschätzt werden. In einer Gesellschaft, die zur Mehrheit aus Analphabeten bestand, war die Kanzel ein zentraler Ort für die Verbreitung von Botschaften aller Art; die Predigt hatte hier die Funktion eines Massenmediums. So wird auch im 18. Jh. das gesamte öffentliche und private Leben vom Wort der Kirche begleitet und geprägt. Diese Erkenntnis liegt in jüngster Zeit einigen Forschungsarbeiten über die Volkskultur zugrunde. Zwei profunde Arbeiten, die sich weitgehend auf die reichhaltigen Sammlungen von Predigten aus dem 17. und 18. Jh. stützen, seien hier erwähnt, obwohl sie sich auf den katholischen Raum Süddeutschlands beziehen: vgl. Herzog (1991); Moser-Rath (1991). Sie sind dennoch ausgezeichnete Studien über die Wechselwirkung von Predigt und Volkskultur, wie man sie auch im puritanischen England vermuten darf, wenn auch die Inhalte der Predigten voneinander abweichen dürften.

Sonntagsschulen, die allesamt die gesamte Lebensweise der Arbeiter in geordnete Bahnen führen und ihnen zugleich neue Werte und Orientierungsmuster vermitteln sollen.[79)] In den Augen der Unternehmer sind sie willkommene und geeignete - und sicher auch moralisch legitimierte - Hilfsmittel zur *inneren Umwandlung* des Arbeiters; durch sie erfolgt die moralische Erziehung einer neuen Sittlichkeit im allgemeinen und die Eintrichterung von Gehorsam, Fleiss, Sauberkeit und Unterordnung im speziellen. Dabei muss nochmals betont werden, dass hier durchaus z.T. auch gegensätzliche Interessen phasenweise in die gleiche Richtung tendieren und sich entsprechend gegensätzlich motivierte Anstrengungen ergänzen: Dieses Zusammenwirken beruht in diesem Fall im wesentlichen darauf, dass die Evangelische Erweckungsbewegung in England, die vielfach auch die Schulen betrieb, aus rein moralisch-ethischer Ueberzeugung, aus ihrem Weltbild und ihrem Missionierungsgeist heraus "in erster Linie an einer Verbesserung und Festigung der Arbeitsdisziplin und des allgemein moralischen Verhaltens, wie auch an der gesellschaftlichen Unterordnung des einfachen Volkes interessiert war"[80)]. Dabei muss jedoch auch von Seiten der Unternehmer keineswegs gleich von einem zynischen Instrumentalismus ausgegangen werden; waren doch viele, gerade die von 'unten' aufgestiegenen Unternehmer selbst Mitglieder nonkonformistischer Bewegungen und fanden dort für alle Lebenslagen Halt und Orientierung. Nicht zuletzt gerade diese Mitgliedschaft machte sie denn auch zu feurigen Verfechtern *allgemeiner* moralischer Reformen.[81)] Aber dennoch: "The conclusion cannot be avoided that, with some honorable exceptions, the drive to rise the level of respectibility and morality

79) Vgl. Pollard (1963/64), S. 268. In den Sonntags- und Armenschulen stehen *Erziehung* und *Disziplinierung* der Armen im Vordergrund und werden zugleich als synonym verstanden: Ziel der angestrebten Erziehung ist vorab eine *Gewöhnung an einen unermüdlichen Fleiss* sowie die Förderung von Genügsamkeit, Sparsamkeit, Gehorsam, Ordentlichkeit, Regelmässigkeit (etwa Pünktlichkeit oder frühes Aufstehen) sowie allgemein eine eiserne Selbstdisziplin im Rahmen der neuen Sittlichkeit und Moral; vgl. Quinlan (1941), S. 46; Thompson (1973), S. 95. So schreibt auch der Geschichtsschreiber der Armenschulbewegung, dass "es die Aufgabe dieser Einrichtung gewesen sei, die Kinder vor Müssiggang und Herumlungern zu retten, sie zu waschen und zu kämmen, sie durch den Katechismus in ihren Pflichten zu unterweisen, damit sie gute Männer und Frauen und nützliche Arbeiter würden". Bendix (1960), S. 95 f.; die zitierte Passage stammt aus H.G. Jones, The Charity School Movement, Cambridge 1938, S. 74. Kein Wunder also, dass Ried diese Schulen als eigentliche 'Dampfhämmer der Moralität' bezeichnet; vgl. Ried (1979), S. 282.

80) Bendix (1960), S. 104. Arbeit wird hier - wie weiter unten dargestellt werden wird - gepriesen als zentrales Mittel zur Reinigung und Disziplinierung des Geistes, als Form der Askese par excellence; vgl. auch Battaglia (1973), S. 531.

81) Vgl. Quinlan (1941), S. 106 ff.

among the working classes was not undertaken for their own sake, but primarily, or even exclusively, as an aspect of building up a new factory discipline."[82)]

Die bisherige Darstellung sollte trotz ihrer groben Verkürzung gezeigt haben, wie unterschiedliche Faktoren in der Zeit der Industriellen Revolution das Verhalten und die Einstellung der Arbeiter tiefgreifend verändert haben. Ohne Zweifel: "a revolution in manners had occured during the first quarter of the nineteenth century."[83)] Es sind dies bei weitem nicht alle Faktoren, die in diesem Prozess mitgewirkt haben, aber sicher wesentliche - vorab in Bezug auf unsere Fragestellung, wie zu Beginn der Industrialisierung den aus der Instrumentalisierung resultierenden Spannungen begegnet wird. Dies ist dabei nicht nur von historischem Interesse, sondern an der Schnittstelle zweier Kulturen treten grundsätzliche Probleme oft deutlicher zu Tage: Es konnte gezeigt werden, dass die für die industrielle Produktion erwünschte Arbeitsweise und -einstellung bei weitem nicht 'natürlich' gegeben sind, sondern zu Beginn über äusserst harte Massnahmen durchgesetzt werden mussten. Doch äusserer Zwang alleine genügte nicht; eine ganze Kultur, die Lebensformen auch ausserhalb der Arbeit und vor allem auch die Vorstellungen der Menschen mussten umgekrempelt werden. Erst unter dem Einfluss einer Moral, die zentral auf Disziplin und Fleiss abstellte, entwickelten sich die Menschen über Generationen zu tauglichen Fabrikarbeitern, zu Arbeitskräften, die sich der Instrumentalisierung durch das Unternehmen nicht immer wieder zu entziehen suchen. Nach Thompson können denn auch "*die Auswirkungen der Indoktrination*" durch die Kirchen, die Schulen, durch die öffentliche Meinung und durch moralische Schriften, die in Massen verbreitet wurden, "*nicht hoch genug veranschlagt werden*"[84)]. Durch sie haben sich Einstellungen, Ziele und Verhaltensformen die in ihrer Anlage bestens den Erfordernissen der industriellen Produktion entsprechen, tief in das Bewusstsein der Menschen eingegraben. "Und in der Tat hatte denn auch diese Art der Erziehung eine weitverbreitete Wirkung auf das Verhalten des einfachen englischen Volkes."[85)]

82) Pollard (1965), S. 167.
83) Quinlan (1941), S. 3
84) Thompson (1987), S. 404.
85) Bendix (1960), S. 100. Auch Quinlan misst der Schulbildung bei der Veränderung der Sitten nach 1750 eine grosse Bedeutung bei. Im beginnenden 19. Jahrhundert übt dabei die Sonntagsschule den vielleicht grössten Einfluss aus; vgl. Quinlan (1941), S. 21 u. 166. Die Wirkung der Einführung vergleichbarer Schulen für Erwachsene ab 1812, die nach Quinlan geradezu Wunder wirkten, zeigt wiederum deutlich, wie gross zu jener Zeit - nachdem der anfängliche Widerstand aufgrund der immer weiter zurückgedräng-

Ziel war es zu jener Zeit, der äusseren Instrumentalisierung und daraus resultierenden Zwängen und Notwendigkeiten, wie stetiges Arbeiten, Gehorsam usf., eine innere Disposition gegenüberzustellen, unter der der Mensch diese akzeptiert. An der Bruchstelle dieser neuen Produktionsweise zeigt sich dabei deutlich, dass die damaligen Menschen noch wenig gewohnt und wenig bereit sind, sich dieser Form der Instrumentalisierung zu unterwerfen. Die traditionellen Arbeitsverhältnisse sind weit enger sozial eingebunden oder sind gar durch eine mehr oder weniger grosse Selbständigkeit gezeichnet; dadurch wird in jedem Fall auch der Zweck der Arbeit besser einsehbar. Zudem zielen traditionelle Arbeiten weit unmittelbarer auf die Deckung spezifischer Bedürfnisse. Die für die Industrie typische Instrumentalisierung - gerade in ihrer extremen Härte und Ausgestaltung während der Gründerzeit -, die auf keinerlei traditioneller Legitimität einer gegenseitigen Verantwortung beruht, ist daher diesen Menschen fremd. Sie scheint erst akzeptabel und langfristig ertragbar zu werden, wenn der Arbeiter sich entsprechende Verhaltensformen und Einstellungen sowie insbesondere ein entsprechendes Selbstverständnis und entsprechende Ziele zu eigen macht. Erziehung, Disziplinierung und Indoktrination am Arbeitsplatz, durch Kirche und Schule sowie der Einfluss der öffentlichen Meinung stellen wesentliche Faktoren dar, die zu diesem tiefgreifenden Wandel beigetragen haben. Im folgenden Kapitel soll zudem gezeigt werden, woran sich nach Vorstellung der damaligen Zeit der Mensch orientieren soll, um ein guter Arbeiter zu sein, und woran er sich vielleicht auch orientiert hat.

5.1.3. ARBEITSMORAL UND ARBEITSETHIK ALS PSYCHOLOGISCHE ENTSPRECHUNG ZUR INSTRUMENTALISIERUNG

5.1.3.1. Notwendigkeit einer eigenständigen Arbeitsmoral

Gewöhnung an die in der Fabrik benötigte Arbeitsweise ist ein wichtiger erster Schritt in der Anpassung an die neuen Erfordernisse, doch ist sie alleine auf längere Sicht kaum ausreichend, um aus einem vielfältig getriebenen und beeinflus-

---

ten alten Lebensformen weitgehend in Orientierungslosigkeit umgeschlagen war - die Rezeptionsbereitschaft für neue, den neuen Lebensbedingungen entsprechende Werte und Verhaltensformen sowie für eine neue Kultur gewesen sein musste.

sten Menschen einen konstanten Arbeitsfaktor zu machen. Eine wesentliche Unterstützung hierzu ist sicher auch der tiefgreifende Wandel im Privatleben: Je mehr der Mensch auch hier sich Disziplin, Genügsamkeit, Zeitkontrolle usf. zu eigen macht, desto weniger Konfliktpotential entsteht zwischen seiner privaten Lebensweise und den an ihn gestellten Anforderungen im Betrieb. Doch bleiben dennoch weiterhin erhebliche Probleme bestehen, da sich das Arbeitsleben noch immer stark vom Privatleben unterscheidet: Die Instrumentalisierung im Unternehmen, gerade in ihrer ausgeprägten Form zur Zeit der Industriellen Revolution, bleibt weiterhin der zentrale Brennpunkt, an dem sich offener oder verdeckter Widerstand, Ablehnung und Abwehrversuche der Arbeiter entzünden. Fremdbestimmung, der hohe Grad an Zwang innerhalb der Fabrikmauern wie auch bezüglich der Unausweichlichkeit, ein Angestelltenverhältnis zu gegebenen Bedingungen eingehen zu müssen, sowie Monotonie und Sinnlosigkeit in der Arbeit selbst machen diese Arbeit verhasst, auch wenn man sich mit der Unausweichlichkeit abgefunden hat und der einzelne auch versucht, sich mit dem Unabänderlichen zu arrangieren. Die Problematik bleibt, wenn auch vielleicht verdeckt und mehrheitlich nur noch latent, grundsätzlich weiterhin bestehen und kann jederzeit wieder in einem offenen Konflikt ausbrechen. Zugleich ist die Leistungsbereitschaft zumeist nur unter der steten Kontrolle und Sanktion durch Vorgesetzte gewährleistet, aber kaum von innen her gegeben, sodass bei jeder Gelegenheit die Leistung auch verweigert wird. Margulies und Zemanek kommen in diesem Zusammenhang zum Schluss, *dass weder Druck noch Anreize noch eine Mischung der beiden alleine über längere Zeit hinweg eine befriedigende Leistungserbringung gewährleisten*; sie erzeugen eher Entfremdung als Motivation.[86)]

Wir kommen also zum Ergebnis, dass unter den ökonomischen Restriktionen, die den Menschen in einer Welt der knappen Ressourcen dazu zwingen, seinen Lebensunterhalt zu erarbeiten, der Mensch über Zwang und Anreize an die in den Fabriken herrschenden Arbeitsbedingungen angepasst werden kann, dass aber damit die Problematik der Instrumentalisierung durch eine zunehmende Entfremdung eher noch verstärkt wird. Naheliegend ist daher der Schluss, dass zur Ueberwindung dieses Dilemmas die von 'aussen' ansetzende Gewöhnung an die neuen Arbeitsbedingungen und -inhalte zu ihrer Stabilisierung und Verankerung einer 'inneren' Entsprechung und Absicherung im Menschen selbst be-

86) Vgl. Margulies/Zemanek (1983), S. 125.

darf.[87] Die neuen Verhaltensnormen, die sich über Gewöhnung und Erziehung im Verlaufe des 19. Jahrhunderts durchsetzten - Selbstdisziplin, Gehorsam, Unterordnung, Sittlichkeit, Zeitsinn, Ordentlichkeit usf. - können erst dann beständige Eigenschaften des Menschen werden, wenn sie durch entsprechende Einstellungen und Ziele, durch entsprechende Werte und Moralvorstellungen und durch ein entsprechendes Welt- und Selbstverständnis getragen werden. Denn Verhaltensnormen stellen für den Menschen keinen Selbstzweck dar, sondern sind für ihn aus *innerem* Antrieb erst erstrebenswert oder verhaltensleitend, wenn sie einen sichtbaren Beitrag leisten zur Erfüllung und Erreichung der wesentlichen Wünsche und Ziele und sie auf diese Weise *mit dem Bild von sich und der Welt in Einklang stehen.*

Was hier vorerst allgemein für eine neue Lebensweise und Lebenskultur dargestellt wurde, gilt für die industrielle Arbeit mit ihrer Instrumentalisierung noch verstärkt. Es ist denn auch nicht verwunderlich, dass seit Beginn des Industriezeitalters *Arbeitsmoral und Arbeitsethik* als eigenständige und sinngebende Werte, als zentrale Orientierungsmuster beschworen und gefördert und bis heute immer wieder neu aufgelegt werden. Dass davon immer wieder die Rede ist, lässt bereits vermuten, dass es sich hierbei nicht um eine Selbstverständlichkeit handelt. Dabei kann jedoch festgehalten werden, dass auch vor der Industrialisierung jene Verhaltensformen, die nun unter Bemühung einer Arbeitsmoral immer wieder abgestützt werden sollen und müssen, in besonderer Weise durchaus auch das Arbeitsverhalten der Bauern und traditionellen Handwerker auszeichneten. Ihre Disziplin, Genauigkeit, Sorgfalt und ihr Fleiss werden jedoch substantiell getragen durch ihren jeweiligen Stolz - etwa auf die individuellen Fertigkeiten -, durch die konkrete Aufgabe, deren Sinn erfasst wird und die meist einen unmittelbaren Beitrag zur Lebensbewältigung darstellt, und nicht zuletzt auch durch das persönliche oder kollektive Eigentum an den Produktionsmitteln. Insbesondere in der ausgeprägten Form der Instrumentalisierung während der Frühindustrialisierung mit ihrem hohen Grad an Zwang, ihrer Ferne zum übrigen Sozialleben und ihrem weitgehend abstrakten Bezug zur Arbeitstätigkeit fehlen diese unmittelbaren sinngebenden und unterstützenden Bezüge weitgehend; an Stelle der individuellen Eigenverantwortung und Kreativität, stehen hier gleichbleibende Intensität und Standardisierung im Vorder-

87) Vgl. Meyer (1982), S. 120.

grund, während die Produktionsmittel, einst persönlicher Stolz des Handwerkers, fremdes Eigentum darstellen.[88)]

Weil also durch die Instrumentalisierung eine natürliche, unmittelbar durch die Tätigkeit und ihren unmittelbaren Sinnbezug zum eigenen Leben getragene Motivation verloren geht, müssen Motivation, Disziplin, Fleiss und Gehorsam als nunmehr weitgehend abstrakte Verhaltensmuster durch eine eigenständige, an übergeordneten Werten orientierte Arbeitsmoral abgestützt und verankert werden; weil nicht mehr die konkrete Qualität der Arbeit und ihr unmittelbarer Bezug zum gesamten Leben die Verhaltensnormen stützen können, bedarf es hierzu nun einer entsprechend von der jeweiligen Arbeit unabhängig definierten Orientierung: einer Arbeitsethik, die an sich bereits eine Selbstverständlichkeit ist und deshalb nun auch zwingende Handlungsnorm. In einer neuen verhaltensbestimmenden Welt- und Selbstsicht wird in der Arbeitsethik *die Arbeit an und für sich und ohne Rückgriff auf ihren Gehalt und ihre Form* zum zentralen Lebensinhalt, zum Inbegriff eines anständigen und vor allem sinnvollen Lebens. Nicht der Inhalt oder der Zweck der Arbeit stehen somit im Vordergrund, sondern die Arbeit selbst als Sinn und Orientierung im Leben.

Ist die Arbeit selbst, ist das Arbeiten an sich erst ein zentraler Wert, der das Leben, das Hoffen und Streben, das Verhalten und die Ziele des Menschen bestimmt, so ist die Problematik der Instrumentalisierung auf einer höheren Ebene überwunden, da sich diese lediglich auf die Form und den Inhalt der Arbeit bezieht, die nun beide von sekundärer Bedeutung sind. So überwindet eine tief verwurzelte, ohne nach Gründen fragende, handlungsbestimmende Arbeitsmoral dort die Konflikte, wo weder Zwang noch Gewinn den eigentlich vorliegenden Bruch zwischen individuellen Zielen und Befindlichkeiten und der aus der industriellen Arbeitsorganisation resultierenden instrumentellen Handlungen und Leistungen nicht mehr zu überbrücken vermögen. Auf der Grundlage einer durch nichts als durch eine feste Weltsicht und Wertordnung gestützten Arbeitsmoral und Arbeitsorientierung im Leben allgemein entspricht so dem äusseren Zwang und der Notwendigkeit der Arbeitsbedingungen eine verinnerlichte Verpflichtung zu Arbeit und Leistung, zu Gehorsam und Disziplin. Unter dieser Voraussetzung ist das Ausmass der Problematik einer Instrumentalisierung weitgehend irrelevant, da auch unter dieser Bedingung der Lebenswert des Arbeitens

88) Vgl. etwa Bendix (1960), S. 276.

erreicht werden kann und die Unterwerfung unter eine fremde Kontrolle, Pflichtbewusstsein und Fleiss garantieren dabei, dass auch weiterhin gearbeitet werden darf, sind also zugleich Mittel, um auch insgesamt ein anständiges, d.h. mit Arbeit erfülltes Leben führen zu können. Die heteronomen Anforderungen und Kontrollen werden also so vom Arbeiter zu einem persönlichen Arbeitsverständnis von Selbstdisziplin und Leistungsstolz - als abstrakte Kategorien - internalisiert; die Not des Arbeitszwanges wird so zur Tugend von Arbeitsmoral und Disziplin, über die alleine nur noch ein erfülltes Leben vorgestellt wird.[89)]

Wenn also Arbeitsmoral und Arbeitsethik zu zentralen Orientierungsgrössen im Leben verinnerlicht werden, so hat dies umwälzende Auswirkungen auf das allgemeine Welt- und Lebensverständnis und schafft darüber hinaus wieder ein Gleichgewicht zwischen den neuen Wirtschafts- und Arbeitsbedingungen und dem Menschen. Den von aussen an ihn herangetragenen Leistungs- und Verhaltensanforderungen sowie der Bedingung einer autoritativen Instrumentalisierung entsprechen auf diese Weise wieder persönliche, handlungsleitende Werte des Arbeitsethos - Disziplin, Gehorsam, Leistung, Ordnung, Pflichterfüllung, Unterordnung, Bescheidenheit, Anpassungsbereitschaft usw. -, welche "die Einordnung in eine Gemeinschaft, die Erfüllung autoritativ geltend gemachter Aussenanforderungen und den eigenen 'Einsatz' im Hinblick auf vorgegebene Zielsetzungen zum Masstab der persönlichen Selbstbeurteilung werden lassen"[90)]; das Selbstwertgefühl wie auch die Selbstdefinition und -erfahrung werden somit massgeblich durch einen Ethos geprägt, der den Anforderungen zentral gelenkter, industrieller Produktionsweise entspricht, ja diese rechteigentlich verinnerlicht hat.

Die Pflicht- und Akzeptanzwerte, die den Arbeitsethos auszeichnen, wirken in zweifacher Weise harmonisierend auf die keineswegs unproblematische Beziehung zwischen Individuum und Organisation: Sie erleichtern einerseits dem Menschen, sich in eine autoritative Ordnung einzufügen und die Instrumentalisierung in Hinblick auf gegebene Zielvorgaben zu akzeptieren.[91)] Je stärker der

89) Vgl. auch Kern/Schumann (1983), S. 354.
90) Klages (1984), S. 27.
91) Nochmals sei aber betont, dass sich damit die Bedingungen selbst nicht verändert haben, wie dies Littek oder auch Brandt et al. bezüglich der Herrschaftsbeziehungen nachweisen, sondern höchstens anders wahrgenommen werden: Trotz Internalisierung der (Selbst-)Kontrolle und trotz der Verinnerlichung entsprechender Arbeitswerte und Orientierungsmuster wird der Arbeitsprozess weder herrschaftsfrei noch nimmt vorerst das Ausmass der Instrumentalisierung ab; es verändern sich lediglich die Formen, in

Ethos vorherrscht, umso mehr ist er gar 'stolz auf sich', wenn er den Anforderungen der Organisation und der Vorgesetzten genügt und sich in dieser Hinsicht 'verdient gemacht' hat. Zwar kennen sie durchaus auch eigene, gegenläufige Interessen, doch sind sie angesichts der Erfordernisse bereit, diese zurückzustellen, und neigen vermehrt dazu, im vorgegebenen, nicht selbst gewählten Pflichtenkreis 'aufzugehen', in der Erfüllung der Pflichten einen Lebenssinn zu erblikken.[92)] Andererseits ist die Existenz eines Arbeitsethos eine wichtige, wenn nicht gar unabdingbare Voraussetzung für ein möglichst reibungsloses Funktionieren eines idealtypisch hierarchisch organisierten Unternehmens.[93)] So halten auch Kern und Schumann fest: "Die Fähigkeit (der Arbeiter), den Arbeitszwang durch Identifikation (- als eine eigentliche Umwertung zu begreifen -; RvR) subjektiv sozusagen aufzuheben, hatte eindeutig auch eine funktionale Komponente: Damit war die psychische Disposition bei den Arbeitern angelegt, als verwertbare Arbeitskraft zu fungieren."[94)] Aus kritischer Sicht bedeutet dies aber auch, dass in dem Masse, wie tatsächlich eine starke Arbeitsmoral das Handeln der Arbeiter bestimmt, die Instrumentalisierung in fast jedem Ausmass aufrechterhalten werden kann und weniger Anlass besteht, die Faktoren dieser Instrumentalisierung dem Menschen anzupassen.

Wird über Arbeitsmoral und Arbeitsethik die Arbeit selbst zu einem eigenständigen und zentralen Lebenswert, so müssen die so wichtigen Verhaltenseigenschaften, wie Pflichtbewusstsein, Fleiss, Genauigkeit, Pünktlichkeit usw., nicht mehr auf Sinnbezügen der Arbeit oder des Lebenskontextes abgestützt sein, sondern bleiben als rein abstrakte Verhaltensnormen handlungsleitend, sodass sie sich ausschliesslich am reinen Arbeiten *als Prozess* ausrichten können. Je naturferner also die Produktion, je höher der Spezialisierungsgrad und je grösser die Unternehmung, desto wichtiger und bedeutsamer sind denn auch aus

---

denen diese ausgeübt werden oder in Erscheinung treten, während die Verhältnisse grundsätzlich gleich bleiben; vgl. Littek (1982), S. 121. Rein bezogen auf die Herrschaftsverhältnisse betonen auch Brandt et al. in ihrer Studie über die berufliche Sozialisation jugendlicher Erwerbstätiger "die Bedeutung sozialer Normen für die Perpetuierung von Herrschaftsverhältnissen"; Brandt u.a. (1973), S. 110. Die berufliche Sozialisation "als Form sozialer Kontrolle" ersetzt kein Machtverhältnis, sondern setzt ein solches vielmehr sogar voraus; vgl. Windolf (1981), S. 147. Sie überwindet auch nicht die Instrumentalisierung, bzw. die daraus resultierenden Probleme, sondern wird durch diese erst massgeblich erforderlich.

92) Vgl. Klages (1984), S. 27.

93) Für Daniel Bell (1975) ist eine *leistungsbezogene* Charakterstruktur unabdingbare Voraussetzung für wirtschaftliche Prosperität und industrielle Entwicklung.

94) Kern/Schumann (1983), S. 354.

der Sicht des Unternehmens die *normativen Qualifikationsanforderungen* an die innere Einstellung: Die Arbeiter "müssen ein *eigenes, positives* Interesse an Sorgfalt, Genauigkeit und Pünktlichkeit haben und ferner müssen sie ihre Werkzeuge und Maschinen sachgerecht behandeln und pflegen"[95]. Die *innere Selbstkontrolle* muss demnach zunehmend die *äussere Kontrolle* ergänzen und abstützen, denn nur so kommen in einer grossen Organisation die Vorteile der Rationalisierungsmassnahmen auch tatsächlich zum Tragen, ohne dass sie durch übergrosse Kontrollkosten geschmälert oder gar aufgehoben werden.[96]

Gemäss Pollard führt diese Notwendigkeit eines psychologischen, von zentralen Werten getragenen Aequivalentes zu den industriellen Arbeitsbedingungen zur Ueberwindung der mit der Instrumentalisierung zusammenhängenden Probleme bezüglich Motivation, Leistungsbereitschaft und Akzeptanz der Fremdbestimmung vor allem im 19. Jahrhundert in England zur Ueberzeugung, dass der Arbeiter mit 'bourgeoisen Werten' indoktriniert werden müsse.[97] Neben den diesbezüglichen Anstrengungen innerhalb der Unternehmen wird dieses Bestreben insbesondere auch in den Schulen und Kirchen, über die von moralischen Erneuerern geprägte öffentliche Meinung und eine Masse von einschlägiger Erbauungsliteratur tatkräftig unterstützt, wobei - wie bereits erwähnt - hier kaum präzise unterschieden werden kann, ob dies lediglich im Dienste der Unternehmer geschieht oder ausschliesslich im missionarischen Eifer einer neuen Moral, eines bestimmten Glaubens und einer bestimmten Weltanschauung.

---

95) Bendix (1960), S. 276 (Hervorhebung, RvR).

96) Sobald in einer Hierarchie die oberste Ebene nicht mehr alle Funktionen der Zieldefinition, der technischen Anweisungen sowie der Kontrollen - etwa aufgrund der Grösse der Organisation, der Komplexität der Aufgaben oder der Dynamik des Geschehens - gänzlich monopolisieren kann, "dann wird es für die Erreichung des Organisationszieles *funktional notwendig*, dass die untergeordneten Instanzen in ihrer spezifischen, von 'oben' aus nicht in jedem Augenblick voll durchsichtigen Arbeitssituation die verminderten *äusseren* Kontrollmöglichkeiten durch *innere* Kontrollen (d.h. durch persönliche Interpretation des Organisationszieles und seine selbständige Erfüllung) kompensieren"; Offe (1970), S. 28. Vgl. auch Schumm (1982), S. 255.

97) Vgl. Pollard (1965), S. 192 f. Hierin unterscheidet sich die englische Industrialisierung deutlich von der russischen; in Russland scheinen keinerlei Bemühungen unternommen worden zu sein, um den Arbeiter zu erziehen; sein Verhalten wurde im Gegenteil einzig durch die Allgegenwart von Furcht und Zwang gesteuert; vgl. Bendix (1960), S. 277 ff. Entgegen der vielleicht etwas unglücklichen Formulierung wird hier aber nicht behauptet, dass in England eine bewusste Umerziehung stattgefunden hat. Zwar sind im einzelnen solche Absichtserklärungen und Programme durchaus zu finden, doch handelt es sich insgesamt um einen historischen Wachstumsprozess mit einer Vielzahl von Determinanten und die daran massgeblich beteiligten Faktoren waren durchaus unterschiedlich motiviert.

5.1.3.2. Eine zerbrochene traditionelle Welt und das Bedürfnis nach einer neuen, passenden Wertorientierung

Es wäre jedoch falsch, einseitig die Interessen der Unternehmer an einem eigenständigen und wirkungsvollen Arbeitsethos hervorzuheben und dessen Verbreitung ebenso einseitig nur auf eine von aussen auf die Arbeiter einstürzende Indoktrination zurückzuführen. Beides ist zwar von grosser Bedeutung, und es existieren genügend Belege über klar formulierte Absichten und Strategien der Unternehmer und auch über die Verhältnisse innerhalb der Schulen und Kirchen sowie über die Ziele ihrer Vertreter und der Produzenten von entsprechender Literatur. Doch all diese Bemühungen, Anstrengungen und Einflussnahmen müssen im Kontext eines sich tiefgreifend wandelnden Sozialgefüges, eines tiefgreifenden Wandels gesellschaftlicher Strukturen und Werte und sich ebenso wandelnder Wirtschaftsbedingungen gesehen werden. Sie stellen wesentliche und einflussreiche Rahmenbedingungen dar, unter denen sich der Arbeitsethos auch bei den Arbeitern als neue und zentrale Lebensorientierung etablieren kann.98)

Bendix stellt bereits zu Beginn seiner Untersuchung fest, dass sich bereits gegen Ende des 18. Jahrhunderts die Lebensgewohnheiten, die traditionellen Sozialstrukturen und Orientierungsmuster des Arbeiters - insbesondere im Einzugsgebiet der industriellen Ballungsgebiete - weitgehend in Auflösung befanden - und dies "obwohl er sich hartnäckig sträubte, seine gewohnte Arbeit aufzugeben und seinen Wohnsitz zu verlassen, und trotz seiner Abneigung gegen die in den Fabriken herrschende Disziplin".99) Die traditionellen Sozialstrukturen - die sozialen Bindungen und Beziehungen - des Dorfes und der Grossfamilie, die kulturell überlieferten Formen des Arbeitens und des Zusammenlebens wie auch die den Alltag organisierenden sozialen, religiösen und kulturellen Handlungsentwürfe zerfallen zusehends, verlieren an Bedeutung oder an Tauglichkeit. Damit fallen aber auch die überlieferten Sinnbezüge und die alltäglichen Erfahrungen immer mehr auseinander. Und: In der immer offensichtlicher werdenden Diskrepanz zwischen sozialer und wirtschaftlicher Realität und den

---

98) Es ist grundsätzlich fraglich, ob die Indoktrination eines derart neuartigen Welt- und Selbstbildes mit einer fundamental veränderten Handlungsorientierung überhaupt so umfassend greifen könnte, wenn ihm intakte Sozial- und Wertstrukturen entgegenstehen.

99) Vgl. Bendix (1960), S. 36. Zum gleichen Schluss gelangen auch Eggebrecht u.a. (1980), S. 221.

althergebrachten Vorstellungsmuster und Ueberzeugungen verliert auch das ehemals so stabile Wertsystem zusammen mit seinen Normen und Symbolen an Halt gebender Kraft.

Der Arbeiter zur Zeit der Industriellen Revolution leidet demnach einerseits unter einem schnell grösser werdenden Vakuum, das die zerfallenden Sozialstrukturen und die damit obsolet werdenden, bzw. nicht mehr durch den sozialen Zusammenhalt getragenen und gelebten, Wertorientierungen hinterlassen; andererseits fehlen ihm noch ein neues Weltbild und eine neue Selbstdefinition, fehlen ihm noch entsprechende Handlungs- und Orientierungsmuster, die ihm in einer gänzliche veränderten Umwelt neuen Halt zu vermitteln vermögen, die seinem Leben in der neuen Situation wieder einen Sinn und eine Richtung vermitteln und somit grundsätzlich wieder in Einklang stehen mit seinen täglichen Erfahrungen. Ein Teil des Verhaltens der ersten Generation von Industriearbeitern, etwa der verbreitete Alkoholismus oder die frappierende Unbeständigkeit und Renitenz dieser Menschen muss wohl auch auf eben dieses *Fehlen stützender Strukturen sowie Sinn und Orientierung vermittelnder Wertvorstellungen, die mit den neuen Bedingungen harmonieren*, zurückgeführt werden.[100)] Angesichts dieser Unsicherheit und Orientierungslosigkeit muss angenommen werden, dass angebotene Werte und Normen wesentlich schneller rezipiert werden; gleichzeitig finden sich in den Wirren einer Uebergangszeit in der Regel auch vermehrt unterschiedlichste Gruppen, die neue Orientierungsmuster und Weltbilder anbieten und auch mit missionarischem Eifer zu verbreiten suchen. Die Tatsache, dass sich die öffentliche Meinung, die in der Wende zum 19. Jahrhundert zum ersten Mal in der uns heute geläufigen Form in Erscheinung tritt, als erstes an den *Fragen der Sitte und der Moral* kristallisiert[101)], weist jedenfalls darauf hin, dass zur Zeit der Industriellen Revolution sowohl eine *vergleichsweise hohe Bereitschaft zur Rezeption neuer Normen, Werte und Verhaltensmuster* bestanden als auch eine aktive und kontroverse Suche nach einer neuen Lebensorientierung stattgefunden haben muss.

Die Verbreitung eines Arbeitsethos kann daher nicht nur begriffen werden als die Folge einer aus Zweckmässigkeit und Billigkeit erfolgten Indoktrination,

---

100) Vgl. etwa Walzer (1965), S. 199 ff.
101) Vgl. Quinlan (1941), S. 104. Seiner Ansicht nach konnte sich eine breite öffentliche Meinung erst zu diesem Zeitpunkt bilden, weil nun sowohl die Kommunikation wesentlich verbessert wurde als auch immer mehr Menschen - auch in den Unterschichten - lesen konnten.

sondern sie ist wohl ebenso zurückzuführen auf das menschliche Bedürfnis, sich in einer gewandelten Welt wieder zurechtzufinden. Die Suche nach neuen Erklärungsansätzen über das menschliche Leben und seinen Sinn und im weiteren die Verinnerlichung neuer Werte und Handlungsorientierungen trägt dazu bei, eine gewisse, wahrscheinlich lebensnotwendige Harmonie und Entsprechung herzustellen zwischen dem eigenen Selbstverständnis, den persönlichen Erwartungen und Zielen und der durch die gegebenen Lebensbedingungen geprägten conditio humano. Als gemeinsame Charakteristik und Eigenschaft von Werten sieht Charlotte Bühler darüber hinaus auch ihre '*konstruktive Intention*'[102]: Ueber anerkannte und verinnerlichte Werte und Ueberzeugungen gelangt der Mensch auch zu einer Zukunftsorientierung; sie erlauben und ermöglichen ihm, in konstruktiver und positiver Absicht das eigene Leben auszurichten und zu gestalten und sich für die Aufrechterhaltung dessen, was als 'gut' und als 'wahr' angesehen wird, einzusetzen. Die Verinnerlichung von Werten, die mit der wahrgenommenen Welt in Einklang stehen - in unserem Fall besonders der Arbeitsethos -, vermittelt dem Menschen somit auch den nötigen Halt, die nötige Sicherheit und überhaupt erst die Möglichkeit, nach Zielen und nach Erfüllung zu streben.

Noch immer aber stellt sich die Frage, worauf der Arbeitsethos gründet, mit welchem Weltverständnis und mit welchen Werten er in Einklang steht, um hieraus seine handlungsleitende Kraft abzuleiten. Denn er unterscheidet sich wesentlich von den früheren Lebensformen, indem er in seinem abstrakten Gehalt und in seiner Eigenständigkeit in keinem unmittelbaren Bezug steht zur Befriedigung eines konkreten Bedürfnisses und seine Motivation nicht direkt aus dem Kontext der alltäglichen Lebenswelt zieht, sondern weit über den unmittelbaren Existenzkampf hinausreicht. In Nachfolge der These von Max Weber werden Arbeitsethos und Arbeitsmoral zumeist in enger Verbindung mit den Glaubensvorstellungen des Protestantismus gesehen, weshalb sie auch im folgenden zum Verständnis des Wesens, des Ursprungs und der Auswirkungen des Arbeitsethos dargestellt werden sollen.

102) Vgl. Bühler (1975), S. 39.

5.1.4. ARBEITSETHIK ALS ZENTRALER GEHALT DES PROTESTANTISCHEN GLAUBENS UND AUSDRUCK RELIGIÖSER LEBENSFÜHRUNG

5.1.4.1. Die puritanischen Heiligen und der Geist des ökonomischen Erfolges

Die der industriellen bzw. der kapitalistischen Wirtschaftsweise zugrundeliegenden Werte und Einstellungen werden gemeinhin mit der *protestantischen Ethik* in Zusammenhang gebracht. Geprägt wurde dieser Erklärungsansatz durch Max Webers Aufsatz 'Die protestantische Ethik und der Geist des Kapitalismus'[103)], der bis heute kaum an Bedeutung verloren hat und noch immer in den kontroversen Diskussionen zu diesem Thema an vorderster Stelle steht. "Die explosive Kraft der Weberschen These entsprang dem Zusammenrücken dieser beiden (vorerst so entlegenen; RvR) Begriffe: Protestantismus und Kapitalismus."[104)] Beide Begriffe können aber je nach Verwendung mit sehr verschiedenen Inhalten belegt sein, woraus mannigfache Missverständnisse entstehen können; gerade die Diskussion um die Weberschen Grundideen schafft hier immer wieder einige Verwirrung. Die zeitweise geradezu heftige Diskussion und Kritik seiner Darstellung muss wohl zu einem wesentlichen Teil auf die im weiteren Verlauf der Diskussion nicht ganz zulässige Reduzierung der Aussage auf diese sehr weiten Begriffe, aber wahrscheinlich auch auf die mit ihnen verbundenen emotionalen, weltanschaulichen und wertenden Konnotationen zurückgeführt werden.[105)]

Es geht hier in keiner Weise darum, zu untersuchen, inwiefern der Protestantismus als Religion oder als Kirche Ursprung oder gar Ursache für den Ka-

---

103) Vgl. Weber (1920); erstmals erschienen 1904 und 1905 im Archiv für Sozialwissenschaft und Sozialpolitik, Bde. XX u. XXI. Vgl. auch Weber (1968), insbesondere den 2. Band mit Kritiken und Antikritiken. Der Gedanke, dass zwischen der protestantischen Ethik und jener inneren Einstellung zur Erwerbstätigkeit, die das Wirtschaftsgebaren im modernen Kapitalismus auszeichnet, eine Beziehung oder gar eine innere Verwandtschaft bestehen könnte, war allerdings bereits zu Webers Zeit keineswegs ein neuer; vgl. hierzu Bendix (1968), S. 280 ff.

104) Lüthy (1973), S. 20.

105) Vgl. so etwa auch Lüthy (1973), S. 19 ff.; Biéler (1959), S. 494 ff.

pitalismus als System oder als Wirtschaftsverständnis sein könnte.[106] Wie weitaus spezifischer die hier darzustellende Webersche These ist, wird bereits anhand seines Titels ersichtlich, wenn dem *Geist* des Kapitalismus die protestantische *Ethik* gegenübergestellt wird. Dass spätere Autoren um der Griffigkeit oder um der schillernden Wirkung wegen in völlig anderer Betonung Kapitalismus und Protestantismus einander gegenüberstellen, braucht uns nicht weiter zu interessieren. Da jedoch über die Webersche Theorie leicht Missverständnisse entstehen können, scheint es ratsam, hier nicht nur die uns interessierenden Ergebnisse zusammenzufassen, sondern ebenso die wichtigsten Bausteine dieser These kurz auszuführen.

5.1.4.1.1. Der Kapitalismus und die Dominanz der Rationalität

Von grundlegender Bedeutung und mit unserer Fragestellung in Uebereinstimmung ist bereits der Ausgangspunkt, da Weber bei seiner Untersuchung - im Gegensatz zur materialistischen Geschichtsauffassung etwa von Marx, aber auch im Gegensatz zur Mehrheit seiner marxistischen wie auch liberalen Zeitgenossen, die gemeinhin als wichtigste Voraussetzungen für das Entstehen des Kapitalismus ein Vorhandensein von Kapitalgütern, technischen Erfindungen und Arbeitskraft nannten - vom "Primat der inneren, geistig-kulturellen Voraussetzungen aller äusseren Wirtschafts- und Gesellschaftsformen"[107] ausgeht. So schreibt Weber: "Die Frage nach den Triebkräften der Expansion des modernen Kapitalismus ist nicht in erster Linie eine Frage nach der Herkunft der kapitalistisch verwertbaren Geldvorräten, sondern vor allem nach der Entwicklung des kapitalistischen Geistes."[108]

Sucht man nun nach einer inhaltlichen Bestimmung dieses so zentralen Begriffes, so erklärt Weber bereits in den Vorbemerkungen zu seiner Aufsatzsammlung zur Religionssoziologie, dass er unter Kapitalismus weit mehr versteht als nur eine Wirtschaftsform; sie verkörpert für ihn die "schicksalsvollste Macht unseres modernen Lebens"[109]. Zwar hält er sogleich fest, dass massgebliche Charakteristika des Kapitalismus - etwa die Organisation der Ar-

106) Ausdrücklich hält bereits Max Weber entsprechende Thesen für töricht oder gar doktrinär; vgl. Weber (1920), S. 83.
107) Lüthy (1973), S. 20. Vgl. hierzu auch die entsprechenden Textpassagen bei Weber (1920), insbesondere S. 36 ff. und 53.
108) Weber (1920), S. 53.
109) Weber (1920), S. 4.

beit, die vom privaten Haushalt getrennte Buchführung oder, allem voran, das Streben nach Geld und Reichtum - bereits vor der Etablierung des modernen Kapitalismus und ebenfalls auch in anderen Kulturkreisen auszumachen sind; jedoch niemals in dieser Ausprägung, in dieser alles beherrschenden Form, in einer derart unbeirrbaren Konsequenz und vor allem nicht in diesem, das soziale Leben geradezu bestimmenden Ausmass. Bei diesen vorindustriellen Bespielen handelt es sich zumeist um Einzelerscheinungen und um individual-psychologische Phänomene, in denen nach Weber massgeblich der Trieb oder die Gier nach Geld oder die Abenteuerlust einzelne zu Grosskaufleuten werden liess.[110)] Doch weder fantastische Reichtümer aus Raub oder abenteuerlichem Draufgängertum noch die durchaus ernstzunehmenden Einzelfälle kapitalistischen Unternehmergeistes interessieren hier Weber, sondern ausschliesslich "der spezifisch moderne kapitalistische 'Geist' als Massenerscheinung"[111)]. Hieraus wird aber auch von allem Anfang an ersichtlich, dass der Begriff des Kapitalismus weniger zur Umschreibung einer spezifischen, historischen Erscheinung - die real immer auch eine Misch- oder Kümmerform darstellen würde - dient, sondern in der Weberschen Begrifflichkeit den *essentiellen Gehalt eines Idealtypus* darstellt.[112)]

Die Behandlung des Kapitalismus in seiner idealtypischen Form muss dabei aber in keinerlei Widerspruch stehen zm Bemühen um ein tiefergreifendes Verständnis der *historischen Einzigartigkeit* des modernen Kapitalismus, das letztlich alle religionssoziologischen wie auch wirtschafts- und sozialgeschichtlichen Werke Webers massgeblich motiviert und geprägt hat. Der *moderne* Kapitalismus besitzt für Weber einen ureigenen Gehalt, wobei dessen 'Geist' dem Idealtypus sehr nahe kommt: Der moderne Kapitalismus ist für ihn geradezu "identisch mit dem Streben nach *Gewinn*, im kontinuierlichen, rationalen kapitalistischen Betrieb: nach immer *erneutem* Gewinn: nach 'Rentabilität'"[113)]. Er unterscheidet sich damit wesentlich von anderen Formen des Strebens nach Reichtum *aus Leidenschaft oder Trieb*, das dann mehrheitlich mit Raub oder mit Glücksspiel verbunden ist oder allenfalls mit dem einmaligen Gewinn aus einem gewagten Handelsunternehmen. Der 'Geist' des Kapitalismus ist also - und dies ist ein Merkmal von grösster Bedeutung - nicht gleichzusetzen mit schrankenlo-

110) Vgl. Weber (1920), u.a. S. 38 ff.
111) Weber (1920), S. 42.
112) Vgl. Lüthy (1973), S. 19; Weber (1920), S. 30 ff.
113) Weber (1920), S. 4 (Hervorhebungen im Original).

ser Geldgier, sondern kann auch "geradezu identisch sein mit Bändigung, mindestens mit rationaler Temperierung, dieses irrationalen Triebes"[114].

Mit der Bändigung des Triebes geht jedoch zugleich eine - im wesentlichen willensbestimmte - Verstetigung des Strebens und Mühens einher. Für die Charakterisierung des 'Geistes' des modernen Kapitalismus muss somit das Schlüsselwort heissen: *Rationalität.* In ihr liegt nach Weber die historische Einzigartigkeit der modernen westlichen Zivilisation; sie bestimmt deren gesamte innere Verhaltensstruktur und Eigengesetzlichkeit, nicht nur in eigentlich wirtschaftlichen Belangen, sondern ebenso im Rechtssystem, in der politischen Struktur, in der institutionalisierten Wissenschaft und Technik, in der Mathematik, Musik und Kunst. Unter dem Begriff 'Kapitalismus' vereint somit Weber das, was die *moderne westliche Kultur als Ganzes* von allen übrigen abhebt und damit einzigartig macht; Wirtschaftsgesinnung, Arbeitsdisziplin und Rechenhaftigkeit sind dabei zum einen die herausragenden Eigenschaften dieser so verstandenen Kultur, doch stehen sie zum anderen aber auch nur als pars pro toto für diese Kultur als Ganzes.[115] Die Frage nach der "Entstehung des *bürgerlichen Betriebs*kapitalismus mit seiner rationalen Organisation der (formell) *freien Arbeit*"[116] zielt also in einem erweiterten Bezugsrahmen auch darauf ab, den Ursprung und die Wesensart jener *Rationalität* aufzudecken, "die alle Sphären des gesellschaftlichen Verhaltens durchdringt, Arbeits- und Betriebsorganisation wie positive Wissenschaft, Recht und Gesetz wie Philosophie und Kunst, Staat und Politik wie private Lebensgestaltung; eine Rationalität, die in ihrer Dynamik fortschreitend alle Widerstände vorrationaler Menschennatur, Magie und Tradition, Instinkt und Spontaneität niederwalzt oder bändigt und die mit der Reformation erstmals ins innerste Herz menschlicher Verhaltensmotive, in den religiösen Glauben selbst vordrang, ihn aller magischen, dunklen und mystischen Zutat - Bild, Kult, Tradition - entkleidete und ihn auf die vermeintlich unerschütterliche, als authentische Wahrheit der kritischen Vernunft zugängliche und prüfbare Grundlage der heiligen Schrift stellte"[117]. Neben den rein wirtschaftlichen Aspekten umfasst also der Begriff 'Kapitalismus' bei Weber diese,

114) Weber (1920), S. 4 (Hervorhebungen im Original). Vgl. auch die obigen Ausführungen in Kapitel 4.1.1. zur Transformation der 'Leidenschaften' in 'Interessen'.

115) Vgl. Lüthy (1973), S. 20. Weber selbst führt dies deutlich aus in seinen Vorbemerkungen zu den 'Aufsätzen zu Religionssoziologie'; vgl. Weber (1920), S. 1 ff.

116) Weber (1920), S. 12 (Hervorhebung im Original); die in Klammer gesetzte Beifügung 'formell' findet sich bei Weber im selben Zusammenhang a.a.O., S. 7.

117) Lüthy (1973), S. 20.

die gesamte moderne westliche Kultur durchdringende, sie kennzeichnende spezifische Eigenart: die Dominanz des Verstandes.

Damit sich dieser Geist der Rationalität in der Lebensführung und speziell als Wirtschaftsgesinnung allgemein durchsetzen konnte, d.h. über andere Formen und Werte - etwa des Traditionalismus - den Sieg davontragen konnte, musste sie zuvor entstanden sein als eine allgemeingültige Anschauungsweise, die nicht nur von einzelnen Individuen für sich selbst, sondern von ganzen Menschen*gruppen* als eine alle verpflichtende Verhaltensweise getragen und gelebt wird.[118)] Nun könnten Rationalität und die typisch unternehmerischen Qualitäten auch als eine Folge der liberalen Aufklärung begriffen werden. Nach Weber hätte diese jedoch nicht die Kraft besessen, sich gegen die traditionellen Lebensformen durchzusetzen; diese Verbindung findet daher ihre Bedeutung erst in einer späteren Epoche, in der sich der Kapitalismus bereits durchgesetzt hat und mit kräftiger Eigengesetzlichkeit das Verhalten der einzelnen Individuen bestimmt oder zumindest entsprechend unterstützt.[119)]

Für die Entwicklung und Durchsetzung des Kapitalismus braucht es einer weit grösseren und beständigeren Kraft und Motivation, als dies ein diesseitiger, individueller Eigennutz in einem traditionalistischen Umfeld mit seiner gefühlsbetonten, grundsätzlich ganzheitlichen, gruppenorientierten und relativ kurzzeitig ausgerichteten Lebensformen je sein könnte. Gleichzeitig muss man sich vor Augen halten, dass zur Zeit der Entfaltung des Kapitalismus - im 16., und zunehmend stärker im 17. und 18. Jahrhundert - das gesamte Denken und Fühlen der Menschen grundsätzlich *von religiösen Anschauungen bestimmt* wird. Religiöse Glaubensinhalte liegen sowohl dem eigenen Selbstverständnis als auch der allgemeinen Weltanschauung zugrunde; zugleich sind es vornehmlich die religiösen Mächte, die den Volkscharakter in entscheidendem Masse prägen.[120)] Ausnahmen - etwa individuelle Persönlichkeiten, deren Handeln oder Denken nicht religiösen Ursprung ist oder gar gegen die gängigen religiösen Anschauungen und Dogmen verstösst - können natürlich immer ausgemacht werden,

---

118) Vgl. Weber (1920), S. 37. Hier findet sich wiederum dieser Grundgedanke, dass die Entstehung und Entfaltung einer Kultur- oder Wirtschaftsform geradezu im voraus eines geistigen 'Ueberbaus' bedarf.

119) Vgl. Weber (1920), S. 37, 54, 125.

120) Vgl. Weber (1920), S. 163 f. Weber bezieht sich in seiner Untersuchung jedoch weniger auf die theologisch-dogmatischen Schriften als auf die in der Praxis weitaus wirksameren seelsorgerischen Schriften und Predigten.

doch heben sich diese offenkundig - für die Zeitgenossen wie auch für sich selbst - von der gängigen Religiosität ab. Grundsätzlich bietet also die Religion zu jener Zeit sowohl die massgebliche Orientierung, an der sich das tägliche Leben ausrichten konnte, als auch die Kategorien und den Bezugsrahmen, die das Denken, das Reflektieren über sich und die Welt nicht nur - geradezu in Ausschliesslichkeit - lenkten, sondern darüber hinaus ersteigentlich ermöglichten. Daher, und weil eben eine derart mächtige Kraft für den Wandel erforderlich scheint, *stellt auch für Weber die Religion den mächtigsten Helfer bei der Durchsetzung des kapitalistischen Geistes dar*: *der Protestantismus*, oder genauer: die von ihm getragene, ureigene *Ethik*.[121)]

5.1.4.1.2. Martin Luther und der Begriff des 'Berufes'

Die gänzliche Neubewertung von wirtschaftlicher Tätigkeit und Arbeit durch die Reformation offenbart sich bereits im neuen Begriff, den Luther für die wirtschaftliche Arbeit verwendet: Er spricht vom *Beruf* in direkter Ableitung aus 'Berufung'.[122)] Bereits aus dieser Namensgebung heraus, die so weder im Altertum noch im katholischen Mittelalter gefunden werden kann, lässt sich leicht erkennen, wie der Arbeit somit erstmals eine gewisse Eigenständigkeit und unvermittelte Bedeutung zukommt, denn innerhalb der katholischen Lehre blieb Arbeit (entsprechend der Auslegung von Thomas von Aquin) immer nur Folge irdischer Notwendigkeiten: Sie diente eigentlich primär nur der Beschaffung und Deckung des zum Leben Notwendigen und konnte daher niemals als eine Berufung durch Gott gedeutet werden.[123)] Was also in der Terminologie Luthers als unbedingt neuartig bezeichnet werden muss, ist "die Schätzung der *Pflichterfüllung* innerhalb der *weltlichen* Berufe als des höchsten Inhalts, den die sittliche Selbstbetätigung überhaupt annehmen könne"[124)]. Entwickelt man diesen Gedanken der 'göttlichen Berufung' konsequent weiter, so gelangt man zu jener *Berufspflicht*, die die Sozialethik der kapitalistischen Gesellschaften nicht nur charakterisiert, sondern für diese in gewisser Hinsicht geradezu von konstitutiver Bedeutung ist.[125)]

---

121) Vgl. Weber (1920), S. 46 f.
122) Vgl. Weber (1920), S. 63 ff.
123) Vgl. Biéler (1959), S. 488.
124) Weber (1920), S. 69 (Hervorhebung RvR). An die Stelle der mönchisch-asketischen Beschauung und Kontemplation tritt die *innerweltliche Pflichterfüllung* als die am meisten gottgefällige Lebensform; vgl. ebenda S. 69 ff.
125) Vgl. Weber (1920), S. 36. Es wird weiter unten zu zeigen sein, dass in der Situation des voll entwickelten modernen Kapitalismus diese Berufung als handlungsprägende Ethik

Doch Luthers Einstellung zur Wirtschaft und damit letztendlich auch zur Arbeit bleibt insgesamt trotzdem dem Traditionalismus verbunden; sowohl seine Konzeption des Wirtschaftlichen als auch deren realen Auswirkungen auf das gesellschaftliche Leben bleiben weitgehend statisch. Ein Streben nach materiellem Gewinn über den eigenen, gesellschaftlich zugestandenen Bedarf hinaus wird weiterhin als schlicht verwerflich verurteilt.[126)] Insofern versteht sich bei Luther der Beruf noch als eine persönliche Berufung durch Gott, der dem einzelnen eine ganz bestimmte Arbeit (in der sozialen Arbeitsteilung), und damit eine feste soziale Stellung zuordnet; diese in Demut und Genügsamkeit richtig und ordentlich, also gottgefällig auszufüllen, ist die wahre Pflicht des Gläubigen. Damit ist der Beruf aber nicht primär eine menschliche Herausforderung, der er sich in ständiger Verbesserung stellt, sondern eine hinzunehmende göttliche Bestimmung, deren Erfüllung seiner Verherrlichung dient.[127)] Wo aber der Beruf solcherart der göttlichen *Vorsehung* zugeschrieben wird, dass es dem einzelnen nicht zusteht, ihn nach eigenem Ermessen zu verändern oder gar zu wechseln, sondern wahre Rechtschaffenheit gerade darin besteht, dass er an dem ihm zugedachten Ort die entsprechenden Aufgaben ordentlich erfüllt, bleibt die soziale Arbeitsteilung weiterhin ein in dieser Form als nützlich angesehenes Mittel, um die irdischen Notwendigkeiten abzudecken und damit statisch.[128)] Aus dieser Statik und aus diesem Lebensverständnis heraus lässt sich jedoch niemals diese dynamische, evolutorische Kraft herleiten, die es für die Entwicklung des Kapitalismus benötigte.[129)]

---

dahinfallen kann und auch tatsächlich dahinfällt und das Handeln weit mehr durch die Logik und die Sachzwänge des allgemeinen Wirtschaftsgeschehens bestimmt wird; vgl. ebenda S. 37.

126) Vgl. Weber (1920), S. 76. Vom religiösen Standpunkt aus gesehen kann ein solches Streben nur Ausdruck sein einer zu starken Bindung an das vergängliche Diesseits und bedeutet daher einen mangelnden Gnadenstand; im Bereich der Sozialethik muss ein solches Streben solange verurteilt werden, als von einer statischen Vorstellung von der Gesellschaft und deren Wirtschaft ausgegangen wird (oder werden muss), da unter diesen Bedingungen ein zusätzlicher Gewinn nur auf Kosten der Mitmenschen erzielt werden kann - ein Verstoss gegen jegliche Gerechtigkeitsvorstellung und ein Anlass, der den sozialen Frieden nachhaltig gefährden könnte.

127) Vgl. Weber (1920), S. 76 ff.

128) Vgl. Biéler (1959), S. 489.

129) Entsprechend setzt im lutheranischen Deutschland die kapitalistische Entwicklung erst mit geraumer Verspätung ein.

5.1.4.1.3. 'Rationalität' und 'Aktion' im Calvinismus

Hierin unterscheidet sich nun nach Weber auf entscheidende Weise das Verständnis des *Calvinismus* und - weit stärker noch - der aus ihm im späten 16., im 17. und 18. Jahrhundert hervorgegangenen calvinistischen Glaubenslehren, Kirchen und Sekten: Die soziale Arbeitsteilung wird hier nicht als probates Mittel, sondern als solche selbst befürwortet und als eine weltliche Ordnung begrüsst, die eine professionelle Spezialisierung und damit sowohl eine Verbesserung des Arbeiters als auch eine - qualitative wie quantitative - Steigerung der Produktion ermöglicht. Hier wird also "eine ganz andersartige Beziehung zwischen religiösem Leben und irdischem Handeln hergestellt"[130]: Die Berufung und die Verpflichtung zur Handlung wird auf alle lukrativen Handlungen und Geschäfte ausgedehnt; und da - wie noch zu erläutern sein wird - hierbei der Erzielung eines guten Ergebnisses ein ganz eigener Stellenwert zukommt, besteht sogar die religiöse Verpflichtung, den Beruf um der Verbesserung des Ertrages willen individuell zu verändern oder gar zu wechseln.[131] Die Puritaner[132] stellen somit wohl die ersten dieser selbstdisziplinierten, nach rationalen Kriterien zielorientierten Aktoren dar, die dem modernen Kapitalismus sein Gepräge geben werden.[133]

Die theologische Begründung der calvinistisch-puritanischen Arbeits- und Erwerbsethik ist überaus komplex und feingliedrig. In dem hier gesetzten Rahmen können daher lediglich stichwortartig drei von Weber zur Erläuterung herangezogene Komponenten angeführt werden, wobei im voraus festgehalten werden muss, dass sie zwar alle bereits bei Calvin anzutreffen sind, sie aber erst im späteren Calvinismus - und dort noch zusätzlich verstärkt in der Seelsorge und im Verständnis der Laien - jene handlungsbestimmende Ausprägung erfuhren, die für die Entwicklung des modernen Wirtschaftsgeistes für ausschlaggebend angesehen wird.[134]

---

130) Weber (1920), S. 80.
131) Vgl. Biéler (1959), S. 484; Weber (1920), S. 175.
132) Hier als Oberbegriff für alle calvinistischen Glaubenslehren des 17. und 18. Jahrhunderts verwendet; vgl. so auch Weber (1920), S. 84 f.
133) Vgl. Walzer (1965), S. VII.
134) Vgl. hierzu Weber (1920), u.a. S. 86. Ebenso wie die Vorstellungen der Askese der Arbeit und der Unstatthaftigkeit irdischer Freuden ist auch die Prädestinationslehre in ein religiöses Gebäude als Ganzes eingebettet, das in seinem Selbstverständnis als Reformierung nach Ausgeglichenheit strebt; vgl. hierzu Biéler (1959), S. 495.

Erstens: Nach calvinistischem Verständnis stellt Arbeit einen Dienst am Ruhme Gottes dar und entspricht in dieser Form ganz allgemein dem göttlichen Willen.[135)] Sie ist in erster Linie "von Gott vorgeschriebener *Selbst*zweck des Lebens überhaupt" und zugleich "Befehl Gottes an den einzelnen, zu seiner Ehre zu wirken"[136)]. Dabei ist es aber nicht einfach Arbeit, sondern wohlverstandene *rationale Berufsarbeit*, die auf diese Art dem Menschen aufgetragen ist.[137)] Weder in Musse, Genuss noch in Kontemplation, sondern ausschliesslich im Handeln, in der unermüdlichen, rein rational und bar jeder gefühlsmässigen Schwankung verrichteten und einer eisernen Selbstkontrolle unterworfenen Berufsarbeit kann der Mensch zur Mehrung des Ruhmes Gottes beitragen. Einen wesentlichen Grund hierfür findet sich in der "absolut negativen Stellung des Puritanismus zu allen sinnlich *gefühls*mässigen Elementen in der Kultur und in der subjektiven Religiosität"[138)]: Indem gemeinhin alle mystischen, magischen und sakralen Formen bzw. Mittel und Inhalte der Heilslehre als Aberglaube verworfen werden, erfolgt mit dem Calvinismus eine eigentliche *Entzauberung der Welt*, die nun aber auch die Möglichkeit einer 'unio mystica' mit Gott schlichtweg ausschliesst.[139)] Wenn aber diese Art der Vereinigung des sich sehnenden Menschen mit Gott, in der der Sterbliche bildlich zum empfangenden Gefäss wird, nicht mehr vorstellbar ist, so bleibt im Calvinismus als höchste religiöse Vorstellung der Mensch in der ausführenden Funktion eines Werkzeugs göttlicher Macht. Bar jeglichen Gefühls, vom Kopf her bestimmt und auf beständiges Tätigsein hin ausgerichtet, ist damit die Berufsarbeit nicht nur *gottgewollt* und *gottgeweiht*, sondern auch *gottgewirkt*; in ihr setzt Gott sein Werk fort.[140)] Hier zeigt sich die von Hannah Arendt dargestellte Wertverschiebung

135) Vgl. Weber (1920), S. 100.

136) Weber (1920), S. 171 f.

137) Vgl. Weber (1920), S. 174.

138) Weber (1920), S. 95. Die reformierten Glaubenslehren heben sich generell durch ihren, vom alten Testament mitgeprägten, ausserordentlich *rationalen Charakter* von den meisten übrigen Religionen, insbesondere auch von der katholischen Lehre ab.

139) Sie steht für jenes substantielle Gefühl eines realen Eingehens des Göttlichen in die gläubige Seele, welches sowohl von den mittelalterlichen Mystikern als auch noch von Luther als das höchste religiöse Erlebnis angesehen wird.

140) Vgl. Weber (1920), S. 106 ff. und 167. Während das Streben nach einer innigen Begegnung mit Gott eher in ein gewissenhaftes Vorbereiten des 'Gefässes' und in ein Bemühen um innere Ruhe mündet, muss die Vorstellung, Gottes Werkzeug zu sein, im gläubigen Menschen wohl geradezu ungebremste Energien und Tatendrang freisetzen. Hierbei sei jedoch nochmals warnend darauf hingewiesen, dass bereits Weber explizit darauf hinweist, dass hier die religiösen Gedanken lediglich in einer 'idealtypisch' kompilierten Konsequenz dargestellt werden. "Denn gerade *wegen* der Unmöglichkeit, in der

von der noch im Mittelalter am höchsten geachteten Musse und Kontemplation hin zur heute dominierenden Aktion.[141] Die Vorstellung, im eigenen Tun Gottes Werkzeug zu sein, lässt leicht alle sozialen und familiären Bindungen gegenüber der gestellten Aufgabe als unwichtig erscheinen; Die z.T. unerbittliche Haltung gegenüber den Mitmenschen, die Bereitschaft, sich allenfalls selbst von den am nächsten stehenden Menschen zu entfernen, begründet sich damit, dass der Puritaner in erster Linie ein (ihm aufgetragenes) *Ziel* anstrebt und nicht nach Gefühlen fragt.[142]

Zweitens: Wenn auch nicht bei Calvin, so doch im Calvinismus des späten 16. und des 17. Jahrhunderts nimmt die Lehre von der Gnadenwahl, die *Prädestinationslehre* - vor allem auch in der hier interessierenden kulturgeschichtlichen Auswirkung - einen zentralen Raum ein.[143] In ihrer "pathetischen Unmenschlichkeit" ist sie zum einen Ursache für eine *innere Vereinsamung* des einzelnen Individuums, da die ewige Seligkeit als rein individuelles und zugleich unabänderlich feststehendes Schicksal begriffen wird[144]; zum anderen resultiert aus dieser *Unsicherheit bezüglich der Errettung* der eigenen Seele das starke Bedürfnis, eine *subjektive Sicherheit über den eigenen Gnadenstand* zu erlangen[145]. Die Intensität dieses Bedürfnisses lässt sich nur verstehen, wenn man

historischen Wirklichkeit scharfe Grenzen zu ziehen, können wir nur bei der Untersuchung ihrer *konsequentesten* Formen hoffen, auf ihre spezifischen Wirkungen zu stossen." Weber (1920), S. 87.

141) Vgl. Arendt (1989).

142) Vgl. Walzer (1965), S. 3.

143) Vgl. Weber (1920), u.a. S. 89. Die Vorstellung der Prädestination findet sich selbstverständlich bereits bei Calvin, doch kommt ihr hier noch nicht dieser Stellenwert zu, genauso wie sie in der ursprünglichen calvinistischen Gemeinde noch kaum von Bedeutung gewesen zu sein scheint.

144) Vgl. Weber (1920), S. 93 f.

145) Vgl. Weber (1920), u.a. S. 130. Biélers Kritik, dass Weber einerseits den Prädestinationsgedanken bei Calvin überbetone und andererseits Calvins Lehren mit den verschiedenen, z.T. erheblich verformten calvinistischen Lehren der späteren Jahrhunderte vermischt habe (vgl. Biéler (1959), S. 494 ff.), muss insofern widersprochen werden, als erstens Weber selbst mehrfach betont, dass hier nicht die theologische Konzeption Calvins zur Prädestination, sondern deren Stellung im späteren Puritanismus zum Anlass der Ueberlegungen genommen wird; So etwa deutlich in dem Satz (Weber (1920), S. 82): "Wir haben es für unsere Zwecke stets mit Seiten der Reformation zu tun, welche dem eigentlich religiösen Bewusstsein als peripherisch und geradezu äusserlich erscheinen müssen." Zweitens kann und will Weber keine nach Strömungen detaillierte theologische Studie verfassen, sondern lediglich untersuchen, "ob und wieweit religiöse Einflüsse bei der qualitativen Prägung und quantitativen Expansion jenes (kapitalistischen; RvR) 'Geistes' über die Welt hin *mit*beteiligt gewesen sind und welche konkreten *Seiten* der auf kapitalistischer Basis ruhenden *Kultur* auf sie zurückgehen"; Weber (1920), S. 83. Webers Untersuchung beruft sich denn auch weniger auf die viel-

sich der Tatsache bewusst ist, dass in jener Zeit das Jenseits in aller Regel ungleich viel wichtiger ist als alle Interessen des diesseitigen Lebens.[146)] Das wichtigste oder gar das einzige Mittel zur Erlangung dieser subjektiven Gewissheit liegt nun nach calvinistischer Lehre in der *rastlosen Berufsarbeit*, wobei eine *systematische Selbstkontrolle* sowie *Unablässigkeit* und *methodisch-beherrschtes Vorgehen* die charakteristischen Attribute und zugleich notwendigen Bedingungen sind. Wohlgemerkt: Diese Intensivierung des Arbeitsverhaltens hat nicht zum Ziel, auf diese Weise - durch die eigene, menschliche Leistung - die eigene Seligkeit zu bewirken oder zu 'erkaufen'; mit ihr soll lediglich jene so ersehnte Gewissheit über die Erlösung im Jenseits angestrebt werden, mit ihr soll diese so beängende existentielle Angst bekämpft werden.[147)] Insbesondere aber bei den einfachen Gläubigen setzt sich darüber hinaus zunehmend die Vorstellung durch, dass eine von Gott gewollte und gleichzeitig auch durch ihn gewirkte Berufsarbeit - wenn denn der Betreffende tatsächlich zu den Erlösten gehört - auch tatsächlich zu sichtbar guten Resultaten führen muss. Zumindest in ihrer sozialen Auswirkung ist mit dem Primat der rationalen und konstanten Berufsarbeit immer auch das Ziel des *wirtschaftlichen Erfolges* und Gewinns verbunden.[148)] In einer eigentümlichen Spannung richtet sich jedoch diese bisher nie dagewesene Betonung irdischer Leistung, diese gestrenge Ausrichtung des gesamten Handelns auf diesseitige, rational bestimmte Ziele in seinem tiefsten Sinn gänzlich auf das Jenseits aus.

---

fältigen theologischen Dogmen und Lehren als auf die aus der Religion abgeleitete *soziale und sittliche Ethik*, die das Alltagsleben massgeblich mitbestimmt haben dürfte. Damit ist auch der zweite zentrale Begriff, die 'protestantische Ethik' sehr spezifisch zu definieren und nicht einfach mit 'Calvinismus' als Theologie gleichzustellen. Der öfters verwendete Oberbegriff 'Puritanismus' ist denn für Weber eine zulässige Zusammenfassung der verschiedenen calvinistischen Kirchen und Sekten, sofern er sich auf deren kaum voneinander zu unterscheidenden Formen und Regeln der ihn massgeblich interessierenden *sittlichen Lebensführung* bezieht; vgl. Weber (1920), S. 84 f.

146) Vgl. Weber (1920), S. 86, 102 f.

147) Vgl. Weber (1920), S. 105, 110 f. Weber betont auch hier, dass für Calvin die Erwählten äusserlich nicht erkennbar sind. Für die späteren calvinistischen Bewegungen und insbesondere im Volksglauben gewinnt aber die Erkennbarkeit des Gnadenstandes eine geradezu ausschlaggebende Bedeutung; vgl. Weber (1920), S. 103 f.

148) Wie sehr und wie lange noch die Lehre der Gnadenwahl die sittliche Lebensführung prägte und dominierte, zeigt sich abermals daran, mit welch durchdringender Wucht die methodistische Erweckungsbwegung in der zweiten Hälfte des 18. und der ersten Hälfte des 19. Jahrhunderts das soziale und kulturelle Leben umwandelte und beherrschte; vgl. Edwards (1935); Sommer (1968); Weber (1920), S. 125.

Drittens: Arbeit stellt innerhalb des christlichen Kulturkreises schon seit langem ein erprobtes Mittel der *Askese* dar.[149)] Darüber hinaus verbindet sich nun aber im Calvinismus dieser eher generelle Anspruch zur Askese mit dem aus der Prädestinationslehre hervorgegangenen *Bewährungsgedanken*.[150)] Unter dem Einfluss des rationalen Charakters dieses Glaubens entwickelt sich hieraus die für die Puritaner charakteristische Hervorhebung der *innerweltlichen Askese*, die - nun von allen Gläubigen in gleichem Masse abverlangt - eine vor allem *plan*mässige Lebensführung und strenge Selbstkontrolle anstrebt.[151)] Es genügt nach diesem Verständnis in keiner Weise, ab und an ein gutes Werk zu vollbringen, und ebenso lassen sich auch nicht - wie etwa nach katholischer Auffassung - die einzelnen Werke zu einer Summe aufaddieren: Das gänzlich auf das Jenseits ausgerichtete Streben und Arbeiten erhält als 'innerweltliche Askese' erst seinen Wert, wenn es mit Systematik und Methode, in ungebrochener Kontinuität und unter strenger Selbstkontrolle erfolgt.[152)] Wo das Diesseits nichts, das Jenseits hingegen alles bedeutet, sind für ein gottgefälliges Leben nur Handlungen vorstellbar, die unmittelbar zum Ruhme Gottes beitragen - und dies ist im rationalen Verständnis des Puritanismus beinahe ausschliesslich die gestrenge Hinwendung zum Beruf. Jedes andere Tun kommt einer gotteslästerlichen Vergeudung der Zeit und der Energie gleich. Ein Ausruhen auf dem so Geschaffenen oder gar der Genuss des angehäuften Reichtums muss daher als sittlich verwerflich abgetan werden.[153)] Die erarbeiteten Mittel sind vielmehr

149) Vgl. Weber (1920), S. 137, 169.

150) Die Prädestinationslehre ist wohl für die 'innerweltliche Askese' des Puritanismus die wichtigste, wenn auch nicht die einzige Begründung; Vgl. Weber (1920), S. 128. Obwohl auch Calvin selbst den Wert der Askese durch Arbeit hervorhebt, warnt er aber auch zugleich vor den Gefahren, wenn diese allzusehr in den Vordergrund geschoben wird: Niemals dürfe die Arbeit nur um der Arbeit willen erfolgen, sondern müsse immer den göttlichen Bezug bewahren; vgl. Biéler (1959), S. 495.

151) Vgl. Weber (1920), u.a. S. 127. Aufgrund der Ueberbetonung der religiösen Bedeutung dieser Form der tätigen Askese und weil diese nicht selten sowohl die Religiosität als auch das tägliche Leben völlig beherrschte, handelten sich die Puritaner z.B. von Seiten der lutheranischen Zeitgenossen auch den Vorwurf der '*Werkheiligkeit*' ein; vgl. ebenda S. 111.

152) Vgl. Weber (1920), S. 114 f. Bezeichnend ist hier schon der Name jener grossen Erweckungsbewegung des 18. und 19. Jahrhunderts: Methodisten. Der *Selbstkontrolle* kommt bei allen protestantischen Gläubigen ein hoher Stellenwert zu: Z.T. in Form einer akribischen, fortlaufenden Buchhaltung 'fühlen' sie sich selbst den 'Puls' und kontrolliert so ihren Gnadenstand; vgl. Weber (1920), S. 123.

153) Vgl. Weber (1920), S. 166. Dass die ununterbrochene Konzentration der Kräfte auf das wirtschaftliche Handeln mit der Zeit eben jenen Reichtum gebiert, der nur allzuleicht zu diesseitigem Genuss verführen kann, wurde schon früh erkannt, weshalb dem nach Kräften entgegenzuwirken war. Weber zitiert hierzu eine ausführliche Textpassage, in

solcherart wieder wirtschaftlich einzusetzen, dass mit noch mehr Erfolg die gottgewollte und durch Gott bewirkte Arbeit weitergeführt werden kann. Psychologisch verstärkt wird diese totale Hinwendung zur Berufsarbeit in Form einer 'innerweltlichen Askese' durch die unerbittliche Vorstellung, dass es für den Menschen unmöglich ist, auch nur eine einmalige Verfehlung wieder gut zu machen; daher auch die Betonung, dass die Arbeit systematisch und ohne Unterlass zu erfolgen habe.[154)] So verlangt "der Gott des Calvinismus (..) von den Seinigen nicht einzelne 'gute Werke', sondern eine zum *System* gesteigerte Werkheiligkeit", in der der 'Heilige' bei all seinem - durch und durch irdischen - Tun sich aber immer nur das Jenseits vor Augen hält.[155)]

Der zeitweilig geradezu an Raserei grenzende Kampf der Puritaner gegen alles, was mit Genuss und Vergnügen, mit Spiel oder mit Musse in Verbindung gebracht werden konnte, gegen alle kulturellen wie traditionellen Feste, Veranstaltungen und Feiertage, deren Verwerflichkeit für sie ausser Zweifel stand, kann somit damit erklärt werden, dass solches, weil unnütz, irrational und unproduktiv, nur von der eigentlichen Bestimmung und von der geordneten Lebensführung der 'Heiligen' ablenkt.[156)] Da nämlich fast ausnahmslos nur in der methodischen, ertragsorientierten Berufsarbeit sowohl der Wille als auch das Wirken Gottes zum Ausdruck kommen kann, muss alle Zeit des kurzen Erdenlebens genutzt werden zur Arbeit im Dienste und zur Mehrung Gottes Ruhm; diesem Anspruch entsprechend wird die Zeit unendlich kostbar und jegliche Tätigkeit, die nicht gottgefällige Arbeit sein kann, stellt somit eine gröbliche *Zeitverschwendung* dar - in diesem Verständnis eine der ersten und schlimmsten Sünden.[157)] "Mit der Zeit rechnen" oder der schon geradezu utilitaristische Grundsatz, "die Musse nutzen, um danach besser arbeiten zu können", sind in

der der Begründer des Methodismus Wesley klarsichtig die Gefahr beschreibt, wie aus Sparsamkeit und Fleiss leicht auch Stolz und Weltliebe entstehen kann; vgl. ebenda S. 195 ff.

154) Vgl. Weber (1920), S. 97, 123. Der Gedanke der Beichte, Busse und Vergebung wird zeitweilig gänzlich verworfen. Unerbittlich wird von einem Puritaner das - bereits schon früher bekannte - Bild eines buchführenden Gottes zu dem eines knausrigen Krämers überzeichnet: Wer bei ihm mit seinem Verhalten "einmal in die Kreide geraten ist, wird mit dem Ertrag all seiner eigenen Verdienste allenfalls die auflaufenden Zinsen, niemals aber die Hauptsumme abtragen können"; ebenda S. 123.

155) Vgl. Weber (1920), S. 114, 144.

156) Vgl. Weber (1920), S. 184; Sennett (1983), S. 154. Zum Kampf der Puritaner gegen Feste und Vergnügungen vgl. ausführlich auch Quinlan (1941), S. 51 ff.

157) Vgl. Weber (1920), S. 167 f., 183 ff. Zur utilitaristisch-ökonomischen Vorstellung 'Zeit ist Geld', als einer säkularisierten Form des puritanischen Gedankens, bedarf es nur noch eines kleinen Schrittes.

England bereits im späten 17. Jahrhundert verbreitete Ermahnungen seitens der puritanischen Geistlichen.[158)]

Die sittliche Orientierung des Lebens an einer strengen Berufsdisziplin kann, neben dem religiösen Bezug, ebenfalls als Reaktion auf den damaligen *Zerfall der sozialen Strukturen* verstanden werden. In der daraus resultierenden Desorientierung finden die Menschen gerade deshalb Halt im Puritanismus, weil hier über eine handlungsweisende Disziplin Diesseits und Jenseits von neuem miteinander verbunden werden.[159)] Der Kampf der Puritaner gegen Faulheit und Sittenlosigkeit kennt somit durchaus auch innerweltliche Motive: Erstens versuchen sich die betreffenden Menschen selbst aus dem Chaos und dem damit verbunden Sog in eine abgrundtiefe Desorientierung herauszuheben; darüber hinaus streben sie aber zweitens auch darnach, über Erziehung und Disziplinierung der Mitmenschen eine Gesellschaft zu schaffen, in der nichts als göttliche Ordnung herrscht.[160)] Die gewissenhafte Arbeitsmoral steht aber bei beiden Anliegen im Mittelpunkt: "Puritans discoverd in work the primary and elemental form of social discipline, the key to order, and the foundation of all further morality."[161)]

Nochmals sei hier aber daran erinnert, dass Max Weber niemals beabsichtigte, puritanische Glaubensinhalte in irgend einer Form mit dem kapitalistischen Gebaren gleichzusetzen. So betont er, dass - vorab der alte - Protestantismus nichts zu tun hat mit dem, was heute etwa *Fortschritt* oder Weltbezogenheit genannt wird.[162)] Weil aber zu jener Zeit die dominierende Stellung des Jenseits und der Religion sowohl das gesamte Selbst- und Weltverständnis als auch die Art der sittlichen Lebensführung umfassend prägten, glaubt Weber, dass im religiösen

158) Vgl. Bendix (1960), S. 282.

159) Vgl. Walzer (1965), S. 200 ff.

160) Vgl. Walzer (1965), S. 209. Dabei stützen sie sich jedoch *nicht* auf eine spezielle soziologische oder ökonomische Theorie

161) Walzer (1965), S. 211. Aus diesem Grund ist Walzer weiter davon überzeugt, dass gerade aufgrund des Erfolges der Puritaner bei der Durchsetzung der Disziplin in einer breiten Bevölkerungsschicht in England ein alles unterwerfender Leviathan weit weniger nötig war, als in anderen Ländern Europas; vgl. ebenda, S. 204.

162) Vgl. Weber (1920), S. 29. Dies kommt bereits mit der ursprünglichen Bedeutung des Begriffes 'Reformation' zum Ausdruck: In der Reformation wird generell ein *Wieder-Herstellen*, ein *Wieder-in-Form-Bringen*, Erneuerung und Restauration der alten, als richtig und rein angesehenen Ordnung angestrebt. Erst viel später verbinden vorab die Puritaner mit dem Begriff 'Reformation' allgemein ein Streben nach Veränderung und Verbesserung, die z.T. in geradezu revolutionärem Umbruch angestrebt wird. Vgl. Walzer (1965), S. 11 f.

Glauben (also nicht unbedingt in der offiziellen Lehre) und, stärker noch, in der Praxis des gläubigen Lebens des Puritanismus *wichtige psychologische Antriebe* enthalten sind, "welche der Lebensführung die Richtung wiesen und das Individuum in ihr festhielten"[163]. Bezüglich der Entstehung und Verbreitung des kapitalistischen Geistes interessiert sich denn Weber auch vornehmlich für die Wirkung, welche die *subjektive* Aneignung der asketischen Religiosität auf die individuelle wie soziale Lebensführung gehabt haben musste.[164]

Hier nun kann ein bedeutsamer Zusammenhang festgestellt werden: Nicht nur förderte die 'innerweltliche Askese' die Kapitalbildung, sondern es wandelte vor allem die Arbeit in eine *Erwerbsarbeit*, der insofern eine unvermittelte Eigenständigkeit zukommt, als sie nicht mehr in erster Linie zur Deckung der irdischen Bedürfnisse dient und sie sich auch nicht mehr zur Hauptsache an einer wie auch immer gearteten realen Aufgabe ausrichtet. Zwar richtet sich der puritanische Berufs- und Arbeitsethos nach dem Jenseits aus und die Systematisierung und Intensivierung der Arbeitsleistung bezweckt eine Erlangung von Heilssicherheit, doch bedeutet dies letztendlich für die Arbeit selbst, dass sie in der Form der Berufs- oder Erwerbsarbeit *Selbstzweck* ist - Nutzen, Form und Inhalt der Arbeit haben, wenn überhaupt, nur sekundäre Bedeutung.[165] Die Betonung der Askese in der Arbeit sowie deren gänzliche Ausrichtung auf das Jenseits entkleiden sie jeglichen diesseitig-weltlichen Reizes und Sinnbezuges; in grauer Nüchternheit kennt einen Sinn oder Wert nur die berufliche Arbeit, weil sie *als solche* gottgewollt ist.[166] Die Hingabe an eine derart abstrakte Arbeit, die ja dank der Ausrichtung auf das Jenseits dennoch eine 'innere' Motivation findet, stellt die beste Voraussetzung dar für die in der kapitalistischen Industrie mehrheitlich praktizierte Arbeitsweise. Nicht nur verleiht der Puritanismus mit seinen sittlichen Konzeptionen der methodischen Arbeitsleistung und dem Erwerbstrieb einen psychologisch wirkungsvollen, eigenständigen Stellenwert[167], sondern er schafft darüber hinaus die psychologischen wie auch ko-

163) Weber (1920), S. 86. Bezüglich des Festhaltens ist hier vor allem auch Webers These interessant, dass gerade die späte Blüte des Methodismus im 18. und 19. Jahrhundert eine zu frühe allgemeine Verbreitung des diesseitsorientierten Utilitarismus verhinderte, der kaum längerfristig den Genuss des Erarbeiteten hätte unterbinden können und damit niemals eine derart verändernde Wirkung hätte haben können; vgl. ebenda S. 125.

164) Vgl. Weber (1920), S. 161.

165) Vgl. Weber (1920), S. 171, 175, 183 ff.

166) Vgl. Weber (1929), S. 200 f. (FN 4).

167) Die 'innere' Verpflichtung gegenüber dem Vermögen, die Verpflichtung auch zum Erwerb, die Weber beide als zentrale kapitalistische Eigenschaften bezeichnet, finden im

gnitiven Voraussetzungen für die - auch in der Industriearbeit so wichtige - Bereitschaft, das eigene Leben und die eigene Arbeit Zwecken unterzuordnen, die - wenigstens unmittelbar - nicht die persönlich eigenen sind.[168)] Und eine so verstandene Arbeit erfordert von sich aus eine konstante, unterbruchslose und (selbst-)disziplinierte Hingabe - ohne Wenn und Aber aufgrund allfälliger persönlicher Ziele, Vorstellungen oder Bedürfnisse.

5.1.4.2. Methodismus und Arbeitsethik in den Unterschichten

Selbst Kritiker der Weberschen These kommen nicht umhin, einen Zusammenhang zwischen den ökonomischen Erscheinungen des 17. und 18. Jahrhunderts und den religiös-sittlichen Konzeptionen der Puritaner jener Zeit einzugestehen.[169)] Mit der z.T. grossen Verbreitung der verschiedenen Bewegungen verbreitet sich auch das rational-asketische Lebensverständnis und -gebaren, während der religiöse Eifer nicht nur die gläubigen Individuen und Gemeinden in ihrer sittlichen Lebensführung bestärkt und unterstützt, sondern auch massgeblich zu den Gründungen der mannigfachen Gesellschaften 'zur Förderung der allgemeinen Sittlichkeit' beiträgt und zunehmend auch die öffentliche Meinung prägt.

Dabei zeigt sich bereits Weber überrascht, dass eine so harte Lehre von der Prädestination bei ihren Anhängern nicht, ob der unabänderlichen Vorbestimmung ihres Schicksals, eine allgemeine Lethargie auslöste, sondern diese psycholo-

---

asketischen Protestantismus ihre *konsequente ethische Unterlage*; vgl. Weber (1929), S. 189 f.

168) Vgl. Fromm (1945), S. 85. Nachdem der Mensch erst einmal bereit ist, nichts anderes sein zu wollen, als Mittel zur Verherrlichung Gottes, und seine Arbeit ausschliesslich dessen Willen unterzuordnen und darin nur noch in Bezug auf ein Jenseits eine geradezu abstrakte Bedeutung sehen zu wollen (Arbeit darf ja weder an sich Freude oder Erfüllung, noch darf deren Produkt Genuss sein), ist auch der ursprüngliche Sinnbezug der Arbeit und deren unmittelbare Einheit mit dem Arbeitenden soweit durchbrochen, dass sich der Arbeiter auch dem Willen eines (anonymen) Arbeitgebers oder gar dem Sachzwang einer industriellen Organisation unterwerfen kann. Ohne grösseren Widerstand, ja selbst ohne entsprechende weitergehende Reflexion sind Arbeiter wie auch Arbeitgeber bereit, sich als - je nachdem kleinere oder grössere - Rädchen in einen riesigen Wirtschaftsapparat einzuordnen - nicht, weil dies erwiesenermassen dem persönlichen Glück förderlich ist, sondern aus Sachzwang!

169) Vgl. Biéler (1959), S. 493 ff. Interessant ist hier aber zugleich auch die Gegenthese, dass nicht der Puritanismus der Entwicklung des Kapitalismus besonders förderlich war, sondern vielmehr die totale und autoritäre Gegenreformation in ihren Gebieten die bereits seit langem eingesetzte kapitalistische Entwicklung nachhaltig zunichte machte; vgl. hierzu Lüthy (1973), S. 25 f.

gisch geradezu in eine Uebersteigerung der Arbeitsintensität umgelenkt wurde. Wie oben gezeigt, ist dies massgeblich auf die zur Prädestination hinzugefügten Gedanken der Bewährung und der Askese zurückzuführen. Mag dies aber auch die Motivation einer bürgerlichen Mittelschicht erklären, deren sichtbarer wirtschaftliche Erfolg tatsächlich als Bewährung gewertet werden kann[170)], so fällt dies bezüglich der Situation der Fabrikarbeiter umso schwerer: Denn insbesondere, wenn der Prädestinationsgedanken - zwar nicht bei Calvin selbst, aber ausdrücklich bei den späteren Puritanern - mit der alttestamentarischen Vorstellung, dass Gott die Seinigen als die Erwählten auch und gerade in diesem Leben und speziell sogar in materieller Hinsicht zu segnen pflege, verschmilzt und im Alltäglichen sogar erhebliche Bedeutung erlangt[171)], so kann sich hieraus für jene Arbeiter, die sich - ohne Hoffnung auf grösseren Erfolg - mühsam für einen kargen Lebensunterhalt abzukämpfen haben, wohl kaum eine Selbsttragende, motivierende (Arbeits-)Ethik entwickeln.

Wo im Puritanismus über weite Strecken wirtschaftlicher Ertrag und Erfolg, ja die schiere *Profitlichkeit*[172)] - explizit oder implizit, von der Lehre bestätigt oder solcherart nur in der Vorstellungswelt einer gläubigen Mehrheit verankert - den ausschlaggebenden Masstab für Gottgefälligkeit und Gnadenstand darstellen, kann die Profitlosigkeit und das Elend der Arbeiter eigentlich nur als Ausdruck mangelnder Gnade gewertet werden - und zwar sowohl von den bessergestellten Mitbürgern als auch von den Arbeitern selbst. Damit aber muss sich die Hoffnungslosigkeit über die eigene Lage bei den Arbeitern über das diesseitige auf das jenseitige Leben ausdehnen; zu erwarten sind Apathie und Fatalismus - und viele Phänomene und Verhaltensweisen in den Unterschichten jener Epochen lassen sich auch unter diesem Aspekt erleuchten.

---

170) Als erstes erwuchs aus dem Puritanismus ein "spezifisch *bürgerliches Berufsethos*"; Weber (1920), S. 198. Aufgrund der offensichtlichen Bewährung der Händler und Fabrikbesitzer in wirtschaftlicher Hinsicht, dienen vorab die späteren puritanischen Lehren des öfteren auch der ideologischen Verschleierung bereits sehr profaner, diesseitiger Eigeninteressen und der Rechtfertigung für das überaus harte Vorgehen der meisten Fabrikbesitzer und Vorarbeiter gegen die Unterschichten: so dient die puritanische Ethik, wo im Bürgertum bereits das utilitaristische Eigennutzdenken das Handeln bestimmt, noch lange nach aussen als Mittel zur sittlichen Verschleierung und Legitimierung des eigenen Tuns und nach innen in Form jenes berühmten Ruhekissens zur Besänftigung des Gewissens; vgl. Thompson (1987), S. 384.

171) Vgl. Weber (1920), S. 180.

172) Vgl. Weber (1920), S. 175.

Wenn jedoch die obigen Ausführungen über die Stellung und die Bedeutung der Religion - einerseits als Katalysator des Denkens und Fühlens ganz generell und andererseits als Orientierungsmuster für das individuelle wie auch für das soziale Alltagsleben - Bestand haben sollen, so müssten sich in der Religion Antriebskräfte finden lassen, die auch beim Fabrikarbeiter jene selbsttragende, eigenständige Arbeitsethik fördern und nachhaltig stützen, deren die Industrieproduktion so nötig bedarf. Denn weil in jenen Jahrhunderten der Gedanke an ein Jenseits so absolut beherrschend war und sowohl das gesamte Denken als auch die Sittlichkeit dominierte, liess sich nach Weber keine sittliche Erneuerung realisieren, ohne einen wirksamen Bezug zu diesem Gedanken, den er als eine 'alles überragende Macht' einstuft.[173)] Soll dieser Bezug nun aber nicht einer anderen Religion - sozusagen einer Religion für Unterschichten - zugeschrieben werden, so muss der Puritanismus selbst - neben seinen rein rationalen und geradezu elitären Komponenten - Glaubensinhalte, Dogmen und Orientierungslinien hervorbringen, die auch die sozialen Unterschichten erreichen und einbinden können. Für viele Autoren steht denn auch fest, dass die Akzeptierung der Zeit- und Arbeitsdisziplin und die eigentliche Internalisierung einer Arbeitsethik - als 'Arbeit um der Arbeit willen' - bei der Arbeiterschaft ebenfalls nur unter dem mächtigen Einfluss des Puritanismus zu erklären sei.[174)] Für Braun etwa stellt "die intensive volkstümliche Rezeption des protestantischen Arbeitsethos und ihre Nachhaltigkeit (..) eines der erstaunlichsten Phänomene der Neuzeit"[175)] dar.

Im Falle Englands lässt sich dieses Phänomen - zusammen mit dem Einfluss verschiedener, kleinerer nonkonformistischen Sekten und der evangelistischen Erweckungsbewegung - massgeblich auf das Wirken und das Glaubensverständnis des *Methodismus* zurückführen.[176)] Als mächtige religiöse Bewegung der zweiten Hälfte des 18. sowie des 19. Jahrhunderts prägt der Methodismus ganz entschieden das gesamte soziale und kulturelle Leben zumindest der sozialen Mittel- und Unterschichten. Von allem Anfang an ist eines der Ziele des Methodismus die *Mission der Massen*; Erfolg und Auswirkungen dieses Ansinnens lassen sich anhand der weiten Verbreitung dieser Kirche nach 1790 in

173) Vgl. Weber (1920), S. 86.
174) Vgl. u.a. Ried (1979), S. 281; Thompson (1973), S. 97 ff.; Thompson (1987), S. 379 ff.
175) Braun (1960), S. 185.
176) Vgl. über den Methodismus ausführlich Edwards (1935); Sommer (1968); Semmel (1974).

ganz England abschätzen.[177] Bezüglich der Glaubensinhalte muss dieser Erfolg massgeblich auf die erhebliche Abschwächung der dogmatischen Fundamente der calvinistischen Askese zurückgeführt werden: Vorab die Lehre vom Gnadenstand und hier insbesondere die Vorstellung dessen unabänderlicher Vorbestimmung wird stark relativiert und z.T. sogar ganz aufgegeben.[178] Neben den Gedanken des Erwerbes und dem Streben nach subjektiver Sicherheit über den persönlichen Gnadenstand auf der Grundlage von wirtschaftlichem Erfolg findet sich nun im Calvinismus auch die Vorstellung der *Bewährung des Glaubens im beruflichen Alltagsleben* als eine zusätzliche Dimension insbesondere für 'normale' Gläubige.[179] Mit wenigen Ausnahmen - die Beschäftigung der aristokratischen Rentiers, Diener und Hausgesinde usw. - erlangen somit im späteren Puritanismus alle Berufe eine spirituelle Gleichwertigkeit vor Gott[180]: Die Bedeutung der innerweltlichen Askese und ihre intrinsische Motivation kann nun auch den einfachen Arbeiter erreichen, da nicht mehr nur der hiermit zu erreichende Profit, sondern ebenso das Streben selbst, *das ununterbrochene, methodische, hingebungsvolle und selbstbeschränkende Arbeiten* in Gottes Augen einen würdigen Glaubensakt darstellt. Indem so aber die ursprünglich harte, rationale Prädestinationslehre weitgehend durch die Doktrin einer *allgemeinen Gnade* ersetzt wird, beinhaltet die puritanische Glaubenslehre nun erstmals auch *emotionale Charakteristika*: Der Methodismus ist somit nicht mehr nur eine Religion des Verstandes, sondern auch wieder teilweise des Herzens.[181]

Aufgrund dieser Erweiterung der puritanischen Lehre erzielt der Methodismus erstmals auch einen grossen Erfolg als *Religion des Proletariats*: Bis anhin standen die sozialen Erfahrungen des einfachen (Fabrik-)Arbeiters in gröbstem Widerspruch mit den sittlichen Ansprüchen der puritanischen Lehre, weshalb er sich kaum zu den 'Auserwählten' zählen konnte; der emotionalere, nicht mehr zentral von einem unabänderlichen Gnadenstand, sondern verstärkt von einer göttlichen Gnade ausgehende Methodismus hingegen vermag nun auch den sozialen Unterschichten - trotz ihrer schlechten sozialen Stellung und trotz ihrer wirtschaftlichen Erfolglosigkeit - eine gewisse Geborgenheit und Halt zu schen-

177) Vgl. Weber (1920), S. 146; Thompson (1987), S. 380.
178) Vgl. Weber (1920), S. 145 ff.
179) Vgl. Weber (1920), S. 120.
180) Vgl. Walzer (1965), S. 214.
181) Vgl. Weber (1920), S. 146; Thompson (1987), S. 392.

ken. Die neuerliche Möglichkeit, auf eine Gnade Gottes hoffen zu können, vermag insofern mit dem harten Leben zu versöhnen, als nun auch für einfache Menschen das noch immer so wichtige Jenseits offen steht. Aber bereits auch im diesseitigen Leben vermittelt der Methodismus bezüglich der neuen Lebensbedingungen in der Industrie durchaus passende Sinnbezüge und Lebensorientierung, die mit den alltäglichen Erfahrungen übereinstimmen. Insgesamt ist der Methodismus zu einem beachtlichen Teil Ursache dafür, dass die Industriearbeiter in dem gewandelten sozialen und wirtschaftlichen Umfeld einerseits aus ihrer immer grösseren sozialen Isolierung ausbrechen können und andererseits wieder zu einer gewissen Selbstachtung zurückfinden.

Gleichzeitig - und dies mag vorerst erstaunen - findet der Methodismus ebenso Verbreitung in den sozialen Mittelschichten, bei Unternehmern und Vorarbeiter. Zum einen dienen die methodistischen Glaubenssätze und sittlichen Vorstellungen hier oftmals als nützliche *ideologische Rechtfertigungen.* Zum anderen liefert der Methodismus dankbarerweise gerade jene psychischen Komponenten, anhand derer erst eine anhaltende *Unterwerfung* und *Disziplinierung* der Arbeiterschaft durchzusetzen ist.[182)] Mit ihren vielfältigen und engagierten Aktivitäten "zur Hebung der öffentlichen Moral und zur Förderung der Loyalität des mittleren Standes ebenso wie zur Förderung der Unterordnung und des Fleisses in den unteren Schichten der Gesellschaft"[183)] erregen die Methodisten bereits bei ihren Zeitgenossen viel Aufsehen und stossen mit ihnen - wie bereits anhand der Schulbildung dargestellt -, je nach den betreffenden Anschauungen und Interessen, auf durchaus unterschiedliche Reaktionen.

Worauf aber begründet sich diese, auf den ersten Blick geradezu gegensätzliche Wirkung und Bedeutung des Methodismus? Wie kann eine Religion gleichzeitig für die einen zur ideologischen Rechtfertigung ihres Tuns dienen und den durch dieses Tun betroffenen Menschen Halt, Orientierung und Selbstwertgefühl vermitteln? Was hier auf den ersten Blick als Widerspruch erscheint, ergänzt sich in

---

182) Vgl. Thompson (1987), S. 384. An anderem Ort bezeichnet Thompson deshalb den Methodismus - zusammen mit den nonkonformistischen Sekten - als die *wichtigsten Komplizen bei der Arbeitsdisziplinierung*; vgl. ebenda S. 377 f. Zur ideologischen Rechtfertigungskraft des Puritanismus sogar zeitlich über dessen Wirkungsraum hinaus schreibt Weber: "Was jene religiös lebendige Epoche des 17. Jahrhunderts ihrer utilitaristischen Erbin vermachte, war (..) eben vor allem ein ungeheuer gutes - sagen wir getrost: ein *pharisäisch* gutes - Gewissen beim Gelderwerb, wenn anders er sich nur in legalen Formen vollzog." Weber (1920), S. 198.

183) Thompson (1987), S. 384.

Wirklichkeit vielmehr zu einem ganzen, in sich geschlossenen Gedankengebäude, das bezüglich Sinngebung, Welt- und Selbstverständnis - sowohl der Mittel- als auch der Unterschichten - erstaunlich gut mit den alltäglichen Erfahrungen harmoniert. Im Mittelpunkt steht dabei die neuerliche Vorstellung einer allgemeinen Gnade Gottes, die jedoch wiederum mit dem calvinistischen Streben um subjektive Gewissheit über den eigenen Gnadenstand untrennbar verbunden bleibt. Daher bleibt auch die *innerweltliche Askese*, trotz der weitgehenden Aufgabe der Vorstellung einer unabänderlichen Prädestination, weiterhin determinierende Motivation menschlichen Handelns - nun aber auch bei den Unterschichten. Denn: In Anbetracht der göttlichen Gnade verlieren die *Ergebnisse* menschlicher Werke ihre ausgrenzende Bedeutung als Zeichen der Erwähltheit; an Stelle von Erfolg und Gewinn tritt nun *das lautere Streben* des Menschen, sein Verhalten selbst, mittels dem er sich für die göttliche Gnade für würdig erweisen kann. Nicht mehr ausschliesslich an den Ergebnissen zeigt sich der Gnaden*stand*, sondern bereits auch "eine methodische Disziplin in allen Lebensbereichen"[184] kann den Betreffenden, vorab aus den Unterschichten, in den Genuss der göttlichen Gnade bringen. Dabei steht wiederum die produktive Arbeit im Mittelpunkt; jedoch nicht mehr mit dem, den Fabrikarbeiter ausschliessenden Bezug auf das Ergebnis, sondern unter einem Verständnis der *Arbeit als reiner Akt der Tugend.* Die Methodisten betonen, dass *treue Arbeit* selbst bei niedriger Entlöhnung - sofern das Leben für den Betreffenden nichts besseres bereithält - ebenfalls Gott höchst wohlgefällig sei.[185] So wird die bewusste, selbstdisziplinierte und methodisch-stetige Arbeit als Beruf für den Fabrikarbeiter zum wichtigsten, ja einzigen Mittel, um bezüglich des Lebens im Jenseits eine gewisse Sicherheit zu erlangen.

Die Motivation zur Arbeit als Beruf, zur Arbeit letztlich um ihrer selbst willen, zu einem *Arbeitsethos* für Fabrikarbeiter, die mit ihrer Arbeit auf dieser Welt kaum jemals wirklich durchschlagenden Erfolg haben können, wird zudem verstärkt durch die Bedingungen, die an die Gnade Gottes geknüpft sind. So kann die Gnade Gottes auf keinen Fall durch 'gute Werke' eines sterblichen Menschen 'erkauft' werden; aufgrund der grossen Gefahr, dass sich eine solche Vorstellung

184) Thompson (1987), S. 394.

185) Vgl. Weber (1920), S. 200. Selbst ein in Armut lebender Mensch kann nun ein gottgefälliges Leben führen, sofern er nur *tüchtig* ist, sein Schicksal in Demut erträgt und trotz aller Widrigkeiten unentwegt weiterarbeitet. Zugleich heldenhaft wie auch süsslich verklärt wird in der Bildsprache der unzähligen Erbauungsgeschichten das hehre Bild des 'industrious poor' gezeichnet; vgl. Walzer (1965), S. 216.

im Volk durchsetzen könnte, wird ein solches Ansinnen als eine der schlimmsten Versuchungen verurteilt. Nicht Werke machen die Gottgefälligkeit eines Lebens aus, sondern das Werken an sich, oder: das gesamte Leben als ein einzig Werk. In Demut und in weltlicher Genügsamkeit kann der Mensch in seiner Sündhaftigkeit auf die Gnade Gottes - als *ein Geschenk der Vergebung* - hoffen, indem er unbeirrbar, fleissig und diszipliniert sein Leben der Berufsarbeit widmet. "Von allen Wegen zur Erhaltung der Gnade (ist) der wichtigste das Aufsichnehmen der Arbeit selbst, wie niedrig und unerfreulich sie auch immer sein (mag)."[186)] Eine nachhaltige Wirkung zeigt hierbei die Vorstellung, dass ein Rückfall in sündiges Leben kaum je wieder gutzumachen sei: Auf göttliche Gnade und Vergebung der Sünden kann der Mensch nur hoffen, wenn er ununterbrochen und ohne Unterlass in ergebenem Arbeitseifer sein Leben in den Dienst von Gottes Ruhm stellt.[187)] Hingegen nicht freiwillig arbeiten zu wollen, nicht freiwillig ohne Unterlass strebsam sein zu wollen, ist ein allzu deutliches und zermürbendes Zeichen dafür, dass es an göttlicher Berufung fehlt.[188)]

Doch bedeutet dies, dass damit emotionale und geistige Energien bereits in den innersten Bereichen des Menschen unterbunden, und jede Form der Spontaneität verhindert wird.[189)] Unterwerfung, ja eigentliche Selbstverleugnung wird den Menschen als Heilsweg gepredigt, und mit Nachdruck verurteilt die methodistische Kirche jeden Charakterzug, der sich äusserster Unterwerfung zu widersetzen scheint, als Zeichen jener gefährlichen 'Verhärtung des Herzens', die den Empfang der göttlichen Gnade gefährdet. Während hierin wohl die sinnhafte und wertmässige Motivation einer verinnerlichten Arbeitsethik zu entdecken ist,

186) Vgl. Meyer (1982), S. 150.
187) Bis zum Ueberdruss wird in Erbauungsgeschichten darauf hingewiesen, dass erst gegen Ende eines, trotz der grossen Widrigkeiten, in Fleiss, Demut und Gottesfürchtigkeit begangenen Lebens jene erlösende Gewissheit über das persönliche Seelenheil zu erlangen sei, was in den vielen Darstellungen der - nach hartem, aber rechtschaffen geführten Leben - glückseligen Sterbebettszenen in belehrender und ermahnender Absicht vorgeführt wird. Vgl. Weber (1920), S. 147; Thompson (1973), S. 99.
188) Vgl. Walzer (1965), S. 218.
189) Vgl. Meyer (1982), S. 151. Mit dem dominierenden Bezug auf das Jenseits wird jeglicher Disseitigkeit abgesprochen, handle es sich dabei um die Bedeutung des Arbeitsinhaltes oder um dessen weltlichen Zweck; weder irdischer Genuss in der Arbeit noch solcher durch die Arbeit dürfen angestrebt werden oder dürfen auch nur das Handeln beeinflussen. Selbstverständlich muss dabei alles, was in irgend einer Form mit Spiel zu tun hat, also mit sich selbst und um seiner selbst willen erfolgt und damit nicht ausschliesslich auf dieses - ausserhalb liegende - Ziel der Mehrung Gottes Ruhm durch Arbeit als reiner Akt der Tugend ausgerichtet ist, endgültig verworfen und aufgegeben werden.

so hilft die sehr reale und permanente Androhung eines Ausschlusses aus der Kirche diese Arbeitsethik auch tatsächlich und entgegen aller irdischen Verlockungen stets zu befolgen.[190)] Mit der starken Motivation durch die Verheissung der Errettung im Jenseits erlangt die Arbeit als Beruf letztendlich für den Arbeiter eine ebenso grosse Bedeutung wie die Arbeit zum Erwerb für den Unternehmer, wird die Berufsarbeit für ihn zum charakteristischen Merkmal.[191)]

Mit dem Methodismus finden religiöse Weltanschauung, soziale Einbindung und wirtschaftliche Alltagserfahrung zu jener konzeptionellen Geschlossenheit zusammen, dass es darob auch beim (Fabrik-)Arbeiter zu einer tiefen Verinnerlichung jener 'Christenpflicht zu Arbeit'[192)], zu jener Gesinnung kommen konnte, die in einer 'Arbeit um ihrer selbst willen' Ziel und Aufgabe des Lebens sieht - oder schlicht eine nicht weiter zu hinterfragende Realität anerkennt. Die neue Arbeitsdisziplin, die sich letztlich nur an sich selbst bemisst - oder an der lediglich abstrakten Grösse einer erbrachten Leistung -, scheint tatsächlich internalisiert worden zu sein.[193)] Sie bildete die Voraussetzung, dass sich die Industrie im 19. Jahrhundert endgültig durchzusetzen vermochte und daraufhin ihre Entwicklung diesen einmaligen Verlauf nehmen konnte.

5.1.4.3. Die säkularisierte Arbeitsmoral und ihre permanente Gefährdung

In einer Zeit umfassender und tiefschürfender Veränderungen auf beinahe allen Ebenen menschlichen Lebens kann die Bedeutung eines wieder- bzw. neugefundenen Haltes nicht hoch genug veranschlagt werden. Wenn althergebrachte Bindungen, Werte, Verhaltensweisen und Einstellungen zusehends an Geltung verlieren und zerbrechen, wird die Gefahr eines alles zerstörenden *sozialen Chaos* schnell in aller Deutlichkeit offenkundig. Aber ebenso auf der individuell-persönlichen Ebene drohen in einem solchen Umfeld die Abgründe allgemeiner *Halt- und Orientierungslosigkeit*, zwischen denen nicht zuletzt auch jegliche

---

190) Schon bei relativ kleinen Verfehlungen kann dem Arbeiter der Ausschluss aus der Methodistengemeinde drohen. Damit verliert er aber nicht nur den kirchlichen Bezug zum Jenseits, sondern er sieht sich aus der einzigen Gemeinschaft ausgeschlossen, die ihm in einer durchaus feindlichen sozialen Umwelt so etwas wie Geborgenheit, Schutz, Halt und Selbstvertrauen vermittelte.

191) Vgl. Weber (1920), S. 201.

192) Vgl. Bendix (1960), S. 95.

193) Vgl. Thompson (1973), S. 100.

Form der Hoffnung ersticken muss. Angesichts der grossen und durchaus realen Gefahren, die ein tiefgreifender ökonomischer, kultureller und sozialer Umbruch für die Gesellschaft wie für den einzelnen mitsichbringt, werden die Hartnäckigkeit, die Verbissenheit und der enorme Einsatz verständlich, mit dem verschiedenste - meist religiöse oder religiös-moralisch motivierte - Gruppierungen ihre Vorstellungen des Zusammenlebens und der hierzu 'richtigen' Werte zu verbreiten und durchzusetzen suchten.

Verständlicher wird vor diesem Hintergrund aber gleichzeitig auch die *Bereitschaft zur Rezeption neuer Werte* und Einstellungen, und - einmal gefunden - die *Entschlossenheit*, mit der an ihnen danach festgehalten wird. Bedingung hierfür ist jedoch, dass die neue Sicht der Welt und die damit verbundenen Werte und Verhaltensnormen es dem einzelnen ermöglichen, *auf die neuen Verhältnisse zu reagieren und im neuen Umfeld zu bestehen*. Die gesuchten und dann auch angenommenen Wert- und Sinnmuster müssen ihm erlauben - oder ihm wenigstens glaubwürdig versprechen -, in einer völlig gewandelten Welt, in und mit dieser, mit den Mitmenschen, aber auch mit sich selbst, leben zu können.

Spätestens mit dem *Methodismus* finden auch die sozialen Unterschichten in breitem Masse einen so geschaffenen Halt, einen - bezogen auf ihre alltäglichen Erfahrungen - akzeptablen Sinn und für ihr Verhalten die nötige Orientierung. Was für das Leben allgemein gilt, trifft auch für den hier interessierenden Aspekt der Arbeit zu: Nachdem die ursprüngliche Motivation und Sinnerfahrung, die Unmittelbarkeit des Bezuges - in der zu bewältigenden Aufgabe einerseits und in der sozial-kulturellen Einbettung der Arbeit andererseits - in der Industrialisierung immer mehr abhanden gekommen ist, tritt an ihre Stelle eine religiös getragene Arbeitsmoral, füllt ein abstraktes und nun völlig eigenständiges Verständnis von Arbeit das entstandene Vakuum aus. Arbeit als Tätigkeit oder als Prozess, nicht aber als Inhalt, tritt an zentrale Stelle des Lebens; die Arbeit selbst, das Tätigsein an sich - aber immer weniger die in der Arbeit mögliche Auseinandersetzung mit sich und der Umwelt oder die mit ihr unmittelbar angestrebten Zwecke - wird im letzten zum eigentlichen Sinn des Lebens.

Im Rahmen der 'innerweltlichen Askese' werden der Arbeit sowohl ein Stellenwert als auch handlungsleitende Qualitäten beigemessen, die exakt den Anforderungen einer industriellen Produktion und Arbeitsweise entsprechen: In diesem

Sinne wird ein Leben erst positiv beurteilt, wenn es von Arbeit geprägt ist, von ungebrochenem Fleiss und Selbstdisziplin und in Ordentlichkeit, Demut und Gehorsam. Dank einer solchen Orientierung kann der einzelne ein positives Selbstverständnis erlangen, wenn er genau jene Verhaltensnormen erfüllt, die mit den industriellen Arbeitserfordernissen so glücklich harmonieren. Dank religiösem Halt und orientierungsstiftendem Sinnbezug auf das Leben im Jenseits kann der einzelne so in seiner Tätigkeit noch Motivation und Sinn finden, wenn diese Tätigkeit selbst schon längst keinen Sinn und keine Motivation mehr vermitteln kann, da sie keine unmittelbaren Bezüge zum augenblicklichen, diesseitigen Leben mehr aufweist. Die Verinnerlichung der 'innerweltlichen Askese' als wesentliches Merkmal der Arbeit hat längerfristig sogar einen Wandel des auf die Diesseitigkeit bezogenen Verständnisses der Arbeit zur Folge: Ziele müssen *nicht unmittelbar* über die Arbeit erreicht, Bedürfnisse *nicht unmittelbar* befriedigt werden, sondern über ein stetes Arbeiten werden geradezu in Form einer Investition fernere Ziele und Bedürfnisse angestrebt; es wird konsequent und stetig gearbeitet, weil auf diese Weise *langfristig grössere Früchte* erzielt werden können, als bei einer rein auf aktuelle Bedürfnisse ausgerichteten Arbeitsweise. So wird die vorerst nur rein rational, nicht aber emotional erfassbare Einsicht, dass Arbeitsteilung und betriebliche Zusammenarbeit zu grösseren Erträgen führen, zu einer handlungsleitenden Orientierung, in deren Folge die bisher dominanten kurzfristigen Befindlichkeiten und Wünsche zugunsten eines späteren Erfolges zurückgedrängt werden. Jene Verhaltensformen, die anfänglich als unverständliche und überrissene Anforderungen der Unternehmer abgelehnt und bekämpft wurden, erhalten nun auf der Grundlage des in jener Zeit starken Glaubensbezugs einen religiösen, also übergeordneten Antrieb, dem sich der einzelne innerlich verpflichtet sieht, wenn er ein gottgefälliges Leben anstrebt.

Die stark religiöse Begründung dieses neuen Arbeitsverständnisses mag jedoch zur Kritik Anlass geben. Zum einen gründet und nährt sich die puritanische Arbeitsethik in ihrer gänzlichen Ausrichtung auf ein Jenseits. Insofern könnte der hier vorgetragenen Erklärung entgegengehalten werden, dass auch in diesem Fall die Arbeit nur ein Mittel zum Zweck sei, nur dass dieser Zweck im Jenseits liege, oder zumindest auf dieses verweise, indem über die Arbeit eine subjektive Heilssicherheit angestrebt werde. Doch wenn dies auch konzeptionell, aus einer generellen Sicht heraus durchaus stimmen mag, so kann doch - bezogen auf die diesseitigen Implikationen dieser Vorstellung - durchaus angenommen werden, dass im diesseitigen, alltäglichen Leben die Arbeit zu einem eigenen Lebenswert heranreift. Zwei Argumente mögen dies unterstützen: In der religiösen Konzeption ist zwar Arbeit irdische Verpflichtung für den Gläubigen, doch bestehen weder über die Resultate der Arbeit noch über das Ausmass der Anstrengung eine direkte, sichere Verbindung zum Jenseits.[194] Selbst die Heilssicherheit ist niemals ein Kapital, auf dem in seeliger Erwartung ausgeruht werden könnte; im Gegenteil: der Arbeitseifer darf niemals erlahmen. Damit darf davon ausgegangen werden, dass im Diesseits strebsam gearbeitet wird um der Arbeit willen, weil Arbeit das Los des Menschen ist und Fleiss ihn auf eine bessere Welt hoffen lässt. Zum zweiten scheint es unwahrscheinlich, dass selbst im Falle tiefer Gläubigkeit alles Tun und alles Erleben auf Erden im Augenblick selbst nur in Verbindung zum Jenseits *erfahren* werden. Wohl mag eine derartige Vorstellung im allgemeinen Orientierung und Halt eines Menschen sein, im alltäglichen Tun scheinen weit mehr Automatismen und Gewohnheiten das Verhalten zu prägen; der nicht mehr angezweifelte Sinn und die Richtigkeit fleissiger Arbeit dürfen durchaus so verstanden werden.

In einer weiteren Kritik können aber auch Zweifel bestehen, ob nicht die alltäglichen Erfahrungen insbesondere in der Industriearbeit derart mit dem religiösgläubigen Impetus im Widerspruch stehen, dass dieser angesichts einer solchen Realität schlicht nicht aufrecht erhalten werden könnte. Die Tatsache, dass heute kaum noch religiöse Motive die Arbeitseinstellung massgeblich beeinflussen, scheint diese Kritik zu unterstützen, jedenfalls widerspricht sie ihr nicht. Es gilt hier jedoch klar das allgemeine Bewusstsein und die Lebenseinstellung der Arbeitergenerationen zur Zeit der Industriellen Revolution von der weiteren Entwicklung zu trennen. Bedenkt man die kulturelle und persönliche Bedeutung der Religion und des Glaubens zu jener Zeit, und fügt man dieser Grundausrichtung des Hoffens auf ein Jenseits die destabilisierenden und beängstigenden Verhältnisse einer sich völlig verwandelnden Welt hinzu, so scheint ein Festhalten an Glaubensinhalten auch trotz - oder gerade wegen - der erschreckend widersprüchlichen Alltagserfahrungen bei weitem nicht mehr so unwahrscheinlich. Dies umso mehr, als die aus religiösen Ueberzeugungen abgeleiteten Verhaltensnormen und Werte das Leben in der Industrie sichtbar erleichterte und ihm sogar einen positiven Sinn verleihte.

194) Von einzelnen Popularisierungen wird hier abgesehen.

Die oben dargestellte Theorie Webers ist denn auch weniger gedacht als Erklärung heutiger Arbeitseinstellungen, denn als Versuch, deren *Entstehung* zu verstehen. Denn: "Die Arbeit trägt ihren Sinn nicht (sui generis; RvR.) in sich selbst. Religion und Philosophie verleihen der Arbeit ihren Sinn, oder: *wie einer die Welt versteht, versteht er auch die Arbeit*".[195]. Für ein umfassenderes Verständnis erhellt somit die Webersche Erklärung die *Genese* jenes erstaunlichen Phänomens *eines eigenständigen Arbeitsethos.* Weber selbst hält in diesem Sinne fest, dass die Bedeutung der puritanischen Ethik in diesem Zusammenhang vornehmlich in ihrer asketischen *Erziehungswirkung* liege.[196]

Wichtig und erstaunlich zugleich ist im folgenden, dass dieser neue Arbeitsethos, obwohl seine religiöse Wurzel zunehmend abstirbt und einer *utilitaristischen Diesseitigkeit* weicht, weiterhin bestehen bleibt und, sozusagen als entgeistigtes, leeres Gerüst, weiterhin trägt.[197]

Es kann hier nicht der Ort sein, den Prozess der *Säkularisierung* ausführlich zu untersuchen. Wenige Gedanken hierzu müssen für einen Überblick genügen. Der Prozess der Säkularisierung scheint schon sehr früh eingesetzt zu haben, um dann über längere Zeit, je nach sozialer Schicht, nach Region und auch nach individueller Entwicklung der einzelnen Persönlichkeiten, mit dem religiösen Impetus in unterschiedlichsten Verbindungen und Wechselspielen in Erscheinung zu treten. Bezogen auf die industriellen Unternehmerschichten glaubt Bendix, dass möglicherweise die frühen Generationen noch weitgehend im Einklang gestanden haben könnten mit den gestrengen Vorschriften der puritanischen Vorstellungen. Die Zuwendung der Unternehmer zu einer weit weltlicheren Auffassung, zur Ideologie "eines *individuellen Erfolgsstrebens*"[198] liess jedoch nicht lange auf sich warten.

Parallel zu diesem Gesinnungswandel entwickelt sich ein neues sozio-politisches und ökonomisches Weltverständnis. In grundsätzlich weltlichen Wirtschafts- und Gesellschaftstheorien des 18. Jahrhunderts erlangt der *Arbeitsfleiss* - nun in ausschliesslichem Bezug auf seine diesseitige Wirkung und Bedeutung - wiederum eine zentrale, jedoch nicht mehr eine religiös fundierte Stellung: Denn mag auch eine Familie ohne sonderliche Fleissanstrengungen ernährt werden, so

195) Wellmann (1982), S. 9 (Hervorhebung, RvR)
196) Vgl. Weber (1920), S. 197.
197) Vgl. Weber (1920), S. 197.
198) Bendix (1960), S. 274.

herrscht doch weithin die Überzeugung, dass der *Wohlstand einer Nation* ohne Fleiss niemals gesteigert werden könnte. Die Bedeutung der *Arbeitsmoral* entwickelt sich damit weg von ihrem subjektiven Jenseitsbezug hin zu einer rein irdischen *Sozialtugend.*[199] Bereits Ende des 17. Jahrhunderts tauchen Popularisierungen von sozio-ökonomischen Verhaltensregeln auf, die grundsätzlich auf den privaten ökonomisch-materiellen Erfolg ausgerichtet sind. Mit dem Beginn des 18. Jahrhunderts aber werden ökonomische Betätigung sowie gezieltes, individuelles Gewinn- und Erfolgsdenken generell zur Grundlage der neuen sozialpolitischen Ordnungsvorstellungen, die in zunehmendem Masse die einst christlich oder feudal-aristokratisch begründeten Gesellschaftsprinzipien ersetzen.[200]

Mit einer gewissen zeitlichen Verzögerung wirkt sich diese Säkularisierung des Welt-, und damit auch des Arbeitsverständnisses ebenfalls auf die arbeitende Bevölkerung aus. Wenn man also nach den Gründen fragt, die eine Abkehr von der ehemals so übermächtig wirkenden Orientierung - gerade auch der Arbeit - an Religion und am Jenseits bewirkt haben mag, so gilt es vorerst festzuhalten, dass dies unter der Wirkung einer allgemeinen Individualisierung und Liberalisierung geschah, die in allen Lebensbereichen eine neue, weitgehend diesseitig orientierte Sichtweise generierte. Doch neben dieser allgemeinen Strömung eines neuerlichen kulturellen Wandels, lassen sich auch spezifischere, auf die Arbeit und deren wirtschaftlichen Folgen bezogene Faktoren ausmachen, die nicht nur zu einer Säkularisierung des Arbeitsverständnisses beitrugen, sondern wohl gerade auf diese Weise auch eine diesseitsbezogene Weltsicht massgeblich förderte.

Ausgangspunkt ist hier nun wieder die oben angeführte und, bezogen auf die *Genese* des Arbeitsethos entkräftete Kritik, dass eine völlige Jenseitsorientierung weltlicher Arbeit kaum vorstellbar sei. Mit Braun darf nun festgestellt werden: "Das protestantische Arbeitsethos ist so unnatürlich wie nur möglich. Dass es dennoch volkstümlich werden konnte, dafür sind neben vielen anderen auch seine Werte, die es schafft, verantwortlich."[201] Leider fehlt hier der Raum, um der Wirkung, um dem Reiz konkreter Ergebnisse - gerade auch in einer instabilen Zeit - als psychologisches Moment nachzuspüren. Die Hervorhebung der

199) Vgl. Dippel (1981), S. 40 f.
200) Vgl. Dippel (1981), S. 42 ff.
201) Braun (1960), S. 185.

Bedeutung der irdischen Werte für die Arbeitsethik braucht hier jedoch nicht als Widerspruch zu den obigen Ausführungen verstanden zu werden. Die Verbindung irdischen Schaffens mit der subjektiven Heilssicherheit wurde bereits betont, ebenso die Tatsache, dass steigende Reallöhne in der zweiten Hälfte des 19. Jahrhunderts die Einstellung der Industriearbeiter positiv veränderte. Es darf hier darüber hinaus nicht übersehen werden, dass Erklärungsmuster und Argumente immer nur Ausschnitte wiedergeben können, Ausschnitte, die in Harmonie und/oder im Widerstreit zusammenwirken.

Sind nun aber die geschaffenen Werte auch mit ein Grund für die Durchsetzung des Arbeitsethos in der breiten Bevölkerung, so sind sie ebenso verantwortlich dafür, dass der ursprünglich so zentrale religiöse Impetus zunehmend zersetzt wird. War der protestantisch-puritanische Geist anfangs vielleicht die grosse Triebkraft, so muss sich dieser Geist mit fortschreitender Industrialisierung wandeln, "weil im Gefolge der neuen industriellen Existenzbedingungen neue Bedürfnisse im Volk wachsen".[202)] Bereits die Puritaner sind sich der wohlbekannten Versuchungen des Reichtums und der säkularisierenden Wirkung des Besitzes bewusst; auch John Wesley, der grosse Begründer des Methodismus, ist sich der paradoxen Zusammenhänge bewusst und mahnt eindringlich, bei allem Fleiss niemals den Sparsinn, die Askese im gesamten Leben zu vergessen, denn: Ein Streben nach Reichtum *um des Reichtums willen* wird verworfen.[203)] Doch Ermahnungen vermögen auf die Dauer nicht das der puritanische Ethik zugrundeliegende Paradoxon zu überbrücken: "Die protestantische Glaubenslehre weckt den Geist der Arbeit, dieser aber zersetzt in seinen Werken das Dogma, woraus es erschaffen wurde, und verändert das Lebensgefühl, aus dem es zu wirken begann."[204)]

Jedoch genau wie im Falle des Bürgertums und der Unternehmer bleibt - trotz zunehmend diesseitiger Ausrichtung des Handelns - auch bei den Arbeitern der *asketische* Grundcharakter eines *abstrakten Arbeitsethos* weiterhin handlungsprägend. "Auch nachdem die altprotestantische Lebensführung mit fortschreitender Industrialisierung neuen Lebensformen und einem neuen Lebensgefühl weicht und die christliche Glaubensgrundlage im Alltag bedroht ist, wirkt

202) Braun (1960), S. 188.
203) Vgl. Weber (1920), S. 191, 105 ff. Abgedruckt findet sich hier auch ein längeres Zitat zu diesem Thema aus Wesleys Schriften.
204) Braun (1960), S. 188.

der Geist der Arbeit weiter."[205] Mit Braun liesse sich sogar pointiert formulieren, dass die asketische Arbeitsmoral in einer "säkularisierten Form" weiterhin bewirkt, dass "ein säkularisierter Geist der Arbeit zum eigentlichen Glaubensersatz wird"[206]. Auch für Tilgher steht insofern fest, dass die Arbeit seit Calvin nie mehr ihre - jedoch zunehmend eigene, nicht mehr dem religiösen Leben untergeordnete - Dignität verloren hat: "(...)with the passing years (work) has more and more lost its connection with religion, has more and more granted an importance for its own sake, until it stands today that watchword of the nations, the creed of the one really vital, sincerely felt religion of the age."[207]

Zweifellos bringt die Säkularisierung der Arbeitsorientierung eine weit *höhere Systemkongruenz* mit sich, und zwar sowohl was die Verhaltensmuster der einzelnen Individuen anlangt, als auch für das Wirtschaftssystem als ganzes. Für den einzelnen Menschen erlangt die Arbeit immer mehr auch eine weltliche Bedeutung. Die konfliktgeladene Spannung zwischen diesseitiger Anstrengung und einer auf das Jenseits ausgerichteten Askese fällt in der Form dahin, wenn die Arbeit in ihrer Bedeutung wie in ihrer Zweckhaftigkeit nunmehr im Rahmen des gegenwärtigen Lebens verstanden wird. Die Arbeit wird dabei ganz offensichtlich immer mehr bestimmend auch für ein nun *personenbezogenes, individuelles Selbstbewusstsein.* Mag vielleicht im Verlaufe des Säkularisierungsprozesses die Sinngebung der Arbeit nach der Religion vorübergehend auch beim Beitrag an eine verherrlichte Vorstellung von Volk oder Nation gelegen haben[208] - falls wirklich eine derartige Sinnfindung und Motivation bei der breiten Bevölkerung gewirkt haben sollte, so steht sie jedenfalls im Einklang mit den wirtschafts- und gesellschaftstheoretischen Ordnungsvorstellungen, die, siehe oben, Arbeitsfleiss als Sozialtugend propagierten -, so muss der Säkularisierungsprozess letztendlich beim persönlichen, individuellen Bezug anlangen. So konstatiert Braun bereits bei den Heimarbeiten des Zürcher Oberlandes, dass für diese die Arbeit

205) Braun (1960), S. 184f.
206) Braun (1960), S. 185.
207) Tilgher (1962), S. 20. Aber es stellt sich hier mit aller Dringlichkeit die Frage, ob diese Vorstellung der 'Arbeit als Sinn des Lebens', des 'Lebens um zu arbeiten' tatsächlich von der Mehrheit auch der arbeitenden Unterschichten tatsächlich geteilt wurde, oder ob nicht die beständigen Beteuerungen und Beschwörungen etwa eher auf einen Mangel an 'religiösem', bedingungslosem und hingebungsvollem Eifer hinweisen. Jedenfalls ist hier auch zu beachten, dass Tilgher diesen Satz zu Anfang der sechziger Jahre geschrieben hat; inzwischen wachsen auch schon Zweifel bezüglich des Sinns einer solchen Lebensorientierung - das folgende Kapitel wird sich hiermit auseinandersetzen.
208) So etwa in der dreistufigen Darstellung des Säkularisierungsprozesses in der Sinngebung bei Wellmann (1982), S. 10, 42.

zu einer ihre Individualität bestärkenden Beschäftigung geworden ist, "bei der ihnen der Lohn alles, die Arbeit selbst nur wenig bedeutet"[209)] habe.

Aus der Sicht des Arbeitenden wird also seine Arbeit immer mehr zu einem *Mittel*, das - nun unmittelbar - über den Gelderwerb einem besseren Leben bereits im Diesseits dienen soll. Arbeitsmoral und -ethik bleiben aber hiervon vorerst noch unberührt; sie stehen als nicht hinterfragte Erfahrungen und Lebensinhalte weiterhin fest. Es wird sich aber später zeigen, dass hier noch immer ein Spannungspotential bestehen bleibt, und dass sich hieraus ein Streben nach einer umfassenden Selbstverwirklichung entwickeln kann, die die Arbeit nicht mehr nur als reines Mittel zum Zweck (des Gelderwerbes) verstanden haben will, sondern an sie als eine Dimension des persönlichen Lebens zunehmend auch qualitative Forderungen stellt. Denn eine auf diesseitige Genüsse ausgerichtete, asketische Arbeitsmoral wird auf die Dauer schnell zu einem Paradoxon, da die Arbeitsdisziplin dem Genuss im Wege steht und der Genuss die Disziplin angreift. Der Ausweg kann hier nur darin liegen, dass auch in der Arbeit selbst wieder Sinn und Befriedigung liegt - unmittelbar, auch ohne religiösem Bezug. Dieser Entwicklung zeitlich weit vorausgehend formulierte Max Weber bereits ein wesentliches Merkmal dieser Spannung, die trotz Säkularisierung die Beziehung des Menschen zu seiner Arbeit bestimmt: "Der Puritaner *wollte* Berufsmensch sein, - wir *müssen* es sein."[210)] Verständlich in diesem Falle das Bedürfnis, auch *in* der Arbeit Sinn und Befriedigung zu finden.

Die Säkularisierung des Arbeitsverständnisses fördert aber insbesondere auch die Systemkongruenz einer industrialisierten Marktwirtschaft. Wie bereits ausgeführt, bleibt dabei einerseits die für die Produktion so wichtige Arbeitsmoral als Handlungsregulativ vorerst erhalten. Solange jedoch eine auf das Jenseits ausgerichtete Askese auch ausserhalb der Arbeit jegliche Form des Genusses unterbindet, bleibt der Absatz der mit hohen Produktivitätsgewinnen hergestellten Güter in hohem Masse ungewiss. Das Gedeihen und Entwickeln der Industrie hängt also nicht nur vom Arbeitsverhalten der Beschäftigten - oder von Innovationen, technischen Hilfsmitteln und Kapital - ab, sondern ebenso von der Konsumfreudigkeit, von der *Steigerung und Vervielfältigung der Bedürfnisse* in der Bevölkerung.[211)] Wenn es also nötig war, im Verlaufe der Indu-

209) Braun (1960), S. 207.
210) Weber (1920), S. 203.
211) Vgl. Braun (1960), S. 188.

strialisierung den Menschen "dem rational mechanisierten modernen Wirtschaftsapparat dienbar"[212] zu machen, wie sich Braun ausdrückt, so bezieht sich diese Notwendigkeit nicht nur auf den Produktionsprozess, sondern eben auch darauf, dass der Mensch auf die Angebote anspricht und die Güter und Dienstleistungen des Wirtschaftssektors in genügendem Masse nachfrägt.

Damit fällt der Mensch nicht einfach dem Reichtum und dem Glanz des Konsums zum Opfer und verrät damit seine ursprünglich religiösen Impetus. Sobald der Wirtschaftsprozess in Gang gekommen ist, benötigt er, um den internen Schwung beibehalten zu können, auf der Nachfrageseite ein auf Genuss und auf weltliche Selbstentfaltung - oder Selbstinszenierung - ausgerichtetes Verhalten. Erhöhung der Löhne und Ausdehnung der Freizeit sind damit systembedingte Folgen eines produktivitätsstarken Wirtschaftssystems. Andererseits macht ein auf Individualität und Persönlichkeitsentfaltung ausgerichtetes Marketing, machen selbstbestimmte Konsummöglichkeiten und Autonomie in der Freizeit die Diskrepanz zu den Erfahrungen in der nach wie vor das Leben dominierenden Arbeit umso offenbarer. Wird zunächst die Arbeit, konform mit den Notwendigkeiten der Wirtschaft, auch für den Arbeitenden zu einem reinen *Mittel* für ein besseres Leben, so wird sie - weil sie in Kontrast steht zu diesem besseren Leben und weil dieses bessere Leben die individuellen Ansprüche angehoben, und mehr noch: die *Individualität insgesamt* und damit die Forderung nach *Selbst*bestimmung und *Selbst*entfaltung gefördert hat - im weiteren schnell auch zum Ort und zum Inhalt der Vorstellung besseren Lebens: Wenn der Mensch schon arbeiten muss, so will er sich in dieser Arbeit auch finden können.

Im Zuge der Säkularisierung verliert also die Arbeitsethik nicht sogleich ihre Kraft als Orientierung und als Stütze im Leben; sie bildet wohl bis heute einen tief verwurzelten Antrieb, eine Struktur, über die der Mensch versucht, sein Leben zu gestalten und zu bewältigen. Arbeit als zentraler Lebenswert kann aber einer tiefen Sinnsuche für sich alleine nicht mehr vollumfänglich genügen, wenn der religiöse Bezug der Arbeitsethik an Bedeutung verloren hat. Je stärker das Diesseits in den Vordergrund rückt, desto stärker wird auch die Arbeitsmotivation wieder abhängig von den jeweiligen Arbeitserfahrungen. Auch bei einer grundsätzlich tief verwurzelten Arbeitsorientierung kann somit die Arbeitsethik zersetzt werden, wenn die konkreten Arbeitsbedingungen mit einer diesseitig

212) Braun (1960), S. 189.

orientierten Sinnsuche kollidieren. Daraus folgt, dass je ausgeprägter die Instrumentalisierung im Unternehmen ausfällt, desto stärker kollidieren diese Arbeitsbedingungen mit dem Bedürfnis nach Sinnfindung, nach Begegnung mit der Welt, nach Selbstentfaltung und Selbstfindung, womit die Arbeit diesbezüglich wertlos, ja hinderlich wird. Je sinnentleerter die Arbeit, je fremdbestimmter und je stärker von Zwang begleitet, desto wahrscheinlicher ist eine innere Abkehr von der Arbeit, da die täglichen Erfahrungen in klarem Widerspruch stehen zu den Bedürfnissen, die mit einer Arbeitsorientierung ohne religiösen Bezug verknüpft werden.

Die für eine erfolgreiche Instrumentalisierung so bedeutsame Arbeitsmoral wird also nach Massgabe, wie ausgeprägt die Problematik dieser Instrumentalisierung ist, durch eben diese zerstört, da sowohl sinnentleerte Arbeitsabläufe als auch Fremdbestimmung und Zwang offensichtlich jeden Eigenwert der Arbeit zerstören, während in einer säkularisierten Gesellschaft kein übergeordneter Bezug dieses Defizit auszugleichen vermag. Wie neuere Umfragen ergeben, wird die Arbeit auch heute von den meisten Menschen als zentraler Bestandteil des Lebens bezeichnet. Gerade junge Menschen äussern hohe Erwartungen an ihren Traumberuf und wollen sich in ihrer Arbeit engagieren können. Insbesondere wünschen sie, dass ihre Arbeit sinnvermittelnd ist, dass sie viele soziale Interaktionen beinhaltet und dass sie insgesamt stolz auf ihre Tätigkeit sein können[213)]. In der Berufspraxis sind sie jedoch oft gezwungen, ihre Vorstellungen nach unten anzupassen, da die Arbeit ihren Wünschen bei weitem nicht gerecht wird.[214)] Wo aber das "ursprünglich starke Interesse an der Arbeit konkret nicht befriedigt"[215)] werden kann, wo "der Kontrast zwischen den Erwartungen der Jugendlichen und der Realität der Lohnarbeiter"[216)] zu gross ist und daher unüberbrückbar scheint, verändert sich der persönliche Bezug zur eigenen Ar-

---

213) Bis heute haben sich viele, und nicht nur jugendliche, Menschen noch nicht mit der (künstlichen) Trennung von Arbeit und Leben abgefunden und halten - auf zuweilen geradezu trotzige Art - an diesen Vorstellungen oder Forderungen fest; vgl. Leithäuser (1986), S. 245.

214) Die hier auf inhaltliche Arbeitserfahrungen bezogene Aussage bestätigt sich auch schon bezüglich der eigentlichen Berufswahl. In der von Beck u.a. (1979) erhobenen Stichprobe bei Ausbildungsberufen mussten sechs mal mehr Jugendliche bei ihrem tatsächlich ergriffenen Beruf ihre Ansprüche bezogen zum realistisch erwogenen 'Traumberuf' zurückschrauben, als dass sie sie erhöhen konnten; vgl. ebenda, S. 67.

215) Heubrock (1989), S. 352.

216) Zoll (1988), S. 214.

beit ebenfalls oft in Richtung einer *Instrumentalisierung*[217]: Sie wird geleistet und gerade so gut geleistet, dass auf diese Weise die Mittel beschafft und gesichert werden können, die anderweitig, ausserhalb der Arbeit, die Befriedigung der Wünsche ermöglichen werden. Die "unabhängig von den tatsächlichen Realisierungschancen von berufstätigen Facharbeitern, unterwärtig Beschäftigten und Arbeitslosen gleichermassen" gestellte Forderung[218], dass die Arbeit immer auch "Spass" machen soll, bewertet Zoll denn auch schon als eine Mindestanforderung, als einen *Kompromiss*: Wo die Selbstverwirklichung *in* der Arbeit nicht möglich ist, soll es wenigstens Spass *bei* der Arbeit geben.[219]

Dieser Befund sollte deutlich zeigen, wie die Arbeitsbedingungen selbst die Arbeitsmoral untergraben können. Verstärkt wird dieser Prozess aber sicher auch dadurch, dass ausserhalb der Arbeit - nicht zuletzt auch durch die Konsumwerbung - immer neue Betätigungsfelder geschaffen, oder doch angepriesen werden, die Selbstverwirklichung und Selbstentfaltung versprechen. Gerade die Werbung zielt im Gegensatz zur asketischen Doktrin der Arbeitsethik darauf ab, die spontane und unmittelbare Bedürfnisbefriedigung und das Ausleben der Individualität zu verheissen. Damit stehen aber die so gepriesenen Wünsche und Aussichten häufig in krassem Widerspruch mit der Arbeitswelt, weshalb diese oft nur noch als notwendiges Uebel nicht aber motivierend als Ort der Entfaltung erlebt wird. Weil damit Arbeit nur noch mit sinnentleertem Zwang assoziiert wird, unter dem keine persönliche Entfaltung möglich scheint, und die Bedürfnisse erst ausserhalb der Arbeit ausgelebt werden können, weil also die Arbeit faktisch der Bedürfnisbefriedigung im Wege stehen kann, muss darunter die Arbeitsmoral leiden; sie kann nicht mehr als eigenständige Lösung für unsere Problematik angesehen werden, sondern ist selbst direkt mit den Arbeitsbedingungen verknüpft.

Die Vorstellung, dass man lebe, um zu arbeiten, kann in einer säkularisierten Welt kaum mehr sinnstiftenden Halt vermitteln. Arbeit kann hier nur einen Wert darstellen, wenn sie einen sinnstiftenden Beitrag zum Leben gewährt. Ein wich-

217) Vgl. Zoll (1988), S. 215; Heubrock (1989), S. 351 f. Die Gewinnung einer 'instrumentellen Arbeitseinstellung' scheint die geradezu gängige Lösung zu sein. Wie schwer sich aber letztlich doch viele Menschen damit tun, verbirgt sich nur oberflächlich hinter ihren Klagen und Beschwerden über die Arbeitsbedingungen; vgl. Leithäuser (1986), S. 245.

218) Heubrock (1989), S. 352.

219) Vgl. Zoll (1988), S. 215.

tiger Beitrag ist dabei ihr Ertrag, ihr Lohn, doch kommt dieser erst ausserhalb der Arbeit richtig zu Geltung. Die Arbeit aber bleibt solange nur missliebiges und daher motivationsarmes Mittel zum Zweck, wie die Arbeit selbst nicht auch sinnstiftende Komponenten enthält, wie also eine krasse Instrumentalisierung den persönlichen Zugang zur eigenen Arbeit weitgehend verunmöglicht.

5.2. INNERBETRIEBLICHE LÖSUNGSANSÄTZE

Seit den Anfängen einer eigenständigen Betriebswirtschaftslehre wird den Problemen rund um die Instrumentalisierung des Mitarbeiters immer grössere Aufmerksamkeit geschenkt. Dabei konzentrieren sich Analyse und Lösungsvorschläge weitgehend auf den rein unternehmensinternen Bereich. Im Bestreben um eine möglichst effiziente betriebliche Kooperation erweisen sich insbesondere in den Bereichen Organisation und Führung sowohl die (Leistungs-)Motivation der Mitarbeiter als auch ihre Bereitschaft, sich nach fremden Anordnungen und Dispositionen auszurichten, als Schlüsselfaktoren für den unternehmerischen Erfolg. Sie stellen die Voraussetzung dafür dar, dass die theoretischen Produktivitätspotentiale einer innerbetrieblichen Koordination der Produktion, bzw. der Transaktionen, auch tatsächlich realisiert werden können.

Die Konzeption und Gestaltung der betrieblichen Organisation und der Führung muss also wesentlich auch darauf abzielen, einerseits eine möglichst reibungslose Umsetzung der zentralen Koordination und Disposition der Arbeitskräfte zu gewährleisten und andererseits deren Leistungsbereitschaft und -erbringung zu fördern oder zu erhalten. Neben der rein technischen Optimierung der Abläufe zur Reduktion der Transaktionskosten steht hier also die Frage im Vordergrund, auf welche Weise der Angestellte am besten für die unternehmerischen Ziele instrumentalisiert werden kann: Wie kann gewährleistet werden, dass der einzelne die an ihn gerichteten Anweisungen akzeptiert und - bezogen auf die Unternehmensziele und die aus der zentral gesteuerten Kooperation resultierenden Erfordernisse - einen grösstmöglichen Leistungsbeitrag erbringt? Die Antworten der im Verlaufe der Zeit entwickelten Organisations- und Führungskonzepte unterscheiden sich primär denn auch dadurch, wie die Problematik der Instrumentalisierung wahrgenommen und reflektiert wird.

Die historische Entwicklung dieser Konzepte, die im Folgenden in den wichtigsten Etappen dargestellt werden soll, beruht einerseits auf den betrieblichen Erfahrungen und empirischen Studien, in denen die jeweils praktizierten Organisations- und Führungskonzepte und das Verhalten der Mitarbeiter einander gegenübergestellt werden; da je nach Ausgestaltung der Instrumentalisierung das

Verhalten der Betroffenen unterschiedlich sein kann und insbesondere ihr Widerstand, fehlende Motivation und Leistungsverweigerung für das Unternehmen negative Auswirkungen zeigen können, kann auf der Grundlage dieser Erfahrungen danach geforscht werden, welche Aspekte der Instrumentalisierung die Ursache für diese Probleme sind. Anhand dieser Erfahrungen und gleichzeitig vor dem Hintergrund sich wandelnder sozio-ökonomischer und kultureller Rahmenbedingungen wandeln sich andererseits im Verlaufe dieser Entwicklung auch die Vorstellungen über das Wesen, die Bedürfnisse und Motivationsstrukturen des arbeitenden Menschen; gerade diese Vorstellungen prägen aber massgeblich auch die Reflektion über die Problematik der Instrumentalisierung und die Ortung möglicher Kausalzusammenhänge zwischen der Art der Instrumentalisierung und dem (Abwehr-)Verhalten der Betroffenen. Wenn auch in der Literatur kaum mit dem Begriff der Instrumentalisierung gearbeitet wird, so werden doch generell Organisations- und Führungskonzepte - implizit oder explizit - auf jeweils bestimmte Menschenbilder ausgerichtet, wobei die darin eingeschlossenen, jeweils unterschiedlichen Annahmen die Grundlage für neue Erklärungsansätze bilden, weshalb eine gegebene Organisations- und Führungspraxis - m.a.W. also die Art der Instrumentalisierung - nicht zu der gewünschten Akzeptanz und Motivation oder gar zu Widerstand und Verweigerung führen.

Insbesondere die Entwicklung der theoretischen Diskussion über Organisations- und Führungskonzepte, die dem arbeitenden Menschen gerecht werden und somit die für den Unternehmenserfolg so wichtige Akzeptanz und Motivation fördern sollen, aber auch die Erfahrungen aus den konkreten Umsetzungen - die jedoch zeitlich oft stark hinterherhinken und aufgrund konservativer oder technisch bedingter Beharrungstendenzen entweder nur unvollständig oder lediglich vereinzelt in Pionierunternehmen umgesetzt werden - können in Bezug auf die obigen Ausführungen in ihren groben Zügen auch als Erkenntnisprozess gewertet werden, in dem die für den Menschen kritischen Aspekte der Instrumentalisierung - Zwang, Fremdbestimmung und Sinnverlust - schrittweise als die wesentlichen Ursachen der Motivations- und Akzeptanzprobleme und somit auch als die zentralen Ansatzpunkte für eine - für das Unternehmen wie auch für den einzelnen Menschen befriedigende - Kooperationsgestaltung erkannt werden. Gleichzeitig fällt es nicht sonderlich schwer, eine Verbindung zur obigen Darstellung von Arbeit als Notwendigkeit und als Spiel herzustellen: In den frühen Konzeptionen der Organisation und Führung betrieblicher Kooperation wird noch unter der Vorstellung rein mechanistischer Zusammenhänge eine effiziente und produktive Arbeitsverausgabung dadurch angestrebt, dass alle nicht zwingend notwendigen Bestandteile des Arbeitsverhaltens im Sinne einer konsequent zielgerichteten und effizienten Arbeitsweise unterdrückt und eliminiert werden; aufgrund eines gewandelten Verständnisses über Arbeitsprozesse und insbesondere über den arbeitenden Menschen sowie unter dem Einfluss sich wandelnder, insbesondere dynamischer werdender Rahmenbedingungen des Unternehmens drängt sich zunehmend - deutlich in der theoretischen Reflexion, schleppender in der praktischen Umsetzung - eine Arbeitsgestaltung auf, in der auch wieder Wesensmerkmale des Spiels enthalten sind. Noch immer bleibt die Hauptstossrichtung der Arbeitsgestaltung die Steigerung der Produktivität, mittels welcher im Reich der Notwendigkeit eine höhere Effizienz, ein grösserer Erfolg erzielt werden kann; es setzt sich jedoch zunehmend die Erkenntnis durch, dass es sich bei diesem Bestreben mindestens bezüglich des arbeitenden Menschen nicht um rein mechanistische Bezüge handelt, sondern dass die Produktivität nicht zuletzt auch vom Umgang des einzelnen mit seiner Arbeit, von der Motivation, die er aus der Arbeit selbst ziehen kann, abhängt. Arbeit ist also nicht mehr nur Mittel zum Zweck und als solches einer optimierenden Gestaltung zu unterziehen, sondern sie muss für den einzelnen zumindest teilweise auch Selbstzweck sein, wenn er seine volle Leistungsfähigkeit in dieser Arbeit einbringen soll; nur, wenn über spielerische Elemente ein persönlicher Bezug und eine Motivation aus der Arbeit selbst gefunden werden kann, ist auf die Dauer ein hohes Arbeitsengagement möglich und folglich über dieses auch eine optimales Betriebsergebnis erzielbar.

5.2.1. 'WISSENSCHAFTLICHES MANAGEMENT' UND TRADITIONELL MECHANISTISCHE ANSÄTZE

Die wissenschaftliche Diskussion über Organisations- und Führungskonzepte, die im folgenden in ihren wichtigsten Etappen kurz nachgezeichnet werden soll, wird über weite Strecken von der amerikanischen Literatur angeführt und geprägt - unter anderem vielleicht auch, weil in den USA aus historischen und kulturellen Gründen ein transzendent begründeter Arbeitsethos von weit geringerer Bedeutung war und die Arbeiter somit auch später kaum in die Vorstellung einer eigenständigen Arbeitsethik hineinsozialisiert wurden. Bei aller Vorsicht kann allgemein davon ausgegangen werden, dass in diesem Land der unbegrenzten Möglichkeiten und des Neuanfangs für die Einwanderer der individuelle Erfolg und der Wille, aus eigenen Kräften ein besseres Leben aufzubauen, als Grundmotiv und als Ziel der Leistungsanstrengungen angesehen werden kann. Es erstaunt daher auch nicht, dass - falls diesbezüglich überhaupt Aussagen gemacht werden - die ersten theoretischen Konzepte der Führung und Organisation die Entlöhnung in den Mittelpunkt der Arbeitermotivation stellen: So geht etwa Taylor in seinem wissenschaftlichen Management von der Annahme aus, dass "der 'durchschnittliche' Arbeiter fast ausschliesslich durch monetäre Anreize motivierbar sei"[1)].

Neben dieser Hervorhebung ökonomischer Anreize stellt die frühe Organisations- und Führungstheorie aber weitgehend eine konsequente Fortführung und Verfeinerung der traditionellen Konzepte und Vorstellungen dar, die das Geschehen in den Unternehmen seit der frühen Industrialisierung weitgehend prägten. In der dualistischen Klassifikation der Theorien von McGregor werden sie unter dem Oberbegriff 'Theorie X' zusammengefasst.[2)] Den so zusammengefassten Theorien sind die einseitige Betonung der ökonomischen Interessen der Beteiligten - und somit die einseitige Favorisierung monetärer Anreize - sowie vor allem eine einseitig mechanistische Sichtweise der Unternehmen und der darin ablaufenden Prozesse gemeinsam. "Der Betrieb wird in erster Linie als technisches System verstanden, an das es den Menschen anzupassen gilt."[3)]

Das wohl berühmteste und in den meisten Fällen als Referenz für diese Sichtweise angeführte Beispiel ist die Theorie des '*scientific management*' des *Frederick W. Taylor*, die er anfangs dieses Jahrhunderts ausgearbeitet hat.[4)] Obwohl es seither nicht an mannigfaltiger Kritik aus unterschiedlichsten Warten mangelt, sind sowohl die darin enthaltenen, oft impliziten Annahmen als auch die daraus abgeleiteten Folgerungen für eine effiziente Gestaltung der betrieblichen Kooperation bis heute keineswegs nur von historischem Interesse, sondern können - gerade auch im Zusammenhang mit der Einführung neuer Technologien - zumindest in Ansätzen immer wieder von neuem in einzelnen Theorien wie auch

1) Ulich (1991), S. 7.
2) Vgl. McGregor (1970).
3) Ulich (1991), S. 5.
4) Vgl. Taylor (1919).

in der Praxis festgestellt werden.[5)] Oberstes Ziel in Taylors Konzept einer wissenschaftlichen Arbeitsgestaltung ist es, den Betrieb mittels rationaler Methoden zu höchster Effizienz zu trimmen.[6)] Dabei wird aus den Erfahrungen in der betrieblichen Praxis geschlossen, dass der Mensch mit seinen Unwägbarkeiten und seinem Unverständnis darüber, was für ihn tatsächlich am besten ist, innerhalb des maschinellen Systems die unzuverlässigste Komponente darstellt.[7)] Ueber exakte Vorgaben, einfache und wiederkehrende Arbeitsabläufe, Kontrollen und Strafandrohungen sowie über eine gezielte Entlöhnung soll dessen Störpotential in der Erreichung der Organisationsziele minimiert werden. Damit sind die von ihm und von seinen Nachfolgern vorgeschlagenen Massnahmen klar dem Maschinen-Mythos, dem "Versprechen umfassender Verhaltenssteuerung und Verhaltenskontrolle"[8)] verpflichtet. Aus dieser rein mechanistischen Sichtweise heraus erklärt sich denn auch die generalisierte Konzeption von Organisation und Führung: Es wird davon ausgegangen, dass es für die Gestaltung einer effizienten Arbeitsorganisation einen rational klar erkennbaren 'one best way' gibt.[9)]

Um die Stossrichtung der tayloristischen Arbeitsorganisation verstehen zu können, ist es unumgänglich, sich seines Menschenbildes der Arbeiter bewusst zu werden. Obwohl hierzu kaum explizite Aussagen gemacht werden, lassen sich aus seiner Konzeption die ihr zugrundeliegende Vorstellung über die Qualitäten und das Wesen des durchschnittlichen Arbeiters ableiten. Taylor wird von einem durchaus *pessimistischen Menschenbild* geleitet, in dem der Arbeiter nur an materiellen Gütern interessiert ist und sich generell durch Egoismus und Faulheit auszeichnet.[10)] In den prägnanten Worten eines Kritikers: "Workers were

---

5) Gerade in verschiedenen Konzepten des Computereinsatzes, aber auch in allgemeinen Managementmethoden, wie Operatons Research, Kosten-Nutzen Analysen, Just-in-Time Produktion,... usw., und oftmals in der Betriebspraxis bei Restrukturierungs- und Sanierungsmassnahmen feiern die Methoden des wissenschaftlichen Managements oftmals Urstände. Vgl. Steers/Porter (1975), S. 14; Lichtman/Hunt (1971), S. 274; Ulich (1991), S. 6.

6) Vgl. Lichtman/Hunt (1971), S. 273. Taylors erstes Interesse gilt der Arbeitsleistung (work performance). Ueber Zeit- und Methodenstudien sollen Arbeitsabläufe geschaffen werden, die Energie sparen und die Leistung steigern.

7) Vgl. Volpert (1990), S. 25.

8) Volpert (1990), S. 24.

9) Vgl. Volpert (1990), S. 25.

10) Vgl. Staehle (1980), S. 1306.

viewed as being typically lazy, often dishonest, aimless, dull, and, most of all, mercenary."[11].

McGregor nennt folgende Annahmen, die der 'Theorie X' zugrundeliegen:[12]

1. "Der Durchschnittsmensch hat eine angeborene Abneigung gegen Arbeit und versucht, ihr aus dem Wege zu gehen, wo er kann."
2. "Weil der Mensch durch Arbeitsunlust gekennzeichnet ist, muss er zumeist gezwungen, gelenkt, geführt und mit Strafe bedroht werden, um ihn mit Nachdruck dazu zu bewegen, das vom Unternehmen gesetzte Soll zu erreichen."
3. "Der Durchschnittsmensch zieht es vor, an die Hand genommen zu werden, möchte sich vor Verantwortung drücken, besitzt verhältnismässig wenig Ehrgeiz und ist vor allem auf Sicherheit aus."

Infolgedessen zeichnet sich die Arbeitsorganisation grundsätzlich durch eine rigide Trennung von Planung und Ausführung aus, wobei dem Arbeiter - unter steter Fremdkontrolle - nur noch letzteres zusteht. Offensichtlich wird dabei davon ausgegangen, dass die Menschen der Unternehmensleitung eine gänzlich andere Motivationsstruktur und Wesensart aufweisen, da ihnen eine zielbezogene Planung und Leitung der Produktion zugetraut wird. Für den Arbeiter aber gilt, dass dessen Tätigkeiten so gestaltet werden müssen, dass wo immer möglich Leerzeiten eingespart werden und zugleich dessen Leistungserbringung leicht kontrolliert werden kann. Gleichzeitig sollen über genaue Arbeitsvorgaben und eine genaue Zuteilung der einzelnen Aufgaben die störenden innerbetrieblichen Konflikte ausgeräumt werden.[13] Wo trotz dieser Vorgaben und organisatorischen Massnahmen die Leistungen zu gering ausfallen, ist eine zusätzliche Verstärkung der Kontrolle und eine weitere Zerstückelung des Arbeitsprozesses angezeigt.[14] Letztlich kann aufgrund des Unverstandes der Arbeiter trotz des Einsatzes ökonomischer Anreize nicht auf die Anwendung von Zwang verzichtet werden, um die Arbeitsdisziplin zu garantieren.

Dabei ist festzuhalten, dass es zumindest Taylor im eigentlichen darum geht, den Menschen besserzustellen. Höhere Leistung und Produktivität sowie die Vermeidung von Konflikten dienen der Erhöhung des Arbeitsertrages, was über hö-

11) Steers/Porter (1975), S. 13.
12) McGregor (1970), S. 27 f.
13) Vgl. Wunderer/Grunwald (1980), S. 94.
14) Vgl. March/Simon (1976), S. 46.

here Löhne letztlich auch dem Arbeiter zugute kommen soll.[15] Zwang und rigide Arbeitsorganisation werden jedoch deshalb als notwendig erachtet, weil der Arbeiter aus Unvernunft oft gegen seine 'wahren Interessen' handelt. Die aus den Annahmen über den Menschen und dem mechanistischen Verständnis des Produktionsprozesses resultierende Arbeitsgestaltung zeichnet sich jedoch in der Folge durch einen hohen Grad an Fremdbestimmung und Zwang aus während die einzelnen Arbeiten aufgrund der grossen Arbeitsteilung und der Reduktion auf einfachste, repetitive Verrichtungen weitgehend sinnentleert sind. Sofern in der Arbeitsgestaltung der Mensch überhaupt berücksichtigt wird, so finden lediglich die aus der Sicht der Organisation und des Produktionsablaufes interessanten "instrumentellen Aspekte menschlichen Handelns"[16] Beachtung; in Hinblick auf einen mechanisch reibungslosen Betriebsablauf werden auf der Ebene der Ausführung alle spielerischen Elemente menschlichen Handelns zusammen mit Selbstkontrolle und Selbstbestimmung systematisch ausgeschaltet. In der rigiden Hierarchie von Befehl und Gehorsam wird der Arbeiter gänzlich zur Passivität verurteilt: Zwar muss er pausenlos die ihm vorgeschriebenen Arbeitsverrichtungen ausführen, darüber hinaus werden jedoch nicht einmal besondere Kenntnisse erwartet; wichtig sind jedoch absoluter Gehorsam und Unterordnung.[17]

Angesichts dieser Arbeitsbedingungen und -inhalte muss vermutet werden, dass es sich beim beobachteten, negativen Arbeitsverhalten weniger um wesensmässige Eigenschaften der Arbeiter handelt und weit mehr um *Krankheitssymptome* einseitiger Arbeitsbedingungen und unbefriedigter Bedürfnisse.[18] Es handelt sich dabei um ein generelles Phänomen, dass organisatorische Massnahmen und Führungsverhalten, die auf ein bestimmtes Menschenbild ausgerichtet sind, ein entsprechendes Verhalten bei den Betroffenen mitbewirken können. "Die Organisationspraxis zeigt, dass bei entsprechenden Technologien (organisatorische Massnahmen und Führungsverhalten; R.v.R.) Organisationsmitglieder im Laufe der Zeit empirisch nachweisbar die in den

---

15) Vgl. Lichtman/Hunt (1971), S. 279. Taylor war überzeugt, dass mit effizienterer Leistung auch der Arbeiter glücklicher wird. Er ist damit gleichzeitig ein typischer Vertreter der Idee, dass nur über die Steigerung der Effizienz die Bedeutung und die Last der Arbeit aus Notwendigkeit langsam zurückgedrängt werden können und dass erst *nach* diesen Anstrengungen auch andere Lebensbereiche gefördert werden können.

16) Wunderer/Grunwald (1980), S. 92.

17) Vgl. Wunderer/Grunwald (1980), S. 94.

18) So etwa das Urteil McGregors (1970), S. 30 f.

Hypothesen vermuteten Eigenschaften und Verhaltensweisen annehmen."[19] Im Sinne einer '*self-fulfilling prophecy*'[20] *produzieren* Menschenbilder somit jene Realität, die ihnen entspricht. Zwar auch, aber nicht nur aufgrund selektiver Wahrnehmung gilt: "Wenn Menschen Situationen als real definieren, haben diese reale Konsequenzen."[21]

Es handelt sich hierbei nicht um eine zwingende Wirkungsfolge im Sinne eines Naturgesetzes. Organisatorische Massnahmen oder ein Führungsverhalten, die jeweils auf ein bestimmtes Menschenbild ausgerichtet sind, können mit mehr oder weniger starker Wirkung ein entsprechendes Verhalten induzieren - auch, wenn eigentlich beabsichtigt wird, eben dieses Verhalten zu unterbinden. Man darf jedoch nicht der Vorstellung verfallen, dass der Mensch beliebig manipulierbar sei. Ueber organisatorische Massnahmen und über ein entsprechendes Führungsverhalten können lediglich die notwendigen Bedingungen für ein bestimmtes Verhalten geschaffen werden, sie sind jedoch nicht hinreichend, um ein solches Verhalten auch zu garantieren. Es spricht jedoch einiges für die Vermutung, dass ein auf Verhinderung und auf umfassender Fremdbestimmung ausgerichtetes Organisations- und Führungskonzept eine weit zwingendere - jedoch oftmals den Absichten entgegengesetzte, negative - Wirkung auf das Verhalten der Betroffenen zeigt als ein Konzept, das auf Unterstützung und Förderung ausgerichtet ist. Damit ist jedoch ersteres keineswegs das Ueberlegene, da es weniger das gewünschte Verhalten provoziert als vielmehr jenes, das verhindert werden soll: Apathie, Desinteresse, Verweigerung und fehlende Motivation.

Ein solches Verhalten ist in der Regel in Situationen des Spiels nicht zu beobachten; wer an einem Spiel teilnimmt, tut dies überwiegend freiwillig und aus persönlichem Interesse, woraus er auch seine Motivation schöpft. Zwar müssen sich die Teilnehmer hier auch an gewisse äussere Regeln halten, doch sind diese lediglich Teil des ohne Zwang gewählten Spiels. Gleichzeitig sind Spiele im allgemeinen spannend und fesselnd. Die Konzentration ist ganz auf den Ablauf gerichtet; jeder Teilnehmer und selbst die Zuschauer sind in ihrem Können, in ih-

---

19) Staehle (1980), S. 1305.

20) Vgl. hierzu die sehr anschauliche Darstellung von Paul Watzlawick (1981); ausführliche Beispiele aus dem Bereich der menschlichen Kommunikation, die sich erhellend auch auf Beziehungen zwischen Führungskräften und Untergebenen mit ihren jeweiligen Vorstellungen, (Vor-)Urteilen und Erwartungen sowie ihren Rollenrestriktionen übertragen lassen; Watzlawick u.a. (1969).

21) Wunderer/Grunwald (1980), S. 86.

rem Glück, gar in ihrer ganzen Person gefordert und vom Verlauf des Geschehens gefesselt. Auch die sozialen Motive kommen zum Tragen: Im Spiel messen sich die Gegner miteinander und oft sind auch Zuschauer zugegen, die anfeuern und mitfiebern; das Spiel ist ein Ort der Begegnung. Die Vermutung liegt daher nahe, dass auch eine Arbeit, die von wesentlichen Elementen des Spiels begleitet oder geprägt wird, ebenso motivieren kann; man muss sich aber hier bewusst sein, dass eine so gestaltete Arbeitssituation zwar ein persönliches Engagement erlaubt und gar fördert, dass aber damit keineswegs zwingend sichergestellt ist, dass ein solches Engagement auch tatsächlich erfolgt, denn der einzelne Mensch muss auch auf die ihm gebotenen Möglichkeiten ansprechen wollen und können. Es bleiben somit Unsicherheiten.

Gerade diese Unsicherheiten scheinen überwunden zu sein, wenn das Verhalten der Arbeiter über umfassende Kontrollen, über genaue Anweisungen und unter Repressionen gesteuert wird. Tatsächlich sind die Wirkungen auch zwingender, jedoch weniger in der gewünschten Richtung: Eine so gestaltete Arbeitssituation kennt kaum mehr die Qualitäten des Spiels und vermittelt deshalb auch kaum mehr jene unmittelbar tätigkeitsbezogene Motivation und jene Unterstützung aus dem direkten sozialen Kontakt sowie aus der Anerkennung durch die Zuschauer; der äussere Druck durch Zwang, Anordnung und Kontrolle provoziert gleichzeitig oft ein Verhalten, das auf Abwehr ausgerichtet ist. Damit sind wir wiederum beim Dilemma einer mechanistischen Arbeitsgestaltung angelangt. Das pessimistische Menschenbild, das von einer grundsätzlichen Arbeitsunwilligkeit ausgeht, und die Angst vor Unsicherheiten bezüglich der Motivation der Arbeiter hat eine einseitig repressive Arbeitsgestaltung und Führungsweise zur Folge. Unter den so geschaffenen Bedingungen muss aber Arbeit geradezu "*als eine Art Strafe empfunden* (werden), als zu zahlender Preis für die Erfüllung mannigfaltiger Wünsche ausserhalb der Berufstätigkeit"[22]. Im Streben nach umfassender (Fremd-)Kontrolle über das Arbeitsverhalten wird mit System jede Möglichkeit zerstört, in der Arbeit selbst Bedürfnisse befriedigen zu können, und damit auch - wohlverstanden nur - die Möglichkeit, aus der Arbeit selbst motivatorische Kraft zur Leistungserbringung zu schöpfen. Vielmehr werden über die mechanistische und dirigistische Arbeitsgestaltung letztlich "in stets neuer Weise inhumane Arbeitsaufgaben (erzeugt), die letztlich gar nicht zu bewältigen

22) McGregor (1970), S. 32 (Hervorhebung im Original).

sind"[23]. In der Folge kann die Arbeit nur noch als notwendiges Uebel, als Zwang und als Entfremdung erfahren werden, womit Freude, Motivation, Interesse und Engagement mit System vereitelt werden. Somit schliesst sich der Kreis: Der naiv-realistische Beobachter muss in bestimmten Organisations- und Führungssituationen beinahe zwangsläufig wieder zum Befund eines pessimistischen Menschenbildes gelangen. Das von den Arbeitern an den Tag gelegte Verhalten scheint dann nur über eine *noch rigidere* Arbeitsorganisation und über eine *noch stärkere* Androhung von Strafen korrigierbar zu sein.[24] Weil sich dieses Menschenbild lediglich auf beobachtbare Erscheinungsformen bezieht und damit auf fundiertere Erklärungen verzichtet wird, wird das menschliche Verhalten eben auf jene regelmässigen Verhaltensweisen reduziert, die ihrerseits - u.a. in der Folge dieses Menschenbildes - aufgrund sozial normierter Bedingungen entstanden sind.[25]

In diesem Sinne fordern Margulies und Zemanek in markigen Worten eine programmatische Umkehrung, um aus dem Teufelskreis ausbrechen zu können; denn nur eine fundamental veränderte Sichtweise der Arbeitswelt und in der Folge eine gänzliche Neuausrichtung der Arbeitsorganisation, in der der Mensch sich wieder in der Vielfalt seiner Bedürfnisse entfalten kann und herausgefordert wird, vermag vielleicht die destruktive Eigendynamik in der traditionellen Arbeitsorganisation zu durchbrechen: "To escape this vicius circle of designing stupid jobs to fit stupid people, thus making people stupid to cope with the stupidity of their jobs, we obviously have to start with the job. Modern technology offers a great opportunity to restructure our jobs, to give the stupid parts to the machines and to leave the intelligent parts to intelligent people (...)."[26] Solche Veränderungen sind mit Unsicherheiten verbunden - insbesondere während der Uebergangszeit, in der 'Fabrikmenschen' unter veränderten Bedingungen 'plötzlich' wieder Eigenmotivation entwickeln sollen. Auch gibt es, wie noch zu zeigen sein wird, keine allgemeingültige Lösung. Der mechanistische Anspruch auf umfassende Fremdsteuerung der Arbeiter mittels Zwang und Kontrolle, die am einfachsten funktionieren, wenn die einzelne Tätigkeit hirnlos einfach und repetitiv ist, kann jedenfalls nicht aufrechterhalten werden.

---

23) Volpert (1990), S. 25.
24) Vgl. McGregor (1979), S. 32.
25) Vgl. Staehle (1980), S. 1303.
26) Margulies/Zemanek (1983), S. 123.

5.2.2. HUMAN-RELATION: MOTIVATION DURCH DIE BEFRIEDIGUNG SOZIALER BEDÜRFNISSE

Auffallend ist am tayloristischen und an allen vergleichbaren, mechanistischen Konzepten, dass es ausschliesslich vom Betrieb, von den technischen Produktionsprozessen ausgeht und daher den Menschen darin lediglich als unsicheren und störenden Faktoren wahrnimmt. Selbst die Lehre der *Psychotechnik*, die erstmals die Bedeutung des Menschen im Produktionsprozess betont und sich zum Ziel setzt, anhand 'moderner' psycho-physiologischer Forschung eine menschengerechtere Arbeitsgestaltung zu fördern[27)], bleibt - zumindest in der Umsetzung - letztlich betriebszentriert und muss daher grundsätzlich ebenfalls der 'Theorie X' zugeordnet werden. Zwar greift mit ihr zunehmend die Erkenntnis, dass *der Arbeiter nicht vom Menschen zu trennen sei,* weshalb man ihn nicht einfach als 'Anhängsel der Maschine' betrachten könne und dürfe; hervorgehoben werden dabei insbesondere die individuellen Unterschiede unter den Arbeitern und die *Rolle der Arbeitsfreude als wichtigen Motivator.* Da jedoch die allgemeine Zielsetzung weiterhin mit jener des Taylorismus übereinstimmt, konzentrieren sich die geforderten - und während einer gewissen Zeit auch in grossem Umfang durchgeführten - Massnahmen im wesentlichen auf *psychotechnische Eignungs- und Charaktertests*: Nicht die Arbeitsbedingungen werden somit den menschlichen Bedürfnissen und Eigenheiten angepasst, sondern der Mensch wird in Hinblick auf den Arbeitsplatz massgenommen und eingepasst. Mit dem erklärten Ziel 'the right man on the right place'[28)] wird somit das maschinenartige Organisationskonzept weniger hinterfragt als vielmehr noch unterstützt, indem es gilt, den Menschen - als eigentlichen, aber problematischen Knotenpunkt in einem Netz von (unbeeinflussbaren) Abläufen - so in den Prozess zu integrieren, dass dieser möglichst reibungslos - also ungestört durch ungeeignete Personen - ablaufen kann.[29)] Zwar stellt die Psychotechnik für einzelne Vertreter durchaus ein hohes, ethisches Ziel und eine gesellschaftliche Verantwortung dar, der sie sich mit Hingabe annehmen[30)]: dennoch bleibt auch für sie der Mensch

27) Vgl. Schallberger (1990), S. 60.
28) Vgl. Stoll (1990), S. 112.
29) Vgl. Volpert (1990), S. 31.
30) Vgl. Stoll (1990), S. 112.

letztlich "ein auf der Basis experimentell gefundener Gesetzmässigkeiten beeinflussbares Wesen"[31].

Mit der Human-Relation Bewegung werden erstmals Bedürfnisse des Menschen in den Mittelpunkt von Organisations- und Führungskonzepten gestellt, die unmittelbar in der Arbeit selbst befriedigt werden sollen, um auf diese Weise die Arbeitsmotivation zu fördern. Ausgangspunkt ist ein verändertes Menschenbild, das etwa Schein mit '*social man*' - der Mensch als soziales Wesen - umschreibt: Der Mensch wird nicht mehr nur gesehen als ein an materiellen Gütern interessiertes Wesen, sondern gerade bezüglich seiner Arbeitsmotivation werden auch soziale Bedürfnisse nach Anerkennung und Integration in den Vordergrund geschoben[32], wobei deren Befriedigung über soziale Beziehungen durchaus auch als *Ersatzbefriedigung bei sinnentleerter Arbeit* angesehen werden kann. Entsprechend dieser Annahmen soll die Lenkung und Motivation der Arbeiter weniger über individuelle Anreize und Kontrollen durch den Vorgesetzten erfolgen, sondern es scheint erfolgversprechender, wenn sie über die Interaktionen und sozialen Normen von *Arbeitsgruppen* vermittelt werden. Organisatorische Gestaltung und Führungsverhalten sollen somit derartige Gruppen schaffen und fördern und dazu Sorge tragen, dass die sozialen Bedürfnisse nach Anerkennung, Zugehörigkeit und Identität der Arbeiter nach Möglichkeit befriedigt werden. Dabei wird davon ausgegangen, dass über deren Befriedigung die Arbeitszufriedenheit sich entscheidend verbessert, womit auch die Bereitschaft zur Leistungserbringung markant zunehmen soll.

Für wie wichtig zu diesem Zwecke die Gruppe erachtet wird, zeigt sich deutlich darin, dass sogenannte 'friendship patterns' als das Herz der Organisation erkannt werden.[33] Daher wird vor allem auch den *informellen* Beziehungen

---

31) Schallenberger (1990), S. 60.

32) Vgl. Schein (1980), S. 81 ff. Im Rahmen ausgedehnter Feldstudien, die grossteils von der Bewegung der Psychotechnik inspiriert waren und der Erforschung optimaler, ergonomischer Arbeitsbedingungen dienten, machte man die erstaunliche Entdeckung, dass sowohl Verbesserungen wie auch objektive Verschlechterungen der Arbeitsbedingungen zu Leistungssteigerungen führen. Diese, in der Literatur - nach dem Ort der Studien - als 'Hawthorne-Effekt' bezeichnete Beobachtung schien nur damit erklärbar, dass das Gefühl, ernst genommen, beachtet und gefragt zu werden, wichtiger sei als die 'objektiven' Bedingungen. "Man schien entdeckt zu haben, dass die *sozialen* Bedürfnisse und ihre Erfüllung das zentrale Kriterium menschengerechter Arbeitsgestaltung ist, alles bisher Betonte sekundär, allein angewandt inhuman." Schallberger (1990), S. 60.

33) Vgl. Lichtman/Hunt (1971), S. 280.

grössten Wert beigemessen. "Die Rolle des Managers verschiebt sich von der Planung, Organisation, Motivierung und Kontrolle hin zur Vermittlung zwischen den Menschen"[34]; nicht mehr nur hat er sich um die zu erfüllende Aufgabe zu kümmern, sondern er muss sich auch den Bedürfnissen der Menschen zuwenden und eine gute Sozialatmosphäre innerhalb der Gruppen fördern.[35] Obwohl der Manager seine Autorität qua Stellung weiterhin behält, übt er sie nicht mehr unmittelbar von Mann zu Mann aus; vielmehr spezifiziert er jetzt Gruppenziele und Gruppenanreize und überlässt es dann weitgehend der Gruppe selbst, wie sie diese Ziele am besten erreicht. "Die Initiative zur Arbeit verschiebt sich damit (...) vom Manager zum Arbeiter selbst."[36] Sie liegt deshalb nicht mehr beim Manager, weil davon ausgegangen wird, dass in der Gruppendynamik eine wirkungsvolle Eigenmotivation erwächst, die im tayloristischen Konzept mit der Unterdrückung aller sozialen Beziehungen ebenfalls zerstört wurde.

Eine Arbeitsorganisation und -führung, die ausdrücklich den sozialen Bedürfnissen der Arbeiter Rechnung trägt, verändert denn auch wesentliche Merkmale der Instrumentalisierung. Je mehr das Schwergewicht der Arbeitsgestaltung auf die Gruppe verlegt wird, desto grösser können innerhalb der Gruppe Freiheiten und Freiräume der Entscheidung und Gestaltung erwachsen. Gleichzeitig nimmt der direkte Zwang und die direkte Kontrolle durch den Vorgesetzten ab und wird die Situation als weniger fremdbestimmt erlebt. Da bereits in der Arbeit selbst ein essentielles Bedürfnis über den Gruppenkontakt befriedigt werden kann, darf auch vermutet werden, dass die Arbeit nicht mehr nur gewissermassen als Strafe oder als unumgängliche, aber verhasste Notwendigkeit erfahren wird, sondern eben auch als ein Ort, an dem Beziehungen geknüpft und gelebt werden können. Grundsätzlich wird damit auf verschiedenen Ebenen das Mass an Zwang verringert und es kann eine gewisse Freiwilligkeit in der Arbeitssituation selbst wie auch bezüglich des Eingehens von Arbeitsbeziehungen angenommen werden: Diese Annahme wird etwa durch die Beobachtung erhärtet, dass Ehefrauen ohne materiellen Grund - also auch diesbezüglich freiwillig - einer Erwerbsarbeit nachgehen mit der Begründung, dass die sozialen

34) Schein (1980), S. 82.
35) Unterdrückt er hingegen informelle Gruppenbildungen, so werden die Untergebenen dennoch ihre sozialen Bedürfnisse zu befriedigen suchen - jedoch jetzt auf Kosten des Managements und der Effizienz. Eine geförderte und geleitete Gruppe jedoch kann Motivation und Leistung erheblich fördern; vgl. Schein (1980), S. 83.
36) Schein (1980), S. 82.

Beziehungen während der Arbeit für sie von grosser Wichtigkeit sind. Die damit geschaffenen sozialen Bezüge in der Arbeit können durchaus mit dem sozialen Gehalt des Spiels verglichen werden: Anerkennung, Gruppengeist, z.T. auch das gegenseitige Messen der Fähigkeiten sind klare Charakteristika des Spiels, die nun auch in der Arbeit motivieren können.

Aufgrund der intensiven Interaktionen innerhalb einer Arbeitsgruppe ist es durchaus möglich, dass eine Arbeitssituation als weniger fremdbestimmt wahrgenommen wird. Gegenseitiges Aushelfen, Absprachen über die Organisation der zu erbringenden Leistungen sowie auch die gemeinsame Solidarisierung unter dem erlebten Leistungsdruck stellen wirksame Erleichterungen dar; auch können je nach Gestaltung der Gruppe grössere Entscheidungsspielräume zugestanden werden. Die Arbeit in der Gruppe kann darüber hinaus auch verstärkt einen Bezug zur Arbeitsaufgabe eröffnen, der in der friktionellen Arbeitsaufteilung nach tayloristischem Prinzip gänzlich verloren geht, und so über den Gruppenkontext der eigenen Tätigkeit wieder einen Sinnbezug vermitteln, indem sie als Beitrag zur gemeinsamen, zumeist umfassender definierten Aufgabe begriffen werden kann.[37)]

Hier offenbart sich aber auch eine entscheidende Schwachstelle des Human-Relation Konzeptes: Die Schaffung von Gruppenarbeit könnte das organisatorische Konzept des Produktionsprozesses tiefgreifend verändern, indem diesen eine grosse Autonomie zugestanden wird. In der Praxis wurde aber vielfach lediglich auf eine *Manipulation der Wahrnehmung* abgezielt, während die tatsächlichen Arbeitsbedingungen unverändert bleiben. Da Manipulationen aber auf die Dauer - gerade durch die gruppeninternen Prozesse und durch den hier nicht mehr weitgehend unterdrückten Austausch von Erfahrungen - gemeinhin durchschaut werden und dann auf erhebliche Gegenreaktionen stossen, muss dieses Konzept, wenn es nicht konsequent in Richtung grösserer Autonomieräume weiterverfolgt wird, letztlich scheitern.

---

37) Bereits Rice (1958) hat anhand empirischer Untersuchungen in der indischen Textilindustrie festgestellt, dass dort, wo aufgrund der Grösse und der Komplexität des gesamten Produktionsprozesses die einzelne Teilarbeit nicht mehr als etwas Ganzheitliches erfahren werden kann, eine Zufriedenheit erzielt werden kann durch die Formierung von Gruppen. Durch die Mitarbeit in einer Gruppe mit einer nun ganzheitlicheren Gruppenaufgabe kann ein sinnhafter Bezug zur eigenen Tätigkeit wieder hergestellt werden; motivierend ist dabei, dass sich der einzelne in der Gruppe als *Mitwirkender* an einer Aufgabe erleben kann.

5.2.3. HUMAN-RESOURCE: DER ANSPRUCH AUF SELBSTVERWIRKLICHUNG IN DER ARBEIT UND DIE BEDEUTUNG SINNSTIFTENDER AUFGABEN

Ein entscheidender Schritt erfolgt im Rahmen der Human-Resource Schule, bzw. in all jenen Theorien, die McGregor unter dem Titel 'Theorie Y' zusammenfasst und die der 'Theorie X' diametral entgegenstehen. Dem Konzept der Human-Resource Schule liegt die Erkenntnis zugrunde, "dass sowohl ein objektiv vorhandener als auch ein lediglich subjektiv empfundener *Mangel an Realisierungsmöglichkeiten* dafür sorgt, dass gewisse Handlungen *nicht* unternommen bzw. bestimmte Verhaltensweisen *nicht* an den Tag gelegt werden"[38]. Die negative Einstellung des Arbeiters zu seinem eigenen Tun - Passivität, mangelnde Initiative, Ablehnung von Verantwortung, 'Drückebergerei' usf. - erscheint unter Berücksichtigung der Erkenntnisse über die menschlichen Bedürfnisse kaum mehr als ein Wesensmerkmal der menschlichen Natur; vielmehr erweist sie sich als *Folge unbefriedigter Bedürfnisse* und insbesondere als *Konsequenz negativer Erfahrungen*.[39]

Eine zentrale Ursache dieses Misstandes orten Vertreter der Human-Resource Schule in den üblicherweise vorherrschenden pyramidalen Strukturen der Hierarchie mit ihren Auswirkungen auf die Arbeitsorganisation und ihrem Herrschafts- und Autonomiegefälle, die grundsätzlich den individuellen Bedürfnissen der Mitglieder entgegenstehen. Entsprechend kritisieren sie, dass die Arbeitssituation allgemein durch Abhängigkeit und Einschränkungen, wie Kontrollen und direkte Anleitungen, gekennzeichnet ist; besonders in der Industrie habe für viele Organisationsmitglieder die Arbeit ihren Sinn verloren.[40] "Der Grund hierfür wird aber nicht nur in der sozialen Isolierung der einzelnen Mitarbeiter gesehen, sondern eher in der Tatsache, dass nur ein geringer Teil ihrer Interessen und Fähigkeiten im Arbeitsprozess gefordert werde."[41] Durch die Schaffung eines günstigen Umfeldes soll dem Menschen die Chance gegeben werden, seine Fähigkeiten zu entwickeln und seine Interessen auszuleben, wobei

38) Schanz (1988), S. 118 (Hervorhebung im Original).
39) Vgl. McGregor (1970), S. 29 ff.
40) Vgl. Wunderer/Grunwald (1980), S. 101.
41) Wunderer/Grunwald (1980), S. 101.

gleichzeitig auch Vorteile für die Organisation erwachsen. 'Job enlargement' und vor allem 'job enrichment' sind Beispiele der vorgeschlagen Massnahmen.

Ausgangspunkt ist dabei ein völlig neues, durchaus optimistisches Menschenbild, das dem pessimistischen Menschenbild der 'Theorie X' in allen Punkten widerspricht und gleichzeitig auch gegenüber dem Menschenbild der Human-Relation Bewegung einen völlig anderen Standpunkt einnimmt. Während letztere lediglich auf indirektem Wege die Motivation zu fördern sucht, indem befriedigte Sozialbedürfnisse in der Arbeit den Arbeiter zufrieden machen sollen, worauf er auch vermehrt zu Leistung bereit sei - also letztlich einfach weniger Abneigung zeigt und Widerstand leistet -, geht die Human-Resource Schule davon aus, dass unter geeignet gestalteten Bedingungen sogar die Arbeit selbst eine Quelle der Zufriedenheit sein kann.[42)] Worauf diese optimistische Erkenntnis gründet, sollen zwei ausgewählte Annahmen darlegen, auf denen McGregor seine 'Theorie Y' aufbaut:[43)]

1) "Die Verausgabung durch körperliche und geistige Anstrengung beim Arbeiten kann als ebenso natürlich gelten *wie Spiel* oder Ruhe."
2) "Von anderen überwacht und mit Strafe bedroht werden, ist nicht das einzige Mittel, jemanden zu bewegen, sich für die Ziele des Unternehmens einzusetzen. Zugunsten von *Zielen, denen er sich verpflichtet fühlt*, wird sich der Mensch der Selbstdisziplin und Selbstkontrolle unterwerfen."

Schein umschreibt das hier zugrundeliegende Menschenbild mit 'self-actualizing man'.[44)] Damit ist bereits ausgedrückt, dass unter diesem Menschenbild "die Rolle der Selbstverwirklichung in der Arbeitstätigkeit"[45)] in den Mittelpunkt des Interessens gerückt wird. Dies heisst demnach aber auch, dass der Mensch grundsätzlich durchaus seine Arbeit als Ausdruck seines Strebens verstehen möchte, wenn er sich darin entfalten kann. Konträr zu den Aussagen der 'Theorie X' wird hier also davon ausgegangen, *dass er prinzipiell arbeitswillig ist* und durchaus bestrebt, aus seiner Arbeit eine Befriedigung zu ziehen, die über die geldliche Entlöhnung hinaus geht - wenn die Bedingungen dies zulassen. Wo Entfaltungsräume gegeben sind, ist er grundsätzlich auch bereit, mit Initiative und Kreativität auch Verantwortung zu übernehmen, und ganz allgemein

42) Vgl. Weinert (1984a), S. 119.
43) McGregor (1970), S. 36 (Hervorhebung; RvR).
44) Vgl. Schein (1980), S. 89 ff.
45) Vgl. Schallberger (1990), S. 61.

kann davon ausgegangen werden, dass er über weit mehr Fähigkeiten, Kenntnisse, Vorstellungskraft und Erfindungsgabe verfügt, als sie im herkömmlichen Arbeitsprozess aktiviert und genutzt werden.[46)]

So gewinnt mit der Human-Resource Schule die zusammenhängende, sinnvermittelnde Aufgabe wieder einen zentralen Stellenwert in der Gestaltung der Arbeitsprozesse. Gleichzeitig müssen dem einzelnen Arbeiter oder der Arbeitsgruppe wieder vermehrt Autonomieräume zugestanden werden, damit über autonome Arbeitsgestaltung und Entscheidung die Fähigkeiten der betreffenden Arbeiter optimal zur Entfaltung kommen können. Sowohl mit den Annahmen über den arbeitenden Menschen als auch mit den daraus abgeleiteten Folgerungen zur Gestaltung der Arbeit wird weitgehend von den eher statischen Konzepten zunehmend Abschied genommen, in denen der Mensch einer gegebenen Produktionsstruktur mit gegebener Technologie, vorgegebenen Anforderungen und Zielen, mit einer im voraus geplanten Arbeitsgestaltung und einer festen Befehls- und Gehorsamhierarchie untergeordnet wird; mit der Schaffung von Enscheidungs- und Dispositionsspielräumen, die eine aufgabenbezogene Arbeitsteilung zwangsläufig erforderlich macht, erhalten Organisation und Führung einen dynamischen, sich im Verlaufe des Arbeits- und Produktionsprozesses stets verändernden und anpassenden Charakter.[47)] In dieser Flexibilität, in der bewusst die Bedürfnisse und Fähigkeiten der Arbeiter mitberücksichtigt werden sollen, sollen die Voraussetzungen geschaffen werden, unter denen der einzelne seine Potentiale und somit auch seine Motivation entfalten kann, was dann wiederum positiv auf den Unternehmenserfolg rückwirken soll. Wie bereits oben ausgeführt, darf hier jedoch keine zwingende Korrelation angenommen werden: Wohl gilt, dass der Mensch sich erst richtig entfalten kann, wenn dazu die nötigen Freiräume bestehen - entsprechend kann angenommen werden, dass eine tayloristische Arbeitsgestaltung *ungewollt* weit zwingender eine negative Arbeitseinstellung und -leistung zur Folge haben muss; nicht aber gilt, dass jeder Mensch diese Freiräume im selben Mass und in selber Weise ausnutzen kann und will. Hinzu kommt, dass dynamische Prozesse Unsicherheiten über ihren Verlauf und über ihre Resultate in sich bergen - dies zunehmend noch mit der Grösse der individuellen Handlungsspielräume. Freiräume und die Möglichkeit der unmittelbaren Bedürfnisbefriedigung sind wohl - zumindest langfristig -

46) Vgl. McGregor (1970), S. 37.
47) Vgl. McGregor (1970), S. 37.

notwendige Voraussetzung für Arbeitszufriedenheit, Einsatzwille und Motivation - nicht aber hinreichende. Noch weit weniger sind sie Garant für das Eintreffen bestimmter Resultate oder das Bewirken eines bestimmten Verhaltens - etwa des bedingungslosen Akzeptierens und Verfolgens vorgegebener Ziele.

Dennoch muss es als ein wesentlicher Schritt gewertet werden, dass mit der Human-Resource Schule die Vielfältigkeit der Bedürfnisse und Fähigkeiten des Menschen gerade auch bezüglich seines eigenen Arbeitens wieder stärkere Beachtung finden. Organisations- und Führungskonzepte, die diese zu berücksichtigen suchen, schaffen damit eine wichtige Voraussetzung, dass sich der Mensch auch in der Arbeit entfalten kann. Gerade auch die Betonung der Bedeutung sinnstiftender und herausfordernder Aufgaben in der Arbeitsgestaltung verändert die Qualität der Instrumentalisierung dahin, dass der einzelne in der Bewältigung dieser Aufgabe wieder stärker der Welt, dem Mitmenschen und sich selbst begegnen kann und damit in der Arbeit selbst wieder Motivation und Sinn finden kann; zumindest bezogen auf die jeweilige Aufgabe können so die Handlungen mit den angestrebten (Arbeits-)Zielen in einen näheren Sinnbezug gebracht werden.[48] Mag auch das Arbeiten an sich weiterhin ein Muss sein, so ist doch das Bewältigen einer Aufgabe grundsätzlich immer eine Herausforderung und die Beschäftigung mit einer Aufgabe auch ein Weg, der Welt zu begegnen und seine eigenen Fähigkeiten zu erproben und zu verbessern, und damit letztlich auch eine Quelle der Selbstdefinition und des Stolzes, wenn man sich mit einer Aufgabe identifizieren kann. Ueber die Aufgabe kommen damit wesentliche Qualitäten und Motive des Spiels in den Arbeitsalltag zurück, wobei diese noch verstärkt werden können, wenn die Aufgabe in sozialer Interaktion und/oder im Wettbewerb mit anderen gelöst wird.

48) Mit gutem Grund spricht daher Ulich vom 'Primat der Aufgabe'; vgl. Ulich (1991), S. 154 ff.

5.2.4. AUSRICHTUNG AUF DIE INDIVIDUELLE PERSON

5.2.4.1. Kritik der bisherigen Konzepte

Die jüngere Organisations- und Führungsliteratur übt auf verschiedenen Ebenen fundamentale Kritik an den bisher besprochenen Konzepten. Grundsätzlich kritisieren bereits Lichtman und Hunt, dass es sich hierbei aufgrund formeller Gemeinsamkeiten durchwegs um *strukturalistische Konzepte* (structural approaches)[49] handle, da sie alle das Schwergewicht auf die Etablierung einer optimalen und *allgemeingültigen* Organisationsstruktur und Führungsstrategie legen. Trotz unterschiedlichen inhaltlichen Annahmen gehen sie dabei von der gemeinsamen Vorstellung aus, dass eine Organisation nur dann effizient sein kann und effektive Leistungen fördert[50], wenn ihre Gestaltung an der Natur des Menschen ausgerichtet ist[51]. Problematisch ist dabei insbesondere die Annahme einer *globalen* Gültigkeit der jeweiligen Annahmen über die Natur des Menschen; die Organisationsgestaltung und Führungsweise wird dann unbesehen allfälliger Abweichungen und Besonderheiten als allgemeingültiges Konzept auf der Grundlage dieser generalisierten Annahmen aufgebaut.

Zentrales Anliegen ist letztlich, eine bessere und effizientere Erreichung der Unternehmensziele zu gewährleisten. Zur Ueberbrückung der mit der Instrumentalisierung der Angestellten verbundenen Probleme konzentrieren sich die Bemühungen darauf, diesen zu *motivieren*. Welche Strategie hierzu am geeignetsten ist, wird dabei direkt aus den jeweiligen, als allgemeingültig erachteten Annahmen über das Wesen, die Motive und das Verhalten des Arbeiters, also aus dem jeweiligen Menschenbild abgeleitet. Mit dem Modell des nach Selbstentfaltung strebenden Menschen wird diesbezüglich ein Höhepunkt erreicht in der Entwicklung zu immer differenzierteren und komplexeren Motivationsmodellen.[52] Viele Motivationsansätze gehen dabei davon aus, dass über eine Befriedigung jeweils als zentral erachteter Bedürfnisse eine Arbeitszufriedenheit erwachse, die dann die ursprünglichen Probleme der Instrumentalisierung überwinde und somit die Leistungsbereitschaft erhöhe. Aus grundsätzlich

49) Vgl. Lichtman/Hunt (1971), S. 272 ff.
50) Vgl. Lichtman/Hunt (1971), S. 279.
51) Vgl. Lichtman/Hunt (1971), S. 275.
52) Vgl. Wunderer/Grunwald (1980), S. 104.

sozialkritischer Sicht betitelt Meyer die so verstandene Arbeitszufriedenheit als ein "interessiertes Missverständnis"[53]. Grundlage all dieser Konzepte bleibt letztlich immer die Ansicht, "dass nicht die Menschen die Geschicke ihres Lebens bestimmen können, sondern die Wissenden dies für die Unwissenden - und dann womöglich noch in deren wohlverstandenem Interesse - tun müssen"[54]. So bleiben diese Konzepte immer im Dualismus von Führenden und Geführten befangen, wobei selbst noch unter dem Begriff des sich selbst verwirklichenden Mitarbeiters Führung und Ausbildung im Grunde die Unreife der Geführten perpetuieren.[55]

So ist denn auch allen strukturalistischen Konzepten - mehr oder weniger deutlich - gemeinsam, dass sie in ihren Motivationsbestrebungen generell von der technizistischen Vorstellung der *Machbarkeit*, der *Beherrschung des Menschen* ausgehen[56]; in der Art eines Maschinenwahns wird der Mensch begriffen als ein Element des ganzen Produktionsprozesses, dem es gilt, die richtigen Anreize zu geben oder ein richtiges Umfeld zu schaffen, damit er in gewünschter Weise funktioniert. "Alle Ansätze, die auf die Reduzierung des Menschen auf ein Menschenbild nicht verzichten, gehen von einer Ursache-Wirkungskette bzw. einem Reiz-Reaktionsschema aus, dessen Entschlüsselung die interdisziplinäre Betriebswirtschaftslehre zu betreiben habe. Das Personalwesen, die Führungsstile und Führungsansätze (..) u.ä. sind dann der Versuch, in solche Ursache-Wirkungsschemata gezielt und absichtsvoll einzugreifen."[57]

Oberstes Ziel bleibt dabei der reibungslose und effiziente Ablauf des Produktionsprozesses in einer im voraus konzipierten Weise. Der Mensch hingegen wird daraufhin angepasst, gesteuert und manipuliert, wobei jedes Konzept den einzig richtigen Weg - 'the one best way' - propagiert.[58] Mayo, als Repräsentant der Human-Relation Schule versteht entsprechend "human relation as *a set of techniques* by which people could be motivated"[59]. Auch Argyris, ein Ver-

53) Vgl. Meyer (1982).
54) Kappler (1992), S. 1336.
55) Vgl. Kappler (1992), S. 1338.
56) Vgl. auch Kappler (1992), S. 1337.
57) Kappler (1992), S. 1337.
58) Vgl. Lichtman/Hunt (1971), S. 274 ff., 279. Ein durchaus verständlicher Anspruch, da aufgrund durchwegs recht einseitiger und vor allem: Allgemeingültigkeit beanspruchender Annahmen (z.B. zum Menschenbild) Systeme mit einem relativ hohen Grad an Geschlossenheit konzipiert werden können, in denen die Ziele als gegeben hingenommen werden und die Umwelt scheinbar weitgehend ignoriert werden kann.
59) Lichtman/Hunt (1971), S. 280 (Hervorhebung RvR).

treter der Human-Resource Bewegung, ist in erster Linie bestrebt, - jetzt durch eine umfassendere Inanspruchnahme und Förderung der unterschiedlichen Fähigkeiten der Arbeiter über eine Ausdehnung und Anreicherung der jeweiligen Aufgaben - die Motivation zu steigern und damit den Hang zu unproduktiven Tätigkeiten zu verringern: "We recommend that the changes in the organization toward increasing opportunity for psychological success and self-esteem be made *as long as we are able to show that they are decreasing the unproductive, compulsive activities*"[60]. Der durchwegs produktionsorientierten Intention entsprechend finden die vorgeschlagenen 'Verbesserungen' dort ihre Grenzen, wo sie nicht mehr gleichzeitig zur Effizienzsteigerung der ganzen Organisation beitragen. In aller Deutlichkeit betont Argyris denn auch, dass derartige Massnahmen keine "people-centered organization" zur Folge haben müsse.[61] Fazit: "Selbst das Modell des nach Selbstentfaltung strebenden Menschen hat noch immer einen mechanistischen Anstrich. Noch immer wird der Mensch als instrumentales Objekt manipuliert, wenn auch weniger ausgeprägt als früher."[62]

Gewiss: Beschränkt sich bei Taylor das Bild vom Menschen in der Arbeit genaugenommen noch ausschliesslich auf dessen Funktion als *Produktionsfaktor*, so ist es demgegenüber durchaus richtig, dass spätere Theorien immer mehr die Menschlichkeit und die Bedürfnisse des Arbeitenden betonen und - sofern eine Wirkung auf die Motivation erwartet oder beobachtet wird - auch berücksichtigen: er wird *zum menschlichen* Produktionsfaktor. Noch ist damit aber der wesentliche Schritt zu einer Sichtweise nicht getan, die den Arbeitenden nicht mehr einseitig als Produktionsfaktor, sondern ebensosehr auch als *Menschen* versteht. In einem letzten, vielleicht utopischen[63], Schritt müsste der Mensch auch im Produktionsprozess im Zentrum stehen, müsste der Arbeitende in erster Linie, und *vor* allen produktionstechnischen Gesichtspunkten als Mensch begriffen werden, an dem sich das wirtschaftliche Handeln auszurichten hat - und nicht umgekehrt. Oder genauer: Bei aller Nützlichkeit der Effizienzsteigerung sollte die Arbeit immer auch Tätigkeit des Menschen sein und somit Ausdruck und

---

60) Argyris (1964), S. 147.

61) Vgl. Argyris (1964), S. 146. Der Verdacht drängt sich auf, dass alle Verbesserungen der Arbeitssituation nur deshalb und nur solange überhaupt erwogen werden, wie es ohne solche offensichtlich nicht mehr geht.

62) Wunderer/Grunwald (1980), S. 105.

63) Der bisher noch nicht dargestellte Typ 4 in vielen gängigen Menschenbildtypologien, wie etwa der 'complex man' bei Schein (1980), S. 94 ff., und die individualistischen Konzepte partizipativer Gruppensysteme u.ä.m., qualifizieren Wunderer und Grunwald als eher utopische Sichtweisen; vgl. Wunderer/Grunwald (1980), S. 80.

Mittel seines Strebens, seiner Suche nach Bedürfnisbefriedigung, seines menschlichen Lebens im Kontakt mit der Welt mit dem Mitmenschen und mit sich selbst. Somit stellt sich die Frage, in welchem Masse in der Arbeit Selbstbestimmung möglich ist ohne damit die Effizienz zu gefährden, bzw. wo ein Ausgleich zwischen Selbstbestimmung und Effizienz möglich ist - und auch dies ist bei allen Einschränkungen durch den Wettbewerb letztlich eine Frage, die auch der Arbeitende selbst (mit) zu entscheiden hätte. In diesem Sinne müsste die Beweislast umgekehrt werden: Es muss nicht nachgewiesen werden, dass Selbstbestimmung entweder Effizienzförderlich ist oder zumindest neutral, um überhaupt in Erwägung gezogen zu werden, sondern es müsste gezeigt werden, dass Selbstbestimmung in der Arbeit negative Auswirkungen zeigt, worauf dann Abwägungen und Anpassungen erfolgen könnten.

In allen Konzeptionen, Organisationsrichtlinien und Führungsgrundsätzen, die aus den bisher dargestellten Menschenbildern abgeleitet wurden, bleibt hingegen der Mensch grundsätzlich weitgehend fremdbestimmtes *Instrument* im Dienste der Organisation. Je nach Menschenbild ist er dabei positiv oder negativ einzuschätzen, gilt er als intrinsisch motiviert oder als lediglich extrinsisch zur Arbeit anleitbar, sind in Organisation und Führung die menschlichen Eigenarten mehr oder weniger zu berücksichtigen. Absicht und Zielsetzung bleiben jedoch gleich: es geht um die Methode des möglichst nutzbringenden und produktiven Einsatzes des Produktionsfaktors Mensch. "Die zentralen Prinzipien der wissenschaftlichen Betriebsführung, nämlich Produktivität und Effektivität durch Aufgabenspezialisierung, Ordnung, Stabilität und Kontrolle anzustreben, (werden) nicht in Frage gestellt."[64] Trotz aller qualitativen Unterschiede und entgegen dem ersten Anschein zielen die obgenannten Menschenbilder und Strategien kaum auf grundsätzliche Veränderungen; in ihrem instrumentalen Verständnis sind sie sich alle gleich. Im letzten handelt es sich um veränderte, lediglich den gewandelten Bedingungen angepasste Methoden mit stets gleichbleibendem Ziel: "Sicherung der sozialen Kontrolle des Managements über die Organisationsmitglieder."[65]

Es ist denn auch bezeichnend, dass mit der Betonung intrapsychischer Bedürfnisse, die zu befriedigen seien, von den (Ziel-)Konflikten abgelenkt wird, die zwischen der von der Organisation gestellten Aufgabe und den persönlichen

64) Wunderer/Grunwald (1980), S. 106.
65) Wunderer/Grunwald (1980), S. 106.

Zielen sowie teilweise sachbezogen zwischen Personen und Gruppen, insbesondere auch zwischen (den persönlichen Einstellungen, Werten und Zielen der) Individuen und dem Unternehmen bestehen können.[66] Alle bisher behandelten Konzepte gehen davon aus, dass bei entsprechender Konzeption von Organisation und Führung eine prinzipielle Uebereinstimmung zwischen den Zielen und Bedürfnissen des Menschen einerseits und den Unternehmenszielen und organisatorischen Notwendigkeiten andererseits bestehe: Taylor geht von einer grundsätzlichen Uebereinstimmung der Interessen von Arbeitgebern und -nehmern aus, da beide an höheren materiellen, sprich monetären Erträgen interessiert sind; unter Beibehaltung dieser Annahme geht die Human-Relation Bewegung darüber hinaus davon aus, dass zusätzlich soziale Bedürfnisse befriedigt werden müssen, damit eine leistungsförderliche Zufriedenheit entsteht. Die Vertreter des Human-Resource Ansatzes sind der Ueberzeugung, dass eine Interessensharmonie möglich ist, wenn der Mitarbeiter umfassend in das organisatorische Geschehen miteinbezogen wird; Ziel der Integration ist die identifikatorische Einbindung in das Unternehmen.

Diese harmonizistische Uebereinstimmung der Ziele soll laut McGregor erreicht werden durch das "Schaffen von Bedingungen solcher Art, dass die Mitglieder der Organisation ihre eigenen Ziele *am besten* erreichen, wenn sie sich um den Erfolg des Unternehmens bemühen"[67]. Damit werden aber tatsächlich existierende Konflikte verdeckt und letztlich individualisiert: Anstatt Vorkehrungen zu treffen, um diese offen bereinigen oder zumindest akzeptieren und berücksichtigen zu können, erscheinen sie nun höchstens als individuelle Probleme und können daher nur noch ausserhalb der Organisation ausgedrückt werden - so auch etwa in psychosomatischen Reaktionen.

Als schwerwiegendes und grundsätzliches Problem erweist sich aber vor allem, dass strukturelle Ansätze letztlich immer von einem Menschenbild, von einem - trotz seines hohen Abstraktionsgrades Allgemeingültigkeit erheischenden - homunculus ausgehen und *daraus unmittelbar Führungs- und Organisationskonzepte ableiten.* Menschenbilder sind jedoch vorerst theoretische Konstrukte[68],

66) Vgl. March/Simon (1976); Wunderer/Grunwald (1980), S. 105.
67) McGregor (1970), S. 38 (Hervorhebung im Original).
68) Konstrukte werden allgemein als Arbeitshypothesen oder als gedankliche Hilfskonstruktionen angesehen. Machlup stellt - mit einigen Vorbehalten - den Begriff mit jenem des Idealtypen gleich, um damit die Verständigung mit dem englischen Sprachraum mit ihrem Begriff 'construct' zu erleichtern; Vgl. Machlup (1960), S. 54 f.

eigentliche *Idealtypen*[69]. Als solche stellen sie ein - konstruiertes - Konglomerat, beziehungsweise eine *Auswahl von Annahmen* "über Eigenschaften, Bedürfnisse, Motive, Erwartungen und Einstellungen von Organisationsmitgliedern"[70] sowie auch von *Erwartungen und Vorstellungen* bezüglich deren Attitüden, Fähigkeiten, Wahrnehmungen, Ziele, Wünsche und Werte[71]. *Als eine Kategorie des Nachdenkens* darf ein solcher Idealtypus durchaus eine "heuristische Fiktion"[72] sein: "Ein Idealtypus soll uns helfen, Probleme zu lösen"[73] und dient insbesondere "zur kausalen Erklärung der Wirklichkeit"[74].

---

69) Staehle (1980), S. 1302. Vgl. hierzu auch die grundsätzliche Kritik von Kappler (1992), S. 1339: "Vor dem Hintergrund geglaubter Menschenbilder wird der Mensch nicht mehr als ganzer akzeptiert, ganz (!) wie jeder einzelne ist; *totalitäre Tendenzen* gewinnen so leicht *Rechtfertigungsmuster*, die nicht nur moralische, sondern auch ökonomische Entwicklungen behindern, weil sie Menschen als *Bestandsgrössen* verwenden." (Hervorhebungen; RvR).

70) Staehle (1980), S. 1302.

71) Vgl. Weinert (1984), S. 117; Hartfiel (1968), S. 33.

72) Machlup (1960), S. 21. Der Begriff *Idealtypus* als erkenntnis- und wissenschaftstheoretische Kategorie wird allgemein auf Max Weber, vgl. (1922a) und (1922b) zurückgeführt - so etwa bei Staehle (1980), S. 1302. Dies rührt wohl daher, dass das Wort selbst "von den unmittelbaren Vorläufern Max Webers nicht verwendet worden" war; Machlup (1960), S. 33. Dass das Konzept des 'Idealtypus" in Philosophie und Wissenschaft weitaus älter ist und darüber auch reflektiert wurde, zeichnet Machlup (1960), S. 23 ff. - ausgehend von Plato und Aristoteles, über Goethe, Schiller, Auguste Comte und John Stuart Mill, bis hin zu Carl Menger, Wilhelm Wundt und Heinrich Rickert - in einem ideengeschichtlichen Ueberblick nach.

73) Machlup (1960), S. 56.

74) Machlup (1960), S. 29. Zu diesem Zweck ist es meist notwendig, dass die reale Komplexität eines Phänomens durch Abstraktion, Reduktion oder Generalisierung erheblich reduziert wird; vielfach ist es für den Erkenntnisprozess sogar hilfreich von völlig realitätsfremden Gedankenexperimenten und Spekulationen auszugehen, von eigentlichen Utopien (Weber (1922b), S. 190), deren heuristische Bedeutung jedoch nicht unterschätzt werden darf (Vgl. Machlup (1960), S. 46 und S. 56). Solchen Idealtypen "liegt die Vorstellung zugrunde, dass durch willkürliche, der beobachtbaren Realität nicht unbedingt verpflichtete (Konstruktionen) (...) letztlich ein Erkenntnismittel für die Erklärung des Zustandekommens und des Ablaufes tatsächlicher Gegenstands- und Merkmalsbeziehungen gewonnen sei." (Machlup (1968), S. 32.) Gemäss Machlup ist es daher völlig unwesentlich, wie ein Idealtyp zustande gekommen ist, wenn er nur zur *Erklärung von Zusammenhängen* von Nutzen ist. (Vgl. Machlup (1960), S. 56. Einen Beitrag zum *Verstehen* von Sinnzusammenhängen, also die *Erklärung* von Sozial- und Kulturerscheinungen zu liefern, ist bereits nach Weber der eigentliche Zweck, weshalb Idealtypen konstruiert werden.) Auch Weber betont, dass der Idealtypus, wenn er zum Verstehen von Sinnzusammenhängen beitragen soll, gegenüber der Realität relativ wirklichkeitsfremd, d.h. von hohem Abstraktions- bzw. Synthesegrad sein muss, weil er dafür als Begriff an Eindeutigkeit gewinnt (Weber (1922a), S. 9 f. (Hervorhebung im Original)). In diesem Zusammenhang - aber nur in diesem - gilt für Idealtypen geradezu: "Je welt*fremder* sie also (...) sind, desto besser leisten sie ihren Dienst, terminologisch und klassifikatorisch sowohl wie heuristisch." (Weber (1922a), S. 10 (Hervorhebung im Original)). Mag es auch paradox klingen so entspricht dies doch ge-

Somit ist der Idealtypus in erster Linie ein Denkmodell, das der einen Theorie und der Erkenntnisgewinnung dient.[75] Die Relevanz des Idealtyps beschränkt sich demnach auf die entsprechenden Theoriemodelle; hingegen: "Das reale Handeln verläuft nur in seltenen Fällen (Börse), und auch dann nur annäherungsweise, so wie im Idealtypus konstruiert."[76] Es handelt sich somit um Konstruktionen, die *nicht unmittelbar als Hypothesen* verwendet werden können, sondern nur *als Heuristik der Hypothesengenerierung* verstanden werden dürfen.[77]

Es muss sich daher als fataler und folgenschwerer Irrtum erweisen, wenn solche Idealtypen unmittelbar als Ausgangspunkt für die *Gestaltung der Wirklichkeit* genommen werden, wenn von ihnen über deterministische 'Wenn-Dann-Beziehungen' allgemeingültige Führungs- und Organisationskonzepte ausgearbeitet werden. Denn ihre Funktion der Komplexitätsreduktion erfüllen Menschenbilder, wie alle Abbilder und Modelle, am besten, wenn sie einen hohen Abstraktionsgrad, eine bewusste Einseitigkeit und Uebersteigerung der jeweiligen Merkmale ja manchmal sogar fiktive Elemente aufweisen. In der direkten Konfrontation mit der Praxis erweisen sie sich dann als zu einseitig und zu überzeichnet; entsprechend fordern Theoretiker wie Praktiker immer wieder Menschenbilder mit grösserer Realitätsnähe. Die oben beschriebene Entwicklung der Menschenbilder ist denn auch eine Folge dieser Forderung. Jedoch: Die Menschenbilder verlieren damit zunehmend ihre Eigenschaft der Komplexitätsreduktion[78] und der pragmatischen Einfachheit und können somit immer weniger den an sie gestellten Anspruch einer klaren, handlungsleitenden Orientierung erfüllen.[79] Gleichzeitig werden sie aber nie jene Komplexität und innere Widersprüchlichkeit erreichen, die den realen Menschen auszeichnen und bilden daher bezüglich des einzelnen Individuums immer eine unbefriedigende Grundlage zur Ausrichtung von Führung und Organisation: "Nur der Mensch selbst ist

nau der theoretischen Arbeitsweise. "Um die wirklichen Kausalzusammenhänge zu durchschauen, *konstruieren wir unwirkliche.*" (Weber (1922b), S. 287).

75) Vgl. Machlup (1960), S. 39 und die dortigen Verweise.

76) Weber (1922a), S. 4.

77) Vgl. Staehle (1980), S. 1302. In Webers Worten: Der Idealtypus "*ist* keine 'Hypothese', aber er will der Hypothesenbildung die Richtung weisen. Er *ist* nicht eine *Darstellung* des Wirklichen, aber er will der Darstellung eindeutige Ausdrucksmittel verleihen". Weber (1922b), S. 190.

78) "In dem Mass, in dem Werte, Interessen, Normen und Präferenzen des handelnden Menschen berücksichtigt werden, nimmt auch die komplexitätsreduzierende Funktion des Menschenbildes ab." Staehle (1980), S. 110.

79) Vgl. Wunderer/Grunwald (1980), S. 110.

ganz."[80] Eine derart ausgerichtete Konzeption erzwingt letztlich immer die Anpassung des einzelnen an dieses Konstrukt, während grundsätzlich auch vorstellbar wäre, dass sich Führung und Organisation verstärkt an den einzelnen Menschen ausrichten. Während auch hier sicher Anpassungen des einzelnen Menschen erforderlich wären, so wären diese doch mehr durch die jeweilige zwischenmenschliche Interaktion bedingt und damit auf die Abstimmung der Bedürfnisse der Beteiligten ausgerichtet als auf ein gerade gängiges abstraktes Menschenbild, das alle in gleichem Masse vor Tatsachen stellt.

Mit gutem Grund kritisiert Kappler daher die praxeologische Konzeption von Führung und Organisation auf der Basis einer abstrakten Verallgemeinerung; solche Versuche müssen letztlich immer in die Irre führen - meist zu Lasten der Betroffenen: "Gewinnen Menschenbilder die Oberhand, gerät in Vergessenheit, dass Menschen sich immer nur unvollständige Bilder vom anderen machen können. So werden Menschen dazu neigen, andere je nach eigenem Interesse nicht als Menschen zu behandeln oder - generös - 'als ob sie Menschen wären', so als ob die Organisation des Miteinanders den ökonomischen Gesetzen gehorchte bzw. diese ihr nicht unterworfen werden könnten und müssten (...)."[81]

Zusammenfassend kann bezüglich der bisher behandelten Diskussion über Führungs- und Organisationskonzepte auf der Grundlage von Menschenbilder festgehalten werden, dass in ihrer Folge die Problematik der Instrumentalisierung in Teilbereichen tendenziell entschärft wurde. Mit der Berücksichtigung sozialer Bedürfnisse und des Strebens nach Selbstentfaltung wird die Arbeit im Unternehmen zunehmend bereichert. In der Folge kann tendenziell eine Abnahme direkten Zwanges und teilweise auch einer direkten Fremdbestimmung, eine grundsätzliche Erhöhung der Freiwilligkeit und eine Verbesserung des Sinnbezuges in der eigenen Tätigkeit erwartet werden. Zweifellos sind damit auch einige Merkmale des Spiels in den Arbeitsalltag zurückgekehrt. In ihrer Anlage als motivatorische Anreize und aufgrund der harmonizistischen Ausrichtung bleibt jedoch die Fremdbestimmung weiterhin relativ hoch und die Annäherung von Zielen und Tätigkeiten ist in entscheidenden Bereichen eine künstliche. Damit die Arbeit tatsächlich spielerische Qualitäten erhält, muss die Aufgabe, müssen ihre Gestaltung und Bewältigung noch weitaus stärker dem einzelnen überantwortet werden, damit er hier Ziele selber definieren und die Arbeit als

80) Kappler (1992), S. 1339
81) Kappler (1992), S. 1339.

ein Beitrag zur Zielerreichung erleben kann. Konflikte zwischen den Angestellten und zwischen Vorgesetzten und Untergebenen sind dabei unumgänglich und ihre Handhabung - also nicht mehr ihre Unterdrückung, Verdrängung und ihr Ausschalten - wird zu einer wesentlichen Determinante von Organisation und Führung.[82] Aus Konflikten können Kompromisse resultieren, die dann das Handeln des einzelnen binden und verpflichten, doch ist damit die Fremdbestimmung trotzdem zu einem wesentlichen Teil überwunden und in der Zustimmung zur, bzw. in der Einsicht in die Übereinkunft wird auch die Freiwilligkeit gesteigert, erfolgt der allfällige Zwang aus technischen und sozialen Notwendigkeiten in der Kooperation und nicht einzig und direkt aus der Existenz einer hierarchischen Ordnung von Befehl und Gehorsam.

5.2.4.2. Die schwierige Wiederentdeckung des individuellen, unverwechselbaren Menschen

Nicht zuletzt die unbefriedigenden Ergebnisse in der Umsetzung der verschiedenen, auf Menschenbildern aufgebauten Organisations- und Führungskonzepten und vor allem die allzu deutliche Spannung zwischen den monistischen und einfachen Menschenbildern und den komplexen und vielfältigen Menschen führten in jüngerer Zeit zunehmend zur Erkenntnis, "dass es einen allgemein gültigen Führungsstil nicht geben kann"[83]. Damit wird grundsätzlich Abschied genommen von der bisherigen Vorgehensweise. "Die jüngsten organisationstheoretischen Ansätze gehen davon aus, dass es keine generell gültigen optimalen Handlungsalternativen und *kein generell gültiges Bild vom Menschen* gibt, sondern lediglich Abbilder von in konkreten Situationen handelnden Menschen."[84]

Mit dieser Feststellung wird einem Rückfall in die alten, mit den strukturalistischen Ansätzen verbundenen Probleme weitgehend vorgebeugt; gleichzeitig entsteht aber ein nicht zu unterschätzendes Vakuum, da nun weder konzeptionelle Entwürfe noch die tagtäglichen Entscheidungen auf ein komplexitätsredu-

82) Es sei in diesem Zusammenhang daran erinnert, dass das agonistische Prinzip ein oft zentrales Merkmal des Spiels darstellt. Dabei muss ein Konflikt nicht automatisch zerstörerisch sein, sondern ist ebenso Voraussetzung, dass eigene Ziele definiert, verfolgt und eben auch im Konflikt angepasst werden können. Der Konflikt ist somit durchaus auch ein Medium oder eine Form der Entwicklung.

83) Wunderer/Grunwald (1980), S. 80.

84) Staehle (1980), S. 1312 (Hervorhebung im Original).

zierendes und in seiner Allgemeingültigkeit Orientierung vermittelndes Menschenbild abstellen können. Dieses Vakuum muss sich aber solange als schmerzliches Problem erweisen, wie Unternehmensorganisationen weiterhin auf streng hierarchischen und einheitlichen Konzepten beruhen, in denen planende, entscheidende und ausführende Funktionen weitgehend mit den hierarchischen Stellungen getrennt werden. Solange grundsätzlich an dieser traditionellen Konzeption festgehalten wird, muss das Fehlen eines gültigen Menschenbildes in den Fragen der Organisation und der Führung erhebliche Unsicherheiten auslösen - oder aber es wird implizit, also ohne es auszusprechen und es damit einer möglichen Diskussion zugänglich zu machen, weiterhin an einem Menschenbild festgehalten.

Wie neu und problematisch die Aufgabe eines klaren, allgemeingültigen Menschenbildes für Organisation und Führung ist, wenn gleichzeitig an der traditionellen Gestaltung des Unternehmens festgehalten wird, zeigen bereits die grösstenteils nur noch sehr allgemein gehaltenen, und z.T. recht hilflos anmutenden Aussagen in den neueren Theorien, die Lichtman und Hunt in ihrer Klassifikation dem *individualistischen Ansatz* (personalistic approach)[85] zuordnen. Als Beispiel kann hierfür das Konzept des *komplexen Menschen* (complex man), der vierte Typ in Scheins vielzitierter Menschenbildtypologie, dienen.[86]

Expliziter Ausgangspunkt für Fragen der Organisation und Führung ist hier nun die persönliche Individualität des Menschen, bzw. die Unterschiedlichkeit unter den Menschen: "Der Mensch ist ein komplexeres Wesen, als das Modell vom rational-ökonomischen, sozial motivierten oder sich selbst verwirklichenden Menschen glauben machen möchte. Er ist nicht nur dank seiner vielfältigen Bedürfnisse und Potentiale selbst komplexer, er unterscheidet sich hinsichtlich seiner Komplexität von jedem Mitmenschen."[87] Doch auch Schein kann hier zur Präzisierung nicht auf eine Reihe von Annahmen über den Menschen verzichten. Sie erweisen sich als Sammlung der unter den früheren Menschenbildern entstandenen Annahmen, wobei sie aber immer mit dem Hinweis auf unterschiedliche persönliche Ausprägungen und Bedeutungen relativiert werden. Er versteht somit seine Annahmen nicht mehr als verfestigte und generalisierte Aussagen, in denen das Menschenbild *inhaltlich* determiniert ist, sondern sie sollen lediglich

85) Vgl. Lichtman/Hunt (1971), S. 279 ff.
86) Vgl. Schein (1980), S. 94 ff.
87) Schein (1980), S. 94.

strukturelle Wesenszüge des Menschen zeigen, anhand derer jedes Individuum aufgrund individueller Persönlichkeit und im Zusammenwirken mit einer gegebenen Situation sich letztlich in einer Weise verhält, die im voraus nicht mehr generell spezifiziert werden kann:

1) Der Mensch ist nicht nur komplex, sondern auch variabel; zwar kennt er eine Hierarchie seiner vielfältigen Motive und Bedürfnissen, doch ändert sich diese in der Zeit und je nach Situation; verstärkt wird dies noch durch die Interaktion der verschiedenen Motive und ihrer Kombination zu vielschichtigen Motiv-Mustern.
2) Anhand seiner Erfahrungen in der Organisation kann sich der Mensch auch neue Motive aneignen als Ergebnis einer komplizierten Interaktion seiner ursprünglichen Bedürfnisse und den gemachten Erfahrungen.
3) Daraus folgt, dass die Motive eines Menschen in unterschiedlichen Organisationen oder gar in unterschiedlichen Bereichen derselben Organisation unterschiedlich sein können.
4) Der Leistungswille kann aus unterschiedlichen Motiven genährt werden; Grundmotivation, Arbeitsinhalt und -form, eigene Fähigkeiten und Erfahrungen, die Mitarbeiter und anderes mehr erzeugen in einer komplexen Wechselwirkung ein bestimmtes Grundmuster des Arbeitsverhaltens und der Gefühle.
5) Da also der Mensch unterschiedlich auf die verschiedenen Management-Strategien reagiert, kann hierüber keine für alle Menschen und alle Zeiten verbindliche Anweisung formuliert werden.

Trotz der individuellen Vielfalt der Menschen versucht Schein auch hier Folgerungen für die Management-Strategie zu ziehen[88]: Vor allem muss der Manager "ein ausgezeichneter Diagnostiker sein und ein ausgeprägtes Gespür für Erkundungen haben"[89]. Er muss die individuellen Unterschiede erkennen, würdigen und positiv nutzen können. Verlangt wird hierfür auch persönliche Flexibilität und eine grosse Variationsbreite des eigenen Verhaltens, um in Ausrichtung auf die unterschiedlichen Motive und Bedürfnisse der Untergebenen diese auch unterschiedlich behandeln zu können. Um diese doch recht offen gehaltenen Schlussfolgerungen etwas zu präzisieren, verweist Schein letztlich auch auf die Strategien aus den anderen Menschenbilder: die Organisation der Arbeit, aber

88) Vgl. Schein (1980), S. 95 f.
89) Schein (1980), S. 95.

auch in Hinblick auf den Arbeitsinhalt, der dem Arbeitenden Möglichkeiten zur Entfaltung und zur Bewährung seiner Fähigkeiten offen lässt; individuelle und Gruppenanreize schaffen; das soziale Umfeld fördern; den einzelnen fördern und Entwicklungschancen eröffnen und auch, wenn nötig, auf Psychotechniken und Eignungstests zurückgreifen. Denn all diese Strategien sind grundsätzlich nicht falsch, sondern als einzelne jeweils nur zu einseitig. Der grundlegende Fehler lag mit Sicherheit in der übermässigen Vereinfachung und Verallgemeinerung; jede dieser Strategien konnte in einer gewissen Situation und bei einem gewissen Menschen die richtige sein - oder auch nicht.

Ob jedoch die schlichte Forderung nach einer 'gesunden', situationsgerechten Mischung dieser Strategien als Grundlage für ein neues Führungskonzept schon zu genügen vermag, darf bezweifelt werden. Gewiss ist unbestritten, dass mit der ausdrücklichen Abkehr von den bisher propagierten Einheitskonzepten eine konzeptionelle Verbesserung von Führungstheorien angestrebt wird.[90)] Doch Führung und Arbeitsverhalten sind nur eine Dimension des Problemfeldes Instrumentalisierung; abgesehen von reglementarischen Rahmenbedingungen, wie etwa die Arbeitszeiten, die gerade bezüglich der Dimension der Freiwilligkeit ebenfalls grosse Bedeutung haben jedoch hier vorläufig ausgeklammert und erst im folgenden Kapitel untersucht werden, muss vor allem auch die organisatorische Gestaltung - sowohl der Arbeit als auch der Führungskompetenzen - berücksichtigt werden.

Ein individualistischer Ansatz, der aus seinen Annahmen nur Schlussfolgerungen zieht, die sich auf die Führung beziehen, aber die organisatorischen Bedingungen unberücksichtigt lässt, hat letztlich Spannungen zur Folge, die insbesondere die Führungspersonen überfordern muss. Denn es wird hierbei nicht beachtet, dass eine Organisation mit traditioneller Führungshierarchie und Funktionsteilung einer gewissen strukturellen Logik und damit Eigengesetzlichkeiten und spezifischen Notwendigkeiten und Zwängen unterworfen bleiben muss, die mit einer situativen und flexiblen Arbeits- und Führungsgestaltung letztlich unvereinbar sind. Die klassische Struktur der Führung auf der Grundlage einer hierarchischen Organisation mit strikter Kompetenzteilung und massgeblich auf die Stellung bezogener Weisungsmacht bzw. Unterordnungs- und Gehorsamspflicht weist als charakteristischen Wesenszug und als unabdingbare Funktions-

90) Vgl. Drumm (1989b), S. 11.

bedingung das Bestehen von Sicherheit und Vorhersehbarkeit aus.[91] Zentral gesteuerte, hierarchisch strukturierte Gebilde bedürfen daher einer relativ hohen Harmonisierung und Vereinheitlichung; erst auf der Basis einer generell gültigen Ordnung und ebenso generell gültiger Richtlinien kann in einem relativ starren Gebilde von Anordnung und Gehorsam der Führende die nötige Orientierung und Abstützung für seine Anweisungen und der Geführte die Akzeptanz für seine Unterordnung finden. Unter dieser Voraussetzung weiss der Führende, was er verlangen kann, und der Geführte kann bis zu einem gewissen Grad die an ihn gestellten Anweisungen antizipieren; nur so können grössere Friktionen, die unter der Bedingung ungleicher (Macht-) Stellung meist gravierende Folgen zeitigen, verhindert werden, da Funktionen und Verhalten grösstenteils klar geordnet sind. Die universell gültige Ordnung hilft gleichzeitig, die eigene Situation zu akzeptieren, da sie einerseits mit der anderer, gleichgestellter übereinstimmt und andererseits durch diese Ordnung auch von willkürlichen Uebergriffen durch den Vorgesetzten geschützt ist.

Im individualistischen Ansatz fehlt aber primär das als Orientierung dienende Menschenbild, womit die hierarchische Organisation letztlich als reines Strukturgerüst zurückbleibt, unter dessen Rahmenbedingungen und Sachzwängen jedoch vom einzelnen Vorgesetzten ein situations- und personenbezogenes, flexibles Führungsverhalten abverlangt wird. Da jedoch diesbezüglich allgemeingültige Richtlinien nicht existieren können, bleibt dieser letztlich gänzlich auf sein Gespür verwiesen. Je mehr er aber diesem Auftrag gerecht werden will, desto wahrscheinlicher sind auch Entscheide und ein Führungsverhalten, die mit den Funktionsbedingungen der Hierarchie unvereinbar sind: Sie haben personenbezogen eine ungleiche Behandlung zur Folge und sind für den Untergebenen - weil jeweils situationsbezogen und ohne Bezug zu einer bekannten, gültigen Regelung und Richtlinie, also letztlich nur aus der Stellung des Vorgesetzten heraus legitimiert - oft nur schwierig akzeptierbar. So verstösst eine situationsorientierte Führung gegen zentrale Bedingungen und Voraussetzungen einer hierarchischen Ordnung, wie sie etwa auch in der Bürokratietheorie ausgearbeitet wurden, während gleichzeitig die strukturellen Gegebenheiten unverändert belassen werden.

---

91) Vgl. Kirsch (1992).

Das Konzept einer isoliert behandelten individualisierten Führung baut also grundsätzlich auf Prämissen auf, die unter den Bedingungen einer klassisch gestalteten hierarchischen Führung leicht verletzbar sind:[92)]

1) Die Führungssituation kann bei Vorgesetzten und Mitarbeiter vollständig und zutreffend ermittelt werden.
2) Die individuelle Zuordnung von Führungsverhalten und -instrumenten gelingt.
3) Der mit Individualisierung zwingend verbundene Verstoss gegen den Grundsatz der Gleichbehandlung wird von den Mitarbeitern akzeptiert.
4) Der Vorgesetzte besitzt fachliche Autorität und soziale Fähigkeiten zur Ausfüllung seiner differenzierten Führungsrolle.
5) Zwischen Vorgesetzten und Mitarbeiter besteht ein Vertrauensverhältnis.

Es ist unzweifelhaft, dass der einzelne Führende hier bald ebenso überfordert wie im Stich gelassen sein muss. Unberücksichtigt bleibt bei diesen Anforderungen auch die Tatsache, dass es sich auch beim Vorgesetzten um einen komplexen Menschen handelt mit vielfältigen Motiven und einem je nach Situation und Interaktionspartner unterschiedlichem Verhalten. Gleichzeitig ist die Stellung des Untergeordneten, sind die Erwartungen und Rechte, die er gegenüber seinem Vorgesetzten geltend machen könnte, nicht mehr klar definiert, woraus im Rahmen der prinzipiell weiterbestehenden Unterordnung erhebliche Unsicherheiten erwachsen, die auch das Vertrauensverhältnis beeinträchtigen. Insbesondere muss er wohl selbst im Idealfall eines integren und bemühten Vorgesetzten immer wieder erleben, wie situative Lösungsmöglichkeiten aufgrund struktureller Hemmnisse doch wieder verhindert oder gar rückgängig gemacht werden müssen.

Demnach kann grundsätzlich gefolgert werden, dass es wohl einen wesentlicher Schritt darstellt, das Verhalten des Arbeiters nicht mehr zu generalisieren, sondern als Folge individueller und persönlicher Eigenschaften zu verstehen; gleichzeitig muss aber mitberücksichtigt werden, wie die organisatorischen Rahmenbedingungen jeweils dieses individuelle Verhalten mitprägen. Auch die Forderung nach einer situativen 'Führung' muss mit Überlegungen bezüglich der strukturellen Rahmenbedingungen, unter denen diese erst erfolgreich sein kann,

92) Vgl. zum folgenden Drumm (1989b), S. 11.

begleitet werden.[93] Gemäss Kappler ist daher grundsätzlich in der Betriebswirtschaftslehre und im Personalwesen "eine Entwicklung zu unterstützen, dic immer wieder die in den Menschenbildern vorhandene Reduktion des Menschen rekonstruiert und auf dem sich verändernden, sich entwickelnden und *mit Notwendigkeit* (!) mit anderen (unvollkommen) kommunizierenden Individuum besteht"[94]. Nicht Allgemeingültigkeit reklamierende (Vor-)Urteile, sondern interaktive, personenbezogene *Kommunikation* soll demnach Organisations- und Führungskonzepte tragen, denn letztlich ist "nicht die Setzung von Menschenbildern und ihre deklassierende Durchsetzung sinnvoll auf dem Weg wissenschaftlicher und lebenspraktischer Welterkenntnis und -anerkenntnis, sondern die Anerkennung der praktischen und sinnvollen Vielfalt der Art in der Praxis und in der Wissenschaft, die nicht in einer Abstraktion, wohl aber in der immer wieder neuen kommunikativen Vergegenwärtigung verallgemeinert werden kann"[95].

Es stellt sich somit die schwierige Frage, unter welchen organisatorischen Bedingungen jene umfassende Kommunikation möglich ist, die eine Orientierung an abstrakten Menschenbildern durch direkte zwischenmenschliche Erfahrungen obsolet werden lässt und gleichzeitig sowohl das notwendige Vertrauensverhältnis fördert als auch eine effiziente Kooperation gewährleistet. Die Lösung muss wohl in Richtung der schon seit längerer Zeit von einer massgeblich aus Arbeitspsychologen zusammengesetzten Forschergruppe um Eberhard Ulich geforderten *autonomieorientierten* Arbeitsgestaltung[96] gesucht werden. Im Mittelpunkt ihrer Konzeption steht die Schaffung individueller und/oder gruppenbezogener Handlungs- und Entscheidungsspielräumen: "Aufgrund der Existenz von Spielräumen sind individuelle Handlungen nicht mehr ausschliesslich 'kausal', als Exekution von Situations- oder Funktionsnotwendigkeiten zu denken. Absichtsgeleitetes Handeln, Eigenverantwortlichkeit und subjektive Handlungsorientierung als Ausdruck von Individualität müssen in die Konzeptionsbildung integriert werden, soll die Kategorie des Spielraumes organisationstheoretisch Sinn machen."[97] Indem die alles dominierende Bedingung einer

93) Vgl. Berthel (1992), S. 208. Führungsverhalten, Personalentwicklung und Organisationsentwicklung müssen immer als interdependent gesehen werden.
94) Kappler (1992), S. 1339. Einen derart kommunikativen Ansatz versucht u.a. Pieper (1988).
95) Kappler (1992), S. 1339.
96) Vgl. etwa Ulich u.a. (1973); Frei/Ulich (1981).
97) Conrad (1989), S., 51.

eindeutigen Führung, die jetzt einfach situationsbezogen flexibel sein sollte, jedoch immer noch weitgehend alle Einzelheiten zu bestimmen hat - aufgegeben wird, kann die Führungsperson dadurch entlastet werden, dass die Untergebenen selbst situationsbedingte Anpassungen und Reaktionen vornehmen.

Dies setzt aber einerseits eine gewisse Unschärfe der Rollenabgrenzungen voraus, die eine gegenseitige Abstimmung zwischen Vorgesetztem und Untergebenem ermöglichen und erfordern.[98] Damit tritt die *Kommunikation* in den Vordergrund - nicht mehr in Form von Anordnung, Kontrolle und Gehorsam, sondern als interaktiver Prozess, in dessen Folge sich auch ein System von 'checks and balances' etablieren kann: Eine so verstandene und praktizierte Kommunikation könnte sich zum Angelpunkt der Kooperation entwickeln und damit streckenweise die rigiden, hierarchischen Organisationsstrukturen ersetzen. Gleichzeitig setzt eine solche Kommunikation aber andererseits eine organisatorische Anpassung voraus, in deren Folge sie eben nicht mehr a priori Ausdruck eines vorgegebenen Führungsverhältnisses ist, sondern die Führung sich vermehrt erst aus der Kommunikation heraus etablieren und auch wieder verändern kann. Es ist denn auch unschwer zu erkennen, dass dies tiefgreifende Veränderungen sowohl in der organisatorischen Gestaltung als auch in der Art der Kooperation zu Folge haben muss. Dennoch kann und muss eine konsequent individualisierte Organisation als "konkrete und konstruktive Utopie"[99] begrüsst, ausformuliert und gefordert werden. Zwar verlangt sie zu ihrer Etablierung noch erheblicher Anstrengungen in der theoretischen Konzeption und bewusster unternehmerischer Anstrengungen und Risikobereitschaft. Utopien haben schon des öfteren - wenn auch bei weitem nicht immer zum Besseren - die Welt verändern können; auch die industrielle Produktions- und Wirtschaftsweise musste sich anfangs - geradezu als Utopie - gegen bestehende Verhältnisse und gegen aus der Sicht des Gegebenen berechtigte Bedenken durchsetzen. Und: Damit die industrielle Kooperation tatsächlich ihre überlegenen Potentiale entfalten konnte, mussten sich auch damals das Verhalten der Menschen, ihre Orientierungen und ihre Kooperationsformen wesentlich verändern.

Leider ist es im Rahmen dieser Arbeit nicht möglich, diese Utopie im einzelnen auszugestalten, zu konkretisieren und den theoretischen Nachweis ihrer Leistungsfähigkeit zu erbringen. Wie bereits gesagt, bedarf es hierzu noch einer in-

98) Vgl. Neuberger (1989), S. 79.
99) Schanz (1988), S. 138.

tensiven theoretischen Erforschung und praktischer Erfahrungen. Dabei kann aber auch bereits auf viel zitierte und viel beachtete Studien und mit Erfolg in die Praxis umgesetzte Experimente zurückgegriffen werden und auf den dort gemachten Erfahrungen aufbauen.[100)] Es spricht dabei einiges dafür, dass eine auf Kommunikation aufgebaute Kooperation insbesondere durch eine organisatorische Gestaltung gefördert werden kann, die auf *Gruppenstrukturen* aufgebaut ist. Gerade in der Form (teil-) autonomer Gruppen können Planung und Ausführung wieder vermehrt zusammengeführt und in umfassender Weise Arbeitsbedingungen entwikkelt werden, die die problematischen Faktoren der Instrumentalisierung erheblich entschärfen. Sowohl innerhalb der Gruppe, als auch bezogen auf das gesamte Unternehmen als *sozio*technische Produktionseinheit und Ort der Kooperation und des Zusammenlebens könnte die Gruppenstruktur wahrscheinlich eine ideale Grundlage für eine zeitgemässe, demokratische Gestaltung der Welt der Arbeit bieten.

In der Konzeption der Gruppenstruktur verlagert sich die Stellung des Führenden zu der eines primus inter pares, wobei diese Funktion sogar je nach Aufgabe und Problem unterschiedlichen Gruppenmitgliedern zufallen kann. Geht man zudem von einer Gruppenstruktur aus, so ist es durchaus auch sinnvoll, Führung auch massgeblich als Hilfe zur Selbsthilfe zu begreifen. In der Folge könnte sich die organisatorische Gestaltung vermehrt auch am *Subsidiaritätsprinzip* orientieren.[101)] Die Arbeit und die Kooperation wird dadurch vermehrt 'von unten' her gestaltet, womit der einzelne seine Tätigkeit wieder vermehrt als Teil und Ausdruck seines Lebens begreifen kann, wobei er aus Zweckmässigkeitsgründen durchaus auch Kompetenzen und Entscheidungen 'nach oben' delegieren kann. Es ist vorerst auch nicht a priori einzusehen, dass eine solche Organisationsform zwingend weniger effizient sein sollte; die bisher gesammelten Erfahrungen zeigen denn auch vorwiegend das Gegenteil, wobei die verstärkte Arbeitsmotivation und die Identifikation mit der eigenen Arbeit, bzw. das aktive Bemühen um deren effiziente und zuverlässige Ausführung eine zentrale Rolle spielen. Es zeigt sich hier also nochmals, dass für den einzelnen Men-

---

100) Vgl. etwa Emery/Thorsrud (1982) über das Konzept und die Erfahrungen des norwegischen Programmes zur industriellen Demokratisierung. Von grossem Interesse sind auch die am englischen Tavistock Institute of Human Relations durchgeführten Forschungsarbeiten über *Organisation als soziotechnische Systeme*; vgl. etwa Rice (1958). Eine Uebersicht über ihre führenden Arbeiten und die dabei in der Praxis gesammelten Erfahrungen findet sich bei Ulich (1991), S. 144 ff.

101) Vgl. Kirsch (1966); Drumm (1989b), S. 12.

schen die Arbeit in der Regel weit mehr ist als jener Produktionsfaktor, den Volks- und Betriebswirtschaft bisher zumeist nur wahrnahmen; Arbeit wird u.a. erst dann wirklich produktiv, wenn der einzelne seine Ansprüche darin verwirklichen kann und sie nicht nur als quälende Notwendigkeit erleben muss.

Wenn dies aber richtig ist, so muss doch zumindest überraschen, dass gerade in Krisenzeiten immer wieder auf traditionelle Führungs- und Organisationskonzepte zurückgegriffen wird; gerade auch in der aktuellen Wirtschaftskrise zu Beginn der 90er Jahre feiern tayloristische Massnahmen und frühindustrielle Methoden im Umgang mit den Mitarbeitern geradezu Urstände. Alternative, mitarbeiterorientierte Projekte, die allenfalls in Prosperitätszeiten zwar mit grosser Publikumswirksamkeit aber dennoch meist eher zaghaft aufgebaut werden, fallen den Krisen meistens schnell zum Opfer: Sie werden gestoppt, eingefroren oder vielfach gar in aller Härte rückgängig gemacht. Diese Tatsache kann aber nicht als Beweis für die Untauglichkeit progressiver Projekte angeführt werden; nur weil ein Verhalten immer wieder wiederholt wird, ist seine Ueberlegenheit noch nicht erwiesen - schon gar nicht, wenn sich alle gleich (falsch) verhalten.

Die Gründe müssen demnach nicht zwingend bei der Ueberlegenheit einer gewissen Arbeitsgestaltung gesucht werden, sondern in diesem Falle wohl eher auf einer anderen Ebene: Erstens verleitet der enorme Handlungsdruck, der aus der Krise resultiert, zum Rückgriff auf alte Modelle und Verhaltensmuster; ein solches Vorgehen ist offensichtlich auch leichter zu rechtfertigen als neue Projekte mit noch unbekanntem Ausgang - und es scheint gleichfalls den Erwartungen gerade auch der Investoren zu entsprechen, die hierbei auf alte Erfahrungen der Krisenbewältigung vertrauen, da sie nicht wissen, ob es bessere Alternativen gibt.[102] Zweitens muss dieses Vorgehen aber auch als *kurzfristige Kostenverlagerung* angesehen werden; dank der Krise glaubt man es sich eher leisten zu können, jene Kosten kurzfristig einsparen zu können, die mit einer kommunikativen und partizipativen Arbeitsgestaltung und Problemlösung anfallen. Die langfristigen, negativen Folgen für die 'Unternehmenskultur' und die daraus resultierenden Kosten werden nicht mehr berücksichtigt; aus kurzfristiger Erwä-

---

102) Auf Ankündigungen von Entlassungen oder einer straffen Restrukturierung durch als 'Hardliner' bekannte, geradezu autokratische Firmensanierer klettern die Aktienkurse in schöner Regelmässigkeit wieder in die Höhe. Bereits dadurch wird dem Management wieder der finanzielle Spielraum vergrössert, womit ein Erfolg wahrscheinlicher wird.

gung können viele Kosten auch externalisiert werden: Die Krisenbewältigung erfolgt zu Lasten der öffentlichen Sozialeinrichtungen oder der Mitarbeiter, die sich dem kaum widersetzen können angesichts eines - nicht zuletzt aufgrund dieses Verhaltens - angespannten Arbeitsmarktes. Tragischerweise erweist sich eine solche Nichtberücksichtigung der langfristigen Kosten dank der Externalisierungsmöglichkeiten auch langfristig nicht im vollen Umfange als negativ, weil drittens sich fast alle Unternehmen ähnlich verhalten. Mögen die Nachteile, die individuellen Wohlfahrtseinbussen, die Verschwendung von Ressourcen (insbesondere von Humankapital) und die Produktivitätseinbussen auch noch so gross sein: Solange (fast) alle Unternehmen davon in gleichem Masse betroffen sind, erwachsen daraus keine Wettbewerbsnachteile für das einzelne Unternehmen. Getragen werden die Kosten von der Gesellschaft, die diese Kosten nicht einmal evaluieren kann, da keine Vergleichsgrössen existieren.

Die Einführung alternativer Arbeitskonzepte kann andererseits - gerade auch aufgrund mangelnder diesbezüglicher Erfahrungen - aber auch mit einer ganzen Reihe von erheblichen Problemen behaftet sein, die solche Projekte - zumindest im kurzfristigen Vergleich gegenüber traditionell geführten Konkurrenten - scheitern lassen. Wo bisher starre Strukturen und Zwänge fallen und sich Räume öffnen, ist die Entwicklung kaum mehr vorauszusehen und kaum mehr zu lenken; der Prozess gewinnt Eigendynamik, droht anfangs oft zu überborden. Individualisierte Strukturen kennen also ebenfalls, vielleicht gar noch verstärkt das Problem der internen Kohäsion und Integration. Da die zentralen Machtstrukturen und hierarchischen Kontroll- und Sanktionsinstrumente teilweise wegfallen müssen, erwachsen erhebliche Anforderungen an das Verhalten, an die Kommunikationsfähigkeit und an die Kooperations- und Kompromissbereitschaft des einzelnen; so sucht etwa Drumm im Solidaritätsprinzip eine Begrenzung einer allzu egozentrischen Individualisierung, die zu Lasten der Gemeinschaft (Unternehmen) und damit der Effizienz gehen müsste.[103)] Man muss aber davon ausgehen, dass nicht jeder bereit oder fähig ist, diese Eigenverantwortung zu tragen. Zum einen ist hier wohl ein schwieriger und auch langwieriger Lernprozess erforderlich, denn nicht wenige haben unter den bisherigen Arbeitserfahrungen selber eine nur noch instrumentelle Einstellung zu ihrer Arbeit entwickelt:[104)] Sie erbringen ihre Arbeit gerade so gut, dass auf

103) Vgl. Drumm (1989b), S. 12.

104) Vgl. etwa Zoll (1988), S. 215; Heubrock (1989), S. 351. Die Gewinnung einer 'instrumentellen Arbeitseinstellung' scheint im Falle unbefriedigter Erwartungen und

diese Weise die Mittel beschafft werden können, die anderweitig, ausserhalb der Arbeit, die Befriedigung der Bedürfnisse ermöglichen werden. Ebenso ist die häufige Sozialisation zu stumpfem Gehorsam und Pflichtgefühl, das sich nur auf die Ausführung von Befehlen beschränkt aber kein inneres Engagement und kein eigenes Mitdenken erfordert, ja unterbindet, ein gewichtiger Hemmschuh für das Funktionieren individualisierter Organisationen. Wie zur Zeit der Industrialisierung muss auch hier ein langer Lernprozess ausgelöst und getragen werden. Es geht nicht an, dass der damit verbundene Aufwand und die sicher bestehenden Risiken als Vorwand genommen werden, jede Aenderung zu unterlassen, denn erwiesenermassen sind die bisher dominierenden Arbeitsbedingungen massgeblich für das Verhalten dieser Menschen mitverantwortlich. Wenn aber die organisatorische Umgestaltung mit einer konsequenten Personalentwicklung kombiniert wird, so besteht die Hoffnung, dass im Endergebnis für das Unternehmen eine Verbesserung erzielt werden kann; Verbessert wird aber auf jeden Fall die so bedeutsame Welt der Arbeit für den einzelnen Menschen.

Es soll aber damit nicht einer neuerlichen Variante der Manipulation das Wort gesprochen werden. Je nach Zusammensetzung einer Belegschaft wird es sich um einen langsamen Entwicklungsprozess handeln. Dabei muss es im letzten darum gehen, über eine intensivierte Kommunikation den einzelnen Menschen dort wahrzunehmen, wo er tatsächlich steht, und über die gemeinsame Kommunikation nach Möglichkeiten einer erwünschten Förderung zu suchen. Immer bleibt dabei auch die Möglichkeit, dass jemand mit seiner Situation zufrieden ist und keine Veränderungen wünscht, was dann eine individualisierte Organisation auch berücksichtigen können muss. Auch hier scheint die Gruppe über etliche Vorteile zu verfügen, doch ist auch die Gruppe nicht eine generelle Lösung des Problems.

In einem abschliessenden Rückblick muss festgestellt werden, dass *die hier zusammengefassten Ergebnisse* einer beinahe über hundert Jahre andauernden Diskussion über das Mögliche und Wünschbare bei der Gestaltung unternehmensinterner Kooperation *insgesamt aber doch recht dürftig ausgefallen sind*: in Anbetracht des Stellenwertes und angesichts der durchaus drängenden

---

Bedürfnisse geradezu die gängige Lösung zu sein. Wie schwer sich aber letztlich doch viele Menschen damit tun, verbirgt sich nur oberflächlich hinter ihren Klagen und Beschwerden über die jeweiligen Arbeitsbedingungen; vgl. Leithäuser (1986), S. 245.

Probleme im Rahmen dieses Bereiches ein ernüchternder, ein trauriger Befund. Natürlich umfasst diese lange Diskussion weit mehr Aspekte, als hier in einem kurzen Ueberblick berücksichtigt werden konnten; andererseits widerspiegelt dieser Ueberblick wohl die wesentlichen und bis heute am nachhaltigsten diskutierten Konzepte. Dabei wurden natürlich in den einzelnen Beiträgen viele einzelne Erkenntnisse gesammelt und im einzelnen aufgearbeitet, welche hier nicht berücksichtigt werden konnten obwohl sie wertvoll und intressant sind. Im Rückblick ernüchternd, wenn nicht gar frustrierend ist jedoch, *dass der Erkenntnisprozess als Ganzer nicht befriedigendere Ergebnisse gezeigt hat*: Nachdem die Theorie anfangs wesentliche Erkenntnisse zur erfolgreichen Konzeption von Führung und Organisation beitragen wollte und entsprechend eine Vielzahl von Allgemeingültigkeit beanspruchenden Patentrezepte lieferte, die - wurden sie denn überhaupt in die Praxis umgesetzt - vielfach auch hohe, z.T. gar verhängnisvolle Kosten und Schmerzen verursachten, stehen wir nun im wesentlichen vor der schlichten Erkenntnis, dass allgemeingültige Konzepte letztlich unmöglich sind, weil das Problem, weil insbesondere der Mensch hierzu doch zu komplex ist. Natürlich sind wir damit dennoch weiter als zu Anfang der Diskussion, als noch keine eigentlichen Grundsatzgedanken zu diesem Thema, aber bereits eine rege, vielleicht konfuse Praxis existierten, denn die Diskussion hat viele Einzelerkenntnisse ermöglicht - auch Erkenntnisse über Unmögliches und über Grenzen. Wie es aber bereits auf den letzten Seiten zum Ausdruck kommt, provozieren diese vielfältigen Einsichten insgesamt heute eher Hilflosigkeit und Ratlosigkeit als Einsicht, Verständnis und Orientierung.

Dass man sich also im Verlaufe der ganzen Diskussion schliesslich geradezu im Kreise bewegt hat, ist wohl zumindest teilweise darauf zurückführen, dass die Grundbedingungen der industriellen Arbeitsweise zuwenig Berücksichtigt, zu wenig erforscht wurden. Der Vorwurf ist nicht unbegründet, dass in manchen Beiträgen kaum kritisch und in die Tiefe nach den Ursachen geforscht wurde und unbesehen von den jeweiligen Gegebenheiten - den Organisationsstrukturen, Führungshierarchien, Arbeitskonzepten und Zielen - ausgegangen und darauf in vorschneller Absicht aufgebaut wurde. Die als Anlass für eine neue Konzeption dienende Kritik der bestehenden Verhältnisse beschränkte sich dabei vielfach nur auf einen oder wenige Teilaspekte. Heute müssen wir angesichts erheblich verschärfter Probleme ernüchtert feststellen, dass wir bis heute nicht nur die Probleme nicht gelöst haben - was sicher auch auf den fehlenden Willen zur Umsetzung von gewonnenen Erkenntnissen zurückzuführen ist -, sondern auch weitgehend nicht wissen, wie wir ihnen erfolgreich begegnen könnten.

Gerade auch im direkten Spannungsfeld zwischen Angestelten und Unternehmen, aber auch bezüglich des Stellenwertes der Arbeit in Gesellschaft und individuellem Lebensprojekt und im weiteren bezüglich der Arbeitsgesellschaft und ihrer sozialen und ökologischen Folgewirkungen weist der vieldiskutierte Wertwandel - mit seinem Auftreten und mit den darin artikulierten Anliegen - nochmals deutlich auf die unbewältigten Probleme hin. In der obigen Analyse wurde nach den tieferen Ursachen und nach den strukturellen Rahmenbedingungen gesucht, auf denen diese Probleme gründen. Denn nur eine offene und vorbehaltlose Analyse verhilft letztlich zu einem genügend tiefgreifenden Verständnis, um dann auf dieser Grundlage nach befriedigenden Lösungen suchen zu können.

Im Verlaufe der hier versuchten Analyse erwies sich die weitgehende Instrumentalisierung der Arbeit mit dem Zweck der optimalen Produktivitätssteigerung als das zentrale, die Arbeit prägende Problem. Trotz der begrüssenswerten Absicht, das rein Notwendige wenigstens möglichst effizient und gewinnbringend zu gestalten, muss mit der daraus resultierenden Instrumentalisierung bis heute weitgehend der Verlust aller *unmittelbaren*, ebenfalls Nutzen stiftenden Bezüge und Qualitäten der Arbeit beklagt werden. Auf der Grundlage der Ergebnisse der Wertwandelforschung muss weiter vermutet werden, dass dieses Problem des massgeblich noch dadurch akzentuiert wird, dass diese derart entfremdete, rein instrumentelle Arbeit zugleich einen zentralen Stellenwert einnimmt und sogar eine dominierende Wertigkeit beansprucht. Mag auch letzteres ursprünglich eine hilfreiche Orientierung in einem neuen Lebenskontext gewesen sein: Heute ist es ein offensichtlicher Widerspruch, dass eine rein instrumentelle Handlung im gesamten Leben einen zentralen Stellenwert einnehmen soll, dass ein Instrument nicht nur zeitlich und bedeutungsmässig das gesamte gesellschaftliche und individuelle Leben dominieren und prägen, sondern dass sich das Leben sogar sinnmässig an disem orientieren und erfüllen soll.

5.3. WERTWANDEL: LEBEN UND ARBEITEN

Arbeitsethos und Arbeitsmoral, die Verinnerlichung arbeitsorientierter Werte als Grundlage und Orientierung des Handelns ist auch heute noch eine wichtige und hilfreiche Voraussetzung für eine effiziente und optimale Arbeits- und Wirtschaftsweise unter den Bedingungen der industriellen Produktion. Dies obwohl sich seit den Anfängen der Industrialisierung die Lebens- und Wirtschaftsbedingungen wohl allgemein dahingehend entwikkelt haben, dass der einzelne weit stärker noch den wirtschaftlichen Sachzwängen, resultierend aus der industriellen Produktionsweise und dem marktwirtschaftlichen Wettbewerb, unterworfen ist und daher zwangsläufig mit den Anforderungen an seine Leistung schritthalten muss, da er andernfalls aus dem Wirtschaftssystem eliminiert würde.[1] So stellt bereits Max Weber in seiner Untersuchung über die Ursprünge des kapitalistischen Geistes fest: "Die heutige kapitalistische Wirtschaftsordnung ist ein ungeheurer Kosmos, in den der einzelne hineingeboren wird und der für ihn, wenigstens als einzelnen, als faktisch unabänderliches Gehäuse, in dem er zu leben hat, gegeben ist. Er zwingt den einzelnen, soweit er in den Zusammenhang des Marktes verflochten ist, die Normen seines wirtschaftlichen Handelns auf."[2]

Weil das Wirtschaftssystem heute einer unbeugsamen Eigengesetzlichkeit folgt und mehr noch: weil es hierbei auch noch einen zentralen Stellenwert im individuellen wie gesellschaftlichen Leben einnimmt, erzwingt es sowohl mit seinen Anreizen als auch insbesondere mit der permanenten und vernichtenden Drohung des wirtschaftlichen Misserfolges - und damit letztlich der Bedrohung des physischen Ueberlebens des einzelnen - von jedem Teilnehmer die Erbringung der erforderlichen Leistung auch ohne dass er hierbei von einer speziellen Werthaltung geleitet würde. Weber kommt daher zum Schluss, dass dieses Wirtschaftssystem heute das Verhalten der Individuen letztlich nur noch als System mit eigenen Gesetzen bestimmt, ohne dass die an ihrem Ursprung stehende und motivierende Ethik des Protestantismus, die Ethik der Leistung und der Askese

---

1) Vgl. Weber (1920), S. 37.
2) Weber (1920), S. 37.

in der Arbeit noch von Nöten wären: Die Gesetze des Systems sind weitgehend an die Stelle dieser 'inneren' Handlungsorientierung getreten.[3)]

Aber obwohl diese Zwänge des Systems letztlich unausweichlich sind, bleibt dennoch die Bedeutung einer positiven Arbeits- und Leistungsbereitschaft, einer inneren Zuwendung zur Arbeit als eine handlungsleitende Orientierung weiterhin gross. Zwar weniger als Ursprung oder Ursache, wie im Falle der Puritaner, die Berufsmenschen sein *wollten*, aber als Stütze und Ausgleich, als innerpsychische Entsprechung der äusseren Zwänge für den Menschen, der Berufsmensch sein *muss*. Wie bereits oben dargestellt helfen Arbeitsmoral bzw. -ethik jenseits der äusseren Zwänge und Anreize allfällige momentane Befindlichkeiten und Bedürfnisse zu relativieren und zugunsten der Leistungserbringung zu überwinden bzw. auf einen späteren Zeitpunkt zu verschieben. Mögen auch Gewinnaussichten oder die Angst vor dem wirtschaftlichen Ruin den zentralen Antrieb zur Leistung sein, so ist es im momentanen Augenblick oftmals nur noch die tief verwurzelte Leistungsorientierung, die durchhalten lässt. Somit ist die positive Grundeinstellung zur Arbeit gerade eine psychologisch wichtige innere Disposition des wirtschaftlich tätigen, da sie einerseits die Friktionen zwischen äusseren Anforderungen und innerer Motivation bzw. Befindlichkeit teilweise ausglättet und andererseits auch da noch zur Leistung motiviert, wo - wenigstens für den Augenblick - weder Anreize noch Zwänge unmittelbar zur Wirkung kommen.

Eine noch grössere Bedeutung kommt daher einer verinnerlichten Arbeitsmoral in hierarchischen Koordinationsstrukturen zu: Da innerhalb dieser Strukturen der Markt ausgeschaltet ist, entfallen teilweise auch seine unmittelbaren Zwänge und, wie bereits oben ausgeführt, muss hier eine umfassende Leistungskontrolle versagen während ein allzeit wirksamer Leistungsanreiz unmöglich ist. Man muss daher davon ausgehen, dass die Durchsetzung und der Erfolg von "streng rationalen Prinzipien der 'bürokratischen' (oder allgemeiner noch: der hierarchischen; RvR) Organisation und der höchstmöglichen 'Effizienz' von Arbeits- und Entscheidungsprozessen (..), welche von menschlichen Bedürfnissen nach Sinnerfüllung abstrahieren"[4)], letztlich in einem kaum zu überschätzenden Mass von den individuellen, zugleich gesellschaftsweit getragenen Werten der Selbstbescheidung, Disziplin, Leistungsorientierung, Pflicht und Akzeptanz abhän-

3) Vgl. Weber (1920), S. 203 f.
4) Klages (1984), S. 15.

gen.[5] Diesen Werten kommt daher für Klages - trotz aller kulturellen Unterschiede und spezifischen Eigenheiten in den verschiedenen Nationen und ihres z.T. unterschiedlichen Ursprungs, bzw. ihrer unterschiedlichen kulturellen und ethischen Einbettung[6] - eigentlich in allen Industrieländern eine bedeutende Rolle zu bezüglich der Durchhaltefähigkeit der Arbeiter im belastenden Arbeitsalltag.

Dennoch ist auch die Diskussion über die Gestaltung der Arbeitsorganisation in Unternehmen keineswegs nur von akademischem Interesse und der Ruf nach tiefgreifenden Veränderungen ebensowenig 'nur' ethisch-moralisch begründet. Auch der Unternehmenserfolg und die Realisierung von Produktivitätspotentialen in der Kooperation hängen zunehmend stärker davon ab, inwieweit die Organisation der einzelnen Arbeiten und ihrer Koordination die Leistungsbereitschaft und Leistungserbringung der Mitarbeiter fördern kann, bzw. nicht hemmt. Die Suche nach 'menschengerechten' Arbeitsformen im Unternehmen ist somit sowohl aus individueller als auch aus unternehmerischer Sicht notwendig und dringlich; noch dringender ist die Umsetzung der bereits vorhandenen Erkenntnisse in die Praxis, denn diese hinkt in vielen Bereichen der theoretischen Diskussion hinterher.

Organisatorische Neugestaltung wird einerseits immer dringlicher, weil sich auch das wirtschaftliche Umfeld fortlaufend verändert und dabei immer dynamischer wird. Die traditionell hierarchisch ausgerichteten Organisations- und Arbeitsstrukturen auf der Grundlage einer konsequenten Trennung von Planung und Entscheidung einerseits und Ausführung andererseits erweist sich in diesem dynamischen Umfeld oftmals als zu rigide; Anpassungen sind umständlich, oft schmerzhaft und immer sehr teuer, woraus schnell Wettbewerbsnachteile er-

---

5) Klages (1984) spricht in diesem Zusammenhang von *traditionalen* Werten, da er sie in einer Linie versteht mit den durchaus auch sozialintegrativ wirkenden Tugenden des abendländischen Mittelalters (Gefolgsamkeit, Bescheidenheit, Selbstdisziplin, Zucht und Mass, Tapferkeit uäm.). Er übersieht hierbei jedoch, dass diese Tugenden grossteil die soziale Oberschicht betrafen und eng mit deren Vorstellung von Ehre verknüpft waren, also gerade auch zur Abgrenzung gegenüber dem Volk dienten. Zudem bezogen sie sich oft auf ganz bestimmte soziale und kulturelle Aspekte, jedenfalls kaum - ausser bei gewissen Ordensgemeinschaften und allenfalls beim städtischen Handelsbürgertum - auf Arbeit und ökonomische Belange. Wenn es sich auch in gewissem Sinne um eine Fortführung alter Tugendvorstellungen handeln mag, so bedurfte es doch einer fundamentalen Transformation und Umdeutung, damit diese Werte für das arbeitende Volk und bezogen auf ihre Arbeit handlungsleitend und sinngebend, d.h. ihr Selbstverständnis prägend werden konnten.

6) Vgl. Klages (1984), S. 15.

wachsen können. Organisatorische Veränderungen sind andererseits aber zumindest ebenso dringlich, weil gemäss der vielfach geäusserten Klagen der Unternehmer die so wichtige Leistungsbereitschaft der Mitarbeiter erodiert. Demoskopische Erhebungen haben denn auch in den achtziger Jahren in Theorie, Medien und Oeffentlichkeit eine breite, nachhaltige und auch kontroverse Diskussion über einen daraus hergeleiteten tiefgreifenden *Wertwandel* in der Bevölkerung entfacht.

Auslöser einer breiteren Diskussion war massgeblich der vielfach noch heute als *der* Wertwandelforscher angesehene[7)] Ronald Inglehart mit seiner aus demoskopischen Erhebungen hergeleiteten, geradezu provokativen Diagnose - und Prognose -, dass sich die industrialisierten Gesellschaften vom Materialismus zum Postmaterialismus hin entwickeln[8)]. Teilweise aufgrund unterschiedlicher theoretischer Konzepte und Instrumentarien, die als Grundlage verwendet werden, teilweise wohl auch in der Folge unterschiedlicher Grundeinstellungen und Auffassungen gestaltet sich in der Folge bereits die theoretische Diskussion als äusserst kontrovers: Neben der Frage der Erhebungstechnik und der Relevanz von Wertäusserungen für das Verhalten werden auch die Erhebungsresultate unterschiedlich wahrgenommen, interpretiert und beurteilt.[9)] Die vertretenen Standpunkte reichen dabei von einer Verneinung der Existenz eines Wertwandels[10)] bis hin zur Einschätzung, dass es sich hierbei um einen "ausserordentlich entscheidenden Vorgang"[11)] ohne Vergleichbares handle, dass dem diagnostizierten Wertwandel ein "Fundamentalcharakter"[12)] zukomme. Ebenso variiert die Bewertung eines wahrgenommenen Wandels: Er wird als negative Entwicklung, als destruktiv und disfunktional, als Wertverfall und damit als Gefahr für die Grundfesten von Kultur und Wirtschaft verteufelt und bekämpft[13)], als progressive und positive Entwicklung begrüsst und in der Folge eine entsprechende Anpassung der Institutionen gefordert[14)], oder gar als wünschenswertes

7) Vgl. Klages (1984), S. 89.
8) Vgl. Inglehart (1977), (1979).
9) Einen guten Ueberblick über die wissenschaftliche Diskussion vermittelt der Sammelband von Klages/Kmieciak (1979).
10) Vgl. Stigler/Becker (1977); Lehner (1979).
11) Klages (1984), S. 34.
12) Klages (1988), S. 11.
13) Vgl. beispielsweise Bell (1975).
14) Vgl. etwa Inglehart (1977); von Klipstein/Strümpel (1984); Huber (1984).

und notwendiges Soll, als Ausweg aus ökologischen, psychischen, sozialen und gar wirtschaftlichen Problemen proklamiert[15].

Inzwischen ist - zumindest unter den Wertforschern - weitgehend unbestritten, dass im Verlaufe der siebziger und achtziger Jahre ein tiefgreifender Wertwandel festgestellt werden kann[16], der sich auf die Werthaltungen und auf den Charakter von Wertorientierungen in der Zukunft auswirken wird; es ist dabei wenig überraschend, dass sich in einer *Arbeits*gesellschaft ein solcher Wertwandel insbesondere auch in der Einstellung zur Arbeit, in arbeitsspezifischen Verhaltenswerten und im Stellenwert der Arbeit im gesamten Lebenszusammenhang äussert. Wie jedoch noch zu zeigen sein wird, wird der heute von Wertforschern weitgehend als gesichert angesehene Wertwandel weit differenzierter beurteilt als noch von Inglehart; nach der ersten stürmischen Verkündigung einer 'neuen Welt', die insbesondere von den Medien und in der öffentlichen Diskussion hohe Wellen schlug, erscheint der Wertwandel auf der Basis grundlegender Ueberlegungen zum Wesen der Werte vielmehr als ein weitgehend 'natürliche', also zu erwartende Ausgleichsbewegung zu einer bisher zu einseitigen und zu starren Werthierarchie.

Im Rückblick muss daher auch überraschen, wie der Gedanke eines möglichen Wandels von Werten - und insbesondere von auf die Arbeit bezogenen Werten - in der öffentlichen Diskussion vorab in konservativen Kreisen und auch unter manchen Arbeitgebern auf schieres Unverständnis und auf brüske Ablehnung stossen konnte. Dass ein solcher schlicht undenkbar schien - und teilweise noch immer als unmöglich gilt -, kann nur damit erklärt werden, dass gerade *Arbeits- und Leistungswerte als unerschütterliche Grundfesten der modernen Arbeitsgesellschaften*, geradezu als wesensmässige Naturgegebenheiten des Menschen schlechthin angesehen wurden und z.T. noch werden, ohne dass dies auch nur als erwähnenswürdig oder gar als diskussionsbedürftig erachtet wurde. Lange Zeit herrschte fast uneingeschränkte Sicherheit darüber, "dass die Zentralität von Beruf und Arbeit für Lebenslauf und Lebensorientierungen (zumindest der Männer) zum Kernbestand der modernen Gesellschaft zählt"[17]. Die kategori-

15) So etwa im Bericht des Club of Rome zur Lage der Menschheit, Meadows u.a. (1972).
16) Vgl. Klages (1983), S. 341. Dabei entwickelte sich der Begriff 'Wertwandel' zunehmend zu einem Kürzel für die mittel- und langfristigen Veränderungen einer ganzen Skala von Bewusstseinsinhalten, Einstellungen und Verhaltensdispositionen; vgl. Strümpel (1983), S. 463.
17) Kohli/Schmidt (1983), S. 339.

sche Verneinung jeglicher Wandelbarkeit von Werten lässt sich jedoch höchstens mit einem 'objektiven' Wertbegriff vereinbaren, in dem Werte als "an sich seiende und idealseiende phänomenale Gegebenheiten"[18] aufgefasst werden. Ein solcher Wertbegriff ist aber letztlich mit einem liberal-individualistischen Weltverständnis unvereinbar; gleichzeitig verweist aber eine solche Vorstellung gerade auch im Falle der Arbeitswerte auf die Ursprünge der Werte in religiösen, transzendent begründeten Normen. Sie zeugt aber historisch auch von einer relativen Kurzsichtigkeit, wenn man sich den oben dargelegten Wandel der Arbeitseinstellungen im Verlaufe der Industriellen Revolution vor Augen hält.

Für ein besseres Verständnis über das Wesen von Werten und für einen mehr grundsätzlichen Zugang zum Phänomen Wertwandel ist ein kurzer Exkurs nötig: Gemäss Böckenförde stellen Werte als Orientierungsmuster eine relativ junge Erscheinung dar, indem sie weitgehend an die Stelle der religiösen Lebensorientierung traten, die im Zuge der allgemeinen Säkularisierung an Bedeutung verloren.[19] *Arbeit als eigenständiger Wert* ist somit vorerst einmal abgeleitet aus der religiös fundierten normativen Pflicht zur Arbeit. Aus liberal-individualistischer Sicht können hingegen Werte als teilweise normative Kategorien *nicht aus seinsmässigen Gegebenheiten*, wie etwa dem Wesen oder der Bestimmung des Menschen, *abgeleitet werden*. Vielmehr ist der Gehalt eines Werts grundsätzlich aus dem Dualismus von 'Sein' und 'Sollen' heraus zu verstehen, wobei die Erscheinungs- und Wirkungsform der Werte der Modus des *Geltens* ist. "Dieses Gelten bringt eine Übergangsbeziehung zwischen Sollen und Sein zum Ausdruck; es drängt zum Wirklichwerden im aktualen Handeln oder in gesetzten bzw. anerkannten Normen."[20] *Die normative Kraft der Werte leitet sich also aus ihrem Gelten ab*; anhand geltender Werte werden Situationen und Zustände

18) Böckenförde (1991), S. 73.

19) Vgl. Böckenförde (1991), S. 68 ff. Gleichzeitig kann die Konstituierung von Werten auch als eine Gegenreaktion zum modernen naturwissenschaftlichen Weltverständnis verstanden werden, das im 19. Jahrhundert mit dem Ueberhandnehmen ihrer funktionalen, kausalwissenschaftlichen Rationalität das Menschliche und Lebendige bedrohte, indem sie nurmehr das Mess- und Beobachtbare als Realität zuliess und die Natur des Menschen auf diese Weise vergegenständlichte. Um die Vorstellung der Einzigartigkeit und der Freiheit des Menschen bewahren zu können, mussten für die kausalwissenschaftlich nicht erkenn- und aussagbaren Wirklichkeitsbereiche - wie etwa die Begründung und die Ausrichtung eines ethisch-sittlichen Handelns - neue Kategorien und Assageformen geschaffen werden - so etwa die Kategorie der handlungsleitenden Werte. "Nur so liess sich auch der Mensch als freies, selbstverantwortliches Wesen bewahren, der nicht von vornherein in ein Netzwerk kausalgesetzlicher Abläufe eingefügt, sondern eigener Verantwortung fähig ist." Böckenförde (1991), S. 69.

20) Böckenförde (1991), S. 71.

analysiert und bewertet und an ihnen orientieren sich Verhalten, Handlungen und Entscheidungen.

Worauf aber gründet die Geltung eines Wertes? Wie kann sein handlungsleitender Anspruch legitimiert werden? Statt der rein 'objektiven' Wertauffassung oder einer rein 'subjektiven', in der die Geltung von Werten alleine auf der Setzung durch das Subjekt beruht[21)], hat ein als 'lebensweltlich' bezeichneter Wertbegriff hier den grössten Erklärungsgehalt, indem die Geltung von Werten in der *Polarität* und der spannungsvollen Wechselbeziehung zwischen dem Individuum und seiner umgebenden Welt begriffen wird. "Dieser Polarität zufolge wirken Strukturen der geistigen und kulturellen Welt als objektiv-geistige Gegebenheiten auf Werterleben und Wertbeurteilung der einzelnen normgebend ein."[22)] Werte sind demnach - durchaus langlebige und resistente - Orientierungsmuster am Schnittpunkt von Individuum und Umwelt. Sie prägen die Wahrnehmung dieser Umwelt und den Umgang mit ihr; eine sich verändernde Umwelt kann aber ebenso eine Verlagerung und Veränderung der Werte verursachen, wenn andernfalls gravierende Spannungen und Unvereinbarkeiten auftreten würden.

Da jedoch Werte "kein inneres Mass aus und in der Lebenswirklichkeit"[23)] besitzen, da sie nicht messbar mehr oder weniger Geltung haben können und damit auch nicht gegenseitig aufgerechnet werden können, *verlangen sie aus sich heraus jeweils globale und totale Geltung*. Die Erfahrung zeigt aber, dass sich der Mensch nicht nur an einem Wert, sondern gleichzeitig an unterschiedlichen, ja sogar widersprüchlichen Werten zu orientieren sucht, die jedoch jeweils eben diese globale Gültigkeit für sich beanspruchen. "Sollen sie gleichwohl in ihrer Sollgeltung als Verhaltensanforderung für ethisch-sittliches Handeln praktikabel sein, kann dies nur vermittels einer Rang- und Stufenordnung der Werte eingelöst werden."[24)] Gleichzeitig weist aber bereits der aus dem Oekonomischen abgeleitete Begriff 'Wert' auf eine mögliche Wandelbarkeit hin bezüglich der relativen Bedeutung eines Wertes gegenüber anderen; obwohl er für sich globale

---

21) Vgl. etwa die Sicht von Weber (1922b), S. 146 ff; 489 ff. "Das Individuum setzt und anerkennt (hier) Werte aus seiner subjektiven Bestimmtheit heraus, indem es bestimmten Dingen, Handlungen und Handlungszielen von sich aus und für sich einen Wert im Sinne einer positiven Bezogenheit beimisst." Böckenförde (1991), S. 72.
22) Böckenförde (1991), S. 74 f.
23) Böckenförde (1991), S. 76.
24) Böckenförde (1991), S. 77.

Geltung beansprucht, kann ein Wert gegenüber einem anderen zurückgestellt werden, wenn dieser in einer bestimmten Situation mehr Gewicht hat. Jeder Wert ist damit "abwägbar, unterliegt der Bewertung, damit der Auf- und Abwertung; er wird wertlos gegenüber dem höheren Wert, hat aber eigene Durchsetzungskraft gegenüber niederen Werten"[25]. Und: Mit dem Stellenwert wächst nicht nur die Geltungskraft und der damit verbundene aktuale Aufforderungscharakter eines Wertes, sondern auch sein Preis bei der Abwägung der Werte - der höchste Wert verlangt den höchsten Einsatz für seine volle Geltung.

Nach diesem Exkurs kann nun festgehalten werden, dass Werte nach dem Verlust einer transzendenten Verfestigung und bei Aufgabe einer 'objektiven' Wertbegründung grundsätzlich durchaus wandelbar sein können - insbesondere bezüglich ihres relativen Stellenwertes gegenüber rivalisierenden Werten. Solche Wertverschiebungen müssen im Spannungsfeld zwischen dem nach Sinn und Orientierung suchenden Individuum und seinem Erleben seiner Umwelt und deren Veränderungen verstanden werden. Dabei wird seine Werthaltung nicht nur durch seine kulturelle und soziale Umwelt, sondern ebenso durch die ökonomische beeinflusst.

Bezogen auf den Stellenwert der Arbeit im Lebenszusammenhang und auf arbeitsspezifische Werthaltungen, wie Fleiss, Leistungsorientierung, Pflichtgefühl, Gehorsam usf., liegt daher die Vermutung nahe, dass neben kulturellen, weltanschaulichen und sozialen Bezügen insbesondere auch das Erleben der Arbeit selbst und/oder das Erleben von aus der Arbeitswelt resultierenden Veränderungen sozialer, kultureller und vorab ökonomischer Art in den gesamten Lebensbedingungen durchaus mögliche Ursachen für eine Wertverschiebung bezüglich der Arbeit sein können. Erste Hinweise auf eine mögliche, für unsere Fragestellung äusserst brisante Abhängigkeit der Arbeitswerte von den Erfahrungen in der Arbeitswelt selbst und in der Welt ausserhalb der Arbeit, die massgeblich auch durch die ökonomischen Ergebnisse der Arbeit geprägt wird, finden sich bereits in einer Analyse eigener und fremder Studien aus den fünfziger Jahren von Kern und Schumann, die das Verhältnis von Person und Arbeitssituation als kompliziert und vielschichtig ambivalent beschreibt: Für sie steht bezüglich der Arbeitsbedingungen in den untersuchten Industrien grundsätzlich fest, "dass eine

25) Böckenförde (1991), S. 78.

solche Arbeit, die unabweisbar in der Dimension von Gewalt und Leid erlebt werden musste, als Identifikationsobjekt höchst problematisch war und massive Absatzbewegungen auslöste"[26]. Die Arbeitsbedingungen stehen damit offensichtlich einer positiven Werthaltung zur Arbeit oder gar einer zentralen Sinnfindung in und durch die Arbeit entgegen. Doch die Industriearbeiter gaben diesem Fluchtzwang weniger nach, als erwartet; auch weit weniger versuchten sie, sich zumindest innerlich von ihrer Arbeit zu distanzieren (Instrumentalisierung der eigenen Tätigkeit, Job-Verständnis) und ihrem Leben über andere Werte den gewünschten Orientierung vermittelnden Sinn zu geben. Vielmehr bildeten sie gerade das, was sie abstiess - Fremdbestimmung, Verausgabung, körperlicher Verschleiss, ununterbrochene, anstrengende Leistungserbringung - letzteigentlich zur Eigendefinition und zum Selbstwertgefühl um, *werteten den Arbeitszwang zum Ideal der eigenen Arbeitsmoral und Disziplin um*; sie internalisierten dieses, stilisierten es hoch und definierten sich auf dieser Grundlage auch als Kollektiv. Dies erklären Kern und Schumann nun nicht nur mit dem Dilemma, dass die Arbeiter als Lohnabhängige auf ihre Arbeit angewiesen waren, sondern auch - und dies ist hier von noch grösserer Bedeutung - damit, dass ihnen jenseits der Arbeit weder materiell noch zeitlich die Möglichkeit gegeben war, eine tragende Identität aufzubauen: "Ausserhalb von Arbeit bestand nicht genug Raum, um dort Lebenssinn und Selbstverwirklichung zu suchen und die Arbeit selbst innerlich wegzuschieben, zu instrumentalisieren."[27] Die Identitätsfindung musst also zwangsläufig (auch) über die Arbeit erfolgen. Damit beruht diese Erklärung massgeblich auf der Notwendigkeit einer kognitiven Dissonanzreduktion zwischen den individuellen Bedürfnissen und der Arbeits- und Lebensrealität.

Sobald ein transzendenter Bezug, eine religiöse Sinnstiftung nicht mehr unerschütterlich das individuelle Welt- und Lebensbild dominiert, ist aber auf die Dauer ein Wertwandel bezüglich der Arbeitswerte und des Wertes der Arbeit für das eigene Leben keineswegs mehr abwegig, wenn die erlebten Arbeitsbedingungen kaum einen - jetzt nicht mehr auf ein Jenseits ausgerichteten - Sinnbezug gewährleisten und in dumpfer Monotonie und Fremdbestimmung die Befriedigung diesseitiger Bedürfnisse nicht gewährleisten; Arbeit kann wohl kaum zentraler Lebenswert, bestimmende Orientierung und Ort der Selbstdefinition sein,

26) Kern/Schumann (1983), S. 354.
27) Kern/Schumann (1983), S. 354.

wenn sie weitgehend nur mit negativen Attributen belegt ist und letztlich nurmehr dem Geldverdienst dient, der offensichtlich sinnhaft auf die Zeit und das Leben ausserhalb der Arbeit verweist. So kann abschliessend gefolgert werden, dass durchaus die Arbeitsbedingungen selbst mit dazu beitragen können, dass der Arbeitsethos und die Arbeitsmoral, die gerade für die instrumentalisierte Arbeitssituation in Unternehmen für den Erfolg dieser Kooperationsform eine so wichtige Voraussetzung darstellen, zerstört werden, weil gerade diesbezüglich aufgrund eines weitgehend laizistischen, also diesseits orientieren Welterlebens im Arbeitsbereich Anspruch und Wirklichkeit zu weit auseinanderklaffen.

Weil in den siebziger und achtziger Jahre ein Wertwandel diagnostiziert wird, muss aber nicht gefolgert werden, dass sich demnach die Arbeitsbedingungen weiter verschlechtert hätten. Es kann aufgrund der obigen Ausführungen durchaus davon ausgegangen werden, dass bei gleichbleibenden oder selbst bei - jedoch bezüglich Anspruch und im Vergleich zu den sozio-ökonomisch-politischen Veränderungen ausserhalb des Produktionsbereiches ungenügenden - teilweise verbesserten Arbeitsbedingungen der potentielle Druck zu Absatzbewegungen von der Arbeit weg bestehen bleibt und dann vermehrt auch Wirkung zeigt, wenn er nicht mehr durch das Fehlen von Entfaltungsräumen ausserhalb der Arbeit zurückgedämmt wird. Gerade die Auswirkungen der Arbeitswelt aber schaffen weitgehend solche Räume: Die Erfolge in der Steigerung der Produktivität führen allgemein zu grösserer Freizeit und höherem Lebensstandard. Damit wachsen die Möglichkeiten, ausserhalb der Arbeit Sinn und Orientierung zu finden, während die Arbeitssituation im Vergleich zum - durch wirksame Konsumwerbung noch beschönigten - Leben ausserhalb der Arbeit, zu den dort angestrebten Werten, Zielen und Bedürfnissen und zu der dort entfalteten Lebensorientierung noch verstärkt als unbefriedigend wahrgenommen wird.

Tatsächlich führen viele Wertwandelforscher den von ihnen beobachteten Wandel auch auf den gestiegenen Lebensstandard zurück - entweder kausal oder im Sinne einer förderlichen Rahmenbedingung.[28)] Bereits in einer der ersten Untersuchungen zur unterschiedlichen Bedeutung des Realitätsausschnitts Arbeit als zentrales Lebensinteresse führt Dubin ihre schwindende Zentralität auf den

28) Die Nähe einer solchen Argumentation zu einer vereinfachten Bedürfnispyramide, wie sie oftmals aus Maslows Modell abgeleitet wird, ist unverkennbar. Entsprechend gross ist auch die Gefahr allzusehr vereinfachender Folgeschlüsse.

zunehmenden Wohlstand zurück.[29] Neben dieser inzwischen sehr verbreiteten, relativ neutralen Erklärung[30] akzentuieren andere Autoren dieselbe Argumentation als 'Sättigung'[31] und als 'Überdruss am Überfluss'[32] einerseits oder dann als Folge eines Lebens in 'Luxus'[33].

Damit verursacht die Welt der industriellen Arbeit sowohl in der Arbeit selbst als auch über ihre ökonomischen Resultate einen möglichen Zerfall jener Arbeitswerte, auf denen sie errichtet wurde und die erst unter der Bedingungen einer Fremdinstrumentalisierung mit Sinnverlust und Fremdzwang eine effiziente industrielle Kooperation von Individuen mit vielfältigsten Bedürfnissen ermöglichten. Wo diese Werte an verhaltensleitender Kraft verlieren, sind die Unternehmen gefordert, eine Arbeitsorganisation zu finden, in der eine genügende Motivation aus der Arbeit selbst geschöpft werden kann: Die negativen Faktoren der Instrumentalisierung müssen zumindest entschärft werden mit dem Ziel, der Arbeit wieder vermehrt Qualitäten des Spiels zugrundezulegen. Wo hierbei technische, organisatorische und wettbewerbsbedingte Grenzen bestehen, sind gleichzeitig Unternehmen und Gesellschaftspolitik auch gefordert, das individuelle Streben nach Sinnsuche, Selbstverwirklichung und Orientierung ausserhalb der Arbeit zumindest nicht durch rigide (Arbeitszeit-)Reglementierungen unnötig zu erschweren. Ein individuell befriedigendes Gleichgewicht zwischen der Arbeit und anderen Lebensbereichen, aus denen er Kraft und Orientierung schöpfen kann, könnte durchaus auch die Leistungsbereitschaft unter nicht vollumfänglich befriedigenden Arbeitsbedingungen unterstützen.

---

29) Vgl. Dubin (1956).
30) So auch bei Inglehart (1977); Klages (1984); Kern/Schumann (1983).
31) Vgl. Falkinger (1986).
32) von Klipstein/Strümpel (1984).
33) So etwa in der Argumentation von Gertrud Höhler (1988), S. 4, wobei es sich in diesem Falle nicht um eine konservative Sicht handelt, die Selbstverwirklichung oftmals als Luxus-Auswuchs deklassiert und auf 'härtere' Zeiten hofft, sondern vielmehr als ein Nutzen der gegebenen Chance verstanden sein will.

5.3.1. WERTWANDEL: EIN DEMOSKOPISCHER BEFUND

An dieser Stelle ist es nun notwendig einige Ergebnisse der demoskopischen Umfragen zusammenzutragen[34)], die mehrheitlich als Ausdruck eines arbeitsbezogenen Wertwandels interpretiert werden. Zusammen mit einigen Forschungsergebnissen zum Wesen dieses Wandels helfen sie für ein besseres Verständnis dieses Phänomens; zugleich weisen diese Ergebnisse, die auf expliziten Aeusserungen der Befragten beruhen, auf Lösungswege hin, wie idealerweise auf diesen Wertwandel reagiert werden könnte. Die obigen Ausführungen über Notwendigkeit und Spiel als die wesentlichen Dimensionen menschlichen Handelns und über das Dilemma der Instrumentalisierung finden in der Wertwandeldiskussion die Bestätigung ihrer zentralen Relevanz und helfen zugleich die einzelnen Befunde in einem umfassenderen Zusammenhang einzuordnen und mit Ziel auf Lösungsmöglichkeiten auszuwerten.

5.3.1.1. Der Stellenwert der Arbeit

Anhand einzelner aus den Umfragen resultierender Ergebnisse soll im folgenden dargelegt werden, dass der Wertwandel grundsätzlich auf zwei Ebenen Auswirkungen auf das Arbeitsverständnis zeigt. In diesem Kapitel soll gezeigt werden, wie der Wertwandel zu einer *Relativierung des Stellenwertes der Arbeit*, bzw. des Wirtschafts- und Erwerbslebens im Verhältnis zu anderen Lebensbereichen führt. Im darauffolgenden Kapitel kann gezeigt werden, dass die Befragten zunehmend sensibilisiert sind bezüglich ihrer individuellen Anforderungen und Erwartungen an Inhalt, Form und Umfeld der Erwerbsarbeit selbst. In einem dritten Kapitel wird untersucht, wie diese Aeusserungen zu beurteilen sind und wie das Phänomen Wertwandel grundsätzlich zu verstehen ist.

Bezüglich der Arbeitswerte zeigt sich im Langzeitvergleich eine eindeutige Entwicklung, in der der Stellenwert der Arbeit im persönlichen Lebensprojekt und im Rahmen des gesamten Lebenszusammenhanges bei immer mehr Men-

34) Unter der grossen Zahl solcher empirischer Erhebungen seien hier speziell die internationale Umfrage 'Jobs in the 80's' und die Langzeitstudien des Instituts für Demoskopie Allensbach für die Bundesrepublik Deutschland erwähnt. Sie stellen in vielen Diskussionsbeiträgen die wichtigste Grundlage dar. Ihre wichtigsten Ergebnisse werden in Noelle-Neumann/Strümpel (1984) ausgeführt, interpretiert und kontrovers diskutiert. Einen guten Ueberblick bieten auch von Klipstein/Strümpel (1984).

schen abnimmt, jedenfalls nicht mehr an alles dominierender, zentraler Stelle steht. Während in Deutschland 1964 noch 60% der Befragten ihr Leben vorwiegend als eine Aufgabe verstehen, für die sie da sind und alle Kräfte einsetzen wollen, lässt sich dieser Arbeitsethos 1980 bei gleichbleibender Fragestellung bei 51% und 1982 sogar nur noch bei 43% der Befragten feststellen.[35] Hingegen wuchs der Anteil der Befragten, die vielmehr das Leben geniessen wollen und daher sich nur soviel abmühen wie nötig, in der gleichen Zeitspanne von 28% auf 36%.[36] In einer aktuellen schweizerischen Erhebung räumen sogar nur noch 35% der Befragen der Arbeit eine zentrale Bedeutung in ihrem Leben ein, während 45% ihre Arbeit zwar interessant finden, jedoch durch sie ihr übriges Leben nicht stören lassen wollen.[37] Dieses oft als Trend weg vom Arbeitsethos und hin zum Hedonismus interpretierte Ergebnis fällt bei den Jugendlichen unter dreissig noch weit deutlicher aus: Der Anteil jener, die das Leben als Aufgabe sehen, fällt zwischen 1956 und 1982 von 52% auf ledigich 33%; das Leben geniessen wollen anfangs 33%, 1977 50% und 1982 45%.[38] Zwischen 1977 und 1980 kann ein Unterbruch im Trend und eine kurzfristige Gegenbewegung festgestellt werden, der wohl, wie noch zu zeigen sein wird, auf eine allgemein grössere Labilität in den Werthaltungen zurückgeführt werden muss, wobei sich darin durchaus auch der ökonomische Druck in einem Konjunkturtief ausdrücken kann.

In der Frage, ob die Arbeit eher als ein Job verstanden wird, in dem man gerade soviel tut, wie verlangt wird, oder ob sie als eine Berufung angesehen wird, für die man sich mit Engagement einsetzt und der man wegen ihrer Wichtigkeit vieles unterordnet oder gar opfert, zeichnet sich ein analoges Bild: Von 1967 bis 1982 fällt der Anteil der sich engagiert einsetzenden Befragten von 54% auf 41%, während der Anteil jener, die ihre Arbeit explizit nur als Pflichtübung verstanden haben wollen, von 33% auf 41% ansteigt.[39] Auch hier setzt sich der Trend in den 80-er Jahren in den Umfragen eher fort, als dass er gestoppt oder gar gegenläufig verlaufen würde.

35) Vgl. von Klipstein/Strümpel (1984), S. 21; Noelle-Neumann/Strümpel (1984), S. 10.
36) Ergebnisse zitiert in Noelle-Neumann/Strümpel (1984), S. 10.
37) Ergebnis der Univox-Umfrage 1992 bei 677 Berufstätigen der Schweizerischen Gesellschaft für Sozialforschung in Adliswil (ZH) und Bern, Schweiz.
38) Vgl. Noelle-Neumann/Strümpel (1984), S. 11.
39) Vgl. Klipstein/Strümpel (1984), S. 20.

Die Distanzierung von Arbeit und Wirtschaft als zentraler und dominierender Bereich des Lebens lässt sich auch anhand anderer Antworten belegen. Obwohl 1982 allgemein gesagt wurde, dass die Deutschen zur Erhaltung der Konkurrenzfähigkeit mehr arbeiten müssten, glaubten nur noch 44% der Befragten, dass dies der unumgängliche Weg sei, um Erreichtes zu bewahren und zu verteidigen; 42% waren hingegen der Meinung, dass allgemein schon zu viel geleistet würde und dabei oft vergessen ginge, dass es im Leben noch andere Dinge gibt als Arbeit.[40)] Auch wünschen zu diesem Zeitpunkt nur noch 8% mehr zu arbeiten; noch im Jahre 1968 äusserten sich 40% in diese Richtung! Und: 1968 wollten lediglich 6% weniger arbeiten; 1982 immerhin schon 26% - auch bei entsprechend geringerem Lohn. Diese Tendenz wird noch deutlicher, wenn die Zahlen nach Altersklassen aufgeschlüsselt werden: 1968 wollten 52% der 15-34 jährigen und 43% der 35-49 jährigen mehr arbeiten und lagen somit über dem Durchschnitt; 1982 liegen sie, wenn auch nicht in gleichem Masse, bei jenen über dem Durchschnitt, die weniger arbeiten möchten.[41)] Auch der prozentuale Anteile jener, welche die Stunden der Arbeit genauso mögen, wie die Stunden der Freizeit - nur verschwindend wenige präferieren gar die Arbeitsstunden -, fällt erheblich[42)], wobei sich hier die Frage stellt, ob dieses Verhältnis sich bei kürzeren Arbeitszeiten wieder verbessern würde.

Aufgrund dieser Ergebnisse besteht somit kaum ein Zweifel, "dass sich ein allgemeiner Wandel der Werte und Lebensprinzipien vollzogen hat, der die Zentralität der Erwerbsarbeit für die Lebensbedürfnisse und die Identität der Berufstätigen relativiert"[43)]. Diese Abkehr vom Arbeitsethos, von der Vorstellung, dass die Arbeit den zentralen und bestimmenden Wert im Leben darstelle und somit die wichtigste Orientierung im Leben sei, bedeutet jedoch nicht, dass der Arbeit nun überhaupt keine Bedeutung mehr beigemessen würde. Zwar ist sie nicht mehr von sich aus und ohne Einschränkung *die* Sinnorientierung im Leben, sie bleibt jedoch weiterhin ein wichtiges Element im Leben. Zum Beispiel wird in einer jüngst in der Schweiz durchgeführten Umfrage der Familie und dem Partner mit rund 50 Wertpunkten (von Hundert) der mit Abstand grösste

40) Vgl. Noelle-Neumann/Strümpel (1984), S. 102.
41) Vgl. Noelle-Neumann/Strümpel (1984), S. 14.
42) Vgl. Noelle-Neumann/Strümpel (1984), S. 9.
43) Von Klipstein, zitiert aus einem unveröffentlichten Manuskript in Noelle-Neumann/Strümpel (1984), S. 120. Zu diesem Ergebnis gelangen u.a. auch Kern und Schumann auf der Grundlage eigener ausgedehnter Untersuchungen; vgl. Kern/Schumann (1983), S. 356.

Stellenwert im Leben zugesprochen; Arbeit und Beruf liegen mit rund 30 Punkten aber noch deutlich vor Sport und Hobby (20-24 Punkte).[44]

Nach wie vor verleiht die Erwerbsarbeit der heutigen Gesellschaft ihr Gepräge und für den einzelnen ist sie in der Regel weit mehr als blosse biologische Notwendigkeit: Sie ist auch eine soziale Notwendigkeit. Marie Jahoda betont diesbezüglich weiter, dass die Arbeit auch weiterhin einen wichtigen Bereich darstelle, in dem das Bedürfnis nach Ordnung abgedeckt werden könne.[45] Doch sind weder die heutige Form der Erwerbsarbeit noch deren zeitliches und belastungsmässige Ausmass der Erwerbsarbeit unumgängliche Notwendigkeiten zur Deckung dieser Ordnungsbedürfnisse; und: Es existiert eine Vielzahl von anderen Bedürfnissen, die unter den heutigen Arbeits- und Wirtschaftsbedingungen grösstenteils nur in anderen Lebensbereichen befriedigt werden können oder gar ganz unbefriedigt bleiben müssen und daher wohl oft auch verdrängt werden. Da aber die Arbeit weiterhin eine grosse Bedeutung beibehält, wird nun zunehmend gefordert, dass einerseits in der Arbeit selbst mehr Bedürfnisse direkt befriedigt werden können und dass andererseits aber auch anderen Lebensräumen, wie der Familie und der Freizeit, ein grösserer eigenständiger Stellenwert zuerkannt werden kann, damit auch dort und in gegenseitiger Beziehung wiederum zur Arbeit ein sinnvolles Leben angestrebt werden kann.

Der Wertewandel lässt sich damit vorab einmal verstehen als eine Verlagerung der Gewichtung, als die Suche nach einem Ausgleich und Gleichgewicht der Werte und Orientierungen[46], der das Leben als Ganzes und die eigene Identität in Balance hält und in dem die Erfahrung der eigenen, begrenzten Existenz nach Möglichkeit mit den eigenen Vorstellungen und Wünschen aber auch mit den täglichen Erfahrungen in der Welt in Einklang stehen. Das Verhältnis zur Berufsarbeit wird insofern distanzierter[47], als die auch durch den traditionellen Arbeitsethos getragene Zentralität und Dominanz von Leistung und Erwerb zugunsten anderer Lebensbereiche zurückgestuft und relativiert wird. Statt der Arbeit als Selbstzweck, als alles dominierender Wert menschlichen Lebens lässt sich hier vielleicht die Suche erkennen nach einer, wie Nitsch tituliert, Einheit

44) Dies laut einer Umfrage der Schweizerischen Gesellschaft für praktische Sozialforschung, Adliswil, in Auftrag der Adia. (April bis Oktober 1991).
45) Jahoda (1984), S. 15.
46) Vgl. Brenke/von Klipstein (1985), S. 241.
47) Vgl. Pawlowsky (1985), S. 159. Zu diesem Ergebnis gelangt Pawlowsky auf der Grundlage von Zeitreihenanalysen.

von Arbeit und Leben: "Die Perspektive verschiebt sich von der Zweckrationalität zur Sinnrationalität der Arbeit."[48] Hinterfragt wird damit jene überhöhende und absolutierende Sicht der Arbeit, in der letztlich der Mensch, das Leben als Mittel für Leistung und Erwerb erscheinen. In einer gewagten, vielleicht das Phänomen überbewertenden Interpretation, könnte der Wertwandel nicht nur als Versuch verstanden werden, wieder vermehrt die Arbeit in ihrem - materiellen wie immateriellen - Beitrag zum Leben wahrzunehmen, zu würdigen und entsprechend *in* das Leben einzuordnen; im Wertwandel kommt auch eine erneute Suche nach neuen Orientierungen zum Ausdruck, da der transzendente Gehalt der Arbeit weitgehend verloren ist und Arbeit als reiner Selbstzweck, der sich - in der gegebenen, instrumentellen Form - gegenüber dem individuellen Glück und Nutzen weitgehend indifferent, ja gar abhold zeigt, nicht (mehr) zu befriedigen vermag; bewusst oder unbewusst handelt es sich ja vielleicht sogar um eine Suche nach einer Wiederbelebung und einem neuen Stellenwert von längst vergessenen Lebenswerten und mehr noch: Emotionen, die lange Zeit unter den verhaltensleitenden Arbeits- und Rationalitätstugenden, Fleiss, Planung, Unterordnung und Disziplin verschüttet waren und zunehmend vermisst werden.

Im Gegenzug zu dieser zugegebenermassen weitgreifenden Interpretation muss hier jedoch relativierend festgestellt werden, dass dieser in demoskopischen Erhebungen zutage getretene Wertwandel in der Bundesrepublik Deutschland mit Abstand am ausgeprägtesten ist und nur hier in den siebziger Jahren in einem eigentlichen Schub aufgetreten ist.[49] Im internationalen Vergleich nimmt Deutschland, deren Arbeiter einst für ihre Arbeitseinstellung berühmt waren, in der Folge unter den Industrienationen eine ganz neue Sonderstellung ein: 1982 ist hier der Anteil jener, die nach eigenen Angaben nurnoch tun, was von ihnen verlangt wird, etwa gleich gross wie jener, die sich im Beruf ganz und gar einsetzen wollen und sich über das Verlangte hinaus anstrengen; 1977 hielten die ersteren gar ein klares Uebergewicht. Weitaus höher ist im Vergleich - immer nach eigenen Angaben - die Arbeitsethik in Israel mit 79%, in den USA mit 68%, in England mit 66% und Schweden mit 56% der Befragten, die sich im Beruf ganz einsetzen wollen.[50] Während in den USA und in Schweden die Mehrheit der Befragten immer ihr Bestes geben möchte, auch unabhängig von der Bezahlung, findet sich in der Bundesrepublik die Mehrheit bei jenen, die

48) Nitsch (1990), S. 15.
49) Vgl. Klages (1988), S. 52.
50) Vgl. Noelle-Neumann/Strümpel (1984), S. 110.

ihre Arbeit zwar grundsätzlich interessant finden, es jedoch nicht soweit kommen lassen wollen, dass die Arbeit das übrige Leben stört.[51)] Interessant ist hier jedoch der relativ geringe Teil jener, die die Leistung der Bezahlung anpasst oder gar die Arbeit nur als unangenehme, aber notwendige instrumentelle Tätigkeit ansieht - in Deutschland 11%; respektive 15%. Am häufigsten sehen die Amerikaner ihre Arbeit als reinen instrumentellen Job, jedoch auch die Jugendlichen in Deutschland machen sich diese Einstellung mit einem 18% Anteil häufiger zu eigen.

Diese starke Rückstufung des Stellenwertes der Arbeit und der anteilsmässige Rückgang bei einer zentralen Ausrichtung des Lebens an Leistungswerten in den Aeusserungen der Deutschen müssen wohl schwergewichtig mit der Sonderstellung der in der Bundesrepublik Deutschland dominierenden Pflicht- und Akzeptanzwerte und der geradezu sprichwörtlichen Arbeitsmoral der Deutschen und insbesondere mit einigen historischen Besonderheiten ihres möglichen Ursprungs erklärt werden. Die Zeit nach dem 2. Weltkrieg ist in Deutschland durch zwei Bedingungen geprägt: den Wiederaufbau und ein Wertezusammenbruch in der Folge einer im 3. Reich überhitzten Wertsphäre und dem darauffolgenden politischen Desasters des Nationalsozialismus. Letzteres macht den verbreiteten 'Ohne-mich'-Standpunkt verständlich, mit dem sich die Mehrheit der Bevölkerung aus allen politischen, gesellschaftlichen und überindividuellen Fragen herauszuhalten suchte.[52)] Insofern stellte der Wiederaufbau eine willkommene Ablenkung dar; die Notwendigkeit, in einem zerstörten Land zu überleben und es wieder aufzubauen, wie auch die sichtbaren und wohltuenden Früchte eines durchaus 'mörderischen' Arbeitseinsatzes[53)], führten zu einer massiven Aufwertung von Pflicht- und Ordnungswerten. Unter den gegebenen Bedingungen waren Ordnung, Disziplin, aufopfernder Fleiss und Pflichterfüllung Lebenswerte im "allerunmittelbarsten Sinn, der sich denken lässt"[54)]. Unter dem Druck der Notsituation wurden wohl viele Wertgehalte und Wertverwirklichungspotentiale gewissermassen auf Eis gelegt[55)], während aber die Pflicht und Ordnungswerte gleichzeitig auch dankbar jene Leere befriedigend auszufüllen vermochten, die die desavouierten überindividuellen und gesellschaftsbezogenen Werte hinter-

51) Vgl. Noelle-Neumann/Strümpel (1984), S. 62.
52) Vgl. Klages (1988), S. 43 ff.
53) Dieter Mertens (1984), S. 140 bezeichnet Wiederaufbau und Wirtschaftswunder Deutschlands als eine *mörderische Schlacht*, die nichts Vergleichbares kennt.
54) Klages (1988), S. 46.
55) Vgl. Klages (1988), S. 48.

liessen; Arbeit war vielleicht die einzige nicht anstössige Sinn- und Lebensorientierung jener Zeit und damit zentraler Faktor bei der Identitätsbildung.

Die dann in den siebziger Jahren insbesondere bei jüngeren Generationen stark ausgeprägte Abkehr von diesem Arbeits- und Leistungszentrismus kann daher einerseits erklärt werden mit dem relativ hohen Lebensstandard und der materiellen Sicherheit, in die sie hineingeboren wurden. Unter diesem Eindruck erlebten sie aber andererseits gleichzeitig auch die z.T. verheerenden sozialen und individuellen Folgen der einseitigen Leistungsorientierung ihrer Eltern und der extremen Produktions-*Anstrengungen* und Ueberanstrengungen, auf denen das Wirtschaftswunder beruht - eine "mörderische Schlacht", die in anderen Ländern keine Parallele hat.[56)] Mertens beschreibt, wie die Jugend den Weg zum Wohlstand auch erfahren hat: "Die Toten und Verletzten dieser Schlacht haben unser aller Wege gesäumt: zerbrochene Ehen Nervenzusammenbrüche, Herzschäden, Schlaganfälle, Magengeschwüre, Selbstmorde, Alkoholismus, Verkehrs- und Arbeitsunfälle, Enttäuschungen usw."[57)] Nicht zuletzt diese Erfahrungen macht die Reaktion plausibel, mit der Rainer Zoll seine Untersuchung über die Arbeitseinstellung und Lebenserwartung von Jugendlichen betitelt: "Nicht so wie unsere Eltern!"[58)]

Aber auch schon die ehemals starke und aussergewöhnliche Dominanz der Arbeitsorientierung in Deutschland mag teilweise erklären, weshalb sich hier die Jugendlichen mit ihren Aeusserungen zu Lebenswerten weitaus stärker von ihren Eltern unterscheiden als in anderen Ländern. Sie mag auch erklären, weshalb hier auch unter den älteren Generationen im internationalen Vergleich sich mehr Menschen vom Erwerbsleben distanzieren.[59)] Es muss vermutet werden, dass hier in der Vergangenheit andere als Arbeitswerte auch ungleich stärker zurückgedrängt wurden, sodass sich auch ein ungleich stärkerer Stau an aus der Latenz ins Freie drängender Wertpotentiale herausbilden musste.[60)]

Die Abkehr von einem zentralen Stellenwert der Arbeit muss also so verstanden werden, dass im Zuge sozialer und gesellschaftlicher, aber auch ökonomischer

---

56) Vgl. Mertens (1984), S. 140.
57) Mertens (1984), S. 140
58) Zoll (1988).
59) Vgl. Klages (1984), S. 113; Pawlowsky (1984), S. 168.
60) Vgl. Klages (1988), S. 52.

und innerbetrieblicher Entwicklungen, wie Lebensstandard, Arbeitslosigkeit, höherer Ausbildungsstand[61], grössere innerbetriebliche Veränderungen mit daraus resultierenden Unsicherheiten usf., "die mit der Erwerbsarbeit verbundenen Ambivalenzen deutlicher" werden und "manche früheren Selbstverständlichkeiten aufbrechen"[62]. Erwähnt seien hier nochmals die wohl plausiblen Auswirkungen des Lebensstandards und der zunehmenden Verbreitung von Konsumidealen als Pendant zum Wachstum und zur Produktivität des Produktionssektors auf das Wertsystem: "An die Stelle der Zwangsaskese, der man sich klaglos gebeugt hatte, da sie unausweichlich war, trat nunmehr in einem zunehmenden Masse die durch die Wirtschaftswerbung forcierte Aufforderung zum Konsum."[63] In der Folge verändern sich aber auch die Wahrnehmung der eigenen Lebenssituation und verschieben sich Prioritäten; insbesondere erwachsen Verhaltensalternativen, die durchaus Nutzen und Glück versprechen, jedoch in der Arbeitswelt nicht gelebt werden können. "Mit steigendem Realeinkommen und wachsender Freizeit etablierte sich eine neue Konsumentenrolle, die Hedonismus und Gegenwartsbezug als rational ausweist."[64] Die Folge ist einerseits, wie noch zu zeigen sein wird, dass neue Anforderungen an die Arbeit selbst gestellt werden. Aufgrund der positiven Erfahrungen ausserhalb der Arbeit, der unmittelbaren Befriedigung von Bedürfnissen und der Entdeckung von neuen, durchaus Nutzen und Glück versprechender Bedürfnisse - nicht nur im Bereich des Konsums - wird aber andererseits vor allem die arbeitsfreie Zeit nicht mehr nur als 'produktive' Regeneration begriffen, sondern es wird wieder zunehmend der bedeutende Eigenwert der auf diese Zeit verwiesenen Lebensbereiche, wie Familie, Freundeskreis, politische Partizipation, Hobbys und Freizeitbeschäftigungen wiederentdeckt.[65] Um sich darin erfolgreich und befriedigend betätigen zu können, beanspruchen auch sie einen genügenden Zeitraum sowie vor allem

61) So variieren die Einstellungen auch Berufen und Schichtzugehörigkeit sowie vor allem nach der Höhe der Ausbildung. Mit wachsendem Ausbildungsniveau werden nicht nur primär das Arbeitsvermögen und die Arbeitsqualifikationen gefördert, sondern auch die kognitiven Kompetenzen zur Selbsteinschätzung und zur Reflektion der eigenen Lebenslage; vgl. Engfer u.a. (1983), S. 439 ff. Auch divergieren die Sozialisationseinflüsse an Hochschulen und Universitäten erheblich von jenen in innerbetrieblichen Lehrgängen; Studenten tendieren meist stärker zu Selbstentfaltungswerten als ihre übrigen Altersgenossen; vgl. Bargel (1979), S. 162 f; Engfer u.a. (1983), S. 438 ff; Klages (1984), S. 41 f.

62) Kohli/Schmidt (1983), S. 340.

63) Klages (1988), S. 49.

64) Engfer u.a. (1983), S. 441.

65) Auch Engfer et al. sehen in der Ausbildung dieser gesellschaftlichen Sphären einen möglichen Grund für den Wertewandel; vgl. Engfer u.a. (1983), S. 435.

ein inneres Engagement; zeitlich wie bezüglich des Wertgehalts rücken diese Lebensräume daher der Arbeit zur Seite, die folglich ihren zentralen Stellenwert einbüssen muss.

Dies nicht zuletzt auch infolge des bereits beschriebenen Auseinanderklaffens der einseitigen Verhaltensanforderungen der industriellen Arbeit einerseits und den vielfältigen Bedürfnissen andererseits; die Strukturen und Notwendigkeiten der Arbeits- und Wirtschaftswelt folgen ihren Eigengesetzlichkeiten, die weithin nichts mit dem Lebensrhythmus und -zyklus des einzelnen Menschenlebens zu tun haben. Die aus der Sicht der wirtschaftlichen Entwicklung und Prosperität und der industriellen Kooperation so verschmähten Gefühle, Instinkte und Bedürfnisse können durchaus auch als Ausdruck und Teil des Wachsens und Alterns des einzelnen Individuums verstanden werden. Die im Wertewandel zu beobachtende Distanzierung von einem alles dominierenden Erwerbsleben kann daher auch verstanden werden als eine Reaktion auf ein System, in dem sich der einzelne nicht nach dem Rhythmus seines Lebens entfalten kann. In der Hetze des Wettbewerbes und der wirtschaftlichen Erfordernisse, der Rationalität des technischen Fortschritts und der Rationalisierung der Arbeit kann der einzelne nie ein befriedigendes Wissen, eine beständige Orientierung finden, auf der er aufbauen, auf der er sachte an Weisheit gewinnen könnte, sondern er ist beständig ein von diesem Prozess Gejagter[66] - verhängnisvoll im "stahlharten Gehäuse"[67] des Wirtschaftssystems gefangen, das auf seine Bedürfnisse keine Rücksicht nimmt. Dieses System, das nur seine eigene Rationalität kennt, lässt es als einzelnes System etwa nicht zu, dass der einzelne älter wird, sich vielleicht langsam aus dieser Welt zurückziehen möchte, sondern jagt in sich selbst unaufhaltsam voran; die Alternative heisst: mitmachen oder ausscheiden.[68] Der ewige Druck, in diesem System als einzelner mithalten zu können und auf dem Laufenden zu bleiben, wird durch die heutige Rasanz der Veränderungen, die ein permanentes Dazu- und Umlernen erforderlich machen, noch verstärkt.

Da in diesem nach eigenen Gesetzmässigkeiten funktionierenden Funktionssystem Wirtschaft der einzelne nicht als Ganzer aufgehoben sein kann, da in ihm nicht all seine Bedürfnisse abgedeckt werden können, geschweige denn sein eigener Lebenslauf berücksichtigt wird, müssen und werden andere Bereiche an

66) Vgl. Cipolla (1985), S. 9.
67) Vgl. Weber (1920), S. 203.
68) Vgl. Weber (1920), S. 37.

seine Seite treten, in denen diese Bedürfnisse abgedeckt werden und in denen der einzelne versuchen kann, seinen Lebensverlauf einzubetten. Je mehr die dringendste ökonomische Not überwunden ist, desto wahrscheinlicher gewinnen diese anderen Bereiche an - eigener - Bedeutung. Mit der Verselbständigung der Wirtschaft und der hieraus resultierenden ökonomischen Erfolgen entwickelten sich zudem auch andere Lebensbereiche zunehmend zu Systemen, die neben der Arbeit ihre eigenen Rationalitäten ausbilden.[69] So ist etwa die Familie längst nicht mehr eine Selbstverständlichkeit, die sich ganz den ökonomischen Sachzwängen unterordnet und dennoch reibungslos weiterbesteht. Zwar bleibt die wirtschaftliche Notwendigkeit weiterhin eine bedeutende Realität, die auch auf die Familie wirkt, doch 'funktioniert' eine Familie nur dann, wenn auch ihr Beachtung, Kompetenz, Einfühlungsvermögen und Zeit gewidmet werden.

Neben den sozialen und individuellen Problemen, die aus einer einseitigen Arbeits- und Leistungsorientierung resultieren können, werden aber auch in ökonomischer und ökologischer Hinsicht Ambivalenzen der Arbeits- und Wirtschaftsgesellschaft immer deutlicher wahrgenommen. Gerade Deutschland, das im Verlaufe seines Wirtschaftswunders nach dem 2. Weltkrieg von einem beständigen und grossen Wirtschaftswachstum und einer weitgehenden Vollbeschäftigung profitierte, erfährt mit der Konjunktur- und Strukturkrise der siebziger Jahre diesbezüglich einen Wendepunkt, der bisherige Selbstverständlichkeiten erschütterte. *Sockel-* und *Langzeitarbeitslosigkeit* weisen seither auf ökonomische Unsicherheiten hin. Angesichts dieser potentiellen Bedrohung des eigenen Arbeitsplatzes ist der einzelne wohl beraten, sein Leben auch an anderen als an wirtschaftlichen Orientierungen auszurichten, da er sonst riskiert, mit der Arbeit auch jeden Lebensbezug zu verlieren.[70] Arbeitslosigkeit stellt dank sozi-

69) Vgl. hierzu die Systemtheorie von Niklas Luhmann (1985), teilweise auch (1986).

70) Später wird gezeigt werden, dass in Folge des Wertwandels die Werte allgemein an Stabilität verloren haben und daher in Abhängigkeit der jeweiligen Bedingungen z.T. gegeneinander ausgetauscht werden können. Diese 'Labilität' der Werthaltungen ist jedoch äusserst komplex und keinesfalls rein opportunistischer Natur, indem etwa Werte passiv an die vorherrschenden Lebensbedingungen angepasst werden. So kann beobachtet werden, dass in Zeiten wirtschaftlicher Rezession zwar Leistungswerte wieder vermehrt aktiviert werden, um auf einem härteren Arbeitsmarkt bestehen zu können; gleichzeitig kann aber auch während Rezessionen eine verstärkte innere Abwendung von der Arbeit als zentralem Lebenswert und eine zunehmend kritische Beurteilung von Wirtschaft und Wachstum beobachtet werden. Dies gilt sowohl für die Zeit Ende der 70er und Anfang der 80er Jahre in Deutschland als auch neuerdings Anfang der 90er Jahre in der Schweiz. Die Bedrohung der sozialen Stellung durch Arbeitslosigkeit und die Unsicherheit über die wirtschaftliche Zukunft sind hierfür eine ebenso plausible Er-

aler Versicherung meist weniger eine ökonomische Bedrohung dar als eine Bedrohung der sozialen Integration und der psychischen Stabilität.[71] Eine feste Integrierung in Lebensbereichen ausserhalb der Erwerbsarbeit und eine stärkere Ausrichtung des Lebens an anderen als Arbeitswerten und damit ein Lebens- und Selbstverständnis, das neben der Erwerbsarbeit auch andere tragende und sinngebende Dimensionen kennt, können dieser Bedrohung entgegenwirken.

Wirtschaftswachstum und technischer Fortschritt werden dabei nicht nur in ihren Auswirkungen auf den einzelnen Menschen zunehmend kritisch betrachtet, sondern auch aufgrund ihrer negativen Wirkungen auf die ökologische Umwelt.[72] Gerade in den mitteleuropäischen Staaten mit ihrer hohen Bevölkerungsdichte wächst eine diesbezügliche Sensibilisierung, weil die Belastung der Umwelt hier z.T. trotz Steigerungen des materiellen Wohlstandes spürbar die Wohlfahrt beeinträchtigen. In der Folge wird zunehmend die Meinung vertreten, dass weniger materieller Wohlstand und weniger Wirtschaftstätigkeit bei gleichzeitiger Belebung anderer Lebensbereiche, die weniger umweltschädlich sind, wohl letztlich mehr Wohlfahrt bedeuten würde.

Die Bedrohung durch die Umweltzerstörung wächst mittlerweise zu einer der zentralen Herausforderungen der Menschheit heran. Aber auch angesichts der sozialen und psychologischen Probleme, die auf die Wirtschaftstätigkeiten zurückgeführt werden können, und der zunehmenden ökonomischen Unsicherheiten gerade bezüglich der Beschäftigung lassen eine einseitige Wirtschafts- und Arbeitsorientierung problematisch werden. Das einst von Sozialisten geforderte 'Recht auf Faulheit' könnte angesichts der wirtschaftsbedingten gesellschaftlichen, individuellen und ökologischen Probleme vielleicht sogar einmal zur notwendigen "Pflicht zur Faulheit"[73] - und zum entsprechenden Konsumverzicht von Energie und materjellen Gütern - werden. Konfrontiert mit drohenden Wachstumsgrenzen in der Wirtschaft, Umweltproblemen und der im heutigen Gesellschaftsgefüge daraus resultierenden sozialen Spannungen sind wir wohl letztlich vor die schwierige Aufgabe gestellt, entsprechend neue Lebenskon-

---

klärung wie die Anpassung an härtere Wirtschaftsbedingungen für den erhöhten Einsatz am Arbeitsplatz selbst.

71) Zu den psychischen Folgen andauernder Arbeitslosigkeit siehe Lempert (1977), S. 107 ff.; Frese (1977); Frese/Mohr (1978), die bei langfristiger Arbeitslosigkeit einen möglichen Abbau der Fähigkeit zur intellektuellen Handlungsregulation feststellen, da mit der Arbeit die - zeitliche - Ordnung verloren geht.

72) Vgl. u.a. Noelle-Neumann/Strümpel (1984), S. 39 f., 172 ff.; Helfert (1986), S. 43 ff.

73) So der Titel von Klopfleisch (1991).

zepte, Wertorientierungen und Formen des gesellschaftlichen Zusammenlebens zu finden, die nicht mehr vornehmlich nur auf ökonomischen Grundlagen beruhen.

5.3.1.2. Arbeit als Ort der individuellen Entfaltung

Die Relativierung des Stellenwertes der Erwerbsarbeit als Folge des Wertwandels findet zugleich eine Entsprechung in differenzierteren und vielschichtigeren Anforderungen an die Erwerbsarbeit selbst;[74] soweit hier explizite Bedürfnisse und Werte nicht ausgelebt werden können, bilden auch diese eine Erklärung für die oben beschriebene Abkehr von einer zentralen Arbeitsorientierung. Grundtendenz ist auch innerhalb der Arbeit das Suchen nach Sinn und Entfaltung[75]; der angestrebte Weg hierzu ist ebenfalls der Versuch, zwischen unterschiedlichen Werten und Zielen ein Gleichgewicht zu schaffen, jedoch jetzt innerhalb der Arbeit selbst.

In der Auswertung der Aussagen über die eigene Arbeit fällt zuerst auf, dass sich im rückblickenden Urteil vieler Befragten die Arbeits*situation*, die Arbeits*bedingungen* nach ihrer Meinung verbessert haben.[76] Im Rahmen der allgemein ambivalenteren Einstellung gegenüber Wirtschaft und Erwerbsarbeit wird jedoch die ihnen zufallende Arbeits*rolle* weit kritischer beurteilt: Hier dominiert das Gefühl, dass die Arbeit - in veränderter Form und Qualität - insgesamt belastender sei und - wohl auf einem abstrakteren Niveau als bei einer Kontrolle durch Aufseher - auch fremdbestimmter.[77] Über mangelnde Mitbestimmungsmöglichkeiten am Arbeitsplatz beklagten sich 1982 an die 40% der Befragten; während mangelnde Mitsprachemöglichkeiten unter 32 potentiellen Kritikpunkten zum Arbeitsplatz in die Spitzengruppe eingereiht wird, geben die Befragten der Mitsprache gar den Spitzenplatz für Verbesserungen, die zugleich Motivation und Leistung erhöhen könnten.[78] Selbst Führungskräfte betonen ein zu starkes Auseinanderfallen der tatsächlichen unternehmerischen Arbeits- und Organisationsziele und ihrer persönlichen diesbezüglichen Zielvorstellungen: Viel zu stark überwiegen nach ihrem Ermessen in der Organisation

74) Eine ähnliche Untergliederung des Phänomens Wertwandel liefern Kohli/Schmid (1983), S. 340.
75) Vgl. Klages (1988), S. 74ff.
76) Vgl. Pawlowsky (1985), S. 164.
77) Vgl. Pawlowsky (1985), S. 163.
78) Vgl. Flodell (1985), S. 181.

Wachstums- und Gewinnziele sowie das Vorantreiben des technischen Fortschritts; zu kurz kommen dafür nach Ansicht einer Mehrheit der befragten Führungskräfte im unternehmerischen Alltag wichtige Ziele, wie die Sicherung von Arbeitsplätzen, die Erhaltung der Umwelt und die Möglichkeit der Persönlichkeitsentfaltung für Mitarbeiter.[79)]

Die Sonderstellung, die Deutschland bezüglich der Distanzierung zur Erwerbsarbeit seit dem Wertwandel einnimmt, findet hier eine weitere mögliche Erklärung: Nicht nur die allgemeine psychologische Distanz zur Erwerbsarbeit ist im internationalen Vergleich in Deutschland mit Abstand am ausgeprägtesten, auch in der Beurteilung der Arbeitsplatzqualität bildet die Bundesrepublik das Schlusslicht:[80)] So haben in Deutschland weit weniger der Befragten (49%) das Gefühl, dass man sich am Arbeitsplatz wirklich um sie kümmert, als etwa die schwedischen (74%) oder britischen (55%) Arbeitnehmer. Nur 54% der Deutschen, im Gegensatz zu 70% der Briten und 67% der Schweden, geben an, bei einschneidenden Fragen zu ihrer Arbeit gefragt zu werden. Das Gefühl, bei der eigenen Arbeit über Entscheidungsfreiheiten zu verfügen, ist in Deutschland seit den 60-er Jahren stetig gesunken und liegt weit unterhalb der im Ausland gemachten Angaben. Auch beschweren sich deutsche Arbeitnehmer in fast allen vorgegebenen Punkten stärker über schlechte Behandlung als ausländische Kollegen. Und selbst die internen Karrierechancen werden in Deutschland weitaus schlechter beurteilt; 4% glauben an schnelle Aufstiegschancen an ihrem Arbeitsplatz gegenüber vergleichsweise 30% in den USA, 29% in Israel, 14% in Schweden. Insbesondere die Arbeiter, aber auch die Angestellten geben folglich auch weitaus seltener an, mit ihrer jetzigen Arbeit voll und ganz befriedigt zu sein (26% resp. 47% der Befragten), als etwa die Schweden (50% resp. 55%) oder die Engländer (35% resp. 45%).

Die Zufriedenheit und die Leistungsbereitschaft von Arbeitnehmern mit 'unkonventionellen' Wertmustern hängt nun aber, da die Leistungsethik für sie an Bedeutung verliert, immer mehr von der Befriedigung von Erwartungen und Bedürfnissen ab, die zuvor ausschliesslich, wenn überhaupt, in anderen Lebensbereichen umgesetzt wurden.[81)] Dass ein enger Zusammenhang besteht zwischen der Möglichkeit, in der Arbeit vielfältige persönliche Bedürfnisse zu be-

79) Vgl. von Rosenstiel (1984), S. 224 ff.
80) Vgl. Pawlowsky (1985), S. 168 f.
81) Vgl. Engfer u.a. (1983), S. 447.

friedigen, und der Arbeitsorientierung und Leistungsbereitschaft, hat Dubin bereits lange vor dem Wertewandel in einer amerikanischen Studie aufgezeigt, wonach Arbeiter ihrer Arbeit weit distanzierter gegenüberstehen als leitende Angestellte.[82] Nachdem in Deutschland mit dem Wertewandel die Orientierung an einem Arbeitsethos rückläufig ist, wird dieses Ergebnis auch durch die nach Berufsklassen zugeordneten Umfragedaten bestätigt.[83] In signifikanter Weise zeigt sich: Je höher die Stellung, desto grösser die Zufriedenheit mit der Arbeit, desto stärker auch die arbeits- und leistungsorientierten Werte; in der Entwicklung der Umfrageergebnisse seit 1962 zeigt sich, dass sich die Arbeitsfreude vorerst auf allen Stufen zurückbildete und sich sogar aneinander annäherte; seit 1978 bildet sich jedoch eine immer grössere Scherenbewegung: Die Zufriedenheit nimmt bei Arbeitern noch stärker ab, bei Selbständigen und Höhergestellten steigt sie stark an.[84]

Dass diese Unterschiede je nach Stellung mit der Befriedigung vielfältiger Bedürfnisse korreliert, zeigen etwa die Angaben darüber, ob der Befragte an seinem Arbeitsplatz Anerkennung[85] erfährt: 25% der ungelernten Arbeiter bejahen dies; bei den Facharbeitern sind es bereits 41%, bei den Angestellten und Beamten 50% und bei den leitenden Angestellten gar 70%.[86] Analoge Abstufungen finden sich auch bei den Entscheidungsfreiheiten, den Möglichkeiten, Fähigkeiten zu entwickeln und bei den Mitsprachemöglichkeiten.[87] Aber auch unabhängig von der Stellung besteht ein hoher Zusammenhang, ob der einzelne mitentscheiden kann, Fähigkeiten entwickeln kann oder Anerkennung erfährt und seiner Zufriedenheit mit der Arbeit, resp. seiner Arbeitsorientierung.[88] Ausser bei den leitenden Angestellten finden sich denn auch diese Kriterien bei allen Berufsgruppen bei den Spitzenreitern der ausdrücklichen Kritik an ihrer Arbeit.[89] Von den Befragten werden diese Kriterien aber nicht nur am häufigsten als Ansprüche genannt, die bisher zu wenig erfüllt sind, sie bezeichnen sie

82) Vgl. Dubin (1965).
83) Vgl. von Klipstein (1985), S. 159,
84) Vgl. Noelle-Neumann (1984), S. 53.
85) Diese wird von Herzberg u.a. (1959) als einwesentlicher Motivator bezeichnet.
86) Vgl. Pawlowsky (1985), S. 172.
87) Vgl. Pawlowsky (1985), S. 170 ff.
88) Vgl. Pawlowsky (1985), S. 175.
89) Vgl. Pawlowsky (1985), S. 174. Die leitenden Angestellten wünschen demgegenüber vorab kürzere (mehr Freizeit) und flexiblere Arbeitszeit, weniger Hetze und Stress sowie klargeregelte und gerechte Aufstiegsmöglichkeiten. Letzteres wird ausser von den ungelernten von allen Befragten ebenfalls häufig genannt.

selbst auch als Satisfaktoren, welche die Arbeit angenehmer machen würden, und als Motivatoren für mehr Leistungsbereitschaft.[90)]

Damit kann eindeutig die Bedeutung von qualitativen Eigenschaften der Arbeit, wie Handlungsspielräume, Mitspracherechte, Entfaltungschancen, Herausforderung und Anerkennung, in der Meinung der Befragten für ihre Einstellung zur Arbeit und ihre Leistungsbereitschaft nachgewiesen werden.[91)] Der Bedeutungsgewinn von Selbstentfaltungswerten während des Wertewandels bedeutet also nicht eo ipso eine Abkehr von Leistung und Arbeit. Weit sinnvoller ist es, die zu beobachtende Distanzierung von der Arbeit im wesentlichen auch als Ausdruck einer misslungenen Begegnung zwischen Menschen, die nach Selbstentfaltung streben und weniger eine eigene Arbeitsmoral ausweisen, und einer Arbeitssituation, die diesbezüglich kaum Verwirklichungschancen bietet.[92)] Entsprechend findet sich bei den Jugendlichen nicht nur die Freizeit seit Anfang des Wertewandels in Aufschwung, sondern auch der 'Beruf, der mir gefällt'. Auch erklären sich viele Befragte durchaus bereit, mehr Verantwortung zu übernehmen, was mit einer grundsätzlichen Abkehr von der Arbeitswelt unvereinbar wäre. Und nicht zuletzt hat sich seit 1952 die Zahl jener, für die ein Leben ohne Arbeit am schönsten wäre, kaum verändert.[93)] Was sich aber wertwandelbedingt wohl verändert hat, ist die Zunahme von Erwartungsenttäu-

90) Vgl. von Klipstein/Strümpel (1985), S. 304. Flexible und kürzere Arbeitszeiten gehören mit zu diesen Kriterien.

91) Insbesondere bei Menschen mit 'unkonventionellen' Werten haben die Arbeitsrolle und die entfaltungsförderlichen Arbeitsbedingungen eine grössere und kritischere Bedeutung. Selbstentfaltung und Leistungsbereitschaft im Unternehmen können zwar durchaus miteinander einhergehen, doch ist letzteres dann vermehrt abhängig von Bedingungen: vom Ausmass, in dem die individuellen Werte nicht verletzt und die Bedürfnisse auch unmittelbar in der Arbeit befriedigt werden können; vgl. Klages (1984), S. 57. Auch bei Jugendlichen ist zu beobachten, dass der Bedeutungsgewinn von Werten und Sphären ausserhalb der Arbeit mit einer gleichzeitigen Betonung der Bedeutung der Arbeit einhergeht, wobei dann aber mit Nachdruck beigefügt wird, dass der Beruf 'interessant' sein soll und, gerade weil die Arbeit einen so wichtigen Bereich darstelle, sie auch die persönlichen Identitätsbedürfnisse befriedigen müsse; vgl. Klages (1983), S. 342 f. Entsprechend Engfer et al. besteht somit ein grosser Unterschied in den Motivationsgrundlagen von Menschen mit 'konventionellen' und 'unkonventionellen' Werten: So erfolgt die extrinsische Motivation bei Menschen mit 'unkonventionellen' Werten mehrheitlich durch die Arbeitsbedingungen und die intrinsische Motivation hängt ab von den Entfaltungsmöglichkeiten der Person und der Fähigkeiten. Bei Menschen mit eher 'konventionellen' Werten überwiegt als extrinsische Motivation die Statussicherheit und deren Aufwertungsmöglichkeiten und bei der intrinsischen Motivation allgemein die gesellschaftliche Geltung der Arbeit; vgl. Engfer u.a. (1983), S. 445.

92) Vgl. Klages (1988), S. 107.

93) Vgl. Klages (1988), S. 107.

schungen in allen Berufskreisen, die bei Jugendlichen entsprechend gross ist; dicse Enttäuschungen liegen wohl dem Sinken der Arbeitszufriedenheit zugrunde.

Angesichts dieser Erkenntnisse wird klar ersichtlich, dass die Erfolgschancen herkömmlicher Rationalisierungen der Arbeitsorganisation kleiner wird.[94)] Dies, weil die Leistungsbereitschaft von der Qualität der Arbeitsbedingungen abhängt, die bei diesem Vorgehen meist missachtet oder verschlechtert werden. Nötig sind daher neue Konzepte der Arbeitsorganisation, der Arbeitsgestaltung und der Kooperation, die vermehrt in flexibler Weise die individuelle Entfaltung in der Arbeit zulassen und fördern, die es dem einzelnen erlauben, auch die Arbeit in der Vielfalt und Widersprüchlichkeit seiner Werte einzubinden und in ihr seine Bedürfnisse zu befriedigen. Es ist dabei nicht abwegig, dass eine solche Abkehr von traditionellen Konzepten zugleich auch eine Antwort sein könnte auf die unternehmerischen Herausforderungen in einer zunehmend dynamischen (Wirtschafts-) Umwelt; Flexibilisierungen zugunsten der Mitarbeiter müssen nicht automatisch nur kostspielige 'Unterhaltskosten' des Faktors Arbeit bedeuten, sondern können durchaus auch die Kooperationsstrukturen zu einer besseren Bewältigung der neuen Herausforderungen flexibilisieren. Dass hier nicht nur ein rein zufälliger Zusammenhang besteht, sondern tatsächlich die Vitalität eines Unternehmens gerade in schwierigeren Konkurrenz- und Umweltsituationen von der internen Kooperationsfähigkeit abhängt, wird schon daraus ersichtlich, dass jedes Unternehmen im letzten immer auch auf das Menschliche, auf die Subjektivität seiner Mitarbeiter angewiesen bleibt; die lebendige Arbeit kann niemals gänzlich von (starren, hierarchischen) Strukturen und ihren Kooperationszwängen oder von Maschinen und Automatismen ersetzt werden.[95)]

5.3.1.3. Qualität und Charakter des Wandels

An dieser Stellen sind nun aber zwei wichtige Präzisierungen zum Charakter des festgestellten Wertwandels und zur Einschätzung der daraus resultierenden Folgewirkungen, bzw. der Situation nach dem Wertwandel auszuführen.

Erstens: Die rege und kontroverse Diskussion um die Existenz und die Einschätzung des diagnostizierten Wertwandels schöpfte, insbesondere zu Beginn

94) Vgl. Engfer u.a. (1983), S. 447.
95) Vgl. Offe/Hinrichs (1977), S. 20.

und verstärkt durch Schlagworte in den Medien und in der breiten Oeffentlichkeit, ihre Dynamik aus der Ankündigung einer gänzlich neuen Gesellschaft mit einem völlig neuen Wertsystem. Frohlockend oder erschreckt warnend wurden dabei die erfassten Daten dahingehend interpretiert, dass es sich hier um die Anfänge eines umwälzenden Prozesses handle. Diese Interpretation stützte sich einerseits auf die Beobachtung, dass tatsächlich über mehrere Jahre hinweg zunehmend weniger Menschen sich klar zu den traditionellen Werten bekennen. Als noch bedeutsamer wurde die Tatsache angesehen, dass gerade bei jüngeren Generationen sich sogar eine Mehrheit an unkonventionellen Werten und Zielen orientiert und wieder verstärkt die Bedeutung anderer Lebensbereiche in ihrem Leben betont.[96] Mit diesen jungen Generationen - so die Interpretation - wächst ein neues Zeitalter heran, in dem mindestens über den Generationswechsel Materialismus, Arbeits- und Leistungszentrismus langsam begraben werden.[97]

Aufgrund der heutigen Erkenntnisse und einer nüchternen Betrachtung muss jedoch von dieser Vorstellung eines sich als "Quasi-Konstante unserer gegenwärtigen gesellschaftlichen Verhältnisse"[98] beständig weiterentwikkelnden Wertwandels Abschied genommen werden. Das Phänomen, das heute mit Wertwandel bezeichnet wird, ist keineswegs ein nun fortdauernder Prozess, an dessen Endpunkt geradezu zwingend eine Gesellschaft mit gänzlich neuen Werten stehen wird.[99] Vielmehr handelt es sich hierbei um ein zeitlich begrenztes Phänomen, das insbesondere in Deutschland einen eigentlichen Schub mit vorangehenden und nachfolgenden weit schwächeren Veränderungen darstellte. Ansätze lassen sich in den 60er Jahren erkennen; der eigentliche Schub erfolgte zwischen etwa 1965 und 1975. Wenn auch daraus noch kein neues Zeitalter mit einer völ-

96) Hier stellt sich immer wieder die statistisch nur schwer zu beantwortende Frage, ob altersmässige Wertunterschiede auf einen generationsbedingten Wandel zurückzuführen oder eher lebenszyklisch mit den Altersunterschieden zu erklären sind; vgl. Bargel (1979), S. 158 ff.

97) Klages spricht hier von einer durchaus verständlichen *Jugendsünde* der Wertforschung; vgl. Klages (1983), S. 342.

98) Vgl. Klages (1984), S. 20 f.

99) Trotz dieser Kritik muss jedoch auch anerkannt werden, dass etwa Inglehart mit seiner provokanten These einer tiefgreifenden Wertverschiebung von 'materiellen' zu 'postmateriellen' Werten, die zu einer Epoche des Post-Materialismus begründen werde, ziemlich genau die Stimmung der damaligen Zeit getroffen hat; vgl. Klages (1988), S. 50. Sie brachte die "spürbare Unruhe nach Neuerungen und neuen Horizonten" und die verbreitete Suche nach einer "neuen Sinnerfüllung" (Morsey (1987), S. 89.) deutlich zum Ausdruck, wenn auch fälschlicherweise von dieser Unruhe und Suche vorschnell auf eine neue dominierende Kulturform geschlossen wurde.

lig neuen Wertordnung resultierte, so blieb dieser Wandel doch nicht folgenlos: Zum einen gewannen zuvor verdrängte und untergeordnete Werte (wieder) an eigenständiger Bedeutung und werden zunehmend von allen Generationen mehr oder weniger stark, aber doch weit ausgeglichener als Anfangs, geteilt. Zum anderen leben wir heute, wie in der folgenden zweiten Präzisierung noch ausgeführt werden wird, grösstenteils mit Werten, die eine *grosse Instabilität*[100] aufweisen; anders als vor dem Wertwandel unterliegen daher seit 1977 auch die geäusserten Werthaltungen relativ grossen Schwankungen.[101] Unter dem Wertwandel hat man sich somit keinen fortlaufenden Prozess vorzustellen; auch ist sein Ergebnis nicht die Existenz einer klaren, neuen Wertordnung, sondern vielmehr letztlich das Verschwinden einer solchen stabilen, aber gleichzeitig auch einseitigen Wertorientierung. Es sind wohl heute insbesondere mehrere Werte, die wechselvoll Geltung beanspruchen.

Zweitens: Wie es etwa in den Antipoden 'Materialismus' und 'Post-Materialismus' zum Ausdruck kommt, gingen viele Forscher bei der Auswertung ihrer Umfragen davon aus, dass sich der beobachtete Wandel gewissermassen auf einer zweidimensionalen Skala vollziehe, an deren Enden sich gegensätzliche und zueinander unversöhnliche Werte ansiedeln. Wandel bedeutet dann, dass in der Bewegung vom einen Pol weg und hin zum anderen Pol die 'alten' Werte in entsprechendem Mass durch die 'neuen' ersetzt werden.

Auch Helmut Klages fasst das Wesen des Wertwandels in dichotomen Kategorien, doch verstehen sich diese bei ihm ausdrücklich als zwei gesonderte Dimensionen.[102] Damit beschränkt sich die Analyse des Wandels nicht nur auf ein 'Entweder-Oder', sondern kann ebenfalls 'Sowohl-als-Auch'-Erklärungen mitberücksichtigen. Zur Auswertung der Umfragen und zum Verständnis des Phänomens resultiert aus dieser Konzeption ein erheblicher Gewinn, denn an Stelle einer massiven Verkürzung der tatsächlichen Bewegungen, wie sie noch mit obiger Konzeption unvermeidlich ist, können nun die Erhebungsdaten weitaus differenzierter ausgewertet werden, wird z.T. auch die sozialkulturelle und institutionelle Breitenwirkung deutlicher, die aus einer Verlagerung des

100) Vgl. Klages (1984), S. 21.
101) Vgl. Klages (1984), S. 130.
102) Vgl. Klages (1984), S. 22.

Gewichts zwischen Disziplinierungs- und Entfaltungswerten resultieren können.[103)]

Klages unterscheidet zu diesem Zweck zwei Gruppen von Werten, die sich nicht zufällig weitgehend auch den Kategorien von Notwendigkeit und Spiel zuordnen liessen. Als Werte des Selbstzwangs und der Selbstkontrolle, oder auch der *Pflicht* und *Akzeptanz* listet er unter anderem auf: Disziplin, Gehorsam, Leistung, Ordnung, Pflichterfüllung, Treue, Unterordnung, Fleiss, Bescheidenheit, Selbstbeherrschung, Anpassungsbereitschaft, Fügsamkeit usw.. Für die Wertgruppe der *Selbstentfaltung* stehen Werte, wie Emanzipation (von Autoritäten), Gleichbehandlung, Demokratie, Partizipation, Autonomie, Genuss, Spannung, Ausleben emotionaler Bedürfnisse, Kreativität, Spontaneität, Selbstverwirklichung, Eigenständigkeit usw.[104)]. Die grundsätzliche Verlaufsrichtung des Wertewandels kann nun beschrieben werden als einerseits eine tendenzielle *Rangminderung* jener Werte, "welche die pflichtethisch begründete Fügsamkeit und Folgebereitschaft gegenüber fremdgesetzten Ordnungs- und Leistungserwartungen unter Verzicht auf Chancen eigener Antriebserfüllung betreffen"[105)]. Es zeichnet sich demnach eine Rückläufigkeit der Askesebereitschaft, der Akzeptanzfähigkeit und -neigung sowie eines nicht zu hinterfragenden Arbeitsethos ab. Andererseits ist eine *Rangerhöhung* bei Werten zu beobachten, "welche die Geltendmachung von Selbstentfaltungsbedürfnissen und von Bedürfnissen nach selbstbezogenen Erfüllungserlebnissen begünstigen, handle es sich hierbei nun um das Ausagieren eigener Kompetenzen, um das Ausleben emotionaler Strebungen und Bedürfnisse, oder auch um die Verwirklichung von Zielen der idealen Welt- und Gesellschaftsgestaltung mit denen man sich ganz persönlich identifiziert"[106)].

Die 'alten', leistungsbezogenen Werte sind also keineswegs unwiederbringbar und grundsätzlich verdrängt, sondern - bei einer Mehrheit der Bevölkerung - lediglich auf eine mittlere Bedeutung zurückgestuftwurden , während Werte der Selbstverwirklichung - vor allem auch in ihrem Anspruch auf eine Realisierung *'hier und heute'*[107)] - entweder aus einer zurückgestauten Latenz oder von einer

103) Vgl. Klages (1988), S. 50 f.
104) Vgl. Klages (1984), S. 18.
105) Klages (1983), S. 341.
106) Klages (1983), S. 341.
107) Vgl. Klages (1988), S. 73 f.

mittleren Bedeutung emporgestiegen sind.[108] Es handelt sich hierbei - mit unterschiedlicher Ausprägung - um einen gesamtgesellschaftlichen Vorgang; am deutlichsten aber zeigt sich der Wandel bei jungen Menschen, insbesondere, wenn sie ein hohes Bildungsniveau aufweisen.[109] 'Reine' Ausprägungen der Werte, d.h. durchwegs konsistente Äusserungen entweder nur von Pflicht- und Akzeptanzwerten oder nur von Selbstentfaltungswerten sind nur bei Minderheiten anzutreffen[110]; während die Mehrheit der Befragten in unterschiedlichen Verhältnissen beide Wertgruppen äussert, mit Tendenz hin zu Selbstverwirklichungswerten.

Aus der Tatsache, dass bei der Mehrheit de Bevölkerung gleichzeitig sehr ungleiche Wertorientierungen anzutreffen sind, lassen sich verschiedene Beobachtungen erklären und Folgerungen ziehen. Laut Klages führt diese Mischung von Werten zu einer gewissen individuellen *Flexibilität* bei der Thematisierung und Umthematisierung von Wert*prioritäten*, die nicht zuletzt auch der jeweiligen *Situationsgegebenheiten* folgen.[111] Da die Werte nach Massgabe der Kluft zwischen ihnen und den Schranken ihrer Verwirklichung teilweise angepasst werden können, indem nun andere Werte als Orientierung mobilisiert werden, kann beobachtet werden, dass entsprechend weniger konsequent auf die Durchsetzung von Werten hingearbeitet wird, dass aber auch die Frustration im Falle der Nicht-Durchsetzung vielfach weniger stark ausfällt, als man erwarten würde.

Das gleichzeitige Bestehen unterschiedlichster Werte bei ein- und derselben Person erklärt auch, weshalb qualitative Aussagen etwa zum Wirtschaftswachstum je nach Kontext diametral verschieden ausfallen können: Wird es im Zusammenhang mit Ökologie verdammt, so wird es in Bezug auf Arbeitslosigkeit für unbedingt erforderlich gehalten.[112] Diese Ambivalenz der Einstellungen mag bei allem Wandel u.U. das gegenseitige Verständnis fördern, da der einzelne, wenn auch nicht in gleichem Masse, selbst mit relativ entfernten Bevölkerungsgruppen Wertvorstellungen (prinzipiell) teilt; so zeigt sich etwa in Deutschland,

---

108) Vgl. Klages (1988), S. 58.
109) Vgl. Klages (1984), S. 42.
110) Engfer et al. stellen in ihrer Untersuchung fest, dass immerhin fast ein Drittel der Befragten der Extremgruppe mit rein konventioneller Leistungsethik zugeordnet werden können, während 17% der Befragten jener Extremgruppe zugeordnet werden können, die sich höchstens ein- bis zweimal für konventionelle Werte aussprachen; vgl. Engfer u.a. (1983), S. 437.
111) Vgl. Klages (1983), S. 343 f.
112) Vgl. von Rosenstiel (1984), S. 222.

wo die Kluft zwischen der traditionellen Arbeitsethik der älteren Generationen und der eher "freizeitorientierten Schonhaltung" der jüngeren im internationalen Vergleich am grössten ausfällt - eine Kluft übrigens, die sich nicht nur als Alterseffekt im Leben des einzelnen erklärt, sondern anhand von Kohortenanalysen (Vergleiche von Generationen über den Zeitablauf) als eher stabiles Generationenphänomen erweist -, dass sich die älteren Generationen im Verlauf einer gesamtgesellschaftlich kritischer werdenden Einstellung zur Erwerbsarbeit und zur Technologie immer positiver über die - sich faktisch von ihnen immer weiter weg entwickelnden - Jugendlichen äussern.[113)] Nicht zuletzt wegen dieser Mischung der Werte und der daraus resultierenden, gewissen Toleranzfähigkeit sehen Kohl und Schmidt trotz erheblichem Wertewandel noch keine Krise für die Arbeitsgesellschaft.[114)]

Dennoch bilden unterschiedlich ausgeprägte Wertorientierungen immer auch Konfliktpotentiale. Dies zeigt sich dort deutlich, wo verschiedendste Menschen sich täglich begegnen müssen, also nicht zuletzt auch innerhalb von Organisationen. Gerade im Falle sich stark verändernder Werte verschärft sich aber zudem auch das Konfliktpotential zwischen dem Individuum und der Organisation, denn Organisationen, wie etwa gewinnorientierte Unternehmen, können als 'geronnene Werte' interpretiert werden, die aufgrund ihrer institutionalisierten Strukturen und materiellen Anlagen ein erhebliches Beharrungsvermögen aufweisen.[115)] Zudem ist es zumindest fraglich, ob Zielsetzung und Strukturen von Organisationen jene Wertepluralität aufweisen können, die im zwischenmenschlichen Bereich die Spannungen abzufedern vermag. Wenn auch verschiedene Umstände dahingehend wirksam sind, dass sich Mitglieder an ihre Organisation anpassen - vermutlich weit stärker als umgekehrt -, wenn also der Konflikt zwischen Individuum und Organisation nicht in dem Mass unlösbar oder bestenfalls abmilderbar ist, wie er häufig beschrieben wird[116)], so wird diese Anpassung bei stark auseinanderdriftenden Werten doch erheblich erschwert.

Gerade aufgrund des Bedeutungsgewinnes unkonventioneller Werte, wie etwa des Strebens nach Selbstverwirklichung, besteht ein grosses Spannungs- und

113) Vgl. Brenke/von Klipstein (1985), S., 236 ff.: Äusserungen aus qualitativen Interviews sind S. 250 ff. zusammengetragen.
114) Vgl. Kohli/Schmidt (1983), S. 340.
115) Vgl. von Rosenstiel (1984), S. 218 f.
116) Vgl. etwa Argyris (1967).

Konfliktpotential zwischen dem einzelnen Arbeitnehmer und dem an Leistungs-, Disziplin- und Unterordnungswerten ausgerichteten und entsprechend gestalteten Unternehmen. Die relative Instabilität der individuellen Wertorientierungen, bzw. die gleichzeitige Existenz widersprüchlicher - also 'konventioneller' und 'unkonventioneller' - Werte beim einzelnen Menschen hat jedoch oft zur Folge, dass diese Spannungen und Konflikte nicht offen zutage treten, da die Widersprüche dieser Wertorientierungen vielfach internalisiert werden und somit nur noch als innerpsychisches Problem zutage treten. "Dass die Majorität zunehmend mit 'gemischten' Werten existiert, heisst, dass Pflicht- und Akzeptanzwerte und Selbstentfaltungswerte in jedem einzelnen vorhanden sind und somit in der Psyche jedes einzelnen verarbeitet und zum Ausgleich gebracht werden müssen."[117)] Es scheint denn auch, dass Werte vermehrt als etwas rein subjektives, als persönliche Orientierungen angesehen werden.[118)] Dies mag für die unternehmerische Kooperation zumindest kurzfristig von Vorteil sein, da sie von offenen Konflikten nicht berührt werden, solange der einzelne angesichts 'harter Realitäten' oder steigendem Leistungsdruck sich während der Arbeit wieder vermehrt an Leistungs- und Akzeptanzwerten orientiert, diese also situativ wieder ins Zentrum rückt und ihnen für die Orientierung wieder mehr Gewicht beimisst. Die Instabilität der Werte ermöglicht diesbezüglich eine gewisse Flexibilität der Orientierung nach Massgabe der Situationsbedingungen. Daneben steigen aber auch die innerpsychischen Spannungen, Konflikte und Krisen und der einzelne ist mit seinen 'subjektiven' Werten aufgrund fehlender gesellschaftlicher Abstützung damit weitgehend allein gelassen.

Gerade aufgrund dieser fehlenden gesellschaftlichen Abstützung und Unterstützung und damit der Individualisierung der Werte drängt sich bei innerpsychischen Spannungen von Werten und deren Verwirklichungschancen als individuelle Lösungsstrategie die momentane 'Ausblendung' oder 'Rückstufung' jener Werte auf, die aufgrund der situativen Bedingungen nicht ausgelebt werden können. Damit variieren die Werthaltungen stark mit der momentanen Wahrnehmung des gerade Nächstliegenden und damit auch des gerade am Bedrohlichsten - sichtbar etwa am zunehmend volatilen Wählerverhalten, das allzuleicht als 'irrational' abtituliert wird.

---

117) Klages (1984), S. 132.
118) Vgl. Klages (1984), S. 138 f.

Die innere Spannung, die aus der Unterdrückung gewisser Bedürfnisse und Wertorientierungen etwa in der Arbeitswelt resultiert, erklärt aber auch den Trend hin zu einer klaren Trennung unterschiedlicher Lebensbereiche: Da etwa die Selbstentfaltung in der Erwerbsarbeit zu wenig möglich ist, wird diese in anderen Lebensbereichen angestrebt. Diese erhalten entsprechend eine grössere Bedeutung während der Arbeitsbereich an Bedeutung verliert, weil darin nicht alle Werte ausgelebt werden können. Problematischer ist jener Ausweg, wo aufgrund situativer Bedingungen die andersgelagerten Werte um der inneren Stabilität willen *ersatzlos*, d.h. ohne einen hierfür bestimmten Lebensbereich auszubilden und ohne die verbleibenden Werte aufzuwerten, fallengelassen werden: Innere Leere, Orientierungs- und Motivationsverlust aber auch Freudlosigkeit sind die wohl wahrscheinlichen Folgen dieses Wertverlustes.

Aus der Sicht der Institutionen und insbesondere der Unternehmen könnte nun aus der Instabilität der Werte geschlossen werden, dass sich faktisch nichts verändert hat, da sich die Menschen in ihren Werthaltungen weiterhin nach den scheinbar notwendigen Bedingungen ausrichten. Zumindest kurzfristig wird so etwa die Unternehmensleitung in ihrer Ansicht bestärkt, dass kein Handlungsbedarf in Richtung grundsätzlicher Veränderungen in der Arbeitsorganisation bestehe. Doch langfristig vermag diese einseitige Anpassung der Wertorientierungen viele Menschen nicht zu befriedigen. Die bestehende Unzufriedenheit mit den Arbeitsbedingungen wirkt dann spätestens negativ auf das Unternehmen zurück, wenn die allgemeinen Rahmenbedingungen, etwa Hochkonjunktur, eine neuerliche Betonung der Selbstentfaltungswerte zulassen und deren Nichtbefriedigung etwa eine hohe und teure Fluktuation oder eine teilweise Leistungsverweigerung auslösen. Auch ein resignatives Verdrängen der unbefriedigten Werte und Bedürfnisse, das aber zur oben erwähnten inneren Leere, Orientierungs- und Motivationslosigkeit führen kann, muss sich letztlich negativ auf die Produktivität des einzelnen und somit den Kooperationserfolg des Unternehmens auswirken, wenn der einzelne sich nicht aktiv in der Kooperation engagiert, sondern lediglich noch die ihm zugeordneten Jobs ausführt.

Solange das Unternehmen weiterhin grundsätzlich die Bedürfnisse und Werthaltungen seiner Mitarbeiter ignoriert und nicht versucht entsprechende Arbeitsbedingungen zu finden, muss es somit mindestens langfristig mit negativen Rückwirkungen rechnen - wohl verstärkt seit diesem Wertwandel, und zwar auch trotz der relativ instabilen Wertkonstellationen, die daraus resultierten. Gerade diese Instabilität hat nämlich zur Folge, dass Situationsveränderungen oder auch nur vermeintliche Wahrnehmungen einer solchen Veränderung - sowohl in den Arbeitsbedingungen, etwa bei Restrukturierungen und Einführungen von Neuerungen, als auch in den allgemeinen Rahmenbedingungen ausserhalb der Arbeit selbst - vermehrt zu erheblichen Verhaltens-, Einstellungs- und Meinungsänderungen bei den Angestellten führen können, die so kaum mehr vorausgesehen werden können und damit immer wieder grösste Turbulenzen und Krisen auslösen. Der Grund hierfür liegt wohl darin, dass trotz momentaner und situationsbedingter Aufwertung der Leistungs- und Akzeptanzwerte im Unternehmen diese grundsätzlich nicht mehr die frühere Kraft der Integration besitzen und somit nicht mehr auch über Spannungen hinweg dauerhafte Brükken zwischen Individuum und Unternehmen zu schlagen vermögen, denn diese Werte stellen nun im gesamten Lebenszusammenhang weniger übergreifende und zentrale Sinnbezüge und Orientierungen dar, sondern sind oft vielmehr nur noch Ausdruck einer momentanen Anpassung an Unvermeidliches in der Form, dass innere Spannungen entschärft, bzw. eingeschläfert oder notgedrungen auf ausserbetriebliche Lösungen verlegt, nicht aber gelöst werden.

Trotz der gewissen Instabilität, die seit dem Wertwandel bei den Werthaltungen beobachtet werden kann, stellen die neuerlich wieder vermehrt und bewusst artikulierten Bedürfnisse der Mitarbeiter eine ernstzunehmende Herausforderung für das Unternehmen wie auch im weiteren für die Gestaltung der übergeordneten institutionellen Rahmenbedingungen der Arbeit dar. Jüngste Erhebungen bezüglich der Werthaltungen und Beobachtungen des Arbeitsverhaltens zeigen, dass auch in Zeiten mit wirtschaftlichen Schwierigkeiten nicht mehr mit einer bedingungslosen Leistungsbereitschaft gerechnet werden kann, sondern die Werthaltungen vielmehr ambivalent bleiben: Die Gefährdung des Arbeitsplatzes und die schwierigen Bedingungen auf dem Arbeitsmarkt seit Beginn der Rezession anfangs der 90er Jahre haben etwa in der Schweiz offensichtlich dazu geführt, dass der Arbeitsplatz weit weniger häufig freiwillig gewechselt wird, während gleichzeitig beobachtet werden kann, wie über gesteigerte Leistung versucht wird, einer (scheinbar) drohenden Entlassung entgegenzuwirken. Gleichzeitig setzt sich in den demoskopischen Erhebungen aber trotz Rezession der Trend fort, in dem der Stellenwert der Arbeit, des Lohnes oder der Karriere zugunsten von Familie, Partnerschaft, sozialen Beziehungen und Selbstentfaltung zurückgestuft werden und - bei aller verbleibenden Bedeutung - eine untergeordnete Stellung einnehmen.[119] Das Verhalten am Arbeitsplatz scheint zwar auf eine Wiederaktivierung der arbeitsbezogenen Werte hinzudeuten, aber im freien Gespräch nimmt die Distanzierung gegenüber der Arbeit eher noch zu. Dass es sich beim Arbeitsverhalten eher um ein Streben nach Risikoverminderung handelt als um wiedergewonnene Arbeitswerte, zeigt sich in der grossen und weiter ansteigenden Unzufriedenheit mit der Arbeit: 28% der Befragten erklären denn auch, dass sie nur aufgrund der Rezession ihren Arbeitsplatz noch nicht gewechselt haben.[120] Die Ambivalenz der Werthaltungen äussert sich also in diesem Falle lediglich darin, dass (kurzfristig) die gegebenen Arbeitsbedingungen ertragen und die Leistungen gesteigert werden, aber gleichzeitig die Bedürfnisse nach einer sinnstiftenden Arbeit, nach Selbstentfaltung und auch nach vergrösserten Entfaltungsräumen ausserhalb der Arbeit weiterhin bewusst bleiben und die persönliche Einschätzung der Situation wesentlich mitbestimmen - sie werden, so kann vermutet werden, langfristig auch die Einstellungen und vermehrt auch das Verhalten der Menschen prägen.

Langfristig muss daher ein Ignorieren der Wert- und Bedürfnisstrukturen der Mitarbeiter auch für das Unternehmen negative Auswirkungen zeitigen, die mit symptombezogenen Lösungsversuchen immer nur kurzfristig entschärft werden können. Erfolgversprechender ist grundsätzlich eine Lösungssuche, die auf die Ursachen der Probleme zielt und hier also Konzepte der Arbeitsorganisation und -gestaltung anstrebt, die vermehrt auf die Werthaltungen und Bedürfnisse der Mitarbeiter ausgerichtet sind. Je mehr diese auch in der Erwerbsarbeit und im individuell bestimmten Gleichgewicht von Erwerbsarbeit und übrigen Lebensbereichen realisiert werden können und nicht notgedrungen verdrängt werden müssen, kann auch erwartet werden, dass sich die Schwankungen im Verhalten und die immer wieder aufflackernden Widerstände und Konflikte mit ihren negativen Auswirkungen vermindern.

Es kann hier jedoch weder der Ort sein, ein umfassendes Lösungskonzept zur Neugestaltung der Arbeitswelt vorzuschlagen, noch soll hier um ein weiteres Mal die umfangreiche Literatur über alternative - utopische oder zumindest im

119) Zu diesem Ergebnis gelangt etwa die Schweizerische Gesellschaft für praktische Sozialforschung (GfS), Adliswil, in ihrer Langzeitstudie mit regelmässig durchgeführten Umfragen (im Auftrag der Adia). Vgl. hierzu die publizierten Daten im Adia-Journal, insbesondere hier Sommer 1993.

120) Vgl. Adia-Journal, Sommer 1993.

Einzelfall erprobte - Organisationskonzepte[121] und Gesellschaftsutopien[122] aufgearbeitet werden. Die bisherigen Ausführungen erlauben aber, die wichtigsten Punkte einer zeitgemässen und den unterschiedlichen Anforderungen - insbesondere der arbeitenden Menschen - gerechter werdenden Neugestaltung der Arbeitsorganisation und -gestaltung konzeptionell zu umreissen. Im Ueberblick zeigt sich nämlich, dass sowohl die in der Literatur vorgeschlagenen und z.T. auch in die Praxis umgesetzten Alternativen als auch die von Befragten explizit geäusserten Wünsche bezüglich Verbesserungen ihrer Arbeitsbedingungen mehrheitlich eine qualitative Gemeinsamkeit aufweisen: In ihren durchaus unterschiedlichen Anliegen und Erscheinungsformen tendieren sie in den meisten Fällen hin zu einer Konzeption der Arbeit, in der wieder vermehrt jene Eigenschaften und Charakteristika vorherrschen (sollen), die gemäss der hier verwendeten Terminologie zur Unterscheidung der zentralen Dimensionen menschlichen Handelns zu den *Kategorien des Spiels* zählen - jene wichtigen Qualitäten und Ausdrucksformen menschlichen Handelns und Strebens, die mit der Einführung industrieller, der Massenproduktion dienenden Arbeitsorganisation und Produktionstechniken in der Arbeit verloren gingen und bewusst ausgeschaltet wurden, weil sie mit einer mechanistisch begriffenen rationalen Arbeitsweise unvereinbar waren.

Heute greift aber zunehmend die Erkenntnis, dass Arbeit nicht mehr nur unter dem Aspekt der Notwendigkeit betrachtet und somit als rein notgedrungenes und ungeliebtes Mittel zum Zweck einseitig instrumentalisiert und mechanistisch in Richtung einer schieren Outputeffizienz optimiert werden kann; das Spiel als Form und Ausdruck der menschlichen Auseinandersetzung mit der Welt, mit dem Mitmenschen und mit sich selbst dient zentralen Motiven menschlichen Handelns von wahrscheinlich vergleichbarer Bedeutung wie jene, die aus der Notwendigkeit resultieren, und sollte daher auch in der Arbeit einen entsprechenden Stellenwert einnehmen. Die letztlich künstliche Loslösung der Ar-

---

121) Hier sei insbesondere auf die Arbeiten der Arbeitspsychologie verwiesen; einen guten Ueberblick vermittelt Ulich (1991). Interessante Studien, Fallbeispiele und Konzepte, welche speziell auf europäische Bedingungen ausgerichtet sind finden sich auch im neu erschienenen Band, 'Die kompetente Organisation', von Frei u.a. (1993).

122) Ein interessantes Beispiel ist etwa André Gorz' 'Wege ins Paradies' (1983). Vielen von diesen Lösungsvorschlägen ist nun jedoch gemeinsam, dass auch sie darauf abzielen, den Nutzen aus der Arbeit einseitig zu steigern, bzw. umzuverteilen - jedoch jetzt geradezu als Ausgleich zugunsten der Arbeitenden selbst. Diese Einseitigkeit - zulasten der Unternehmen - ist wohl wesentlicher Grund, dass diese Vorschläge kaum einmal ernstzunehmenden Widerhall finden in der öffentlichen und politischen Diskussion.

beit als einer rein instrumentellen Tätigkeit von (fast) allen spielerischen Komponenten menschlichen Handelns kann zwar als zentraler Ursprung der enormen Produktivitätsfortschritte angesehen werden, da auf diese Weise die Arbeit ausschliesslich als reines Mittel zur Erreichung eines bestimmten Zweckes mechanistisch optimiert werden konnte. Gleichzeitig widerspricht diese einseitige Konzeption der Arbeit aber auch vitalen Bedürfnissen des Menschen: Zum einen ist gerade die Unmöglichkeit, *unmittelbar* in der Arbeit *selbst* zentrale Bedürfnisse befriedigen zu können, wohl eine der zentralen Ursachen für Motivationsdefizite, die wiederum auch die Effizienz der Arbeit mindern; zum andern wird diesen Bedürfnissen seit dem Wertwandel wieder vermehrt auch als eigenständige Komponenten individueller Wohlfahrt Bedeutung beigemessen, wird ihre Befriedigung - vermehrt auch zum Preise materieller Einbussen - angestrebt.

Es ist zu vermuten, dass über grössere Handlungsspielräume sowohl in als auch ausserhalb der Arbeit, dass also über verbesserte Möglichkeiten, nicht materiell definierte Bedürfnisse zu befriedigen, in vielen Fällen die individuelle Gesamtwohlfahrt gesteigert werden könnte, auch wenn dabei gewisse Ertragsverluste und Wohlstandseinbussen inkauf genommen werden müssten - jedenfalls zeigen sich immer mehr Menschen davon überzeugt. Zumindest in der aktuellen kulturellen und wirtschaftlichen Situation in den Industriestaaten ist aber darüber hinaus a priori noch keineswegs entschieden, ob eine vermehrte Berücksichtigung der Bedürfnisse der arbeitenden Menschen in der Arbeitsgestaltung und -organisation nicht sogar Produktivitätsverbesserungen zur Folge haben könnten. Denn jedes Unternehmen bleibt im letzten immer auch auf das Menschliche, auf die Subjektivität ihrer Mitarbeiter angewiesen; die lebendige Arbeit kann niemals gänzlich ersetzt werden.[123)] Die Hoffnung ist nicht unberechtigt, dass über eine Arbeitsgestaltung, die den Bedürfnissen der Mitarbeiter entgegenkommt, jene so wichtige Motivation, jenes Engagement und letztlich auch jene Kompetenz gefördert werden könnte, welche gerade in einem dynamischen Umfeld den Unternehmenserfolg wesentlich mitbestimmen. Zwischen den neuen Produktionsbedingungen und -anforderungen aufgrund der technischen Entwicklung, der Dynamik der Märkte und der Koplexität der Organisationen und Arbeitsaufgaben sowie den individuellen, menschbezogenen Anforderungen an eine bedürfnisnähere Arbeit könnten durchaus Synergien bestehen.

---

123) Vgl. Offe/Hinrichs (1977), S. 20.

Abschliessend soll daher in den folgenden beiden Kapiteln kurz umrissen werden, auf welche Weise spielerische Komponenten wieder in die Arbeit integriert werden können und in welche Richtung somit eine konsequente Neugestaltung der Arbeit zielen müsste. Das Problemfeld wird dabei untergliedert in ein Kapitel über die Gestaltung der Arbeit selbst und ein Kapitel über die mögliche Vergrösserung der Spielräume ausserhalb der Arbeit. In beiden Fällen zielen dabei die Verbesserungen massgeblich auf eine Vergrösserung der individuellen Entscheidungs- und Handlungsspielräume ab, denn die Auswertungen verschiedener Umfragen haben gezeigt, dass die Befragten gerade diese am meisten missen und sie gleichzeitig als zentrale Determinanten ihrer Arbeitszufriedenheit und Motivation erachten; Helfert folgert hieraus, dass 'nicht-materielle' Aspekte, zu denen auch Entfaltungs- und Entwicklungsmöglichkeiten, soziale Kontakte und Anerkennung zählen, wahrscheinlich die Einstellung zur Arbeit stärker prägen als andere Arbeitsbedingungen, Belastungen und Einkommen.[124)]

Trotz der hier vorgenommenen Unterteilung von Massnahmen in der Arbeit selbst und der (zeitlichen) Erweiterung von Spielräumen ausserhalb der Arbeit, muss jedoch betont werden, dass hier interdependente Beziehungen bestehen in der Art, dass vergrösserte Entfaltungsräume ausserhalb der Arbeit die Bedürfnisse und Anforderungen bezüglich Entfaltungsräumen in der Arbeit verstärken können und umgekehrt; gleichzeitig sind Reformen im Arbeitsbereich oftmals erst dann konzeptionell und technisch erfolgreich durchzuführen, wenn sie gleichzeitig die verschiedenen Aspekte der Arbeit, die ineinandergreifen, berücksichtigen, denn die Erwerbsarbeit kann trotz aller Abgrenzung gegenüber anderen Sozialbereichen letztlich nicht von diesen getrennt werden. Arbeit und Arbeitsbedingungen setzen sich immer aus betriebsinternen Faktoren und der Art ihrer Integration in das Leben ausserhalb der Arbeit zusammen.

Bevor nun aber hierzu einige kurze Ausführungen folgen, muss hier bereits im voraus festgestellt werden, dass auch diese Lösungsvorschläge weder sehr konkret sind, noch neu; wer dies erwartet, wird auch hier enttäuscht werden. Es liegt in der Natur der Sache, dass hier schon rein *prinzipiell keine definitive, vollumfängliche Lösung* angeboten werden kann. Tragfähige Lösungen können nur gefunden werden in einem *evolutiven Prozess der Diskussion, der Einzelversuche und der Anpassung von Rahmenbedingungen.* Damit ein solcher Prozess jedoch

124) Vgl. Helfert (1986), S. 36.

überhaupt erst in Gang kommt, müssen alte Vorstellungen und Dogmen grundsätzlich in Frage gestellt werden können, damit eine offene und fruchtbare Diskussion über die *tiefliegenden Ursachen* der anliegenden Probleme entstehen kann. Denn reine, meist vorschnell und hektisch eingeschlagene Symptombekämpfungen sind höchstens teuer, jedoch kaum befriedigend.

Die beiden im folgenden kurz skizzierten Lösungskomponenten sind dabei aber keineswegs neu; sie wurden bestenfalls zeitweilig mehr oder weniger vergessen oder verdrängt. Trotz vielversprechendster Ankündigungen und immer neuer Modellen, Schlagwörter und Neubenennungen alter Konzepte, können diese doch meist immer wieder diese beiden Lösungskonzepte identifiziert werden; sie bilden demnach noch immer weitgehend den alten neuen Stand der gefundenen Antworten, wobei vielfach sogar ihre wechselseitigen Beziehungen zu wenig Berücksichtigung finden. Doch wird letztlich auch nicht die wissenschaftliche Erkenntnis alleine eine grundlegende Verbesserung der Bedingungen der Arbeit herbeiführen können. Für weitergehende Erkenntnisse bedarf es auch des Austausches mit einer kreativeren betrieblichen Praxis und politischen Diskussion; zur Verbesserung der Bedingungen sollten vermehrt auch die vorhandenen Erkenntnisse in der Praxis adaptiert und umgesetzt werden.

Es bedarf als dringend einer der Problematik angemessenen öffentlichen und politischen Diskussion, in der insbesondere eine Vorstellung darüber gefunden werden muss, wie der Mensch und die Gesellschaft zur Arbeit stehen sollen und umgekehrt. Die hier vorgetragenen Lösungskomponenten plädieren in erster Linie für eine Flexibilisierung der Arbeitsbedingen, für mehr individuelle Autonomie und Freiheit, für mehr Eigenverantwortung auch - sei es in zeitlicher Hinsicht oder bezogen auf die hierarchische und arbeitsteilige Strukturierung des Arbeitsprozesses. Die obige Analyse konnte deutlich machen, dass dem Menschen die Arbeit entglitten ist, weshalb hier konsequenterweise dafür optiert wird, dass der einzelne, individuelle Mensch wieder vermehrt unmittelbar seine Arbeit beherrschen muss. Wenn er sie sich wieder vermehrt zu eigen machen kann, wenn er wieder vermehrt einerseits in der Arbeit selbst schon Befriedigung finden und andererseits einen bedürfnis- und situationsgerechteren Ausgleich zwischen Arbeit und übrigem Leben schaffen kann, so bedeutet dies für ihn bestimmt einen Wohlfahrtsgewinn; durch diesen dürften wohl auch wesentliche Probleme entschärft werden.

Wohl ist dies keine neue Lösung, aber sie bietet doch die wesentlichen Elemente, um dem Widerspruch von instrumentalisierter Arbeit bei gleichzeitig zentralem Stellenwert und normativem Orientierungsprimat entrinnen zu können, der letztlich diesen Teufelskreis zwischen Verausgabung und Sinnentleerung, zwischen Konsum und unzufriedener Leere immer schneller antreibt: Vielleicht - nicht einmal mehr sicher - mehr Wohlstand, aber Wohlfahrt? Vielleicht, und es wäre zu hoffen, stehen wir heute dank eines hohen Wohlstandniveaus, jedoch nicht mehr nur auf Kosten individueller Wohlfahrtsbestandteile, sondern auch mit den negativen Folgen in Gesellschaft und Umwelt an einem Punkt, wo diese alten Lösungen neu diskutiert und erfolgreich umgesetzt werden können. Die augenblicklichen Entwicklungen sprechen leider gegen diese Hoffnung - nicht aber gegen die grundsätzliche Richtigkeit der Lösungsvorschläge angesichts der Problemursache: Instrumentalisierung.

5.3.2. LÖSUNG 1: SPIEL-RÄUME IN DER ARBEIT

Ausgangspunkt der folgenden Ueberlegungen ist die Vorstellung, dass der Wirtschafts- und Produktionsbereich trotz aller funktionalen Spezialisierung innerhalb der Gesellschaft und des sozialen Zusammenlebens und trotz seines unbestrittenen Oberzieles der Erstellung von Gütern und Dienstleistungen bei gleichzeitiger Erzielung von Erträgen und Erwerbseinkommen für die darin tätigen Menschen - schon nur aufgrund der darin verbrachten aktiven Zeit - zugleich auch einen *wichtigen Lebensraum* darstellt.[125] Dies gilt in besonderem Masse für die Arbeit und die Arbeitszeit im Unternehmen: Gerade auch die Wertwandeldiskussion hat wieder gezeigt, dass ein grosses Bedürfnis besteht, *auch in der Erwerbsarbeit* nicht nur Instrument der Produktion zu sein, sondern sich auch hier als individueller Aktor entfalten zu können; die Mehrheit der Befragten möchten in ihrer Arbeit nicht nur ein Mittel zum Gelderwerb sehen, sondern sich als integrale Person in dieser Tätigkeit, für die sie sich meist intensiv ausgebildet haben und die einen zentralen Raum im gesamten Leben einnimmt, in vielfältiger Weise entfalten; und nicht zuletzt ist für sie das Unternehmen nicht nur Ort der Arbeitsleistung und des Gelderwerbes, sondern ebenfalls ein wichtiger Ort sozialer Begegnung und Interaktion.

125) Vgl. Büschges (1983), S. 32.

Wie bereits angedeutet gibt es zumindest zwei wesentliche Gründe, weshalb eine Neukonzeption der Arbeitsgestaltung im Unternehmen heute immer dringlicher wird: Einerseits führt eine bessere Berücksichtigung der vielfältigen Bedürfnisse der arbeitenden Menschen in ihrer Arbeit selbst höchst wahrscheinlich zu einer Steigerung der Zufriedenheit und der Wohlfahrt, was sich über Motivation und Einsatz auch wieder positiv auf den Kooperationserfolg auswirken dürfte; andererseits stellen die technische und wirtschaftliche Dynamik und die vermehrte Notwendigkeit der Spezialisierung - sowohl des Unternehmens auf dem Markt, wie etwa in der flexiblen Nischenproduktion, als auch in der Ausdifferenzierung der einzelnen Funktionen innerhalb zunehmend komplexer werdenden Organisationen - neue Anforderungen an die Gestaltung der Organisation, die deutlich mit den nicht mehr zeitgemässen Prinzipien der Arbeitsgestaltung aus der Massenproduktion der Vergangenheit kontrastieren. Diese neuen Bedingungen stellen aber auch neue Anforderungen an die Mitarbeiter, die diese unter traditionellen Arbeitsbedingungen nur schwer erfüllen können, da sie die Handlungsspielräume und die Entfaltungspotentiale der Mitarbeiter in der Regel zu sehr einschränken. *Es können somit durchaus Parallelen bestehen zwischen den veränderten betrieblichen Bedingungen und den daraus resultierenden Anforderungen an die Mitarbeiter und den Bedürfnissen dieser Mitarbeiter nach mehr Autonomie, Entfaltungsspielräumen und individueller Verantwortung.* Sie werden jedoch erst ersichtlich und vor allem erst - für das Unternehmen wie für den Mitarbeiter - positiv wirksam, wenn tatsächlich in der Gestalung der Arbeit und der Organisation neue Wege beschritten werden und die herkömmlichen Vorstellungen und Strukturen durchbrochen werden. Es ist zu hoffen, dass in Zukunft konsequenter und innovativer nach neuen Lösungen gesucht wird, wobei aber auch eingeräumt werden muss, dass das Neue immer auch mit Risiken verbunden ist und deshalb (unternehmerischen) Mut erfordert.

Wie aber kann beides zugleich erreicht werden - eine höhere Bedürfnisnähe der Arbeitssituation und eine flexiblere, effiziente Arbeitsorganisation, die den neuen Herausforderungen von Markt und Technologie genügen kann? Grundsätzlich muss hier festgehalten werden, dass konkrete Alternativen nur in Zusammenarbeit mit den jeweils betroffenen Mitarbeitern und unter Berücksichtigung der jeweils spezifischen Bedingungen ausgearbeitet und erprobt werden können. Hier kann es demnach nur darum gehen, aus den vorangegangenen Betrachtungen heraus eine mögliche und aus individueller Sicht generell wünschenswerte Grundrichtung für Alternativen vorzuschlagen. Entsprechend dem hier gewählten individualistischen Ansatz sollen dabei die Bedürfnisse des ar beitenden Menschen Ausgangspunkt und Masstab für eine Neugestaltung der Arbeitswelt sein, was bereits als eine grundsätzlich neue Ausrichtung der Arbeitsorganisation erachtet werden kann und deshalb wohl auch darin zu einer neuen Dynamik führen dürfte. Dem Bestreben, auch den industriellen Arbeitsprozess selbst stärker dem liberal-individualistischen Anspruch individueller Wohlfahrtssuche zu öffnen und auf dieses Ziel hin zu gestalten, kommt dabei der Umstand entgegen, dass zumindest die modernen Technologien kaum mehr als Determinanten einer bestimmten Arbeitsorganisation vorgeschoben werden können[126]; sowohl in der Produktion als auch in der Administration eröffnen die neuen technischen Arbeitsmittel im Gegenteil immer grössere organisatorische Freiheitsgrade:[127] Sie können in der traditionellen, hierarchisch aufgebauten und in kleinste Funktionseinheiten aufgesplitterten Arbeitsorganisation eingesetzt werden, was zu einer weiteren Verfestigung dieser Struktur und dieses Arbeitskonzeptes führen und damit wohl auch seine negativen Auswirkungen auf den Mitarbeiter verstärken dürfte; oder sie können auch genutzt werden bei integrierten Arbeitsprozessen mit kleinerem Bedarf an hierarchischer Koordination, wobei oft erst hier die vielfältigen Potentiale dieser Technologien richtig ausgeschöpft werden können.[128] Gerade diese Flexibilität der technischen Gestaltung bestärkt die Vermutung, dass eine Neukonzeption von den Bedürfnissen der Mitarbeiter ausgehen kann und muss, weil erst ihre Motivation und ihre vielfältigen - und auch genutzten - Fähigkeiten letztlich den Ausschlag geben, ob eine Organisation in einem immer dynamischer werdenden Umfeld Erfolg hat.

---

126) Vgl. Littek u.a. (1982), S. 69.

127) Vgl. Ruch u.a. (1990), S. 20 ff.

128) Entsprechende Erfahrungen wurden bereits vielfach gemacht, wenn die neuen Technologien zu einer (Re-)Integration der Arbeitsfunktionen zu umfassenderen Aufgaben und damit zu einer Neukonzeption der Arbeitsprozesse genutzt wurden - so etwa auf Betriebsebene im Rahmen des 'Computer Integrated Manufacturing' (CIM). Rationalisierungen werden hier mit Vorteil nicht mehr über Ausdifferenzierungen tayloristischen Zuschnitts angestrebt, sondern über Reorganisationen des gesamten betrieblichen Ablaufes in Hinblick auf die Gesamtprozesse. Im Vordergrund steht dabei die *Integration* der verschiedenen Bereiche zu einem System, wobei über die elektronische Datenverarbeitung den Beteiligten auch vermehrt Einsicht in den Gesamtprozess vermittelt werden soll. Vgl. hierzu Wittemann/Wittke (1989). Ebenfalls im Zentrum steht die Integration bei den Konzepten des 'Computer Integrated Office' (CIO) und des übergeordneten, das gesamte Unternehmen (also CIM und CIO zusammen) umschliessenden 'Computer Integrated Enterprise' (CIE).

Bestärkt wird diese Vermutung auch durch die Kriterien, anhand derer viele der Befragten ihre Arbeitssituation beurteilen, und durch deren Verbesserungswünsche. Wenn auch die Ansichten individuell stark differieren und deshalb nur mit den betreffenden Mitarbeitern selbst eine adäquate Arbeitsorganisation ausgearbeitet werden kann, so zeigen doch die demoskopischen Erhebungen eine deutliche Tendenz bezüglich Beurteilung der Arbeitssituation und bezüglich der geltend gemachten Bedürfnissen. Die Angaben darüber, was die Befragten an ihrem Arbeitsplatz am meisten vermissen und was sie für ihre Zufriedenheit und Motivation in der Arbeit für bedeutsam erachten, stellen daher, zusammen mit den obigen Analysen zum Wertwandel, eine gute Ausgangslage für eine grundsätzliche Konzeption dar:[129)] Neben den zu wenig berücksichtigten Anliegen und Vorstellungen zur Zeitgestaltung und einer leistungsgerechten Entlöhnung fehlt es laut dem Ermessen rund eines Drittels der 1982 Befragten in ihrer Arbeit vorab 1) an der Möglichkeit, bei wichtigen Entscheidungen zur Arbeitssituation mitreden zu können und 2) an Möglichkeiten, eigene Fähigkeiten und Potentiale zu entfalten; auch werden ihre Bedürfnisse nach 3) Sicherheit (vor Entlassungen) und 4) weniger Hetze und Stress sowie ihre Vorstellungen von 5) gerechten und geregelten Aufstiegsmöglichkeiten zu wenig erfüllt. Als wichtige Faktoren, die ihre Arbeitszufriedenheit positiv beeinflussen könnte, nennen sie zudem vor allem 1) die Möglichkeiten zur Selbständigkeit, 2) die Qualität der Ausstattung des Arbeitsplatzes und 3) eine offenere Informationspolitik über die Belange ihres Arbeitsplatzes und ihres Unternehmens insgesamt. Als speziell motivierend erachten sie darüber hinaus eine Arbeitssituation, 1) in der die Arbeit gut vorangehen kann und in der sie sich 2) als nützlich erfahren und einen sichtbaren Leistungsbeitrag erbringen können.[130)]

In diesen Angaben ist keinesfalls eine grundsätzliche Abkehr von der Erwerbsarbeit oder eine Leistungsverweigerung zu erkennen; aber die Einstellung zur Arbeit und die Leistungsmotivation hängt - bei seither steigender Tendenz - bei immer mehr Menschen von der qualitativen Beschaffenheit ihrer Arbeitssi-

---

129) Vgl. von Klipstein/Strümpel (1985), S. 304; Helfert (1986), S. 14 ff.

130) Diese Wünsche und Einschätzungen erhalten zusätzliches Gewicht, wenn sie den individuellen Einschätzungen der tatsächlich vorhandenen Entscheidungs- und Handlungsspielräumen in der Arbeit gegenübergestellt werden: Während 1973 'lediglich' 31% der befragten Arbeiter angeben, in ihrer Arbeit nur sehr kleine Freiräume zu haben, stieg dieser Prozentsatz 1982 bereits auf 48%; gleichzeitig fiel der Anteil jener, die über viel Freiheit verfügen von 35% auf 21% und ähnlich verhält es sich auch bei den Angestellten; vgl. Helfert (1986), S. 24 f.

tuation und ihrer Arbeit ab. Gerade die Menschen mit starken Selbstentfaltungswerten wünschen - und neu ist dabei letztlich nur die Nachhaltigkeit, in der diese Wünsche angebracht werden - in ihrer Arbeit mehr Herausforderung und Selbständigkeit sowie Möglichkeiten der Mitbestimmung und sind auch bereit, bei entsprechenden Handlungs- und Entscheidungsfreiräumen, Verantwortung zu übernehmen. Wichtig sind für sie auch die fachlichen und sozialen Entfaltungsmöglichkeiten: In der Arbeit verfolgen sie nicht nur den Zweck des Gelderwerbes, sondern es ist zugleich ein wichtiger Ort persönlicher Entfaltung mit dem Wunsch nach Anerkennung und dem Bedürfnis nach sozialer Integration gerade auch im Arbeitsumfeld, da hier über die gemeinsame Arbeit die sozialen Beziehungen oftmals von höherer Verbindlichkeit sein können als in der Freizeit.[131)] Das Ausmass, in welchem diese verschiedenen Wünsche und Bedürfnisse am Arbeitsplatz befriedigt werden, beeinflusst aufgrund der unmittelbaren Wirkung auf die Arbeitssituation selbst wahrscheinlich in erheblichem Masse, ob sich diese Menschen in der Arbeit (zum Nutzen des Unternehmens) engagieren, entfalten bzw. bewähren können und wollen oder ob sie sich innerlich mehr oder weniger von ihrer Arbeit distanzieren.[132)]

5.3.2.1. Die vollständige Aufgabe - Primat der Arbeitsgestaltung

In grosser Uebereinstimmung werden denn auch heute von Arbeitspsychologen und Motivationstheoretikern folgende Anforderungen an eine zeitgemässe, bedürfnisgerechte und damit auch erfolgversprechende Arbeitsgestaltung gestellt: "Ganzheitlichkeit, Anforderungsvielfalt, Möglichkeit der sozialen Interaktion, Autonomie, Lern- und Entfaltungsmöglichkeiten"[133)]. Wichtig ist dabei die diesen Forderungen zugrundeliegende Erkenntnis, dass die Motivation und Zufriedenheit des arbeitenden Menschen nicht nur und vielleicht nicht einmal primär vom schlussendlich erzielten Ergebnis, dem Lohn, abhängen, sondern in hohem Masse auch von Faktoren, die unmittelbar aus der Arbeit und dem Arbeitsumfeld heraus resultieren (können). Gemäss unserer Terminologie handelt es sich hierbei durchaus um *jene Aspekte des Handelns, die dem Spiel zuzuordnen sind*: Handlungen und Tätigkeiten, die ihr Ziel in sich selbst tragen und sich damit in der Handlung selbst erfüllen; Handlungen und Tätigkeiten auch, die

131) Vgl. auch Helfert (1986), S. 18 f.
132) Vgl. Pawlowsky (1985), S. 175.
133) Ulich (1991), S. 156.

geprägt sind durch die in ihnen selbst angelegte Herausforderung während sie begleitet werden von der Motivation des Wettstreites - mit den Problemen und Tücken der gestellten Aufgabe und/oder mit den Mitkonkurrenten -, der sozialen Interaktion und der Anerkennung der Leistung - und mehr noch: des Erfolges.

Eine konzeptionelle Neugestaltung der Arbeit kann davon ausgehen, dass Notwendigkeit und Spiel - als die beiden zentralen Determinanten und Motive menschlichen Handelns - sich nicht zwingend gegenseitig ausschliessen müssen, sondern im Gegenteil in gewissem Masse sogar *gegenseitig stimulierend und befruchtend wirken können.* Zwar ist es richtig, dass sich das reine Spiel wesentlich auch dadurch auszeichnet, dass es in einem von den reinen Notwendigkeiten des Lebens klar abgegrenzten Raum - dem Spielfeld - stattfindet und hier primär den eigens festgelegten Spielregeln, nicht aber der an der Lebensnotwendigkeit ausgerichteten Ratio des Nützlichen gehorcht. Neben dieser Eigenschaft des reinen Spiels ist Spiel - gemäss den obigen Ausführungen - aber auch eine essentielle Qualität *menschlichen* Handelns überhaupt: Das spezifisch Menschliche zeigt sich auch darin, dass der Mensch nicht nur geleitet ist vom Trieb des schieren Ueberlebens, sondern dass er daneben *und auch in den zum Ueberleben notwendigen Handlungen* Motive und Formen entwickelte, die weit über die biologischen Notwendigkeiten der Existenz hinausreichen. Das spezifisch Menschliche findet sich daher im *homo faber* nur zu einem Teil erfasst; der Mensch ist ebenso auch ein *homo ludens*: Seine individuelle wie kulturelle Entfaltung wird zu einem wesentlichen Teil geprägt von seiner ureigenen Fähigkeit und seinem gestalterischen Drang zum Spiel[134)] als Form und Ausdruck seiner Suche nach Sinn und seines vitalen Bedürfnisses, der Welt, dem Mitmenschen und sich selbst erkennend zu begegnen und darin eine den Augenblick überdauernde Befriedigung zu finden.

Eine einseitig instrumentell auf Notwendigkeit und Nützlichkeit ausgerichtete Arbeit, *die zudem einen Grossteil des aktiven Lebens in Anspruch nimmt*, muss daher insgesamt unbefriedigend bleiben, auch wenn die spezifischen Produktions- und Ertragsergebnisse ausgezeichnet sind. Mehr Befriedigung und letztlich auch mehr Motivation kann erwartet werden, je mehr auch die Erwerbsarbeit selbst individuelle Entfaltungs- und Gestaltungsräume eröffnet - Spielräume bzw. Qualitäten des Spiels, in bzw. mittels deren der homo ludens unmittelbar

134) Vgl. Huizinga (1987).

und bezogen auf seine gesamten, vielfältigen Lebensbedingungen Sinn und Befriedigung finden kann. Anschliessend an die oben ausgeführten allgemeinen Ueberlegungen und die Ergebnisse der Wertwandelforschung zeichnen sich dabei zwei wesentliche Bereiche ab, die in einer Neugestaltung der Arbeit speziell Beachtung finden müssen - einzeln und mehr noch in ihren vielfältigen und engen Verbindungen zueinander: Der *Inhalt* der Arbeit und ihre *sozialen Bezüge*. Eine Neugestaltung der Arbeit im Unternehmen muss sich dabei lösen vom traditionell mechanistischen Konzept der grösstmöglichen Aufgliederung des Arbeitsprozesses in kleinste Funktionsschritte und ihrer weitgehend zentralen Koordination, die über die Hierarchiestufen ausschliesslich in vertikalen Befehls- und Gehorsambeziehungen im voraus determiniert wird. In den Mittelpunkt der Arbeitsgestaltung und der Kooperation müssen verstärkt integrierte, umfassende *Aufgaben* treten, in denen sich der einzelne bewähren und entfalten kann. Die Bewältigung dieser Aufgabe, die Lösung anstehender Probleme und die Abstimmung des Aufgabenbereichs und ihrer Bewältigung mit angrenzenden Aufgabenbereichen können zugleich Ausgangspunkte für soziale Interaktionen sein, die nicht auf hierarchisch vermittelten Vorgaben beruhen, sondern auf Problemlösungsprozessen innerhalb einer vielschichtigen Zusammenarbeit von grundsätzlich Gleichgestellten; über die Aufgabe kann somit die Kooperation statt auf zentraler, mechanistischer wie dirigistischer Koordination auf einer interaktiven, von sozialen Bezügen getragenen Zusammenarbeit von Menschen gründen.

Eine verstärkte Aufgabenorientierung der Arbeitsgestaltung begünstigt in der Regel die Leistungsbereitschaft der Mitarbeiter, denn eine umfassende und herausfordernde Aufgabe vereint idealerweise jene Eigenschaften, die Emery und Thorsrud in langjährigen betriebsbegleitenden Untersuchungen als wesentlich und förderlich für die Leistungsbereitschaft festgestellt haben: Ganzheitlichkeit, Anforderungsvielfalt, Möglichkeiten der sozialen Interaktion, Autonomie, Lern- und Entwicklungsmöglichkeiten.[135)] Eine mit diesen Qualitäten ausgestattete Arbeit vermittelt auf unterschiedlichsten Ebenen - Freude an der Aufgabe und ihren Herausforderungen, Auseinandersetzung mit Neuem, Befriedigung des Erreichten, Anreiz und Druck durch die Mitarbeiter, Anerkennung usf. - Möglichkeiten und Ansporn, sich mit der Arbeit zu identifizieren, sich über die reine Leistungserbringung hinaus für Problemlösungen und Verbesserungen zu enga-

135) Vgl. Emery/Thorsrud (1982).

gieren und eine befriedigende soziale Stellung zu erarbeiten, dh. auch, sich in das Sozialgefüge des Unternehmens zu integrieren.

Wie bereits auch aus den Umfrageerhebungen hervorgeht, misst ein grosser Teil der Befragten der Arbeit noch immer einen hohen Stellenwert zu. *Entsprechend gross sind aber auch ihre Anforderungen und Wünsche bezüglich Inhalt und Qualität ihrer Arbeit,* wobei sie von diesen einen direkten Bezug zu ihrer Motivation und Leistung geltend machen. Die persönliche Auseinandersetzung mit einer gestellten Aufgabe mag bei entsprechender Gestaltung auch die Basis für eine arbeitsbezogene Zielannäherung zwischen dem Individuum und dem Unternehmen darstellen. Es ist daher wenig verwunderlich, dass auch Arbeitspsychologen bei der organisatorischen Gestaltung des Arbeits- und Kooperationsprozesses die Schaffung von möglichst zusammenhängenden, ganzheitlichen und sinngebenden Aufgaben als ein zentrales und elementares Erfordernis erachten.[136] Wie umfassend und vollständig eine Aufgabe im Idealfall sein sollte, zeigt sich in folgender Zusammenstellung ihrer wesentlichen Merkmale, die es laut Arbeitspsychologen bei der Arbeitsgestaltung zu berücksichtigen gilt:[137]

1) "Das selbständige Setzen von Zielen, die in übergeordnete Ziele eingebettet werden können,
2) selbständige Handlungsvorbereitungen im Sinne der Wahrnehmung von Planungsfunktionen,
3) Auswahl der Mittel einschliesslich der erforderlichen Interaktionen zur adäquaten Zielerreichung,
4) Ausführungsfunktionen mit Ablauffeedback zur allfälligen Handlungskorrektur,
5) Kontrolle mit Resultatfeedback und der Möglichkeit, Ergebnisse der eigenen Handlungen auf Übereinstimmung mit den gesetzten Zielen zu überprüfen."

Damit wird deutlich, dass über einen stärkeren Aufgabenbezug in der Arbeitsgestaltung auch die Instrumentalisierung in ihrer Qualität wesentlich verändert wird: Wo der einzelne eine *Aufgabe* bewältigen - und darin deshalb auch eine persönliche Herausforderung erblicken - kann, wächst zumeist auch die relative Uebereinstimmung seines instrumentellen Handelns mit seinen damit verfolgten - aufgabenbezogenen - Zielen; wo der einzelne sich einer wirklichen

136) Vgl. etwa Ulich (1991), S. 162.
137) Ulich (1991), S. 163; vgl. auch die dort angeführte Literatur.

Aufgabe stellen will und sich teilweise mit ihr identifizieren kann, wird die Bewältigung der Aufgabe selbst schon zu einer unmittelbaren Befriedigung. Sofern er gleichzeitig auch Verantwortlicher für seine Aufgabe ist undin seiner Arbeit über gestalterische Freiheiten verfügt, erfolgt auch die instrumentelle Handlung zunehmend autonom, vom Handelnden selbst bestimmt.

5.3.2.2. Soziale Interaktionen - Rahmenbedingung und Voraussetzung für eine befriedigende Arbeitssituation und eine erfolgreiche Kooperation

Neben der Arbeit selbst kommt auch den sozialen Beziehungen in der Arbeit eine grosse Bedeutung zu; es besteht ein ausgesprochenes Bedürfnis nach sozialen Interaktionen, nach sozialer Integration und Anerkennung während die Befriedigung dieser Bedürfnisse meist positiv korreliert mit der Arbeitszufriedenheit und damit - bei entsprechenden Rahmenbedingungen - letztlich auch mit der Motivation und Leistung. *In ihrer zeitlichen wie bedeutungsmässig verpflichtenden und bindenden, zentralen Bedeutung der Arbeitswelt* im gesamten Lebenszusammenhang kann auf die Dauer nicht nur dem instrumentellen Zweck des Gelderwerbes dienen, sondern sie stellt verständlicherweise auch eine wichtige Sozialsphäre dar, in der der Mensch nach entsprechend verbindlichen und bedeutenden sozialen Beziehungen sucht.[138)] Das Unternehmen kann folglich nicht alleine in seinen technisch-instrumentellen Eigenschaften begriffen werden, sondern es beinhaltet auch wesentliche soziale Komponenten, die insbesondere in der Gestaltung und Führung des Unternehmens mitberücksichtigt werden müssen. Die Bedeutung der Wechselwirkungen zwischen den sozialen und technischen Komponenten in der unternehmensinternen Kooperation findet denn auch zunehmend darin Beachtung, dass das Unternehmen umfassender als ein *soziotechnisches System* verstanden und entsprechend umfassender untersucht wird.[139)]

Im Gegensatz zum Markt mit seinen grundsätzlich anonymen Beziehungen zwischen Anbietern und Nachfragern bleibt in der unternehmensinternen Kooperation die Person schon deshalb viel stärker präsent, weil auf relativ engem Raum dieselben Menschen über längere Zeit in irgend einer Form zueinander in Kon-

138) Vgl. Helfert (1986), S. 19.
139) Vgl. Ulich (1991), S. 151 ff. und die dort angeführte Literatur.

takt stehen. Dies ist eine gute Voraussetzung und zugleich Anreiz für soziale Beziehungen aber noch keine Garantie für ihr Gedeihen. In der klassischen industriellen Arbeitsorganisation auf der Basis maschinenzentrierter und feingliedriger Arbeitsteilung wird die Kooperation massgeblich durch Maschinen geprägt, die (sichtbar) trennend zwischen den Personen stehen und zwischen ihren Arbeiten vermitteln.[140] Ein unmittelbares Zusammenarbeiten, ein 'gemeinsames Zupacken' und gemeinsames Abstimmen der individuellen Arbeitsbeiträge, welche arbeitsbezogene soziale Interaktionen erforderlich machen würde, ist dieser Form der Arbeitsorganisation weitgehend fremd geworden; soziale Interaktionen werden oft gar bewusst unterbunden, weil sie für diese Form der Kooperation nicht notwendig sind und daher der Leistungserbringung als abkömmlich erachtet werden - wo sie dennoch gepflegt werden, handelt es sich um rein informelle Beziehungen. Die formellen, von der Organisationsstruktur getragenen und verfestigten Beziehungen sind zwar in der Regel durchaus personenbezogen, doch befriedigen sie die individuellen Bedürfnisse nach Interaktion, Integration und Anerkennung immer weniger, je mehr sie auf hierarchische Anweisungen und Kontrollen sowie Gehorsam verkürzt werden. Gerade an dieser formellen Ueber- und Unterordnung entfachen sich oftmals tiefgreifende Konflikte; sie repräsentieren täglich und offensichtlich die Ungleichheit, das Machtgefälle, die Instrumentalisierung.

Die Bedeutung der informellen Beziehungen wurde erstmals von der Human-Relation Bewegung erkannt und fand später auch im Rahmen der Diskussion über Unternehmenskultur zunehmend Beachtung. Inzwischen hat sich generell die Erkenntnis durchgesetzt, dass informelle Beziehungen einen festen Bestandteil jeder Organisation darstellen und als solche weder völlig unterbunden werden können noch grundsätzlich unterbunden werden sollen. Durch sie können wesentliche Bedürfnisse der Mitarbeiter befriedigt werden, wodurch sie einen Beitrag zur Arbeitszufriedenheit leisten können. Es ist zwar möglich, dass sie sich auch kontraproduktiv auf das Betriebsklima und auf die Funktionsfähigkeit der formellen Strukturen auswirken, aber grundsätzlich können informelle Beziehungen durchaus neben den formellen existieren und dabei die individuelle Arbeitssituation verbessern. In einem als soziotechnischen System begriffenen Unternehmen können somit informelle Beziehungen durchaus als nützliche Ergänzung der formellen Strukturen begrüsst werden: Zum einen ermöglichen sie

140) Vgl. Bahrdt (1958), S. 27 f.

jene sozialen Bezüge, die formell-hierarchische Beziehungen kaum zu vermitteln vermögen; zum anderen können sie, etwa bei unvorhergesehenen Problemen, durchaus auch bezüglich der Kooperation hilfreich sein, wenn auch in ungeregelter Form und unter Umgehung der offiziellen Strukturen und Zuständigkeiten.

Letzteres weist aber auch auf die Problematik gleichzeitig bestehender unterschiedlicher Beziehungsgeflechte hin. Die von der Human-Relation Bewegung erhoffte umfassende Harmonisierung der Beziehungen und Handlungsmotive durch die Einbeziehung der informellen Beziehungen in die formellen Organisations- und Führungsstrukturen wird wohl, wie die Erfahrung zeigt, kaum erreicht werden können. Vielmehr resultieren aus dem Nebeneinander unterschiedlicher Beziehungssysteme durchaus auch Spannungen und Konflikte, wenn z.B. über informelle Beziehungen Lösungen und Verhaltensweisen kreiert werden, die die formellen Beziehungen unterlaufen oder die formellen Informationsflüsse beeinträchtigen.[141)] Es zeigt sich aber, dass eine aktive Auseinandersetzung und Kommunikation zwischen formellen Vorgesetzten und informellen Gruppen generell einen positiven Beitrag zur fortlaufenden Konfliktbewältigung liefern kann, was zumeist auch einen positiven Einfluss auf die Arbeitssituation und auf die Produktivität hat; eine Unterdrückung der informellen Beziehungen hingegen hat zumeist zur Folge, dass sich diese ausgesprochen gegen die Vorgesetzten und gegen die Arbeitsziele formieren, was die Produktivität nachhaltig beeinträchtigt.[142)]

Es ist denn auch nicht erstaunlich, dass informelle Beziehungen am Arbeitsplatz, die vorerst hauptsächlich aus dem Bedürfnis nach sozialen Interaktionen heraus entstehen, vielfach dazu tendieren, gestalterisch auf den Arbeitsprozess einzuwirken. Dies vor allem dann, wenn sich diese Beziehungen auf den engeren Kooperationsbereich beziehen und sich demnach informelle Arbeitsgruppen bilden. Auch umgekehrt besteht ein ebenso enger Zusammenhang zwischen aufgabenorientierter Arbeitsgestaltung und sozialen Interaktionen: Eine umfassende und selbstverantwortliche Aufgabenbewältigung erfordert und fördert generell soziale Interaktionen, die sinnvollerweise in der Regel die klassisch-hierarchischen Strukturen verlassen und sich unmittelbar an den horizontalen, sachbezogenen

141) Vgl. etwa die Fallbeispiele zu den Auswirkungen von Gruppen bei Schein (1980), S. 81 ff. und 107 ff.

142) Vgl. ebenda.

Verflechtungen des Arbeitsprozesses orientieren. Generell kann davon ausgegangen werden, dass die zwischenmenschlichen Beziehungen an Bedeutung und Verbindlichkeit gewinnen, wenn über sie auch unmittelbar arbeitsbezogene Fragen behandelt und gestaltet werden können, und dass die Bewältigung von Aufgaben und Problemen vielfach erleichtert werden kann, wenn die betroffenen Kooperationspartner - also vielfach Personen der gleichen Hierarchieebene - direkt miteinander kommunizieren können. Soziale und arbeitsbezogene Bedürfnisse stehen somit in wechselseitiger Beziehung und die Befriedigung eines dieser Bedürfnisse hängt in hohem Masse auch von der Befriedigung des anderen Bedürfnisses ab. Eine Neugestaltung des Arbeitsprozesses kann sich daher kaum auf nur einen Aspekt beschränken, sondern muss diese Wechselbeziehung berücksichtigen, wenn daraus nicht nur neue Konflikte, Unsicherheiten und Ueberforderungen resultieren sollen, sondern die möglichen Potentiale einer bedürfnisorientierten Gestaltung der Arbeit und der sozialen Beziehungen bezüglich Arbeitszufriedenheit, Motivation und Leistung auch tatsächlich zur Geltung kommen können. *Eine Neugestaltung der Arbeit wird demnach viele Aspekte der Kooperation und Koordination im Unternehmen umfassen müssen und dieses letztlich tiefgreifend verändern*; beziehungsweise: Eine Neugestaltung wird sich nicht auf einige Massnahmen im Sozialbereich oder in der Arbeitsgestaltung beschränken können, sondern diese werden aller Wahrscheinlichkeit nach einen Prozess weiterer Veränderungen, Anpassungen und Verbesserungen auslösen.

5.3.2.3. Die Gruppe - Grundlage einer neuen Kooperationsorganisation

Bereits weiter oben wurde auf die möglichen Vorteile einer gruppenorientierten Arbeitsgestaltung hingewiesen. Die Kooperation im Unternehmen beruht bis heute prinzipiell auf dem Konzept zentraler Entscheidungsfindung und hierarchisch strukturierter Koordination. Bei allen Vorteilen und Erfolgen dieses Konzeptes - gerade bezüglich der Einsparung von Transaktionskosten, indem diese zentral kontrolliert und nach einem gemeinsamen Oberziel ausgerichtet werden können - weist aber bereits Bahrdt darauf hin, dass die hierarchische Ordnung einerseits strukturelle Einseitigkeiten aufweist und andererseits an bestimmte Voraussetzungen gebunden ist, wobei aber oft übersehen wird, dass deren Fehlen zu Krisen und Destruktion führen muss.[143] Gleichzeitig ist er auch davon überzeugt, dass zumindest in gewissen Fällen auch umfassende Aufgaben, die bisher mit Hilfe des hierarchischen Prinzips gelöst werden, durch andere Organisationsformen lösbar wären, ja - je nach Voraussetzungen - sogar dringend anders gelöst werden müssten, um Friktionen zu vermeiden.[144]

Eine gruppenorientierte Kooperationsstruktur, in der die Gruppe bezüglich der Organisation und Bewältigung ihrer Aufgabe über entsprechende Autonomieräume verfügt, könnte in vielerlei Hinsicht der Befriedigung individueller Bedürfnisse entgegenkommen. Mit der grundsätzlichen Gleichstellung der Mitglieder und der alltäglichen Zusammenarbeit ist eine ideale Voraussetzung geschaffen für soziale Interaktionen; die Kooperation an einer gemeinsamen Aufgabe bei gleichzeitiger Freiheit zur Selbstregulation eröffnet Möglichkeiten der individuellen Entfaltung und Auseinandersetzung mit technischen und organisatorischen Problemen bei gleichzeitiger sozialer Integration, Anerkennung und Unterstützung.[145] Die Gruppenstruktur bietet demnach eine gute

143) Vgl. Bahrdt (1958), S. 55. Als wesentliche Voraussetzungen nennt er 1) ein inneres Gleichgewicht, damit die Dauerhaftigkeit der Institution gewährleistet wird. Es muss auf jeder Stufe gewährleistet sein und basiert darauf, dass das Uebergewicht der jeweils übergeordneten Instanz über die untergeordneten Stellen auf irgendeine Weise kompensiert werden muss. Der Weisungsgewalt des Vorgesetzten müssen subjektive Freiräume und ein Widerstandsrecht des Untergebenen gegenüberstehen. Mit der Verbesserung der Kommunikationsmöglichkeiten sieht aber Bahrdt historisch eine gefährliche Tendenz zur Ueberzentralisierung (Vgl. ders., S. 56 f.), die wohl auch im Unternehmen besteht. Das Funktionieren einer Hierarchie ist 2) auch an die Voraussetzung geknüpft, dass die das hierarchische System prägende Regel, dass nur vertikale Verbindungslinien institutionalisiert werden, auch den Funktionsabläufen gerecht wird, die sich aus den Aufgaben der Organisation ergeben. Der zu koordinierende Produktionsprozess verläuft jedoch im Unternehmen vielfach horizontal, also quer zu den Koordinationsstrukturen.

144) Vgl. Bahrdt (1958), S. 55. In dieser Arbeit wird argumentiert, dass eine Neugestaltung der Arbeitsbedingungen unter Einbezug der Bedürfnisse der Arbeitenden nicht nur im Interesse der Arbeiter steht, sondern auch den Erfolg der Kooperation positiv beeinflussen wird. Ist dies denn der Fall, so stellt sich augenblicklich die interessante wie schwierige Frage, weshalb Unternehmen diese Chance so selten ergreifen und gerade in Krisensituationen immer wieder verstärkt das traditionelle Konzept durchsetzen. Sicher ist aber, dass ein wesentlich grösserer Anreiz zu neuen Organisationskonzepten entstehen würde, wenn sich alle durch die bestehende Arbeitsorganisation und -gestaltung verursachten Friktionen und negativen Nebenwirkungen auf das Unternehmensergebnis auswirken würden und nicht vielfach auf die Person des Mitarbeiters und auf andere Sozialbereiche, wie die Familie, das Gesundheitswesen oder die staatliche Fürsorge, externalisiert werden könnten. Zur Lösung des schwierigen Problems, wie diese externen Kosten vermehrt im Unternehmen internalisiert werden könnten, wären die Sozialpartner inklusive der Staat gefordert.

145) Laut Ulich ermöglicht die Zusammenfassung von interdependenten Teilaufgaben zu einer gemeinsamen Aufgabe einer Gruppe generell ein höheres Mass an Selbstregulation und sozialer Unterstützung.

Voraussetzung für die soziale Integration des einzelnen und für die Erweiterung der Möglichkeiten, sich in umfassenderer Weise in der Arbeit engagieren zu können. Vielfach stellt dabei die Gruppe auch die einzige Möglichkeit dar, Teilfunktionen zu einer sinnvermittelnden ganzheitlichen Aufgabe zusammenzufassen, wenn eine solche die Kapazitäten eines einzelnen überfordern würde. Für diesen Fall hat bereits Rice festgestellt, dass selbst in Ausführung einer Teilfunktion dem Gruppenmitglied daraus eine Befriedigung erwachsen kann, dass er erfahrbar zur Vollendung einer ganzheitlichen Aufgabe beigetragen hat; hierdurch erkennt er den Wert seiner eigenen Tätigkeit und erlangt durch diese auch einen festen Platz in der Gruppe.[146)] Die Gruppe verstärkt oder unterstützt somit oftmals die oben beschriebenen positiven Auswirkungen einer aufgabenorientierten Arbeitsgestaltung auf die Qualität der Instrumentalisierung und hilft daher mit, die Problematik zu entschärfen.

Vorteile bietet die Gruppenstruktur aber nicht zuletzt auch für das Unternehmen, wenn sich spielerischer Wettbewerb in und zwischen den Gruppen, gegenseitige Unterstützung und enge Zusammenarbeit sowie die Wirkung von Zugehörigkeit, gegenseitiger sozialer Kontrolle und sinnbezogener Förderung von Akzeptanz und Motivation positiv auf die Produktivität auswirken. Die Stärke der Gruppe resultiert dabei auch daraus, dass sie oft toleranter und flexibler auf die Bedürfnisse ihrer Mitglieder reagieren kann als ein Vorgesetzter, der in seiner Stellung einerseits die übergeordneten Ziele und Vorgaben betonen muss und andererseits bei individuellen und flexiblen Lösungen immer auch die möglichen Animositäten jener Mitarbeiter berücksichtigen muss, die sich dadurch vernachlässigt oder übervorteilt wähnen.

Gegenüber der traditionell hierarchischen Arbeitsgestaltung kann also die Gruppenstruktur eine Reihe von Vorteilen aufweisen - insbesondere bezüglich der Befriedigungsmöglichkeiten unterschiedlichster individueller Bedürfnisse in der Arbeit. Dennoch ist sie aber für sich alleine keineswegs ein Garant für ideale, d.h. die Bedürfnisse befriedigende und zugleich Motivation und Produktivität steigernde Arbeitsbedingungen. Ihre potentiellen Stärken können ebenso Quellen sein für eine ganze Reihe von Problemen und Misserfolgen: Die schiere Nähe und Häufigkeit von sozialen Interaktionen zwischen grundsätzlich Gleichgestellten muss unausweichlich zu Spannungen, Reibungen und Konflikten füh-

146) Vgl. Rice (1958).

ren, und gruppeninterne Prozesse können durchaus auch die Motivation zerstören, in eine Abwehrhaltung gegenüber Leistungsanforderungen und Neuerungen münden und zu einem drastischen Verfall der Produktivität führen. Ob sich der einzelne in einer Gruppe entfalten kann oder nicht, ob die sozialen Interaktionen seinen Bedürfnissen gerecht werden oder destruktive Formen annehmen, ob die Gruppe letztlich leistungsorientiert ist oder destruktive Züge ausformt und gegen die an sie gerichteten Anforderungen opponiert, dies alles hängt in hohem Masse von den jeweiligen Mitgliedern und ihrer Zusammenstellung ab sowie von den Rahmenbedingungen, unter denen sie arbeitet. Diese möglichen Probleme sprechen aber auch nicht grundsätzlich gegen die Gruppenstruktur, da sie auch in den formellen und informellen Beziehungen in hierarchischen Strukturen auftreten können. Wie hier müssen sie auch in der Gruppe aufgedeckt, untersucht und in geeigneter Form behoben werden. Die Gruppenstruktur ist somit keineswegs ein Allheilmittel, sondern auch sie unterliegt der Notwendigkeit, die Zusammenarbeit in einem fortlaufenden Prozess anzupassen und im Falle von Problemen neu zu gestalten. Gleichzeitig kann sie aber durchaus über Vorteile verfügen beim Erkennen von Konflikten und bei ihrer Austragung, wobei aber sicher auch Hilfe von ausserhalb der Gruppe nötig sein kann.

Eine sich selbst steuernde Gruppe weist nach Hackman und Oldham folgende drei wesentliche Merkmale auf:[147)]

1. Die Gruppe stellt ein intaktes und identifizierbares *Sozialsystem* dar, auch wenn sie klein ist oder von beschränkter Dauer. Dies bedeutet, dass die Mitglieder soziale Interaktionen pflegen und dabei spezifische Rollen ausbilden und die Gruppe muss sowohl von Mitgliedern als auch von Nichtmitgliedern als solche erfahren werden.
2. Die Gruppe ist dann eine *Arbeits*gruppe, wenn ihr eine bestimmte Arbeitsaufgabe zugewiesen ist und sie diese auch wahrnimmt.
3. Man kann dann von einer sich selbst steuernden oder (teil-)autonomen Gruppe sprechen, wenn die Gruppenmitglieder über die Autorität verfügen, die Bewältigung ihrer Arbeit und die Gestaltung ihrer Beziehungen selber, bzw. über die Gruppe zu bestimmen. Solange ein Vorgesetzter hierauf direkten Einfluss nehmen kann, ist die Gruppe weder autonom, noch kann sie demnach selbstverantwortlich sein.

---

147) Vgl. Hackman/Oldham (1980), S. 164 f.

Diese drei Merkmale stellen zusammen wichtige Voraussetzungen dar, dass die Gruppenstruktur ihre Potentiale erreichen und die Gruppe spezifische Probleme nach Möglichkeit besser bewältigen kann.

Das Fehlen hierarchischer Strukturen ist dabei für das ideale Funktionieren der Gruppe von grösster Bedeutung: Nur ohne hierarchische Restriktionen können sich gruppendynamische Prozesse frei entfalten, in denen die Mitglieder optimal die Gestaltung ihrer Arbeit und ihrer sozialen Beziehungen ihren Bedürfnissen anpassen können; nicht selten lassen sich denn auch Probleme und Spannungen in Arbeitsgruppen auf Kollisionen zurückführen zwischen den gruppeninternen Prozessen und hierarchischer Einflussnahme, die zu Verunsicherungen über die Zuständigkeit, zu Frustrationen über zu sehr eingeengte Autonomieräume und in der Folge zu Demotivation, Rückzug oder gar Verweigerung führen.[148)]

Dies soll aber nicht besagen, dass eine Kombination von hierarchischen und gruppenorientierten Strukturelementen unmöglich sei. Sie ist vielfach sogar Voraussetzung für eine optimale Gestaltung der Kooperation. Damit jedoch über die Gruppe positive Ergebnisse - sowohl bezüglich Bedürfnisbefriedigung als auch bezüglich Leistungsausweis - erzielt werden können, bedarf es einer klaren und situationsgerechten Abgrenzung der Zuständigkeiten: Selbstverantwortung und Kompetenzen, bzw. Autonomie der Gruppe müssen sich entsprechen während die Kompetenzen, Kontroll- und Verfügungsrechte des Vorgesetzten einerseits in dieser Autonomie ihre Grenzen finden müssen und andererseits in ihrer Form und Ausübung auf die Gruppendynamik abgestimmt sein sollten.

Es ist leicht einzusehen, dass diese Abstimmung äusserst heikel und sensibel ist und entsprechend der jeweiligen Situationen viel Flexibilität erfordert. Je nach Bedarf und Möglichkeit sind aber unterschiedlichste Kombinationen dieser beiden Strukturprinzipien möglich: Teilautonome Gruppen können im Rahmen einer weitgehend traditionell hierarchisierter Koordination lediglich auf die Bewältigung genau umrissener Aufgaben beschränkt sein oder aber auch über die Kompetenz verfügen, ihre Arbeit selbständig mit anderen Gruppen zu koordinieren, was ihre Autonomie erheblich vergrössert. Zu diesem Zwecke stellt Likert einen Organisationsansatz mit überlappenden Gruppen vor:[149)] Die Koordina-

148) Natürlich können Probleme auch rein gruppeninterner Natur sein. Hier können dann auch Hilfeleistungen und Eingriffe von ausserhalb der Gruppe erforderlich sein.
149) Vgl. Likert (1972), S. 104 ff.

tion erfolgt über einzelne Gruppenmitglieder, die gleichzeitig in jeweils beiden Gruppen, die ihre Aufgaben miteinander koordinieren müssen, involviert sind; über sie ist ein der Gruppendynamik entsprechender Informationsfluss und Problemlösungsprozess gewährleistet, während mit dieser Oeffnung der Gruppe gleichzeitig der Gefahr einer zu starken 'Innenorientierung' der Gruppe oder der Etablierung von Gruppenzielen, die der Gesamtkooperation entgegenlaufen, entgegengewirkt wird. Dieser Organisationsansatz besticht dadurch, dass nicht nur die Kooperation in der Gruppe, sondern auch jene zwischen den Gruppen auf dem gleichen Prinzip der Autonomie und Selbstbestimmung beruhen, mit dem Vorteil, dass die externe Koordination nicht über die Autorität von Vorgesetzten erfolgt, sondern als unabdingbarer Bestandteil der Gruppenaufgabe in der Regel leichter akzeptiert und in die Arbeit integriert wird. Hierarchisch übergeordnete Instanzen können sich dabei vermehrt auf strategische Entscheidungen konzentrieren.

In welchem Ausmass und in welcher Form Gruppenstrukturen in einem Unternehmen realisiert und integriert werden kann und soll oder wie in anderer Form die Arbeitsgestaltung vermehrt unter Berücksichtigung der Bedürfnisse der Mitarbeiter umgestaltet und verbessert werden kann, ist letztlich nur im konkreten Fall und in Zusammenarbeit mit den Beteiligten selbst zu bestimmen. Die obigen Ausführungen, die allgemeine Schwerpunkte für Verbesserungsbestrebungen aufzeigen und insbesondere am Beispiel der Gruppenstruktur auf die Gestaltungsfreiheiten und -chancen hinweisen wollen, müssen hier denn auch sehr allgemein gefasst bleiben, da hier ein 'one best way' einer Arbeitsgestaltung weder vorgeschlagen werden kann noch soll. Ihre relative Einseitigkeit erklärt sich einzig damit, dass die zunehmend artikulierten Bedürfnisse und Anforderungen an eine befriedigende Arbeit in der Arbeitsrealität vielfach noch zu wenig Berücksichtigung finden und z.T. auch in den traditionellen Konzepten auch grundsätzlich zu kurz kommen müssen. Gleichzeitig wird es aber immer wünschenswerter und dringender, dass auch die Arbeit selbst einen bedürfnisgerechten Entfaltungsraum bietet, wobei auf diesem Wege bei geeigneter Gestaltung durchaus auch die betriebswirtschaftliche Zielerreichung von Neuerungen profitieren kann.

Die vermeintliche Unvereinbarkeit von Bedürfnisbefriedigung und Leistungserbringung, von spielerischer und sozialer Entfaltung und ernsthafter, zielorientierter Anstrengung erweist sich spätestens angesichts der von nach

Selbstentfaltung strebenden Arbeitern geäusserten Ansprüche an ihre Arbeit und den modernen Anforderungen an eine flexible Kooperation grundsätzlich als falsch, auch wenn Kollisionen durchaus vorkommen und entsprechend Anstrengungen in Richtung einer befriedigenden Gestaltung erforderlich machen.[150) Immer wieder wird von sehr erfolgreichen Einzelbeispielen berichtet, die traditionelle Organisationskonzepte, Führungsstrukturen und Arbeitsgestaltungen zugunsten einer mitarbeiter- und bedürfnisorientierten Kooperation aufgegeben haben; sie profitieren nicht nur von einer grösseren Motivation, sondern ebenso von der Verringerung interner Spannungen, Positionierungskämpfen und der für die Erhaltung eines Zwang- und Kontrollsystems notwendigen Kosten und von der Qualität des internen Informationsflusses und der betrieblichen wie unternehmerischen Lösungen, wenn alle Mitarbeiter in passender Form in den Gestaltungs- und Entscheidungsprozess miteinbezogen werden.[151) Diese Beispiele können nicht einfach als Modelle propagiert werden, aber sie zeigen deutlich das durchaus bestehende Potential in alternativen Arbeits- und Kooperationsformen.

Wenn hier letztlich auch keine konkreten Lösungen angeboten werden können, so soll doch für eine grundsätzliche Umkehrung der Betrachtungsweise plädiert werden: Ohne dabei die betriebswirtschaftlichen Ziele und Restriktionen zu negieren oder zu vernachlässigen sollte sich die Gestaltung der unternehmensinternen Kooperation grundsätzlich auch an den Bedürfnissen der jeweiligen Mitarbeitern ausrichten, sollte der Mitarbeiter nach Möglichkeit selbst daran beteiligt werden; es besteht die Notwendigkeit und zumindest teilweise auch die Mög-

---

150) Vgl. hierzu etwa auch Ulich (1980), wo er sich mit der Frage auseinandersetzt, ob humane Arbeitsplätze eo ipso unökonomisch sein müssen.

151) Vgl. etwa Semler (1993), in dem dieser brasilianische Unternehmer sein Unternehmen vorstellt, das mittels eines 'Managements ohne Manager' unter nicht leichten Rahmenbedingungen und auf einem schwierigen Markt sehr erfolgreich ist. Wie viele andere Pioniere auf diesem Gebiet betont auch er dabei die Wichtigkeit, dass eine Reform umfassend und konsistent sein muss: Wenn Mitarbeiter aktiv kooperieren sollen und die Kooperation Erfolge erzielen soll, so muss auch die Unternehmensleitung ihre Strategien offenlegen und für alle verständlich vermitteln. Gerade weil Reformen meist nur evolutiv in Schritten erfolgen kann, muss bei den Mitarbeitern das nötige Vertrauen geschaffen und hierzu die nötigen Kenntnisse über die neue Zielrichtung vermittelt werden. Damit die Absichten der Reformen glaubwürdig sind und im weiteren eine Bereitschaft zur selbstverantwortlichen Kooperation erwachsen kann, damit letztlich diese auch erfolgreich funktionieren kann, ist die freie Verfügbarkeit aller Informationen eine wichtige Voraussetzung - Informationen nicht nur bezüglich des engeren Arbeitsbereiches, sondern auch bezüglich Unternehmensdaten und Unternehmenserfolg oder etwa der Löhne und einer allfälligen Erfolgsbeteiligung.

lichkeit, die Arbeit dem Menschen anzupassen, statt den Menschen in eine vorgegebene und als einzig möglich erachtete Arbeitsorganisation einzuzwängen.

Eine dieser Sichtweise entsprechende Neugestaltung der Arbeit wird aber auch mit dem Problem konfrontiert sein, *dass Menschen unterschiedliche Bedürfnisse und Fähigkeiten haben.*[152)] Bei weitem nicht jeder Mitarbeiter ist willens oder fähig, an seinem Arbeitsplatz Selbstverantwortung zu tragen oder sich in einer Gruppe engagiert den vielfältigsten Problemen der Zusammenarbeit zu stellen, wie dies in den obigen Ausführungen implizit vorausgesetzt wurde; nicht jeder hat das explizite und motivationsrelevante Bedürfnis nach Selbstentfaltung in seiner Arbeit, nicht jeder sucht darin die Herausforderung. Hieraus folgt, dass eine stärker am Menschen orientierte Arbeitsgestaltung nicht mehr auf einem Einheitskonzept beruhen kann, sondern mit unterschiedlichen Lösungen auf die jeweiligen Bedürfnisse und Fähigkeiten ausgerichtet sein muss. Die neuere Literatur über Führung, Organisation und Arbeitsgestaltung spricht in diesem Zusammenhang vermehrt vom *Prinzip der differentiellen Arbeitsgestaltung*[153)], bzw. von der individualisierten Organisation[154)] - auch, weil " Ergebnisse empirischer Untersuchungen die Annahme stützen, dass das Konzept eines für jede Auftragsausführung vorhandenen 'one best way', den es nur herauszufinden und den Beschäftigten zu vermitteln gelte, einen grundlegenden und folgenschweren Irrtum traditioneller Arbeitsgestaltung darstellt"[155)]. In der Praxis konnten denn auch schon positive Erfahrungen gemacht werden mit parallel laufenden, unterschiedlich gestalteten Arbeitsprozessen, wobei sich der einzelne entscheiden kann, welche Arbeitsform für ihn geeigneter ist.[156)]

Ziel ist dabei, mit der Arbeitsgestaltung den einzelnen Mitarbeiter dort abholen zu können, wo seine augenblicklichen Fähigkeiten und Bedürfnisse liegen, und ihm so zu ermöglichen, letztlich auch eine optimale Leistung zu erbringen. Berücksichtigt man dabei aber auch, dass die Persönlichkeit des einzelnen, dass seine Bedürfnisse und Fähigkeiten zu einem wesentlichen Teil durch seine Ar-

---

152) Es wäre daher unsinnig, hier überschwenglich Modelle unbegrenzter Autonomie anzupreisen, wo ausschliesslich motivierte Menschen hochstehende Qualitätsarbeit mit grösster Produktivität leisten. Wünschenswert ist lediglich ein engagiertes Ausloten der jeweils unterschiedlichen Potentiale in dieser Richtung.
153) Vgl. Ulich (1978c); Ulich u.a. (1980); Ulich (1991), S. 189 ff. und die dort angegebene reichhaltige Literatur.
154) Vgl. u.a. Schanz (1977); kritisch auch Baethge (1986).
155) Ulich (1991), S. 190.
156) Vgl. Ulich (1991), S. 193 ff.

beit geformt wurden, so kann - wie auch die Erfahrung mit differenzierten Arbeitskonzepten zeigt - davon ausgegangen werden, dass Menschen, die vorerst einer vermehrten Selbstverantwortung gegenüber ablehnend eingestellt sind, über die Zeit durchaus auch ihre Einstellung ändern können. Eine bedürfnisorientierte Arbeitsgestaltung muss daher immer wieder angepasst werden können und sollte gleichzeitig die individuelle Entfaltung fördern. Bedenkt man die langwierige Anpassungsphase während der industriellen Revolution oder während der Eingliederung junger Mitarbeiter in das Unternehmen, so kann nicht erstaunen, wenn auch die Entwicklung zu mehr Selbstverantwortung in der Arbeit teilweise langsam vorangehen wird. Dabei ist zu vermuten, dass ein verstärkter Bezug zu Mitarbeitergruppen hierzu eine willkommene soziale Unterstützung bieten könnte. Vor allem aber: Wenn tatsächlich Instrumentalisierung und Entfremdung zentrale Ursachen für Motivationsverlust und innere Kündigung sind und die bisherigen Gegenstrategien zumeist eher eine Verschlimmerung bewirkten, so wird es sich - auch bei langsamem (Um-)Lernprozess langfristig für alle Lohnen, wenn über ein alternatives Arbeitskonzept erstmals die Ursachen entschärft werden.

5.3.3. LÖSUNG 2: SPIEL-RÄUME AUSSERHALB DER ARBEIT

Bei den unerfüllten Ansprüchen an die Arbeit, bei Verbesserungswünschen oder in der Frage nach den Faktoren, die die Arbeitszufriedenheit anheben könnten, zählen kürzere Arbeitszeiten und insbesondere die Arbeitszeitflexibilität immer wieder zu den meistgenannten Punkten: Von 32 möglichen Antworten wird von den Befragten in der Bundesrepublik 1982 am häufigsten (40%) eine 'Arbeitszeit, die ich mir so einrichten kann, wie es mir passt' als Verbesserung der Arbeitssituation genannt. Eine solche Regelung nimmt nach Einschätzung der Befragten auch die Spitzenpositionen als Satisfaktor (was die Arbeit angenehmer macht) und als Motivator (hierdurch würde ich besser Arbeiten) ein. Kurze Arbeitszeit und viel Freizeit wird demgegenüber zwar nicht als wichtiger Motivator genannt; sie stehen jedoch an Platz zwei der Satisfaktoren und auf Platz sechs (33%) bei den genannten Verbesserungswünschen.[157] Dieser starke

157) Vgl. von Klipstein/Strümpel (1985), S. 304. Aufgeschlüsselt nach Berufsgruppen nimmt der Wunsch nach kürzeren und flexibleren Arbeitszeiten mit gewissen Unterschieden auf allen Stufen eine Spitzenstellung ein: Bei an- und ungelernten Arbeitern

Wunsch nach kürzeren und flexibleren Erwerbsarbeitszeiten stellt an die Wirtschaft und an die Gesellschaft eine grosse und nicht unproblematische Herausforderung. Dabei kann grundsätzlich festgehalten werden, dass diese Forderung unterschiedliche Gründe - neben individuellen Präferenzen auch gesellschafts-, wirtschafts- und umweltpolitische - haben kann und entsprechend in der öffentlichen Diskussion auch von unterschiedlichen, oft aber sozialistisch geprägten Exponenten vertreten wird. Gleichzeitig wird sie aus Wirtschaftskreisen mehrheitlich abgelehnt, wobei zur Begründung Kosten und Wettbewerbsnachteile am häufigsten angeführt werden, womit die Hauptprobleme einer diesbezüglichen Veränderung der Arbeitsbedingungen - die Spannung zwischen individuell Wünschenswertem, bzw. allenfalls gesellschafts-, wirtschafts- oder umweltpolitisch Angezeigtem und dem einzelwirtschaftlich und organisatorisch (aus heutiger Sicht und bei gegebenen organisatorischen und institutionellen Rahmenbedingungen) Machbaren - angezeigt sind; immer wieder ist aber auch zu beobachten, dass versucht wird, diese Frage zu tabuisieren.

Dabei ist der Wunsch nach kürzeren Arbeitszeiten keineswegs neu. Seit es Arbeitnehmer im eigentlichen Sinne gibt, steht die Forderung nach kürzeren und in Uebereinkunft geregelten und zugesicherten Arbeitszeiten im Zentrum der oftmals heftigen Auseinandersetzungen zwischen Arbeitgeber und -nehmer. Lohnforderungen standen dabei nicht selten erst an zweiter Stelle. Ein frühes Zeugnis liefert etwa die 'Constitutiones iuris metallici' des Böhmenkönigs Wenzel II, die in der Folge solcher Auseinandersetzung um 1300 einen Arbeitstag von sechs Stunden festsetzt - aus heutiger Sicht geradezu der Gipfel des Fortschrittes.[158)] Aber auch seit den arbeitszeitlichen Exzessen der industriellen Revolution machten es gewerkschaftlicher Kampf und staatlich sanktionierte Regelungen der Sozialpolitik möglich, dass sich die Arbeitszeit kontinuierlich und markant verkürzte: Kürzer wurden sowohl die Wochen- und Tagesarbeitsstunden, die Wochenarbeitstage, die Arbeitswochen pro Jahr als auch, aufgrund längerer

---

und bei Facharbeitern werden zwar andere, arbeitsbezogene Punkte knapp häufiger genannt, aber mit nur geringfügiger Differenz wünscht sich auch hier ein grosser Teil der Befragten (46% bzw. 43%) flexiblere Arbeitszeiten. Bei Angestellten und Beamten wird die Forderung nach flexiblen Arbeitszeiten (von 52% der Befragten!) am häufigsten genannt; kürzere Arbeitszeit wünschen sich 38% der Befragten (Platz 6). Bei den leitenden Angestellten und Beamten wünschen sich zwar prozentual weniger kurze Arbeitszeit und Flexibilisierung, aber sie sind mit 37%, resp. 33% hier beide die meistgenannten Verbesserungswünsche; vgl. Pawlowsky (1985), S. 174.

158) Vgl. Niess (1984), S. 7.

Ausbildungszeiten und reglementierter Altersgrenze samt sozialer Altersvorsorge, die gesamte Lebensarbeitszeit.[159)]

Angesichts dieser Errungenschaften mag erstaunen, dass Arbeitszeitverkürzungen noch immer ein verbreitetes, gerade bei jungen Arbeitnehmern und Jugendlichen ein zentrales Anliegen an die Arbeitsbedingungen darstellt und zu heftigen Diskussionen und Auseinandersetzungen Anlass geben kann, in denen zwischen den Interessenvertretern und zwischen den verschiedenen Meinungen keine Annäherungen mehr möglich scheinen. Von Errungenschaften kann jedoch nur bezüglich der Arbeitsbedingungen während der Zeit der Industrialisierung gesprochen werden; wie bereits ausgeführt kannten vorindustrielle Gesellschaften oft weit kürzere Arbeitszeiten. Der Konflikt um die Arbeitszeit muss denn auch in einem engen Zusammenhang mit der gerade für die Industrie typischen systematischen Trennung von Erwerbsarbeitszeit und übriger Zeit gesehen werden. Die so aufgespaltene Zeit wird dadurch neben der Verfügbarkeit materieller Existenzmittel zu einer bestimmenden Grösse der Lebensgestaltung.

Die für die Erwerbsarbeit eingesetzte Zeit ist der Preis, der für die Beschaffung der Existenzmittel, des Lohnes, gezahlt werden muss und daher für andere Betätigungen, für das weitläufige Leben ausserhalb der Arbeit, für Familie, Freundeskreis, Politik, Religion, Bildung, Hobbys und nicht zuletzt für den unmittelbar Befriedigung stiftenden Konsummöglichkeiten, die das Erwerbseinkommen ermöglichen, verloren ist. Steigender Wohlstand, zunehmende Sicherung der materiellen Existenzmittel und gesteigerte (Konsum-)Möglichkeiten ausserhalb der Erwerbsarbeit lassen die in der Auftrennung zum knappen Gut gewordene Zeit immer kostbarer werden; die Zeit ist heute gerade auch ausserhalb der Erwerbsarbeit mit ihrer potentiellen Vielfalt das vielleicht knappeste und wertvollste Gut, das gegen einen Teil des materiellen Wohlstands einzutauschen viele bereit wären, um so ein befriedigendes Gleichgewicht zu finden.[160)]

Die systematische Trennung von Erwerbsarbeitszeit und übriger Zeit verleitet zudem oft zur irrigen Vorstellung, letztere sei grundsätzlich Freizeit, womit übersehen wird, dass die Erwerbsarbeit nur einen Teil der aus Notwendigkeit erforderlichen Arbeiten im Leben abdeckt. Die starke Verkürzung der *Erwerbs*ar-

---

159) Vgl. etwa Lüdke (1975), S. 15 ff.

160) Seit der industriellen Revolution wurden denn auch die Errungenschaften in der Produktivität anteilsmässig wesentlich stärker in Form von Lohnsteigerungen als von Arbeitszeitverkürzungen an den Arbeiter weitergegeben.

beitszeit seit der industriellen Revolution ging denn auch einher mit vielfältigen gesellschaftlichen und wirtschaftlichen Veränderungen, die unter anderem auch zur Folge hatten, dass der gesamte *Arbeits*aufwand für den einzelnen zumindest wesentlich weniger reduziert wurde als man beim Vergleich von 13- oder 8-stündigen 'Arbeitstagen' vermuten würde. Ebenso aus Notwendigkeit heraus wie die Erwerbsarbeit fallen im täglichen Leben aber auch noch eine Vielzahl von anderen Arbeiten - oft auch *Eigenarbeit* genannt[161)] - an: Haushaltsarbeiten, wie Einkaufen, Kochen, Putzen und Waschen, Körperpflege, Arbeitswege, Behördengänge und administrative Aufgaben im Bereich Versicherungen, Steuern, Zahlungen und Buchhaltung und vieles mehr. Trotz mannigfaltiger (Haushalts-)Hilfen, die auch ausserhalb der Erwerbssphäre die Arbeitsproduktivität steigern helfen, beanspruchen nicht wenige dieser Arbeiten im Zuge gewachsener gesellschaftlicher Anspruchsniveaus und Anforderungen immer mehr Zeit. Ohne Zweifel ist der durch Behörden und Versicherungen verursachte Aufwand für den Haushalt generell angewachsen; die Arbeitswege in den dicht besiedelten Ballungszentren wurden generell länger und beanspruchen trotz moderner Verkehrsmittel mehr Zeit - nicht selten bis zu einer Stunde pro Arbeitsweg und mehr.

Insbesondere aber auch die Entwicklung hin zu kleinen Haushalten und vermehrten Ein-Personen-Haushalten oder zu Haushalten, in denen beide Erwachsenen erwerbstätig sind, hat zur Folge, dass der einzelne wesentlich mehr Eigenarbeit leisten muss als in grossen Haushalten, in denen in Arbeitsteilung Erwerbs- und Eigenarbeit parallel auf verschiedene Personen verteilt werden kann. Ein Teil der Eigenarbeit findet zudem vermehrt unter dem Begriff der *Konsumarbeit*[162)] Beachtung, da auch diese zunehmend Zeit beansprucht: Zwar offeriert die Industriegesellschaft immer mehr Konsummöglichkeiten, doch sind diese vielfach nicht einfach genussbereit zugänglich, sondern der Konsum erfordert neben der Kaufkraft noch weitere Vorleistungen. So wird beobachtet, dass vermehrt wieder Arbeiten aus dem Industriesektor in den Haushalt ausgelagert werden: Möbel werden beispielsweise zuhause montiert oder die Arbeiten eines

161) Vgl. etwa die Aufsätze im Sammelband Brun (1985). Oft wird jedoch der Begriff Eigenarbeit auch eingegrenzt auf das Konzept einer Dualwirtschaft, in der wieder vermehrt Arbeiten aus dem industriellen Sektor in den Haushalt verlagert werden, wobei hier jedoch eine klare Abgrenzung gegenüber den vielfältigen Hausarbeiten schwierig wird; schwierig würde hier auch etwa die Zuordnung jener Zeit, die für den Weg zur Erwerbsarbeit notwendig ist.

162) Vgl. Joerges (1983); Huber (1984), S. 69 ff.

'Tante-Emma-Ladens' werden in Supermärkten wieder weitgehend an den Käufer übertragen.[163] Zudem ist der Konsum noch vor der Kaufentscheidung oftmals mit erheblichem Informationsaufwand verbunden.[164]

Stellt man diese Eigen- und Konsumarbeit in Rechnung, so zeigt sich trotz stark verkürzter Erwerbsarbeitszeiten ein durchaus kritisches Bild der verbleibenden *Freizeit.* Die oft geführte Klage, dass diese sich im Konsumrausch aufzehre, zielt auf ein Grundproblem der industriellen Freizeit, wobei das Phänomen Konsumarbeit bereits in diese Problematik überführt. Wer in der tatsächlich verbleibenden Freizeit von den vielfältigen Konsummöglichkeiten ausgiebig gebrauch machen möchte, wird wohl insbesondere bei jenen Konsumangeboten, die mit erheblicher Konsumarbeit, etwa mit vorangehender Informationsbeschaffung und -verarbeitung, verbunden sind, schnell an zeitliche Grenzen stossen oder aber die Konsumarbeit vernachlässigen und sich mit schnellem Kauf von Konsumgütern begnügen müssen.[165] Es ist daher wohl durchaus angebracht, eine generelle Hektik im Konsum festzustellen: Die Hetze der Zeit prägt gerade auch die Freizeit; die wohl meist doch nicht sehr üppig ausfallenden freien Stunden werden nur selten in einer Art genutzt, die sich in Qualität und Rhythmus wesentlich von der Erwerbsarbeit unterscheidet - Musse wird auch heute, wo oft von einer sogenannten 'Freizeitgesellschaft' gesprochen wird, kaum wirklich gelebt, obwohl sie vermutlich bitter nötig und wohltuend wäre und nach eigenen Angaben auch von vielen ersehnt wird. Zwar eröffnet der Dank enormer Effizienzfortschritte errungene Wohlstand in einem wohl noch nie dagewesenen Ausmass Konsummöglichkeiten und über diese unterschiedlichste Betätigungsfelder, die früher höchstens einer kleinen Oberschicht vorbehalten waren, aber vielfach kann darob dennoch keine tiefergreifende Befriedigung gewonnen werden. Erich Fromms Diagnose trifft wohl hier den Kern: "Wir sind in einem Netz von Mitteln gefangen und haben die Zwecke aus den Augen verloren."[166]

---

163) Nebenbei: Der Einkauf im Supermarkt ist in vielerlei Hinsicht mit industrieller Arbeit zu vergleichen; in einseitiger Ausrichtung auf die Beschaffung von Gütern ist sie vielfach reine Arbeit aus Notwendigkeit im Gegensatz zum durchaus möglichen und willkommenen Sozialkontakt im personalisierten Laden um die Ecke.

164) Die Verkürzung der Erwerbsarbeitszeit ist denn auch nicht nur als soziale Errungenschaft zu bewerten, sondern sie war durchaus ökonomische Notwendigkeit, wenn das rapide wachsende Angebot aus der Wirtschaft überhaupt eine Nachfrage finden will, die nicht nur von der Kaufkraft, sondern oft auch davon abhängt, ob die Zeit für den Konsum (für die Bedürfnisbildung, die Informationsaufarbeitung, den Kauf und den Verbrauch) vorhanden ist.

165) Vgl. Klopfleisch (1991), S. 47 ff.

166) Fromm (1982), S. 151.

Zwei Erklärungsmöglichkeiten sollen hier kurz angeschnitten werden: Zum einen stellt heute die durchschnittliche Erwerbsarbeit aufgrund technischer Bedingungen, Dynamik und ausgetüftelter Rationalisierungen immer höhere Anforderungen; Die Arbeit ist zumeist intensiver, belastender und involvierender. Dies hat zur Folge, dass die Hektik und Spannung in der Arbeit meist noch lange nach Arbeitsschluss anhalten und so in die Freizeit, in die Art ihrer Gestaltung und in die Art des Konsumierens ausstrahlt - es fehlt die Zeit, um wirklich zur Ruhe zu kommen. Zum anderen verleiten die kostbaren Stunden der Freizeit, von der Werbung animiert, leicht zur Jagd nach (Konsum-)Erfolgen; wenigstens glaubt man sich in der Freizeit vergleichbare Erfolge wie in der Arbeit schuldig zu sein oder aber fehlende Erfolge wollen jetzt kompensiert werden. Da es meist eher an Zeit denn an Geld mangelt, wird die Freizeit leicht zur Kehrseite der Arbeit: Guy Aznar verwehrt sich mit einem kräftigen 'Non aux loisirs!' gegen einen Freizeitkonsum, der nicht zuletzt auch aus Zeitmangel aber auch aus der Schwierigkeit, zur dominanten Arbeitswelt die - für ein qualitativ anderes Handeln, für die Musse - nötige Distanz zu finden, genauso entfremdet ist, wie die Arbeit selbst.[167)] Verlockend ist das *Haben* einer Luxusyacht als Ersatz für alle Stunden, die man nicht auf ihr *sein* kann. Viel leichter ist eine Reise in ferne Lande gebucht und auch gemacht, als dass man dem Lande, den Reisegefährten und sich selbst dabei auch tatsächlich zu begegnen vermöchte, auf der Reise ihnen und sich selbst wirklich gerecht werden könnte.[168)]

Es sind dies Beispiele dafür, wie zwar nach Möglichkeit der Kaufkraft versucht wird, von den vielfältigen Konsummöglichkeiten zu profitieren, aber dabei oftmals die dazu erforderliche Konsumarbeit kaum mehr zu erbringen vermag; der Konsum begrenzt sich hier vielfach auf eine materielle Anschaffung, kann aber kaum mehr in seinem ganzen Potential ausgelebt werden. Auf die Dauer kann (muss?) dies frustrieren, da wohl damit in vielen Fällen nicht jene Befriedigung erreicht werden kann, die man sich von diesem Konsum erhofft hatte, bzw. nicht jenes Bedürfnis befriedigt wird, das für den Konsum ursprünglich ausschlaggebend war; oder gar, dass im Rausch der Konsummöglichkeiten die einstmaligen Ziele vergessen werden - Ziele und Bedürfnisse, die vielleicht letztlich gar nicht mit Konsum zu befriedigen sind. Mangelnde Zeit ist hierfür sicher nicht der einzige Grund, aber Zeit ist eine wichtige Voraussetzung für jede Art des Handelns:

167) Vgl. Aznar (1987).
168) Vgl. hierzu ausführlich die Kritik von Erich Fromm in 'Haben oder Sein' (1976).

Damit in der Nichterwerbszeit wirklich Handlungs- und Lebensräume eröffnet und ausgefüllt werden können, die sich entscheidend von der Arbeit abheben und zu ihr ein Gegengewicht und einen Ausgleich bilden, bzw. eigenständige Qualitäten ausbilden und so als wirkliche Alternative der Vielfalt der Bedürfnisse und Lebensaspekte entgegenkommen, braucht es hierfür die benötigte Zeit.[169)]

Dieser Zusammenhang gewinnt angesichts der im Wertwandel betonten Bedürfnisse nach Selbstverwirklichung noch an zusätzlicher Bedeutung: Aus dem Wunsch nach Selbstverwirklichung und persönlicher Identitätsfindung resultiert generell das Bedürfnis, sich als ganzheitliche, vielschichtige Person entfalten und betätigen zu können und als solche von der sozialen Umgebung wahr- und ernstgenommen zu werden. Man kann die Ergebnisse der Wertwandelforschung durchaus dahingehend interpretieren, dass insbesondere jene Menschen mit starker Wertorientierung in Richtung Selbstverwirklichung bewusst oder unbewusst danach streben, sich trotz - oder gerade wegen - der weitgehenden funktionalen Aufgliederung des gesellschaftlichen Zusammenlebens und der daraus resultierenden unterschiedlichen Verhaltensanforderungen in den verschiedenen Lebensbereichen[170)] verstärkt als ganzen, vielschichtigen Menschen erfahren und erkennen zu können, und in der Folge auch entsprechende Anforderungen an ihr gesellschaftliches Umfeld stellen.[171)]

Dieses Grundbedürfnis äussert sich auf zwei unterschiedliche Arten, wobei aber letztlich kein eigentlicher Unterschied gemacht wird, sondern beide Aspekte gleichermassen betont und als die zwei Seiten ein-und-desselben Anspruchs auf integrale personale Verwirklichung verstanden werden: Der Wunsch nach Integration und Ausbalancierung der unterschiedlichsten Lebens- und Persönlichkeitsaspekten bezieht sich sowohl auf die einzelnen Lebensbereiche, also insbesondere auch - wie oben ausgeführt - auf die Erwerbsarbeit, als auch auf ein stärkere Gleichstellung und Verknüpfung der unterschiedlichen Lebensbereiche untereinander, um in der Vielfalt dieser Bereiche das gesamte individuelle Inter-

169) Dabei ist aber anzufügen, dass verfügbare Zeit zwar eine wesentliche Voraussetzung dafür ist, dass der einzelne sich seinen Interessen widmen und sich in vielseitigster Hinsicht entfalten kann; aber die Existenz ausreichender frei zu gestaltender Zeiträume garantiert natürlich für sich alleine noch nicht, dass er dies auch tut oder dass er dabei die erhoffte Befriedigung finden wird.

170) Vgl. hierzu Luhmann (1985); Kirsch (1990).

171) Vgl. Klages (1988), S. 108.

essen- und Bedürfnisspektrum erkennen und ausleben zu können und dadurch auch von der Umwelt als ganze, vielschichtige Person erkannt und akzeptiert zu werden.[172)]

Die in den Ergebnissen der Wertwandelforschung erkennbare enge Verknüpfung von ganzheitlichen, der ganzen Person gerecht werdenden Entfaltungs- und Lebensansprüchen sowohl in den einzelnen Lebensbereichen als auch durch ein ausbalanciertes Engagement in mehreren unterschiedlichen Lebensbereichen ist wenig überraschend, da es sich hier letztlich um komplementäre Bedingungen handelt: Ein Mensch, der sich in unterschiedlichen Lebensbereichen auf vielfältige Weise engagiert und dort entsprechend auch aufgrund seiner Qualitäten und Eigenschaften akzeptiert wird, wird wohl oft noch mehr Mühe bekunden mit einer Arbeitssituation, in der er nur Arbeitskraft und Instrument ist; wer vielfältige Herausforderungen sucht und sich differenziert verhält, hat es schwer in einer Arbeitssituation, die lediglich eingeschränktes Verhalten vorsieht, diesbezüglich aber sogar eine intensivste Verausgabung verlangt.

Es ist durchaus fraglich, ob derart konträre Lebenswelten, Erfahrungen, Selbstverständnisse und Verhaltensanforderungen überhaupt vereinbar sind oder nicht vielmehr der Betreffende über kurz oder lang seine Arbeit oder sein Engagement in anderen Lebensbereichen verändern wird - je nachdem, was wünschenswerter und vor allem machbarer ist. Andererseits wäre etwa eine einseitige Selbstverwirklichung nur in der Arbeit nicht nur unwahrscheinlich, sondern ebenso gefährlich. Auch eine weitgehend bedürfnisgerechte Arbeitsgestaltung wird weiterhin von Restriktionen und Bedingungen einer funktional ausgerichteten Erwerbswirtschaft geprägt bleiben und daher wohl kaum alle verschiedenen Bedürfnisse und Entfaltungspotentiale eines Menschen befriedigen können; auch wenn in der Arbeit in befriedigendem Ausmass soziale Kontakte gepflegt werden können, muss bezweifelt werden, dass etwa in einem Unternehmen in gleicher Weise Bedürfnisse der Intimität, Zuneigung und Geborgenheit befriedigt werden wie etwa in der Familie. Kritisch betrachten muss man aber auch jene Tendenzen, in denen das Unternehmen die ganze Person vereinnahmt; je mehr ein Unternehmen sozusagen als 'Familie' den Mitarbeiter nicht nur in seiner Arbeit fordert, sondern seine ganze Person einbindet, indem etwa auch die Freizeitgestaltung oder gar die soziale Positionierung und Identitätsfindung weitge-

172) Vgl. Klages (1988), S. 108 f.

hend über das Unternehmen erfolgt, desto vielschichtiger, enger und somit auch gefährlicher kann die Abhängigkeit des einzelnen von seinem Unternehmen werden. Stellenwechsel oder gar Stellenverlust bedeuten in diesem Falle auch den Verlust der Freizeitbeziehungen und können sogar die gesamten Sozialbeziehungen und die Identitätsstruktur des Betreffenden gefährden. Aber auch im Unternehmen selbst wird es dadurch für den einzelnen immer schwieriger, eine gewisse Distanz, Eigenständigkeit und Kritikfähigkeit gegenüber seiner Arbeit und seinem Arbeitgeber zu finden, da über das Einkommen hinaus seine ganze Existenz von seiner Zugehörigkeit zum Unternehmen und seiner dortigen sozialen Verankerung abhängt.

Es ist somit wichtig, *die enge Korrelation, die Gleichwertigkeit* von Ansprüchen an die Arbeit einerseits und an Entfaltungsmöglichkeiten ausserhalb der Arbeit andererseits immer zu berücksichtigen; eine alternative Arbeitsgestaltung sollte daher immer auch beide Dimensionen aufeinander abstimmen, da eine Verbesserung lediglich in einer Hinsicht entweder nur teilweise die erhoffte Wirkung zeigen könnte oder aber schnell Forderungen bezüglich der anderen Dimension nach sich ziehen dürfte - auch sollte, weil einseitige Arbeitszeitverkürzungen die Gefahr einer weitern, sinnentleerte Instrumentalisierung mitsichbringt[173)] oder aber eine erfüllende Arbeit droht die anderen Lebensbereiche edgültig zu erdrücken[174)]. Dass hier die Gestaltung der Arbeit und ihre (zeitliche) Stellung gegenüber anderen Lebensbereichen dennoch einzeln behandelt werden, hat somit rein darstellerische Gründe.

Nachdem oben wichtige Aspekte für eine Verbesserung der Arbeit selbst dargestellt wurden, soll nun noch das Bedürfnis nach vielfältiger Entfaltung ausserhalb der Arbeit behandelt werden, wobei hier die zeitliche Gestaltung der Arbeit als zentrale Restriktion für eine befriedigende Entfaltung ausserhalb dieser Arbeit im Mittelpunkt steht. Die zeitliche Dimension ist daher von herausragender Bedeutung, weil das Bedürfnis nach vermehrter Entfaltung in unterschiedlichen Lebensbereichen nur dann wirklich befriedigt werden kann, wenn der einzelne

173) Aber auch die Arbeit ist nicht so leicht zu ersetzen, denn sie ist nicht nur mögliche Herausforderung und Auseinandersetzung, sondern sie ist dies immer auch unter dem Eindruck existentieller Lebensnotwendigkeiten, was sie in gewissem Sinne verbindlicher werden lässt als andere Tätigkeiten.

174) Arbeit ist aber immer nur *Teil* des Lebes; verherend also die Vorstellung, dass man alle Lebensäuserungen in den Arbeitsbereich integrieren könnte, da sie dann alle unter deren Bedingungen existieren müssten.

über genügend Zeit verfügt, in diesen Bereichen jene Erfahrungen zu sammeln und Fähigkeiten zu entwickeln, die für ein befriedigendes Engagement Grund bedingung sind. Nicht nur in der Arbeit, sondern ebenso in der Familie, im Freundeskreis, in der Politik oder in irgend einem Hobby gilt die Regel, dass die Befriedigung gemeinhin in dem Ausmasse anwächst, wie man entsprechende Fähigkeiten entwickelt und man sich intensiv mit der Sache auseinandersetzt. Erst über ein intensives Engagement mit vielfältigen Erfahrungen und entsprechender persönlicher Entwicklung kann in der Regel auch über längere Zeit eine tiefere Befriedigung erlangt werden; genauso wie im beruflichen Werdegang, benötigt es in der Regel viel Zeit, bis über erworbene Fähigkeiten und Kenntnisse befriedigende Ergebnisse erzielt werden können und daraus eine tiefere Befriedigung erwächst.

Mehr frei verfügbare Zeit genügt aber hierfür alleine vielfach nicht: Damit sich der einzelne seinen individuellen Bedürfnissen und Neigungen entsprechend in verschiedenen Lebensbereichen befriedigend engagieren kann, sollte er auch über entsprechende *Zeitautonomie* verfügen; nur so kann er individuell die verschiedenen Lebensbereiche organisch und optimal aufeinander abstimmen, um so eine ideale Lebensgestaltung in all seinen Dimensionen anstreben zu können. Solange aber die Erwerbsarbeit als zeitlich starrer Monolith mitten im Lebensalltag steht, müssen die anderen Lebensbereiche zwangsläufig an deren Rand gedrängt bleiben und sich zeitlich wie funktionell an den Gegebenheiten der Erwerbsarbeit ausrichten. Es wurde bereits erwähnt, wie stark dabei die Eigenschaften und Notwendigkeiten der Arbeit generell das Leben ausserhalb der Arbeit beeinflussen und mitprägen. Erst flexible Arbeitszeiten eröffnen tatsächlich die Möglichkeit, entsprechend der Bedürfnisse oder Erfordernisse anderen Lebensbereichen (vorübergehend) den Vorzug zu geben; erst flexible Arbeitszeiten ermöglichen eine optimale Zeitgestaltung, in der der Nutzen und die Erfordernisse der unterschiedlichen Lebensbereiche aufeinander abgestimmt werden können. Entsprechend wird in den Umfragen vielfach die Forderung nach flexiblen Arbeitszeiten häufiger genannt als jene nach generell kürzeren Arbeitszeiten.

Flexible Arbeitszeiten bedeuten dabei einerseits, dass der einzelne über mehr Autonomie bei der Einteilung seines Tages- und Wochenablaufs verfügt;[175)]

175) Eine solche ist nicht zuletzt auch dann nötig oder doch hilfreich, wenn etwa neben der Arbeit eine berufliche Weiterbildung angestrebt wird, deren Stundenplan oder Arbeits-

die Forderung nach Flexibilität beinhaltet aber andererseits auch unbezahlte Ferien, vorzeitige Pensionierung oder verbesserte Möglichkeiten des Wiedereintritts ins Arbeitsleben nach einer Unterbrechung. Gerade der unbezahlte, längere Urlaub oder der Arbeitsunterbruch sind auch heute noch mehrheitlich schwierige, fast unmögliche oder hohen Kosten verbundene Unterfangen: Sie gelten nicht nur als Karrierebrecher, sondern werden immer noch oft als Indiz für fehlende Leistungsbereitschaft und Labilität eingestuft. Es scheint sogar, dass in der Stellenvergabe vor Jahren Weltreisen, Auslandsaufenthalte oder berufsfremde Engagements mehr gewürdigt wurden als heute, wo ein lückenloser Ausbildungs- und Berufsweg das scheinbar vertrauenswürdigste Zeugnis ausstellt.

Die Flexibilisierung der Arbeitszeit hat insofern einen wesentlichen Einfluss auf die Qualität der Instrumentalisierung, als durch sie deren *Freiwilligkeit* wesentlich gesteigert werden kann, weil jeder seinen Arbeitsaufwand seinen Bedürfnissen anpassen kann. Gleichzeitig ist sie Voraussetzung dafür, dass nun auch der Arbeitende seine Tätigkeit im Gegenzug zum Unternehmen ebenfalls instrumentell erfahren und einsetzen kann. Jeder vorübergehende Teilzeitarbeiter wird wohl bestätigen, dass unter dieser Bedingung auch entfremdete Arbeitssituationen besser zu ertragen sind, als wenn es sich dabei um die Lebensstellung handelt.

Auch heute noch - oder vielleicht durch den Wertewandel mehr als zuvor - kommt der Gestaltung und Einteilung der Zeit, kommt der autonomen Verfügung über die eigene Zeit eine wichtige Bedeutung zu. Die Entwicklung von Spiel-Räumen ausserhalb der Arbeitswelt ist auch heute noch angewiesen sowohl auf kürzere als auch auf flexiblere Arbeitszeiten. Denn nur *ausserhalb* der Arbeit kann sich reines, von der Notwendigkeit losgelöstes Spiel entfalten.

5.3.3.1. Arbeitszeitverkürzung

Der Wunsch nach (wieder) grösseren Entfaltungsräumen ausserhalb der Arbeit, nach Zeit für soziale Kontakte und für vielfältige persönliche Interessen ist verständlich: Gerade vor dem Hintergrund eines durchschnittlich hohen materiellen Wohlstandes und einer relativen materiellen Sicherheit - aber nicht nur unter dieser Bedingung - stellen Produktivitätssteigerungen zumindest aus individu-

---

aufwand nicht selten mit der Arbeit kollidiert und eine nicht durch das Unternehmen angeordnete Schulung vielfach verunmöglicht oder unnötig und übermässig erschwert.

eller Sicht mindestens ebenso eine Chance zur Verringerung der Arbeitszeit dar wie zur Steigerung des Ertrages bei gleichbleibendem Aufwand. Es ist sogar wahrscheinlich, dass mit steigendem materiellen Wohlstand einem weiteren Anstieg der Kaufkraft weniger Wert beigemessen wird als einem Gewinn an zusätzlicher frei disponierbarer Zeit. Mit leicht neidvollem Blick auf das (nur scheinbar?) angenehmere Leben in industriell weniger entwickelten Ländern, wo es noch Zeit zu geben scheint für Müssiggang und wo nicht der Terminplan das Leben im festen Griff hält, sondern noch ein Klatsch im Kaffee oder persönliche Besorgungen im Laden die pünktliche Abfahrt des Linienbusses ganz selbstverständlich verzögern, stellen sich viele - mehr heimlich als offen - die Frage, ob bei all dem erworbenen Wohlstand nicht eine Möglichkeit für mehr Freizeit gefunden werden könnte, statt immer weiter hauptsächlich die materiellen Potentiale des 'Fortschritts' zu nutzen.

Daneben werden heute aber zunehmend auch gesamtgesellschaftliche Probleme als Gründe für eine wünschbare, ja sogar notwendige Arbeitszeitreduktion angeführt: allen voran insbesondere die Zerstörung der Umwelt und die wachsende Arbeitslosigkeit. Der rasante Zuwachs an produzierten Gütern, Wirtschaftswachstum und Konsumflut - auch und vor allem der Freizeitkonsum - bedrohen immer mehr die ökologische Umwelt. Abfallhalden türmen sich auf, wertvolle Energiereserven werden ausgebeutet, Luft, Wasser und Boden verseucht. Die durch Wirtschaft und Konsum verursachten Externalitäten haben ein Ausmass erreicht, aufgrund dessen ein Weniger an solchen Aktivitäten vielleicht schon längst ein Mehr an Lebensqualität bedeuten würde. Wieviel Konsum und Produktion dient nicht schon längst der Abwehr anderweitig erzeugter Externalitäten, dient also der Bewahrung und nicht der Vergrösserung des Erreichten und gefährdet bereits ihrerseits wiederum diesen Stand.

Seit den siebziger Jahren wird die Diskussion um Arbeitszeitverkürzungen neuerdings auch wieder vermehrt in Zeiten wirtschaftlicher Rezession geführt. Angesichts steigender Arbeitslosenzahlen und einer konstant hohen Sockelarbeitslosigkeit hat sich erneut ein Streit um die sozialen Folgen steigender Arbeitsproduktivität entfacht. Aufgeschreckt durch ein Phänomen, das in der Hochkonjunktur der Nachkriegszeit als endgültig überwunden erachtet wurde, stellen viele wieder die angstvolle Frage: Geht der Arbeitsgesellschaft die Arbeit aus?[176] Heute glaubt kaum mehr ein Wirtschaftsexperte, dass nach der aktuellen Wirtschaftskrise das zu erwartende Wirtschaftswachstum die Arbeitslosen zu absorbieren vermag; die Erfahrungen in den boomenden achtziger Jahren in der Mehrzahl der Industrieländer zeigte deutlich, dass das wirtschaftliche Wachstum bereits weitgehend von der Schaffung zusätzlicher Arbeitsplätze losgekoppelt ist. Während vielmehr erst tiefgreifende Rationalisierungsanstrengungen die Wettbewerbsfähigkeit der Industrien zu garantieren scheint, ist gleichzeitig auch kein neuer Wirtschaftssektor in Sicht, der die dadurch 'freigesetzten' Arbeitnehmer absorbieren könnte. Ein Wirtschaftswachstum aber, das wieder genügend Arbeitsplätze schaffen könnte, müsste unweigerlich die negativen Folgen einer überhitzten Konjunktur nach sich ziehen und wäre nicht zuletzt auch aus ökologischer Sicht äusserst bedenklich.

Soll aber eine Spaltung der Gesellschaft - in einerseits Arbeitslose oder latent von Arbeitslosigkeit Bedrohte und andererseits Ueberbeschäftigte - verhindert werden, so scheint letztlich nur noch eine *Neuverteilung* der Arbeit auf der Grundlage kürzerer Arbeitszeiten möglich zu sein. Die Idee ist zwar auf den ersten Blick bestechend und es ist wohl auch richtig, dass die Vollbeschäftigung der Nachkriegszeit auch auf die Verkürzung der generellen Arbeitszeit zurückzuführen ist; gleichzeitig führte diese Verkürzung der Arbeitszeit *bei gleichzeitig vollem Lohnausgleich* aber auch zu einer massiven Verteuerung des Faktors Arbeit, die nicht unwesentlich zur Rationalisierung der Arbeit und damit zur Steigerung der Arbeitsproduktivität durch technischen Fortschritt beigetragen hat.

Alternative Modelle für eine neue Wirtschafts- und Gesellschaftsform, seien sie ökologisch oder sozial motiviert, suchen daher die Lösung vielfach in *dualen* Wirtschaftsformen:[177] Die Industrie mit ihrer hohen Produktivität soll im wesentlichen Grundgüter herstellen und mit drastisch verkürzten Arbeitszeiten allen Gesellschaftsmitgliedern ein genügendes Grundeinkommen garantieren; auf der anderen Seite sehen sie einen eher informellen Sektor, in dem nach Bedarf eine vermehrte Eigenproduktion betrieben wird. Die gewonnene Freizeit soll gleichzeitig vielfältige Tätigkeiten im engeren sozialen Umfeld zulassen; die Wohlfahrt soll dadurch gesteigert werden, ohne dass hierfür ein höheres materielles Einkommen benötigt würde.

---

176) Vgl. etwa Dahrendorf (1983).
177) Vgl. Huber (1984); Braun (1985); Gorz (1983) und (1991).

Derartigen Gesellschaftsutopien ist gewiss der Verdienst anzurechnen, den Blick für Alternativen zu öffnen; auch machen sie deutlich, dass tiefgreifende Veränderungen nur möglich sind, wenn gleichzeitig institutionelle und wirtschaftliche Rahmenbedingungen entsprechend ausgelegt werden. André Gorz baut beispielsweise seine Utopie auf einer Maschinensteuer auf, die die Einkommensbesteuerung entlasten und gleichzeitig über Umverteilung das Grundeinkommen garantieren soll.[178)] Problematisch an solchen Totalkonzepten ist jedoch, dass aus heutiger Sicht kaum abzuschätzen ist, wie sie sich in der Dynamik individuellen Verhaltens entwickeln würden und ob es darin tatsächlich zu befriedigenden Gleichgewichtsituationen - sowohl im Industriesektor als auch im informellen Sektor - kommen kann. Ungeklärt ist ebenfalls die Frage, wie der Uebergang aus der heutigen Situation in die Utopie zu realisieren wäre, welche Bedingungen hierfür vorgängig geschaffen werden müssten und wer dies tun sollte.

Es muss daher keiner dogmatischen Ablehnung entspringen, wenn diesen Utopien mit Skepsis begegnet wird. So stellt sich sogleich die - leider oft auch zur Blockierung eines weiteren Diskurses aufgeworfene - Frage, wie eine solche Wirtschaftsordnung im internationalen Wettbewerb bestehen kann. Es ist dabei schwer vorzustellen, worin etwa für die Industrien der Anreiz bestehen könnte, weitere Investitionen zu tätigen und nach produktionstechnischen wie produktbezogenen Innovationen zu suchen. Bezeichnenderweise nimmt Gorz die Gewerkschaften in die Pflicht, mit einem neuen Selbstverständnis und mit einer neuen Zielrichtung die Unternehmer dazu zu zwingen, produktivitätssteigernde Investitionen zu tätigen.[179)] Befremdend ist darüber hinaus nicht nur, dass in solchen Utopien zumeist - implizit oder explizit - eine zentrale Steuerung der Wirtschaft durch den Staat konzipiert wird, sondern auch, dass eine weitere Verschärfung der Entfremdung in der Erwerbsarbeit mit dem Argument der gewonnenen Freiräume ausserhalb der Arbeit geduldet oder gar gefördert wird; in Gorz' Konzeption etwa wird die Erwerbsarbeit zu einer Art Frondienst degradiert - in hohem Masse produktiv aber auf monotone, anforderungsarme Maschinenarbeit reduziert, da nur so kurze Arbeitszeiten und Austauschbarkeit der Arbeiter am einzelnen Arbeitsplatz möglich scheinen.

Zumindest heute scheint ein gangbarer Weg für eine generelle Arbeitszeitverkürzung mit vollem Lohnausgleich noch nicht in Aussicht zu stehen. Zu

178) Vgl. Gorz ((1983).
179) Vgl. Gorz (1983), S. 150.

gross sind hierbei die Unwägbarkeiten und Gefahren durch ansteigende Arbeitskosten und in Hinblick auf die internationale Wettbewerbsfähigkeit. Mehr Chancen zur Verwirklichung hat hingegen eine grössere Offenheit gegenüber individueller Teilzeitarbeit bei gleichzeitig geringerer Entlöhnung. Damit wird zwar kein Lösungskonzept für gesamtgesellschaftliche Probleme wie Umweltbelastung und Arbeitslosigkeit vorgeschlagen[180)], aber es werden damit doch wesentliche Freiheitsgrade gewonnen, die der einzelne entsprechend seiner Bedürfnisse - und natürlich auch seiner wirtschaftlichen Möglichkeiten - nutzen kann. Dass unter Arbeitnehmer ein Bedürfnis nach einer solchen Wahlmöglichkeit besteht, steht ausser Zweifel: Wo diesbezüglich überhaupt eine Möglichkeit besteht, wählen schon heute viele Menschen selbst dann eine kürzere Arbeitszeit, wenn sie diese nur unter ungünstigen Bedingungen und sehr eingeschränkten Wahlmöglichkeiten - etwa dass die verkürzte Zeit nicht am Stück wahrgenommen werden darf oder sogar nur ausserhalb der Blockzeiten - erhalten und sie zur Erreichung dieser Freiheiten einen hohen persönlichen Einsatz erbringen müssen.[181)]

Teilzeitarbeit wäre aber sowohl für den einzelnen als auch für das Unternehmen wesentlich vorteilhafter, wenn auch die institutionellen Rahmenbedingungen - die Arbeitsgesetze und Sozialversicherungen etwa - entsprechende Flexibilitäten aufweisen würden. So gilt es einerseits nach Lösungen zu suchen, um die Gesamtarbeitskosten für das Unternehmen entsprechend zur Arbeitszeit verkleinern zu können; neben dem Lohn müssten auch die entsprechenden Lohnnebenkosten prozentual gekürzt werden können, damit ein Teilzeitarbeiter nicht prozentual höhere Kosten verursacht. Gleichzeitig darf aber andererseits ein Teilzeitarbeiter nicht systematisch benachteiligt werden; es müssen akzeptable Wege gefunden werden, um etwa seine Sozialversicherung und die Rechtssicherheit und -gleichheit in seiner Arbeitsstellung zu garantieren. Erwähnt sei hier auch kurz die relativ einseitige Belastung des Faktors Arbeit bei der Finanzierung des Staatshaushaltes; die dadurch entstehenden 'Arbeitskosten' haben wahrscheinlich zu ihrem Teil die Anstrengungen zur Arbeitsrationalisierung noch gefördert. Im Zusammenhang mit Umweltfragen wird heute vermehrt eine Energiesteuer dis-

180) Langfristig können aber diese individuellen Arbeitszeiten durchaus über Verhaltens- und Zieländerungen zu einer Beruhigung dieser Probleme beitragen.
181) Über Zeitpioniere siehe Hörning u.a. (1990).

kutiert, die gleichzeitig die Einkommenssteuer entlasten könnte.[182] Mit dem dadurch verursachten Anreiz zu Rationalisierungen im Energieverbrauch würde der Faktor Arbeit gleichzeitig für das Unternehmen relativ wieder interessanter; die Reduktion der Einkommenssteuer könnte andererseits das verfügbare Einkommen des Arbeiters verbessern, was ihm auch wieder vermehrt Möglichkeiten zu Teilzeitarbeit eröffnen würde.

5.3.3.2. Flexible Arbeitszeiten

Mit dem Vorschlag, die Dauer der Arbeitszeit vermehrt den individuellen Bedürfnissen anzupassen und sie somit vermehrt als eine Variable des Arbeitsvertrages zu verstehen, nähern wir uns direkt der Diskussion um flexible Arbeitszeiten - von den Befragten am häufigsten als Verbesserungswunsch, am häufigsten aber auch als Faktor für die Arbeitszufriedenheit und vielfach auch als Motivator genannt. Unter den gegebenen Bedingungen stellt die Flexibilisierung der Arbeitszeit darüber hinaus aber auch eine wichtige Voraussetzung dar, wenn Arbeit und Wirtschaft nicht weiterhin den zentralen und dominierenden Lebensbereich darstellen sollen, nach dessen verselbständigten, eigengesetzlichen Zwängen und Vorgaben sich alle anderen Lebensbereiche ausrichten müssen. Statt dass sich der Mensch weitgehend nach unabänderlichen Gegebenheiten einer geradezu zum Selbstzweck verselbständigten Wirtschaft ausrichten muss, könnte unter flexiblen Arbeitszeiten die Erwerbsarbeit wieder stärker auch als individuelles Mittel zum Zweck erfahren und entsprechend den individuellen Bedürfnissen und Notwendigkeiten angepasst werden.[183] Gerade die Flexibilisierung der Zeit - sowohl bezüglich der Dauer als auch des Zeitpunkts - würde dem Mittelcharakter, den die Erwerbsarbeit heute weitgehend hat, auchseitens des Arbeiters besser entsprechen, indem sie nun auch dem einzelnen die Dispositionsfreiheit eröffnet, nicht nur das übrige Leben so einzurichten, dass es nicht mit der Arbeit kollidiert, sondern auch die Arbeit entsprechend der jeweiligen Bedürfnisse und Notwendigkeiten - insbesondere auch jener in anderen Lebensbereichen - anzupassen: Die Erwerbsarbeit könnte dann etwa für Weiterbildung, vorübergehende Engagements in Vereinen oder an Veranstaltungen, aber auch im Krankheitsfalle eines Kindes oder für eine längere Reise in dem

---

182) Dieser Vorschlag wurde vor kurzem etwa auch vom Deutschen Bundespräsidenten Richard von Weizsäcker in die politische Diskussion eingebracht.
183) Vgl. Hörning u.a. (1990), S. 137 ff.

Masse zeitlich verschoben (Morgen- oder Abendarbeit, wenn andere Verpflichtungen auf den Tag fallen), vorübergehend eingeschränkt (etwa um an Kursen teilnehmen zu können oder einer anderen Betätigung nachzugehen) oder gar unterbrochen werden (für die Pflege von Familienmitgliedern oder für Sprachaufenthalte und Reisen), wie dies zweckmässig und wünschenswert erscheint und eben diese anderen Tätigkeiten einen grösseren Nutzen versprechen, also mehr zur individuellen Wohlfahrt oder Lebensbewältigung beitragen als jenes alternative Mittel, die Erwerbsarbeit. Die Flexibilisierung hat dabei den Vorteil, dass in vielen Fällen nicht auf das eine oder andere verzichtet werden muss, sondern je nach Dringlichkeit und Bedingungen die Tätigkeiten flexibler und damit effizienter aufeinander abgestimmt werden können.

Wenn sich aber die Idee der flexiblen Arbeitszeiten in der Praxis bis heute kaum durchsetzen konnte, so muss der Grund hierfür wohl eher darin gesucht werden, dass flexible Arbeitszeiten gerade die unternehmensinterne Kooperation vor Probleme stellt. Eine reibungslose Koordination der unterschiedlichen Tätigkeiten sowie ein ungestörter Produktions- und Informationsfluss können dann am besten gewährleistet werden, wenn alle beteiligten Mitarbeiter gleichzeitig ihre Funktionen ausführen. Ueber flexible Arbeitszeiten kommt im bereits sehr komplexen Zusammenspiel der unterschiedlichen Funktionen eine weiter Variable hinzu: Damit die Kooperation im Unternehmen trotz individuell unterschiedlicher Arbeitszeiten weiterhin reibungslos verlaufen kann, müssen auch die Arbeitszeiten koordiniert und die entsprechenden Informationen an alle betroffenen Mitarbeiter und Funktionsstellen weitergeleitet werden. Mit jedem neuen Mitarbeiter und bei jedem individuellen Wunsch nach Aenderungen müssen neue Lösungen gefunden werden, müssen die individuellen Arbeitszeiten wieder miteinander koordiniert werden.

Gerade der für die Koordination aber so wichtige Informationsfluss wird ebenso wie die Zusammenarbeit insgesamt durch die flexiblen Arbeitszeiten erheblich erschwert.[184)] Die bisher weitgehend gewährte gleichzeitige und permanente Anwesenheit aller erleichtert sowohl vertikal wie auch horizontal Zusammenarbeit und Kommunikation; kurzfristige Umdispositionen sind jederzeit möglich und im Bedarfsfalle kann auf die Hilfe des Mitarbeiters zurückgegriffen werden. Demgegenüber müssen die Zusammenarbeit und die Informationsflüsse bei fle-

---

184) Vgl. hierzu Hörning u.a. (1990), S. 78 ff.

xiblen Arbeitszeiten strategischer und umfassender geplant und bewerkstelligt werden: Der schnelle Griff zum Telefon, weil etwas nicht bedacht oder vergessen wurde, ist dann zum Scheitern verurteilt, wenn der betreffende Mitarbeiter gerade nicht am Arbeitsplatz ist; Informationen müssen auf eine Weise vermittelt werden, dass alle, auch die im Moment nicht anwesenden Mitarbeiter auch tatsächlich erreicht werden; und nicht zuletzt muss bei flexiblen Arbeitszeiten die Arbeit und alle darin enthaltenen Informationen bei Abwesenheit an den stellvertretenden Mitarbeiter weitergeleitet werden.

All dies ist zumindest vorerst mit erheblichem Mehraufwand und mit dem Risiko von Pannen, Leerläufen und Reibereien verbunden. Es ist wahrscheinlich, dass gewisse Arbeitsbereiche leichter und mit weniger Aufwand für eine dennoch erfolgreiche Arbeitszeitflexibilisierung umgestaltet werden können als andere. So konnte etwa beim Verkaufspersonal eines Münchner Warenhauses ohne grössere Probleme eine weitgehende Flexibilisierung eingeführt werden. Schwieriger könnte es hingegen sein, wo etwa eine Produktionsstrasse mit einer festen Anzahl Menschen betrieben werden muss und jede Arbeit einen, dafür einen permanent anwesenden Arbeiter erfordert oder bei Mitarbeitern, die komplexe Informationen und Probleme bearbeiten und Entscheidungen fällen müssen. Flexibilitäten werden aber schon heute bewältigt aufgrund von Absenzen, wegen Militärdienst, Krankheit oder Urlaub, oder aufgrund von beruflichen Erfordernissen, wie Abwesenheiten für Aussenkontakte, Weiterbildung, Sitzungen usf.

Grundsätzlich muss man aber davon ausgehen, dass sich eine traditionelle Arbeitsorganisation mit strenger Arbeitsteilung, die über eine Hierarchie von Anordnungen und Kontrollen koordiniert und gestaltet wird, nur schlecht mit flexiblen Arbeitszeiten vereinbaren lässt. Viele Unternehmen sind denn auch organisatorisch noch nicht auf die Auswirkungen und Erfordernisse einer flexiblen Arbeitszeit vorbereitet:[185] Ihre formellen Informationskanäle würden in der Regel ebenso überfordert wie die Vorgesetzten in ihrer Funktion als umfassende Koordinatoren und letztlich würde wohl auch der Zusammenhalt der Mitarbeiter gefährdet, der bisher nicht zuletzt auch auf der Gemeinsamkeit der Arbeitsbedingungen und Erfahrungen beruht. Der Forderung nach, oder gar der Notwendigkeit zu flexibleren Arbeitsbedingungen kann demnach nur dann umfassend

185) Vgl. Hörning u.a. (1990), S. 66.

entsprochen werden, wenn entsprechend die Organisation der Zusammenarbeit neu gestaltet wird, und dies ist ebenfalls mit Kosten und Unsicherheiten verbunden.

Widerstand gegen entsprechende Neuerungen ist schon deshalb verständlich, weil organisatorische Veränderungen immer auch mit Notwendigkeit zur Folge haben, dass der einzelne seine eigene Stellung, Funktion und Verhaltensweise neu definieren, anpassen und allenfalls auch legitimieren muss. Weniger das obere als vielmehr das mittlere Management ist hiervon besonders betroffen. Ihre Funktion und Stellung könnte wohl in der bisherigen Form nicht mehr benötigt werden:[186)] Das bisher durch die Organisationsstruktur gestützte Nebeneinander von Funktionsträgern, die über vorgesetzte Instanzen koordiniert werden müssen, wird im Falle einer Flexibilisierung mit Vorteil in ein verstärktes Miteinander unmittelbar zwischenmenschlicher Kooperation umgewandelt werden müssen. Gerade unter der Bedingung flexibler Arbeitszeiten hat etwa die Gruppenstruktur wesentliche Vorteile aufzuweisen, indem innerhalb der Gruppe Informationen besser fliessen; selbst bei komplexen Aufgaben gewährleistet sie in der Regel, dass auch bei Abwesenheit eines einzelnen alle aufgabenrelevanten Informationen im Unternehmen zugänglich bleiben und selbst kurzfristig Entscheidungen getroffen werden können. Es gibt aber sicher auch Arbeitsgebiete, in denen nicht notwendigerweise eine Gruppenstruktur erforderlich ist und andere Formen einer flexiblen Kooperation gefunden werden können; die Gruppe kann sogar insofern Nachteile aufweisen, als zeitliche Flexibilitäten weitgehend nur innerhalb der Gruppe koordiniert werden können und damit aufgrund der relativ kleinen Mitgliederzahl relativ beschränkt bleiben muss.[187)] Ziel der je nach Aufgabe und Rahmenbedingungen zu gestaltenden Organisations- und Kooperationsform ist letztlich eine der Arbeitszeitflexibilität entsprechende Flexibilisierung der strukturellen Arbeitsbedingungen; die Zusammenarbeit und damit insbesondere auch der Informationsfluss muss möglichst kostengünstig erfolgen können, was bei aller Vielfalt der organisatorischen Möglichkeiten aller Wahrscheinlichkeit nach meistens einen *Abbau der Hierarchiestufen*, eine Erweiterung der einzelnen Arbeitsaufgaben mit entsprechender

186) Vgl. hierzu Hörning u.a. (1990), S. 82 ff.

187) Dabei besteht auch ein Unterschied, ob eine Gruppe eigenständig die Arbeit zeitlich untereinander *aufteilen* soll, wie dies etwa bei den Mitarbeitern einer Ladenfiliale oder eines Cafés der Fall sein könnte, oder ob die Gruppe - zumindest grösstenteils - *zusammenarbeiten* soll.

Kompetenzzuordnung, umfassender Informationen und Verantwortlichkeit und insbesondere eine Vertiefung der unmittelbaren Zusammenarbeit der einzelnen Mitarbeiter bedingen wird.

Die Einführung flexibler Arbeitszeiten kann aber auch aus anderen Gründen Probleme bereiten und sollte deshalb behutsam und überlegt erfolgen: Wie jede Veränderung kann auch die Flexibilisierung bei den Mitarbeitern Verunsicherungen und Aengste auslösen. Bei weitem nicht alle Mitarbeiter wünschen für sich flexible Arbeitszeiten; gerade für jene, die sich bereits seit Jahren an einen festen Arbeitsrhythmus gewöhnt haben, kann der feste Platz der Arbeit in ihrem Leben durchaus auch ein wichtiger Bestandteil ihres Selbstbildes und ihres Lebensverständnisses sein. Auch wenn sie die Möglichkeit einer flexiblen Zeitgestaltung deshalb selber nicht nutzen wollen (und auch nicht müssen), so werden sie nach deren Einführung auch im bisher so geregelten und einheitlichen Arbeitsumfeld zunehmend mit Menschen konfrontiert, die aus verschiedensten Gründen mit ganz unterschiedlichen Arbeitszeiten ihre Mitarbeiter sind. Diese leben nun sichtbar auch am Arbeitsplatz einen alternativen Lebensentwurf mit individuellen Zielen und Werten und können daher von jenen u.U. als Bedrohung ihres Welt- und Selbstbildes wahrgenommen werden, in der die Arbeit weiterhin einen zentralen Stellenwert einnimmt: Weil durch die Arbeitszeitflexibilisierung auch am Arbeitsplatz die unterschiedlichsten Lebensauffassungen sichtbar werden und die unterschiedlichen Arbeitszeiten zweifellos auch die Art der Zusammenarbeit beeinflussen und verändern wird, muss auch mit entsprechenden Konflikten gerechnet werden. Die bisherige (Schein-)Harmonie im Unternehmen, in der durch klare Regelungen alle Mitarbeiter unter gleichen Bedingungen und bei Vorgabe klarer Ziele und Kriterien zusammen arbeiteten, wird durch die flexiblen Arbeitszeiten teilweise aufgelöst. Jene, welche die alte Ordnung und Gewissheit vorziehen - oder sich endgültig mit ihr abgefunden haben -, können sich dabei bedroht fühlen durch die Präsenz von Mitarbeitern, die offenbar andere Prioritäten setzen (können und wollen) und entsprechend sogar ihre Arbeitszeiten oder die Dauer ihrer Arbeit ihren rein individuellen Bedürfnissen anpassen: Es kann in diesem Zusammenhang durchaus von einer Angst vor der Freiheit[188)] gesprochen werden, die sich öfters auch in einer rigorosen Ablehnung der Freiheit der anderen äussern kann, oder im Neid auf deren Freiheiten, die man sich selbst nicht zu erlauben getraut. Demotivierende Frustratio-

188) Vgl. Fromm (1945).

nen und destruktive Konflikte können die Folge sein, weshalb bei einer Einführung von flexiblen Arbeitszeiten eine gleichzeitige Intensivierung der Kommunikation und eine sensible Wahrnehmung allfälliger Spannungen wichtig ist.

Trotz dieser möglichen Probleme und Risiken und trotz der allenfalls notwendigen organisatorischen Veränderungen muss aber eine Einführung flexibler Arbeitszeiten nicht einzig aus philanthropischen Motiven erfolgen; flexible Arbeitszeiten bei entsprechender Entlöhnung kann durchaus auch den Bedürfnissen des Unternehmens entgegenkommen und für dessen Zielerreichung von Vorteil sein. Es konnte der empirische Nachweis erbracht werden, dass flexible, insbesondere nach individuellen Bedürfnissen verkürzte Arbeitszeiten in der Regel zu einem erheblichen Anstieg der Arbeitsproduktivität und der Effizienz führen.[189)] Teilzeitarbeiter sind vielfach besser motiviert und machen weniger Pausen; vielfach konnte beobachtet werden, dass bei einer Reduktion auf eine Arbeitszeit von z.B. 80% weiterhin die Leistung einer 100%-Stelle geleistet wird. Voraussetzung ist hierbei aber zumeist, dass der Mitarbeiter seine Arbeit selber gestalten kann; Effizienzgewinne sind dabei oft die Folge von der Notwendigkeit, die Arbeitsaufgabe vermehrt nach Prioritäten zu ordnen, weshalb vielfach unnötige Arbeitsgänge und ineffiziente Verrichtungen eliminiert werden. Aber selbst auch bei weitgehend fremdbestimmten Routinearbeiten, wie etwa am Fliessband, können kürzere Arbeitszeiten u.U. dazu beitragen, dass die Konzentration weniger erlahmt und damit weniger Ausschuss produziert wird. Der Motivationseffekt flexibler Arbeitszeiten kann nicht bestritten werden: Da bereits durch diesen Zuwachs an Freiheitsgraden die Arbeit weit weniger gleichförmiger und unabänderlicher Alltagstrott darstellt, steigt gemeinhin Qualität und Engagement in der Arbeit und sinken die Leerzeiten, Absenzen und 'Krankheitsausfälle'.

Im weiteren ist es aber auch durchaus denkbar, dass ein Unternehmen zusätzlich von flexiblen Arbeitszeiten profitieren kann, wenn es, was immer mehr der Fall

189) Vgl. Hörning u.a. (1990), S. 71 und die dort angeführte Literatur über empirische Untersuchungen. Eine nicht wirklich erstaunende, aber dennoch nicht beachtete Erkenntnis, denn auch bezüglich der Arbeitszeit gilt schon *aufgrund der Ermüdung* das *Gesetz der abnehmenden Grenzproduktivität*, weshalb eigentlich nach einer wohl doch kürzeren Normalarbeitszeit für zusätzliche Stunden weniger gezahlt werden müsste, ausser es handelt sich um aussergewöhnliche Ueberstunden zur Rettung eines ganzen Auftrages, womit der Wert dieser Stunden auch bei kleinerer Produktivität wesentlich höher liegt.

ist, in einem sehr dynamischen Umfeld tätig ist. Zum einen fördern wohl die für flexible Arbeitszeitregelungen notwendigen organisatorischen Umstellungen eine innerbetriebliche Dynamik und Flexibilität, die der Dynamik des Umfeldes besser entspricht als festgefahrene hierarchische Strukturen. Flexible Arbeitszeiten wären insbesondere dann hilfreich, wenn die Arbeit etwa im Tages- oder Wochenverlauf ungleich anfällt und sich die Mitarbeiter dank flexibler Zeiten vermehrt auch auf die Spitzenzeien ausrichten. Es ist zu vermuten, dass auch auf der Arbeitnehmerseite ein beachtliches Bedürfnis nach Teilzeitstellen an Abenden oder Wochenenden besteht - oder sich entwickeln könnte; gerade Menschen in Ausbildung sind vielfach auf solche Arbeitsangebote angewiesen.

Damit wird aber auch deutlich, dass Forderungen nach flexiblen Arbeitszeiten letztlich nicht einseitig erhoben werden können; während der Arbeitnehmer seine Arbeitszeit nach seinen Bedürfnissen zu gestalten wünscht, kann auch der Arbeitgeber für eine effizientere Zielerreichung eine bedarfsgerechte Flexibilisierungen der Arbeit anstreben. So steht etwa Arbeitszeitflexibilisierung auch für die Forderung von Unternehmern nach verlängerten Ladenöffnungszeiten. Dabei müssen die Bedürfnisse von Arbeitgeber und -nehmer bezüglich Flexibilisierungen aber nicht identisch sein, was mit ein Grund dafür ist, dass diesbezüglich noch relativ wenig Fortschritte erzielt wurden, denn beide Seiten befürchten gleichzeitig, benachteiligt zu werden. Am Beispiel: Verlängerte Ladenöffnungszeiten bedeuten für die betroffenen Arbeitnehmer unregelmässige Arbeitszeiten, wobei insbesondere die Arbeit am Abend das Privatleben beeinträchtigen könnte. Gerade hier zeigt sich aber, dass eine konsequente Flexibilisierung der Arbeitsverträge zumindest teilweise einen Ausgleich der unterschiedlichen Präferenzen, Bedürfnisse und Anforderungen herbeiführen könnte, indem etwa Teilzeitarbeiter in den Abendstunden jene Arbeitnehmer ersetzen, die zwar eine volle Arbeitszeit bevorzugen, jedoch nicht am Abend arbeiten möchten. Zwar ist damit noch keine Lösung gefunden, die allen Ansprüchen jederzeit vollauf gerecht werden wird, aber sie eröffnet den grösstmöglichen Dispositionsspielraum, in dem - unter gewissen Kompromissen - eine allseitig wenigstens befriedigende Zeitregelung gefunden werden sollte.

Um allseits befriedigende Lösungen finden zu können, ist es eine unabdingbare Voraussetzung, dass über das Problem der Arbeitszeiten eine intensive Diskussion geführt wird; wenn alte Vorstellungen und Regelungen ernsthaft hinterfragt werden, so eröffnen sich entsprechend vielfältige Lösungs- und Kompromissmöglichkeiten. So stellte etwa Beat Kappeler erst kürzlich in einem Zeitungsartikel ein Arbeitsmodell vor, das dem Mitarbeiter kürzere Arbeitszeiten bei gleichbleibendem Lohn ermöglichen würde, wenn er gleichzeitig unregelmässigen Arbeitszeiten zustimmt:[190)] Er beruft sich dabei auf Berechnungen der Cerberus AG, die für ihr Unternehmen eine Reduktion der Produktionskosten um über 35% prognostiziert, wenn die gegebene Infrastruktur und Einrichtung in zwei Arbeitsschichten ausgelastet werden könnte. Obwohl niemand vor 6 Uhr morgens oder nach 22 Uhr abends zu arbeiten hätte, würde der in Schichten arbeitende Mitarbeiter von dreieinhalb Freitagen pro Woche profitieren. Dieses Beispiel, das in verschiedenen Ländern in ähnlicher Weise schon praktiziert wird, soll hier verdeutlichen, dass durchaus Möglichkeiten bestehen, ursprünglich widersprüchliche Ansprüche in Kompromissform zu vereinbaren, wovon beide Parteien profitieren können. Voraussetzung aber: offene, vorurteilslose Diskussion.

Der Vorschlag der Cerberus AG muss in vielfältiger Weise diskutiert werden. Durchaus zu befürworten ist eine bessere Nutzung und Auslastung der teuren Investitionen in Maschinen und Gebäuden. Aus ökologischer Sicht könnte aber gleichzeitig der weitere Zuwachs der Produktion von Gütern durchaus auch problematisch sein; auch stellt sich natürlich die Frage, ob die Mehrproduktion eine Nachfrage finden wird, wobei jedoch eine Senkung der Produktionskosten bei einer gleichzeitig höheren Lohnsumme (zwei Schichten von Angestellten) - generell gesehen und bei einer verbreiteten Anwendung - durchaus die potentielle Nachfrage und die internationale Wettbewerbsfähigkeit steigern dürfte. Auch im sozialen Bereich mag die Schichtarbeit durchaus Nachteile aufweisen. Letztendlich besteht hier, wie in jedem Fall von Flexibilisierungen die Gefahr, dass bei ungleicher Verhandlungsstärke der Arbeitnehmer benachteiligt werden könnte. Nicht ohne Grund stehen Gewerkschaften der Flexibilisierungsfrage mehrheitlich ablehnend gegenüber, da individuell unterschiedliche Arbeitsverträge schlecht miteinander verglichen werden können: In der Auseinandersetzung um faire Arbeitsbedingungen wird es schwierig sein, zu entscheiden, ob ein Vertrag in gegenseitiger Freiwilligkeit abgeschlossen wurde und den jeweiligen Bedürfnissen gerecht wird, oder ob eine Notlage einseitig ausgenutzt wurde. Um wie-

---

190) Vgl. Kappeler, Beat: Wenn sich das Kapital über kurze Arbeitszeiten freut; in: Die Weltwoche, Nr. 30, 29. Juli 1993, S. 16.

viel kann etwa ein Lohn gekürzt werden als adäquate Gegenleistung zu individuellen Arbeitszeiten?

Die wirtschaftlichen wie ökologischen Rahmenbedingungen erfordern ebenso wie die vermehrt ernstzunehmenden Bedürfnisse der Mitarbeiter eine offene und vorbehaltlose Diskussion und Neuorientierung der Arbeitsbedingungen. Weder altgediente Modelle noch vereinfachende Utopien sind letztlich befriedigend. Die Suche nach neuen Lösungen muss jedoch immer begleitet werden vom ernsten Bemühen, die Positionen offenzulegen und offen zu diskutieren. Zentrales Problem wird dabei immer sein, dass im Bereich der Erwerbsarbeit gegensätzliche Bedürfnisse aufeinanderprallen, weshalb jede Lösung nach Möglichkeit die Chancengleichheit der Vertragspartner gewährleisten muss. Hier ist denn auch der Staat gefordert, entsprechende Regelungen nicht nur zu erlassen, sondern auch aktiv durchzusetzen.

Vielfältige Lösungsbeispiele zeigen, dass eine Neukonzeption der Arbeitsbedingungen zumindest einzelwirtschaftlich kein Nullsummenspiel sein muss, sondern durchaus Vorteile für Arbeitnehmer und Arbeitgeber beinhalten kann. Es kann durchaus vermutet werden, dass dies auch auf gesamtgesellschaftlicher Ebene möglich ist, aber die Probleme sind hier sicher weitaus komplexer, weshalb verstärkt die Gefahr besteht, dass auch anfänglich erfolgreiche Strategien und Regelungen auf die Dauer neue und sogar grössere Probleme schaffen.[191)] Jedenfalls erfordert es Mut, Offenheit, Weitsicht und vor allem Kommunikationsbereitschaft - im politischen Raum wohl noch mehr als im einzelnen Unternehmen -, wenn befriedigende Lösungen gefunden werden sollen. Und: *Es braucht Ehrlichkeit und Seriosität, um sich endlich in angemessener Weise den immer dringlicheren Problemen im Bereich der Arbeit zu stellen.*

191) Mit der Verkürzung und Flexibilisierung der Arbeitszeiten können vielleicht kurzfristig neue Arbeitsplätze geschaffen werden und neue Wachstumsimpulse erwachsen. Langfristig können aber wiederum systemische Wachstumsgrenzen erreicht werden, die dann u.U. aufgrund der neuen Wirtschafts- und Arbeitsstrukturen sogar negativere Auswirkungen zeigen als dies heute unter den gegebenen Strukturen der Fall ist; vgl. hierzu etwa die Theorien über Wachstum, Wachstumsgrenzen und deren Auswirkungen bei den klassischen Oekonomen Smith, Ricardo, Malthus, Mill, zusammengestellt in Falkinger (1986), S. 36 ff. *Grundsätzlich können aber Flexibilitäten, sofern sie nicht mit Gesetz- und Ordnungslosigkeit verwechselt werden, niemals falsch sein.*

BIBLIOGRAPHIE

ABEL (1970), Wilhelm: Der Pauperismus in Deutschland am Voranbend der Industriellen Revolution, Hannover 1970.

ABEL (1974), Wilhelm: Massenarmut und Hungerkrisen im vorindustriellen Europa, Versuch einer Synopsis, Hamburg 1974.

ABRAHAMS, Frederick F.; **SOMMERKORN**, Ingrid N. (**1976**): Arbeitswelt, Familienstruktur und Sozialisation; in: Klaus Hurrelmann (Hg.), Sozialisation und Lebenslauf, Empirie und Methodik sozialwissenschaftlicher Persönlichkeitsforschung, Reinbek b. Hamburg 1976, S. 70-89.

ALCHIAN (1970), Armen A.: Information Costs, Pricing, and Resource Unemployment; in: Edmund S. Phelps u.a. (Hg.), Microeconomic Foundations of Employment and Inflation Theory, New York 1970, pp. 27-52.

ALCHIAN, Armen A.; **DEMSETZ**, Harold (**1972**): Production, Information Costs, and Economic Organization; in: American Economic Review, Menasha (Wisc.) 1972, Vol. 62, No. 5, S. 777-795.

ALLERBECK, Klaus R.; **HOAG**, Wendy J. (**1983**): Umfrageforschung und Wertwandel; in: Joachim Matthes (Hg.), Krise der Arbeitsgesellschaft?, Verhandlungen des 21. Deutschen Soziologentages in Bamberg 1982, Frankfurt/M. 1983, S. 455-462.

ARCHIBALD (1987), G.C.: Theory of the Firm; in: John Eatwell, Murray Milgate, Peter Newman (Eds.), The New Palgrave, A Dictionary of Economics, Vol. 2, London 1987, pp. 357-363.

ARENDT (1989), Hannah: Vita activa, oder vom tätigen Leben, engl. Orig: The Human Condition, Chicago 1958, 6. Aufl., Stuttgart 1989.

ARGYRIS (1959), Chris: The Individual and Organization, An Empirical Test; in: Administrative Science Quaterly, Vol. 4, No. 2, Ithaca (NY) 1959, pp. 145-167.

ARGYRIS (1964), Chris: Integrating the Individual and the Organization, New York 1964.

ARGYRIS (**1967**), Chris: Personality and Organization, The Conflict between System and the Individual, New York 1967.

ARNO (**1989**), Rolf: Vom 'Zwang des Systems' und vom 'Handeln der Akteure' bei der Büroautomation und -kommunikation; in: Jahrbuch für Sozialökonomie und Gesellschaftstheorie, Auswirkungen neuer Technologien auf Betrieb, Wirtschaft und Gesellschaft, Opladen 1989, S. 137-149.

ARROW (**1971**), Kenneth J.: Essays in the Theory of Risk-Bearing, Amsterdam 1971.

ARROW (**1980**), Kenneth J.: Wo Organisation endet, Management an den Grenzen des Machbaren; engl. Orig.: The Limits of Organization, New York 1974, Wiesbaden 1980.

ASSMANN, Heinz-Dieter, **KIRCHNER**, Christian, **SCHANZE**, Erich (Hg.), (**1978**): Oekonomische Analyse des Rechts, Kronberg/Ts. 1978.

AXELROD (**1988**), Robert: Die Evolution der Kooperation, engl. Orig.: The Evolution of Cooperation, New York 1984, München 1988.

AZNAR (**1978**), Guy: Non aux loisirs, non à la retraite, Paris 1978.

BAETHGE (**1983**), Martin: Wandel betrieblicher Strukturen von Angestelltentätigkeiten; in: Joachim Matthes (Hg.), Krise der Arbeitsgesellschaft?, Verhandlungen des 21. Deutschen Soziologentages in Bamberg 1982, Frankfurt/M. 1983, S. 175-188.

BAETHGE (**1986**), Martin: Individualisierung als Hoffnung und als Bedrohung; in: gdi impuls, Nr. 4, Zürich 1986.

BAHRDT (**1958**), Hans P.: Industriebürokratie, Versuch einer Soziologie des industrialisierten bürobetriebes und seiner Angestellten, Stuttgart 1958.

BAINBRIDGE (**1983**), L.: Ironies of Automation; in: G. Johannsen, J.E. Rijnsdorp, Analysis, Design, & Evaluation of Man-Machine Systems, Oxford 1983, S. 129-135.

BAITSCH, Christof; **ULICH**, Eberhard (Hg.) (**1990A**): Arbeit und Identität, Schwerpunktthema der Zeitschrift Psychosozial, 13. Jg., Nr. 43, München 1990.

BAITSCH, Christof; **ULICH**, Eberhard (**1990B**): Einleitung und Ueberblick; in: Christof Baitsch, Eberhard Ulich (Hg.), Arbeit und Identität, Schwerpunktthema der zeitschrift Psychosozial, 13. Jg., Nr. 43, München 1990, S. 5-6.

BARGEL (**1979**), Tino: Ueberlegungen und Materialien zu Wertdisparitäten und Wertwandel in der BRD; in: Helmut Klages, Peter Kmieciak (Hg.), Wertwandel und gesellschaftlicher Wandel, 3. Aufl., Frankfurt/M. 1984, S. 147-184.

BATTAGLIA (**1973**), Felice: Work; in: Philip P. Wiener (Hg.), Dictionary of the History of Ideas, New York 1973, pp. 530-535.

BAUER (**1931**), Otto: Kapitalismus und Sozialismus nach dem Weltkrieg, Bd. 1, Rationalisierung - Fehlrationalisierung, Wien 1931.

BECK u.a. (**1979**), Ulrich; Brater, Michael, Wegener, Bernd: Berufswahl und Berufszuweisung, Zur sozialen Verwandschaft von Ausbildungsberufen, Frankfurt/M. 1979.

BECKER (**1962**), Gary S.: Investment in Human Capital, Theoretical Analysis; in: The Jounal of Political Economy, Vol. 70, Nr. 5 Part 2 (Supplement), Chicago 1962, pp. 9-49.

BECKER (**1964**), Gary S.: Human Capital, A Theoretical and Empirical Analysis, with Special Reference to Education, New York 1964.

BEHRENS (**1985**), Peter: The Firm as a Complex Institution; in: Zeitschrift für die gesamte Staatswissenschaft (ZgS), Bd. 141, H. 1, Tübingen 1985, S. 62-75.

BEHRENS (**1986**), Peter: Die ökonomischen Grundlagen des Rechts, Politische Oekonomie als rationale Jurisprudenz, Tübingen 1986.

BELL (**1975**), Daniel: Die nachindustrielle Gesellschaft, engl. Orig.: The Coming of Post-Industrial Society, New York 1973, Frankfurt/M. 1975.

BENDIX (**1960**), Reinhard: Herrschaft und Industriearbeit, Untersuchungen über Liberalismus und Autokratie in der Geschichte der Industrialisierung, engl. Orig.: Work and Authority in Industry, New York 1956, Frankfurt/M. 1960.

BENDIX (**1968**), Reinhard: Die 'protestantische Ethik' im Rückblick; in: Johannes Winckelmann (Hg.), Max Weber, Die protestantische Ethik, Bd. 2, Kritiken und Antikritiken, 2. erw. Aufl., Hamburg 1972, s. 380-391.

BEN-PORATH (1980), Yoram: The F-connection, Families, Friends and Firms and the organization of exchange; in: Population and Developement Review, Vol. 6, pp. 1 ff.

BERGMANN (1988), Werner: Bewusstsein oder Handlung, Ansatzpunkte einer soziologischen Zeittheorie; in: Eberhard K. Seifert (Hg.), Oekonomie und Zeit, Beiträge zur interdisziplinären Zeitökonomie, Frankfurt/M. 1988, S. 79-101.

BERTHEL (1992), Jürgen: Führungskräfte-Qualifikation, Teil 1; in: Zeitschrift Führung und Organisation (zfo), 61. Jg., H. 4, Baden-Baden 1992, S. 206-211.

BIELER (1959), André: La pensée économique et sociale de Calvin, Thèse présentée à la Faculté des Sciences Economiques et Sociales de l'Université de Genève, Genève 1959.

BILFINGER (1892), Gustav: Mittelalterliche Horen und Moderne Stunden, Unveränderter Neudruck, Wiesbaden 1969.

BLAUNER (1964), Robert: Alienation and Freedom, The Factory Worker and His Industry, Chicago 1964.

BLOCH (1982), Marc: Die Feudalgesellschaft, frz. Orig.: La Société Féodale, Paris 1939, Frankfurt/M. 1982.

BÖCKENFÖRDE (1991), Ernst-Wolfgang: Recht, Staat, Freiheit, Studien zur Rechtsphilosophie, Staatstheorie und Verfassungsgeschichte, Frankfurt/M. 1991.

BODENDORF (1990), Freimut: Informatik, Trends im Produktions- und Bürobereich; in: Die Wirtschafts- und Sozialwissenschaften, Erinnerungsband anlässlich der Hundertjahrfeier der Universität Fribourg i.Ue., Fribourg 1990, S. 293-299.

BÖSEL u.a. (1978), Rainer: Stress, Einführung in die psychosomatische Belastungsforschung, Hamburg 1978.

BOSL (1972A), Karl: Die Grundlagen der modernen Gesellschaft im Mittelalter, Monographien zur Geschichte des Mittelalters, Bd. 4, 2 Bde., Stuttgart 1972.

BOSL (1972B), Karl: Mensch und Gesellschaft in der Geschichte Europas, München 1972.

BÖSSMANN (1981), Eva: Weshalb gibt es Unternehmungen? - Der Erklärungsansatz von Ronald H. Coase; in: Zeitschrift für die gesamte Staatswisssenschaft, Tübingen 1981, Bd. 137, H. 4, S. 667-674.

BÖSSMANN (**1982**), Eva: Volkswirtschaftliche Probleme der Transaktionskosten; in: Zeitschrift für die gesamte Staatswisssenschaft, Tübingen 1982, Bd. 138, H. 4, S. 664-679.

BRANDT u.a. (**1973**), Gerhard; Haas, Luitgard; Mayer, Evelies; Schumm, Wilhelm: Berufliche Sozialisation und gesellschaftliches Bewusstsein jugentlicher Erwerbstätiger, Frankfurt/M. 1973.

BRATER, Michael; **BECK**, Ulrich (**1982**): Berufe als Organisationsformen menschlichen Arbeitsvermögens; in: Wolfgang Littek, Werner Rammert, Günther Wachtler (Hg.), Einführung in die Arbeits- und Industriesoziologie, 2. erw. Aufl., Frankfurt/M. 1983, S. 208-224.

BRAUDEL (**1990A**), Fernand: Sozialgeschichte des 15.-18. Jahrhunderts, Bd. 1: Der Alltag, frz. Orig.: Civilisation matérielle, économie et capitalisme, XVe-XVIIIe siècle, Paris 1979, Sonderausgabe, München 1990.

BRAUDEL (**1990C**), Fernand: Sozialgeschichte des 15.-18. Jahrhunderts, Bd. 3: Aufbruch zur Weltwirtschaft, frz. Orig.: Civilisation matérielle, économie et capitalisme, XVe-XVIIIe siècle, Paris 1979, Sonderausgabe, München 1990.

BRAUN (**1960**), Rudolf: Industrialisierung und Volksleben, Winterthur 1960.

BRAUN (**1965**), Rudolf: Sozialer und kultureller Wandel in einem ländlichen Industriegebiet, (Zürcher Oberland) unter Einwirkung des Maschinen- und Fabrikwesens im 19. und 20. Jahrhundert, Erlenbach (Zürich) 1965.

BRAVERMAN (**1977**), Harry: Die Arbeit im modernen Produktionsprozess, engl. Orig: Labour and Monopoly Capital, The Degradation of Work in the Twentieth Century, New York 1974, 2. Aufl. d. Studienausg., Frankfurt/M. 1985.

BRENKE, Karl; **von KLIPSTEIN**, Michael (**1985**): Haben die Jugendlichen noch Lust zu arbeiten? Die Generationenschere bei den Arbeitsorientierungen und das Jugendbild der Erwachsenen; in: Michael von Klipstein, Burkhard Strümpel (Hg.), Gewandelte Werte - Erstarrte Strukturen, Wie die Bürger Wirtschaft und Arbeit erleben, Bonn 1985, S. 233-260.

BRENKE, Karl; **PETER**, Michael (**1985**): Arbeitslosigkeit im Meinungsbild der Bevölkerung; in: Michael von Klipstein, Burkhard Strümpel (Hg.): Gewandelte Werte-Erstarrte Strukturen, Wie Bürger Wirtschaft und Arbeit erleben, Bonn 1985, S. 87-128.

BRIEFS (**1934**), Goetz: Betriebsführung und Betriebsleben in der Industrie, Stuttgart 1934.

BRIEFS (**1934A**), Goetz: Die Hierarchie im Betrieb; Auszug aus: Betriebsführung und Betriebsleben in der Industrie, Stuttgart 1934, S. 40-51, Wiederabdruck in: Friedrich Fürstenberg (Hg.), Industriesoziologie, Bd. 1, 2. erg. Aufl., Neuwied 1966, S. 73-84.

BRIEFS (**1988**), Ulrich: Gesellschaftliche Aspekte der Informationstechnologien, Auswirkungen auf die Arbeitswelt; in: Psychosozial, 11. Jg., München 1988, S. 18-39.

BROCK, Ditmar; **VETTER**, Hans-Rolf (**1982**): Alltägliche Arbeiterexistenz, Soziologische Rekonstruktionen des Zusammenhanges von Lohnarbeit und Biographie, Frankfurt/M. 1982.

BRÖDNER (**1988**), Peter: Alternative Entwicklungspfade in die Zukunft der Fabrik; in: Psychosozial, 11. Jg., München 1988, S. 70-76.

BROSIUS (**1989**), Gerhard: Arbeit mit EDV in öffentlichen und privaten Verwaltungen, Ergebnisse einer empirischen Untersuchung; in: Jahrbuch für Sozialökonomie und Gesellschaftstheorie, Auswirkungen neuer Technologien auf Betrieb, Wirtschaft und Gesellschaft, Opladen 1989, S. 63-80.

BRUGGEMANN (**1974**), Agnes: Zur Unterscheidung verschiedener Formen von 'Arbeitszufriedenheit'; in: Arbeit und Leistung, 28. Jg., H. 11, Köln 1974, S. 281-284.

BRUGGEMANN u.a. (**1975**), Agnes; Groskurt, Peter; Ulich, Eberhard: Arbeitszufriedenheit, Bern 1975.

BRUMLOP (**1987**), Eva: Erweiterte Spielräume für Politik?, Kritische Anmerkungen zur Diskussion um 'Neue Produktionskonzepte'; in: Heidrun Abromeit, Bernhard Blanke (Hg.), Arbeitsmarkt, Arbeitsmarktbeziehungen und Politik in den 80er Jahren, Leviathan, Sonderheft 8, Opladen 1987, S. 243-252.

BRUN (**1985**), Rudolf (Hg.): Erwerb und Eigenarbeit, Dualwirtschaft in der Diskussion, Frankfurt/M. 1985.

BRUNNER (1950), Otto: Die alteuropäische 'Ökonomik', in: Zeitschrift für Nationalökonomie, Bd. XIII, H. 1, Wien 1950, S. 114-139.

BÜCHER (1893), Karl: Die Entstehung der Volkswirtschaft, 6. Aufl., Tübingen 1908.

BÜHLER (1975), Charlotte: Die Rolle der Werte in der Entwicklung der Persönlichkeit und inder Psychotherapie, engl. Orig.: Values in Psychotherapy, Glencoe 1962, Stuttgart 1975.

BURCKHARDT (1860), Jacob: Die Kultur der Renaissance in Italien, 18. Aufl., Leipzig 1928.

BURKE (1988), Peter: Die Renaissance in Italien, Sozialgeschichte einer Kultur zwischen Tradition und Erfindung, engl. Orig.: Culture and Society in Renaissance Italy, London 1972, München 1988.

BURKE (1990), Peter: Die Renaissance, Berlin 1990.

BÜSCHGES (1976), Günter (Hg.): Organisation und Herrschaft, Klassische und moderne Studientexte zur sozialwissenschaftlichen Organisationstheorie, Reinbek b. Hamburg 1976.

BÜSCHGES (1983), Günter: Einführung in die Organisationssoziologie, Stuttgart 1983.

CAILLOIS (1967), Roger: Les jeux et les hommes, Le masque et le vertige, première édition 1958, édition revue et augmentée, Paris 1967.

CAIRNES (1874), John E.: Some Leading Principles of Political Economy Newly Expounded, First Edition London 1874, Reprint, New York 1967.

'CAJANOV (1923), Aleksandr V. (auch: Tschajanow, Alexandr): Die Lehre von der bäuerlichen Wirtschaft, 1. Aufl. Berlin 1923, Neuauflage, Frankfurt/M. 1987.

CALVO (1987), Guillermo A.: Hierarchy; in: John Eatwell, Murray Milgate, Peter Newman (Eds.), The New Palgrave, A Dictionary of Economics, Vol. 2, London 1987, pp. 651-652.

'CAPEK (1973), Mili'c: Time; in: Philip P. Wiener (Hg.), Dictionary of the History of Ideas, New York 1973, pp. 389-398.

CASPARD (1979), Pierre: Die Fabrik auf dem Dorf; in: Detlev Puls (Hg.), Wahrnehmungsformen und Protestverhalten, Studien zur Lage der Unterschichten im 18. und 19. Jahrhundert, Frankfurt/M. 1979, S. 105-142.

CHANDLER (1962), Alfred D.: Stategy and Structure, Chapters in the History of the Industrial Enterprise, Cambridge (Mass.) 1962.

CHANDLER (1977), Alfred D.: The Visible Hand, The Managerial Revolution in American Business, Cambridge (Mass.) 1977.

CHECKLAND (1973), S. G.: Die Lebensbedingungen in den Städten; in: Rudolf Braun u.a. (Hg.), Gesellschaft in der industriellen Revolution, Köln 1973, S. 259-266.

CIPOLLA (1985), Carlo M.: Die industrielle Revolution in der Weltgeschichte, Einführung; in: Carlo M. Cipolla, K. Borchhardt (Hg.), Europäische Wirtschaftsgeschichte, Bd. 3: Die industrielle Revolution, Stuttgart 1985, S. 1-10.

CLAUSEN (1983), Lars: Produktive und destruktive Arbeit; in: Joachim Matthes (Hg.), Krise der Arbeitsgesellschaft?, Verhandlungen des 21. Deutschen Soziologentages in Bamberg 1982, Frankfurt/M. 1983, S. 265-277.

CLAWSON (1972), Marion: Das Zeitbudget moderner Gesellschaften, in: Erwin K. Scheuch, Rolf Meyersohn (Hg.), Soziologie der Freizeit, Köln 1972.

COASE (1937), Ronald H.: The Nature of the Firm; in: Economica, London 1937, Vol. 4, S. 386-405.

COASE (1972), Ronald H.: Industrial Organization, A Proposal for Research; in: V.R. Fuchs (Ed.), Policy Issues and Research Opportunities in Industrial Organization, New York 1972, pp. 59-73.

COASE (1978), Ronald H.: Das Problem der sozialen Kosten, engl. Orig.: The Problem of Social Cost, Chicago 1960, in: Heinz-Dieter Assmann, Christian Kirchner, Erich Schanze (Hg.), Oekonomische Analyse des Rechts, Kronberg/Ts. 1978, S. 46 - 202.

COATS (1958/59), A.W.: Changing Attitudes to Labour in the Mid-Eighteenth Century, in: The Economic History Review, Vol. XI (Second Series), Utrecht 1958/59, S. 35-51.

COLEMAN (1955/56), D. C.: Labour in the Englisch Economy of the Senventeenth Century; in: Economic History Review, Vol. 8 (Second Series), Utrecht 1955/56, pp. 280-295.

COLEMAN (1979), James S.: Macht und Gesellschaftsstruktur; engl. Orig.: Power and the Structure of Society, New York 1974, Tübingen 1979.

COMMONS (1934), John R.: Institutional Economics, Its Place in Political Economy, Vol. 1, Reprint, Madison (Wisc.) 1959.

CONRAD (1989), Peter: Konzeptionelle Ansätze zur Beschreibung und Erklärung von Individualität und Individualisierung, Eine interaktionistische Perspektive; in: Hans Jürgen Drumm (Hg.), Individualisierung der Personalwirtschaft, Grundlagen, Lösungsansätze und Grenzen, Bern 1989, S. 49-58.

DAHRENDORF (1977), Ralf: Homo sociologicus, Ein Versuch zur Geschichte, Bedeutung und Kritik der Kategorie der sozialen Rolle, 17. Aufl., Opladen 1977.

DAHRENDORF (1983), Ralf: Wenn der Arbeitsgesellschaft die Arbeit ausgeht; in: Joachim Matthes (Hg.), Krise der Arbeitsgesellschaft?, Frankfurt/M. 1983, S. 25-37.

DE GRAZIA (1972), Sebastian: Der Begriff der Musse, in: Erwin K. Scheuch, Rolf Meyersohn (Hg.), Soziologie der Freizeit, Köln 1972.

DHOSE (1987), Knut: Taylorismus, Technik, Hierarchie, Kontroversen der 'amerikanischen und britischen Labour Process Debate'; in: Heidrun Abromeit, Bernhard Blanke (Hg.), Arbeitsmarkt, Arbeitsmarktbeziehungen und Politik in den 80er Jahren, Leviathan, Sonderheft 8, Opladen 1987, S. 213-230.

DIPPEL (1981), Horst: Individuum und Gesellschaft, Göttingen 1981.

DOBB (1970), Maurice: Entwicklung des Kapitalismus, Köln 1970.

DRESCHER u.a. (1986), Anne; Esser, Josef; Fach, Wolfgang: Die politische Oekonomie der Liebe, Frankfurt/M. 1986.

DRUCKER (1950), Peter F.: Gesellschaft am Fliessband, Eine Anatomie der industriellen Ordnung, engl. Orig.: The New Society, The Anatomy of the Industrial Order, New York (o.J.), Frankfurt/M. 1950.

DRUMM (1989a), Hans Jürgen (Hg.): Individualisierung der Personalwirtschaft, Grundlagen, Lösungsansätze und Grenzen, Bern 1989.

DRUMM (1989b), Hans Jürgen: Vom Einheitskonzept zur Individualisierung, Neue Entwicklungen in der Personalwirtschaft; in: Ders. (Hg.), Individualisierung der Personalwirtschaft, Grundlagen, Lösungsansätze und Grenzen, Bern 1989, S. 1-13.

DUBIN (1956), Robert: Industrial Workers' World, A Study of the 'Central Life Interests' of Industrial Workers; in: Social Problems, Vol. 3, January 1956, pp. 131-142, reprinted in: Arnold M. Rose (Ed.), Human Behavior and Social Process, London 1962, pp. 247-266.

DUBY (1986), Georges: Die drei Ordnungen, Das Weltbild des Feudalismus; frz. Orig.: Les trois ordres ou l'imaginaire du féodalisme, Paris 1978, Frankfurt/M. 1986.

EDWARDS (1935), Maldwyn: After Wesley, A Study of the Social and Political Influence of Methodism in the Middle Period (1791-1849), London 1948.

EDWARDS (1981), Richard: Herrschaft im modernen Produktionsprozess, engl. Orig.: Contested Terrain, New York 1979, Frankfurt/M. 1981.

EGGEBRECHT (1980), Arne; Flemming, Jens; Meyer, Gert; v.Müller, Chatz; Oppolzer, Alfred; Paulinyi, Akos; Schneider, Helmuth: Geschichte der Arbeit, Vom Alten Aegypten bis zur Gegenwart, Köln 1980.

ELIAS (1969), Norbert: Ueber den Prozess der Zivilisation, Bd. 2, 13. Aufl., Frankfurt/M. 1988.

ELIAS (1970), Norbert: Was ist Soziologie?, 2. Aufl., München 1971.

ELIAS (1984), Norbert: Ueber die Zeit, 3. Aufl. der Taschenbuchausgabe, Frankfurt/M. 1990.

EMERY, Frederick E.; **THORSRUD**, Einar (**1982**): Industrielle Demokratie, Bericht über das norwegische Programm der industriellen Demokratie, Bern 1982.

EMPTER (1988), Stefan: Handeln, Macht und Organisation, Zur interaktionistischen Grundlegung sozialer Systeme, Augsburg 1988.

ENGFER u.a. (1983), Uwe; Hinrichs, Karl; Wiesenthal, Helmut: Arbeitswerte im Wandel, Empirische Analysen zum Zusammenhang von unkonventionellen Werten und Arbeitsbeteiligung; in: Joachim Matthes (Hg.), Krise der Arbeitsgesellschaft?, Verhandlungen des 21. Deutschen Soziologentages in Bamberg 1982, Frankfurt/M. 1983, S. 434-454.

EUCKEN (1939), Walter: Grundlagen der Nationalökonomie, 6.Aufl., Berlin 1950.

EVANS (**1982**), John: Arbeitnehmer und Arbeitsplatz; in: Günter Friedrichs; Adam Schaff (Hg.), Auf Gedeih und Verderb, Mikroelektronik und Gesellschaft, Bericht an den Club of Rome, Wien 1982, S. 169-200.

FALKINGER (**1986**), Josef: Sättigung, Moralische und psychologische Grenzen des Wachstums, Tübingen 1986.

FESTINGER (**1978**), Leon: Theorie der kognitiven Dissonanz, engl. Orig.: A Theory of Cognitive Dissonance, Stanford 1957, Bern 1978.

FLITNER (**1987**), Andreas: Nachwort; in: Huizinga, Johan, Homo Ludens, S. 232 - 236, Hamburg 1987.

FLODEL (**1985**), Charlotta: Mitbestimmung am Arbeitsplatz und ihr Einfluss auf die Arbeitsorientierung; in: Michael von Klipstein, Burkhard Strümpel (Hg.): Gewandelte Werte-Erstarrte Strukturen, Wie Bürger Wirtschaft und Arbeit erleben, Bonn 1985, S. 179-198.

FOGEL, Robert W.; **ENGERMAN**, Stanley L. (**1974**): Time on the Cross, The Economics of American Negro Slavery, Boston 1974.

FREI, Felix; **UDRIS**, Ivars (Hg.), (**1990**): Das Bild der Arbeit, Bern 1990.

FREI, Felix; **ULICH**, Eberhard (Hg.), (**1981**): Beiträge zur psychologischen Arbeitsanalyse, Bern 1981.

FREI u.a. (**1993**), Felix; Hugentobler, Margrit; Alioth, Andreas; Duell, Werner; Ruch, Luzian: Die kompetente Organisation, Qualifizierende Arbeitsgestaltung - die europäische Alternative, Zürich 1993.

FRESE (**1977**), Michael: Psychische Störungen bei Arbeitern, Salzburg 1977.

FRESE (**1978**), Michael: Partialisierte Handlung und Kontrolle, Zwei Themen der industriellen Psychopathologie; in: Michael Frese, Siegfried Greif, Norbert Semmer (Hg.), Industrielle Psychopathologie, Bern 1978, S. 159-183.

FRESE (**1979**), Michael: Industrielle Psychopathologie; in: Peter Groskurth (Hg.), Arbeit und Persönlichkeit, Berufliche Sozialisation in der arbeitsteiligen Gesellschaft, Reinbeck b. Hamburg 1979, S. 47-72.

FRESE (**1981**), Michael (Hg.): Stress im Büro, Bern 1981.

FRESE, Michael; **GREIF**, Siegfried (**1978**): 'Humanisierung der Arbeit' und Stresskontrolle; in: Michael Frese, Siegfried Greif, Norbert Semmer (Hg.), Industrielle Psychopathologie, Bern 1978, S. 216-256.

FRESE, Michael; **MOHR**, Gisela (**1978**): Die psychopathologischen Folgen des Entzugs von Arbeit, Der Fall der Arbeitslosigkeit; in: Michael Frese, Siegfried Greif, Norbert Semmer (Hg.), Industrielle Psychopathologie, Bern 1978, S. 282-320.

FREY (**1978**), Dieter: Die Theorie der kognitiven Dissonanz; in: Dieter Frey (Hg.), Kognitive Theorien der Sozialpsychologie, 1. Nachdruck, Bern 1980, S. 243-292.

FRIEDRICHS, Günter; **SCHAFF**, Adam (**1982**): Auf Gedeih und Verderb, Mikroelektronik und Gesellschaft, Bericht an den Club of Rome, Wien 1982.

FRÖHLICH (**1978**), Dieter: Innerbetriebliche Arbeitssituation und Teilnahme an freiwilligen Vereinigungen; in: Zeitschrift für Soziologie, 7. Jg., Heft 1 (Januar), Stuttgart 1978, S. 56-71.

FROMM (**1945**), Erich: Die Furcht vor der Freiheit, engl. Orig.: Escape from Freedom, New York 1941, Neue Uebersetzung, Stuttgart 1980.

FROMM (**1963**), Erich: Das Menschenbild bei Marx, Mit den wichtigsten Teilen der Frühschriften von Karl Marx, engl. Orig.: Marx's Concept of Man, 1961, Neuauflage, Frankfurt/M. 1982.

FROMM (**1976**), Erich: Haben oder Sein, Die seelischen Grundlagen einer neuen Gesellschaft, engl. Orig.: To Have or to Be?, New York 1976, Stuttgart 1976.

FROMM (**1982**), Erich: Psychoanalyse und Ethik, Bausteine zu einer humanistischen Charakterologie, engl. Orig.: Man for Himself, An Inquiry into the Psychology of Ethics, New York 1947, Stuttgart 1982.

GALBRAITH (**1952**), John K.: The American Capitalism, The Concept of Countervailing Power, London 1952.

GALBRAITH (**1968**), John K.: Die moderne Industriegesellschaft, engl. Orig.: The New Industrial State, London 1967, München 1968.

GALBRAITH (**1987**), John K.: Anatomie der Macht, engl. Orig.: The Anatomy of Power, Boston o. Jg., München 1987.

GARDELL (**1978**), Bertil: Arbeitsgestaltung, intrinsische Arbeitszufriedenheit und Gesundheit; in: Michael Frese, Siegfried Greif, Norbert Semmer (Hg.), Industrielle Psychopathologie, Bern 1978, S. 52-112.

GEIGER (**1929**), Theodor: Zur Soziologie der Industriearbeit und des Betriebs; Auszug aus: Die Arbeit, Zeitschrift für Gewerkschaftspolitik und Wirtschaftskunde, S. 673-675 u. 766-780, Wiederabdruck in: Friedrich Fürstenberg (Hg.), Industriesoziologie, Bd. 1, 2. erg. Aufl., Neuwied 1966, S. 231-251.

GORZ (**1983**), André: Wege ins Paradis, frz. Orig.: Les chemins du paradis, Paris 1983, Berlin 1983.

GORZ (**1991**), André: Und jetzt wohin?, Berlin 1991.

GREIF (**1978**), Siegfried: Intelligenzabbau und Dequalifizierung durch Industriearbeit?; in: Michael Frese, Siegfried Greif, Norbert Semmer (Hg.), Industrielle Psychopathologie, Bern (1978), S. 232-256.

GROH (**1988**), Dieter: Strategien, Zeit und Ressourcen, Risikominimierung, Unterproduktivität und Musseprâferenz - die zentralen Kategorien von Subsistenzökonomien; in: Eberhard K. Seifert (Hg.), Oekonomie und Zeit, Beiträge zur interdisziplinären Zeitökonomie, Frankfurt/M. 1988, S. 131-188.

GROSKURTH (**1979A**), Peter (Hg.): Arbeit und Persönlichkeit, Berufliche Sozialisation in der arbeitsteiligen Gesellschaft, Reinbeck b. Hamburg 1979.

GROSKURTH (**1979B**), Peter: Der Arbeitsplatz als Schule der Nation; in: Psychologie Heute, 6. Jg., H. 12 (Dezember), Weinheim 1979, S. 44-51.

GROSKURTH (**1979C**), Peter: Berufliche Sozialisation als entscheidende Grundlage der Persönlichkeitsentwicklung; in: Peter Groskurth (Hg.), Arbeit und Persönlichkeit, Berufliche Sozialisation in der arbeitsteiligen Gesellschaft, Reinbeck b. Hamburg 1979, S. 7-19.

GRÜNEISEN, Veronika; **HOFF**, Ernst-Hartmut (**1977**): Familienerziehung und Lebenssituation, Der Einfluss von Lebensbedingungen und Arbeitserfahrungen auf Erziehungseinstellungen und Erziehungsverhalten von Eltern, 2. korr. Aufl., Weinheim 1980.

GUTENBERG (**1929**), Erich: Die Unternehmung als Gegenstand betriebswirtschaftlicher Theorie, Berlin 1929.

GUTENBERG (**1951**), Erich: Grundlagen der Betriebswirtschaftslehre, Bd. 1, Die Produktion, 22. Aufl., Berlin 1976.

GUTENBERG (**1957**), Erich: Betriebswirtschaftslehre als Wissenschaft, Krefeld 1957.

HABAKKUK (1973), John: Bevölkerungsproblem und Wirtschaftswachstum Europas im späten achtzehnten und neunzehnten Jahrhundert; in: Rudolf Braun u.a. (Hg.), Gesellschaft in der industriellen Revolution, Köln 1973, S. 207-218.

HABERMAS (1973), Jürgen: Stichworte zur Theorie der Sozialisation; in: ders., Kultur und Kritik, Frankfurt/M. 1973, S. 118-194.

HACKMAN, J.R.; **OLDHAM**, G.R. (**1980**): Work Redesign, Reading (Mass.) 1980.

HALLIDAY (1967), James S.: Industriegesellschaft als psychosoziale Umwelt; in: Alexander Mitscherlich, Tobias Brocher, Otto von Mering, Klaus Horn (Hg.), Der Kranke in der modernen Gesellschaft, Köln 1967, S. 159-171.

HAMPDEN-TURNER (1982), Charles: Modelle des Menschen, Ein Handbuch des menschlichen Bewusstseins, engl. Orig.: Maps of the Mind, 2. Aufl., Weinheim 1986.

HAMPTON u.a. (1968), David R.; Summer, Charles E.; Webber, Ross A.: Organizational Behavior and the Practice of Management, Genview (Ill.) 1968.

HARRISON (1971), Brian: Drink and the Victorians, The Temperance Question in England 1815-1872, London 1971.

HARTFIEL (1968), Günter: Wirtschaftliche und soziale Rationalität, Untersuchungen zum Menschenbild in Oekonomie und Soziologie, Stuttgart 1968.

von HAYEK (1933), Friedrich A.: The Trend of Economic Thinking; in: Economica, Vol. 13 (May), London 1933, pp. 121-137.

von HAYEK (1945), Friedrich A.: The Use of Knowlege in Society; in: The American Economic Review, vol. 35, nr.4, Menasha (Wisc.) 1945, pp. 519-530.

von HAYEK (1967), Friedrich A.: The Result of Human Action but not of Human Design; in: ders., Studies in Philosophy, Politics, and Economics, London 1967, pp. 96-105.

von HAYEK (1971), Friedrich A.: Die Verfassung der Freiheit, engl. Orig.: The Constitution of Liberty, Chicago und London 1960, Thübingen 1971.

von HAYEK (1979), Friedrich A.: Die drei Quellen der menschlichen Werte, Thübingen 1979.

HECKSCHER (1932), Eli F.: Der Merkantilismus, 2 Bde., Jena 1932.

HELFERT (1986), Mario: Wertewandel, Arbeit, technischer Fortschritt, Wachstum, Köln 1986.

HENNART (1982), Jean F.: A Theory of Multinational Enterprises, Reprint, Ann Arbor 1985.

HENNING (1969), Friedrich-Wilhelm: Dienste und Abgaben der Bauern im 18. Jahrhundert, Stuttgart 1969.

HERBST (1975), Phillip G.: The Product of Work is People; in: Louis E. Davis, Albert B. Cherns (Hg.), The Quality of Working Life, Vol. 1, New York 1975, pp. 439-442.

HERDER-DORNEICH (1990), Philipp: Unternehmensphilosophie; in: Deutsche Zeitschrift für Philosophie, Jg. 38, H. 10, o.O. 1990, S. 944-952.

HERZBERG u.a. **(1959)**, Frederick; Mausner, Bernard; Snyderman, Barbara B.: The Motivation to Work, New York 1959.

HERZBERG (1968), Frederick: One more Time: How do You Motivate Employees?; in: Harvard Business Review, vol. 46, January-February, Boston (Mass.) 1968, pp. 53-62.

HERZOG (1991), Urs: Geistliche Wohlredenheit, Die katholische Barockpredigt, München 1991.

HEUBROCK (1989), Dietmar: Individualisierung der Arbeitswelt und gewerkschaftliches Handeln; in: Gewerkschaftliche Monatshefte, H. 6 (Juni), Köln 1989, S. 349-360.

HIRSCHMAN (1974), Albert O.: Abwanderung und Widerspruch, Reaktionen auf Leistungsabfall bei Unternehmungen, Organisationen und Staaten, engl. Orig.: Exit, Voice and Loyalty, Cambridge (Mass.) 1970, Tübingen 1974.

HIRSCHMAN (1984), Albert O.: Engagement und Enttäuschung, Ueber das Schwanken der Bürger zwischen Privatwohl und Gemeinwohl, engl. Orig.: Shifting Involvements, 1982, Frankfurt/M. 1984.

HIRSCHMAN (1987), Albert O.: Leidenschaften und Interessen, Politische Begründungen des Kapitalismus vor seinem Sieg, engl. Orig.: The Passions and the Interests, Princeton University Press 1977, Frankfurt/M. 1987.

HOBBES (1642), Thomas: Vom Bürger, lat. Orig.: De Cive, 2. verb. Aufl., Hamburg 1966.

HOBBES (1651), Thomas: Leviathan, Stuttgart 1980.

HÖRNING u.a. (1990), Karl H.; Gerhardt, Anette; Michailow Matthias: Zeitpioniere, Flexible Arbeitszeiten - neuer Lebensstil, Frankfurt/M. 1990.

HOFF (1977), Ernst-Hartmut: Arbeit, Arbeitszufriedenheit und psychische Gesundheit; in: Wofgang Lempert, Untersuchungen zum Sozialisationspotential gesellschaftlicher Arbeit, Ein Bericht, Materialien aus der Bildungsforschung Nr. 12, Max-Plank-Institut für Bildungsforschung, Berlin 1977, S. 77-90.

HOFF (1990), Ernst-Hartmut: Identität und Arbeit, Zum Verständnis der Bezüge in Wissenschaft und Alltag; in: Christof Baitsch, Eberhard Ulich (Hg.), Arbeit und Identität, Schwerpunktthema der zeitschrift Psychosozial, 13. Jg., Nr. 43, München 1990, S. 7-25.

HÖFFE (1986), Ottfried (Hg.): Lexikon der Ethik, 3. Aufl., München 1986.

HÖHLER (1988), Gertrud: Kreativität und Innovation, Bad Homburg 1988.

HOLL (1984), Hans Günter: Theorie des Spiels der Theorie; in: Kursbuch 78, Dezember, Berlin 1984, S. 155-172.

HOLT (1970), Charles C.: Job Search, Phillips' Wage Relation, and Union Influence, Theory and Evidence; in: Edmund S. Phelps u.a. (Hg.), Microeconomic Foundations of Employment and Inflation Theory, New York 1970, pp. 53-123.

HUBER (1982), Josef: Die verlorene Unschuld der Oekologie, Frankfurt/M. 1982.

HUBER (1984), Josef: Die zwei Gesichter der Arbeit, Ungenutzte Möglichkeiten der Dualwirtschaft, Frankfurt/M. 1984.

HUIZINGA (1987), Johan: Homo Ludens, Vom Ursprung der Kultur im Spiel, Orig. 1938, Hamburg 1987.

HUME (1740), David: Ein Traktat über die menschliche Natur, engl. Orig.: A Treatise of Human Nature, Band 2 (2. und 3. Buch), unveränderter Nachdruck der Erstauflage von 1906, Hamburg 1978.

INGLEHART (1977), Ronald: The Silent Revolution, Changing Values and Political Styles among Western Publics, Princeton 1977.

INGLEHART (1979), Ronald: Wertwandel in den westlichen Gesellschaften, Politische Konsequenzen von materialistischen und postmaterialistischen Prioritäten; in: Helmut Klages, Peter Kmieciak (Hg.), Wertwandel und gesellschaftlicher Wandel, 3. Aufl., Frankfurt/M. 1984, S. 279-316.

IZUTSU (**1986**), Toshihiko: Philosophie des Zen-Buddhismus, Orig.: Toward a Philosophy of Zen Buddhism, o.O. 1977, Reinbeck bei Hamburg 1986.

JUCKER (**1957**), Ernst: Die Arbeit ist keine Ware, Versuch einer Neukonzeption der Arbeit, Bern 1957.

JÜRGEN (**1987**), Ulrich: Arbeitspolitik, Einleitende Bemerkungen; in: Heidrun Abromeit, Bernhard Blanke (Hg.), Arbeitsmarkt, Arbeitsmarktbeziehungen und Politik in den 80er Jahren, Leviathan, Sonderheft 8, Opladen 1987, S. 208-212.

KAHN (**1978**), Robert L.: Konflikt, Ambiguität und Ueberforderung, Drei Elemente des Stress am Arbeitsplatz; in: Michael Frese, Siegfried Greif, Norbert Semmer (Hg.), Industrielle Psychopathologie, Bern 1978, S. 18-33.

KALDOR (**1934**), Nicholas: The Equilibrium of the Firm; in: The Economic Journal, Vol. 44, Nr. 173 (March), London 1934, pp. 60-76.

KAPPLER (**1992**), Ekkehard: Menschenbilder; in: Enzyklopädie der Betriebswirtschaftslehre, Bd. 5, Handwörterbuch des Personalwesens, hrsg. von E. Gaugler und W. Weber, 2. neubearb. und erg. Aufl., Stuttgart 1992.

KERN, Horst; **SCHUMANN**, Michael (**1970**): Industriearbeit und Arbeiterbewusstsein, Frankfurt/M. 1970.

KERN, Horst; **SCHUMANN**, Michael (**1983**): Arbeit und Sozialcharakter, Alte und neue Konturen; in: Joachim Matthes (Hg.), Krise der Arbeitsgesellschaft?, Verhandlungen des 21. Deutschen Soziologentages in Bamberg 1982, Frankfurt/M. 1983, S. 353-365.

KERN, Horst; **SCHUMANN**, Michael (**1984**): Das Ende der Arbeitsteilung?, Rationalisierung in der industriellen Produktion - Bestandsaufnahme, Trendbestimmung, 3. Aufl., München 1986.

KIESSLER (**1983**), Otfried: Unternehmenstheoretische Grundlagen funktionaler und verfassungsrechtlicher Unternehmensgestaltung; in: Otfried Kiessler, Michael Kittner (Hg.), Unternehmensverfassung, Recht und Betriebswirtschaftslehre, Referate und Ergebnisse einer TAgung der Gesamthochschule Kassel vom 22.-24. September 1982, Köln 1983, S. 81-94.

KIESSLER (1989), Otfried: Das Individualisierungskonzept einer Handlungsorientierten Betriebswirtschaftslehre; in: Hans Jürgen Drumm (Hg.), Individualisierung der Personalwirtschaft, Grundlagen, Lösungsansätze und Grenzen, Bern 1989, S. 27-36.

KIRCHNER (1985), Christian: Probleme demokratischer Unternehmensverfassung; in: Jahrbuch für Neue Politische Oekonomie, Bd. 4, Tübingen 1985, S. 219-233.

KIRSCH (1966), Guy: Elemente einer Ortsbestimmung des Menschen als Arbeitnehmer unter besonderer Berücksichtigung der neueren französischen Literatur, Von der Anwendung des Subsidiaritätsprinzips im Unternehmen, Diss., Köln 1966.

KIRSCH (1983), Guy: Neue Politische Oekonomie, 2. überarb. Aufl., Düsseldorf 1983.

KIRSCH (1984), Guy: Entfremdung - Preis der Freiheit?, Tübingen 1984.

KIRSCH (1986), Guy: Der neue Feudalismus, Köln 1986.

KIRSCH (1988), Guy: Zwang, Tausch und Geschenk; in: Das Wirtschaftsstudium, Wisu H. 4, Düsseldorf 1988, S. 221-226.

KIRSCH (1988a), Guy: Time Preference and Social Decision Making; in: Guy Kirsch, Peter Nijkamp, Klaus Zimmermann (eds.), The Formulation of Time Preference in a Multidisciplinary Perspective, Berlin 1988, pp. 189-204.

KIRSCH (1990), Guy: Das freie Individuum und der dividierte Mensch, Der Individualismus - von der Norm zum Problem, Baden-Baden 1990.

KIRSCH (1992), Guy: Unvorhersehbarkeit - Ein Ausdruck der Freiheit, in: Jahrbuch für Neue Politische Oekonomie, Bd. 11, Tübingen 1992.

KIRSCH, Guy; **MACKSCHEIDT**, Klaus (**1988**): China, Ordnungspolitik in einem konfuzianischen Land, Baden-Baden 1988.

KLAGES (1983), Helmut: Wertwandel und Gesellschaftskrise in der sozialstaatlichen Demokratie; in: Joachim Matthes (Hg.), Krise der Arbeitsgesellschaft?, Verhandlungen des 21. Deutschen Soziologentages in Bamberg 1982, Frankfurt/M. 1983, S. 341-352.

KLAGES (1984), Helmut: Wertorientierungen im Wandel, Rückblick, Gegenwartsanalyse, Prognosen, 2. Aufl., Frankfurt/M. 1985.

KLAGES (1988), Helmut: Wertedynamik, Ueber die Wandelbarkeit des Selbstverständlichen, Zürich 1988.

KLAGES, Helmut; **KMIECIAK**, Peter (Hg.), (**1979**): Wertwandel und gesellschaftlicher Wandel, 3. Aufl., Frankfurt/M. 1984.

von **KLIPSTEIN** (**1985**), Michael: Wachstum im populären Wirtschaftsdenken; in: Michael von Klipstein, Burkhard Strümpel (Hg.), Gewandelte Werte - Erstarrte Strukturen, Wie die Bürger Wirtschaft und Arbeit erleben, Bonn 1985, S. 13-44.

von **KLIPSTEIN**, Michael; **STRÜMPEL**, Burkhard (**1984**): Der Ueberdruss am Ueberfluss, Die Deutschen nach dem Wirtschaftswunder, München 1984.

von **KLIPSTEIN**, Michael; **STRÜMPEL**, Burkhard (Hg.), (**1985**): Gewandelte Werte - Erstarrte Strukturen, Wie die Bürger Wirtschaft und Arbeit erlenben, Bonn 1985.

KLOPFLEISCH (**1991**), Reinhard: Die Pflicht zur Faulheit, Düsseldorf 1991.

KMIECIAK (**1976**), Peter: Wertstrukturen und Wertwandel in der Bundesrepublik Deutschland, Grundlagen einer interdisziplinären empirischen Wertforschung mit einer Sekundäranalyse von Umfragedaten, Göttingen 1976.

KNIGHT (**1929**), Frank H.: Freedom as Fact and Criterion, in: The International Journal of Ethics, vol. 39, **[???]** 1929, pp. 129-147.

KNIGHT (**1957**), Frank H.: Risk, Uncertainty and Profit, 8. Edition, Orig.: Cambridge 1921, New York 1957.

KOCKA (**1969**), Jürgen: Unternehmensverwaltung und Angestelltenschaft am Beispiel Siemens 1847-1914, Zum Verhältnis von Kapitalismus und Bürokratie in der deutschen Industrialisierung, Stuttgart 1969.

KOCKA (**1973**), Jürgen: Management und Angestellte im Unternehgmen der Industriellen Revolution; in: Rudolf Braun u.a. (Hg.), Gesellschaft in der industriellen Revolution, Köln 1973, S. 162-201.

KOCKA (**1983**), Jürgen (Hg.): Europäische Arbeiterbewegungen im 19. Jahrhundert, Deutschland, Oesterreich, England und Frankreich im Vergleich, Göttingen 1983.

KOHLI, Martin; **SCHMIDT**, Gert (**1983**): Vorbemerkungen zu 'Wertwandel, politische Kultur und Arbeit'; in: Joachim Matthes (Hg.), Krise der Arbeitsgesellschaft?, Verhandlungen des 21. Deutschen Soziologentages in Bamberg 1982, Frankfurt/M. 1983, S. 339-340.

KOHN (**1969**), Melvin L.: Class and Conformity, 2nd ed. (with a Reassessment, 1977), Chicago 1977.

KOHN (**1981**), Melvin L.: Persönlichkeit, Beruf und soziale Schichtung, Stuttgart 1981.

KOHN, Melvin L.; **SCHOOLER**, Carmi (**1973**): Occupational Experience and Psychological Functioning, An Assessment of Reciprocal Effects; in: American Sociological Review, Vol. 38, No. 1, Albany (New York) 1973, pp. 97-118.

KOHN, Melvin L.; **SCHOOLER**, Carmi (**1981A**): Erfahrung im Beruf und Denken, Eine Bestimmung der wechselseitigen Einflüsse; in: Melvin L. Kohn, Persönlichkeit, Beruf und soziale Schichtung, Stuttgart 1981, S. 115-150.

KOHN, Melvin L.; **SCHOOLER**, Carmi (**1981B**): Die wechselseitigen Einflüsse von inhaltlicher Komplexität der Arbeit und geistiger Beweglichkeit im Langzeitvergleich; in: Melvin L. Kohn, Persönlichkeit, Beruf und soziale Schichtung, Stuttgart 1981, S. 173-202.

KRIEDTE u.a. (**1978**), Peter; Medick, Hans; Schlumbohm, Jürgen: Industrialisierung vor der Industrialisierung, Göttingen (1978).

KRIEDTE u.a. (**1983**), Peter; Medick, Hans; Schlumbohm, Jürgen: Die Proto-Industrialisierung auf dem Prüfstand der historischen Zunft, Antwort auf einige Kritiker, in: Geschichte und Gesellschaft, Bd. 9, H. 1, [...] 1983, S. 87-105.

KRÜSSELBERG (**1991**), Utz: Die Theorie der Unternehmung im Spannungsfeld zwischen neuer Institutionenökonomik, ordnungstheoretischem Institutionalismus und Marktprozesstheorie, Dissertation an der Universität Köln, Köln 1991.

KUCZYNSKI (**1964**), Jürgen: Die Geschichte der Lage der Arbeiter unter dem Kapitalismus, Bd. 23: Darstellung der Lage der Arbeiter in England von 1760 bis 1832, Berlin 1964.

LAMBERT (**1979**), W.R.: Alkohol und Arbeitsdisziplin in den Industriegebieten von Südwales 1800 bis 1870; in: Detlev Puls (Hg.), Wahrnehmungsformen und Protestverhalten, Studien zur Lage der Unterschichten im 18. und 19. Jahrhundert, Frankfurt/M. 1979, S. 296-316.

LANDES (**1983**), David S.: Revolution in Time, Clocks and the Making of the Modern World, Cambridge (Mass.) 1983.

LANDES (1972), David: Comments on Papers by Hohenberg, Mendels, and Mazzaoui, in: The Journal of Economic History, Vol. XXXII, No. 1 March, New York 1972, pp. 287-291.

LE GOFF (1964), Jacques: Métier et profession d'après les manuels de confesseurs au moyenâge; in: Paul Wilpert, Beiträge zum Berufsbewusstsein des mittelalterlichen Menschen, Miscellanea mediaevalia, Bd. 3, Berlin 1964, S. 44-60.

LE GOFF (1987), Jacques: Die Arbeitszeit in der 'Krise' des 14. Jahrhunderts; in: ders., Für ein anderes Mittelalter, Zeit, Arbeit und Kultur im Europa des 5.-15. Jh., frz. Orig.: Pour un autre Moyen Age, Paris 1977, Neuauflage, Weingarten 1987, S. 29-42.

LE GOFF (1989A), Jacques: Der Mensch des Mittelalters, Einführung; in: Jacques Le Goff (Hg.), Der Mensch des Mittelalters, ital. Orig.: L'Uomo Medievale, Rom 1987, Frankfurt/M. 1989, S. 7-45.

LE GOFF (1989B), Jacques: Kaufleute und Bankiers im Mittelalter, frz. Orig.: Marchands et banquiers du Moyen Age, Paris 1956, Frankfurt 1989.

LEHNER (1979), Franz: Die 'stille Revolution', Zur Theorie und Realität des Wertwandels in hochindustrialisierten Gesellschaften; in: Helmut Klages, Peter Kmieciak (Hg.), Wertwandel und gesellschaftlicher Wandel, 3. Aufl., Frankfurt/M. 1984, S. 317-327.

LEIBENSTEIN (1978), Harvey: General X-Efficiency Theory and Economic Development, New York 1978.

LEITHÄUSER (1986), Thomas: Subjektivität im Produktionsprozess; in: Birgit Volmerg u.a. (Hg.), Betriebliche Lebenswelt, Eine Sozialpsychologie industrieller Arbeitsverhältnisse, Opladen 1986, S. 245-266.

LEMPERT (1977), Wolfgang: Untersuchungen zum Sozialisationspotential gesellschaftlicher Arbeit, Ein Bericht, Materialien aus der Bildungsforschung Nr. 12, Max-Plank-Institut für Bildungsforschung, Berlin 1977.

LEMPERT (1979), Wolfgang: Zur theoretischen und empirischen Analyse von Beziehungen zwischen Arbeiten und Lernen; grundprobleme und Lösungsstrategien; in: Peter Groskurth (Hg.), Arbeit und Persönlichkeit, Berufliche Sozialisation in der arbeitsteiligen Gesellschaft, Reinbeck b. Hamburg 1979, S. 87-111.

LEMPERT, Wolfgang; **THOMSSEN**, Wilke (**1974**): Berufliche Erfahrung und gesellschaftliches Bewusstsein, Stuttgart 1974.

LEWIN (1920), Kurt: Die Sozialisierung des Taylor-Systems; in: Schriftenreihe praktischer Sozialismus, Heft 4, 1920, S. 3-36.

LEWIS (1976), Arthur W.: The Diffusion of Development; in: Thomas Wilson, Andrew S. Skinner (Eds.), The Market and the State, Essaiys in Honour of Adam Smith, Oxford 1976, pp. 135-156.

LEWIS (1983), Tracy: Preemption, Devestiture, and Foreward Contracting in a Market Dominated ba a Single Firm; in: American Economic Review, Vol. 73, Nr. 5 (December), Menasha 1983, pp. 1092-1101.

LICHTMAN, Cary M.; **HUNT**, Raymond G., (**1971**): Personality and Organization Theory, A Review of some Conceptual Literature; in: Psychological Bulletin, Vol. 76, No. 4, Washington/DC 1971, pp. 271-294.

LIEBAU (1989), Eberhard: Organisatorische und personalpolitische Probleme des Einsatzes der Neuen Informations- und Kommunikationstechnologien im Büro- und Verwaltungsbereich der Unternehmen; in: Jahrbuch für Sozialökonomie und Gesellschaftstheorie, Auswirkungen neuer Technologien auf Betrieb, Wirtschaft und Gesellschaft, Opladen 1989, S. 165-183.

LIKERT (1972), R.: Neue Ansätze der Unternehmensführung, Bern 1972.

LINHART (1978), Robert: Eingespannt, Erzählung aus dem Innern des Motors, Berlin 1978.

LITTEK (1982), Wolfgang: Arbeitssituation und betriebliche Arbeitsbedingungen; in: Wolfgang Littek, Werner Rammert, Günther Wachtler (Hg.), Einführung in die Arbeits- und Industriesoziologie, 2. erw. Aufl., Frankfurt/M. 1983, S. 92-135.

LOCKE (1906), John: Zwei Abhandlungen über Regierung; engl. Orig: Two Treatises of Government, Halle/S. 1906.

LÜDTKE (1975), Hartmut: Freizeit in der Industriegesellschaft, Emanzipation oder Anpassung?, Opladen 1975.

LUHMANN (1985), Niklas (Hg.): Soziale Differenzierung, Zur Geschichte einer Idee, Opladen 1985.

LUHMANN (1986), Niklas: Oekologische Kommunikation, Kann die moderne Gesellschaft sich auf ökologische Gefährdungen einstellen?, Opladen 1986.

LUHMANN (1988), Niklas: Die Wirtschaft der Gesellschaft, Frankfurt/M. 1988.

LÜTHY (1973), Herbert: Nochmals 'Calvinismus und Kapitalismus'; in: Rudolf Braun u.a. (Hg.), Gesellschaft in der industriellen Revolution, Köln 1973, S. 18-36.

LUTZ (1989), Christian: Informationstechnologie als Anstoss zu vermehrter Selbstorganisation des Menschen, Arbeit zwischen Rationalisierung und Lebensqualität; in: Neue Zürcher Zeitung, Nr.223, 26. September, Zürich 1989, S. 93.

MACCOBY (1978), Michael: Arbeit und menschliche Entwicklung; in: Michael Frese, Siegfried Greif, Norbert Semmer (Hg.), Industrielle Psychopathologie, Bern 1978, S. 112-122.

MACHLUP (1960), Fritz: Idealtypus, Wirklichkeit und Konstruktion; in: ORDO, Jahrbuch für die Ordnung von Wirtschaft und Gesellschaft, Bd. 12, [...] 1960/1961, S. 21-57.

MACNEIL (1978), I.R.: Contracts, Adjustments of long-term economic relations under classical, neo-classical, and relational contract law; in: Southern California Law Review, Vol. 47, 1978, pp. 691 ff.

MAIER u.a. (1976), Walter; von Rosenstiel, Lutz; Wimmer, Peter: Zur Generalisierbarkeit der Herzbergschen Zweifaktorentheorie; in: Zeitschrift für Arbeitswissenschaft, 2. Jg., H. 2, Köln 1976, S. 75-82.

MANNE (1981), Henry G.: The Publicly Held Corporation as a Market Creation; in: Zeitschrift für die gesamte Staatswissenschaft (ZgS), Bd. 137, H. 4 (Dezember), Tübingen 1981, S. 689-693.

MARCUSE (1967), Herbert: Der eindimensionale Mensch, Studien zur Ideologie der fortgeschrittenen Industriegesellschaft, engl. Orig.: One-Dimensional Man, Boston (Mass.) 1964, 3. Aufl., Neuwied 1968.

MARGLIN (1977), Stephen A.: Was tun die Vorgesetzten?, Ursprünge und Funktionen der Hierarchie in der kapitalistischen Produktion, in: Freimut Duve (Hg.), Technologie und Politik, Bd. 8, Reinbek bei Hamburg 1977, S. 148-203.

MARGULIES (1983), Fred: Individualisierung von Technologieanwendungen, 'CAD' für alle; in: Psychosozial, Nr. 18, 6. Jg., Reinbeck b. Hamburg 1983, S. 90-108.

MARGULIES, F.; **ZEMANEK**, H., **(1983)**: Man's Role in Man-Machine Systems; in: G.Johannsen, J.E.Rijnsdorp (Ed.), Analysis, Design, & Evolution of Man-Machine Systems, Oxford 1983, pp. 121-128.

MASCHKE (1964), Erich: Das Berufsbewusstsein des mittelalterlichen Fernkaufmanns; in: Paul Wilpert, Beiträge zum Berufsbewusstsein des mittelalterlichen Menschen, Miscellanea mediaevalia, Bd. 3, Berlin 1964, S. 306-335.

MAUSS (1923/24), Marcel: Essai sur le don, Forme et raison de l'échange dans les sociétés archaïques; in: l'Année Sociologique, Nouvelle série I, p. 30-186, Paris 1923/24, Inzwischen auch in deutscher Uebersetzung erhältlich: Die Gabe, Form und Funktion des Austauschs in archaischen Gesellschaften, Frankfurt/M. 1990.

MAYER (1960), Thomas: The Distribution of Abilities and Earnings; in: Review of Economics and Statistics, Vol. 42, Nr. 2 (May), New York 1960, pp. 189-195.

McGREGOR (1970), Douglas: Der Mensch im Unterhehmen, engl. Orig.: The Human Side of Enterprise, New York 1960, Neuauflage, Hamburg 1986.

MEADOWS u.a. (1972), Dennis L.: Die Grenzen des Wachstums, Bericht des Club of Rome zur Lage der Menschheit, engl. Orig.: The Limits to Growth, 14. Aufl., Stuttgart 1987.

MEISSNER (1971), M.: The Long Arm of the Job, A Study of Work and Leisure; in: Industrial Relations, Vol. 10, No. 3 (October), Berkeley (Cal.) 1971, pp. 239-260.

MENDELS (1972), Franklin F.: Proto-industrialization, The First Phase of the Industrialization Process, in: The Journal of Economic History, Vol. XXXII, No. 1 (March), New York 1972, pp. 241-261.

MERRINGTON (1978), John: Stadt und Land im Uebergang zum Kapitalismus; in: Paul Sweezy u.a., Der Uebergang vom Feudalismus zum Kapitalismus, engl. Orig.: The Transition from Feudalism to Capitalism, London 1976, Frankfurt/M. 1978, S. 229-268.

MERTENS (1984), Dieter: 'So kaputt wie meine Eltern möchte ich nicht sein'; in: Elisabeth Noelle-Neumann, Burkhard Strümpel, Macht Arbeit krank? Macht Arbeit glücklich?, München 1984, S. 138-146.

MERTON (1962), Robert K.: Bureaucratic Structure and Personality; in: Sigmund Nosow, William H. Form (Eds.), Man, Work, and Society, New York 1962, pp. 457-461.

MEUSCHEL (1981), Sigrid: Kapitalismus oder Sklaverei, Die langwierie Durchsetzung der bürgerlichen Gesellschaft in den USA, Frankfurt/M. 1981.

MEW 3: Marx Engels Werke, Karl Marx und Friedrich Engels, Die deutsche Ideologie, Bd. 3, 6. Aufl. Berlin-Ost 1975.

MEW 20: Marx Engels Werke, Friedrich Engels, Anti-Dühring, Dialektik der Natur, Bd. 20, 6. Aufl., Berlin-Ost 1975.

MEW 21: Marx Engels Werke, Friedrich Engels, Arbeiten von Mai 1883-1889, Bd. 21, 6. Aufl., Berlin-Ost 1975.

MEW 23: Marx Engels Werke, Karl Marx, Das Kapital I, Bd. 23, 29. Aufl., Berlin-Ost 1985.

MEW 25: Marx Engels Werke, Karl Marx, Das Kapital III, Herausgegeben von Friedrich Engels, Bd. 25, Berlin-Ost 1975.

MEYER (1982), Wolf-Hartwig: Arbeitszufriedenheit, Ein interessiertes Missverständnis, Opladen 1982.

MEYERSOHN (1972), Rolf: Grundformen und Bedeutung, in: Erwin K. Scheuch, Rolf Meyersohn (Hg.), Soziologie der Freizeit, Köln 1972. ???

MICKLER u.a. (1976), Otfried; Dittrich, Eckhard; Neumann, Uwe: Technik, Arbeitsorganisation und Arbeit, Frankfurt/M. 1976.

MICKWITZ (1936), Gunnar: Die Kartellfunktion der Zünfte und ihre Bedeutung bei der Entstehung des Zunftwesens, eine Studie in spätantiker und mittelalterlicher Wirtschaftsgeschichte, zuerst erschienen Helsingfors 1936 (Societas Scientiarum Fennica, Commentationes Humanorum Litterarum VIII, 3), Nachdruck, Amsterdam 1968.

MILL (1848), John Stuart: Grundsätze der politischen Oekonomie, engl. Orig.: Principles of Political Economy, 2. Aufl., Jena 1924.

MILL (1859), John Stuart: Ueber die Freiheit, engl. Orig.: On Liberty, Stuttgart 1974.

MITSCHERLICH u.a. (1967), Alexander; Brocher, Tobias; von Mering, Otto; Horn, Klaus: Krankheit als soziales und medizinisches Problem, Einleitung zum dritten Teil; in: dieselben (Hg.), Der Kranke in der modernen Gesellschaft, Köln 1967, S. 53-55.

MOORE (1962), Wilbert E.: The Attributes of an Industrial Order; in: Sigmund Nosow, William H. Form (Eds.), Man, Work, and Society, New York 1962, pp. 91-97.

MORSEY (**1987**), Rudolf: Die Bundesrepublik Deutschland, Entstehung und Entwicklung bis 1969, München 1987.

MOSER-RATH (**1991**), Elfriede: Dem Kirchenvolk die Leviten gelesen, Alltag im Spiegel süddeutscher Barockpredigten, Stuttgart 1991.

MÜLLER, Max; **HALDER**, Alois (Hg.), (**1979**): Kleines Philosophisches Wörterbuch, 7. Aufl., Freiburg/Br. 1979.

MUMFORD (**1950**), Lewis: Technique et civilisation, engl. Orig.: Technics and Civilization, London 1934, Paris 1950.

NEF (**1958**), John U.: Cultural Foundations of Industrial Civilization, Cambridge 1958.

NEUBERGER (**1985**), Oswald: Arbeitszufriedenheit, Kraft durch Freude oder Euphorie im Unglück?; in: Die Betriebswirtschaft, Jg. 45, H. 2, Stuttgart 1985, S. 184-206.

NEUBERGER (**1985a**), Oswald: Arbeit, Begriff, Gestaltung, Motivation, Zufriedenheit, Stuttgart 1985.

NEUBERGER (**1989**), Oswald: Symbolisches Management als Vermittlung zwischen Individualisierung und Organisierung; in: Hans Jürgen Drumm (Hg.), Individualisierung der Personalwirtschaft, Grundlagen, Lösungsansätze und Grenzen, Bern 1989, S. 69-81.

NEUENDORFF (**1982**), Hartmut: Arbeitsmarktstrukturen und Tendenzen der Arbeitsmarktentwicklung; in: Wolfgang Littek, Werner Rammert, Günther Wachtler (Hg.), Einführung in die Arbeits- und Industriesoziologie, 2. erw. Aufl., Frankfurt/M. 1983, S. 186-207.

NIESS (**1984**), Frank (Hg.): Leben wir um zu arbeiten?, Die Arbeitswelt im Umbruch, Köln 1984.

NITSCH (**1990**), Jürgen R.; Zur Einheit von Arbeit und Leben, Eberhard Ulich und die Arbeitspsychologie, in: Felix Frei, Ivars Udris (Hg.), Das Bild der Arbeit, Bern 1990, S. 9-20.

NOELLE-NEUMANN, Elisabeth; **STRÜMPEL**, Burkhard (**1984**): Macht Arbeit krank? Macht Arbeit glücklich?, Eine aktuelle Kontroverse, München 1984.

NORTH (**1984**), Douglass C.: Transaction Costs, Institutions, and Economic History; in: Zeitschrift für die gesamte Staatswisssenschaft, Tübingen 1984, Bd 140, S.7-17.

OFFE (**1970**), Claus: Leistungsprinzip und industrielle Arbeit, Mechanismen der Statusverteilung in Arbeitsorganisationen der industriellen 'Leistungsgesellschaft', Frankfurt/M. 1970.

OFFE (**1983**), Claus: Arbeit als soziologische Schlüsselkategorie?; in: Joachim Matthes (Hg.), Krise der Arbeitsgesellschaft?, Verhandlungen des 21. Deutschen Soziologentages in Bamberg 1982, Frankfurt/M. 1983, S. 38-65.

OI (**1962**), Walter Y.: Labor as a Quasi-Fixed Factor; in: The Journal of Political Economy, Vol. 70, Nr. 6 (December), Chicago 1962, pp. 538-555.

OLSON (**1991**), Mancur: Umfassende Oekonomie, Tübingen 1991.

ORENDI (**1978**), Bennina: Fehlzeiten und Krankheitsverhalten; in: Michael Frese, Siegfried Greif, Norbert Semmer (Hg.), Industrielle Psychopathologie, Bern 1978, S. 184-215.

OWEN (**1991**), Robert: A New View of Society and Other Writings, London 1991.

PAWLOWSKY (**1985**), Peter: Arbeitsorientierungen zwischen neuen Ansprüchen und alten Strukturen; in: Michael von Klipstein, Burkhard Strümpel (Hg.): Gewandelte Werte-Erstarrte Strukturen, Wie Bürger Wirtschaft und Arbeit erleben, Bonn 1985, S. 155-178.

PEARLIN, Leonard I.; **KOHN**, Melvin L. (**1966**): Social Class, Occupation, and Parental Values, A Cross-National Study; in: American Sociological Review, Vol. 31, No. 4, Albany (New York) 1966, pp. 466-479.

PERROUX (**1961**), François: L'économie du XXe Siècle, Paris 1961.

PERROUX (**1963**), François: Economie et Societé, Contrainte - Echange - Don, 2e édition, Paris 1963.

PETER (**1970**), Laurence J.: Das Peter-Prinzip oder die Hierarchie der Unfähigen, engl. Orig.: The Peter Principle, New York 1969, Reinbeck b. Hamburg 1970.

PHELPS (**1970**), Edmund S.: The New Microeconomics in Employment and Inflation Theory; in: Edmund S. Phelps u.a. (Hg.), Microeconomic Foundations of Employment and Inflation Theory, New York 1970, pp. 1-23.

PIAGET (**1955**), Jean: Die Bildung des Zeitbegriffes beim Kinde, frz. Orig.: La Génèse du Temps chez l'Enfant, Paris 1946, Zürich 1955.

PIEPER (**1988**), Rüdiger: Diskursive Organisationsentwicklung, Berlin 1988.

PIRENNE (**1946**), Henri: Sozial- und wirtschaftsgeschichte Europas im Mittelalter, frz. Orig.: La civilisation occidentale au Moyen Age du milieu du XVe siècle, Le mouvement économique et sociale, Paris 1933, 6. Aufl., Tübingen 1986.

PIRENNE (**1962**), Henri: European Guilds; in: Sigmund Nosow; William H. Form, Man, Work, and Society, A Reader in the Sociology of Occupations, New York 1962, pp. 160-169.

PLATON (**1973**): Der Staat, Stuttgart 1973.

PLATON (**1977**): Das Gastmahl, oder von der Liebe, Stuttgart 1977.

POLANYI (**1978**), Karl: The Great Transformation, Politische und ökonomische Ursprünge von Gesellschaften und Wirtschaftssystemen, engl. Orig.: The Great Transformation, 1944, Baden-Baden 1978.

POLANYI (**1951**), Michael: The Logic of Liberty, Reflections and Rejoinders, London 1951.

POLANYI (**1958**), Michael: Personal Knowledge, Towards a Post-Critical Philosophy, 5th impression of the corrected edition 1962, Chicago 1974.

POLANYI (**1985**), Michael: Implizites Wissen, engl. Orig.: The Tacit Dimension, New York 1966, Frankfurt/M. 1985.

POLLARD (**1963/64**), Sidney: Factory Discipline in the Industrial Revolution, in: The Economic History Review, Vol. XVI (Second Series), Utrecht 1963/64, S. 254-271.

POLLARD (**1965**), Sidney: The Genesis of Modern Management, A Study of the Industrial Revolution in Great Britain, London 1965.

POLLARD (**1973**), Sidney: Die Bildung und Ausbildung der industriellen Klassen Britanniens im 18. Jahrhundert; in: Rudolf Braun u.a. (Hg.), Gesellschaft in der industriellen Revolution, Köln 1973, S. 147-161.

POLLARD (**1984**), Sidney: Transaction Cost, Institutions, and Economic History, Kommentar zu North (1984); in: Zeitschrift für die gesamte Staatswisssenschaft, Tübingen 1984, Bd 140, S. 18-19.

POPITZ (**1953**), Heinrich: Der entfremdete Mensch, Zeitkritik und Geschichtsphilosophie des jungen Marx, Basel 1953.

POPITZ u.a. (**1957**), Heinrich; Bahrdt, Hans P.; Jüres, Ernst A.; Kesting, Hanno: Technik und Industriearbeit, Soziologische Untersuchungen in der Hüttenindustrie, Tübingen 1957.

POPPER (1965), Karl R.: Das Elend des Historizismus, engl. Orig.: The Poverty of Historicism, 2nd Ed., London 1960, 6. Aufl., Tübingen 1987.

POSNER (1978), Richard A.: Unternehmenskorporationen; in: Heinz-Dieter Assmann, Christian Kirchner, Erich Schanze (Hg.), Oekonomische Analyse des Rechts, Kronberg/Ts. 1978, S. 241-258.

PRICE (1955), Derek J. de Solla: Clockwork before the Clock, Reprint from the Horological Journal, No. 97, Dec. 1955, for the Antiquarian Horological Society, pp. 2-10.

PRICE (1959), Derek J. de Solla: On the Origin of Clockwork, Perpetual Motion Devices, and the Compass; in: U.S. National Museum Bulletin, no. 218, Contributions from The Museum of History and Technology, Paper 6, Washington, D.C. (Smithsonian Institution) 1959, pp. 81-112.

QUINLAN (1941), Maurice James: Victorian Prelude, A History of English Manners 1700-1830, New York 1941.

RABELAIS (1535), François: Gargantua und Pantagruel, München 1951.

RADNER (1968), Roy: Competitive Equilibrium Under Uncertenty; in: Econometrica, Vol. 36, Nr. 1 (January), Amsterdam 1968, pp. 31-58.

RADNER (1970), Roy: Problems in the Theory of Markets Under Uncertainty; in: American Economic Review, Vol. 60, Nr. 2 (May), Menasha (Wisc.) 1970, pp. 454-460.

RAMMERT (1982A), Werner: Kapitalistische Rationalität und Organisierung der Arbeit; in: Wolfgang Littek, Werner Rammert, Günther Wachtler (Hg.), Einführung in die Arbeits- und Industriesoziologie, 2. erw. Aufl., Frankfurt/M. 1983, S. 37-61.

RAMMERT (1982B), Werner: Technisierung der Arbeit als gesellschaftlich-historisches Projekt; in: Wolfgang Littek, Werner Rammert, Günther Wachtler (Hg.), Einführung in die Arbeits- und Industriesoziologie, 2. erw. Aufl., Frankfurt/M. 1983, S. 62-75.

RECKTENWALD (1976), Horst C.: Adam Smith, Sein Leben und sein Werk, München 1976.

RICE (1958), Albert K.: Productivity and Social Organization, The Ahmedabad Experiment, London 1958.

RICKETTS (1987), Martin J.: The Economics of Business Enterprise, New Approaches to the Firm, Brighton 1987.

RIED (1979), Douglas A.: Der Kampf gegen den 'blauen Montag' 1766-1876; in: Detlev Puls (Hg.), Wahrnehmungsformen und Protestverhalten, Studien zur Lage der Unterschichten im 18. und 19. Jahrhundert, Frankfurt/M. 1979, S. 265-295.

ROBERTSON, Dennis H.; **DENNISON**, Stanley R. (**1923**): The Control of Industry, A Discussion of the Various Methods of Controlling and Organising Industry, Reprint of a new edition (1960), Cambridge 1966.

von ROSENSTIEL (1984), Lutz: Wandel der Werte - Zielkonflikte bei Führungskräften?; in: Reinhard Blum, Manfred Steiner (Hg.), Aktuelle Probleme der Marktwirtschaft in gesamt- und einzelwirtschaftlicher Sicht, Festgabe zum 65. Geburtstag von Louis Perridon, Berlin 1984, S. 203-234.

ROSS (1958), Arthur M.: Do We Have a New Industrial Feudalism?; in: American Economic Review, Vol. 48, Nr. 5 (December), Menasha 1958, pp. 903-920.

ROUSSEAU (1758), Jean Jaques: Discours sur l'oeconomie politique, Genève 1758.

RÜHLE (1930), Otto: Illustrierte Kultur- und Sittengeschichte des Proletariats, Bd. 1, Berlin 1930.

RUSSELL (1947), Bertrand: Macht, Eine sozialkritische Studie, engl. Orig.: Power, Zürich 1947.

SALZ (1962), Arthur: Occupations in their Historical Perspective; in: Sigmund Nosow, William H. Form (Hg.), Man, Work, and Society, A Reader in the Sociology of Occupations, New York 1962, pp. 58-63.

SCHALLBERGER (1987), Urs: Berufsarbeit und Persönlichkeit, Aspekte einer komplexen ökopsychologischen Problemstellung; in: Schweizerische Zeitschrift für Psychologie, 46. Jg., H. 1/2, Bern 1987, S. 91-103.

SCHALLBERGER (1990), Urs: Menschenbilder und das Bild menschengerechter Arbeit, in: Felix Frei, Ivars Udris (Hg.), Das Bild der Arbeit, Bern 1990, S. 56-70.

SCHANZ (**1977**), Günther: Wege zur individualisierten Organisation; in: Zeitschrift für Organisation (ZfürO), 46. Jg., Teil 1: Ein theoretisches Modell, H. 4, Teil 2: Praktische Konsequenzen, H. 6, Wiesbaden 1977, S. 183-192 u. 345-351.

SCHANZ (**1985**), Günther: Wertwandel als personalpolitisches und organisatorisches Problem; in: Wirtschaftswissenschaftliches Studium (WiSt), 14. Jg., Teil 1: Wertwandel und Arbeitsorientierung, H. 11, Teil 2: Praktische Konsequenzen, H. 12, München 1985, S. 559-565 u. 609-614.

SCHANZ (**1988**), Günther: Erkennen und Gestalten, Betriebswirtschaftslehre in kritisch-rationaler Absicht, Stuttgart 1988.

SCHEUCH (**1972A**), Erwin K.: Die Problematik der Freizeit in der Massengesellschaft, in: Erwin K. Scheuch, Rolf Meyersohn (Hg.), Soziologie der Freizeit, Köln 1972.

SCHEUCH, Erwin K., **MEYERSOHN**, Rolf (Hg.), (**1972**): Soziologie der Freizeit, Köln 1972.

SCHEUCH (**1990**), Erwin K.: Vom schmerzlichen Werden einer modernen Gesellschaft; in: Hamburger Jahrbuch für Wirtschafts- und Gesellschaftspolitik, 35. Jg., Thübingen 1990, S. 27-50.

SCHLEICHER (**1973**), R.: Die Intelligenzleistung Erwachsener in Abhängigkeit vom Niveau beruflicher Tätigkeit; in: Probleme und Ergebnisse der Psychologie, 44. Jg., H. 1, Berlin (Ost) 1973, S. 25-55.

SCHMIDT (**1990**), Siegfried J.: Der beobachtete Beobachter, Zu Text, Kommunikation und Verstehen; in: Volker Riegas, Christian Vetter (Hg.), Zur Biologie der Kognition, Ein Gespräch mit Humberto R. Manturana und Beiträge zur Diskussion seines Werkes, Frankfurt/M. 1990, S. 308-328.

SCHUMM (**1982**), Wilhelm: Sozialisation durch Arbeit; in: Wolfgang Littek, Werner Rammert, Günther Wachtler (Hg.), Einführung in die Arbeits- und Industriesoziologie, 2. erw. Aufl., Frankfurt/M. 1983, S. 250-268.

SCHÜTZ (**1932**), Alfred: Der Sinnhafte Aufbau der sozialen Welt, Eine Einleitung in die verstehende Soziologie, 2. Aufl., Wien 1960.

SCHULTZ (**1961**), Theodore W.: Investment in Human Capital; in: American Economic Review, Vol. 51, Nr. 1 (March), Menasha (Wisc.) 1961, pp. 1-17.

SCHULTZ (**1962**), Theodore W.: Reflections on Investment in Man; in: The Journal of Political Economy, Vol. 70, Nr. 5 Part 2 (Supplement), Chicago 1962, pp. 1-8.

SCITOVSKY (**1992**), Tibor: The Joyless Economy, The Psychology of Human Satisfaction, 1st edition 1976, revised edition, New York 1992.

SCOTT (**1984**), Kenneth E.: Corporate Governance and the New Institutional Economics; in: Zeitschrift für die gesamte Staatswissenschaft (ZgS), Bd. 140, H. 1 (März), Tübingen 1984, S. 136-152.

SEIFERT (**1988**), Eberhard K.: Entstehung des modernen Zeitbewusstseins und industrielle Zeitdisziplin; in: Eberhard K. Seifert (Hg.), Oekonomie und Zeit, Beiträge zur interdisziplinären Zeitökonomie, Frankfurt/M. 1988, S. 4-28.

SELIGMAN (**1979**), Martin E.P.: Erlernte Hilflosigkeit, engl. Orig.: Helplessness, On Depression, Development and Death, San Francisco 1975, München 1979.

SEMLER (**1993**), Ricardo: Das Semco-System, Management ohne Manager, München 1993.

SEMMEL (**1974**), Bernhard: The Methodist Revolution, London 1974.

SEMMER, Norbert; **PFÄFFLIN**, Margarete (**1978**): Stress und das Training sozialer Kompetenz; in: Rainer Bösel u.a. (Hg.), Stress, Einführung in die psychosomatische Belastungsforschung, Hamburg (1978), S. 188-203.

SENNETT (**1986**), Richard: Verfall und Ende des öffentlichen Lebens, Die Tyrannei der Intimität, engl. Orig.: The Fall of Public Man, New York 1974, Frankfurt/Main 1986.

SIMON (**1957**), Herbert A.: Models of Man, Social and Rational, 5. Ed., New York 1967.

SIMON (**1961**), Herbert A.: Administrative Behavior, A Study of Decision-Making Processes in Administrative Organization, 2nd Ed., New York 1961.

SIMONNET (**1979**), Dominique: L'écologisme, Paris 1979.

SLOCUM u.a. (**1971**), John W. Jr.; Topichak, Paul M.; Kuhn, David G.: A Crosscultural Study of Need Satisfaction and Need Importance for Operative Employees; in: Personnel Psychology, Vol. 24, Durham (N.C.) 1971, pp. 435-445.

SMITH (**1776**), Adam: Der Wohlstand der Nationen, engl. Orig: Wealth of Nations, 5. Aufl., London 1789, 3. Aufl. der Taschenbuchausgabe, München 1983.

SOMBART (**1891**), Werner: Die Hausindustrie in Deutschland; in: Archiv für soziale Gesetzgebung und Statistik, Bd. 4, H. 1, Berlin 1891, S. 103-156.

SOMBART (**1911**), Werner: Verlagssystem; in: Handwörterbuch der Staatswissenschaften, Bd. 8, 3. Aufl., Jena 1911, S. 233-261.

SOMBART (**1916A**), Werner: Der moderne Kapitalismus, Bd. 1 in zwei Halbbänden, 5. Aufl., München u. Leipzig 1922.

SOMBART (**1916B**), Werner: Der moderne Kapitalismus, Bd.2 in zwei Halbbänden, 5.Aufl., München u. Leipzig 1922.

SOMBART (**1917**), Werner: Die Arbeitsverhältnisse im Zeitalter des Frühkapitalismus; in: Archiv für Sozialwissenschaft und Sozialpolitik, Bd. 44, Tübingen 1917/1918, S. 19-51.

SOMBART (**1927**), Werner: Das Wirtschaftsleben im Zeitalter des Hochkapitalismus, Bd. 3 von 'Der moderne Kapitalismus', in zwei Halbbänden, München u. Leipzig 1927.

SOMBART, Werner; **MEERWARTH**, Rudolf (**1923**): Hausindustrie; in: Handwörterbuch der Staatswissenschaften, Bd. 5, 4. Aufl., Jena 1923, S. 179-207.

SOMMER (**1968**), Ernst C. (Hg.): Der Methodismus; in: Die Kirchen der Welt, Bd. 6, Stuttgart 1968.

STAEHLE (**1980**), Wolfgang H.: Menschenbilder in Organisationstheorien, in: Handwörterbuch der Organisation, Bd. 2, 2. Aufl., Stuttgart 1980, S. 1301-1313.

STEERS, Richard M.; **PORTER**, Lyman W. (**1975**): The Role of Motivation in Organizations, in: Richard M. Steers, Lyman W. Porter, Motivation and Work Behavior, New York 1975, S. 1-24.

STIGLER (**1962**), George J.: Information in the Labor Market; in: The Journal of Political Economy, Vol. 70, Nr. 5 Part 2 (Supplement), Chicago 1962, pp. 94-105.

STIGLER, George J.; **BECKER**, Gary S. (**1977**): De Gustibus non est Disputandum; in: American Economic Review, Vol. 67, Nr. 2, Menasha 1977, pp. 76-90.

STOLL (1990), François: Zur Historizität von Menschenbildern - Alfred Carrard (1889-1984), in: Felix Frei, Ivars Udris (Hg.), Das Bild der Arbeit, Bern 1990, S. 107-121.

STÖRIG (1950), Hans Joachim: Weltgeschichte der Philosophie, 15. überarb. u. ergänzte Aufl., Stuttgart 1990.

STRASSER, Hermann; **RANDALL**, Susan C. (**1979**): Einführung in die Theorie des sozialen Wandels, Darmstadt 1979.

STRÜMPEL (1983), Burkhard: Kommentar zum Themenbereich Wertwandel; in: Joachim Matthes (Hg.), Krise der Arbeitsgesellschaft?, Verhandlungen des 21. Deutschen Soziologentages in Bamberg 1982, Frankfurt/M. 1983, S. 463-468.

SWEEZY (1978A), Paul: Eine Kritik; in: Paul Sweezy, Maurice Dobb u.a. (Hg.), Der Uebergang vom Feudalismus zum Kapitalismus, engl. Orig.: The Transition from Feudalism to Capitalism, London 1976, Frankfurt/M. 1978, S. 41-73.

TAYLOR (1919), Frederick W.: Die Grundsätze wissenschaftlicher Betriebsführung, engl. Orig.: The Principles of Scientific Management, New York 1913, München 1919.

THOM (1988), Norbert: Organisationsmanagement; in: M. Hoffmann, L. von Rosenstiel (Hg.), Funktionales Management, Berlin 1988, S. 322-352.

THOMPSON (1973), Edward P.: Zeit, Arbeitsdisziplin und Industriekapitalismus; in: Rudolf Braun u.a. (Hg.), Gesellschaft in der industriellen Revolution, Köln 1973, S. 81-112.

THOMPSON (1979), Edward P.: Die 'sittliche Oekonomie' der englischen Unterschichten im 18. Jahrhundert; in: Detlev Puls (Hg.), Wahrnehmungsformen und Protestverhalten, Studien zur Lage der Unterschichten im 18. und 19. Jahrhundert, Frankfurt/M. 1979, S. 13-80.

THOMPSON (1987), Edward P.: Die Entstehung der englichen Arbeiterklasse, engl. Orig.: The Making of the English Working Class, o.O. 1963, 2 Bde., Frankfurt/M. 1987.

THORNER (1966), Daniel: Chayanov's Concept of Peasant Economy; Introduction in: Alexander V. Chayanov, The Theory of Peasant Economy, Homewood (Ill.) 1966, pp. xi-xxiii.

TILGHER (1962), Adriano: Work through the ages; in: Sigmund Nosow, William H. Form (Eds.), Man, Work, and Society, New York 1962, pp. 11-24.

TILLY, Charles; **TILLY**, Richard (**1971**): Agenda for European Economic History in the 1970s; in: The Journal of Economic History, vol. 31, no. 1 (March), New York 1971, pp. 184-198.

TLACH (1989), Peter: Die Betriebswirtschaftslehre als Wissenschaft des Individuellen; in: Hans Jürgen Drumm (Hg.), Individualisierung der Personalwirtschaft, Grundlagen, Lösungsansätze und Grenzen, Bern 1989, S. 15-26.

TOULMIN, Stephen; **GOODFIELD**, June (**1965**): The Discovery of Time, Chicago 1965; als deutsche Uebersetzung: Entdeckung der Zeit, Frankfurt/M. 1985.

TSCHIRKY (1981), Hugo: Führungs-Richtlinien, Eine Grundlage zur Gliederung und inhaltlichen Gestaltung von Führungs-Richtlinien, Zürich 1981.

UDRIS (1981), Ivars: Wertorientierungen und Wohlbefinden als Ursachen oder Folgen von Arbeitsstrukturierung?; in: Uwe Kleinbeck, Gerd Ernst (Hg.), Zur Psychologie der Arbeitsstrukturierung, Frankfurt/M. 1981, S. 314-323.

ULICH (1960), Eberhard: Unterforderung als arbeitspsychologisches Problem; in: Psychologie und Praxis, 4. Jg., H. 4, Stuttgart 1960, S. 156-161.

ULICH (1978A), Eberhard: Ueber mögliche Zusammenhänge zwischen Arbeitstätigkeit und Persönlichkeitsentwicklung; in: Psychosozial, 1. Jg., Reinbeck b. Hamburg 1978, S. 44-63.

ULICH (1978B), Eberhard: Entwicklungsmöglichkeiten des Menschen in der Arbeit; in: Management-Zeitschrift io, 47. Jg., H. 6, Zürich 1978, S. 281-285.

ULICH (1978C), Eberhard: Ueber das Prinzip der differentiellen Arbeitsgestaltung; in: Management-Zeitschrift io, Nr. 12, 47. Jg., Zürich 1978, S. 566-568.

ULICH (1980), Eberhard: Sind humane Arbeitsformen unökonomisch?; in: Günther Latzel (Hg.), Macht Arbeit krank? ... und Freizeit?, Fragen zum Wohlbefinden in der Technokultur, Davos 1980, S. 35-51.

ULICH (1983), Eberhard: Industrieroboter: Chance oder Gefahr für die Humanisierung der Arbeit?; in: Psychosozial, Nr. 18, 6. Jg., Reinbeck b. Hamburg 1983, S. 109-124.

ULICH (1991), Eberhard: Arbeitspsychologie, Zürich 1991.

ULICH u.a. (1973), Eberhard; Groskurth, Peter; Bruggemann, Agnes: Neue Formen der Arbeitsgestaltung, Möglichkeiten und Probleme einer Verbesserung der Qualität des Arbeitslebens, Frankfurt/M. 1973.

ULICH u.a. (1980), Eberhard; Udris, Ivars; Frei, Felix; Alioth, Andreas: Zur Frage der Individualisierung von Arbeitstätigkeiten; in: Winfried Hacker und Harald Raum (Hg.), Optimierung von kognitiven Arbeitsanforderungen, Bern 1980, S. 65-69.

ULICH u.a. (1983), Eberhard; Baitsch, Christoph; Alioth, Andreas: Führung und Organisation; in: Die Orientierung, H. 81, Schriftenreihe der Schweizerischen Volksbank, Bern 1983.

ULICH, Eberhard; **ULICH**, Henriette (**1977**): Ueber einige Zusammenhänge zwischen Arbeitsgestaltung und Freizeitverhalten; in: Theodor Leuenberger, K.-H. Ruffmann, Bürokratie, Motor oder Bremse der Entwicklung, Bern 1977, S. 209- 227.

ULLRICH (1977), Otto: Technik und Herrschaft, Vom Hand-werk zur verdinglichten Blockstruktur industrieller Produktion, Taschenbuchausgabe, Frankfurt/M. 1979.

URE (1835), D.A.: Das Fabrikwesen in wissenschaftlicher, moralischer und commercieller Hinsicht, engl. Orig.: The Philosophy of Manufactories, Or an Exposition of the Scientific, Moral, and Commercieal Economy of the Factory System of Great Britain, London 1835, Leipzig 1835.

VEIT (1957), Otto: Soziologie der Freiheit; Frankfurt/M. 1957.

VOLMERG (1978), Ute: Identität und Arbeitserfahrung, Eine theoretische Konzeption zu einer Sozialpsychologie der Arbeit, Frankfurt/M. 1978.

VOLPERT (1979), Walter: Der Zusammenhang zwischen Arbeit und Persönlichkeit aus handlungspsychologischer Sicht; in: Peter Groskurth (Hg.), Arbeit und Persönlichkeit, Berufliche Sozialisation in der arbeitsteiligen Gesellschaft, Reinbek b. Hamburg 1979, S. 21-46.

VOLPERT (1984), Walter: Das Ende der Kopfarbeit oder: Daniel Düsentrieb enteignet sich selbst; in: Psychologie Heute, 11. Jg., H. 10 (Oktober), Weinheim 1984, S. 29-39.

VOLPERT (1990), Walter: Welche Arbeit ist gut für den Menschen?, Notizen zum Thema Menschenbild und Arbeitsgestaltung, in: Felix Frei, Ivars Udris (Hg.), Das Bild der Arbeit, Bern 1990, S. 23-40.

WACHTLER (1982A), Günther: Die gesellschaftliche Organisation von Arbeit; in: Wolfgang Littek, Werner Rammert, Günther Wachtler (Hg.), Einführung in die Arbeits- und Industriesoziologie, 2. erw. Aufl., Frankfurt/M. 1983, S. 14-25.

WACHTLER (1982B), Günther: Lohnarbeit im industriellen Kapitalismus; in: Wolfgang Littek, Werner Rammert, Günther Wachtler (Hg.), Einführung in die Arbeits- und Industriesoziologie, 2. erw. Aufl., Frankfurt/M. 1983, S. 26-36.

WALTER-BUSCH (1977), Emil: Bürokratisierung in Grossunternehmungen und Human Relations; in: Theodor Leuenberger, K.-H. Ruffmann, Bürokratie, Motor oder Bremse der Entwicklung, Bern 1977, S. 189-208.

WALZER (1965), Michael: The Revolution of the Saints, A Study on the Origins of Radical Politics, Cambridge (Mass.) 1965.

WATZLAWICK (1981), Paul: Sich selbst erfüllende Prophezeiungen, erstmals erschienen in Paul Watzlawick (Hg.), Die erfundene Wirklichkeit, München 1981; Wiederabdruck in: Paul Watzlawick, Franz Kreuzer (Hg.), Die Unsicherheit unserer Wirklichkeit, München 1988, S. 52-76.

WATZLAWICK u.a. (1969), Paul; Beavin, Janet H.; Jackson, Don D.: Menschliche Kommunikation, Formen, Störungen, Paradoxien, engl. Orig.: Pragmatics of Human Communication, A Study of Interactional Patterns, Pathologies, and Paradoxes, New York 1967, 7. Aufl., Bern 1985.

WEBER (1948), Alfred: Der vierte Mensch, oder der Zusammenbruch der geschichtlichen Kultur; in: Die Wandlung, Jg. 3, H. 4, Heidelberg 1948, S. 283-295.

WEBER (1920), Max: Gesammelte Aufsätze zur Religionssoziologie I, photomechanischer Nachdruck der ersten Auflage, 9. Aufl., Tübingen 1988.

WEBER (1922A), Max: Wirtschaft und Gesellschaft, Grundriss der verstehenden Soziologie, erstmals herausgegeben von Marianne Weber, 5. von Johannes Winckelmann revidierte Studienausgabe, Tübingen 1985.

WEBER (1922B), Max: Gesammelte Aufsätze zur Wissenschaftslehre, erstmals herausgegeben von Marianne Weber, 7. von Johannes Winckelmann herausgegebene Auflage, Tübingen 1988.

WEBER (1923), Max: Wirtschaftsgeschichte, Abriss der universalen Sozial- und Wirtschafts-Geschichte, herausgegeben von S. Hellmann und M. Palyi, 2. Aufl. München 1924.

WEBER (1968), Max: Die protestantische Ethik, Herausgegeben von Johannes Winckelmann, 2 Bde., 2. erw. Aufl., Hamburg 1972.

WEHNER (1990), Theo: Ueber die Hand und das durch Technik Abhandengekommene; in: Felix Frei, Ivars Udris (Hg.), Das Bild der Arbeit, Bern 1990, S. 71-90.

WEIL (1962), Simone: Factory Work; in: Sigmund Nosow, William H. Form (Hg.), Man, Work, and Society, A Reader in the Sociology of Occupations, New York 1962, pp. 452-457.

WEINERT (1984A), Ansfried B.: Menschenbilder als Grundlagen von Führungstheorien, Analyse und Systematisierung von a priori Klassifikationen, in: Zeitschrift Führung und Organisation (zfo), Baden-Baden 1984, 53. Jg., H. 2 (März), S. 117-123.

WEINERT (1984B), Ansfried B.: Menschenbilder in Organisations- und Führungstheorien, Erste Ergebnisse einer empirischen Ueberprüfung, in: Zeitschrift für Betriebswirtschaft (ZfB), Wiesbaden 1984, 54. Jg., H. 1, S. 30-62.

WEINERT (1987), Ansfried B.: Menschenbilder und Führung, in: Handwörterbuch der Führung, Stuttgart 1987, S. 1427-1442.

WEISBROD (1961), Burton A.: The Valuation of Human Capital; in: The Journal of Political Economy, Vol. 69, Nr. 5, Chicago 1961, pp. 425-436.

WEISBROD (1962), Burton A.: Education and Investment in Human Capital; in: The Journal of Political Economy, Vol. 70, Nr. 5 Part 2 (Supplement), Chicago 1962, pp. 106-123.

WELLMANN (1982), Burkhard: Arbeit, Köln 1982.

WENDORFF (1980), Rudolf: Zeit und Kultur, Geschichte des Zeitbewusstseins in Europa, Opladen 1980.

WERHAHN (**1980**), Peter H.: Menschenbild, Gesellschaftsbild und Wissenschaftsbegriff in der neueren Betriebswirtschaftslehre, Diss. der Uni St. Gallen, Bern 1980.

WHITROW (**1973**), Gerald J.: Time and Measurement; in: Philip P. Wiener (Hg.), Dictionary of the History of Ideas, New York 1973, pp. 398-406.

WHITROW (**1991**), Gerald J.: Die Erfindung der Zeit, engl. Orig.: Time in History, Oxford 1988, Hamburg 1991.

WILLIAMSON (**1967**), Oliver E.: Hierarchical Control and Optimum Size; in: Journal of Political Economy, Vol. 75, Nr. 2, Chicago 1967, pp. 123-138.

WILLIAMSON (**1975**), Oliver E.: Markets and Hierarchies - Analyses and Antitrust Implication, A Study in the Economics of Internal Organization, New York 1975.

WILLIAMSON (**1981A**), Oliver E.: The Modern Corporation: Origins, Evolution, Attributes; in: Journal of Economic Literature, Menasha (Wisc.) 1981, Vol. 19, No. 4, S. 1537-1568.

WILLIAMSON (**1981B**), Oliver E.: On the Nature of the Firm: Some Recent Developements; in: Zeitschrift für die gesamte Staatswisssenschaft, Tübingen 1981, Bd. 137, H. 4, S. 675-680.

WILLIAMSON (**1981C**), Oliver E.: The Economics of Organization, The Transaction Cost Approach; in: American Journal of Sociology, Vol. 87, Nr. 3, Chicago 1981, pp. 548-577.

WILLIAMSON (**1984**), Oliver E.: The Economics of Governance, Framework and Implications; in: Zeitschrift für die gesamte Staatswisssenschaft, Tübingen 1984, Bd. 140, H. 2, S. 195-223.

WILLIAMSON (**1990**), Oliver E.: Die ökonomischen Institutionen des Kapitalismus, engl. Orig.: The Economic Institutions of Capitalism, New York 1985, Tübingen 1990.

WINDOLF (**1981**), Paul: Berufliche Sozialisation, Stuttgart 1981.

WITTEMANN, Klaus P.; **WITTKE**, Volker (**1989**): Rationalisierungsstrategien im Umbruch?, Zu den Auswirkungen von CIM und Just-In-Time auf industrielle Produktionsprozesse; in: Jahrbuch für Sozialökonomie und Gesellschaftstheorie, Auswirkungen neuer Technologien auf Betrieb, Wirtschaft und Gesellschaft, Opladen 1989, S. 36-62.

WOLL (**1984**), Arthur: Allgemeine Volkswirtschaftslehre, 8. überarbeitete und ergänzte Auflage, München 1984.

WUNDERER, Rolf; **GRUNWALD**, Wolfgang (**1980**): Führungslehre, Bd. 1, Berlin-New York 1980.

ZOLL (**1988**), Rainer: 'Nicht so wie unsere Eltern', Hypothese eines neuen kulturellen Modells; in: Das Argument, 30. Jg., H. 2, Berlin 1988, S. 208-220.

ZÜNDORF (**1981**), Lutz: Hierarchie; in: Paul G. von Beckerath, Peter Sauermann, Günter Wiswede (Hg.), Handwörterbuch der Betriebspsychologie und Betriebssoziologie, Stuttgart 1981, S. 192-197.